에듀윌과 함께 시작하면,
당신도 합격할 수 있습니다!

대학 진학 후 진로를 고민하다 1년 만에
서울시 행정직 9급, 7급에 모두 합격한 대학생

직장생활과 병행하며 7개월간 공부해
국가공무원 세무직에 당당히 합격한 51세 직장인까지

누구나 합격할 수 있습니다.
시작하겠다는 '다짐' 하나면 충분합니다.

마지막 페이지를 덮으면,

**에듀윌과 함께
공무원 합격이 시작됩니다.**

공무원 1위

70개월 베스트셀러 1위
에듀윌 공무원 교재

기초부터 확실하게 기본 이론

기본서
국어 독해

기본서
국어 문법

기본서
영어 독해(생활영어·어휘 포함)

기본서
영어 문법

기본서
한국사

기본서
행정법총론

기본서
행정학

다양한 출제 유형 대비 문제집

유형별 문제집
국어

유형별 문제집
영어 독해·생활영어

유형별 문제집
영어 문법·어휘

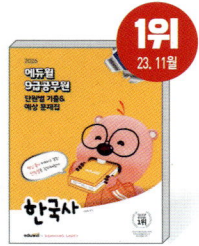
단원별 기출&예상 문제집
한국사

단원별 기출&예상 문제집
행정법총론

단원별 기출문제집
행정학

* YES24 수험서 자격증 공무원 베스트셀러 1위 (2017년 3월, 2018년 4월~6월, 8월, 2019년 4월, 6월~12월, 2020년 1월~12월, 2021년 1월~12월, 2022년 1월~12월, 2023년 1월~12월, 2024년 1월~7월, 9월~10월 월별 베스트, 매월 1위 교재는 다름)
* YES24 국내도서 해당분야 월별, 주별 베스트 기준

에듀윌 공무원

출제경향 파악 기출문제집

9급공무원 기출문제집
영어

9급공무원 기출문제집
한국사

9급공무원 기출문제집
행정학

9급공무원 기출문제집
행정법총론

7급 대비 PSAT 교재

민간경력자
PSAT 기출문제집

실전 대비 모의고사

기출 품은 모의고사
국어

더 많은
공무원 교재

eduwill

* 교재 이미지는 변경될 수 있습니다.

공무원 1위

1초 합격예측
모바일 성적분석표

1초 안에 '클릭' 한 번으로 성적을 확인하실 수 있습니다!

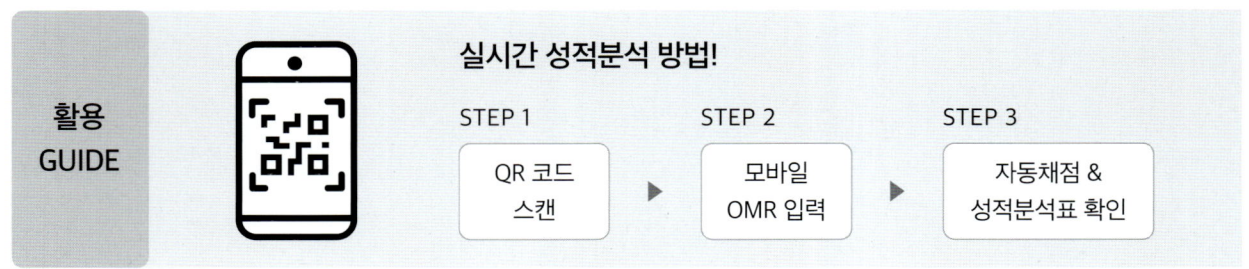

활용 GUIDE

실시간 성적분석 방법!

- STEP 1: QR 코드 스캔
- STEP 2: 모바일 OMR 입력
- STEP 3: 자동채점 & 성적분석표 확인

STEP 1
QR 코드 스캔

- 교재의 QR 코드를 모바일로 스캔 후 에듀윌 회원 로그인
- QR 코드 하단의 바로가기 주소로도 접속 가능

STEP 2
모바일 OMR 입력

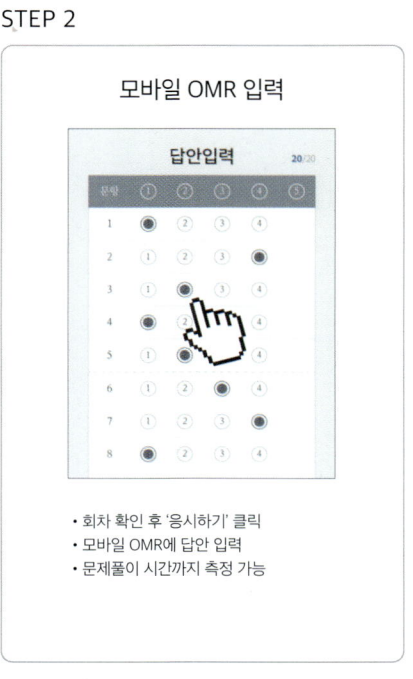

- 회차 확인 후 '응시하기' 클릭
- 모바일 OMR에 답안 입력
- 문제풀이 시간까지 측정 가능

STEP 3
자동채점 & 성적분석표 확인

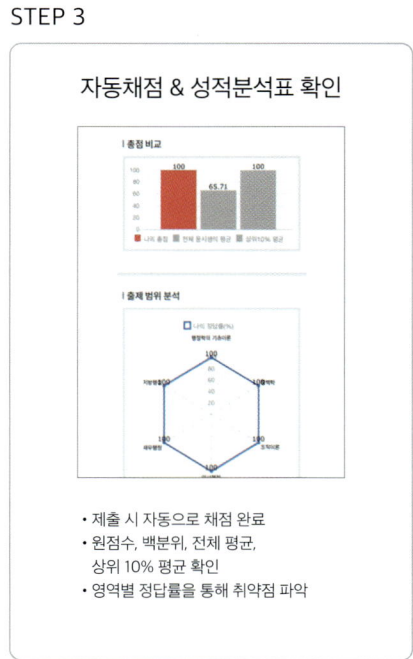

- 제출 시 자동으로 채점 완료
- 원점수, 백분위, 전체 평균, 상위 10% 평균 확인
- 영역별 정답률을 통해 취약점 파악

※ 본 서비스는 에듀윌 공무원 교재(연도별, 회차별 문항이 수록된 교재)를 구입하는 분에게 제공됨.

에듀윌 공무원

공무원, 에듀윌을 **선택해야 하는 이유**

합격자 수 수직 상승
2,100%

명품 강의 만족도
99%

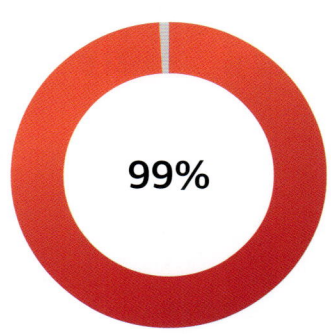

공무원

베스트셀러 1위
70개월(5년 10개월)

5년 연속 공무원 교육
1위

* 2017/2022 에듀윌 공무원 과정 최종 환급자 수 기준   * 9급공무원 대표 교수진 2023년 7월 ~ 2024년 4월 강의 만족도 평균(배영표, 헤더진, 한유진, 이광호, 김용철)
* YES24 수험서 자격증 공무원 베스트셀러 1위 (2017년 3월, 2018년 4월~6월, 8월, 2019년 4월, 6월~12월, 2020년 1월~12월, 2021년 1월~12월, 2022년 1월~12월, 2023년 1월~12월, 2024년 1월~7월, 9월~10월 월별 베스트, 매월 1위 교재는 다름)
* 2023, 2022, 2021 대한민국 브랜드만족도 7·9급공무원 교육 1위 (한경비즈니스) / 2020, 2019 한국브랜드만족지수 7·9급공무원 교육 1위 (주간동아, G밸리뉴스)

공무원 1위

1위 에듀윌만의
체계적인 합격 커리큘럼

원하는 시간과 장소에서
온라인 강의

① 업계 최초! 기억 강화 시스템 적용
② 과목별 테마특강, 기출문제 해설강의 무료 제공
③ 초보 수험생 필수 기초강의와 합격필독서 무료 제공

쉽고 빠른 합격의 첫걸음 합격필독서 무료 신청

최고의 학습 환경과 빈틈 없는 학습 관리
직영 학원

① 현장 강의와 온라인 강의를 한번에
② 확실한 합격관리 시스템, 아케르
③ 완벽 몰입이 가능한 프리미엄 학습 공간

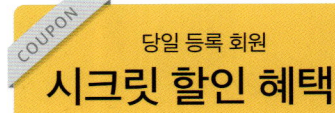 

합격전략 설명회 신청 시 당일 등록 수강 할인권 제공

친구 추천 이벤트

"친구 추천하고 한 달 만에
920만원 받았어요"

친구 1명 추천할 때마다 현금 10만원 제공
추천 참여 횟수 무제한 반복 가능

※ *a*o*h**** 회원의 2021년 2월 실제 리워드 금액 기준
※ 해당 이벤트는 예고 없이 변경되거나 종료될 수 있습니다.

친구 추천 이벤트
바로가기

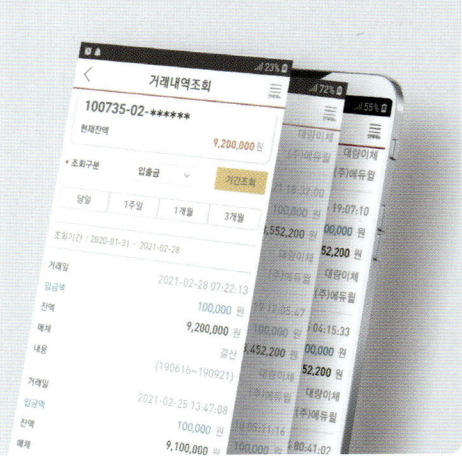

* 2023 대한민국 브랜드만족도 7·9급공무원 교육 1위 (한경비즈니스)

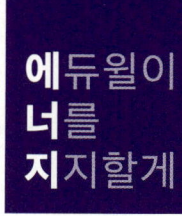

세상을 움직이려면
먼저 나 자신을 움직여야 한다.

– 소크라테스(Socrates)

설문조사에 참여하고 스타벅스 아메리카노를 받아가세요!

에듀윌 9급공무원 단원별 기출&예상 문제집 한국사를 선택한 이유는 무엇인가요?

소중한 의견을 주신 여러분들에게 더욱더 완성도 있는 교재로 보답하겠습니다.

- **참여 방법** 좌측 QR코드 스캔 ▶ 설문조사 참여(1분만 투자하세요!)
- **이벤트 기간** 2025년 8월 12일~2026년 7월 31일
- **추첨 방법** 매월 1명 추첨 후 당첨자 개별 연락
- **경품** 스타벅스 아메리카노(tall size)

2026

에듀윌 9급공무원
단원별 기출&예상 문제집

한국사

WHY

시간이 없는데,
풀어야 할 것도 많은데

.
.

"단원별 기출&예상 문제집,
왜 풀어야 할까요?"

REASON 1

약점을 알아야 합격이 빨라진다!

'질러가는 길이 돌아가는 길이다.'라는 말이 있습니다. 본인의 취약점은 모른 채 단순히 학습 커리큘럼만 따라가면 합격에서 점점 멀어질 수 있습니다. 단원별 문제풀이를 통해 본인의 약점을 파악하고 이를 집중적으로 학습하는 것이 합격으로 빨리 가는 효율적인 길입니다.

REASON 2

개념을 안다고 문제가 바로 풀리지 않는다!

분명 수업 시간에 배운 개념인데 막상 문제를 보면 어떻게 풀어야 할지 막막할 때가 많습니다. 합격을 위해서는 무작정 개념만을 학습하기보다는 체계적으로 설계된 문제를 통해 학습한 개념을 문제에 직접 접목할 수 있는 '적용력'을 키우는 것이 더 중요합니다.

REASON 3

문제해결 능력을 키워야 '실전'이 두렵지 않다!

어떤 단원에서, 어떤 유형이 출제될지 두렵고 막연하기만 한 공시!
따라서 어떤 문제가 출제되어도 해결해 낼 수 있는 문제해결 능력을 키우는 것이 매우 중요합니다. 단원별로 구성된 기출 문제, 기출 기반의 예상 문제, 약점 보완 최종 마무리 모의고사를 통해 문제에 대한 자신감을 키워야 합니다.

INTRO | 머리말

시험은 '경험하는 것'이 아니라, '합격하는 것'이 목표이다!

한국사는 노력한 만큼 좋은 결과를 기대할 수 있는 '정직한 과목'입니다. 다만, 아는 것과 문제의 정답을 고르는 것은 다르기 때문에 문제집을 통한 문제풀이의 감을 익히는 것이 무엇보다 중요합니다. 이 교재는 다음 내용에 주안점을 두고 만들었습니다.

1. 최근 5년간의 9급 시험을 충실히 반영하여 출제 유형파악과 실전 감각을 높일 수 있도록 구성하였습니다. 특히, 서울시 자체 시험 문제와 경찰직 문제를 수록하여 국가직, 지방직 외의 출제 키워드도 학습할 수 있도록 하였습니다.

2. 시대순으로 구성하여 본인에게 특히 취약한 단원을 집중적으로 학습할 수 있도록 하였습니다. 또한 최근 정치·경제·사회·문화 특정 부분이 아닌 전 시대를 아우르는 '통합형 문제'가 많이 출제되고 있으므로, 이에 대비하기 위한 단원 통합형 문제를 다수 수록하였습니다.

3. 단원별 출제 비중과 기출 경향 & 출제 예상 POINT를 제시하여 학습 가이드를 주고자 하였으며, 해설을 자세히 기술하여 해설집만으로도 이론 정리가 가능하게 하였습니다.

힘든 순간이 오더라도 포기하지 말고, 합격의 꿈을 이룰 때까지 매 순간 최선을 다하기를 바랍니다. '할 수 있다'는 믿음을 가지고 끝까지 전진하면 곧 꿈과 마주할 순간이 올 것입니다. 여러분의 꿈을 응원하겠습니다!

편저자 신형철

STRUCTURE | 구성과 특징

| 문제편 | 필수기출&출제예상편 + 진도별 모의고사

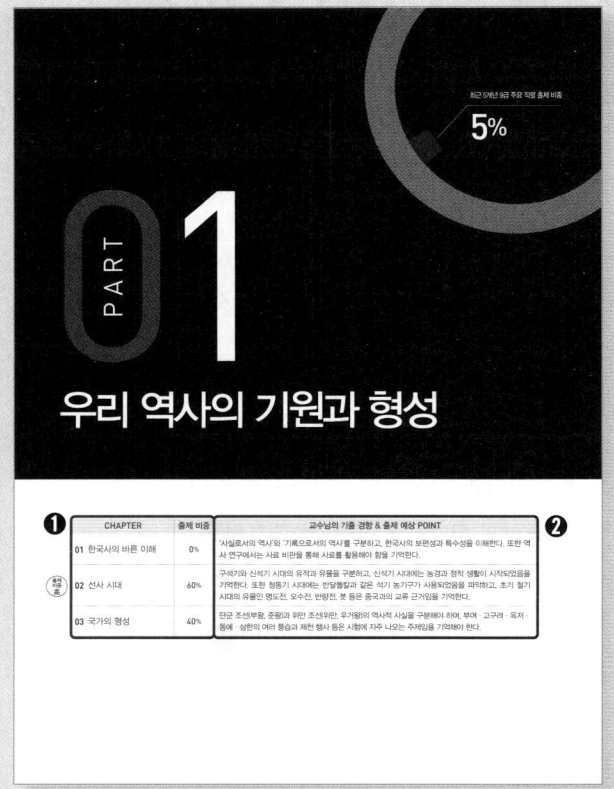
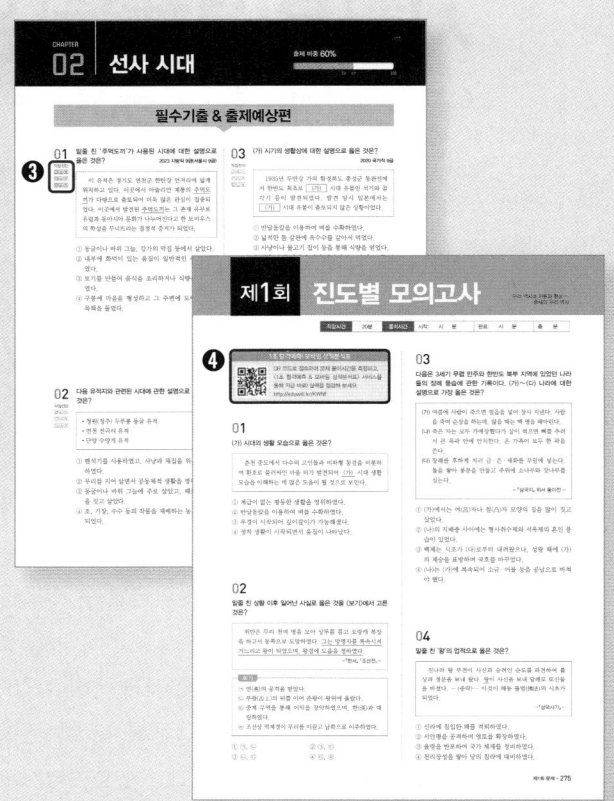

❶ 단원별 출제 비중
단원별 출제 비중을 통해 어떤 단원이 얼마나 많이 출제되었는지 파악하여 전략적으로 학습할 수 있다.

❷ 교수님의 기출 경향 POINT
기출 문제의 분석을 통해 도출해 낸 최신 출제 경향을 제시하여 기출 트렌드를 숙지할 수 있다.

❸ 3회독 약점진단 ○△✕
정확히 알고 맞힌 문제는 ○, 헷갈려서 찍은 문제는 △, 몰라서 틀린 문제는 ✕로 표기하고 △, ✕ 문항은 다시 풀어 볼 수 있다.

❹ 1초 합격예측 서비스
회차별 QR 코드를 스캔한 후, 모바일 OMR을 이용하여 모의고사를 실전처럼 풀이할 수 있다.

| 정답과 해설 | 필수기출&출제예상편 + 진도별 모의고사

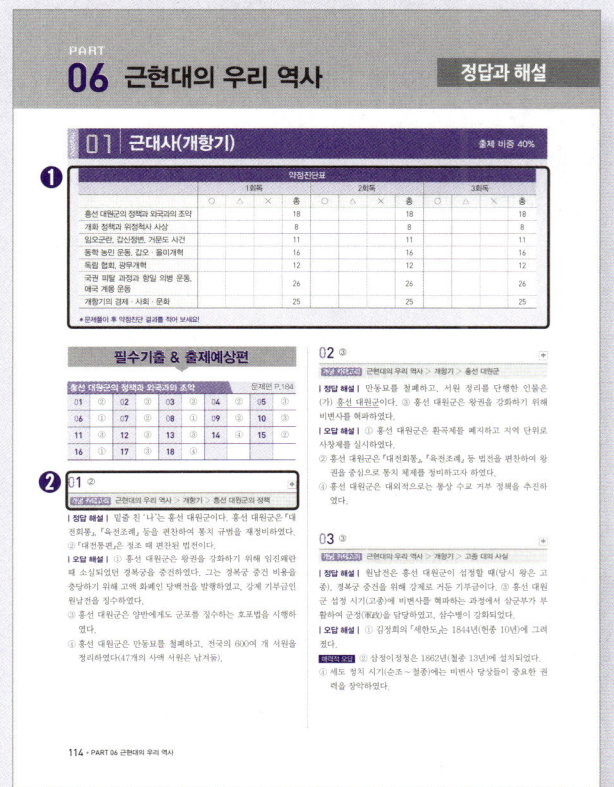

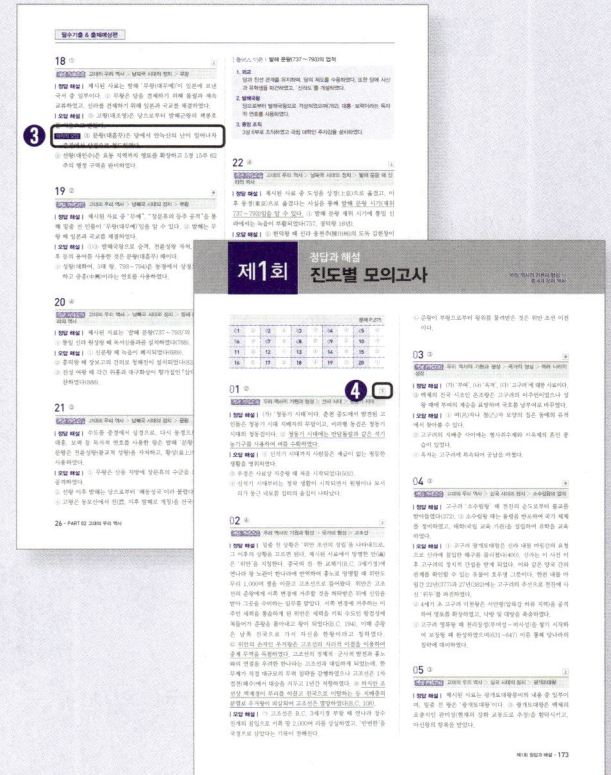

❶ 3회독 약점진단표
단원별 문제풀이 후 약점진단 결과를 적어 자신의 약점과 약점 공략 과정을 한눈에 파악할 수 있다.

❷ 개념 카테고리
카테고리를 제시하여 더 자세하게 알고 싶은 개념을 기본서와 연계하여 학습할 수 있다.

❸ 매력적 오답
오답률을 높게 만든 오답 선택지를 짚어 주어 함정 문제의 유형을 파악하고 함정을 피해 확실하게 정답을 고를 수 있다.

❹ 문항별 난이도
모든 해설에 문항별 난이도를 상, 중, 하로 기재하여 학습 시 참고할 수 있다.

무료 제공!

회독 및 실전까지 확실하게 책임지는
무료 합격팩

- 자동 3회독 완성, 회독 플래너(PDF)
- 반복 활용 가능, OMR 카드(PDF)
- 최신기출 해설특강(국가직/지방직)

▲ PDF 다운로드

▲ 최신기출 해설특강

ANALYSIS | 출제 경향 & 합격 전략

주요 직렬 최근 5개년 출제 경향

* 2025~2021년도 국가직/지방직 9급

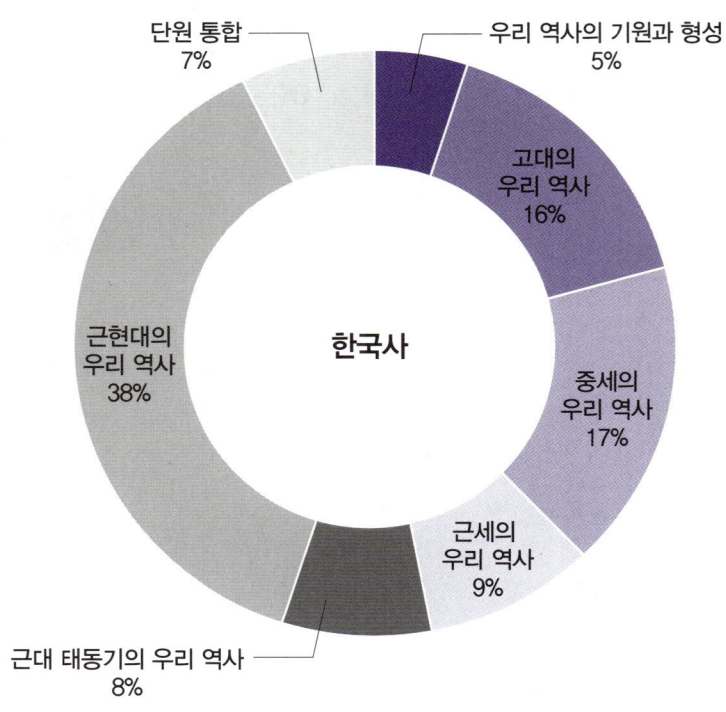

출제 비중
- 단원 통합 7%
- 우리 역사의 기원과 형성 5%
- 고대의 우리 역사 16%
- 중세의 우리 역사 17%
- 근세의 우리 역사 9%
- 근대 태동기의 우리 역사 8%
- 근현대의 우리 역사 38%

출제 분석

2021~2025년 9급 시험은 전반적으로 평이한 출제 기조를 유지하였다. 그러나 문제가 쉬워졌다고 고득점이 보장되는 것은 아니므로 과년도 기출 주제는 물론이고 단원 통합형 문제, 지역사 문제, 지도/작품 파악 문제 등의 새로운 출제 경향이 나타나고 있다는 점 역시 기억하며 학습하도록 하자.

잠깐! 미리보는 2026 기출트렌드

문제의 대부분을 차지하는 '사료/자료형' 문제를 위해 기본서에 있는 사료와 자료를 꼼꼼하게 확인하고, 키워드와 연결시키는 연습을 하도록 하자. 또한 가장 큰 출제 비중을 차지하는 근현대 파트에서는 '사건의 연도를 알아야만 정답을 고를 수 있는 문항'이 반드시 출제되므로 중요 사건의 연도와 사건 전후의 배경, 흐름 등을 정확히 암기하여야 한다.

파트별 합격 전략

PART 01   우리 역사의 기원과 형성   5%

〈역사 이론〉에서는 "사실로서의 역사"와 "기록으로서의 역사"의 구분, 한국사의 특수성 및 사료 비판을 중심으로 학습해야 한다. 〈선사 시대〉의 경우 각 시대별 중요 유물 및 유적 검토는 필수적이다. 〈고조선〉에서는 단군 조선과 위만 왕조의 중요한 특징을 정리해야 하고 부여, 고구려, 옥저, 동예, 삼한은 『삼국지』 위서 동이전 사료와 함께 출제되는 경우가 많기 때문에 '사료 분석'이 필요하다.

PART 02   고대의 우리 역사   16%

삼국의 중요 사실을 순서대로 나열하는 문제가 빈출되기 때문에 연도 암기가 필수적이다. 통일 신라는 중대와 하대로 나누어 시대적 상황을 파악해야 하며, 발해는 고왕, 무왕, 문왕, 선왕의 업적을 정리해야 한다. 민정 문서(신라 장적 문서), 골품제(특히 6두품), 불교 관련 내용 및 고분, 벽화, 불상, 탑 등 문화유산은 꼼꼼히 정리하도록 한다.

PART 03   중세의 우리 역사   17%

고려 시대는 지배 계급의 변천 과정(호족, 문벌 귀족, 무신, 권문세족, 신진 사대부)을 중심으로 각 시대를 이해해야 한다. 전시과 제도의 변천, 불교 통합 운동, 『삼국사기』, 『삼국유사』 등의 역사서도 꼼꼼하게 정리할 필요가 있다.

PART 04   근세의 우리 역사   9%

15세기는 태조, 태종, 세종, 세조, 성종의 업적을 정리할 필요가 있으며, 16세기는 사화(士禍)와 붕당의 형성 과정을 이해해야 한다. 또한 과전법 이후 토지 제도의 변화, 『동국통감』, 『조선왕조실록』 등의 역사서, 이황과 이이 등 성리학 관련 내용은 빈출 주제이므로 꼼꼼하게 정리해야 한다.

PART 05   근대 태동기의 우리 역사   8%

조선 후기는 조선 전기와 비교하여 변화된 양상을 파악할 필요가 있다. 농업 생산력의 발전, 상품 화폐 경제의 발전, 신분제의 동요, 서민 문화의 발달 등은 기억해야 할 주제들이다. 또한 실학자들의 개혁론은 중농주의 실학자와 중상주의 실학자로 구분하여 정리해 두어야 한다.

PART 06   근현대의 우리 역사   38%

〈근대사(개항기)〉는 흥선 대원군의 섭정부터 일제의 국권 피탈 과정까지의 주요 사건을 역사적 흐름에 따라 파악해야 한다. 〈일제 강점기〉의 경우 일제의 식민 정책, 국내·국외 항일 독립운동, 역사학 연구(박은식, 신채호, 정인보, 문일평, 백남운 등)가 빈출되었다. 〈현대사〉는 해방 이후 분단국가의 수립, 이승만·박정희 등의 독재 및 이에 저항한 민주화 운동, 그리고 7·4 남북 공동 성명 등 통일을 위한 노력을 중심으로 정리해야 한다.

CONTENTS | 차례

- **WHY**   4
- **INTRO** 머리말   5
- **STRUCTURE** 구성과 특징   6
- **ANALYSIS** 출제 경향 & 합격 전략   8

PART 01 우리 역사의 기원과 형성	문제	해설
CHAPTER 01 한국사의 바른 이해	16p	4p
CHAPTER 02 선사 시대	19p	6p
CHAPTER 03 국가의 형성	23p	9p

(출제비중 高)

PART 02 고대의 우리 역사	문제	해설
CHAPTER 01 삼국 시대의 정치	30p	14p
CHAPTER 02 남북국 시대의 정치	43p	23p
CHAPTER 03 고대의 경제	51p	28p
CHAPTER 04 고대의 사회	55p	30p
CHAPTER 05 고대의 문화	58p	33p

(출제비중 高)

PART 03 중세의 우리 역사	문제	해설
CHAPTER 01 중세의 정치	72p	41p
CHAPTER 02 중세의 경제	89p	53p
CHAPTER 03 중세의 사회	93p	56p
CHAPTER 04 중세의 문화	96p	58p

(출제비중 高)

PART 04 근세의 우리 역사	문제	해설
CHAPTER 01 근세의 정치	108p	67p
CHAPTER 02 근세의 경제	123p	76p
CHAPTER 03 근세의 사회	128p	80p
CHAPTER 04 근세의 문화	132p	83p

PART 05 근대 태동기의 우리 역사	문제	해설
CHAPTER 01 근대 태동기의 정치	146p	91p
CHAPTER 02 근대 태동기의 경제	157p	99p
CHAPTER 03 근대 태동기의 사회	164p	102p
CHAPTER 04 근대 태동기의 문화	170p	106p

PART 06 근현대의 우리 역사	문제	해설
CHAPTER 01 근대사(개항기)	184p	114p
CHAPTER 02 일제 강점기	216p	135p
CHAPTER 03 현대사	248p	154p

진도별 모의고사	문제	해설
제1회 진도별 모의고사	275p	173p
제2회 진도별 모의고사	280p	177p
제3회 진도별 모의고사	285p	181p

합격을 당기는 전략
기출회독 최종점검
문제풀이 집중훈련

기출회독　최종점검
필수기출 &
출제예상편

합격을 당기는 전략
기출회독 최종점검
문제풀이 집중훈련

최근 5개년 9급 주요 직렬 출제 비중

5%

PART 01
우리 역사의 기원과 형성

CHAPTER	출제 비중	교수님의 기출 경향 & 출제 예상 POINT
01 한국사의 바른 이해	0%	'사실로서의 역사'와 '기록으로서의 역사'를 구분하고, 한국사의 보편성과 특수성을 이해한다. 또한 역사 연구에서는 사료 비판을 통해 사료를 활용해야 함을 기억한다.
02 선사 시대	60%	구석기와 신석기 시대의 유적과 유물을 구분하고, 신석기 시대에는 농경과 정착 생활이 시작되었음을 기억한다. 또한 청동기 시대에는 반달돌칼과 같은 석기 농기구가 사용되었음을 파악하고, 초기 철기 시대의 유물인 명도전, 오수전, 반량전, 붓 등은 중국과의 교류 근거임을 기억한다.
03 국가의 형성	40%	단군 조선(부왕, 준왕)과 위만 조선(위만, 우거왕)의 역사적 사실을 구분해야 하며, 부여 · 고구려 · 옥저 · 동예 · 삼한의 여러 풍습과 제천 행사 등은 시험에 자주 나오는 주제임을 기억해야 한다.

출제 비중 高

CHAPTER 01 한국사의 바른 이해

필수기출 & 출제예상편

01 다음 중 밑줄 친 부분과 같은 입장에서 서술된 것은?

> '역사'라는 단어는 사람에 따라 매우 다양한 뜻으로 사용되고 있지만, 일반적으로 '사실로서의 역사(history as past)'와 '기록으로서의 역사(history as historiography)'라는 두 측면이 있다.

① 역사가의 가치관과 주관적 요소가 개입되어 있다.
② 역사가가 특별히 의미가 있다고 선정한 사실에 한정되어 있다.
③ 역사란 바닷가의 모래알과 같이 수많은 과거 사건의 집합체이다.
④ 역사란 역사가가 과거의 사실을 조사하고 연구하여 재구성한 것이다.

02 다음 내용에 대한 설명으로 틀린 것은? 2019 경찰직 1차

> 역사가와 역사적 사실은 상호 불가분의 관계이다. 사실을 갖추지 못한 역사가는 뿌리가 없기 때문에 열매를 맺을 수 없다. 반면에 역사가가 없다면 사실은 생명이 없는 무의미한 존재일 뿐이다.
> 역사란 무엇일까? 이 질문에 대한 나의 궁극적인 답변은 다음과 같다. 역사는 역사가와 사실이 끊임없이 겪는 상호 작용의 과정이며, 이는 현재와 과거의 끊임없는 대화인 셈이다.

① 사실로서의 역사를 강조하는 실증주의적 역사관을 잘 드러내고 있다.
② 역사는 사실과 기록이라는 두 가지 측면으로 구성되어 있다.
③ 카(E. H. Carr)가 쓴 『역사란 무엇인가?』에 나오는 문구이다.
④ 역사가의 주관적인 해석 과정은 객관적인 과거 사실만큼이나 역사를 형성하는 데 중요하다.

03 다음 글에서 주장하는 내용과 가장 가까운 것은?

> 역사를 공부하는 가장 중요한 목적은 과거의 사실을 바르게 인식하는 것이다. 지금까지 우리는 역사적 변화에 관심을 가지고 무엇이, 언제, 누구에 의해, 어떻게 변해 왔는지를 학습해 왔다. 한국사에 대해 어느 정도 지식을 지닌 우리는, 이제 같은 시대의 여러 사실을 횡적으로 연관을 지어 이해하고, 종적으로 변화하는 역사의 모습을 발전적으로 인식해야 한다.
> 따라서 역사 학습은 과거 사실의 단순한 이해로 끝나는 것이 아니라, 현대를 살아가는 우리에게 도움이 되는 것이어야 한다. 이런 점에서 역사를 '현재와 과거의 대화'라고 규정하기도 한다.

① 역사 학습은 과거 사실의 이해와 역사적 사고력의 신장에 이바지해야 한다.
② 역사 이해의 기준은 현재이므로 현재의 목적에 따라 과거의 사실을 이용하면 된다.
③ 많은 역사적 사실을 아는 것은 역사적 사고력을 높이기 위한 충분 조건이다.
④ 역사를 공부하는 궁극적인 목적은 있는 그대로의 과거 사실을 아는 것이다.

04 밑줄 친 역사 학습의 목적에 관한 예문으로 가장 옳지 않은 것은?

> 역사를 배운다는 것은 역사 그 자체를 배운다는 의미와 역사를 통하여 배운다는 의미가 동시에 담겨 있다.

① 고려 태조는 민생 안정을 위한 취민 유도 정책의 일환으로 조세를 감면하였다.
② 고구려 고국원왕 시기에 위기를 겪은 소수림왕은 국가의 체제 정비를 이룩하였다.
③ 절도사의 난립으로 당이 망하자, 송의 태조는 철저한 문치주의 정책을 표방하였다.
④ 근초고왕 때 백제는 평양성을 공격하였고, 그 과정에서 고국원왕이 전사하였다.

05 다음 글을 근거로 할 때, 사료를 탐구하는 자세로 옳지 않은 것은?　　2016 국가직 9급

> 역사라는 말은 사람에 따라 다양한 뜻으로 사용되고 있지만, 일반적으로 '과거에 있었던 사실'과 '조사되어 기록된 과거'라는 두 가지 뜻을 지니고 있다. 즉, 역사는 '사실로서의 역사'와 '기록으로서의 역사'라는 두 측면이 있다. 전자가 객관적 의미의 역사라면, 후자는 주관적 의미의 역사라 할 수 있다. 우리가 역사를 배운다고 할 때, 이것은 역사가들이 선정하여 연구한 '기록으로서의 역사'를 배우는 것이다.

① 사료는 '과거에 있었던 사실'이므로 그대로 '사실로서의 역사'라고 판단한다.
② 사료를 이해하기 위해 그 사료가 기록된 당시의 전반적인 시대 상황을 살펴본다.
③ 사료 또한 사람에 의해 '기록된 과거'이므로, 기록한 역사가의 가치관을 분석한다.
④ 동일한 사건 또는 같은 시대를 다루고 있는 여러 다른 사료와 비교·검토해 본다.

06 밑줄 친 부분에 해당하는 내용으로 옳은 것은?

> 한국사라 하더라도 그것은 한국사만을 움직이는 어떤 고유한 특수성에 지배되는 것은 아니다. 한국사도 세계 모든 나라의 역사에 한결같이 적용될 수 있는 보편적인 법칙 밑에 놓여 있는 것이다. 그러나 한국사를 지배하는 보편적인 법칙은 하나가 아니라, 다원적 법칙에 적용받는 것이다. 그리고 이 법칙의 다원성이 한국사의 특수성을 창조하는 원인이 된다.

① 성리학은 대의명분과 정통을 강조하였다.
② 고인돌은 계급 사회를 확인할 수 있는 유물이다.
③ 통일 신라 시대에 인공적 석굴 구조인 석굴암을 축조하였다.
④ 백남운은 역사 발전 법칙에 따라 고려 시대를 봉건 사회로 규정하였다.

07 다음은 우리 문화의 전통에 대한 설명이다. 이 글에 나타난 우리 문화의 특징으로 가장 옳은 것은?

> 우리 민족은 유구한 역사를 거치면서 이웃 나라와 상호 영향을 주고받으며 살아왔다. 선사 시대에는 아시아 북방 문화와 연계된 문화를 이룩하였고, 삼국 시대에는 중국을 통해 한자와 유학, 불교를 수용하여 독자적인 삼국 문화를 형성하였고, 통일 신라 시대에는 중국, 인도와 활발한 교류를 통해 외래문화를 수용하였다.

① 우리 민족의 문화는 고유성과 특수성이 부족하다고 평가된다.
② 민족적 특수성을 유지하면서 세계사적 보편성을 추구하였다.
③ 우리 문화의 발전은 외래문화의 배척으로 가능하였다.
④ 우리 조상들은 자민족 중심주의적인 견해가 있었다.

08 한국사의 올바른 이해에 대한 설명으로 적절하지 않은 것은? 2014 사회복지직 9급

① 조선이 일본의 식민지로 전락하였던 것은 분권적인 봉건 제도가 없었기 때문이다.
② 한국사는 한국인의 주체적인 역사이며 사회 구성원들의 총체적인 삶의 역사이다.
③ 한국사의 보편성과 특수성의 문제는 세계사 안에서 한국사를 올바르게 보는 관점을 제공한다.
④ 다양한 기준에 의거해 시대 구분을 하더라도 한국사의 발전 양상에 주목할 필요가 있다.

CHAPTER 02 선사 시대

출제 비중 60%

필수기출 & 출제예상편

01 밑줄 친 '주먹도끼'가 사용된 시대에 대한 설명으로 옳은 것은?
2023 지방직 9급(서울시 9급)

> 이 유적은 경기도 연천군 한탄강 언저리에 넓게 위치하고 있다. 이곳에서 아슐리안 계통의 주먹도끼가 다량으로 출토되어 더욱 많은 관심이 집중되었다. 이곳에서 발견된 주먹도끼는 그 존재 유무로 유럽과 동아시아 문화가 나누어진다고 한 모비우스의 학설을 무너뜨리는 결정적 증거가 되었다.

① 동굴이나 바위 그늘, 강가의 막집 등에서 살았다.
② 내부에 화덕이 있는 움집이 일반적인 주거 형태였다.
③ 토기를 만들어 음식을 조리하거나 식량을 저장하였다.
④ 구릉에 마을을 형성하고 그 주변에 도랑을 파고 목책을 둘렀다.

02 다음 유적지와 관련된 시대에 관한 설명으로 옳지 않은 것은?

> • 청원(청주) 두루봉 동굴 유적
> • 연천 전곡리 유적
> • 단양 수양개 유적

① 뗀석기를 사용하였고, 사냥과 채집을 위주로 생활하였다.
② 무리를 지어 살면서 공동체적 생활을 영위하였다.
③ 동굴이나 바위 그늘에 주로 살았고, 때로는 막집을 짓고 살았다.
④ 조, 기장, 수수 등의 작물을 재배하는 농경이 시작되었다.

03 (가) 시기의 생활상에 대한 설명으로 옳은 것은?
2020 국가직 9급

> 1935년 두만강 가의 함경북도 종성군 동관진에서 한반도 최초로 (가) 시대 유물인 석기와 골각기 등이 발견되었다. 발견 당시 일본에서는 (가) 시대 유물이 출토되지 않은 상황이었다.

① 반달돌칼을 이용하여 벼를 수확하였다.
② 넓적한 돌 갈판에 옥수수를 갈아서 먹었다.
③ 사냥이나 물고기 잡이 등을 통해 식량을 얻었다.
④ 영혼 숭배 사상이 있어 사람이 죽으면 흙 그릇 안에 매장하였다.

04 다음 유물들이 대표하는 시기의 사회 모습으로 가장 옳은 것은?
2021 법원직 9급

① 처음으로 농경이 시작되었다.
② 권력을 가진 지배자가 등장하였다.
③ 뗀석기를 주로 이용하였다.
④ 주로 동굴에 거주하거나 막집에 살았다.

05 신석기 시대에 대한 설명으로 옳은 것만을 모두 고르면?
2025 지방직 9급

ㄱ. 갈돌과 갈판을 사용하여 곡물이나 열매를 갈았다.
ㄴ. 반달돌칼을 사용하여 농작물을 수확하였다.
ㄷ. 뼈바늘을 사용하여 옷이나 그물을 만들었다.
ㄹ. 벼농사를 널리 짓게 되었다.

① ㄱ, ㄷ
② ㄱ, ㄹ
③ ㄴ, ㄷ
④ ㄴ, ㄹ

06 밑줄 친 ㉠ 시대에 대한 설명으로 가장 적절하지 않은 것은?

㉠ 시대에는 인류가 농경과 목축을 시작하여 스스로 식량을 생산하는 단계에 이르렀다. 또한 강가나 바닷가에 움집을 짓고 마을을 이루었으며 부족 사회를 형성해 갔다.

① ㉠ 시대의 유적지 중 우리나라에서 가장 오래된 유적은 제주도 한경면 고산리 유적이다.
② 일부 지역에서 벼농사가 시작되는 등 농업이 점차 확대되었다.
③ 가락바퀴와 뼈바늘을 이용하여 옷이나 그물을 제작하였다.
④ 돌도끼 등의 간석기와 이른 민무늬 토기 등 다양한 토기를 사용하였다.

07 〈보기〉의 밑줄 친 '이 시대'와 가장 관련이 없는 것은?
2022 서울시 9급(자체 출제)

보기

이 시대에는 농경이 더욱 발달하여 조, 기장, 수수 등 다양한 잡곡이 재배되었다. 한반도 남부 지역에는 벼농사도 보급되었다. 한편 돼지와 같은 가축을 우리에 가두고 기르는 일도 흔해졌다. 사람들은 농경이 이루어지는 강가나 완만한 구릉에 마을을 이루어 살았다. 농경의 발달로 생산력이 늘어나자 인구가 늘어나고 빈부 차이와 계급이 발생하였다. 또한 식량을 둘러싼 집단 간의 싸움이 자주 일어나면서 마을에는 방어 시설이 만들어지기도 하였다.

① 고인돌
② 반달돌칼
③ 민무늬 토기
④ 슴베찌르개

08 ㉠ 시대에 대한 설명으로 옳은 것은?
2019 지방직 7급

제주도 고산리 유적은 ㉠ 시대의 연대를 앞당길 수 있는 단서를 제공해 주고 있다. 여기에서 출토된 삼각형 모양의 돌화살촉과 '이른 민무늬 토기'를 분석하여 ㉠ 시대가 기원전 8000년경부터 시작되었음을 알게 되었다. 출토된 토기는 일명 '고산리식 토기'라고 불린다.

① 고인돌에 간돌검을 부장하였다.
② 가락바퀴를 이용하여 옷감을 만들었다.
③ 명도전, 반량전 등의 화폐를 사용하였다.
④ 반달돌칼을 사용하여 이삭을 수확하였다.

09 다음 유물이 처음 등장한 시기에 관한 설명으로 옳은 것은?

> 팽이처럼 밑이 뾰족하거나 둥글고, 표면에 빗살처럼 생긴 무늬가 새겨져 있다.

① 추위와 비바람을 피해 동굴이나 막집, 바위 그늘에서 살았다.
② 막강한 권력과 경제력을 가진 군장이 등장하였다.
③ 취사와 난방이 가능한 움집에 살았다.
④ 죽은 자를 위한 고인돌 무덤을 만들었다.

10 청동기 시대에 대한 설명으로 가장 옳지 않은 것은?
2023 서울시 9급(자체 출제)

① 금속 도구가 만들어지면서 석기 농기구는 사라지고 농업이 발전하였다.
② 동검, 동경 거울, 청동 방울 등을 제작하였다.
③ 생산력이 발전하면서 사유재산제와 계급이 발생하였다.
④ 일상생활에서 민무늬 토기가 이용되었다.

11 밑줄 친 '이 시기'에 해당하는 사실로 옳은 것은?
2017 국가직 9급(추가채용)

> 이 시기에는 반달돌칼 등 다양한 간석기가 사용되었고 민무늬 토기를 비롯한 토기의 종류도 다양해졌으며, 고인돌과 돌널무덤이 만들어졌다.

① 목을 길게 단 미송리식 토기가 사용되었다.
② 용호동 유적에서 불 땐 자리가 확인되었다.
③ 주로 동굴이나 강가의 막집에 거주하였다.
④ 농경과 목축이 시작되었다.

12 (가) 시대의 생활 모습으로 가장 옳은 것은?

> 부여 송국리 유적은 우리나라 (가) 시대를 대표하는 유적이다. 발굴 조사를 통해 목책(木柵)의 흔적과 100여 기 이상의 대규모 주거지가 발견되었다.

① 우경이 시작되면서 깊이갈이를 할 수 있게 되었다.
② 반달돌칼을 이용하여 벼를 수확하였다.
③ 계급이 존재하지 않는 평등한 생활을 하였다.
④ 정착 생활을 하면서 움집이 나타나기 시작하였다.

13 청동기 시대 유물과 유적에 대한 설명으로 옳은 것은?

① 강원도 고성 문암리에서 덧무늬 토기가 발견되었다.
② 창원 다호리 유적에서 붓이 발견되었다.
③ 경북 청도 신당리 유적에서 고인돌이 발견되었다.
④ 부산 동삼동 유적에서 조개껍데기 가면이 출토되었다.

14 다음 유물들을 통해 알 수 있는 사실로 가장 옳은 것은?
2014 법원직 9급

① 계급의 분화가 시작되었다.
② 농경을 처음으로 시작하였다.
③ 중국과 활발하게 교류하였다.
④ 철제 농기구의 사용이 보편화되었다.

15. 다음의 유적지에 대한 설명으로 가장 옳은 것은?
2017 서울시 사회복지직 9급

① 사천 늑도 유적에서 반량이라는 글자가 새겨진 청동 화폐가 출토되었다.
② 부산 동삼동 패총에서는 주춧돌을 사용한 지상 가옥이 발견되었다.
③ 단양 수양개에서 발견된 아이의 뼈를 '흥수아이'라 부른다.
④ 울주 반구대에는 사각형 또는 방패 모양의 그림이 주로 새겨져 있다.

16. 한반도 선사 시대에 대한 설명으로 옳지 않은 것은?
2017 지방직 9급

① 구석기 시대 전기에는 주먹도끼와 슴베찌르개 등이 사용되었다.
② 신석기 시대 집터는 대부분 움집으로 바닥은 원형이나 모서리가 둥근 사각형이다.
③ 신석기 시대 사람들은 조개류를 많이 먹었으며, 때로는 장식으로 이용하기도 하였다.
④ 청동기 시대의 전형적인 유물로는 비파형 동검·붉은 간 토기·반달돌칼·홈자귀 등이 있다.

17. 우리나라 선사 시대에 대한 설명으로 옳지 않은 것은?

① 강원도 양구 상무룡리 유적에서 흑요석이 출토되었다.
② 부산 동삼동 패총에서 조와 기장이 수습되었다.
③ 연천 전곡리 유적에서 유럽 아슐리안 계통의 주먹도끼가 출토되었다.
④ 흥수아이가 발견된 청원 두루봉 동굴 유적은 남한에서 최초로 발견된 구석기 유적이다.

18. 한국의 선사 시대에 대한 설명으로 가장 적절하지 않은 것은?
2020 경찰직 1차

① 중기 구석기 시대에는 몸돌에서 떼어 낸 돌조각인 격지를 잔손질하여 석기를 만들었다.
② 신석기 시대에는 제주 고산리나 양양 오산리 등에서 목책, 환호 등의 시설이 만들어졌다.
③ 신석기 시대에는 백두산이나 일본에서 유입된 것으로 보이는 흑요석이 사용되었다.
④ 청동기 시대에는 어로 활동이나 조개 채집의 비중이 줄어들어 패총이 많이 발견되지 않는다.

19. 다음은 각 유물과 그것이 사용되던 시기의 사회 모습에 대한 설명이다. 옳은 것만을 모두 고르면?
2018 지방직 9급(사회복지직 9급)

ㄱ. 슴베찌르개 – 벼농사를 짓기 시작하였고 나무로 만든 농기구를 사용하였다.
ㄴ. 붉은 간 토기 – 거친무늬 거울을 사용하여 제사를 지내거나 의식을 거행하였다.
ㄷ. 반달돌칼 – 농사를 짓기 시작했지만 아직 지배와 피지배 관계는 발생하지 않았다.
ㄹ. 눌러찍기무늬 토기 – 가락바퀴와 뼈바늘을 이용하여 옷이나 그물을 만들어 사용하였다.

① ㄱ, ㄴ
② ㄱ, ㄷ
③ ㄴ, ㄹ
④ ㄷ, ㄹ

CHAPTER 03 | 국가의 형성

출제 비중 40%

필수기출 & 출제예상편

01 다음 중 단군 신화에 대한 설명으로 옳지 않은 것은?

① 단군 신화가 기록된 가장 오래된 문헌은 『삼국유사』이다.
② 고조선이 중국의 제(齊)와 교역하고 있었음을 전하고 있다.
③ 단군이 중국의 요(堯)가 재위하던 시기에 건국하였다고 한다.
④ 토테미즘의 내용이 포함되어 있다.

02 단군에 대한 인식을 설명한 것으로 옳지 않은 것은? 2019 국가직 9급

① 이승휴의 『제왕운기』에서는 우리 역사를 단군부터 서술하였다.
② 홍만종의 『동국역대총목』은 단군 정통론의 입장에서 기술하였다.
③ 이규보의 「동명왕편」은 단군의 건국 과정을 다루고 있다.
④ 「기미 독립 선언서」에는 '조선건국 4252년'으로 연도를 표기하였다.

03 고조선에 대하여 올바르게 진술하고 있는 것을 모두 고른다면? 2019 경찰직 1차

㉠ 최초로 고조선을 언급하는 문헌은 중국 춘추 전국 시대에 편찬된 『관자(管子)』이다.
㉡ 조선 시대에는 기자동래설(箕子東來說)을 인정하고 있었다.
㉢ 위만 조선(衛滿朝鮮)은 발달된 철기에 기반을 둔 문화를 보유하고 있었다.
㉣ 송국리식(형) 토기와 비파형 동검의 분포지를 통해 세력 범위를 짐작할 수 있다.

① ㉠, ㉢, ㉣ ② ㉠, ㉡, ㉢
③ ㉡, ㉢   ④ ㉠, ㉢

04 (가)와 (나) 시기 고조선에 대한 〈보기〉의 설명으로 옳은 것만을 고른 것은? 2016 국가직 9급

	(가)	(나)	
↑	↑	↑
기원전 2333년	기원전 194년	기원전 108년
단군의 등장	위만의 집권	왕검성 함락

보기
ㄱ. (가) - 왕 아래 대부, 박사 등의 직책이 있었다.
ㄴ. (가) - 고조선 지역에 한(漢)의 창해군이 설치되었다.
ㄷ. (나) - 철기 문화를 본격적으로 수용하며, 중계 무역의 이득을 취하였다.
ㄹ. (나) - 비파형 동검과 고인돌의 분포를 통하여 통치 지역을 알 수 있다.

① ㄱ, ㄷ ② ㄱ, ㄹ
③ ㄴ, ㄷ ④ ㄴ, ㄹ

05 ㉠ 나라에 대한 설명으로 옳은 것은? 2018 국가직 7급

> 주나라가 쇠약해지자 연나라가 스스로 왕을 칭하고 동쪽으로 침략하려 하였다. ㉠ 의 후(侯) 역시 스스로 왕을 칭하고 군사를 일으켜 연나라를 공격하려 하였는데, 대부인 예(禮)가 간하여 중지하였다.

① 8조의 법을 제정하였는데 세 조항만 전해진다.
② 박·석·김씨가 왕위를 교대로 계승하였다.
③ 매년 10월 무천이라는 제천 행사를 열었다.
④ 전연의 공격을 받아 심한 타격을 받았다.

06 다음 역사적 사건을 발생한 순서대로 가장 적절하게 나열한 것은? 2017 경찰직 2차

> ㉠ 우거왕이 살해되고, 왕검성이 함락되었다.
> ㉡ 위만이 고조선의 준왕을 축출하고 스스로 왕이 되었다.
> ㉢ 한(漢)은 고조선 영토에 네 개의 군현을 설치하였다.
> ㉣ 예(濊)의 남려가 28만여 명의 주민을 이끌고 한(漢)에 투항하였다.
> ㉤ 고조선이 군대를 보내 요동도위 섭하를 살해하였다.

① ㉡ → ㉠ → ㉤ → ㉣ → ㉢
② ㉡ → ㉣ → ㉤ → ㉠ → ㉢
③ ㉡ → ㉤ → ㉣ → ㉠ → ㉢
④ ㉤ → ㉡ → ㉢ → ㉠ → ㉣

07 다음 국가에 대해 적절한 것만을 〈보기〉에서 모두 고른 것은? 2020 경찰직 2차

> 대개 사람을 죽인 자는 즉시 죽이고, 남에게 상처를 입힌 자는 곡식으로 갚는다. 도둑질을 한 자는 노비로 삼는다. 용서를 받고자 하는 자는 한 사람마다 50만 전을 내게 한다. 비록 용서를 받아 보통 백성이 되어도 이를 수치스럽게 여겨 결혼을 하고자 해도 짝을 구할 수 없었다.

보기
㉠ 비파형 동검과 고인돌이 출토된 지역의 분포를 통해 해당 국가의 문화 범위를 알 수 있다.
㉡ 『삼국사기』와 『동국통감』에 해당 국가 기록이 남아있다.
㉢ 『한서』 지리지에 해당 국가의 법 일부가 기록되어 남아있다.
㉣ 해당 국가에는 마가·우가·저가·구가가 존재했다.
㉤ 중국 한나라의 무제에 의해 해당 국가가 멸망하였다.

① ㉠, ㉡, ㉢
② ㉠, ㉢, ㉤
③ ㉡, ㉢, ㉤
④ ㉢, ㉣, ㉤

08 다음 사료와 관련된 '나라'에 대한 설명으로 옳지 않은 것은?

> 구릉과 넓은 못이 많아서 동이 지역 가운데서 가장 넓고 평탄한 곳이다. 토질은 오곡을 가꾸기에는 알맞지만, 과일은 생산되지 않았다. 사람들 체격이 매우 크고 성품이 강직 용맹하며, 근엄하고 후덕하여 다른 나라를 노략질하지 않았다. …(중략)… 형이 죽으면 형수를 아내로 삼는 것은 흉노의 풍속과 같았다.
> — 『삼국지』 위서 동이전 —

① 왕이 죽은 후, 100여 명을 순장했다는 기록이 있다.
② 송화강 유역의 평야 지대를 중심으로 성장하였다.
③ 매년 12월 제천 행사인 영고(迎鼓)가 시행되었다.
④ 서옥제(婿屋制)라는 혼인 풍습이 있었다.

09 다음 풍습이 있었던 나라에 대한 설명으로 옳은 것은?

> ○ 흰옷을 즐겨 입어 흰 베로 만든 큰 소매 달린 도포와 바지를 입고 가죽신을 신는다.
> ○ 그 나라 사람들은 가축을 잘 기른다. 명마(名馬)와 적옥(赤玉), 담비와 원숭이 가죽 및 아름다운 구슬이 산출되는데, 구슬 가운데 큰 것은 대추만 하다.
>
> -「삼국지」 위서 동이전-

① 집집마다 부경이라는 창고를 가지고 있었다.
② 특산물로는 단궁, 과하마, 반어피 등이 유명하였다.
③ 가(加)들은 독자적 행정 구역을 다스리고 있었다.
④ 소도라는 신성 구역이 있었다.

10 다음 제시문에 해당하는 나라에 대한 설명으로 옳지 않은 것은?

> 큰 산과 깊은 골짜기가 많고 평원과 연못이 없어 계곡을 따라 살며 좋은 밭이 없어 힘들여 일구어도 배를 채우기가 어려웠다. 사람들의 성품이 흉악하고 노략질하기를 좋아하였다. 대가들은 밭을 일구지 않고 앉아서 먹는 자가 만여 명이나 되었다. 하호들은 멀리서 쌀, 어물, 소금 등을 공급하였다. 큰 산이 많고 골이 깊으며 평야가 없다. 사람들은 산골짜기에 살며 산골 물을 마신다. 감옥이 없었으며, 죄인이 있으면 제가들이 의논하여 죄인을 죽이고 처자를 몰수하여 노비로 삼았다.

① 시조인 주몽은 부여에서 남하하였다.
② 하호는 생산을 담당한 계층으로 노비에 해당한다.
③ 자연환경이 농업 생산에 적합하지 않아 약탈 경제를 영위하였다.
④ 백제의 초기 무덤인 석촌동 고분군은 이 나라와의 문화적 연관성을 입증해 주는 유적이다.

11 다음 풍습이 있었던 국가에 대한 사실로 옳은 것은?
2021 경찰직 1차

> 혼인할 때 말로 미리 정하고, 여자의 집에서 자기들이 살고 있는 큰 집 뒤에 조그만 집을 짓는다. …(중략)… 자식을 낳아서 장성하면 부인은 남편의 집으로 돌아간다.

① 큰 새의 깃털을 사용하여 장사를 지냈다.
② 관리가 뇌물을 받으면 3배를 추징하였다.
③ 대가들은 스스로 사자, 조의, 선인을 두었다.
④ 다른 마을을 함부로 침범하면 소, 말 등으로 배상하였다.

12 (가) 국가에 대한 설명으로 가장 옳은 것은?

2022 법원직 9급

> (가) 에서는 본래 소노부에서 왕이 나왔으나 점점 미약해져서 지금은 계루부에서 왕위를 차지하고 있다. 절노부는 대대로 왕실과 혼인을 하였으므로 그 대인은 고추가(古鄒加)의 칭호를 더하였다. 모든 대가(大加)들은 스스로 사자·조의·선인을 두었는데, 그 명단을 모두 왕에게 보고하여야 한다. …(중략)… 감옥은 없고 범죄자가 있으면 제가들이 모여서 평의하여 사형에 처하고 처자는 몰수하여 노비로 삼는다.
>
> -『삼국지』 위서 동이전-

① 혼인 풍속으로 서옥제가 있었다.
② 신성 지역인 소도가 존재하였다.
③ 영고라고 하는 제천 행사를 개최하였다.
④ 읍락의 경계를 중시하여 책화라는 풍습이 있었다.

13 다음 자료와 관련된 나라에 대한 설명으로 옳은 것은?

> 나라가 작아 큰 나라와의 사이에서 압박을 받다가 마침내 고구려에 예속되었다. 고구려는 다시 그 나라의 대인(大人)으로 하여금 사자(使者)로 삼아 일을 이끌어 가도록 했다. 또한 고구려의 대가(大加)로 하여금 조세를 책임지도록 하였고, 맥포(貊布)·어염(魚鹽) 및 해중 식물(海中食物) 등을 천 리 길을 지어 날랐다. 또한 미녀를 보내도록 하여 고구려인의 종이나 첩으로 삼았는데, 그들을 노복(奴僕)과 같이 대우하였다.

① 이 나라의 풍습으로는 민며느리제와 가족 공동 무덤제가 있었다.
② 족외혼이 엄격하게 지켜졌으며, 책화의 풍습이 있었다.
③ 왕의 장례에는 옥갑(玉匣)을 사용하였고, 여름철 장례에는 얼음을 사용하였다.
④ 신지, 견지 등의 군장과 제사장인 천군이 별도로 존재하였다.

14 밑줄 친 '이 나라'에서 볼 수 있는 모습으로 적절한 것은?

2020 지방직 9급(서울시 9급)

> 이 나라는 대군왕이 없으며, 읍락에는 각각 대를 잇는 장수(長帥)가 있다. …(중략)… 이 나라의 토질은 비옥하며, 산을 등지고 바다를 향해 있어 오곡이 잘 자라며 농사짓기에 적합하다. 사람들의 성질은 질박하고, 정직하며 굳세고 용감하다. 소나 말이 적고, 창을 잘 다루며 보전(步戰)을 잘한다. 음식, 주거, 의복, 예절은 고구려와 흡사하다. 그들은 장사를 지낼 적에는 큰 나무 곽(槨)을 만드는데 길이가 십여 장(丈)이나 되며 한쪽 머리를 열어놓아 문을 만든다.
>
> -『삼국지』 위서 동이전-

① 민며느리를 받아들이는 읍군
② 위만에게 한나라의 침입을 알리는 장군
③ 5월에 씨를 뿌리고 하늘에 제사를 지내는 천군
④ 국가의 중요한 일을 논의하고 있는 마가와 우가

15 다음 자료에 해당하는 나라에 대한 설명으로 옳은 것은?

> 장사를 지낼 적에는 큰 나무 곽을 만드는데, 길이가 10여 장이나 되며 한쪽 머리를 열어 놓아 문을 만든다. 사람이 죽으면 모두 가매장을 해서, …(중략)… 뼈만 추려 곽 속에 안치한다. 온 집 식구를 모두 하나의 곽 속에 넣어 두는데, 죽은 사람의 숫자대로 살아 있을 때와 같은 모습을 나무로써 모양을 새긴다.
>
> -『삼국지』 위서 동이전-

① 결혼 풍속으로 민며느리제가 있었다.
② 10월에 동맹이라는 제천 행사를 하였다.
③ 단궁, 과하마, 반어피가 특산물로 유명하였다.
④ 다른 부족의 경계를 침범하면 가축이나 노비로 변상하게 하였다.

16. (가)와 (나)의 나라에 대한 설명으로 가장 적절한 것은?
2018 경찰직 1차

> (가) 고구려 개마대산 동쪽에 있는데 개마대산은 큰 바닷가에 맞닿아 있다. …(중략)… 그 나라 풍속에 여자 나이 10살이 되기 전에 혼인을 약속한다. 신랑 집에서 맞이하여 장성하도록 길러 아내를 삼는다. 성인이 되면 다시 친정으로 돌아가게 한다. 여자의 친정에서는 돈을 요구하는데, 돈을 지불한 후 다시 신랑 집으로 돌아온다.
> (나) 남쪽으로는 진한과 북쪽으로는 고구려·옥저와 맞닿아 있고 동쪽으로는 큰 바다에 닿았다. …(중략)… 해마다 10월이면 하늘에 제사를 지내는데 밤낮으로 술 마시며 노래 부르고 춤추니, 이를 '무천'이라고 한다.

① (가) 신부의 집 뒤에 서옥을 짓고 훗날 자녀가 태어나 성장하면 아내와 함께 신랑 집으로 돌아가는 풍습이 있었다.
② (가) 중대한 범죄자가 있으면 제가 회의를 통해 사형시키고 그 가족은 노비로 삼았다.
③ (나) 족장들은 저마다 따로 행정 구획인 사출도를 다스렸다.
④ (나) 씨족끼리는 혼인하지 않는 족외혼 풍습과 다른 읍락의 경계를 침범하면 소, 말, 노비로 보상하는 책화라는 풍습이 있었다.

17. 다음 자료에 제시된 나라에 대한 설명으로 가장 적절한 것은?
2019 경찰직 2차

> 대군장이 없고 한(漢) 시대 이래로 후(侯), 읍군(邑君), 삼로(三老)라는 관직이 있어 하호(下戶)를 다스렸다. …(중략)… 풍속은 산천을 중요시하여 산과 내마다 각기 구분이 있어서 함부로 들어가지 않는다.
> — 『삼국지』 위서 동이전 —

① 남의 물건을 훔치면 물건 값의 12배를 배상하게 하였다.
② 특산물로 단궁(檀弓), 반어피(班漁皮), 과하마(果下馬) 등이 유명하였다.
③ 혼인 제도로 민며느리제가 있었다.
④ 10월에는 동맹이라고 하는 제천 행사를 거행하였다.

18. 다음 사료와 관련된 나라에 대한 설명으로 옳은 것은?

> 동성(同姓)끼리는 결혼하지 않는다. 꺼리는 것이 많아서 병을 앓거나 사람이 죽으면 옛집을 버리고 곧 새 집을 지어 산다. 삼베가 산출되며, 누에를 쳐서 옷감을 만든다.

① 은력 정월, 국중대회를 열어 제천 행사를 지냈다.
② 민며느리제라는 혼인 풍속이 있었다.
③ 산천을 중요시하여 산과 내마다 구분이 있어 함부로 들어가지 않았다.
④ 중대한 범죄자는 제가(諸加) 회의를 통해 처벌하였다.

19 (가) 국가에 대한 설명으로 가장 옳은 것은?

2024 법원직 9급

> (가) 에는 각각 우두머리가 있어서 세력이 강대한 사람은 스스로 신지라 하고, 그 다음은 읍차라 하였다. …(중략)… 귀신을 믿기 때문에 국읍에 각각 한 사람씩 세워 천신의 제사를 주관하게 하는데, 이를 천군이라 부른다.
> — 『삼국지』 위서 동이전 —

① 무천이라는 제천 행사가 있었다.
② 화백 회의에서 중요한 일을 결정하였다.
③ 여러 개의 소국으로 구성된 연맹체였다.
④ 사출도라 불리는 독자적인 영역이 있었다.

20 다음 사료와 관련된 나라에 대한 설명으로 옳은 것은?

> 사람들이 초가지붕이 있는 토실(土室: 흙방)을 만들어 거주하는데, 그 모양이 무덤과 비슷하다. 출입문은 위에 있으며, 어른과 아이, 남녀 구별 없이 모든 가족이 토실에서 함께 생활하였다.
> — 『삼국지』 위서 동이전 —

① 신성 지역으로 소도가 있었다.
② 혼인 풍속으로 민며느리제가 있었다.
③ 가(加)들이 다스리는 사출도가 존재하였다.
④ 동맹이라는 제천 행사를 열어 결속을 다졌다.

21 다음 〈보기〉 (가)~(라)에 해당하는 나라의 설명으로 가장 적절한 것은?

2015 경찰직 1차

> **보기**
>
> (가) 건국 초기부터 주변의 소국들을 정복하고 평야 지대로 진출하고자 하였다. 그리하여 압록강 가의 국내성으로 옮겨 5부족 연맹을 토대로 발전하였다. 그 후, 활발한 정복 전쟁으로 한의 군현을 공략하여 요동 지방으로 진출하였다.
> (나) 어물과 소금 등 해산물이 풍부하였고, 토지가 비옥하여 농사가 잘되었으며, 가족이 죽으면 시체를 가매장하였다가 나중에 그 뼈를 추려서 가족 공동 무덤인 커다란 목곽에 안치하였다.
> (다) 명주와 삼베를 짜는 등 방직 기술이 발달하였고, 특산물로는 단궁과 과하마, 반어피 등이 유명하였다.
> (라) 수렵 사회의 전통을 보여 주는 제천 행사가 12월에 열렸으며, 이때에는 하늘에 제사를 지내고 노래와 춤을 즐겼으며, 죄수를 풀어 주기도 하였다. 전쟁이 일어났을 때에는 제천 의식을 행하고, 소를 죽여 그 굽으로 길흉을 점치기도 하였다.

① (가) – 농경과 목축을 주로 하였고, 특산물로는 말, 주옥, 모피 등이 유명하였다.
② (나) – 해마다 씨를 뿌리고 난 뒤인 5월과 가을 곡식을 거두어들이는 10월에 하늘에 제사를 지냈다.
③ (다) – 다른 부족의 생활권을 침범하면 노비와 소, 말로 변상하게 하였다.
④ (라) – 혼인을 정한 뒤 신부 집 뒤꼍에 조그만 집을 짓고, 거기서 자식을 낳아 장성하면 아내를 데리고 신랑 집으로 돌아가는 풍습이 있었다.

최근 5개년 9급 주요 직렬 출제 비중

16%

PART 02
고대의 우리 역사

	CHAPTER	출제 비중	교수님의 기출 경향 & 출제 예상 POINT
출제비중 高	01 삼국 시대의 정치	50%	고구려는 태조왕·고국천왕·동천왕·미천왕·고국원왕·소수림왕·광개토대왕·장수왕, 백제는 고이왕·근초고왕·무령왕·성왕, 신라는 내물 마립간·지증왕·법흥왕·진흥왕의 업적이 빈출된다. 한편 금관가야와 대가야의 발전 및 멸망 과정도 꼭 검토해두어야 한다.
	02 남북국 시대의 정치	25%	통일 신라는 중대와 하대로 구분하여 시대적 상황을 이해해야 한다. 중대는 신문왕·성덕왕·경덕왕의 업적, 하대는 왕권 약화, 호족의 성장, 민란 등이 자주 출제된다. 한편 발해는 주요 왕(고왕, 무왕, 문왕, 선왕)들의 업적을 당시 동아시아 상황과 연결하여 기억해야 한다.
	03 고대의 경제	0%	고대 경제에서는 민정 문서의 내용이 빈출되었다. 또한 식읍과 녹읍, 정전, 관료전의 특징을 기억하고, 장보고의 청해진 설치와 당시 해상 무역의 특징을 알아두어야 한다.
	04 고대의 사회	0%	삼국의 귀족 회의체(제가 회의, 정사암 회의, 화백 회의)와 수장을 기억한다. 또한 신라 골품제의 내용과 특징을 파악하고, 특히 6두품의 관등 상한선(6관등 아찬)은 꼭 알아둔다. 화랑도의 특징과 세속 5계도 출제될 수 있는 주제이니 관련 내용을 꼭 기억해야 한다.
	05 고대의 문화	25%	불교에서는 원효·의상·혜초·원측·진표의 사상과 업적 및 하대에 유행한 선종의 특징을 이해한다. 또한 각 국가의 주요 고분과 벽화를 구분하고, 대표적인 문화 유물(탑, 불상, 건축물 등)은 문화사적 의미와 함께 국가별로 알아둔다.

CHAPTER 01 | 삼국 시대의 정치

출제 비중 50%

필수기출 & 출제예상편

01 다음 빈칸에 들어갈 단어가 바르게 짝지어진 것은?

2018 경찰직 1차

삼국 중에서 가장 먼저 국가 체제를 정비한 것은 고구려였다. 졸본성에서 (가) 으로 도읍을 옮긴 고구려는 1세기 후반 태조왕 때에 이르러 정복 활동을 활발히 전개하였다. 이러한 정복 활동 과정에서 커진 군사력과 경제력을 토대로 왕권이 안정되어 왕위가 독점적으로 세습되었고, 통합된 여러 집단은 5부 체제로 발전하였다.

이후 2세기 후반 (나) 때에는 부족적인 전통을 지녀 온 5부가 행정적 성격의 5부로 개편되었다. 이후 왕위 계승도 형제 상속에서 부자 상속으로 바뀌었으며, 족장들이 중앙 귀족으로 편입되는 등 왕권 강화와 중앙 집권화가 더욱 진전되었다.

백제는 기원후 1세기 중엽에 마한을 공격하고, 3세기 중엽 (다) 때에는 위(魏) 지배하의 낙랑군과 대방군, 그리고 말갈족을 북으로 밀어내면서 영토를 넓히고, 국가 체제를 새롭게 정비하였다. 즉, 중앙에 6개의 좌평(佐平)을 두어 업무를 분장시키고, 16품의 관등제와 백관의 공복(公服)을 제정하여 지방 족장들을 차등 있게 중앙 관료로 흡수함으로써 정비된 고대 왕국의 모습을 갖추었다.

신라가 세습 왕권을 확립하고 지금의 경상북도 일대를 장악하게 된 것은 4세기 후반의 (라) 때부터이다. 이때부터 3성 교대가 끝나고 김씨가 세습적인 왕권을 확립하고 군장의 칭호도 이사금에서 마립간으로 바꾸었다. 부족 집단인 6촌도 이 무렵 행정적인 6부로 개편되었다.

	(가)	(나)	(다)	(라)
①	국내성	고국천왕	고이왕	지증왕
②	평양성	고국원왕	근초고왕	내물왕
③	국내성	고국천왕	고이왕	내물왕
④	평양성	고국원왕	근초고왕	지증왕

02 밑줄 친 '왕'에 대한 설명으로 옳은 것은?

2023 국가직 9급

16년 겨울 10월, 왕이 질양(質陽)으로 사냥을 갔다가 길에 앉아 우는 자를 보았다. 왕이 말하기를 "아! 내가 백성의 부모가 되어 백성들이 이 지경에 이르게 하였으니 나의 죄로다." …(중략)… 그리고 관리들에게 명하여 매년 봄 3월부터 가을 7월까지 관청의 곡식을 내어 백성들의 식구 수에 따라 차등 있게 빌려주었다가, 10월에 이르러 상환하게 하는 것을 법규로 정하였다.

－『삼국사기』－

① 낙랑군을 축출하였다.
② 진대법을 시행하였다.
③ 백제의 침입으로 전사하였다.
④ 영락이라는 독자적인 연호를 사용하였다.

03 밑줄 친 '왕' 때의 사실로 옳은 것은?

○ 왕 4년 승려 아도(阿道)가 왔다.
○ 왕 5년 봄 2월에 처음으로 초문사(肖門寺)를 창건하고, 또한 이불란사(伊弗蘭寺)를 창건하였다.

－『삼국사기』－

① 태학을 설립하고, 율령을 반포하였다.
② 백제 아신왕으로부터 항복을 받았다.
③ 왜에 종이, 먹, 맷돌의 제작 방법을 전해주었다.
④ 전연의 침략을 받아 수도가 함락되었다.

04

(나) 시기에 발생한 사건으로 옳은 것은?

(가) 진왕(秦王) 부견(符堅)이 사신과 승려 순도(順道)를 보내 불상과 경전을 전하였다. 왕이 사신을 보내 회사(廻謝)하고 방물(方物)을 바쳤다. 태학(太學)을 세우고 자제(子弟)를 교육시켰다.

↓

(나)

↓

(다) 경자(庚子)에 왕이 보병과 기병 5만 명을 보내 신라를 구원하게 하였다. 남거성(男居城)을 통해 신라성(新羅城)에 이르렀는데 그곳에 왜가 가득하였다. 관군(官軍)이 바야흐로 도착하자 왜적이 퇴각하였다. 그 뒤를 급히 추격하여 임나가라(任那加羅)의 종발성(從拔城)에 이르니 성이 곧 항복하였다.

① 고구려에서 율령이 반포되었다.
② 왕이 직접 말갈 병사를 거느리고 요서 지방을 공격하였다.
③ 관구검이 이끄는 위나라 군대의 침략을 받았다.
④ 도읍을 평양으로 옮겼으며, 한성을 함락하였다.

05

(가), (나) 시기 사이에 있었던 사실로 가장 옳은 것은?
2023 법원직 9급

(가) 영락 5년 왕은 패려(稗麗)가 …(중략)… 하지 않는다고 생각하고 친히 군사를 이끌고 가서 토벌하였다. 부산(富山)·부산(負山)을 지나 염수(鹽水) 가에 이르렀다. 600~700영(營)을 격파하니, 노획한 소·말·양의 수가 헤아릴 수 없이 많았다.

(나) 고구려왕 거련(巨璉)이 병사 3만 명을 거느리고 한성을 포위하였다. 고구려 사람들이 병사를 네 방면의 길로 나누어 협공하고 또 바람을 이용해서 불을 질러 성문을 태우니, 성 밖으로 나가 항복하려는 자도 있었다. 임금은 기병 수십 명을 거느리고 성문을 나가 서쪽으로 달아났는데, 고구려 병사에게 살해되었다.

① 신라에 병부가 설치되었다.
② 고구려가 평양으로 천도하였다.
③ 고이왕이 좌평과 관등제의 기본 골격을 마련하였다.
④ 백제군의 공격으로 고국원왕이 전사하였다.

06

밑줄 친 '이 왕'에 대한 설명으로 옳은 것은?
2022 국가직 9급

백제 개로왕은 장기와 바둑을 좋아하였는데, 도림이 고하기를 "제가 젊어서부터 바둑을 배워 꽤 묘한 수를 알게 되었으니 개로왕께 알려드리기를 원합니다."라고 하였다. …(중략)… 개로왕이 (도림의 말을 듣고) 나라 사람을 징발하여 흙을 쪄서 성(城)을 쌓고 그 안에는 궁실, 누각, 정자를 지으니 모두가 웅장하고 화려하였다. 이로 말미암아 창고가 비고 백성이 곤궁하니, 나라의 위태로움이 알을 쌓아 놓은 것보다 더 심하게 되었다. 그제야 도림이 도망을 쳐 와서 그 실정을 고하니 이 왕이 기뻐하여 백제를 치려고 장수에게 군사를 나누어 주었다.
— 『삼국사기』 —

① 평양으로 도읍을 천도하였다.
② 진대법을 처음으로 시행하였다.
③ 낙랑군을 점령하고 한 군현 세력을 몰아내었다.
④ 신라에 침입한 왜군을 낙동강 유역에서 물리쳤다.

07 밑줄 친 '이 지역'에 대한 설명으로 옳은 것은?
2020 국가직 9급

> 장수왕은 군사 3만을 거느리고 백제를 침공하여 왕도인 이 지역을 함락시켜, 개로왕을 살해하고 남녀 8천 명을 사로잡아 갔다.

① 망이, 망소이가 반란을 일으켰다.
② 고려 문종 대에 남경이 설치되었다.
③ 보조국사 지눌이 수선사 결사를 주도하였다.
④ 고려 태조가 북진 정책의 전진 기지로 삼았다.

09 밑줄 친 '왕' 대의 역사적 사실로 옳은 것은?

> 그는 왕 21년 백제를 거쳐 일본에 건너가 종이, 먹 등의 제작 방법을 전하였다고 한다. 또한 일본 승려 법정(法定)과 함께 나라[奈良]에 있는 호류사[法隆寺]에 기거하면서, 오경(五經)과 불법(佛法)을 강론하고 금당(金堂)에 벽화를 그렸다고 전한다.

① 전진의 순도를 통해 불교가 전래되었다.
② 진휼 제도로 진대법을 도입하였다.
③ 평양으로 수도를 옮겼다.
④ 역사서인 『신집』을 편찬하였다.

08 〈보기〉의 사건이 있었던 시기의 사실로 가장 옳은 것은?
2021 서울시 9급(자체 출제)

> **보기**
> 가을 9월에 고구려 왕 거련(巨璉)이 군사 3만 명을 이끌고 왕도(王都) 한성을 포위하였다. 왕은 성문을 닫고 나가 싸우지 않았다. …(중략)… 왕은 곧 궁하여 어찌할 바를 모르다가, 기병 수십을 거느리고 성문을 나가 서쪽으로 도망쳤다. 고구려인이 쫓아가 그를 살해하였다.
> - 『삼국사기』 -

① 성왕이 신라군에게 살해되었다.
② 신라가 건원이라는 연호를 사용하였다.
③ 을지문덕이 살수에서 수의 군대를 물리쳤다.
④ 고구려가 중국의 남북조와 동시에 교류하였다.

10 (가)와 (나) 사이에 있었던 사실만을 〈보기〉에서 모두 고른 것은?

> (가) 평양성에서 고국원왕이 전사하였다.
> (나) 고구려의 역사서인 『신집』이 편찬되었다.

> **보기**
> ㄱ. 백제 개로왕이 전사하였고 수도를 웅진으로 천도하였다.
> ㄴ. 고구려가 안시성에서 당군을 물리쳤다.
> ㄷ. 금관가야가 멸망하였다.
> ㄹ. 고구려가 낙랑을 축출하였다.

① ㄱ, ㄴ
② ㄱ, ㄷ
③ ㄴ, ㄹ
④ ㄷ, ㄹ

11. <보기>의 ㉠에 들어갈 인물에 대한 설명으로 가장 옳은 것은?
2019 서울시 7급

> **보기**
>
> 이때 ㉠ 이(가) 군사를 출동시켜 사면에서 들이치니 수 병사들은 살수를 건너지도 못하고 허물어졌다. 처음 수의 군대가 쳐들어올 때는 무릇 30만 5천 명이었는데, 요동성으로 돌아갈 때는 겨우 2천 7백 명뿐이었다.

① 그는 스스로 최고 관직인 대막리지에 올라 권력을 장악하였다.
② 그는 요하 하류에 있는 안시성에서 공방전 끝에 승리하였다.
③ 그가 적장 우중문에게 보낸 5언 시가 전해진다.
④ 그는 5천의 결사대를 조직해 황산벌에서 싸웠으나 패하였다.

12. 밑줄 친 '그'에 대한 설명으로 옳은 것은?
2021 지방직 9급(서울시 9급)

> 그가 왕에게 아뢰었다. "삼교는 솥의 발과 같아서 하나라도 없어서는 안 됩니다. 지금 유교와 불교는 모두 흥하는데 도교는 아직 번성하지 않으니, 소위 천하의 도술(道術)을 갖추었다고 할 수 없습니다. 엎드려 청하오니 당에 사신을 보내 도교를 구해 와서 나라 사람들을 가르치게 하소서."
>
> - 『삼국사기』 -

① 당나라와 동맹을 체결하였다.
② 천리장성의 축조를 맡아 수행하였다.
③ 수나라의 군대를 살수에서 격퇴하였다.
④ 남진 정책을 추진하여 한성을 점령하였다.

13. 밑줄 친 '그'에 대한 설명으로 옳은 것은?

> 여러 대인(大人)과 왕은 몰래 그를 죽이고자 논의하였는데 일이 새어 나갔다. 그는 부병(部兵)을 모두 모아 놓고 마치 군대를 사열할 것처럼 꾸몄다. 그리고 성 남쪽에다 술과 안주를 성대히 차려 두고, 여러 대신(大臣)를 불러 함께 (사열식을) 보자고 하였다. 손님들이 이르자 모두 살해하니 모두 100여 명이었다. (그리고) 말을 달려 궁궐로 들어가 왕을 시해하고, (왕의 시신을) 잘라 여러 토막으로 내고 도랑에 버렸다. 그는 왕의 동생의 아들 장(臧)을 왕으로 세웠다.
>
> - 『삼국사기』 -

① 한강 유역을 공격하다가 아단성 전투에서 전사하였다.
② 살수에서 수의 군대를 격퇴하였다.
③ 그가 사망한 후 그의 아들들인 남생, 남건, 남산 사이에서 권력 투쟁이 일어났다.
④ 고구려 멸망 이후 요동 도독 조선 군왕에 봉해졌다.

14. (가)~(라)에 해당하는 사실로 옳지 않은 것은?
2020 국가직 9급

(가)	(나)	(다)	(라)
↑	↑	↑	↑
낙랑군 축출	광개토대왕릉비 건립	살수 대첩 승리	안시성 전투 승리	고구려 멸망

① (가) - 백제 침류왕이 불교를 받아들였다.
② (나) - 고구려 영양왕이 요서 지방을 선제공격하였다.
③ (다) - 백제가 신라 대야성을 공격하여 함락시켰다.
④ (라) - 신라가 매소성에서 당군을 격파하였다.

15. <보기>에서 백제의 발전 과정을 순서대로 바르게 나열한 것은? 2019 서울시 9급

보기
- ㄱ. 6좌평제와 16관등제 및 백관의 공복을 제정하였다.
- ㄴ. 고구려의 평양성을 공격하였다.
- ㄷ. 지방에 22담로를 설치하였다.
- ㄹ. 불교를 받아들여 통치 이념을 정비하였다.

① ㄱ → ㄴ → ㄷ → ㄹ
② ㄱ → ㄴ → ㄹ → ㄷ
③ ㄴ → ㄹ → ㄷ → ㄱ
④ ㄹ → ㄴ → ㄷ → ㄱ

16. 다음은 『삼국사기』에 수록된 백제의 외교 문서 중 일부이다. 문맥상 괄호 안에 들어갈 나라로 옳은 것은?

臣興高句麗 源出( ) 先世之時篤崇舊款

신(백제)과 고구려는 그 근원이 ( )(으)로부터 (함께) 나왔으므로, 선대 때는 옛정이 돈독하였습니다.

-『삼국사기』-

① 고조선 ② 예맥
③ 동이   ④ 부여

17. <보기>의 밑줄 친 왕에 대한 설명으로 가장 옳은 것은? 2019 서울시 7급

보기

영동대장군 백제 <u>사마왕</u>은 나이가 62세 되는 계묘년 5월 임진일인 7일에 돌아가셨다. 을사년 8월 갑신일인 12일에 안장하여 대묘에 올려 뫼시며 기록하기를 이와 같이 한다.

① 북위에 사신을 보내 고구려를 공격해 줄 것을 요청하였다.
② 신라와 결혼 동맹을 맺어 이벌찬 비지의 딸을 왕비로 맞이하였다.
③ 22부의 중앙 관청을 두고 수도와 지방을 5부와 5방으로 정비하였다.
④ 양나라에 사신을 보내 여러 차례 고구려를 격파했다는 서신을 전했다.

18. 밑줄 친 왕의 업적으로 가장 적절한 것은? 2018 경찰직 3차

왕이 관산성에 쳐들어왔다. 신주(新州)의 군주 김무력이 병사를 이끌고 나아가 싸웠는데, 비장인 삼년산군의 고간 도도가 빠르게 공격하여 <u>왕</u>을 죽였다.

-『삼국사기』-

① 사비로 천도하고 국호를 남부여로 고쳤다.
② 불교를 공인하고 율령을 반포했다.
③ 관등제의 골격을 마련하고 낙랑군·대방군과 공방을 벌였다.
④ 화랑도를 통해 양성한 인재를 관료로 선발했다.

19 다음은 어느 왕의 행적을 정리한 것이다. 빈칸에 들어갈 내용으로 적절한 것은?

523년	선왕의 뒤를 이어 왕위에 오르다.
524년	양나라 고조로부터 '지절 도독백제제군사 수동장군 백제왕'으로 책봉되다.
538년	
551년	고구려의 남쪽 경계를 공격하여 한강 하류 지역을 수복하다.
554년	신라 정벌에 나섰다가 관산성 부근에서 매복에 걸려 죽음을 당하다.

① 지방에 22개의 담로를 설치하다.
② 수도를 사비로 옮기고 나라 이름을 '남부여'라고 고치다.
③ 요서 지역에 군대를 파견하여 점령하고 진평군을 설치하다.
④ 중국으로부터 들어온 불교를 공인하고 도성에 사찰을 건립하다.

20 밑줄 친 '대왕'이 재위하던 시기의 사실로 옳은 것은?
2016 국가직 7급

> 우리 왕후께서는 좌평 사택적덕의 따님으로 … (중략)… 기해년 정월 29일에 사리를 받들어 맞이하셨다. 원하오니, 우리 대왕의 수명을 산악과 같이 견고하게 하시고 치세는 천지와 함께 영구하게 하소서.

① 사비의 왕흥사가 낙성되었다.
② 22담로에 왕족을 보냈다.
③ 박사 고흥이 『서기』를 편찬하였다.
④ 노리사치계가 왜에 불상과 불경을 전하였다.

21 (가)~(라)의 시기에 해당하는 백제 역사에 대한 설명으로 옳지 <u>않은</u> 것은?
2016 국가직 9급

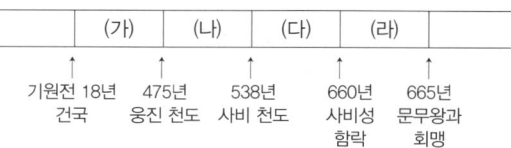

① (가) - 관등제를 정비하고 공복제를 도입하는 등 국가 통치 체제의 근간을 마련하였다.
② (나) - 남쪽의 마한 잔여 세력을 정복하고, 수군을 정비하여 요서 지방까지 진출하였다.
③ (다) - 신라와 연합하여 한강 유역 일부 지역을 수복했으나 얼마 후 신라에게 빼앗겼다.
④ (라) - 복신과 도침 등이 주류성에서 군사를 일으켜 사비성의 당나라 군대를 공격하였다.

22 ㉠ 왕호를 사용하던 신라 시기의 사실로 옳은 것은?
2017 국가직 7급(추가채용)

> 신라 왕으로서 거서간, 차차웅이란 이름을 쓴 이가 각기 하나요, 이사금이라 한 이가 열여섯이며, (㉠)(이)라 한 이가 넷이다.
> —『삼국사기』—

① 율령이 반포되었다.
② 대가야를 병합하였다.
③ 왕위의 부자 상속제가 확립되었다.
④ 건원이라는 독자적인 연호를 사용하였다.

23 밑줄 친 ( )의 재위 기간에 있었던 사실로 옳은 것은?
2022 계리직 9급

> ( ) 9년 3월에 사방(四方)의 우역(郵驛)을 비로소 설치하고, 담당 관리에게 명하여 관도(官道)를 수리하게 하였다.
> -『삼국사기』-

① 처음으로 수도에 시장을 열어 사방의 물자를 유통시켰다.
② 중앙 관서를 22부로 정비하고 수도를 5부로 편제하였다.
③ 우산국으로 불리던 울릉도를 정복하여 영토로 편입하였다.
④ 9주와 5소경을 설치하여 지방 행정을 새롭게 정비하였다.

24 다음 왕 재위 시기에 있었던 사실로 가장 적절하지 않은 것은?
2018 경찰직 2차

> 왕 재위 3년에 순장을 금지하는 명령을 내렸다. 3월에는 주와 군의 수령에게 명하여 농사를 권장하게 하였다. 처음으로 소를 부려서 논밭을 갈았다.
> -『삼국사기』-

① 이사부의 건의로 『국사』를 편찬하였다.
② 왕이라는 중국식 칭호를 사용하였다.
③ 국호를 신라로 정하였다.
④ 이사부를 시켜 우산국을 정벌하였다.

25 다음 사건이 발생한 왕의 재위 기간에 있었던 사실로 옳은 것은?
2018 지방직 7급

> 우산국은 명주의 동쪽 바다에 있는 섬으로, 울릉도라고도 한다. 땅은 사방 백 리인데, 지세가 험한 것을 믿고 복종하지 않았다. 이찬 이사부가 하슬라주 군주가 되어, '우산국 사람은 어리석고도 사나워서 힘으로 다루기는 어렵고 계책으로 복종시킬 수 있다.'고 생각하였다. 이에 나무 사자[木偶師子]를 많이 만들어 전선에 나누어 싣고 그 나라 해안에 다다랐다. …(중략)… 그 나라 사람들이 두려워 즉시 항복하였다.

① 상대등 제도를 시행하였다.
② 아시촌에 소경을 설치하였다.
③ 고구려 승려 혜량을 승통으로 삼았다.
④ 사방에 우역(郵驛)을 처음으로 두었다.

26 밑줄 친 '국왕'의 업적으로 옳지 않은 것은?
2025 지방직 9급

> 이차돈이 국왕에게 아뢰기를 "신이 거짓으로 왕명을 전하였다고 문책하여 신의 머리를 베시면 만민이 모두 굴복하고 감히 왕명을 어기지 못할 것입니다."라고 하였다. …(중략)… 옥리(獄吏)가 이차돈의 머리를 베니 하얀 젖이 한 길이나 솟았다.

① 율령을 반포하고 상대등을 설치하였다.
② 병부를 설치하고 금관가야를 병합하였다.
③ '건원'이라는 독자적인 연호를 사용하였다.
④ 국호를 '신라'로 정하고 우산국을 정벌하였다.

27 <보기>의 밑줄 친 '왕' 대에 이루어진 내용을 옳게 고른 것은?
2019 2월 서울시 9급

보기

재위 19년에는 금관국주인 김구해가 비와 세 아들을 데리고 와 항복하자 왕은 예로써 대접하고 상등(上等)의 벼슬을 주었으며, 23년에는 처음으로 연호를 칭하여 건원(建元) 원년이라 하였다.

ㄱ. 국호를 사로국에서 '신라'로, 왕호를 마립간에서 '왕'으로 고쳤다.
ㄴ. 왕은 연호를 고쳐 '개국(開國)'이라 하였으며 『국사』를 편찬토록 하였다.
ㄷ. 왕호를 '성법흥대왕'이라 쓰기도 하였다.
ㄹ. '신라육부'가 새겨진 울진 봉평 신라비가 세워졌다.
ㅁ. 연호를 '인평(仁平)'으로 고쳤으며 분황사와 영묘사를 창건하였다.

① ㄱ, ㄴ
② ㄴ, ㄷ
③ ㄷ, ㄹ
④ ㄹ, ㅁ

28 밑줄 친 '왕'에 대한 설명으로 가장 옳은 것은?

○ 왕 16년, 북한산을 순행하여 국경을 정하였다.
○ 왕 18년, 신주를 없애고 북한산주를 설치하였다.

① 수도에 동시전을 설치하였다.
② 첨성대를 세워 천체를 관측하였다.
③ 율령을 반포하여 통치 질서를 확립하였다.
④ 대가야를 정복하여 낙동강 서쪽을 장악하였다.

29 밑줄 친 '왕'의 재위 기간에 있었던 사실로 옳은 것은?
2020 지방직 9급(서울시 9급)

이찬 이사부가 왕에게 "국사라는 것은 임금과 신하들의 선악을 기록하여, 좋고 나쁜 것을 만대 후손들에게 보여주는 것입니다. 이를 책으로 편찬해 놓지 않는다면 후손들이 무엇을 보고 알겠습니까?"라고 아뢰었다. 왕이 깊이 동감하고 대아찬 거칠부 등에게 명하여 선비들을 널리 모아, 그들로 하여금 역사를 편찬하게 하였다.
- 『삼국사기』 -

① 정전 지급
② 국학 설치
③ 첨성대 건립
④ 북한산 순수비 건립

30 <보기>의 밑줄 친 '왕'의 재위 기간에 일어난 일이 아닌 것은?
2022 서울시 9급(자체 출제)

보기

재위 12년 신미년에 왕이 거칠부 및 대각찬 구진, 각찬 비태, 잡찬 탐지, 잡찬 비서, 파진찬 노부, 파진찬 서력부, 대아찬 비차부, 아찬 미진부 등 여덟 장군에게 명하여 백제와 더불어 고구려를 공격하도록 하였다. 백제인들이 먼저 평양을 공격하여 깨뜨리자, 거칠부 등은 승기를 타서 죽령 바깥, 고현 이내의 10군을 빼앗았다.
- 『삼국사기』 -

① 대가야를 정벌하여 가야 연맹을 소멸시켰다.
② 인재를 양성하기 위하여 화랑도를 국가적 조직으로 개편하였다.
③ 자장의 건의를 받아들여 황룡사 9층 목탑을 건립하였다.
④ 신라의 역사를 정리하여 『국사』를 편찬하였다.

31 밑줄 친 '이 시기'와 가장 가까운 사실로 옳은 것은?

화랑도는 국선도, 풍류도, 풍월도라고 부르며, 옛 씨족 사회의 청소년 집단(원화)에서 기원하였다. 화랑도의 구성원은 화랑과 낭도로 이들은 계층 간 대립과 갈등을 조절하는 역할도 하였다. 화랑도는 이 시기에 국가적 조직으로 확대되었으며, 계율인 세속 5계는 사군이충(事君以忠), 사친이효(事親以孝), 교우이신(交友以信), 임전무퇴(臨戰無退), 살생유택(殺生有擇)을 이른다.

① 동시전을 설치하여 시장의 상업 활동을 관리하였다.
② 분황사 탑을 건설하였고, 첨성대를 세워 천체를 관측하였다.
③ 이차돈의 순교로 불교가 공인되었다.
④ 한강 유역을 장악하여 국가 발전의 인적·경제적 기반을 마련하였다.

32 다음 자료와 관련된 설명으로 옳지 않은 것은?

진평왕 30년, 왕은 ㉠ 고구려가 빈번하게 강역을 침범하는 것을 근심하다가 수나라에 병사를 청하여 고구려를 정벌하고자 하였다. 이에 ㉡ 원광에게 군사를 청하는 글을 짓도록 명하니, 원광이 "자기가 살려고 남을 죽이도록 하는 것은 승려로서 할 일이 아니나, 제가 대왕의 토지에서 살고 대왕의 물과 풀을 먹으면서, 어찌 감히 명령을 좇지 않겠습니까?"라고 하며, 곧 글을 지어 바쳤다. …(중략)… 33년에 왕이 수나라에 사신을 보내어 표문을 바치고 출병을 청하니, ㉢ 수나라 양제가 이를 받아들이고 군사를 일으켰다.
— 『삼국사기』 신라 본기 —

① ㉠ – 고구려는 한강 유역을 되찾기 위해 신라를 자주 공격하였다.
② ㉡ – 화랑도의 계율인 세속 5계를 지었다.
③ ㉢ – 고구려는 살수 대첩을 통해 수의 침략을 격퇴하였다.
④ 당시 신라는 백제와 동맹을 맺어 고구려의 남진을 대처하고 있었다.

33 밑줄 친 '그'에 대한 설명으로 옳은 것은?
2022 지방직 9급(서울시 9급)

이날 소정방이 부총관 김인문 등과 함께 기벌포에 도착하여 백제 군사와 마주쳤다. …(중략)… 소정방이 신라군이 늦게 왔다는 이유로 군문에서 신라 독군 김문영의 목을 베고자 하니, 그가 군사들 앞에 나아가 "황산 전투를 보지도 않고 늦게 온 것을 이유로 우리를 죄주려 하는구나. 죄도 없이 치욕을 당할 수는 없으니, 결단코 먼저 당나라 군사와 결전을 한 후에 백제를 쳐야겠다."라고 말하였다.

① 살수에서 수의 군대를 물리쳤다.
② 김춘추의 신라 왕위 계승을 지원하였다.
③ 청해진을 설치하고 해상 무역을 전개하였다.
④ 대가야를 정벌하여 낙동강 유역을 확보하였다.

34 (가) 인물에 대한 설명으로 옳은 것은? 2020 국가직 9급

김춘추가 당나라에 들어가 군사 20만을 요청해 얻고 돌아와서 (가) 을/를 보며 말하기를, "죽고 사는 것이 하늘의 뜻에 달렸는데, 살아 돌아와 다시 공과 만나게 되니 얼마나 다행한 일입니까?"라고 하였다. 이에 (가) 이/가 대답하기를, "저는 나라의 위엄과 신령함에 의지하여 두 차례 백제와 크게 싸워 20성을 빼앗고 3만여 명을 죽이거나 사로잡았습니다. 그리고 품석 부부의 유골이 고향으로 되돌아왔으니 천행입니다."라고 하였다.
— 『삼국사기』 —

① 황산벌에서 백제군을 물리쳤다.
② 화랑이 지켜야 할 세속 오계를 제시하였다.
③ 진덕 여왕의 뒤를 이어 신라왕으로 즉위하였다.
④ 당에서 숙위 활동을 하다가 부대총관이 되어 신라로 돌아왔다.

35
(가), (나) 사건이 일어난 시기의 국왕에 대한 설명으로 옳은 것은?

(가) 신령한 사람이 (자장에게) 일러서 "지금 너희 나라는 여자로서 임금을 삼았기 때문에 덕은 있으나 위엄이 없으므로 이웃 나라들이 해치려고 하니 …(중략)… 황룡사에 9층탑을 세우면 이웃 나라들이 항복을 하고 9개 나라가 와서 조공할 것이며 왕위가 길이 평안하리라." 하였다. …(중략)… 귀국하여 탑을 세우는 일에 대하여 왕에게 아뢰었다.

(나) 백성들이 조세를 바치지 않아 창고가 텅텅 비어 나라의 재정이 궁핍해졌다. 왕이 사자를 보내 독촉하니 이로 인해 사방에서 도둑이 벌 떼처럼 일어났다. 원종과 애노 등이 사벌주를 근거지로 반란을 일으켰다.

① (가) – 화랑도를 국가적인 조직으로 정비하였다.
② (가) – 이차돈의 순교를 계기로 불교를 공인하였다.
③ (나) – 각간 위홍으로 하여금 『삼대목』을 편찬하게 하였다.
④ (나) – 김흠돌의 난을 진압하여 귀족들을 대거 숙청하였다.

36
다음 문화재와 이를 통해 알 수 있는 내용의 연결이 옳지 않은 것은?   2023 지방직 9급(서울시 9급)

① 사택지적비 – 백제가 영산강 유역까지 영역을 확장하였다.
② 임신서기석 – 신라에서 청년들이 유교 경전을 공부하였다.
③ 충주 고구려비 – 고구려가 5세기에 남한강 유역까지 진출하였다.
④ 호우명 그릇 – 5세기 초 고구려와 신라가 밀접한 관계를 맺고 있었다.

37
다음 자료에서 설명하는 금석문에 해당하는 것은?

금석문의 내용에는 법흥왕 때(536)부터 원성왕 때(798)까지의 사실이 기록되어 있다. 이를 통해 삼국 및 통일 신라의 농업 실태를 유추할 수 있다.

① 포항 냉수리비
② 울진 봉평비
③ 단양 적성비
④ 영천 청제비

38
(가), (나) 사이의 시기에 있었던 사실로 가장 옳지 않은 것은?   2024 법원직 9급

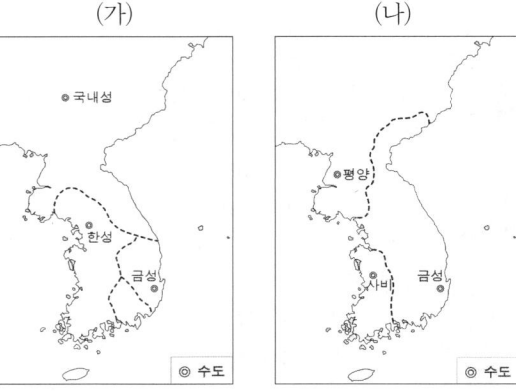

① 태조왕이 옥저를 복속하였다.
② 진흥왕이 화랑도를 개편하였다.
③ 장수왕이 남진 정책을 추진하였다.
④ 지증왕이 국호를 '신라'로 정하였다.

39. 삼국 간의 경쟁 과정에서 일어난 사건을 순서대로 바르게 나열한 것은? [2016 서울시 9급]

(가) 백제 성왕이 관산성 전투에서 전사하였다.
(나) 백제 의자왕은 신라의 대야성을 함락시켰다.
(다) 고구려 광개토대왕은 신라 지역으로 쳐들어온 왜국의 침략을 격퇴하였다.
(라) 백제는 고구려의 침략으로 말미암아 수도를 웅진으로 옮겼다.

① (나) - (다) - (라) - (가)
② (다) - (가) - (라) - (나)
③ (다) - (라) - (가) - (나)
④ (라) - (다) - (나) - (가)

40. 다음 사건들이 일어난 순서를 옳게 나열한 것은? [2018 계리직 9급]

ㄱ. 살수 대첩   ㄴ. 안시성 싸움
ㄷ. 황산벌 전투 ㄹ. 대가야 멸망

① ㄱ - ㄴ - ㄷ - ㄹ
② ㄴ - ㄷ - ㄹ - ㄱ
③ ㄷ - ㄹ - ㄱ - ㄴ
④ ㄹ - ㄱ - ㄴ - ㄷ

41. 삼국 통일 과정에서 나타난 사건을 순서대로 바르게 나열한 것은? [2017 서울시 9급]

(가) 나·당 연합군이 평양성을 함락시켰다.
(나) 신라가 매소성에서 당군을 크게 물리쳤다.
(다) 계백의 저항에도 불구하고 사비성이 함락되었다.
(라) 백제·왜 연합군이 나·당 연합군과 백강에서 전투를 벌였다.

① (나) - (가) - (다) - (라)
② (나) - (다) - (가) - (라)
③ (다) - (라) - (가) - (나)
④ (라) - (다) - (가) - (나)

42. 다음 전투 이후에 일어난 사건으로 옳은 것만을 모두 고르면? [2023 국가직 9급]

이근행이 군사 20만 명의 대군을 이끌고 매소성(買肖城)에 머물렀다. 우리 군사가 공격하여 달아나게 하고 전마 30,380필을 얻었는데, 남겨놓은 병장기도 그 정도 되었다.

ㄱ. 웅진도독부가 설치되었다.
ㄴ. 김흠돌이 반란을 일으켰다.
ㄷ. 교육 기관인 국학이 설립되었다.
ㄹ. 복신과 도침이 부여풍과 함께 백제 부흥 운동을 일으켰다.

① ㄱ, ㄴ   ② ㄱ, ㄹ
③ ㄴ, ㄷ   ④ ㄷ, ㄹ

43. 〈보기〉에서 밑줄 친 '이 나라'에 대한 설명으로 가장 옳은 것은? [2019 서울시 9급]

보기

천지가 개벽한 뒤로 이곳에는 아직 나라가 없고 또한 왕과 신하도 없었다. 단지 아홉 추장이 각기 백성을 거느리고 농사를 지으며 살았다. …(중략)… 아홉 추장과 사람들이 노래하고 춤추면서 하늘을 보니 얼마 뒤 자주색 줄이 하늘로부터 내려와서 땅에 닿았다. 줄 끝을 찾아보니 붉은 보자기에 금빛 상자가 싸여 있었다. 상자를 열어 보니 황금색 알 여섯 개가 있었다. …(중략)… 열 사흘째 날 아침에 다시 모여 상자를 열어 보니 여섯 알이 어린아이가 되어 있었다. 용모가 뛰어나고 바로 앉았다. 아이들이 나날이 자라 십수 일이 지나니 키가 9척이나 되었다. 얼굴은 한고조, 눈썹은 당의 요임금, 눈동자는 우의 순임금과 같았다. 그달 보름에 맏이를 왕위에 추대하였는데, 그가 곧 이 나라의 왕이다.
― 『삼국유사』 ―

① 중국 동진으로부터 불교를 받아들여 왕실의 권위를 높였다.
② 재상을 뽑을 때 정사암에 후보 이름을 써서 넣은 상자를 봉해두었다.
③ 큰일이 있을 때에는 반드시 화백 제도를 통해 여러 사람의 의견을 따랐다.
④ 철기를 만들 때 사용하는 덩이쇠를 화폐와 같은 교환 수단으로 이용하기도 하였다.

44 (가) 국가에 대한 설명으로 가장 옳지 않은 것은?
2024 법원직 9급

> 김해·고령 등 (가) 고분군 7곳, 유네스코 세계 문화유산 됐다.
> 유네스코 "고대 문명의 주요 증거"
> 한반도 남부에 남아 있는 유적 7곳을 묶은 고분군이 유네스코 세계 문화유산 됐다. …(중략)…
> (가) 은/는 기원 전후부터 562년까지 주로 낙동강 유역을 중심으로 번성한 작은 나라들의 총칭이다.
> -2023. 9. 18. □□일보-

① 낙동강 하류의 변한 지역에서 성장하였다.
② 철기를 활발히 생산하여 주변국에 수출하였다.
③ 골품에 따라 관등이나 관직 승진에 제한이 있었다.
④ 금관가야를 중심으로 전기 가야 연맹이 결성되었다.

45 밑줄 친 '가라(가야)국'에 대한 설명으로 옳은 것은?
2017 지방직 7급

> 진흥왕이 이찬 이사부에게 명하여 가라(가야라고도 한다)국을 공격하도록 하였다. 이때 사다함은 나이 15, 6세였음에도 종군하기를 청하였다. 왕이 나이가 아직 어리다 하여 허락하지 않았으나, 여러 번 진심으로 청하고 뜻이 확고하였으므로 드디어 귀당 비장으로 삼았다. …(중략)… 그 나라 사람들이 뜻밖에 군사가 쳐들어오는 것을 보고 놀라 막지 못하였으므로 대군이 승세를 타고 마침내 그 나라를 멸망시켰다.
> - 『삼국사기』-

① 시조는 수로왕이며 구지봉 전설이 있다.
② 나라가 망할 즈음 우륵이 가야금을 가지고 신라로 들어갔다.
③ 낙동강 하류에 도읍하고 해상 교역을 중계하였다.
④ 국주(國主) 김구해가 항복하자 신라왕이 본국을 식읍으로 주었다.

46 밑줄 친 '이 나라'에 대한 설명으로 옳지 않은 것은?

> 『석순응전(釋順應傳)』에 이 나라의 월광태자(月光太子)는 곧 정견(正見)의 10세손이요 그의 아버지는 이뇌왕(異腦王)이라고 하며, 신라에 결혼을 청하여 이찬(夷粲) 비지배(比枝輩)의 딸을 맞아 태자를 낳았다고 되어 있으니 이뇌왕은 곧 뇌질주일의 8세손이다.
> - 『신증동국여지승람』-

① 고령을 중심으로 성장하였고 5세기 후반부터 가야의 주도 세력이 되었다.
② 이 나라의 시조는 인도 아유타국에서 온 공주와 혼인을 하였다고 전한다.
③ 이 나라 출신의 우륵은 신라에 가야금을 전하였다.
④ 남원, 장수 등 현재의 전라북도 일부 지역까지 세력을 확장하였다.

47 밑줄 친 '이 나라'에 대한 설명으로 옳은 것은?
2020 지방직 9급(서울시 9급)

> 이 나라는 삼한의 종족이며, 지금의 고령에 있었다. 건원 원년(479)에 그 국왕 하지(荷知)는 사신을 보내 남제에 공물을 바쳤다. 남제에서는 국왕 하지에게 "보국장군 본국왕"을 제수하였다.

① 관산성 전투에서 국왕이 전사하였다.
② 울릉도를 정복해서 영토로 편입하였다.
③ 호남 동부 지역까지 세력을 확장하였다.
④ 신라를 도와 낙동강 유역에 진출한 왜를 격파하였다.

48 신라의 군사 제도에 대한 설명으로 옳지 않은 것은?
2014 경찰직 2차

① 방령은 각각 700~1,200명의 군사를 거느렸다.
② 군주는 주 단위로 설치한 부대인 정을 거느렸다.
③ 전쟁과 사냥에 대한 교육을 받았던 화랑은 직접 전투에 참여하였다.
④ 8세기 후반 이후 경제 기반을 확대한 진골 귀족들은 사병을 거느렸다.

49 고구려, 백제, 신라의 최고 지방 장관의 관직명을 바르게 묶은 것은?

① 욕살, 방령, 군주
② 대대로, 좌평, 이벌찬
③ 처려근지, 성주, 도사
④ 막리지, 상좌평, 상대등

50 고구려의 관등제에 대한 설명으로 옳은 것은?

① 좌평 이하 16관등으로 이루어져 있었다.
② 최고 관등은 이벌찬, 최하 관등은 조위였다.
③ 경위(京位)와 외위(外位)의 2원적 체계로 구성되었다.
④ '형(兄)'과 '사자(使者)'의 명칭이 붙은 관등이 많았다.

51 다음 (가)에서 이루어진 합의 제도를 시행한 국가의 통치 체제로 옳은 것은? **2017 지방직 9급**

> 호암사에는 ☐(가)☐(이)라는 바위가 있다. 나라에서 장차 재상을 뽑을 때에 후보 3, 4명의 이름을 써서 상자에 넣고 봉해 바위 위에 두었다가 얼마 후에 가지고 와서 열어 보고 그 이름 위에 도장이 찍혀 있는 사람을 재상으로 삼았다.
> — 『삼국유사』 —

> ㄱ. 중앙 정치는 대대로를 비롯하여 10여 등급의 관리들이 나누어 맡았다.
> ㄴ. 중앙 관청을 22개로 확대하고 수도는 5부, 지방은 5방으로 정비하였다.
> ㄷ. 16품의 관등제를 시행하고, 품계에 따라 옷의 색을 구별하여 입도록 하였다.
> ㄹ. 지방 행정 조직을 9주 5소경 체제로 정비하였다.
> ㅁ. 중앙에 3성 6부를 두고, 정당성을 관장하는 대내상이 국정을 총괄하도록 하였다.

① ㄱ, ㄴ   ② ㄴ, ㄷ
③ ㄷ, ㄹ   ④ ㄹ, ㅁ

52 삼국 시대의 정치 제도에 대한 설명으로 옳은 것만을 모두 고르면? **2018 지방직 9급(사회복지직 9급)**

> ㄱ. 삼국의 관등제와 관직 제도 운영은 신분제에 의하여 제약을 받았다.
> ㄴ. 고구려는 대성(大城)에는 처려근지, 그다음 규모의 성에는 욕살을 파견하였다.
> ㄷ. 백제는 도성에 5부, 지방에 방(方)-군(郡) 행정 제도를 시행하였다.
> ㄹ. 신라는 10정 군단을 바탕으로 영역을 확장하고 삼국 통일을 이룩하였다.

① ㄱ, ㄴ   ② ㄱ, ㄷ
③ ㄴ, ㄹ   ④ ㄷ, ㄹ

53 삼국 시대 정치 제도에 대한 설명으로 가장 옳은 것은? **2017 서울시 사회복지직 9급**

① 신라 화백 회의는 만장일치 원칙이며 회의의 의장은 상좌평이다.
② 백제는 관품 구별에 따라 자·단·비·녹색의 공복을 입었다.
③ 신라는 진덕 여왕 대 집사부와 창부를 통합해 정무 기관인 품주를 설치하였다.
④ 국상, 대대로, 막리지 등은 고구려에서 재상의 직위를 지칭한다.

CHAPTER 02 남북국 시대의 정치

출제 비중 25%

필수기출 & 출제예상편

01 밑줄 친 '그'에 대한 설명으로 옳은 것은?

> 왕 11년 임인년에 백제가 대량주(大梁州)를 함락하자 그의 딸 고타소랑(古陁炤娘)이 남편 김품석(金品釋)을 따라 죽었다. 그는 이를 한스러워하며 고구려의 군사를 청하여 백제에 대한 원한을 갚고자 하였으며, 왕이 이를 허락하였다.

① 최초의 진골 출신으로 신라의 왕이 되었다.
② 진평왕의 명령을 받아 걸사표를 작성하였다.
③ 황산벌 전투에서 계백의 결사대를 무찔렀다.
④ 선덕 여왕에게 황룡사 9층탑을 세우도록 건의하였다.

02 다음은 어느 역사서의 일부분이다. 밑줄 친 인물의 왕위 재위 기간에 일어난 사실로 가장 적절한 것은?

2020 경찰직 1차

> "신의 나라가 대국을 섬긴 지 여러 해가 되었습니다. 그러나 백제는 강성하고 교활하여 침략을 일삼아 왔습니다. …(중략)… 만약 폐하께서 군사를 보내 그 흉악한 무리들을 없애지 않는다면 우리나라 백성은 모두 포로가 될 것입니다. 육로와 수로를 거쳐 섬기러 오는 일도 다시는 기대할 수 없을 것입니다." 태종이 크게 동감하고 군사를 보낼 것을 허락하였다.

① 갈문왕 제도가 사실상 폐지되고 상대등의 권한이 약화되었다.
② 비담과 염종 등 귀족 세력의 반란이 일어났다.
③ 독자적인 연호를 폐지하고 당 고종의 연호를 사용하였다.
④ 자장의 건의로 황룡사 9층 목탑이 축조되었다.

03 통일 이후 신라의 국가 체제 정비에 대한 설명으로 옳은 것은?

① 삼국 통일 이후 중앙 관청은 이부·호부·예부·병부·형부·공부 등 6개가 설치되었다.
② 중앙군은 9서당으로 구성하고, 지방군으로 6정을 설치하였다.
③ 아시촌 소경이 설치되는 등 5소경 제도가 마련되었다.
④ 통일 이후에는 집사부가 최고의 행정 관부로 중요시되었고, 책임자인 중시(시중)의 권한이 강화되었다.

04 밑줄 친 '이 왕'에 대한 설명으로 옳은 것은?
2021 지방직 9급(서울시 9급)

> 문무왕이 왜병을 진압하고자 감은사를 처음 창건하려 했으나, 끝내지 못하고 죽어 바다의 용이 되었다. 뒤이어 즉위한 이 왕이 공사를 마무리하였다. 금당 돌계단 아래에 동쪽을 향하여 구멍을 하나 뚫어 두었으니, 용이 절에 들어와서 돌아다니게 하려고 마련한 것이다. 유언에 따라 유골을 간직해 둔 곳은 대왕암(大王岩)이라고 불렀다.
> — 「삼국유사」 —

① 건원이라는 독자적인 연호를 사용하였다.
② 국학을 설립하여 유학을 교육하였다.
③ 백성에게 처음으로 정전을 지급하였다.
④ 진골 출신으로서 처음 왕위에 올랐다.

05 (가)와 (나) 사이 시기 신라에서 있었던 사실로 옳은 것은?
2022 계리직 9급

> (가) 당(唐)이 고구려 평양에 안동 도호부를 설치하였다.
> (나) 대조영이 동모산에서 진국(震國), 즉 발해를 건국하였다.

① 일반 백성들에게 정전을 지급하였다.
② 관리 채용을 위한 시험 제도로 독서삼품과를 실시하였다.
③ 유교 교육을 진흥시키기 위해 국학을 설치하였다.
④ 관료전을 폐지하고 녹읍을 부활하였다.

06 밑줄 친 '왕'의 업적으로 옳은 것은?

> 이 섬의 대나무는 낮이면 갈라져 둘이 되고, 밤이면 합하여 하나가 되는지라. 왕은 이 기이한 소식을 듣고 현장에 거동하였다. 이때 나타난 용에게 왕이 대나무의 이치를 물으니, 용은 "비유하건대 한 손으로는 어느 소리도 낼 수 없지만 두 손이 마주치면 능히 소리가 나는지라. 이 대나무도 역시 합한 후에야 소리가 나는 것이오. …(중략)…"

① 각간 위홍과 승려 대구에 의해 『삼대목』이 편찬되었다.
② 달구벌 천도를 통해 자신의 정치적 이상을 실현하고자 하였다.
③ 지방 9주의 명칭과 중앙 관부의 명칭을 중국식으로 바꾸었다.
④ 기밀 사무와 재정을 담당하는 관청인 품주가 설치되었다.

07 다음 즉위년 교서를 발표한 왕의 업적으로 옳지 않은 것은?
2017 서울시 7급

> 공이 있는 자를 상주는 것은 옛 성인의 좋은 규정이요, 죄 있는 자를 벌주는 것은 선왕의 아름다운 법이다. …(중략)… 적의 괴수인 흠돌·흥원·진공 등은 그 벼슬이 재능으로 높아진 것이 아니라 실상 왕의 은덕으로 올라간 것이지만, …(중략)… 악당들이 서로 도와 날짜와 기한을 정해 반역을 행하려 하였다.
> — 「삼국사기」 —

① 국학을 설치하여 유학을 진흥시켰다.
② 관료전을 지급하고 녹읍을 폐지하였다.
③ 9주 5소경을 설치하여 지방 통치 체제를 정비하였다.
④ 독서삼품과를 시행하여 관리를 등용하였다.

08 밑줄 친 '왕'의 재위 기간에 있었던 일로 옳은 것은?

> 왕은 사벌주를 상주로 바꾸는 등 9주의 명칭을 개정하고, 군현의 이름도 한자식으로 고쳤다. 또한, 중앙 관서의 관직명도 중국의 예에 맞추어 한자식으로 바꾸었다.
> — 『삼국사기』 —

① 국학이 설치되었다.
② 녹읍이 부활되었다.
③ 독서삼품과가 시행되었다.
④ 처음으로 정전이 지급되었다.

09 다음 시가가 만들어진 국왕 대의 사실로 옳은 것은?
2017 국가직 7급(추가채용)

> 임금은 아버지요 신하는 사랑하실 어머니시라.
> 백성을 어리석은 아이라 여기시니, 백성이 그 사랑을 알리라.
> 꾸물거리며 사는 물생들에게, 이를 먹여 다스리네.
> 이 땅을 버리고 어디로 가랴, 나라 안이 유지됨을 아리이다.
> 아아! 임금답게 신하답게 백성답게 할지면, 나라 안이 태평하리라.
> — 「안민가」 —

① 9주의 명칭을 중국식으로 바꾸었다.
② 귀족들의 경제적 기반인 녹읍을 폐지하였다.
③ 최초로 진골 출신이 왕이 되어 왕권을 강화하였다.
④ 최치원이 국왕에게 10여 조의 시무책을 건의하였다.

10 밑줄 친 '반란'에 대한 설명으로 옳은 것만을 모두 고르면?
2024 국가직 9급

> 웅천주 도독 헌창이 반란을 일으켜, 무진주·완산주·청주·사벌주 네 주의 도독과 국원경·서원경·금관경의 사신 및 여러 군현의 수령들을 위협하여 자신의 아래에 예속시키려 하였다.

ㄱ. 천민이 중심이 된 신분 해방 운동 성격을 가졌다.
ㄴ. 반란 세력은 국호를 '장안', 연호를 '경운'이라 하였다.
ㄷ. 주동자의 아버지가 왕이 되지 못한 것에 대한 불만으로 일어났다.
ㄹ. 무열왕 직계가 단절되고 내물왕계가 다시 왕위를 차지하는 결과를 가져왔다.

① ㄱ, ㄴ
② ㄱ, ㄹ
③ ㄴ, ㄷ
④ ㄷ, ㄹ

11 다음 중 시기적으로 두 번째에 발생한 사건은?
2021 경찰직 1차

① 김헌창의 난
② 대공의 난
③ 원종과 애노의 난
④ 장보고의 난

12 다음 밑줄 친 '대사'에 대한 내용으로 옳지 않은 것은?
2017 지방직 9급

> 이 엔닌은 대사의 어진 덕을 입었기에 삼가 우러러 뵙지 않을 수 없습니다. 저는 이미 뜻한 바를 이루기 위해 당나라에 머물러 왔습니다. 부족한 이 사람은 다행히도 대사께서 발원하신 적산원(赤山院)에 머물 수 있었던 것에 대해 감경(感慶)한 마음을 달리 비교해 말씀드리기가 어렵습니다.
> — 『입당구법순례행기』 —

① 법화원을 건립하고 이를 지원하였다.
② 당나라에 가서 서주 무령군 소장이 되었다.
③ 회역사, 견당매물사 등의 교역 사절을 파견하였다.
④ 웅주를 근거지로 반란을 일으켜 장안(長安)이라는 나라를 세웠다.

13 다음 제시된 사건과 가장 가까운 시기인 것은?
2017 경찰직 1차(여경 재시험)

> 왕이 말하기를 "사람에게는 위와 아래가 있고, 벼슬에도 높고 낮음이 있어 명칭과 법식이 같지 않고 의복 또한 다른 것이다. 그런데 세상의 습속은 점점 각박해지고 백성들은 다투어 사치와 호화를 일삼고 오로지 외래품의 진귀한 것만을 숭상하고 토산물의 야비한 것을 싫어한다. 그리하여 예절이 분수에 넘치는 데 빠지고 풍속이 파괴되는 데에까지 이르렀다. 이에 옛날 법에 따라 엄한 명령을 내리는 것이니, 그래도 만약 일부러 범하는 자는 진실로 응당한 형벌이 있을 것이다."라고 하였다.
> - 『삼국사기』 -

① 대조영이 고구려 유민과 말갈족을 이끌고 동모산 근처로 이동하여 국가를 세웠다.
② 장보고가 당에서 귀국하여 현재의 완도에 청해진을 설치하였다.
③ 불국토의 이상을 조화와 균형감각으로 표현한 불국사가 건립되었다.
④ 견훤이 지방의 군사력과 호족 세력을 토대로 완산주에 도읍을 정하고 후백제를 건국하였다.

15 밑줄 친 '왕'이 다스리던 시기에 있었던 사실로 가장 옳은 것을 〈보기〉에서 모두 고른 것은?
2024 법원직 9급

> ○왕 3년(889) 나라 안의 여러 주(州)·군(郡)에서 공물과 조세를 보내지 않아 나라의 창고가 텅 비어 나라의 씀씀이가 궁핍하게 되었으므로 왕이 사자를 보내 독촉하였다. 이로 말미암아 도적들이 곳곳에서 벌떼처럼 일어났다.

보기
ㄱ. 적고적의 난이 발생하였다.
ㄴ. 김헌창의 반란이 진압되었다.
ㄷ. 만적이 신분 해방을 주창하였다.
ㄹ. 원종과 애노가 사벌주에서 봉기하였다.

① ㄱ, ㄷ
② ㄱ, ㄹ
③ ㄴ, ㄷ
④ ㄴ, ㄹ

14 밑줄 친 '왕'의 재위 기간에 있었던 사실로 옳은 것은?
2020 국가직 9급

> 나라 안의 여러 군현에서 공부(貢賦)를 바치지 않으니 창고가 비어 버리고 나라의 쓰임이 궁핍해졌다. 왕이 사신을 보내어 독촉하자, 이로 말미암아 곳곳에서 도적이 벌떼처럼 일어났다. 이때 원종과 애노 등이 사벌주에 웅거하여 반란을 일으켰다.

① 발해가 멸망하였다.
② 국학을 설치하였다.
③ 최치원이 시무책 10여 조를 건의하였다.
④ 장보고의 건의에 따라 청해진이 설치되었다.

16. 밑줄 친 '이 나라'에 대한 설명으로 옳은 것은?
2022 지방직 9급(서울시 9급)

- 이 나라에서 귀하게 여기는 것에는 태백산의 토끼, 남해부의 다시마, 책성부의 된장, 부여부의 사슴, 막힐부의 돼지, 솔빈부의 말, 현주의 베, 옥주의 면, 용주의 명주, 위성의 철, 노성의 쌀 등이 있다.
  - 『신당서』 -

- 이 나라의 땅은 영주(營州)의 동쪽 2천 리에 있으며, 남으로는 신라와 서로 접한다. 월희말갈에서 동북으로 흑수말갈에 이르는데, 사방 2천 리, 호는 십여 만, 병사는 수만 명이다.
  - 『구당서』 -

① 중앙에 6좌평의 관제를 마련하였다.
② 9서당 10정의 군사 조직을 갖추었다.
③ 지방을 5경 15부 62주로 편성하였다.
④ 제가 회의에서 국가의 중대사를 결정하였다.

17. 다음 ( )에 해당하는 인물에 대한 설명으로 옳은 것은?
2021 계리직 9급

현종(玄宗) 개원(開元) 7년에 ( )이/가 죽었다. …(중략)… 아들이 왕위에 올라 영토를 크게 개척하니 동북의 모든 오랑캐들이 겁을 먹고 그를 섬겼으며, 또 사사로이 연호를 인안(仁安)으로 고쳤다.
 - 『신당서』, 「열전」, 북적 발해 -

① 5경 15부 62주의 지방 행정 체계를 확립하였다.
② 장수 장문휴(張文休)를 시켜 등주를 공격하였다.
③ 3성 6부의 중앙 관제와 지방 행정 조직을 정비하였다.
④ 당의 군대를 천문령에서 물리치고 동모산에서 건국하였다.

18. 밑줄 친 '왕'의 재위 기간에 있었던 일로 옳은 것은?
2019 국가직 7급

왕의 국서에 이르기를, "열국(列國)을 거느리고 여러 번(蕃)을 총괄하면서, 고려의 옛 땅을 회복하고 부여의 유풍을 지니고 있습니다. 너무 멀어 길이 막히고 바다 역시 아득하여 소식이 통하지 않고 길흉을 물음이 끊어졌는데, 우호를 맺고 옛날의 예에 맞추어 사신을 보내어 이웃을 찾는 것이 오늘에야 비롯하게 되었습니다."라고 하였다.

① 당과 신라를 견제하기 위해 돌궐과 손을 잡았다.
② 당으로부터 발해군왕의 책봉호를 처음으로 받았다.
③ 당에서 안녹산의 난이 일어나자 중경에서 상경으로 천도하였다.
④ 요동 지역까지 영토를 확장하고 5경 15부 62주의 행정 구역을 완비하였다.

19. 〈보기〉의 밑줄 친 인물의 재위 기간에 있었던 사실로 가장 옳은 것은?
2019 서울시 7급

보기

무예가 대장 장문휴를 파견하여 해적을 거느리고 등주를 치니, 당 현종은 급히 문예를 파견하여 유주의 군사를 동원시켜 이를 공격하는 한편, 태복경 김사란을 사신으로 신라에 보내어 군사를 독촉하여 발해의 남부를 치게 하였다. 마침 날씨가 매우 추운데다 눈이 한 길이나 쌓여서 군사들이 태반이나 얼어 죽으니, 공을 거두지 못하고 돌아왔다.

① 당이 발해왕을 발해국왕으로 승격하여 책봉했다.
② 발해가 일본에 사신을 파견하여 국교를 맺었다.
③ 전륜성왕을 자처하고 황상, 황후 등의 용어를 사용하였다.
④ 동경에서 상경으로 천도하고 중흥(中興)이라는 연호를 채택하였다.

20 다음 설명에 해당하는 발해 왕의 재위 기간에 통일 신라에서 일어난 상황으로 옳은 것은?

2020 지방직 9급(서울시 9급)

- 대흥이란 독자적인 연호를 사용하였다.
- 수도를 중경 → 상경 → 동경으로 옮겼다.
- 일본에 보낸 외교 문서에 천손(하늘의 자손)이라 표현하였다.
- 당과 친선 관계를 맺으며 당의 문물을 도입하여 체제를 정비하였다.

① 녹읍 폐지
② 청해진 설치
③ 『삼대목』 편찬
④ 독서삼품과 설치

21 〈보기〉의 왕에 대한 설명으로 가장 옳은 것은?

2018 3월 서울시 9급

보기

왕은 당이 내분으로 어지러워진 틈을 타서 영토를 넓히고, 수도를 중경에서 상경으로, 다시 동경으로 옮겼다. 또한 대흥, 보력 등 독자적인 연호를 사용하였다.

① 산동 지방에 수군을 보내 당을 공격하였다.
② 당으로부터 해동성국이라 불렸다.
③ 전륜성왕을 자처하고 황상이라는 칭호를 사용하였다.
④ 동모산에 나라를 세웠다.

22 밑줄 친 '왕'의 재위 기간에 신라에서 일어난 사실로 옳은 것은?

천보(天寶) 연간 왕이 도성을 상경(上京)으로 옮기니, 구국(舊國)에서 300리 떨어진 홀한하(忽汗河)의 동쪽이다. …(중략)… 정원(貞元)에 도성을 동남쪽 동경(東京)으로 옮겼다. …(하략)

① 김헌창의 난
② 청해진 설치
③ 『삼대목』 편찬
④ 녹읍의 부활

23 발해에 대한 설명으로 옳은 것만을 모두 고른 것은?

2017 지방직 7급

ㄱ. 인안, 대흥 등 독자적인 연호를 사용하였다.
ㄴ. 중앙 관제로 당과 비슷한 3성 6부제를 시행하였다.
ㄷ. 동해안을 따라 신라에 이르던 교통로를 '신라도'라 하였다.
ㄹ. 무왕은 스스로 전륜성왕이라 자처하고, 일본에도 사신을 파견하였다.

① ㄱ, ㄷ
② ㄴ, ㄹ
③ ㄱ, ㄴ, ㄷ
④ ㄱ, ㄴ, ㄷ, ㄹ

24 〈보기〉에 해당하는 국가의 정치 제도에 대한 설명으로 가장 옳지 않은 것은? 2019 서울시 7급

> **보기**
> 임금은 스스로 황상을 표방하고 독자적인 연호를 가지고 있었으며 5경 15부 62주의 행정 체제를 갖추고 있었고 율령에 해당하는 정령에 따라 정치를 운영하였다.

① 감찰 기관으로는 중정대, 재정 기관으로는 사장시가 있었다.
② 6부의 이름은 충·인·의·예·지·신 등 유교의 덕목을 따서 만들었다.
③ 부에는 도독, 주에는 자사, 현에는 현승을 두었다.
④ 정령을 제정하고 정책을 집행하는 기관을 중대성이라 불렀다.

25 밑줄 친 '북국(北國)'에 대한 설명으로 옳지 않은 것은? 2015 지방직 9급

> 원성왕 6년 3월 북국(北國)에 사신을 보내 빙문(聘問)하였다. …(중략)… 요동 땅에서 일어나 고구려의 북쪽 땅을 병합하고 신라와 서로 경계를 맞대었지만, 교빙한 일이 역사에 전하는 것이 없었다. 이때 와서 일길찬 백어(伯魚)를 보내 교빙하였다.

① 감찰 기관으로 중정대가 있었다.
② 최고 교육 기관으로 태학감을 두었다.
③ 중앙의 정치 조직으로 3성 6부를 두었다.
④ 지방의 행정 조직으로 5경 15부 62주가 있었다.

26 다음 발해에 대한 설명으로 옳은 것을 모두 고른 것은? 2017 서울시 7급

> ㄱ. 국호는 처음에는 진국, 당나라 책봉을 받은 뒤에는 발해라고 했고, 고구려 계승국을 표방하여 고려로 부르기도 했다.
> ㄴ. 계획 도시인 상경의 유적과 유물은 발해의 문화를 잘 보여준다.
> ㄷ. 타구와 격구 놀이가 당을 통해 들어와 널리 유행했다.
> ㄹ. 귀하게 여기는 것에는 태백산의 토끼, 남해부의 곤포(다시마), 책성부의 된장, 솔빈부의 말, 위성의 철, 미타호의 붕어 등이 있다.

① ㄱ, ㄴ
② ㄱ, ㄴ, ㄷ
③ ㄱ, ㄴ, ㄹ
④ ㄱ, ㄴ, ㄷ, ㄹ

27 발해와 관련된 다음의 역사적 사실들을 시기순으로 바르게 나열한 것은? 2015 국가직 7급

> ㄱ. 당으로부터 해동성국이라고 불리었다.
> ㄴ. 야율아보기에 의해 홀한성이 포위되었다.
> ㄷ. 중경 현덕부에서 상경 용천부로 도읍을 옮겨 발전의 기틀을 마련하였다.
> ㄹ. 당과 신라를 견제하기 위해 일본에 사신을 파견하여 처음 통교하였다

① ㄷ → ㄴ → ㄹ → ㄱ
② ㄷ → ㄹ → ㄱ → ㄴ
③ ㄹ → ㄷ → ㄱ → ㄴ
④ ㄹ → ㄷ → ㄴ → ㄱ

28 발해에서 일어난 일을 시기순으로 바르게 나열한 것은?
2017 국가직 9급(추가채용)

ㄱ. 장문휴가 당의 산동 지방 등주를 공격하였다.
ㄴ. 수도를 중경 현덕부에서 북쪽의 상경 용천부로 옮겼다.
ㄷ. 당으로부터 '발해군왕'에서 '발해국왕'으로 봉해졌다.
ㄹ. '건흥'이라는 연호를 사용하였다.

① ㄱ → ㄴ → ㄷ → ㄹ
② ㄱ → ㄷ → ㄹ → ㄴ
③ ㄴ → ㄱ → ㄹ → ㄷ
④ ㄱ → ㄷ → ㄴ → ㄹ

29 발해에 대한 설명으로 가장 적절하지 않은 것은?
2019 경찰직 2차

① 기후가 좋지 않고 토지가 척박하여 농업은 콩, 보리, 조 등을 재배하는 밭농사 중심이었다.
② 불교가 장려됨에 따라 여러 불상이 제작되었다.
③ 당을 견제하기 위해 북으로는 거란, 남으로는 일본과 통교하였다.
④ 8세기 전반에는 당과 대립하였으나 8세기 후반부터 친선 관계로 바뀌었다.

30 〈보기〉에서 ㉠에 들어갈 나라에 대한 설명으로 가장 옳은 것은?
2022 서울시 9급(자체 출제)

보기

신(臣) 아무개가 아룁니다. 본국 숙위원의 보고를 접하니, 지난 건녕 4년 7월에 ㉠ 의 하정사(賀正使)인 왕자 대봉예가 호소문을 올려 그들이 우리보다 위에 있도록 허락해 주기를 청했다고 합니다. 삼가 칙지를 받들건대, "나라 이름의 선후는 본래 강약을 따져서 칭하는 것이 아니다. 조정 제도의 등급을 지금 어떻게 성쇠를 가지고 고칠 수가 있겠는가. 그동안의 관례대로 함이 당연하니, 이 지시를 따르도록 하라."라는 내용이었습니다.
-『고운집』-

① 마진, 태봉 등의 국호를 사용하였다.
② 당으로부터 해동성국이라는 칭호를 들었다.
③ 백제의 부흥을 내걸고 완산주에 도읍을 정했다.
④ 지금의 황해도 지역에 패강진이라는 군진을 개설하였다.

CHAPTER 03 고대의 경제

출제 비중 0%

필수기출 & 출제예상편

01 다음은 삼국 시대 어느 나라 수취 제도에 대한 설명이다. 이 나라와 관련된 내용으로 옳은 것은?

2014 지방직 7급

> ○ 세(稅)는 포목, 명주실과 삼, 쌀을 내었는데, 풍흉에 따라 차등을 두어 받았다.
> ─「주서」─
>
> ○ 한수(漢水) 동북 여러 부락인 가운데 15세 이상 된 자를 징발하여 위례성을 수리하였다.
> ─「삼국사기」─

① 남중국 및 왜와 무역을 활발하게 전개하였다.
② 한강 유역을 차지한 뒤에야 당항성을 통하여 중국과 직접 교역할 수 있게 되었다.
③ 승려 혜자는 쇼토쿠 태자의 스승이 되었다.
④ 관료전과 정전을 지급하여 토지 개혁을 시도하였다.

02 다음은 삼국의 주요 대외 교역 물품을 표시한 지도이다. ㉠~㉣에 들어갈 내용으로 옳은 것은?

2017 지방직 7급

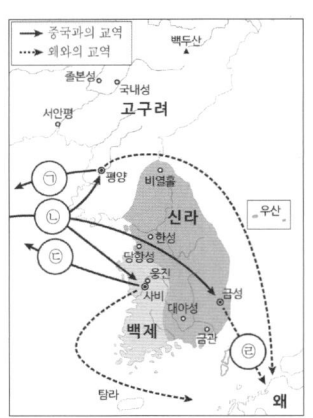

① ㉠: 도자기, 비단, 서적
② ㉡: 인삼, 직물류
③ ㉢: 금, 은, 모피류
④ ㉣: 곡물, 비단

03 (가) 시기의 경제 상황에 대한 설명으로 옳은 것은?

2019 국가직 9급

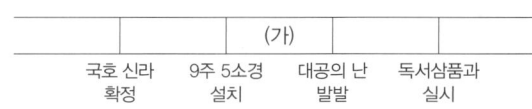

| 국호 신라 확정 | 9주 5소경 설치 | 대공의 난 발발 | 독서삼품과 실시 |

① 백성에게 정전을 처음으로 지급하였다.
② 시장을 감독하는 관청인 동시전을 신설하였다.
③ 백성의 구휼을 위하여 진대법을 제정하였다.
④ 청주(菁州)의 거로현을 국학생의 녹읍으로 삼았다.

04 통일 신라의 경제 상황에 대한 설명으로 가장 옳지 않은 것은?

① 신문왕 때 수공업을 관장하는 공장부(工匠部)를 설치하였다.
② 장보고는 청해진을 통해 당─신라─일본을 연결하는 해상 무역을 장악하였다.
③ 기존의 동시전 외에 서시전과 남시전이 설치되었다.
④ 송과의 무역이 가장 활발하였다.

05 신라장적(민정 문서)에 대한 설명으로 가장 적절하지 않은 것은?
2016 경찰직 2차

① 사해점촌, 살하지촌 등 서원경을 중심으로 하는 4개의 자연 촌락에 대한 조사이다.
② 촌주가 변동 사항을 조사하여 촌 단위로 매년 다시 작성하였다.
③ 호(戶)는 9등급으로, 인구는 연령에 따라 6등급으로 나누었으며 성별도 구별하였다.
④ 토지는 내시령답, 관모답, 촌주위답, 연수유전답 등으로 나누어 조사하였다.

06 다음 내용이 수록된 '문서'에 대한 설명으로 옳지 않은 것은?

> 가축으로는 말 25마리가 있으며, 전부터 있던 것 22마리, 3년 사이에 더해진 말이 3마리이다. 소는 22마리인데, 전부터 있던 것 17마리, 3년 사이에 더해진 소 5마리이다.
> 논[畓]은 전부 102결(結) 2부(負) 4속(束)인데, 관모전(官謨田)이 4결, 내시령답(內視令畓)이 4결, 연수유답(烟受有畓)이 94결 2부 4속이며 그중 촌주가 그 직위로 받은 논이 19결 70부가 포함되어 있다.

① 수취를 위해 작성된 문서이다.
② 호(戶)는 인정(人丁)의 다소에 따라 9등급으로 나누었다.
③ 서원경 주변 4개 촌락을 대상으로 작성되었다.
④ 삼국 통일 이전에 제작된 것으로, 당시의 경제 상황을 알려 주는 자료이다.

07 다음 표는 신라 민정 문서에서 보이는 4개 촌락의 상황을 정리한 것이다. 이와 관련된 설명으로 적절하지 않은 것은?

촌락	호의 수	호의 등급	인구 수	노비 수	소와 말의 수	뽕나무	잣나무	호두나무
촌락 1	10	중하호(4) 하상호(2) 하하호(4)	142	9	22/25	1,004	120	112
촌락 2	15	중하호(1) 하상호(2) 하중호(5) 하하호(6) 기타(1)	125	7	12/18	1,280	?	71
촌락 3	8	하중호(1) 하하호(6) 기타(1)	69	0	11/8	730	42	107
촌락 4	10	하중호(1) 하하호(9)	106	9	8/10	1,235	68	48

① 제시된 자료는 세금 징수를 위해 작성되었다.
② 호의 등급이 구분된 양상으로 보아 이 시기에는 9등호제가 실시되었다.
③ 노비의 수가 적은 것으로 보아 노비 노동이 생산에서 차지하는 비중이 작았다.
④ 호 등급의 상황에 비해 말의 수가 많은 것으로 보아 국경 지대의 촌락으로 추정된다.

08 밑줄 친 '이 문서'에 대한 설명으로 옳은 것은?
2019 국가직 7급

> 이 문서는 서원경 부근 4개 촌락의 상황을 전하고 있으며, 호수와 전답의 면적, 가축과 과실나무의 수 등이 기록되어 있다.

① 건원이라는 연호가 기록되어 있다.
② 전시과와 녹봉 제도의 운영 양상이 나타나 있다.
③ 호(戶)는 인정(人丁)의 다소에 따라 9등급으로 나누었다.
④ 현존하는 세계 최고(最古)의 목판 인쇄물로 평가받고 있다.

09 통일 신라 시대 귀족 경제의 변화를 말해 주고 있는 밑줄 친 '이것'에 대한 설명으로 옳은 것은?
2014 국가직 9급

> 전제 왕권이 강화되면서 신문왕 9년(689)에 이것을 폐지하였다. 이를 대신하여 조(租)의 수취만을 허락하는 관료전이 주어졌고, 한편 일정한 양의 곡식이 세조(歲租)로서 또한 주어졌다. 그러나 경덕왕 16년(757)에 이르러 다시 이것이 부활되는 변화 과정을 겪었다.

① 이것이 폐지되자 전국의 모든 국토는 '왕토(王土)'라는 사상이 새롭게 나오게 되었다.
② 수급자가 토지로부터 조(租)를 받을 뿐 아니라 그 지역의 주민을 노역(勞役)에 동원할 수 있었다.
③ 삼국 통일 이후 국가에 큰 공을 세운 육두품 신분의 사람들에게 특별히 지급하였다.
④ 촌락에 거주하는 양인 농민인 백정이 공동으로 경작하였다.

10 괄호 안에 들어갈 말로 옳은 것은?
2015 지방직 7급

> ○ 신문왕 7년에 문무 관료전을 지급하되 차등을 두었다.
> ○ 신문왕 9년에 내외관의 녹읍을 혁파하고 매년 조(租)를 내리되 차등이 있게 하였다.
> ○ 성덕왕 21년에 처음으로 백성에게 (　　　)을 지급하였다.
> ○ 경덕왕 16년에 여러 내외관의 월봉을 없애고, 다시 녹읍을 나누어 주었다.

① 과전
② 정전
③ 식읍
④ 녹봉

11 〈보기〉의 ㉠ 인물에 대한 설명으로 가장 옳은 것은?
2023 서울시 9급(자체 출제)

보기

> 6월 27일에 사람들이 말하기를, ㉠ 의 교역선 2척이 단산포(旦山浦)에 도착했다고 한다. …(중략)… 28일 당의 천자가 보내는 사신들이 이곳으로 와 만나보았다. …(중략)… 밤에 ㉠ 의 견대당매물사(遣大唐賣物使)인 최훈(崔暈) 병마사(兵馬使)가 찾아와서 위문하였다.
> — 『입당구법순례행기』 —

① 『화랑세기』를 저술하였다.
② 당의 등주를 공격하였다.
③ 적산법화원을 건립하였다.
④ 웅천주를 근거지로 반란을 일으켰다.

12 다음 (가), (나) 국가의 경제 활동에 대한 설명으로 옳지 않은 것은?

> 그는 고구려가 멸망한 후 무리를 이끌고 계루부의 옛 땅을 차지하여 동모산에 성을 쌓고 (가) 을/를 세웠다. 그 땅은 영주 동쪽 2천 리 밖에 있으며, 남쪽은 (나) 와/과 서로 접하고 있다. 서쪽으로는 월희 말갈과 접하고 동북으로 흑수 말갈에 이른다. 풍속은 고구려 및 거란과 같다.

① (가)는 밭농사를 주로 지었고 목축이 발달하였다.
② (가)는 중국의 남북조 및 북방 유목 민족과 무역을 하였다.
③ (나)는 국제 무역이 발달하면서 이슬람 상인과 무역을 하였다.
④ (나)는 상품 수요의 증가로 수도에 서시와 남시를 증설하였다.

CHAPTER 04 | 고대의 사회

출제 비중 0%

필수기출 & 출제예상편

01 다음 사료와 가장 유사한 조직으로 볼 수 있는 것은?

> 사람들이 공부하기를 좋아하여 시골 벽촌의 가난한 집에 이르기까지 열심히 공부하였다. 큰길가에는 커다란 집을 지어 경당이라 하고, 청소년들이 들어가 경서를 읽고 활쏘기를 연습하였다.

① 향도
② 화백 회의
③ 잡색군
④ 화랑도

02 밑줄 친 '이 나라'에 대한 설명으로 가장 옳은 것은?
2014 경찰 간부

> 이 나라의 의복은 고구려와 대략 같다. …(중략)… 나솔 이상은 관(冠)을 은꽃으로 장식한다. 장덕은 자주색 띠, 시덕은 검은 띠, …(중략)… 무독부터 극우까지는 모두 흰 띠를 착용한다.

① 빈민 구제 기관으로 의창을 설치하였다.
② 왜에 불교를 비롯한 선진 문화를 전해 주었다.
③ 형과 사자를 중심으로 여러 관등이 분화되었다.
④ 지배층의 대부분은 고구려계, 주민의 다수는 말갈인이었다.

03 (가)가 중심이 된 단체에 대한 설명으로 옳은 것은?
한국사능력검정시험 고급 기출

> 진흥왕 37년, 외모가 고운 남자를 뽑아 곱게 단장하게 하고 이름을 (가) (이)라 하여 받들게 하니, 따르는 무리들이 구름처럼 몰려들었다. 혹은 도의(道義)로써 서로 연마하고 혹은 노래와 음악으로 서로 즐겼는데, 산과 물을 찾아 노닐고 즐기니 멀리 이르지 않은 곳이 없었다.
> - 『삼국사기』 -

① 무예를 닦아 신라의 삼국 통일에 기여하였다.
② 정사암에 모여 국가의 중대사를 결정하였다.
③ 매향 활동을 하면서 각종 불교 행사를 주관하였다.
④ 국왕과 귀족 간의 권력을 조정하는 기능을 담당하였다.
⑤ 삼강오륜 중심의 유교 윤리를 바탕으로 풍속을 교정하였다.

04 다음 인물의 신분적 특징으로 가장 옳은 것은?

> 그는 후백제의 견훤을 섬기고, 고려 태조에게 보내는 '대견훤기고려왕서(代甄萱寄高麗王書)'를 짓기도 하였다.

① 신라의 최상층 신분으로 왕이 될 수 있었다.
② 각 부의 장(長)이 되어 국가 정책 결정에 참여할 수 있었다.
③ 『계림잡전』, 『화랑세기』 등을 지은 김대문이 이 신분이었다.
④ 이 신분은 6관등 아찬까지 올라갈 수 있었다.

05
㉠과 ㉡ 두 인물의 공통된 신분상의 특징으로 옳은 것은?
2017 국가직 9급(사회복지직 9급)

- ㉠ 은(는) 신문왕에게 「화왕계」를 통하여 조언하였다.
- ㉡ 은(는) 진성 여왕에게 시무책 10여 조를 올렸다.

① 관등 승진에서 중위제(重位制)를 적용받았다.
② 중앙 관부의 최고 책임자를 독점하였다.
③ 자색(紫色)의 공복을 착용하였다.
④ 왕이 될 수 있는 신분이었다.

06
〈보기〉의 밑줄 친 ㉠에 관한 설명으로 옳은 것은?
2019 2월 서울시 9급

보기

신라에서는 사람을 등용하는 데에 ㉠ 을(를) 따진다. [때문에] 진실로 그 족속이 아니면, 비록 큰 재주와 뛰어난 공이 있더라도 넘을 수가 없다. 나는 원컨대, 서쪽 중국으로 가서 세상에서 보기 드문 지략을 떨쳐서 특별한 공을 세워 스스로 영광스러운 관직에 올라 고관대작의 옷을 갖추어 입고 칼을 차고서 천자의 곁에 출입하면 만족하겠다.

① 통일 신라기에 성립하였다.
② 국학이 설립되면서 폐지되었다.
③ 진골은 대아찬 이상의 고위 관등만 받을 수 있었다.
④ 혈통에 따른 신분제로서 승진의 상한선을 결정했다.

07
신라의 골품제와 관등, 관직에 대한 설명 중 옳지 않은 것은?

① 진골은 자색의 공복을 입을 수 있었다.
② 도독은 진골, 6두품, 5두품까지 맡을 수 있었다.
③ 5두품은 10등위 대나마가 관등의 상한선이었다.
④ 시랑, 경은 4두품 귀족이 맡을 수 없는 관직이었다.

08
다음 글을 지은 사람들의 공통점으로 옳은 것은?
2017 지방직 7급

- (가) 낭혜화상백월보광탑비문(朗慧和尙白月葆光塔碑文)
- (나) 대견훤기고려왕서(代甄萱寄高麗王書)
- (다) 낭원대사오진탑비명(郎圓大師悟眞塔碑銘)

① 당나라에 유학하여 빈공과(賓貢科)에 급제하였다.
② 신라뿐만 아니라 고려 왕조에서도 벼슬하였다.
③ 국립 교육 기관인 태학(太學)에서 공부하였다.
④ 골품제를 비판하고 호족 억압을 주장하였다.

09 다음 기록이 지적하는 당시의 사회상에 대해 옳게 서술한 것은? 2019 경찰직 1차

> 사람은 상하가 있고 지위는 존비가 있어서, 그에 따라 호칭이 같지 않고 의복도 다른 것이다. 그런데 풍속이 점차 경박해지고 백성들이 사치와 호화를 다투게 되어, 오직 외래 물건의 진기함을 숭상하고 도리어 토산품의 비야함을 혐오하니, 신분에 따른 예의가 거의 무시되는 지경에 빠지고 풍속이 쇠퇴하여 없어지는 데까지 이르렀다. 이에 감히 옛 법에 따라 밝은 명령을 펴는 바이니, 혹시 고의로 범하는 자가 있으면 진실로 일정한 형벌이 있을 것이다.

① 중앙 귀족이 위축되고 자영농의 성장으로 인하여 지방 호족이 득세하였다.
② 평민의 생활이 크게 향상되어서 기와로 지붕을 이었고 밥 짓는 데도 숯을 사용하였다.
③ 춘궁기인 봄에 곡식을 빌려 주고 추수기인 가을에 돌려받는 진대법이 시행되었다.
④ 국제 무역을 독점하던 일부 해상 세력이 반란을 일으키기도 하였다.

11 발해의 사회 모습에 대한 설명으로 가장 옳지 않은 것은? 2019 서울시 9급

① 주민은 고구려 유민과 말갈인으로 구성되었다.
② 중앙 문화는 고구려 문화를 바탕으로 당의 문화가 가미된 형태를 보였다.
③ 당, 신라, 거란, 일본 등과 무역하였는데, 대 신라 무역의 비중이 가장 컸다.
④ 유학 교육 기관인 주자감을 설치하여 귀족 자제에게 유교 경전을 가르쳤다.

10 밑줄 친 '이들'이 등장한 시기의 문화에 대한 설명으로 옳은 것은? 2014 지방직 7급

> 이들은 스스로 성주, 장군이라고 칭하면서 지역에서 실질적인 지배력을 행사하였다. 이들은 지방으로 낙향한 진골 귀족이나 6두품 계층, 무역에 종사하면서 재력과 무력을 키운 세력, 촌의 행정을 담당한 촌주 출신이 주를 이루었다.

① 태학박사 이문진이 왕명을 받아 『신집』 5권을 만들었다.
② 전탑 형식의 분황사탑이 세워졌다.
③ 북방 가마의 기술이 도입되어 분청사기가 생산되었다.
④ 선종의 영향을 받은 승탑과 탑비가 유행하였다.

CHAPTER 05 고대의 문화

출제 비중 25%

필수기출 & 출제예상편

01 신라 시대의 유교에 대한 설명으로 옳지 <u>않은</u> 것은?
2014 경찰직 2차

① 신문왕 대에는 국학을 태학으로 고치고, 박사와 조교를 두어 『논어』와 『효경』 등의 유교 경전을 가르쳤다.
② 임신서기석을 보면 신라에서도 청소년이 유교 경전을 공부하였던 사실을 알 수 있다.
③ 원성왕 대에는 유교 경전의 이해 수준을 시험하여 관리를 채용하는 독서삼품과를 마련하였다.
④ 최치원은 당나라의 빈공과에 급제하고 문장가로 이름을 떨친 후 귀국하여 개혁안 10여 조를 건의하였다.

02 다음 글의 저자와 관련된 내용으로 옳은 것은?

> 이 나라에 현묘한 도가 있어 이를 풍류라 하였다. 이 교의 기원은 선사(仙史)에 자세히 실려 있거니와 실로 이는 3교를 포함한 것으로 모든 민중을 교화하였다. 즉, 집안에서는 효도하고 밖에서는 나라에 충성을 다하니 이것은 노나라 사구(공자)의 취지이다. 모든 일을 거리낌 없이 처리하고 말하지 않고 실행하는 것은 주나라 주사(노자)의 종지였으며, 모든 악한 일을 하지 않고 선만 행하는 것은 축건태자(석가모니)의 교화 그대로이다.

① 그는 『계림잡전』, 『화랑세기』 등을 지어 신라 문화를 주체적으로 인식하고자 하였다.
② 그는 진성 여왕에게 시무책 10여 조를 제시하였다.
③ 그는 정토종을 보급하여 불교 대중화에 기여하였다.
④ 그는 부석사를 세웠으며, 많은 제자를 양성하였다.

03 다음 인물들에 대한 설명으로 가장 적절한 것은?
2016 경찰직 2차

① 강수는 외교 문서를 잘 지은 문장가로 유명하며 불교를 세외교(世外教)라고 비판하였다.
② 진골 출신의 설총은 이두를 정리하여 한문 교육에 공헌하였고 신문왕에게 「화왕계」라는 글을 바쳤다.
③ 김대문은 신라의 대표적인 문장가로 『한산기』, 『계림잡전』, 『사륙집』, 『고승전』 등을 저술하였다.
④ 최치원은 당의 빈공과에 급제하고 문장가로 이름을 떨친 뒤 귀국하여 성덕왕에게 개혁안 10여 조를 건의하였다.

04 밑줄 친 ( )의 인물에 대한 설명으로 옳은 것은?
2023 계리직 9급

> ( )은/는 이미 계를 어겨 아들 총(聰)을 낳은 후에는 세속의 옷으로 바꿔 입고 스스로 소성거사라고 하였다. 우연히 광대들이 춤출 때 쓰는 큰 박을 얻었는데, 모양이 괴상하였다. 그 모양을 본떠서 도구를 제작하여, 『화엄경』의 "일체 무애인(無㝵人)은 한번에 생사를 벗어난다."라는 구절에 나오는 무애라는 이름을 붙이고, 노래를 지어 세상에 퍼뜨렸다.
> ― 『삼국유사』 ―

① 화엄종의 중심 사찰인 부석사를 창건하였다.
② 세속 오계를 제시하고 호국 불교의 전통을 세웠다.
③ 황룡사에 9층 목탑을 세울 것을 왕에게 건의하였다.
④ 종파 간 대립을 극복하기 위해 일심 사상을 제창하였다.

05 <보기>의 밑줄 친 '그'의 저술로 가장 옳은 것은?
2020 서울시 9급(자체 출제)

보기

그는 당나라로 가던 도중 진리는 마음속에 있음을 깨닫고 유학을 포기하였다. 여러 종파의 갈등을 보다 높은 수준에서 융화, 통일시키려 하였으므로, 훗날 화쟁국사(和諍國師)로 추앙받았다.

① 『해동고승전』
② 『대승기신론소』
③ 『왕오천축국전』
④ 『화엄일승법계도』

06 밑줄 친 '그'의 행적으로 옳은 것은?
2018 국가직 7급

왕이 수도(금성)에 성곽을 쌓으려고 문의하니 그가 말하기를, "비록 초야에 살더라도 정도(正道)만 행하면 복업(福業)이 오래 갈 것이요, 만일 그렇지 못하면 여러 사람을 수고롭게 하여 성을 쌓을지라도 아무 이익이 없을 것입니다."라고 하였다. 왕은 이에 성 쌓는 일을 그만두었다.
— 『삼국사기』 —

① 가지산파를 개창하면서 선종을 보급하기 시작하였다.
② 당에 들어가 유식론을 독자적으로 발전시켰다.
③ 당에서 유학하고 돌아와 부석사를 창건하였다.
④ 일심 사상을 바탕으로 화쟁 사상을 주장하였다.

07 밑줄 친 '그'에 대한 설명으로 옳은 것은?

그는 열 곳의 절에 교(敎)를 전하게 하니 태백산(太伯山)의 부석사, 원주의 비마라사, 가야산의 해인사, 비슬산의 옥천사, 금정산의 범어사, 남악의 화엄사 등이 그것이다. 또 『법계도서인(法界圖書印)』을 저술하고 아울러 간략한 주석을 붙여 일승(一乘)의 요긴한 알맹이[樞要]를 모두 포괄하였으니 1000년을 두고 볼 귀감이 되어 저마다 다투어 보배로 여겨 지니고자 하였다.
— 『삼국유사』 —

① 법상종을 개창하였고 미륵 신앙을 통해 민중을 교화하였다.
② 일심 사상을 바탕으로 화쟁 사상을 주장하였고 불교 대중화에 기여하였다.
③ 인도 기행문인 『왕오천축국전』을 저술하였다.
④ 『화엄일승법계도』를 저술하였고 문무왕에게 자문하기도 하였다.

08 밑줄 친 '그'에 대한 설명으로 옳은 것은?
2019 지방직 9급

그는 중국 유학을 마치고 귀국한 다음, 국왕에게 황룡사에 9층탑을 세울 것을 건의했다. 그가 9층탑 건립을 건의한 데에는 주변 나라의 침입을 막고자 하는 호국 정신이 담겨 있다.

① 일심(一心) 사상을 주장하여 불교 교리의 대립을 극복하고자 하였다.
② 통일 이후의 사회 갈등을 통합으로 이끄는 화엄 사상을 강조하였다.
③ 대국통으로 있으면서 계율을 지키는 일에 힘을 보탰다.
④ 화랑이 지켜야 할 세속 오계를 지었다.

09 다음 (가), (나) 승려에 대한 설명으로 옳은 것은?
2022 국가직 9급

(가) 중국 유학에서 돌아와 부석사를 비롯한 여러 사원을 건립하였으며, 문무왕이 경주에 성곽을 쌓으려 할 때 만류한 일화로 유명하다.
(나) 진골 귀족 출신으로 대국통을 역임하였으며, 선덕 여왕에게 황룡사 9층탑의 건립을 건의하였다.

① (가)는 모든 것이 한마음에서 나온다는 일심 사상을 제시하였다.
② (가)는 『화엄일승법계도』를 만들었다.
③ (나)는 『왕오천축국전』이라는 여행기를 남겼다.
④ (나)는 이론과 실천을 같이 강조하는 교관겸수를 제시하였다.

10 다음 사료와 관련된 승려의 활동으로 옳은 것은?

미륵보살의 기별을 받고 금산사에 와서 살면서 해마다 단을 열어 법시(法施)를 널리 베풀었는데, 단석의 정성과 엄함이 말세에서는 아직 없었다. 풍속과 교화가 이미 두루 퍼져서, 그가 아슬라주(阿瑟羅州: 강원도 강릉)에 이르자, 섬과 섬 사이에 물고기와 자라가 모여 다리를 만들어 물속으로 맞아들여 그가 설법을 하여 (물고기와 자라가) 계를 받았다.
- 『삼국유사』 -

① 수(隋)로 하여금 고구려 공격을 요청하는 글을 작성하였다.
② 법상종을 설립하고, 일반 민중들을 교화하였다.
③ 『대승기신론소』 등을 저술하여 교학 불교의 발전에 크게 기여하였다.
④ 진골 출신으로 당에 유학하여 유식론을 독자적으로 발전시켰다.

11 통일 신라의 불교에 대한 설명으로 옳은 것을 모두 고르면?

㉠ 혜초는 인도와 중앙아시아 여러 나라를 순례하였다.
㉡ 승랑은 중국에서 활약하면서 삼론종 발전에 기여하였다.
㉢ 진표는 금산사를 중심으로 법상종을 전파하였다.
㉣ 왕실과 귀족의 지원을 받아 흥왕사, 현화사 등의 큰 사원이 세워졌다.

① ㉠, ㉡
② ㉠, ㉢
③ ㉡, ㉣
④ ㉢, ㉣

12 ㉠, ㉡ 승려의 활동으로 옳은 것은?
2019 지방직 7급

○ 왕이 수(隋)에 군사를 청하는 글을 요청하자, ㉠ 은/는 "자기가 살기 위해 남을 멸망시키는 것은 승려가 할 일이 아니나, 제가 대왕의 땅에 살면서 수초(水草)를 먹고 있사오니 명령을 따르겠습니다."라고 하였다.
○ 왕이 왕성을 짓고자 하여 ㉡ 에게 의견을 묻자, "비록 들판의 초가집에 살아도 바른 도를 행하면 복이 길어질 것이요, 그렇지 않으면 사람을 수고롭게 하여 애써 성(城)을 만들지라도 역시 이익이 없을 것입니다."라고 하였다.
- 『삼국사기』 -

① ㉠ - 왕에게 건의하여 황룡사 9층탑을 세웠다.
② ㉠ - 화랑이 지켜야 할 세속 오계를 만들었다.
③ ㉡ - 저잣거리에서 무애가를 부르면서 대중을 교화하였다.
④ ㉡ - 당에 유학하여 유식론을 독자적으로 발전시켰다.

13

(가)에 해당하는 인물로 옳은 것은?   2024 지방직 9급

> [(가)]은/는 중앙아시아와 인도 지역의 다섯 천축국을 순례하고 각국의 지리, 풍속, 산물 등에 관한 기행문을 남겼다. 이 기행문은 중국의 둔황 막고굴에서 발견되었으며 현재 프랑스 국립 도서관에 있다.

① 원광
② 원효
③ 의상
④ 혜초

14

다음과 같은 불교 사상의 영향을 받아 만들어진 문화재는?   2018 지방직 9급(사회복지직 9급)

> 이 불교 사상은 개인적 정신세계를 추구하는 경향이 강하였기 때문에 지방에서 독자적인 세력을 이루어 성주나 장군을 자처하던 자들로부터 큰 호응을 받았다.

① 성덕대왕 신종
② 쌍봉사 철감선사탑
③ 경천사지 십층 석탑
④ 금동 미륵보살 반가 사유상

15

다음 사료와 관련된 사상에 대한 내용으로 가장 옳은 것은?

> 도의(道義)라는 중이 서쪽으로 바다를 건너 중국에 가서 서당(西堂)의 오지(奧旨)를 보았는데, 지혜의 빛이 지장선사(智藏禪師)와 비등해져서 돌아왔으니, 현계(玄契)를 처음 말한 사람이다.
> — 문경 봉암사 지증대사탑비 —

① 『소학』과 『주자가례』가 보급되기 시작하였다.
② 백제 금동 대향로는 이 사상의 영향을 받아 제작되었다.
③ 이 사상의 영향으로 승탑과 탑비가 많이 만들어졌다.
④ 고려 태조의 북진 정책 추진의 사상적 근거로 작용하였다.

16

다음 문화재와 관련된 사상에 대한 설명으로 가장 옳지 않은 것은?

화순 쌍봉사 철감선사 승탑

① 참선, 불립문자, 견성오도를 강조하였다.
② 호족, 6두품의 반 신라적 움직임과 결부되어 고려 개창의 사상적 기반이 되었다.
③ 9산 성립을 통해 경주 중심의 문화를 극복하고 지방 문화 발전에 기여하였다.
④ 원효의 화쟁 사상을 중시하였고, 교관겸수를 강조하였다.

17 다음 두 자료에서 공통적으로 보이는 우리나라 불교의 성격으로 옳은 것은?

> ○ 황룡사의 호법룡은 곧 나의 맏아들이오. …(중략)… 본국에 돌아가서 그 절 안에 구층 탑을 이룩하면 이웃 나라가 항복하여 오고, 구한이 와서 조공을 하여 나라를 다스리는 것이 길이 태평할 것이요.
> — 『삼국유사』—
>
> ○ 신라 진평왕이 고구려가 영토를 자주 침범함을 불쾌히 여겨, 수나라 군사를 청하기 위해 원광에게 걸사표를 지으라 하였다. 원광이 가로되, "자기가 살려고 남을 멸하는 것은 승려의 도리가 아니나, 제가 대왕의 땅에 살며 대왕의 곡식을 먹고 있으니 어찌 감히 명령에 따르지 않겠습니까?" 하고 곧 글을 지어 바쳤다.
> — 『삼국사기』—

① 토착 신앙을 융합하면서 정착하였다.
② 처음부터 민중들을 중심으로 전파되었다.
③ 여러 종파의 대립과 갈등을 통합하려는 성격이 강하였다.
④ 호국적인 성격으로 국가 권력의 보호를 받으면서 발전하였다.

18 밑줄 친 '이 사상'에 대한 설명으로 옳지 않은 것은?
2016 국가직 9급

> 신라 말기에 도선과 같은 선종 승려들이 중국에서 유행한 이 사상을 전하였다. 이는 산세와 수세를 살펴 도읍·주택·묘지 등을 선정하는, 경험에 의한 인문 지리적 사상이다. 아울러 지리적 요인을 인간의 길흉화복과 관련하여 생각하는 자연관 및 세계관을 내포하고 있다.

① 신라 말기에 안정된 사회를 염원하는 일반 백성의 인식이 반영되었다.
② 신라 말기에 호족이 자기 지역의 중요성을 자부하는 근거로 이용하였다.
③ 고려 시대에 묘청이 서경 천도의 필요성을 주장하는 논리로 활용하였다.
④ 고려 시대에 국가와 왕실의 안녕과 번영을 기원하는 초제로 행하여졌다.

19 (가) 종교가 반영된 문화유산의 사례로 가장 적절한 것은?
2022 법원직 9급

> 불로장생과 신선이 되기를 추구하는 <u>(가)</u>은/는 삼국에 전래되어 귀족 사회를 중심으로 유행했으며 예술에도 많은 영향을 주었다. 7세기 고구려의 연개소문은 귀족과 연결된 불교 세력을 억누르기 위해 <u>(가)</u>을/를 장려하는 정책을 펼쳤다.

20 다음 유네스코 세계 유산으로 지정된 백제 역사 유적 지구 문화유산 중 부여군에 속한 것만을 모두 고르면?
2018 국가직 7급

> ㄱ. 정림사지
> ㄴ. 공산성
> ㄷ. 부소산성과 관북리 유적
> ㄹ. 송산리 고분군

① ㄱ, ㄷ
② ㄱ, ㄹ
③ ㄴ, ㄷ
④ ㄴ, ㄹ

21 다음 기록에서 거론하는 인물이 묻힌 무덤은?
2019 경찰직 1차

> 이름이 사마(斯摩)이고 모대왕의 둘째 아들이다. …(중략)… 사신을 양(梁)나라에 보내 조공하였다. 12월에 양 고조(高祖)가 조서를 보내 왕을 책봉하여 말하기를, "…(중략)… 그의 정성이 지극하여 짐은 이를 가상히 여긴다. 마땅히 옛 법에 따라 이 영광스러운 책명을 보내는 바, 사지절(使持節) 도독(都督) 백제제군사(百濟諸軍事) 영동대장군(寧東大將軍)으로 봉함이 가하다."라고 하였다.

① 서울 석촌동 3호 고분
② 부여 능산리 고분
③ 익산 쌍릉
④ 공주 무령왕릉

22 백제의 유적이나 유물에 대한 설명으로 옳지 않은 것은?
2015 서울시 7급

① 무왕은 익산에 미륵사를 창건하였다.
② 무령왕이 묻힌 관의 재료는 양나라에서 가져온 금송이다.
③ 칠지도에는 백제왕이 왜왕에게 보낸 칼임을 알려주는 내용이 새겨져 있다.
④ 목책과 우물, 사당 등 다양한 유적들이 발견된 풍납토성은 한성 백제 시기에 축조되었다.

23 삼국의 문화에 대한 설명으로 옳은 것은?

① 백제의 벽돌무덤은 중국의 영향을 받았기 때문에 벽화를 그려 넣지 않았다.
② 고구려의 고분 벽화는 처음에는 사신도가 유행했으나 점차 생활 풍속도로 변화했다.
③ 한강 유역의 돌무지덧널무덤은 백제 건국의 주도 세력이 고구려계 유이민임을 반영한다.
④ 백제의 미륵사지 석탑과 신라의 분황사 탑은 각각 목탑과 전탑의 모습을 많이 간직하고 있다.

24 〈보기〉의 유물·유적에 대한 설명으로 가장 옳지 않은 것은?
2023 서울시 9급(자체 출제)

보기

(가) 무령왕릉

(나) 영광탑

(다) 강서 대묘

(라) 미륵사지 석탑

① (가) - 중국 남조의 영향을 받은 벽돌무덤이다.
② (나) - 발해 때 세워진 5층 벽돌탑이다.
③ (다) - 도교의 영향을 받은 벽화가 그려져 있다.
④ (라) - 『무구정광대다라니경』이 발견되었다.

25 다음 그림의 무덤 양식과 관련된 설명으로 가장 옳은 것은?
2019 법원직 9급

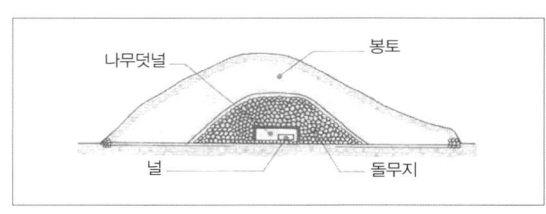

① 중국 남조의 영향을 받았다.
② 고구려의 초기 무덤 형태이다.
③ 천마도가 벽화로 그려져 있다.
④ 도굴이 어려워 많은 양의 부장품이 출토되었다.

26 다음 기행문의 ㉠에서 출토한 유물로 적절한 것은?
2017 국가직 7급

> 며칠 전 나는 공주 시내에 있는 유적지를 둘러보았다. 가장 인상에 남는 곳은 송산리 고분군이었다. 그곳에는 ㉠ 가(이) 자리 잡고 있었으며, 전시관도 마련되어 있었다. ㉠ 는(은) 연도(羨道)와 현실(玄室)을 아치형으로 조성한 벽돌무덤이다. 이 무덤에서 금송(金松)으로 만든 왕과 왕비의 관(棺)을 비롯하여 많은 부장품을 출토하였다. 중국 남조 양나라나 왜와의 교류를 짐작케 하는 무덤이다.

① 무덤 안에 있는 여러 옷차림의 토우
② 무덤 안에 놓여 있는 왕과 왕비의 지석
③ 무덤 안의 네 벽면을 장식한 사신도 벽화
④ 무덤 주위를 둘러싼 돌에 새겨진 12지 신상

27 밑줄 친 공주의 무덤에 대한 설명으로 가장 적절하지 않은 것은?
2018 경찰직 2차

> <u>공주</u>는 우리 대흥보력효감금륜성법대왕(발해 문왕)의 넷째 딸이다. 공주는 대흥 56년(792) 여름 6월 9일 임진일에 궁궐 밖에서 사망하니, 나이는 36세였다. 이 해 겨울 11월 28일 기묘일에 염곡의 서쪽 언덕에 매장하였으니 이것은 예의에 맞는 것이다.

① 죽은 자의 가족 관계를 기록한 묘지(墓誌)가 있다.
② 벽돌로 축조되어 있다.
③ 늘어서 있는 인물들의 벽화가 있다.
④ 무덤 양식은 굴식 돌방무덤이고, 돌사자상이 나왔다.

28 다음 사료와 관련된 사실 중 옳은 것을 모두 고르면?

> 공주는 우리 대흥보력효감금륜성법대왕(大興寶曆孝感金輪聖法大王)의 넷째 딸이다. …(중략)… 아아, 공주는 대흥(大興) 56년(792) 여름 6월 9일 임진일(壬辰日)에 궁 밖에서 사망하니, 나이는 36세였다. 이에 시호를 정효 공주(貞孝公主)라 하였다.

> ㉠ 정효 공주의 무덤은 당의 영향을 받은 벽돌무덤 형태였다.
> ㉡ 문왕은 불교를 통해 왕권을 강화하고자 하였으며, 스스로를 전륜성왕(轉輪聖王)을 자처하였다.
> ㉢ 이 무덤은 중국 용두산(龍頭山) 고분군에서 발굴되었다.
> ㉣ 이 무덤에서 돌사자상이 발견되었다.

① ㉠, ㉡, ㉣
② ㉠, ㉡, ㉢
③ ㉡, ㉢, ㉣
④ ㉠, ㉢, ㉣

29 삼국 시대 고분 중 벽화가 남아 있는 것을 모두 고른 것은?
2022 계리직 9급

> ㄱ. 호우총
> ㄴ. 쌍영총
> ㄷ. 무용총
> ㄹ. 각저총
> ㅁ. 천마총

① ㄱ, ㄴ, ㅁ
② ㄱ, ㄷ, ㄹ
③ ㄴ, ㄷ, ㄹ
④ ㄷ, ㄹ, ㅁ

30 다음 중 역사 편찬에 관한 설명으로 가장 적절하지 않은 것은? 2016 경찰직 1차

① 고구려에서는 일찍부터 『유기』가 편찬되었으며, 영양왕 때 이문진이 이를 간추려 『신집』 5권을 편찬하였다.
② 백제에서는 근초고왕 때 고흥이 『서기』를 편찬하였다.
③ 신라에서는 진흥왕 때 거칠부가 『국사』를 편찬하였다.
④ 삼국 통일 이후, 김대문은 『화랑세기』, 『고승전』, 『제왕연대력』을 편찬하였다.

31 다음은 삼국 시대 문화의 수용과 전파에 대하여 설명한 것이다. 옳은 것을 모두 고르면?

가. 사택지적비는 불당을 세운 내력을 기록한 글이지만, 노장 사상의 흔적이 보인다.
나. 불교는 고대 왕실의 시조신을 부정함으로써 왕권의 절대성을 약화시키고, 진종 설화를 통해 귀족 중심의 사회 질서를 정당화하였다.
다. 고구려에서는 삼론종이 유행했고, 백제에서는 계율종이 유행하였으며, 삼국 말기에는 열반종이 고구려에서 백제로 전파되었다.
라. 칠지도는 일본 왕실에서 백제에 진상했던 것으로, 지금은 일본의 한 신궁에 보관되어 있다.
마. 을지문덕이 우중문에게 보낸 시에 '지족(知足)'이라는 표현이 있는 것은 그가 『도덕경』을 읽었다는 증거이다.

① 가, 나, 다
② 가, 다, 마
③ 나, 다, 라
④ 나, 라, 마

32 다음 중 삼국 시대 각국의 문화적 상호 영향 관계에 대한 설명으로 가장 적절하지 않은 것은?

① 백제는 초기에 고구려의 영향으로 계단식 돌무지무덤을 만들었다.
② 많은 부장품을 남긴 신라의 돌무지덧널무덤 양식은 고구려로부터 영향을 받은 것이다.
③ 일본의 석상 신궁에 있는 칠지도는 백제 근초고왕 때 일본 왕에게 선사한 것으로 알려져 있다.
④ 일본 나라시의 다카마쓰 고분에서 고구려 수산리 벽화 고분의 영향을 받은 벽화가 발견되었다.

33 다음 괄호 안에 들어갈 사항으로 옳은 것만을 〈보기〉에서 모두 고른 것은? 2015 지방직 9급

2000년 12월에 유네스코 세계 유산으로 지정된 경주 역사 유적 지구는 남산 지구, 월성 지구, 대릉원 지구, 황룡사 지구, 산성 지구로 세분된다. 이 중에 남산 지구에 해당하는 문화유산으로는 ( ) 등이 있다.

〈보기〉
ㄱ. 계림
ㄴ. 나정(蘿井)
ㄷ. 포석정
ㄹ. 분황사
ㅁ. 첨성대
ㅂ. 배리 석불 입상

① ㄱ, ㄴ, ㄷ
② ㄱ, ㄹ, ㅁ
③ ㄴ, ㄷ, ㅂ
④ ㄹ, ㅁ, ㅂ

34 우리나라 문화유산에 대한 설명으로 옳지 않은 것은? 2019 국가직 9급

① 개성 경천사지 10층 석탑은 원의 석탑을 본떠 만들어졌다.
② 영주 부석사 무량수전은 주심포식 목조 건물이다.
③ 부여 정림사지 5층 석탑에서는 백제 무왕의 왕후가 넣은 사리기가 발견되었다.
④ 김제 금산사 미륵전은 다층 건물이나 내부가 하나로 통한다.

35. (가)~(다)의 탑에 대한 설명으로 옳지 <u>않은</u> 것은?

한국사능력검정시험 고급 기출

(가)   (나)   (다)

① (가) – 목탑 양식을 모방한 석탑이다.
② (가) – 백제의 미륵 신앙과 관련되어 있다.
③ (나) – 보수 과정에서 『무구정광대다라니경』이 발견되었다.
④ (나) – 통일 신라 석탑의 전형이라 할 수 있다.
⑤ (다) – 삼국 시대 때 신라에서 벽돌을 쌓아 건축하였다.

36. 우리나라 유네스코 세계 유산에 대한 설명으로 옳지 <u>않은</u> 것은?

2022 국가직 9급

① 미륵사지에는 목탑 양식의 석탑이 있다.
② 정림사지에는 백제의 5층 석탑이 남아 있다.
③ 능산리 고분군에는 계단식 돌무지무덤이 있다.
④ 무령왕릉에는 무덤 주인공을 알려주는 지석이 있었다.

37. 다음 사료와 관련된 문화유산은 무엇인가?

> 우리 백제 왕후께서는 좌평(佐平) 사택적덕(沙乇(宅)積德)의 따님으로 지극히 오랜 세월에 선인(善因)을 심어 이번 생에 뛰어난 과보(果報)를 받아 만민(萬民)을 어루만져 기르시고 삼보(三寶)의 동량(棟梁)이 되셨기에 능히 정재(淨財)를 희사하여 가람(伽藍)을 세우시고, 기해년 정월 29일에 사리를 받들어 맞이하셨다.

①  ②

③  ④

38. 삼국의 문화에 관한 설명으로 가장 옳지 <u>않은</u> 것은?

① 신라 선덕 여왕 때는 첨성대가 축조되었다.
② 4세기 중엽 백제 막고해 장군은 『도덕경』을 인용하여 근초고왕의 아들이 고구려를 침공할 때 지나친 압박을 그만두라고 만류한 사실이 있다.
③ 신라의 진흥왕은 스스로를 전륜성왕으로 자처하면서 왕권을 강화하였다.
④ 금관가야 출신의 우륵은 가야금을 신라에 전하였다.

39 삼국의 사회·문화에 관한 설명으로 가장 옳지 않은 것은? 2019 서울시 9급

① 고구려는 영양왕 때 이문진이 『유기』를 간추려 『신집』 5권을 편찬했다.
② 백제의 승려 원측은 당나라에 가서 유식론(唯識論)을 발전시켰다.
③ 신라의 진흥왕은 두 아들의 이름을 동륜 등으로 짓고 자신은 전륜성왕으로 자처했다.
④ 백제 말기에는 미래에 중생을 구제한다는 미륵신앙이 유행하기도 하였다.

40 삼국 시대의 사상과 문화에 대한 설명으로 가장 옳지 않은 것은? 2016 서울시 9급

① 부여 능산리에서 발견된 백제 대향로에는 신선이 산다는 봉래산이 조각되어 있어 백제인의 신선 사상을 엿볼 수 있다.
② 삼국 불교의 윤회설은 왕이나 귀족, 노비는 전생의 업보에 의해 타고났다고 보기 때문에 신분 질서를 정당화하는 관념을 제공하였다.
③ 신라 후기 민간 사회에서는 주문으로 질병 치료나 자식 출산 등을 기원하는 현실 구복적 밀교가 유행하였다.
④ 고구려의 겸익은 인도에서 율장을 가지고 돌아온 계율종의 대표적 승려로서 일본 계율종의 성립에도 영향을 주었다.

41 다음은 발해 수도에 대한 답사 계획이다. 각 수도에 소재하는 유적에 대한 탐구 내용으로 옳은 것만을 모두 고르면? 2021 국가직 9급

㉠ 정효 공주 무덤을 찾아 벽화에 그려진 인물들의 복식을 탐구한다.
㉡ 용두산 고분군을 찾아 벽돌무덤의 특징을 탐구한다.
㉢ 오봉루 성문터를 찾아 성의 구조를 당의 장안성과 비교해 본다.
㉣ 정혜 공주 무덤을 찾아 고구려 무덤과의 계승성을 탐구한다.

① ㉠, ㉡
② ㉠, ㉣
③ ㉡, ㉢
④ ㉢, ㉣

42 다음은 발해사에 대한 중국 역사학계의 주장 중 일부이다. 한국사의 입장에서 이것을 반박하는 근거로 적절한 것은?

> 발해는 완전한 주권을 가진 독립 국가가 아니라, 당나라의 통치 범위 안에 든 지방 민족 정권에 불과하다. 또한 발해는 건국 이후 당나라의 속국으로 당 왕조의 책봉을 받아, 중국 역사에서 뗄 수 없는 부분이며, 멸망 후 그 유민들이 요(遼)와 금(金)으로 옮겨가 중화민족으로 융화되었다.

① 발해는 서경 압록부를 통해 당과 교역하였다.
② 영광탑은 전탑 형식으로 건축되었다.
③ 상경성에서 궁궐의 온돌 장치가 발견되었다.
④ 정효 공주 무덤은 벽돌 무덤 양식으로 건축되었다.

44 발해에 대한 설명으로 옳은 것을 〈보기〉에서 모두 고르면?

> **보기**
> ㄱ. 영광탑은 고구려의 영향을 받은 석탑이다.
> ㄴ. 신라를 견제하기 위해 일본과 교류하였다.
> ㄷ. 유학 교육 기관인 주자감을 설치하고, 문적원을 통해 서적을 출판하였다.
> ㄹ. 발해 인구 중 고구려 계통 사람들이 가장 큰 비중을 차지하였다.

① ㄱ, ㄹ
② ㄱ, ㄴ
③ ㄴ, ㄷ
④ ㄷ, ㄹ

43 다음 문화유산이 만들어진 순서를 바르게 나열한 것은?
2018 계리직 9급

ㄱ. 북한산 진흥왕 순수비

ㄴ. 미륵사지 석탑

ㄷ. 석굴암 본존불

ㄹ. 문무왕 해중릉

① ㄱ-ㄴ-ㄷ-ㄹ
② ㄱ-ㄴ-ㄹ-ㄷ
③ ㄴ-ㄱ-ㄷ-ㄹ
④ ㄴ-ㄱ-ㄹ-ㄷ

45 다음은 역사적 사실을 순서대로 나열한 것이다. 다음 (가)와 (나)에 들어갈 역사적 사실로 옳지 않은 것은?
2017 서울시 7급

| 백제의 고흥이 『서기』를 편찬하였다. |
| (가) |
| 신라의 거칠부가 『국사』를 편찬하였다. |
| (나) |
| 성덕대왕 신종이 완성되었다. |

① (가) 충주 고구려비가 세워졌다.
② (가) 황룡사 9층 목탑이 건축되었다.
③ (나) 이문진이 『신집』 5권을 편찬하였다.
④ (나) 김대성이 석굴암을 지었다.

46 (가) 시기에 있었던 역사적 사실로 옳은 것은?
2018 국가직 7급

고구려	백제	신라	고구려
태학 설립	『서기』 편찬	『국사』 편찬	『신집』 편찬
			(가)

① 고구려 장수왕이 백제 한성을 함락하였다.
② 금관가야가 가야 연맹의 주도권을 상실하였다.
③ 신라에서 건원이라는 독자적인 연호를 사용하였다.
④ 백제가 노리사치계를 보내 일본에 불상과 불경을 전하였다.

48 백제가 일본에 전파한 문화에 대한 설명으로 옳지 않은 것은?
2017 국가직 7급(추가채용)

① 고안무가 유학을 전해 주었다.
② 노리사치계가 불교를 전해 주었다.
③ 혜관이 일본 삼론종의 시조가 되었다.
④ 아직기가 일본 태자에게 한자를 가르쳤다.

47 〈보기〉는 한국 고대 사회 문화의 일본 전파와 관련된 설명이다. 옳은 것끼리 짝지어진 것은? 2018 서울시 7급

보기

ㄱ. 백제의 아직기는 일본에 불교를 전파하였다.
ㄴ. 다카마쓰 무덤에서 발견된 벽화를 통해 가야 문화가 일본에 영향을 미쳤음을 알 수 있다.
ㄷ. 신라인들은 배를 만드는 조선술과 제방을 만드는 축제술을 일본에 전해 주었다.
ㄹ. 고구려의 승려 혜자는 쇼토쿠 태자의 스승이 되었다.

① ㄱ, ㄴ   ② ㄴ, ㄷ
③ ㄴ, ㄹ   ④ ㄷ, ㄹ

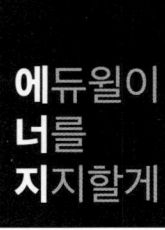

미래를 창조하기에 꿈만큼 좋은 것은 없다.

– 빅토르 위고(Victor-Marie Hugo)

최근 5개년 9급 주요 직렬 출제 비중

17%

PART 03
중세의 우리 역사

CHAPTER	출제 비중	교수님의 기출 경향 & 출제 예상 POINT
출제비중高 01 중세의 정치	60%	태조·광종·성종의 업적은 빈출 주제이니 반드시 암기가 필요하며, 중앙·지방 행정과 군사 제도의 특징도 기억해 둔다. 또한 이자겸의 난, 서경 천도 운동의 특징과 무신 정변 이후 최고 집권자와 권력 기구를 연결하여 파악하고, 북방 민족과의 관계를 거란-여진-몽골-홍건적-왜구의 침략순으로 확인한다. 공민왕의 반원 자주 정책과 왕권 강화 정책도 반드시 정리해야 한다.
02 중세의 경제	7%	전시과의 내용 중 시정 전시과의 '인품', 개정 전시과의 '전직 관료에게도 토지 지급', 경정 전시과의 '한외과가 폐지되고 현직에게만 토지 지급'은 꼭 기억하자. 또한 한인전·구분전·공해전·내장전·군인전·외역전 등을 토지 지급 대상과 연결하여 알아두자. 주전도감을 통한 화폐 발행 및 대외 교역 문제도 출제가 되었으니 잘 알아두어야 한다.
03 중세의 사회	3%	향·부곡·소 주민들의 사회적 신분을 이해하고, 고려 시대 여성의 지위를 상속과 제사를 통해 기억한다. 또한 무신 정권 시대 하층민의 봉기(망이·망소이의 난, 만적의 난 등) 관련 특징을 사건의 순서와 함께 꼭 암기한다.
04 중세의 문화	30%	고려 시대의 관학(관학 진흥책 포함)과 사학(私學) 관련 내용을 구분하여 알아둔다. 또한 『삼국사기』와 『삼국유사』의 특징은 빈출 주제이니 꼭 기억하도록 한다.

CHAPTER 01 | 중세의 정치

출제 비중 60%

필수기출 & 출제예상편

01 〈보기〉의 (가) 인물에 대한 설명으로 가장 옳은 것은?
2021 서울시 9급(자체 출제)

　보기
○ 태조는 정예 기병 5천 명을 거느리고 공산(公山) 아래에서 ┌(가)┐을/를 맞아서 크게 싸웠다. 태조의 장수 김락과 신숭겸은 죽고 모든 군사가 패하였으며, 태조는 겨우 죽음을 면하였다.
○ ┌(가)┐이/가 크게 군사를 일으켜 고창군(古昌郡)의 병산 아래에 가서 태조와 싸웠으나 이기지 못하였다. 전사자가 8천여 명이었다.

① 오월에 사신을 보내 교류하였다.
② 송악에서 철원으로 도읍을 옮겼다.
③ 기훤, 양길의 휘하에서 세력을 키웠다.
④ 예성강을 중심으로 성장한 해상 세력이다.

02 (가) 인물에 대한 설명으로 옳은 것은?

　전주시는 도로 이름에 역사적 인물의 이름을 사용하는 곳이 있습니다. 교동에서 우아동 3가에 이르는 길은 '┌(가)┐로'라고 이름이 붙여졌는데, ┌(가)┐은/는 지금의 전주인 완산주를 도읍으로 하여 나라를 세웠습니다.

① 양길의 휘하에서 세력을 키웠다.
② 후당, 오월 등과 국제적으로 교류하였다.
③ 광평성을 비롯한 여러 관서를 설치하였다.
④ 송악의 호족 출신으로 나주를 점령하였다.

03 다음에 제시된 역사적 사건들을 시간 순서대로 바르게 나열한 것은?
2020 경찰직 1차

㉠ 후백제의 견훤이 경주를 침공해 경애왕을 죽였다.
㉡ 후백제의 신검이 견훤을 금산사에 유폐시켰다.
㉢ 왕건이 국호를 고려라 정하고 송악으로 천도하였다.
㉣ 고려가 공산 전투에서 후백제에게 패하였다.

① ㉠ → ㉢ → ㉡ → ㉣
② ㉠ → ㉣ → ㉢ → ㉡
③ ㉢ → ㉠ → ㉣ → ㉡
④ ㉢ → ㉠ → ㉣ → ㉡

04 밑줄 친 '이것'의 내용으로 가장 옳지 않은 것은?

　짐은 재위 19년 만에 삼한을 통일하였고, 이제 왕위에 오른 지도 25년이 되었다. 몸이 이미 늙어지니, 후손들이 사로운 인정과 욕심을 함부로 부려 나라의 기강을 어지럽게 할까, 크게 걱정이 된다. 이에 이것을 지어 후대의 왕들에게 전하고자 하니, 바라건대 아침, 저녁으로 펼쳐 보아 영원토록 귀감으로 삼을지어다.

① 연등회와 팔관회가 백성을 힘들게 하니, 중지할 것
② 풍수지리 사상을 존중하고 서경을 중시할 것
③ 간언을 따르고 참언을 멀리하여 신민의 지지를 얻을 것
④ 농민의 요역과 세금을 가볍게 하여 민심을 얻고 부국안민을 이룰 것

05 다음 사료와 관련된 왕에 대한 설명으로 옳은 것은?

> 모든 사원은 도선이 산수(山水)의 순역(順逆)을 계산하여 개창한 것이다. 도선이 말하기를, "내가 지정한 곳 외에 함부로 더 창건하면 지덕(地德)을 상하게 하여 왕업이 길지 못할 것이다."라고 하였다. 때문에 짐은 후세의 국왕·공후·후비·조신(朝臣)들이 각각 원당(願堂)을 핑계로 혹여 사원을 더 창건한다면 큰 걱정거리가 될 것이라 생각한다. 신라 말에 절을 다투어 짓더니 지덕을 손상하여 망하기에 이르렀으니 어찌 경계하지 않겠는가?

① 문신월과법을 실시하였고, 흑창을 의창으로 개편하였다.
② 5도 양계를 중심으로 지방 행정 제도가 완성되었다.
③ 광덕, 준풍 등의 독자적 연호를 사용하였다.
④ 개성의 현릉에서 그의 청동제 인물상이 발견되었다.

06 ㉠ 기간에 일어난 사실로 가장 옳은 것은?
2023 법원직 9급

> 임금이 대광 박술희에 말하였다. "짐은 미천한 가문에서 일어나 그릇되게 사람들의 추대를 받아 몸과 마음을 다하여 노력한 지 19년 만에 삼한을 통일하였다. 외람되게 ㉠25년 동안 왕위에 있었으니 몸은 이미 늙었으나 후손들이 사사로운 정에 치우치고 욕심을 함부로 부려 나라의 기강을 어지럽힐까 크게 걱정된다. 이에 훈요를 지어 후세에 전하니 바라건대 아침저녁으로 살펴 길이 귀감으로 삼기 바란다."

① 공산 전투가 전개되었다.
② 노비안검법이 시행되었다.
③ 수덕만세라는 연호가 등장하였다.
④ 최승로가 시무 28조를 제시하였다.

07 ㉠에 해당하는 제도에 대한 설명으로 옳은 것은?

> (거득공이) 거사의 차림으로 도성을 떠나 …(중략)… 무진주를 순행하니, 주의 향리 안길이 그를 정성껏 대접하였다. …(중략)… 이튿날 아침 거득공이 떠나면서 말하기를 " …(중략)… 도성에 올라오면 찾아오라." 하였고, 서울로 돌아와 재상이 되었다. 나라의 제도에 해마다 외주(外州)의 한 사람을 도성에 있는 여러 관청에 올려 보내 지키게 하였다. 지금의 ㉠ 이다. 안길이 올라가 지킬 차례가 되어 도성으로 왔다.
> — 『삼국유사』 —

① 좌수와 별감이라는 향임직을 두어 운영되었다.
② 대간으로 불리며 왕의 권력 행사를 비판하였다.
③ 지방 세력을 견제하기 위한 수단으로 활용되었다.
④ 수령을 보좌하고 풍속을 교정하는 기능을 하였다.

08 밑줄 친 '이곳'에서 일어난 일로 옳은 것은?
2018 지방직 9급(사회복지직 9급)

> 고려 정종 때 이곳으로 천도 계획을 세웠으나 실현되지 못했고, 문종 때 이곳 주위에 서경기 4도를 두었다.

① 이곳에서 현존 세계 최고의 『직지심체요절』이 간행되었다.
② 지눌이 이곳을 중심으로 수선사 결사 운동을 전개하였다.
③ 조위총이 정중부 등의 타도를 위해 이곳에서 반란을 일으켰다.
④ 강조가 군사를 이끌고 이곳으로 들어와 김치양 일파를 제거하였다.

09 다음 고려 왕의 재위 기간에 있었던 일에 대한 설명으로 가장 적절하지 않은 것은? 2019 경찰직 2차

> 왕의 이름은 소(昭)다. 치세 초반에는 신하에게 예를 갖추어 대우하고 송사를 처리하는 데 현명하였다. …(중략)… 밤낮으로 부지런하여 거의 태평의 정치를 이루었다. 중반 이후로는 신하를 많이 죽이고, 불법(佛法)을 지나치게 좋아하며 절도가 없이 사치스러웠다.

① 호족 세력을 약화시키기 위해 노비안검법을 실시하였다.
② 불교의 폐단을 막기 위해 시무 28조를 수용하였다.
③ 관리의 등급에 따라 자색, 단색, 비색, 녹색으로 공복을 구분하였다.
④ 공신 자제의 우선 등용을 막기 위해 과거제를 실시하였다.

10 밑줄 친 '왕'대 사실로 옳지 않은 것은? 2020 국가직 7급

> 왕이 노비를 조사하여 그 시비를 가려내게 하자, (노비들이) 그 주인을 등지는 자가 많아지고, 윗사람을 능멸하는 풍조가 성행하였다. 사람들이 모두 탄식하고 원망하자, 대목왕후가 간곡히 간(諫)하였으나 받아들이지 않았다.
> ─『고려사』─

① 제위보를 설치하였다.
② 귀법사를 창건하였다.
③ 준풍 등 연호를 사용하였다.
④ 12목에 지방관을 파견하였다.

11 밑줄 친 '왕'의 재위 기간에 있었던 일로 옳은 것은? 2022 지방직 9급(서울시 9급)

> • 평농서사 권신(權信)이 대상(大相) 준홍(俊弘)과 좌승(佐丞) 왕동(王同) 등이 반역을 꾀한다고 참소하자 왕이 이들을 내쫓았다.
> • 왕이 쌍기의 건의를 받아 처음으로 과거를 실시하였다. 시(詩) · 부(賦) · 송(頌) 및 시무책을 시험하여 진사를 뽑았으며, 더불어 명경업 · 의업 · 복업 등도 뽑았다.

① 노비안검법을 제정하였다.
② 전민변정도감을 설치하였다.
③ 토지 제도로서 전시과를 시행하였다.
④ 12목을 설치하고 지방관을 파견하였다.

12 다음 제도가 만들어진 시기의 왕의 업적으로 옳은 것은?

> 이 기구는 서민들의 구호를 위한 기관으로 설치되었다. 고려 시기의 '보(寶)'는 기본 재원을 가지고 이자를 통해 사업을 펼치는 일종의 관립 재단이었다. 고려 중기 이후 그 기능이 약화하였고, 1391년(공양왕 3년) 관제를 축소 정비할 때 폐지되었다.

① 전국의 주요 지역에 12목을 설치하고 지방관을 파견하였다.
② 전시과 제도를 처음 시행하였다.
③ 광덕, 준풍과 같은 독자적 연호를 사용하였다.
④ 『정계』와 『계백료서』를 지어 관리가 지켜야 할 규범을 제시하였다.

13 다음 상소문을 올린 왕대에 있었던 사실은?
2021 국가직 9급

> 석교(釋敎)를 행하는 것은 수신(修身)의 근본이요, 유교를 행하는 것은 이국(理國)의 근원입니다. 수신은 내생의 자(資)요, 이국은 금일의 요무(要務)로서, 금일은 지극히 가깝고 내생은 지극히 먼 것인데도 가까움을 버리고 먼 것을 구함은 또한 잘못이 아니겠습니까.

① 양경과 12목에 상평창을 설치하였다.
② 균여를 귀법사 주지로 삼아 불교를 정비하였다.
③ 국자감에 7재를 두어 관학을 부흥하고자 하였다.
④ 전지(田地)와 시지(柴地)를 지급하는 경정 전시과를 실시하였다.

14 〈보기〉의 건의를 받은 국왕에 대한 설명으로 가장 옳은 것은?

보기

> 중국의 제도는 따르지 않아서는 안 되지만, 천하의 세속 풍습은 각각 그 지역의 토성(土性)을 따르는 것이기 때문에 전부 고치기는 어렵습니다. 그 예·악·시·서의 가르침과 군신·부자의 도리는 마땅히 중국을 본받아 비루한 풍속을 고쳐야 하겠지만, 그 밖의 거마(車馬)·의복의 제도는 그 나라의 풍속대로 하여 사치와 검소를 알맞게 하되 굳이 중국과 같이 할 필요는 없습니다.

① 취민유도의 원칙을 세워 지나친 세금 징수를 금지하였다.
② 백관의 공복을 제정하여 자색(紫色), 단색(丹色), 비색(緋色), 녹색(綠色)으로 구분하였다.
③ 청연각과 보문각을 세워 유학을 진흥시켰다.
④ 최고 교육 기관으로 국자감을 설립하고 지방에 12목을 설치하였다.

15 〈보기〉 이야기의 '아들'에 대한 설명으로 가장 옳은 것은?
2018 서울시 7급

보기

> 오래도록 후사를 이을 아들이 없어 이 절의 관음보살 앞에서 기도를 하였더니 태기가 있어 <u>아들</u>을 낳았다. 태어난 지 석 달이 안 되어 백제의 견훤이 서울을 습격하니 성 안이 크게 어지러웠다. 은함은 아이를 안고 [이 절에] 와서 고하기를, "이웃 나라 군사가 갑자기 쳐들어와서 사세가 급박한지라 어린 자식이 누가 되어 둘이 다 죽음을 면할 수 없사오니 진실로 대성(大聖)이 보내신 것이라면 큰 자비의 힘으로 보호하고 길러주시어 우리 부자로 하여금 다시 만나보게 해주소서."라고 하고 눈물을 흘려 슬프게 울면서 세 번 고하고 [아이를] 강보에 싸서 관음보살의 사자좌 아래에 감추어 두고 뒤돌아보며 돌아갔다.
>
> ―「삼국유사」―

① 전생의 부모를 위해서는 석불사를, 현생의 부모를 위해서는 불국사를 창건하였다.
② 국가 재정을 낭비하는 불교 행사를 억제하고, 유교 사상을 정치의 근본 이념으로 삼아 통치 체제를 정비하도록 건의하였다.
③ 동리산문의 승려이자 음양풍수설의 대가로서, 개성, 평양, 한양이 국가의 중심지가 될 것을 예언하여 고려 왕들의 존숭을 받았다.
④ 신라 말 당나라에 유학하였고, 발해의 재상 오소도의 아들 광찬과 같은 해에 급제하였다.

16 밑줄 그은 '왕'의 업적으로 옳은 것은?

한국사능력검정시험 고급 기출

> 왕이 명령하기를, "…(중략)… 경관(京官) 5품 이상은 각기 봉사를 올려 시정(時政)의 잘잘못을 논하라"라고 하였다. …(중략)… 최승로가 올린 글의 대략은 다음과 같다. "…(중략)… 이제 앞선 5대 조정(朝廷)의 정치와 교화에 대해서 본받을 만한 좋은 행적과 경계할 만한 나쁜 행적을 삼가 기록하여 조목별로 아뢰겠습니다. …(중략)…"
>
> — 「고려사절요」 —

① 12목을 설치하고 지방관을 파견하였다.
② 관학 진흥을 위해 양현고를 설치하였다.
③ 왕권 강화를 위해 노비안검법을 실시하였다.
④ 신돈을 등용하고 전민변정도감을 설치하였다.
⑤ 빈민을 구제하기 위해 흑창을 처음 설치하였다.

17 최승로가 역대 왕을 평가한 '5조 정적평'의 내용으로 가장 적절하지 않은 것은?

2020 경찰직 2차

① 태조는 통일을 이룬 이래로 정사에 부지런하였다.
② 혜종은 예를 갖추어 사부를 높이지 않았지만 빈객(賓客)과 관료들을 잘 대우해, 처음 즉위하였을 때 여러 사람이 기뻐하였다.
③ 광종은 밤마다 사람들을 접견하고 혹은 날마다 손님을 초대하는 것을 즐거움으로 삼아 정사를 게을리하였다.
④ 경종은 거짓과 참(邪正)의 구분이 없어서, 임금이 내리는 상과 벌이 균일하지 않았다.

18 최승로는 '시무 28조'를 올리면서 고려 초기 다섯 왕의 치적을 평하였다. 그 내용으로 옳지 않은 것은?

2015 국가직 7급

① 태조는 후한 덕과 넓은 도량으로 후삼국을 통일하였고, 절약과 검소함을 숭상하여 궁궐이나 의복에 도를 넘지 않았다.
② 혜종은 즉위 초에는 평판이 좋았는데 점차 사람을 의심함이 지나쳐 임금된 체통을 잃었다.
③ 정종은 왕규를 처단함으로써 왕실을 보전하였고, 서경 천도를 강행함으로써 백성들에게서 원성을 샀다.
④ 광종은 아랫사람을 예로써 대접하였고, 쌍기를 등용한 후부터 현명한 인재를 얻어 중화의 좋은 법을 성취하였다.

19 괄호 안에 들어갈 고려 시대의 정치 기구에 대한 설명으로 옳은 것은?

2016 국가직 7급

> 국초에 (　　　)을(를) 설치하여 시중·평장사·참지정사·정당문학·지문하성사로 판사(判事)를 삼고, 판추밀 이하로 사(使)를 삼아 일이 있을 때 모였으므로 합좌(合坐)라는 이름이 붙게 되었다. 그런데 한 해에 한 번 모이기도 하고 여러 해 동안 모이지 않기도 하였다.
>
> — 「역옹패설」 —

① 군사 기밀과 왕명 전달을 담당하였다.
② 화폐와 곡식의 출납, 회계의 일을 맡았다.
③ 정치의 잘잘못을 논하고 관리의 비리를 감찰하였다.
④ 양계의 축성 및 군사 훈련 등 국방 문제를 논의하였다.

20 (가)에 들어갈 기구로 옳은 것은?
2021 지방직 9급(서울시 9급)

> 고려 시대 중서문하성과 중추원의 고위 관료들은 도병마사와 (가) 에서 국가의 중요한 일을 논의하였다. 도병마사에서는 국방과 군사 문제를 다루었고, (가) 에서는 제도와 격식을 만들었다.

① 삼사
② 상서성
③ 어사대
④ 식목도감

21 고려 전기의 문산계와 무산계에 대한 설명으로 옳지 않은 것은?
2018 지방직 9급(사회복지직 9급)

① 중앙 문반에게 문산계를 부여하였다.
② 성종 때에 문산계를 정식으로 채택하였다.
③ 중앙 무반에게 무산계를 제수하였다.
④ 탐라의 지배층과 여진 추장에게 무산계를 주었다.

22 고려 시대의 중앙 정치 조직에 대한 설명으로 옳지 않은 것은?

① 대간은 간쟁·봉박·서경을 통해 정국 운영에서 견제와 균형을 도모하였다.
② 6부는 정책을 집행하였고 중추원의 추밀은 군사 기밀을 담당하였다.
③ 중서문하성은 2품 이상의 재신과 3품 이하의 낭사로 구성되었다.
④ 도병마사에서 중서문하성의 재신과 중추원의 승선이 합좌하여 국방 문제를 논의하였다.

23 고려 시대의 통치 체제에 대한 설명으로 가장 적절하지 않은 것은?
2016 경찰직 1차

① 중서문하성은 국가의 정책을 심의하는 재신과 정치의 잘못을 비판하는 낭사로 구성되었다.
② 중추원은 군사 기밀을 담당하는 추밀과 왕명의 출납을 담당하는 승선으로 구성되었다.
③ 대간은 왕의 잘못을 논하는 간쟁과 잘못된 왕명을 시행하지 않고 되돌려 보내는 봉박, 관리의 임명과 법령의 개정이나 폐지 등에 동의하는 서경권을 가지고 있었다.
④ 원 간섭기에 중서문하성과 중추원을 합쳐 첨의부로 하고, 6부는 4사로 통폐합되었다.

24 다음은 고려 시대의 어떤 기구에 대한 기록이다. 밑줄 친 시기에 이 기구의 명칭으로 옳은 것은?
2016 서울시 7급

> 왕명을 받아 글을 짓는 기관이다. 태조 때 태봉의 제도에 따라 원봉성을 두었고, 뒤에 학사원으로 고쳤다. 문종 때 학사승지 1인을 두고 정3품으로 삼았고, 학사는 2인을 두고 정4품으로 삼았다. 충렬왕 원년에 다시 문한서로 고쳤다.
> —『고려사』 76, 백관지 1, 예문관—

① 한림원
② 홍문관
③ 전중성
④ 비서성

25 고려의 지방 제도에 대한 설명으로 옳은 것을 〈보기〉에서 모두 고른 것은?
2020 서울시 9급(자체 출제)

보기
ㄱ. 양계 지역은 계수관이 관할하였다.
ㄴ. 수령이 파견된 주현보다 수령이 파견되지 않은 속현의 수가 많았다.
ㄷ. 성종 때 12목이 설치되었다.
ㄹ. 향·소·부곡 등의 특수 행정 조직이 있었다.

① ㄱ, ㄴ, ㄷ
② ㄱ, ㄴ, ㄹ
③ ㄱ, ㄷ, ㄹ
④ ㄴ, ㄷ, ㄹ

26. 다음 사실이 있었던 시대에 대한 내용으로 옳은 것을 〈보기〉에서 모두 고른 것은?
2023 법원직 9급

> 엄수안은 영월군의 향리로 키가 크고 담력이 있었다. 나라의 법에 향리에게 아들 셋이 있으면 아들 하나는 벼슬하는 것이 허락되어서, 엄수안은 관례에 따라 중방 서리로 보임되었다. 원종 때 과거에 급제하여 도병마녹사에 임명되었다.

보기
ㄱ. 주현이 속현보다 적었다.
ㄴ. 모든 군현에 수령이 파견되었다.
ㄷ. 중서문하성의 낭사는 어사대와 함께 대간으로 불렸다.
ㄹ. 전국을 8도로 나누고 그 아래 부·목·군·현을 두었다.

① ㄱ, ㄴ
② ㄴ, ㄹ
③ ㄱ, ㄷ
④ ㄷ, ㄹ

27. 다음 (가)~(다)에 들어갈 내용을 바르게 연결한 것은?

> 고려의 군사 조직은 중앙군과 지방군의 2원 조직을 이루고 있었다. 중앙에 2군 6위를 두고 각 고을에는 ___(가)___ 이라는 지방군을 두어 향토 방위를 담당하게 하였다. 특히 양계에 배치된 ___(나)___ 은 국방의 주역을 담당한 상비군이었다. 상장군·대장군 등은 합좌 기관인 ___(다)___ 에서 군사 문제를 의논하였다.

	(가)	(나)	(다)
①	주현군	주진군	중방
②	주진군	주현군	중방
③	영진군	일품군	정방
④	주현군	잡색군	서방

28. 고려 시대 군사 제도에 대한 설명으로 가장 옳지 않은 것은?
2019 서울시 9급

① 북방의 양계 지역에는 주현군을 따로 설치하였다.
② 2군(二軍)인 응양군과 용호군은 왕의 친위 부대였다.
③ 6위(六衛) 중의 감문위는 궁성과 성문 수비를 맡았다.
④ 직업 군인인 경군에게 군인전을 지급하고 그 역을 자손에게 세습시켰다.

29. 고려 시대 과거 제도와 관련한 설명으로 가장 옳지 않은 것은?

① 후주에서 귀화한 쌍기의 건의로 실시되었다.
② 문과와 무과가 안정적으로 실시되었다.
③ 문학적인 재능을 시험하는 제술업이 중요시되었다.
④ 잡업(잡과)은 기술관을 선발하는 시험이었다.

30. 고려 시대의 과거 제도에 대하여 틀리게 서술하고 있는 것은?
2019 경찰직 1차

① 무예 솜씨와 실무 능력을 존중하는 무관은 음서 제도보다는 과거 제도를 통해 선발하였다.
② 승과는 교종선(敎宗選)과 선종선(禪宗選)의 두 가지 방법으로 나누어 실시하였다.
③ 엄격한 신분 제도로 인하여 과거에 합격하고도 관직에 진출하지 못하는 경우가 많았다.
④ 원칙적으로 대역죄나 불효, 불충죄를 저지르지 않은 양인이면 누구든지 응시할 수 있었다.

31. 고려 시대 음서에 대한 설명으로 옳은 것만을 모두 고른 것은?
2014 사회복지직 9급

ㄱ. 공신의 후손을 위한 음서도 있었다.
ㄴ. 음서 출신자는 5품 이상의 고위 관직에 오를 수 없었다.
ㄷ. 10세 미만이 음직을 받은 사례도 있었다.
ㄹ. 왕의 즉위와 같은 특별한 시기에만 주어졌다.

① ㄱ, ㄷ
② ㄱ, ㄴ
③ ㄴ, ㄹ
④ ㄷ, ㄹ

32. 고려 시대 음서에 대한 설명으로 옳은 것만을 모두 고르면?
2019 지방직 7급

ㄱ. 문종 때 처음 실시되었다.
ㄴ. 음서로 등용된 사람들은 고위 관직에 오르지 못했다.
ㄷ. 사위나 외손자에게도 적용되었다.
ㄹ. 공신의 자손, 조종 묘예, 문무 5품 이상 관인의 자손 등이 대상이었다.

① ㄱ, ㄴ
② ㄱ, ㄷ
③ ㄴ, ㄹ
④ ㄷ, ㄹ

33. (가)에 들어갈 내용으로 옳은 것을 〈보기〉에서 고른 것은?

조카인 헌종을 몰아내고 즉위한 숙종은 문벌 귀족을 중심으로 운영되던 정국의 변화를 시도하였다. 숙종은 국왕 중심으로 정국을 운영할 것이라는 입장을 분명히 하면서 동생이자 승려인 의천과 핵심 측근인 윤관을 중용하고, 이후 _____(가)_____

보기
㉠ 별무반을 창설하여 군사력을 강화하였다.
㉡ 삼별초를 조직하여 정권 유지에 활용하였다.
㉢ 해동통보를 발행하여 화폐의 통용을 추진하였다.
㉣ 노비안검법을 실시하여 국가 재정을 확충하였다.

① ㉠, ㉡
② ㉠, ㉢
③ ㉡, ㉢
④ ㉡, ㉣

34. 밑줄 친 '왕'의 재위 시기에 있었던 사실로 옳은 것은?

그는 스스로 국공(國公)이 되어 왕태자와 같은 대우를 받았으며 자기 생일을 인수절(仁壽節)이라 부르고 전국에서 온 축하문을 전(箋)이라 불렀다. …(중략)… 그는 지군국사(知軍國事)가 되고 싶어 왕에게 자기 집으로 와서 임명장을 수여해 줄 것을 요청하고 그 날짜까지 강제로 정하였다. 비록 일이 실현되지는 않았으나 왕은 그를 자못 미워하게 되었다.
- 『고려사』 -

① 강조의 정변을 빌미로 거란이 대대적으로 침략하였다.
② 김부식 등이 왕명을 받아 『삼국사기』를 편찬하였다.
③ 국자감에 7재를 설치하고 청연각과 보문각을 두어 학문을 장려하였다.
④ 홍관이 『편년통재속편』, 김인존 등이 『해동비록』을 편찬하였다.

35. (가) 왕의 시기에 일어난 사실로 옳은 것은?
2019 국가직 9급

이자겸, 척준경이 말하기를 "금이 예전에는 작은 나라여서 요와 우리나라를 섬겼으나, 지금은 갑자기 흥성하여 요와 송을 멸망시켰다. …(중략)… 작은 나라로서 큰 나라를 섬기는 것은 선왕의 도이니, 마땅히 우선 사절을 보내야 합니다."라고 하니 __(가)__ 이/가 그 의견을 따랐다.
- 『고려사』 -

① 도평의사사를 중심으로 정치를 주도하였다.
② 성리학을 수용하면서 『주자가례』를 보급하였다.
③ 서경에 대화궁을 짓게 하고 칭제건원을 주장하였다.
④ 몽골의 침략에 대응하기 위해 강화도로 도읍을 옮겼다.

36
다음은 『고려사』에 나타난 고려 중기 두 세력의 대표적 인물의 주장이다. 이들에 대한 설명으로 옳은 것을 〈보기〉에서 고르면?　2017 서울시 9급

(가) 제가 보건대 서경 임원역의 땅은 풍수지리를 하는 사람들이 말하는 아주 좋은 땅입니다. 만약 이곳에 궁궐을 짓고 전하께서 옮겨 앉으시면 천하를 다스릴 수 있습니다. 또한 금나라가 선물을 바치고 스스로 항복할 것이고 주변의 36나라가 모두 머리를 조아릴 것입니다.

(나) 금년 여름 서경 대화궁에 30여 개소나 벼락이 떨어졌습니다. 서경이 만일 좋은 땅이라면 하늘이 이렇게 하였을 리 없습니다. 또 서경은 아직 추수가 끝나지 않았습니다. 지금 거동하시면 농작물을 짓밟을 것이니 이는 백성을 사랑하고 물건을 아끼는 뜻과 어긋납니다.

〈보기〉
ㄱ. (가) 국호를 대위, 연호를 천개로 정하고 반란을 일으켰다.
ㄴ. (가) 칭제건원과 요나라 정벌을 주장하였다.
ㄷ. (나) 개경 중심의 문벌 귀족 세력의 대표였다.
ㄹ. (나) 편년체 역사서인 『삼국사기』를 편찬하였다.

① ㄱ, ㄷ
② ㄱ, ㄴ, ㄷ
③ ㄱ, ㄷ, ㄹ
④ ㄱ, ㄴ, ㄷ, ㄹ

37
(가)~(다) 사건을 일어난 순서대로 가장 바르게 나열한 것은?　2023 법원직 9급

(가) 이고 등이 임종식, 이복기, 한뢰를 비롯하여 왕을 모시던 문관 및 대소 신료들을 살해하였다. 정중부 등이 왕을 모시고 궁으로 돌아왔다.
(나) 김부식이 군대를 모아서 서경을 공격하였다. 서경이 함락되자 조광은 스스로 불에 뛰어들어 죽었다.
(다) 최사전의 회유에 따라 척준경은 마음을 돌려 계책을 정하고 이자겸을 제거하였다.

① (나) - (가) - (다)
② (나) - (다) - (가)
③ (다) - (가) - (나)
④ (다) - (나) - (가)

38
〈보기〉와 같이 기록된 고려 무신 정권기 집권자는?　2021 서울시 9급(자체 출제)

〈보기〉
경주 사람이다. 아버지는 소금과 체(篩)를 파는 것을 업(業)으로 하였고, 어머니는 연일현(延日縣) 옥령사(玉靈寺)의 노비였다. …(중략)… 그는 수박(手搏)을 잘했기에 의종의 총애를 받아 대정에서 별장으로 승진하였고, …(중략)… 그가 무신 정변 때 참여하여 죽인 사람이 많으므로 중랑장(中郎將)으로 임명되었다가 얼마 후 장군으로 승진하였다.
-『고려사』 권128, 반역전-

① 최충헌
② 김준
③ 임연
④ 이의민

39
(가) 인물에 대한 설명으로 옳은 것은?　2020 국가직 9급

신종 원년 사노비 만적 등이 북산에서 땔나무를 하다가 공사의 노비들을 모아 모의하기를, "우리가 성 안에서 봉기하여 먼저 　(가)　 등을 죽인다. 이어서 각각 자신의 주인을 죽이고 천적(賤籍)을 불태워 삼한에서 천민을 없게 하자. 그러면 공경장상이라도 우리가 모두 할 수 있을 것이다."라고 하였다.

① 정방을 설치하여 인사권을 장악하였다.
② 치안 유지를 위해 야별초를 설립하였다.
③ 이의방을 제거하고 권력을 장악하였다.
④ 봉사 십조를 올려 사회 개혁안을 제시하였다.

40 (A)에 들어갈 인물에 대한 설명만을 〈보기〉에서 고른 것은?
2015 경찰 간부

(A)가 왕을 협박해 강화로 도읍을 옮겼다.

보기

가. 김생(金生), 탄연(坦然) 등과 더불어 신품사현(神品四賢)으로 일컬어졌다.
나. 교정도감(敎定都監)을 폐지하고 정방(政房)을 설치하였다.
다. 야별초(夜別抄)를 조직하였다.
라. 사병 집단인 도방(都房)을 처음으로 조직하였다.

① 가, 나   ② 가, 다
③ 나, 다   ④ 다, 라

41 다음 두 사건이 일어난 시기를 연표에서 옳게 고른 것은?
한국사능력검정시험 고급 기출

• 동북면 병마사 간의대부 김보당이 동계(東界)에서 군사를 일으켜 …(중략)… 전왕(前王)을 복위시키고자 하였다. …(중략)… (김보당은) 장순석 등을 거제로 보내 전왕을 받들어 계림에 모시게 하였다.
• 서경 유수 조위총이 군사를 일으켜 …(중략)… 동북 양계(兩界)의 여러 성들에 격문을 보내어 사람을 모았다. 겨울 10월 기미일에 중서시랑평장사 윤인첨을 보내 삼군(三軍)을 거느리고 조위총을 공격하게 하였다.

— 『고려사』 —

1126	1135	1170	1232	1270	1351
(가)	(나)	(다)	(라)	(마)	
이자겸의 난	묘청의 난	무신 정권	강화 천도	개경 환도	공민왕 즉위

① (가)
② (나)
③ (다)
④ (라)
⑤ (마)

42 다음 중 김보당의 난과 가장 가까운 시기에 일어난 사건은?

① 이자겸이 척준경과 함께 난을 일으켰다.
② 묘청이 서경에서 난을 일으켰다.
③ 최광수는 서경에서 고구려 부흥을 명분으로 반란을 일으켰다.
④ 김사미는 운문산을 중심으로, 효심은 초전을 근거지로 반란을 일으켰다.

43 다음 사건을 일어난 순서대로 바르게 나열한 것은?
2016 서울시 9급

(가) 김보당의 난 발생
(나) 이의민의 권력 장악
(다) 김사미와 효심의 난 발생
(라) 교정도감의 설치

① (가) - (나) - (다) - (라)
② (가) - (나) - (라) - (다)
③ (나) - (가) - (다) - (라)
④ (나) - (가) - (라) - (다)

44 다음 사건을 발생한 순서대로 바르게 나열한 것은?

㉠ 망이 · 망소이의 난
㉡ 광명 · 계발의 난
㉢ 이비 · 패좌의 난
㉣ 만적의 난

① ㉠ - ㉣ - ㉡ - ㉢
② ㉠ - ㉣ - ㉢ - ㉡
③ ㉣ - ㉠ - ㉡ - ㉢
④ ㉣ - ㉠ - ㉢ - ㉡

45. ⟨보기⟩에서 밑줄 친 '그'가 활동하던 시대 상황에 대한 설명으로 가장 옳지 않은 것은?
2019 서울시 9급

보기

그가 북산에서 나무하다가 공, 사노비를 불러 모아 모의하기를, "나라에서 경인, 계사년 이후로 높은 벼슬이 천한 노비에게서 많이 나왔으니, 장수와 재상이 어찌 씨가 따로 있으랴. 때가 오면 누구나 할 수 있는데, 우리들이 어찌 고생만 하면서 채찍 밑에 곤욕을 당해야 하겠는가?"라고 하니, 여러 노비들이 모두 그렇게 여겼다.

- 『고려사』 -

① 최충의 9재 학당을 비롯한 사학 12도가 융성하였다.
② 경주 일대에서 고려 왕조를 부정하는 신라 부흥 운동이 일어났다.
③ 정혜쌍수와 돈오점수를 주장하는 수선 결사 운동이 전개되었다.
④ 소(所)의 거주민은 금, 은, 철 등 광업품이나 수공업 제품을 생산하여 바치기도 하였다.

46. 밑줄 친 '왕'의 재위 기간에 있었던 일로 옳지 않은 것은?
2019 국가직 7급

왕 24년 봄에 전라도 지휘사 김경손이 초적 이연년을 쳐서 평정하였다. 이때 이연년 형제가 원율·담양 등 여러 고을의 무뢰배들을 불러 모아 해양(海陽) 등의 주현을 공격하여 함락시켰다.

① 왕실의 원찰인 묘련사가 창건되었다.
② 백련결사가 조직되어 백련결사문이 발표되었다.
③ 각훈이 왕명에 따라 『해동고승전』을 편찬하였다.
④ 수기의 주도 아래 대장경의 편집·교정이 이루어졌다.

47. (가) 인물에 대한 설명으로 옳은 것은?
2022 지방직 9급(서울시 9급)

군대를 이끌고 통주성 남쪽으로 나가 진을 친 (가) 은/는 거란군에게 여러 번 승리를 거두었다. 하지만 자만하게 된 그는 결국 패해 거란군의 포로가 되었다. 거란의 임금이 그의 결박을 풀어 주며 "내 신하가 되겠느냐?"라고 물으니, (가) 은/는 "나는 고려 사람인데 어찌 너의 신하가 되겠느냐?"라고 대답하였다. 재차 물었으나 같은 대답이었으며, 칼로 살을 도려내며 물어도 대답은 같았다. 거란은 마침내 그를 처형하였다.

① 묘청의 난을 진압하였다.
② 별무반의 편성을 건의하였다.
③ 목종을 폐위하고 현종을 옹립하였다.
④ 거란과 협상하여 강동 6주 지역을 고려 영토로 확보하였다.

48. (가)의 침입에 대한 고려의 대응으로 가장 옳은 것은?

(가) 의 군사들이 곽주로 침입하였다. …(중략)…성이 결국 함락되었다. 적은 군사 6천 명을 남겨 지키게 하였다. 양규가 흥화진으로부터 군사 7백여 명을 이끌고 통주까지 와 군사 1천여 명을 수습하였다. 밤중에 곽주로 들어가서 지키고 있던 적들을 급습하여 모조리 죽인 후 성안에 있던 남녀 7천여 명을 통주로 옮겼다.

- 『고려사』 -

① 별무반을 편성하고 동북 9성을 축조하였다.
② 김윤후의 활약으로 처인성에서 승리하였다.
③ 화포를 이용하여 진포에서 대승을 거두었다.
④ 초조대장경을 만들어 적을 물리치기를 기원하였다.

49 다음 사건 이후에 일어난 역사적 사실로 옳은 것은?

> 거란의 군사가 귀주를 지나니 강감찬 등이 동쪽 들에서 맞아 싸웠는데, …(중략)… 죽은 적의 시체가 들판을 덮고 사로잡은 군사와 말, 낙타, 갑옷, 투구, 병기는 이루 다 헤아릴 수가 없었다.

① 서희의 외교 담판을 통해 강동 6주를 획득하였다.
② 강조의 정변이 일어나 목종이 폐위되고 현종이 옹립되었다.
③ 만부교 사건 등 대(對)거란 강경 정책이 추진되었다.
④ 압록강부터 도련포까지 천리장성이 축조되었다.

50 다음 자료의 밑줄 친 '새로운 군대'에 대한 설명으로 옳은 것은?

> "신이 오랑캐에게 패한 것은 그들은 기병인데 우리는 보병이라 대적할 수 없었기 때문이었습니다." 이에 왕에게 건의하여 새로운 군대를 편성하였다. 문·무 산관, 이서, 상인, 농민들 가운데 말을 가진 자를 신기군으로 삼았고, 과거에 합격하지 못한 20살 이상 남자들 중 말이 없는 자를 모두 신보군에 속하게 하였다. 또한 승려를 뽑아서 항마군으로 삼았다.
> - 『고려사절요』 -

① 귀주에서 거란군을 격파하였다.
② 개경까지 침입했던 홍건적을 격퇴하였다.
③ 처인성에서 몽골군의 공격을 막아 내었다.
④ 여진족을 물리치고 동북 지방에 9성을 쌓았다.

51 〈보기〉의 빈칸에 공통적으로 해당하는 국가와 관련하여 고려 시대에 발생한 일로 가장 옳은 것은?
2018 서울시 9급(사회복지직 9급)

> **보기**
> ○ 모든 관리들을 소집해 □□□을/를 상국으로 대우하는 일의 가부를 의논하게 하자 모두 불가하다고 했으나, 이자겸과 척준경만이 찬성하고 나섰다.
> ○ □□□은/는 전성기를 맞아 우리 조정이 그들의 신하임을 칭하도록 하고자 하였다. 여러 의견들이 뒤섞여 어지러운 가운데, 윤언이가 홀로 간쟁하여 말하기를 …(중략)… 여진은 본래 우리 조정 사람들의 자손이기 때문에 신하가 되어 차례로 우리 임금께 조공을 바쳐왔고, 국경 근처에 사는 사람들은 모두 우리 조정의 호적에 올라있는 지 오래되었습니다. 우리 조정이 어찌 거꾸로 그들의 신하가 될 수 있겠습니까?

① 이 국가의 침입으로 인해 국왕은 나주로 피난하였다.
② 묘청 일파는 이 국가의 정벌을 주장하였다.
③ 이 국가와 함께 강동성에 포위된 거란족을 격파하였다.
④ 이 국가의 침략에 대비하여 광군을 설치하였다.

52 (가), (나) 사건 사이에 있었던 사실로 옳은 것만을 모두 고르면?
2020 국가직 7급

> (가) 윤관이 여진을 공격하여 동북 지방의 여러 지역을 점령하고 9성을 쌓아 군사를 주둔시켰다.
> (나) 최충헌이 정권을 장악한 이후 교정도감을 설치하였다.

ㄱ. 강화로 천도하였다.
ㄴ. 이자겸의 난이 발생하였다.
ㄷ. 묘청 등이 서경 천도 운동을 일으켰다.
ㄹ. 강감찬이 퇴각하는 거란군을 귀주에서 격파하였다.

① ㄱ, ㄴ   ② ㄱ, ㄹ
③ ㄴ, ㄷ   ④ ㄷ, ㄹ

53 다음 내용과 관련된 민족에 대한 설명으로 옳은 것은?

> 박서는 김중온 부대에게 성의 동서쪽을, 김경손 부대에게 성의 남쪽을 지키게 하고, 도호별초(都護別抄)와 위주·태주 별초(別抄) 250여 명을 세 방면으로 나누어 지키게 하였다. 적이 성을 여러 겹으로 포위하고 밤낮으로 서·남·북문을 공격하였지만, 성 안의 군사들이 적을 기습 공격해 승리하였다. 적이 위주부사(渭州副使) 박문창(朴文昌)을 생포해 성 안으로 보내 항복을 권유하자 박서가 그의 목을 베어 죽였다.

① 윤관은 별무반을 동원하여 이들을 격퇴하였다.
② 이들은 공민왕 때 2차례에 걸쳐 대규모로 침략하였다.
③ 우왕 때 이성계는 황산 대첩에서 이들의 침략을 물리쳤다.
④ 김방경 등은 이들과 함께 제주도의 삼별초를 진압하였다.

54 〈보기〉의 사건이 일어난 시간 순으로 바르게 나열한 것은?   2019 서울시 7급

보기
ㄱ. 박서의 지휘 아래 귀주에서 완강히 저항했다.
ㄴ. 배중손이 왕족 승화후 온을 왕으로 추대했다.
ㄷ. 기병 부대인 신기군, 보병 부대인 신보군이 조직되었다.
ㄹ. 서북면도순검사 강조가 통주에서 패하여 포로가 되었다.

① ㄱ-ㄴ-ㄹ-ㄷ
② ㄴ-ㄹ-ㄱ-ㄷ
③ ㄷ-ㄴ-ㄹ-ㄱ
④ ㄹ-ㄷ-ㄱ-ㄴ

55 고려의 대외 항쟁과 관련된 설명으로 가장 적절하지 않은 것은?   2018 경찰직 1차

① 12세기 초 윤관의 건의로 별무반을 편성하여 여진족을 북방으로 밀어 내고 동북 지방 일대에 9개의 성을 쌓았다.
② 몽골의 침입으로 황룡사 9층탑, 부인사 대장경을 비롯한 많은 문화재가 소실되는 피해를 입었다.
③ 고려 정부가 개경으로 환도하자, 삼별초는 진도와 제주도로 근거지를 옮기면서 대몽 항쟁을 계속하였다.
④ 몽골의 침입으로 공민왕이 복주(안동)까지 피난하는 등 국가적 위기가 찾아왔다.

56 다음 중 몽골 침입 시기에 일어난 사건으로 옳은 것만을 모두 고른 것은?

ㄱ. 만적이 봉기하였다.
ㄴ. 의종 복위를 명분으로 김보당이 난을 일으켰다.
ㄷ. 『상정고금예문』을 금속 활자로 편찬하였다.
ㄹ. 고종의 뒤를 이어 원종이 즉위하였다.

① ㄱ, ㄷ
② ㄱ, ㄹ
③ ㄴ, ㄷ, ㄹ
④ ㄷ, ㄹ

57 다음의 시(詩)를 지은 작자가 생존했던 시기에 있었던 사실로 옳은 것은?   2022 계리직 9급

> 오랑캐들이 아무리 완악하다지만 어떻게 이 물을 뛰어 건너랴.
> 저들도 건널 수 없음을 알기에 와서 진 치고 시위만 하네.
> …(중략)…
> 저들도 마땅히 저절로 물러가리니 나라가 어찌 갑자기 끝나겠는가.
> ―「동국이상국집」―

① 별무반을 조직하여 여진을 정벌하였다.
② 거란이 보낸 사신을 유배 보냈다.
③ 고려 국왕이 나주로 피난했다.
④ 경찰 업무를 수행하는 야별초를 만들었다.

58 다음은 원의 세조가 고려에 약속한 내용의 일부이다. 이 약속 이후에 일어난 사실로 옳지 <u>않은</u> 것은?
2017 국가직 9급 추가

> ○ 옷과 머리에 쓰는 관은 고려의 풍속을 유지하고 바꿀 필요가 없다.
> ○ 압록강 둔전과 군대는 가을에 철수한다.
> ○ 몽골에 자원해 머문 사람들은 조사하여 모두 돌려보낸다.

① 정동행성을 설치하였다.
② 2차 여·몽 연합군은 일본 원정에 실패하였다.
③ 쌍성총관부를 설치하였다.
④ 사림원을 설치하였다.

59 고려와 몽골의 관계 속에서 일어난 사건을 발생한 순서대로 바르게 나열한 것은?
2018 경찰직 3차

> ㉠ 무신 정권이 무너지고 개경으로 환도했다.
> ㉡ 고려가 몽골과 연합하여 강동성에서 거란족을 몰아냈다.
> ㉢ 중서문하성과 상서성이 합쳐져 첨의부가 되었다.
> ㉣ 처인성에서 김윤후가 쏜 화살을 맞고 살리타가 전사했다.

① ㉡ - ㉣ - ㉠ - ㉢
② ㉡ - ㉣ - ㉢ - ㉠
③ ㉢ - ㉣ - ㉠ - ㉡
④ ㉢ - ㉠ - ㉣ - ㉡

60 원 간섭기 고려의 국가 체제에 대한 설명으로 가장 옳은 것은?
2019 2월 서울시 9급

① 고려 전체가 몽골의 직할지로 편입되었다.
② 정동행성의 승상은 몽골의 다루가치가 전담하였다.
③ 관제 격하의 일환으로 중서문하성과 상서성은 첨의부로 통합되었다.
④ 대막리지가 집정 대신으로서 국정을 총괄하였다.

61 고려 후기 개혁 정치에 대한 설명이다. ㉠과 ㉡에 들어갈 내용으로 옳은 것은?
2018 지방직 7급

> 충선왕의 관제 개혁으로 ㉠ 은 시정(施政)에 대한 국왕의 고문 기능 겸 전주(銓注)와 왕명 출납을 관장하는 권력 기구로 부상하여 개혁의 중심 기관이 되었다. 충목왕은 ㉡ 이라는 임시 기구를 설치하여 부원 세력을 척결하면서 권세가들이 불법으로 차지한 토지와 노비를 조사하여 본 주인에게 돌려주었다.

	㉠	㉡
①	사림원	교정도감
②	편민조례추변도감	정치도감
③	사림원	정치도감
④	교정도감	편민조례추변도감

62 다음 인물에 대한 설명으로 가장 적절한 것은?
2017 경찰직 2차

> …(중략)… 선왕의 맏아들이며 어머니는 제국대장공주(齊國大長公主)이다. 을해년 9월 정유일에 출생하였다. 성품이 총명하고 굳세며 결단력이 있었다. 이로운 것을 일으키고 폐단을 제거하여 시정에 그런대로 볼 만한 것이 있었으나 부자(父子) 사이는 실로 부끄러운 일이 많았다. 오랫동안 상국(上國)에 있었는데, 스스로 귀양 가는 욕을 당하였다. 왕위에 있은 지 5년이며, 수(壽)는 51세였다.
> - 『고려사절요』 -

① 서경에 대화궁을 짓고 그 안에 팔성당을 설치하였다.
② 중앙 교육 기관인 국자감을 '국학'으로 개칭하고, 양현고를 설치하였다.
③ 유인우로 하여금 쌍성총관부를 비롯한 철령 이북의 땅을 무력으로 수복하게 하였다.
④ 원나라에 만권당을 설치하여 고려의 학자들이 원의 학자들과 교류하게 하였다.

63 다음 중 고려 충숙왕에 대한 설명으로 옳은 것은?

① 원의 직속으로 있던 동녕부와 탐라총관부를 돌려받았다.
② 사림원을 설치하여 유교 이념에 따라 관료 정치를 회복하고자 하였다.
③ 찰리변위도감을 설치하여 권문세족이 점탈한 민전을 본 주인에게 돌려주도록 하였다.
④ 정치도감을 두어 부원 세력을 척결하도록 하였다.

64 〈보기 1〉과 〈보기 2〉 사이에 발생한 사건으로 가장 옳지 않은 것은?
2024 서울시 9급(자체 출제)

보기1
몽고군이 이르니 우종주와 유홍익은 양반들과 더불어 모두 성을 버리고 도망치고 말았다. 다만 노비군과 천민들이 힘을 합하여 몽고군을 물리쳤다.
-「고려사절요」-

보기2
6월 원나라 연호인 지정을 쓰지 않고 교지를 내렸다.
-「고려사」-

① 화통도감을 설치하여 각종 화약 무기를 제조했다.
② 일본 원정을 위해 정동행성이 설치되었다.
③ 새로운 지배 세력으로 권문세족이 출현했다.
④ 『삼국유사』, 『제왕운기』 등의 역사서가 편찬되었다.

65 밑줄 친 '왕'의 재위 시기의 역사적 사실로 옳은 것은?

겨울에 홍건적 위평장(僞平章) 반성(潘誠)·사유(沙劉)·관선생(關先生)·주원수(朱元帥)·파두번(破頭潘) 등 20만 군사가 압록강을 건너 서북 변방에 함부로 들어와서 우리에게 글을 보내기를, "군사 110만을 거느리고 동쪽 땅으로 가니 속히 맞아 항복하라."고 하였다. 왕이 남쪽으로 피난하자, 홍건적이 개경을 점령하였다.

① 이제현의 『사략』이 편찬되었다.
② 『직지심체요절』이 금속 활자로 인쇄되었다.
③ 박위가 왜구의 근거지인 대마도를 정벌하였다.
④ 민지가 『본조편년강목』을 편찬하였다.

66 다음과 같은 시기에 재위하였던 국왕 대의 사실로 옳은 것은?
2018 국가직 7급

성균관을 다시 짓고 이색을 판개성부사 겸 성균관 대사성으로 삼았다. …(중략)… 이색이 다시 학칙을 정하고 매일 명륜당에 앉아서 경전을 나누어 수업하였는데, 강의를 마치면 함께 논쟁하느라 지루함을 잊었다. 이에 학자들이 모여들기 시작하였고 서로 함께 눈으로 보고 느끼게 되니, 정주성리학이 비로소 흥기하게 되었다.
-「고려사」-

① 각염제를 처음으로 시행하였다.
② 전민변정도감을 설치하였다.
③ 정치도감을 설치하였다.
④ 정동행성을 설치하였다.

67
(가)에 대한 설명으로 옳은 것은? 2023 국가직 9급

> 신돈이 (가) 을/를 설치하자고 요청하자, …(중략)… 이제 도감이 설치되었다. …(중략)… 명령이 나가자 권세가 중에 전민을 빼앗은 자들이 그 주인에게 많이 돌려주었으며, 전국에서 기뻐하였다.
> - 「고려사」 -

① 시전의 물가를 감독하는 임무를 담당하였다.
② 국가 재정의 출납과 회계 업무를 총괄하였다.
③ 불법적으로 점유된 토지와 노비를 조사하였다.
④ 부족한 녹봉을 보충하고자 관료에게 녹과전을 지급하였다.

68
밑줄 친 '기구'가 설치된 왕 대에 있었던 사실로 옳은 것은?

> 최무선(崔茂宣)의 건의로 설치된 이 기구에서 각종 화약 무기를 개발하였다.

① 원의 수도에 만권당을 설립하여 문물 교류를 진흥하였다.
② 성균관을 순수한 유학 교육 기구로 개편하여, 인재를 양성하였다.
③ 명의 철령위 설치 통보 이후 요동 정벌이 추진되었다.
④ 정치도감을 설치하여 국가 재정 수입의 기반을 확대하였다.

69
밑줄 친 '왕'의 재위 기간에 있었던 일로 옳은 것은? 2022 지방직 9급(서울시 9급)

> 왕의 어릴 때 이름은 모니노이며, 신돈의 여종 반야의 소생이었다. 어떤 사람은 "반야가 낳은 아이가 죽어서 다른 아이를 훔쳐서 길렀는데, 공민왕이 자신의 아들이라고 칭하였다."라고 하였다. 왕은 공민왕이 죽은 뒤 이인임의 추대로 왕위에 올랐다. 이후 이인임, 염흥방, 임견미 등이 권력을 잡아 극심하게 횡포를 부렸다.

① 이종무가 왜구의 소굴인 대마도를 정벌하였다.
② 삼별초가 반란을 일으켜 대몽 항쟁을 계속하였다.
③ 쌍성총관부를 공격해 철령 이북 지역을 수복하였다.
④ 요동 정벌을 위해 출병한 이성계가 위화도에서 회군하였다.

70
위화도 회군 이후에 있었던 사실로 옳지 않은 것은? 2024 국가직 9급

① 과전법이 실시되었다.
② 정몽주가 살해되었다.
③ 한양으로 도읍을 이전하였다.
④ 황산 대첩에서 왜구를 토벌하였다.

71 다음 〈보기〉의 밑줄 친 주체에 대한 설명으로 가장 옳지 않은 것은? 2017 서울시 사회복지직 9급

> **보기**
> 운봉을 넘어온 …(중략)… 이 싸움에서 아군은 1,600여 필의 군마와 여러 병기를 노획하였고, 살아 도망간 자는 70여 명밖에 없었다고 한다.
> ―『고려사』에서 인용·요약―

① 그들로부터 개경을 수복한 정세운, 이방실, 김득배는 김용의 주도하에 살해되었다.
② 조운선이 그들의 목표물이 되어 국가 재정이 곤란해졌다.
③ 그들의 소굴인 대마도가 정벌되어 그 기세가 꺾이게 되었다.
④ 그들이 자주 출몰하자 수도를 옮기자는 주장이 제기되었다.

72 고려 말에서 조선 초에 있었던 요동 정벌 운동을 설명한 것으로 옳지 않은 것은? 2016 서울시 9급

① 우왕 때 최영은 명이 철령위 설치를 통고하자 요동을 공격할 계획을 세웠다.
② 태조 이성계는 요동 정벌을 추진하였고 정도전과 남은은 군사 훈련을 강화하였다.
③ 명은 정도전을 '조선의 화근'이라며 명으로 압송할 것을 요구하였다.
④ 이방원은 태조의 요동 정벌 운동을 적극 지지하였다.

73 (가)~(라) 시기에 있었던 역사적 사실로 가장 적절하지 않은 것은? 2017 경찰직 2차

	(가)	(나)	(다)	(라)	
↑		↑		↑	↑	↑
명의 철령위 설치 통보		위화도 회군		조선 건국	1차 왕자의 난	태종 즉위

① (가) ― 김용이 왕을 시해할 목적으로 흥왕사에 침범했다가 최영에 의해 격퇴되었다.
② (나) ― 이성계 일파는 폐가입진을 명목으로 우왕과 창왕을 연이어 폐위시켰다.
③ (다) ― 명은 표문의 글귀가 불손하다는 구실로 정도전을 명으로 압송할 것을 요구했다.
④ (라) ― 박포가 논공행상에 불만을 품고 난을 일으켰다.

CHAPTER 02 중세의 경제

출제 비중 7%

필수기출 & 출제예상편

01 다음 제도를 제정한 왕과 관련된 사실로 옳은 것은?

> 처음으로 역분전(役分田)을 정했다. 통합 때의 조신과 군사에게 관계(官階)를 논하지 않고 인성과 행실의 선악, 공로의 대소를 보고 차등 있게 지급하였다.
> — 『고려사』 —

① 광군을 조직하여 거란의 침입에 대비하였다.
② 노비안검법과 과거 제도를 시행하였다.
③ 서경을 설치하고 북진 정책을 추진한 결과, 압록강까지 영토를 넓혔다.
④ 결혼 정책과 사성 정책을 통해 호족들을 회유하였다.

02 ㉠에 해당하는 토지에 대한 설명으로 옳은 것은? 2018 국가직 7급

> 5월 을사에 태조가 예산진에 행차하여 이르기를, "너희 공경장상은 국록을 먹는 사람들이므로 내가 백성을 자식처럼 사랑하는 마음을 헤아려서, 너희들 ㉠ 의 백성들을 불쌍히 여겨야 할 것이다. 만약 무지한 가신들을 ㉠ 에 보낸다면, 오직 거두어들이는 데만 힘써 마음대로 약탈할 것이니 너희 또한 어찌 알 수 있겠는가?"라고 하였다.
> — 『고려사』 —

① 신라의 토지 제도에서 비롯된 것이다.
② 직역에 대한 대가로 수조권만을 지급한 것이다.
③ 대상 토지에 거주하는 가호의 수를 단위로 지급되었다.
④ 지방 호족들의 경제 기반으로 고려 무신 정권기까지 존속했다.

03 〈보기〉의 고려 토지 제도 (가)~(라) 각각에 대한 설명으로 가장 옳지 <u>않은</u> 것은? 2020 서울시 9급(자체 출제)

> **보기**
> (가) 조신(朝臣)이나 군사들의 관계(官階)를 따지지 않고 그 사람의 성품, 행동의 선악(善惡), 공로의 크고 작음을 보고 차등 있게 역분전을 지급하였다.
> (나) 경종 원년 11월에 비로소 직관(職官), 산관(散官)의 각 품(品)의 전시과를 제정하였다.
> (다) 목종 원년 12월에 양반 및 군인들의 전시과를 개정하였다.
> (라) 문종 30년에 양반전시과를 다시 개정하였다.

① (가) – 후삼국 통일 전쟁에 공이 있는 사람들에게 지급하였다.
② (나) – 인품을 반영하여 토지를 지급하였다.
③ (다) – 실직이 없는 산관은 토지 지급 대상에서 제외되었다.
④ (라) – 현직 관리에게만 토지가 지급되고, 문·무관의 차별이 거의 사라졌다.

04 다음 자료의 토지 제도에 대한 설명으로 옳은 것은?

> 문종 30년, 양반 전시과를 다시 고쳤다. 제1과는 중서령, 상서령, 문하시중으로 전지 100결과 시지 50결을 주며, 제2과는 문하시랑, 중서시랑으로 전지 90결과 시지 45결을 주고, …(중략)… 제18과는 한인(閑人), 잡류(雜類)로 전지 17결을 주었다.
> —『고려사』—

① 지급 대상 토지를 원칙적으로 경기 지역에 한정하였다.
② 관리가 사망하면 유가족에게 수신전과 휼양전을 지급하였다.
③ 개국 공신에게 인품, 행실, 공로를 기준으로 토지를 분급하였다.
④ 현직 관리에게 전답과 임야를 분급하여 수취의 권리를 행사하게 하였다.

05 〈보기〉는 고려의 토지 제도에 대한 설명이다. (㉠)과 (㉡)에 들어갈 것으로 가장 옳게 짝지은 것은?
2019 2월 서울시 7급

보기

> 5품 이상의 고위 관리에게는 (A)를 주어 자손에게 상속하게 하였다. 하급 관료의 자제 중 관직에 오르지 못한 사람에게는 (B)를 주고, 직업 군인에게는 군역의 대가로 (C)를 지급하였다. 직역을 계승할 자손이 없으면 국가에서는 토지를 회수하고 대신 유가족의 생활을 보호하기 위해 (㉠)을 지급하였다. 한편 왕실에는 왕실 경비를 충당하기 위해 (D)를 지급하였다. 중앙과 지방의 관청에는 (㉡)을 지급하였고, 사원에는 (E)를 지급하였다.

	㉠	㉡
①	구분전	공해전
②	민전	내장전
③	군인전	공해전
④	한인전	내장전

06 다음의 주장을 반박할 수 있는 근거로 제시할 수 있는 것은?

> 토지 제도는 전국의 토지가 공전제(公田制) 위에 성립되어 모든 토지가 국가 소유였다. 이와 같은 국유제론은 '넓은 하늘 아래 왕토가 아닌 것이 없다.'는 왕토 사상에 기인한 것으로 모든 토지는 공유, 국유화하였으며 사유지는 없었다.

① 과전
② 녹읍
③ 외역전
④ 민전

07 고려 시대의 조운 제도에 대한 설명으로 옳지 않은 것은?
2016 국가직 7급

① 양계에서는 조세를 현지 경비로 사용하였다.
② 조창에서 개경까지의 운반은 조창민이 담당하였다.
③ 조운량이 증가하자 주교사 소속의 배를 이용하였다.
④ 조운 기간은 일반적으로 2월부터 5월이었다.

08 고려 시대의 상공업에 대한 설명으로 옳은 것만을 모두 고른 것은?
2017 국가직 7급(추가채용)

> ㄱ. 고려 초기 개경, 서경 등에 시전을 두었다.
> ㄴ. 주전도감을 설치하여 해동통보를 주조하였다.
> ㄷ. 충선왕 때에 각염법을 실시하였다.
> ㄹ. 사원과 소(所)에서 수공업 물품이 제작되었다.

① ㄱ, ㄴ
② ㄱ, ㄹ
③ ㄴ, ㄷ, ㄹ
④ ㄱ, ㄴ, ㄷ, ㄹ

09 고려의 경제 상황에 대한 설명으로 옳은 것은?
2024 국가직 9급

① 진대법이라는 구휼 제도를 시행하였다.
② 건원중보가 발행되었으나 널리 이용되지 못하였다.
③ 광산 경영 방식에서 덕대제가 유행하기 시작하였다.
④ 전통적 농업 기술을 정리한 『농사직설』이 편찬되었다.

11 고려 시대의 경제 활동에 대한 설명으로 가장 옳지 않은 것은?
2019 서울시 7급

① 개경의 우창(右倉) 곡식은 관리의 녹봉으로 지출되었다.
② 양안과 호적 작성은 안정적인 재정 운영을 위해 시행되었다.
③ 상업 활동이 활발해지면서 철전, 은병 등이 주조되었다.
④ 고려 말에는 남부 일부 지방에 모내기법이 보급되었다.

10 〈보기〉 자료의 정책을 시행한 국왕이 발행한 화폐로 가장 옳은 것은?
2018 서울시 7급

〈보기〉
주전도감에서 아뢰기를, "나라 사람들이 비로소 전폐(錢幣) 사용의 이로움을 알아 편리하게 되었으니 바라건대 종묘에 고하소서"라고 하였다. 이 해에 또한 은병을 사용하여 화폐로 삼았는데, 그 제도는 은 1근으로 만들고, 형상은 우리나라 지형으로 하였으며, 속칭 활구라고 하였다.

① 건원중보
② 상평통보
③ 조선통보
④ 해동통보

12 고려 시대의 경제생활에 대한 설명으로 옳은 것을 〈보기〉에서 모두 고른 것은?
2018 서울시 9급(사회복지직 9급)

〈보기〉
ㄱ. 성종은 건원중보를 만들어 전국적으로 사용하게 하려 했으나 성공하지 못하였다.
ㄴ. 고려 후기 관청 수공업이 쇠퇴하면서 민간 수공업이 발달하였다.
ㄷ. 예성강 어귀의 벽란도는 고려의 국제 무역항이었다.
ㄹ. 원 간섭 시기에는 원의 지폐인 보초가 들어와 유통되기도 하였다.

① ㄱ, ㄴ, ㄷ
② ㄱ, ㄷ, ㄹ
③ ㄴ, ㄷ, ㄹ
④ ㄱ, ㄴ, ㄷ, ㄹ

13 다음 상황이 나타난 국가에서 볼 수 있는 모습으로 가장 옳지 않은 것은?

> "소금을 쓰는 자는 모두 의염창(義鹽倉)에 가서 사도록 하고, 군현 사람들은 모두 본관(本管)의 관사(官司)에 나아가 포(布)를 바치고 소금을 받도록 하라. 만약 사사로이 염분을 설치하거나 몰래 서로 무역하는 자가 있으면 엄히 죄로 다스려라."라고 하였다.

① 시전 상인의 불법적 상행위를 막기 위해 경시서가 설치되었다.
② 성종 대에 건원중보를 만들었으나 널리 유통되지는 못했다.
③ 숙종 대에 동전을 만든 이후, 주조 화폐의 유통이 정착되었다.
④ 벽란도는 당시의 최대의 무역항이었다.

14 고려의 대외 무역에 대한 설명으로 옳은 것은?
2015 지방직 7급

① 거란과 여진의 압력으로 송과의 교류가 끊어져 상호 무역이 이루어지지 않았다.
② 예성강 어귀의 벽란도는 대외 무역의 발전과 함께 국제 무역항으로 번성하였다.
③ 일본은 11세기 후반부터 주로 모피를 가지고 와 식량, 인삼, 서적 등과 바꾸어갔다.
④ 대식국인이라 불리던 아라비아 상인들이 비단, 약재 등을 가지고 고려와 무역하였다.

CHAPTER 03 중세의 사회

출제 비중 3%

필수기출 & 출제예상편

01 고려 후기 권문세족에 대한 설명으로 옳지 <u>않은</u> 것은?
2019 국가직 7급

① 음서는 이들의 지위를 유지할 수 있는 중요한 제도적 장치였다.
② 재지지주로서 녹과전과 녹봉을 유력한 경제적 기반으로 삼았다.
③ 첨의부 등의 고위 관직을 독점하면서 도당의 구성원으로서 권력을 장악하였다.
④ 왕실 또는 자기들 상호 간에 중첩되는 혼인을 맺어 긴밀한 유대 관계를 가지고 있었다.

02 다음 주장을 한 정치 세력에 대한 설명으로 옳은 것만을 〈보기〉에서 모두 고른 것은?
2014 사회복지직 9급

> 우와 창은 본래 왕씨가 아니기 때문에 종사를 받들 수 없으며, 또한 천자의 명이 있으니 마땅히 가를 폐하고 진을 세울 것이다. 정창군 왕요는 신종의 7대 손으로 그 족속이 가장 가까우니 마땅히 세울 것이다.

보기
ㄱ. 전제 왕권 중심의 통치 체제를 정비하였다.
ㄴ. 이색, 정몽주, 윤소종 등을 숙청하였다.
ㄷ. 전제 개혁을 추진하여 과전법을 시행하였다.
ㄹ. 군제를 개혁하여 삼군도총제부를 설치하였다.

① ㄱ, ㄴ   ② ㄴ, ㄷ
③ ㄷ, ㄹ   ④ ㄴ, ㄹ

03 다음 〈보기〉의 (   )에 들어갈 낱말을 바르게 나열한 것은?
2017 서울시 사회복지직 9급

보기
> 고려의 지배층과 피지배층 사이에는 중류층이 자리 잡고 있었다. 중앙 관청의 말단 서리인 (㉠), 궁중 실무 관리인 (㉡), 직업 군인으로 하급 장교인 (㉢) 등이 있었다.

	㉠	㉡	㉢
①	잡류	역리	군반
②	남반	군반	역리
③	잡류	남반	군반
④	남반	군반	잡류

04 밑줄 친 '이들'에 대한 설명으로 가장 옳은 것은?
2022 법원직 9급

> <u>이들</u>의 첫 벼슬은 후단사이며, 두 번째 오르면 병사(兵史)·창사(倉史)가 되고, 세 번째 오르면 주·부·군·현의 사(史)가 되며, 네 번째 오르면 부병정(副兵正)·부창정(副倉正)이 되며, 다섯 번째 오르면 부호정(副戶正)이 되고, 여섯 번째 오르면 호정이 되며, 일곱 번째 오르면 병정·창정이 되고, 여덟 번째 오르면 부호장이 되고, 아홉 번째 오르면 호장(戶長)이 된다.
> - 『고려사』 -

① 자손이 음서의 혜택을 받았다.
② 속현의 조세와 공물의 징수, 노역 징발 등을 담당하였다.
③ 수군, 조례, 역졸, 조졸 등으로 칠반천역이라고도 불렸다.
④ 수령의 행정 실무를 보좌하는 세습적인 아전으로 활동하였다.

05 고려 시대 향리에 대한 설명으로 옳은 것만을 모두 고르면?
2021 국가직 9급

ㄱ. 부호장 이하의 향리는 사심관의 감독을 받았다.
ㄴ. 상층 향리는 과거로 중앙 관직에 진출할 수 있었다.
ㄷ. 일부 향리의 자제들은 기인으로 선발되어 개경으로 보내졌다.
ㄹ. 속현의 행정 실무는 향리가 담당하였다.

① ㄱ
② ㄱ, ㄴ
③ ㄴ, ㄷ, ㄹ
④ ㄱ, ㄴ, ㄷ, ㄹ

06 고려 시대 신분 제도에 대한 설명으로 가장 옳지 않은 것은?
2018 서울시 7급

① 왕실과 혼인을 통해 외척이 되어 대대로 특권을 누리는 문벌 가문이 나타났다.
② 상층 향리인 호장층은 지방 세력 가운데 과거 합격률이 가장 높아 관료를 배출하는 모체가 되었다.
③ 서민이 손쉽게 출세하는 벼슬은 궁궐의 잡무를 맡은 서리층으로 이를 산관이라 했다.
④ 광산에서 일하는 광부를 철간, 어부를 생선간, 소금 굽는 염부를 염간, 목축하는 사람을 목자간, 뱃사공을 진척이라 불렀다.

07 ㉠, ㉡의 거주민에 대한 설명으로 옳은 것은?
2019 지방직 7급

○ 이제 살펴보건대, 신라가 주·군을 설치할 때 그 전정(田丁), 호구(戶口)가 현의 규모가 되지 못하는 곳에는 ㉠ , ㉡ 을/를 두어 소재지의 읍에 속하게 하였다.
- 「신증동국여지승람」 -

○ 지난 왕조 때 5도와 양계에 있던 역과 진에서 역을 부담한 사람과 ㉡ 의 사람은 모두 고려 태조 때의 명령을 거역한 사람이므로, 고려는 이들에게 천하고 힘든 일을 맡게 했다.
- 「태조실록」 -

① 향리층의 지배를 받았다.
② 관직의 진출에 제한을 받지 않았다.
③ 백정이라고 불렸으며 조·용·조를 면제받았다.
④ 개인의 소유물로 인정되어 매매나 증여, 상속의 대상이 되었다.

08 고려의 향도에 대한 설명으로 옳지 않은 것은?

① 지방의 유향소를 중심으로 활동하였다.
② 상, 장례 등 의례를 행할 수 있는 조직이었다.
③ 매향 활동 등을 하는 불교의 신앙 조직이었다.
④ 마을의 노동력이 동원될 때 주도적 역할을 하였다.

09 고려 사회에 대한 설명으로 옳은 것만을 모두 고른 것은?
2017 지방직 7급

ㄱ. 여성은 재혼이 가능하였다.
ㄴ. 여성은 호주가 될 수 없었다.
ㄷ. 부모의 재산은 아들과 딸의 구분 없이 고르게 상속되었다.
ㄹ. 결혼할 때 여성이 데려온 노비에 대한 소유권은 남편에게 귀속되었다.

① ㄱ, ㄴ
② ㄱ, ㄷ
③ ㄴ, ㄹ
④ ㄷ, ㄹ

10 다음 자료와 관련된 고려 시대 상속의 일반적 원칙과 거리가 먼 것은?

어머니가 일찍이 재산을 나누어 줄 때 나익희에게는 따로 노비 40구를 남겨 주었다. 나익희는 "제가 6남매 중에 외아들이라고 해서 어찌 사소한 것을 더 차지하여 여러 자녀들과 화목하게 살게 하려 한 어머니의 거룩한 뜻을 더럽히겠습니까?" 하고 사양하자, 어머니가 옳게 여기고 그 말을 따랐다.
- 「고려사」 -

① 재산은 남녀 차별 없이 균등하게 상속하였다.
② 피상속자는 상속자에게 별도로 상속할 수 있었다.
③ 전토와 마찬가지로 노비도 상속되는 중요한 재산이었다.
④ 적장자는 다른 자녀에 비해 2배 가량을 추가로 상속받았다.

11 고려 시대의 사회상에 대한 설명으로 가장 적절하지 않은 것은? 2019 경찰직 2차

① 사위가 처가의 호적에 입적하는 경우도 자주 있었다.
② 부모의 재산은 남녀 관계없이 고루 분배되었으며, 출생 순서에 따라 차등을 두었다.
③ 제사는 형제자매가 돌아가면서 지냈다.
④ 여성의 재가는 비교적 자유롭게 이루어졌다.

12 고려의 형률 제도에 대한 설명으로 옳은 것은? 2014 국가직 9급

① 주로 당나라의 것을 끌어다 썼으며, 때에 따라 고려의 실정에 맞는 율문도 만들었다.
② 행정과 사법이 명확하게 분리·독립되어 있었다.
③ 실형주의(實刑主義)보다는 배상제(賠償制)를 우위에 두고 있었다.
④ 기본적으로 태형(笞刑), 장형(杖刑), 도형(徒刑), 유형(流刑)의 4형 체계를 가지고 있었다.

13 (가)에 들어갈 기관으로 옳은 것은? 2020 국가직 9급

> 5월에 조서를 내리기를 "개경 내의 사람들이 역질에 걸렸으니 마땅히 (가) 을/를 설치하여 이들을 치료하고, 또한 시신과 유골은 거두어 묻어서 비바람에 드러나지 않게 할 것이며, 신하를 보내어 동북도와 서남도의 굶주린 백성을 진휼하라."라고 하였다.
> — 『고려사』 —

① 의창
② 제위보
③ 혜민국
④ 구제도감

14 고려 시대의 사회 정책에 대한 설명으로 옳지 않은 것은? 2014 지방직 7급

① 상평창은 물가 조절 기관으로서 곡식과 포의 가격이 내렸을 때 사들였다가 값이 오르면 싸게 내다 팔았다.
② 의창은 빈민을 도와줌으로써, 유교 정치 이념의 명분을 살림과 동시에 농업 재생산의 활동을 원만하게 하려는 사회 정책의 일환으로 설치되었다.
③ 동·서 활인서는 유랑자의 수용과 구휼을 담당하였다.
④ 혜민국은 백성들의 의료를 맡아 시약(施藥)을 행하던 곳으로 고려 예종 대에 설치되었다.

15 고려 시대 국가 운영을 위하여 시행한 사회 정책에 대한 설명으로 가장 적절하지 않은 것은? 2018 경찰직 2차

① 고려는 개경과 서경 및 12목에 상평창을 설치하여 물가를 조절하였다.
② 고려는 흉년 등 어려운 때에 백성을 구제하기 위해 의창을 만들어 봄에 곡식을 빌려주고 가을에 갚게 하였다.
③ 대비원은 환자를 진료하고 갈 곳이 없는 어려운 사람들을 돌보아 주었다.
④ 혜민서는 유랑자를 수용하고 구휼하였다.

CHAPTER 04 중세의 문화

출제 비중 30%

필수기출 & 출제예상편

01 다음과 같은 학문을 본격적으로 수용한 사람들에 대한 설명으로 옳은 것은?

> 이 학문은 종래 자구의 해석에 주력하던 훈고학풍에서 벗어나 인간의 심성과 우주의 원리 문제를 철학적으로 규명하려는 신유학이다. 그 주된 학문적 범주는 이기(理氣)의 개념을 중심으로, 우주나 인간의 생성과 구조를 해명하는 본체론과 이를 근거로 하여 인간의 본성과 인간으로서 지켜야 할 참된 도리를 밝히는 인성론으로 나눌 수 있다.

① 학문적인 교양과 행정 실무에도 능한 학자적 관료 출신들이다.
② 권력을 배경으로 막대한 농장을 소유한 대지주 출신이다.
③ 공음전과 음서를 배경으로 사회적 지위를 유지하였다.
④ 유교와 불교의 조화를 통해 사회 운영을 꾀하였다.

02 ㉠에 들어갈 인물에 대한 설명으로 옳은 것은?
2019 국가직 7급

> ㉠ 는(은) 원에서 크게 성행하고 있었던 성리학을 국내에 소개하였으며, 중국 강남에 사람을 보내 공자와 제자들의 초상화 및 문묘에서 사용할 제기와 서적 등을 구해 오게 하였다.

① 최초의 성리학 입문서인 『학자지남도』를 편찬하였다.
② 충선왕이 세운 만권당에서 원의 학자들과 교류하였다.
③ 원의 과거에 급제하고 돌아와 성균관을 중심으로 성리학을 확산시켰다.
④ 이 인물을 배향하기 위해 설립된 서원은 뒤에 조선 최초의 사액 서원이 되었다.

03 고려 시대 성리학의 수용 과정에 대한 설명으로 옳지 않은 것은?
2018 지방직 7급

① 백이정은 직접 원에 가서 성리학을 배워 왔다.
② 김문정은 원에서 공자의 화상과 각종 서적을 구해 왔다.
③ 안향은 정몽주, 권근, 정도전 등을 가르쳐 성리학을 더욱 확산시켰다.
④ 이제현은 만권당에서 원의 학자들과 교류하면서 성리학에 대한 이해를 심화하였다.

04 고려 시대 교육에 관한 설명으로 옳지 않은 것은?

① 최충은 관직에서 물러난 후 9재 학당을 세워 많은 인재를 양성하였다.
② 예종은 국자감을 재정비하여 전문 강좌인 7재를 설치하였다.
③ 인종은 경사 6학을 정비하고, 관학 진흥에 힘썼다.
④ 충선왕 시기에는 경사교수도감을 설치하고, 문묘를 새로 건립하였다.

05 다음은 고려 왕조의 관학 진흥책을 나열하였다. 각 관학 진흥책이 시행된 왕 대의 내용으로 옳지 않은 것은?

> ㉠ 서적포 설치
> ㉡ 양현고 설치
> ㉢ 경사 6학 정비
> ㉣ 섬학전 설치

① ㉠ - 여진족을 정벌하고 동북 9성을 축조하였다.
② ㉡ - 7재의 전문 강좌를 설치하여 관학 교육을 강화하였다.
③ ㉢ - 김부식이 왕명을 받들어 『삼국사기』를 편찬하였다.
④ ㉣ - 동녕부와 탐라총관부의 관할 지역을 회복하였다.

06 고려 시대 관학 교육에 대한 설명으로 옳지 않은 것은?

① 국자감에는 국자학, 태학, 사문학의 유학부와 율학, 서학, 산학 등의 기술학부가 있었다.
② 예종 때 청연각과 보문각을 설치하였다.
③ 인종 때 경사 6학을 정비하였다.
④ 섬학전의 부실을 보충하기 위해 양현고가 설치되었다.

07 다음 사실을 시기순으로 바르게 나열한 것은?
2017 국가직 9급(추가채용)

ㄱ. 7재에 무학재를 두었다.
ㄴ. 교정도감을 설치하였다.
ㄷ. 도평의사사의 건의로 무과를 설치하였다.
ㄹ. 경정 전시과에서 무관에 대한 차별 대우를 시정하였다.

① ㄱ → ㄴ → ㄹ → ㄷ
② ㄴ → ㄷ → ㄹ → ㄱ
③ ㄷ → ㄹ → ㄱ → ㄴ
④ ㄹ → ㄱ → ㄴ → ㄷ

08 다음 내용의 역사서에 대한 설명으로 옳은 것은?
2021 지방직 9급(서울시 9급)

왕께서는 "우리나라 사람들은 유교 경전과 중국 역사에 대해서는 자세히 말하는 사람이 있으나 우리나라의 사실에 이르러서는 잘 알지 못하니 매우 유감이다. 중국 역사서에 우리 삼국의 열전이 있지만 상세하게 실리지 않았다. 또한, 삼국의 고기(古記)는 문체가 거칠고 졸렬하며 빠진 부분이 많으므로, 이런 까닭에 임금의 선과 악, 신하의 충과 사악, 국가의 안위 등에 관한 것을 다 드러내어 그로써 후세에 권계(勸戒)를 보이지 못했다. 마땅히 일관된 역사를 완성하고, 만대에 물려주어 해와 별처럼 빛나도록 해야 하겠다."라고 하셨습니다.

① 불교를 중심으로 신화와 설화를 정리하였다.
② 유교적인 합리주의 사관에 따라 기전체로 서술되었다.
③ 단군 조선을 우리 역사의 시작으로 본 통사이다.
④ 진흥왕의 명을 받아 거칠부가 편찬하였다.

09 다음과 관련된 역사서에 대한 설명으로 옳은 것은?

엎드려 생각하옵건대 성상 폐하께서는 중국 요임금의 넓은 덕과 총명함을 타고 나시고 우임금의 부지런함과 검소함을 체득하시어, 나랏일로 바쁘신 와중에도 틈틈이 옛 일을 두루 살펴보시고 이르시기를, "오늘날의 학사(學士)와 대부(大夫)가 5경(五經)·제자(諸子)의 책이나 진(秦)·한(漢) 역대의 역사에 대해서는 혹 널리 통하여 자세히 설명하는 자가 있으나, 우리나라의 일에 대해서는 도리어 아득하여 그 처음과 끝을 알지 못하니 매우 한탄스러운 일이다."라고 하셨습니다.

① 고조선의 건국 신화와 민간 설화 등이 수록되어 있다.
② 인물에 관련된 기록에서는 신라인이 편중되었다.
③ 운문체의 한시로 고구려 계승 의식을 강조하였다.
④ 고려 후기에 편찬된 역사서로 발해를 우리 역사의 일부로 서술하였다.

10 다음 글을 쓴 인물에 대한 설명으로 옳은 것은?
2023 지방직 9급(서울시 9급)

세상에서 동명왕의 신이(神異)한 일을 많이 말한다. …(중략)… 지난 계축년 4월에 『구삼국사』를 얻어 「동명왕 본기」를 보니 그 신기한 사적이 세상에서 얘기하는 것보다 더하였다. 그러나 처음에는 믿지 못하고 귀신이나 환상이라고만 생각하였는데, 두세 번 반복하여 읽어서 점점 그 근원에 들어가니 환상이 아닌 성스러움이며, 귀신이 아닌 신성한 이야기였다.

① 사실의 기록보다 평가를 강조한 강목체 사서를 편찬하였다.
② 단군부터 고려 충렬왕 때까지의 역사를 서사시로 기록하였다.
③ 단군 신화와 전설 등 민간에서 전승되는 자료를 광범위하게 수록하였다.
④ 김부식의 『삼국사기』에 동명왕의 신이한 사적이 생략되어 있다고 평하였다.

11 다음 내용의 역사서에 대한 설명으로 가장 옳은 것은?

> 내가 일찍이 그 얘기를 듣고 웃으며 말하기를, "선사(先師) 중니(仲尼)께서는 괴력난신(怪力亂神)에 대해 말씀하지 않으셨으니, …(중략)… 지난 계축년 4월에 『구삼국사(舊三國史)』를 얻어 읽어보니 그 신이한 사적이 세상에 전하는 것보다 더하였다. 그러나 처음에는 믿지 못해 귀신이나 환상으로만 여겼는데, 세 번 반복하여 읽어서 점점 그 근원에 들어가니, 환상이 아니고 성스러움이며 귀(鬼)가 아니고 신(神)이었다.

① 인종 때 왕명으로 편찬된 현존 최고(最古)의 역사서이다.
② 무신 정권 시대에 이규보가 편찬한 장편 서사시이다.
③ 단군의 건국 이야기와 향가 14수가 수록되어 있다.
④ 우리의 역사를 중국사와 대등하게 파악하였다.

12 다음은 고려 시대 진화의 시이다. 이 시인과 교류를 통해 자부심을 공유한 인물의 작품은? 2018 국가직 9급

> 서쪽 송나라는 이미 기울고 북쪽 오랑캐는 아직 잠자고 있네. 앉아서 문명의 아침을 기다려라, 하늘의 동쪽에서 태양이 떠오르네.

① 『삼국사기』   ② 「동명왕편」
③ 『제왕운기』   ④ 『삼국유사』

13 다음 글이 나오는 책에 관한 설명으로 옳은 것은? 2021 계리직 9급

> 대저 옛 성인들은 예악으로 나라를 융성케 하고 인의(仁義)로 가르쳤으며, 괴상한 힘이나 난잡한 귀신을 말하지 아니했다. …(중략)… 삼국의 시조들이 모두 신이(神異)한 데서 나왔다고 해서 어찌 괴이하겠는가? 이것이 신이로써 다른 편보다 먼저 놓은 까닭이며, 그 의도도 바로 여기에 있다.

① 현재 전하는 신라의 향가를 가장 많이 수록하고 있다.
② 유교 사서의 관례에 따라 중국 정사의 기전체(紀傳體) 형식을 도입했다.
③ 개인 전기가 실린 열전은 백제인이나 고구려인보다 신라인의 비중이 높다.
④ 신라가 독자적인 연호를 제정하여 사용한 것은 옳지 않다고 논했다.

14 밑줄 친 '이 책'에 대한 설명으로 가장 옳은 것은? 2022 법원직 9급

> 이 책은 보각국사 일연의 저서로 왕력(王歷)·기이(紀異)·흥법(興法)·탑상(塔像)·의해(義解)·신주(神呪)·감통(感通)·피은(避隱)·효선(孝善) 등 9편목으로 구성되어 있다. 여러 고대 국가의 역사, 불교 수용 과정, 탑과 불상, 고승들의 전기, 효도와 선행 이야기 등 불교사와 관련된 일화를 중심으로 서술한 것이 특징이다.

① 기전체 형식으로 서술되었다.
② 현존하는 가장 오래된 역사서이다.
③ 단군의 건국 이야기가 수록되었다.
④ 대의명분을 중시하는 성리학적 사관을 반영하였다.

15. 밑줄 친 (　　)에 대한 설명으로 옳은 것은?
2023 계리직 9급

> 신이 (　　　)을/를 삼가 편수하여 두 권으로 나누어 깨끗이 써서 바칩니다. …(중략)… 예로부터 지금까지 황제들이 이어온 역사, 즉 중국은 반고로부터 금까지, 동국은 단군으로부터 우리 본조까지 그 시작한 근원을 책에서 두루 찾아내어, 같고 틀림을 비교하여 그 요긴함을 추려 풍영(諷詠)으로 시를 지으니 서로 계승하고 주고받으며 일어남이 손바닥을 가리키듯 분명합니다.

① 편년체와 강목체를 결합하여 서술하였다.
② 예맥, 옥저 등을 모두 단군의 후손으로 서술하였다.
③ 불교사를 중심으로 설화와 야사를 많이 서술하였다.
④ 정통론에 입각하여 마한, 신라를 정통국가로 서술하였다.

16. 밑줄 친 '만권당'과 관련된 인물에 대한 설명으로 옳은 것은?

> 황제가 왕을 원나라 수도에 머물도록 명을 내리니 왕이 연경(燕京)에 있는 사택 안에 만권당(萬卷堂)을 짓고 당시의 저명한 학자들인 염복·요수·조맹부·우집 등을 초청하여 교유하며 학문을 연구하는 것으로 즐거움을 삼았다.

① 최초의 성리학 입문서인 『학자지남도』를 편찬하였다.
② 당대에 동방 이학의 비조(시조)로 칭송되었다.
③ 『익재집』, 『역옹패설』 등을 저술하였다.
④ 김문정에게 원에서 공자 및 제자 70인의 화상(畫像)을 그려오게 하였다.

17. 고려 시대 불교와 관련된 설명으로 가장 옳지 않은 것은?

① 광종 때 개경에 귀법사를 세우고 균여를 주지로 임명하였다.
② 초조대장경은 거란의 침략으로 소실되었다.
③ 의천은 흥왕사에 교장도감을 설치하고 『교장』을 편찬하였다.
④ 충렬왕 때 왕실의 원찰(願刹)인 묘련사가 만들어졌다.

18. 〈보기〉의 인물이 활동하던 시기에 해당하는 설명으로 가장 옳은 것은?
2023 서울시 9급(자체 출제)

> **보기**
> ○ 새로 창건한 귀법사의 주지가 되었다.
> ○ 불교 대중화에 관심이 있어 『보현십원가』를 지었다.
> ○ 화엄학에 대한 주석서를 쓰는 등 화엄 교학을 정비하였다.

① 강조를 토벌한다는 명분으로 거란이 침략하였다.
② 대장경에 대한 주석서인 교장을 간행하였다.
③ 중국에 승려들을 보내 법안종을 수용하였다.
④ 현화사를 창건하였다.

19. 다음은 고려 시대 불교에 관한 내용이다. 옳은 것으로 묶인 것은?

> ㉠ 의통은 성상융회를 강조하여, 화엄종을 중심으로 법상종 등 교종 종파를 통합하고자 하였다.
> ㉡ 의천은 유불 일치설을 강조하여 성리학 수용의 사상적 토대를 마련하였다.
> ㉢ 고려 말 보우는 원으로부터 임제종을 도입하였고, 선종 9산 선문의 통합을 시도하였다.
> ㉣ 요세는 참회수행과 염불을 통한 극락왕생을 주장하며 백련사를 결성했다.

① ㉠, ㉡, ㉢
② ㉡, ㉣
③ ㉠, ㉡, ㉣
④ ㉢, ㉣

20. 밑줄 친 '그'에 대한 설명으로 옳은 것은?
2023 지방직 9급(서울시 9급)

> 그는 화엄종을 중심으로 교종을 통합하고 해동 천태종을 창시하여 선종까지 포섭하려 하였다. 그러나 그의 사후에 교단은 다시 분열되었고, 권력층과 밀착되어 타락하는 양상까지 나타났다.

① 이론적인 교리 공부와 실천적인 수행을 아우를 것을 주장하였다.
② 참선과 독경은 물론 노동에도 힘을 쓰자고 하면서 결사를 제창하였다.
③ 삼국 시대 이래 고승들의 전기를 정리하여 『해동고승전』을 편찬하였다.
④ 백련사를 결성하여 극락왕생을 기원하는 참회와 염불 수행을 강조하였다.

21. (가) 인물에 대한 설명으로 옳은 것은? 2025 지방직 9급

> (가) 은/는 무신집권기 불교의 세속화를 비판하면서 불교 본연의 정신을 확립하자는 결사 운동을 주도하여 수선사를 결성하였다. 그는 깨달음을 얻은 뒤에도 수행을 게을리하지 않아야 한다는 돈오점수를 내세웠다.

① 천태종을 창시하였다.
② 임제종을 도입하였다.
③ 교종의 입장에서 선종을 통합하려 하였다.
④ 정혜쌍수라는 실천 수행 방법을 제시하였다.

22. (가)와 (나)의 인물에 대한 〈보기〉의 설명으로 옳은 것은? 2017 지방직 9급

> (가)는 "교(敎)를 배우는 이는 대개 안의 마음을 버리고 외면에서 구하고, 선(禪)을 익히는 이는 인연을 잊고 안의 마음을 밝히기를 좋아하니, 모두 한쪽에 치우친 것으로 두 극단에 모두 막힌 것이다"라고 주장하였다.
>
> (나)는 "정(定)은 본체이고 혜(慧)는 작용이다. 작용은 본체를 바탕으로 존재하므로 혜가 정을 떠나지 않고, 본체가 작용을 가져오게 하므로 정은 혜를 떠나지 않는다"라고 주장하였다.

〈보기〉
ㄱ. (가)와 (나)는 서로 다른 방법으로 교종과 선종의 통합을 시도하였다.
ㄴ. (가)와 (나)는 지방 호족과 연합하여 신라 정부의 권위를 약화시켰다.
ㄷ. (가)는 불교와 유교 모두 도를 추구한다는 점에서 같다는 유·불 일치설을 주장하였다.
ㄹ. (나)는 수선사 결성을 제창하여 불교계의 개혁을 추진하였다.

① ㄱ, ㄴ
② ㄱ, ㄹ
③ ㄴ, ㄷ
④ ㄴ, ㄹ

23. 다음 ㉠~㉣에 들어갈 인물을 바르게 연결한 것은? 2019 지방직 9급

> ○ (㉠)는/은 『신편제종교장총록』을 편찬하였다.
> ○ (㉡)는/은 원의 불교인 임제종을 들여와서 전파시켰다.
> ○ (㉢)는/은 강진에 백련사를 결사하여 법화 신앙을 내세웠다.
> ○ (㉣)는/은 『목우자수심결』을 지어 마음을 닦고자 하였다.

	㉠	㉡	㉢	㉣
①	수기	보우	요세	지눌
②	의천	각훈	요세	수기
③	의천	보우	요세	지눌
④	의천	요세	각훈	수기

24. 밑줄 친 '그'에 대한 설명으로 옳은 것은? 2017 서울시 9급

> 그는 『묘종초』를 설법하기 좋아하여 언변과 지혜가 막힘이 없었고, 대중에게 참회를 닦기를 권하였다. …(중략)… 대중의 청을 받아 교화시키고 인연을 맺은 지 30년이며, 결사에 들어온 자들이 3백여 명이 되었다.

① 강진의 토호 세력의 도움을 받아 백련사를 결성하였다.
② 불교계 폐단을 개혁하기 위해 9산선문의 통합을 주장하였다.
③ 이론의 연마와 실천을 아울러 강조하는 교관겸수를 제창하였다.
④ 깨달은 후에도 꾸준한 실천이 필요하다는 돈오점수를 중시하였다.

25. 다음 자료의 밑줄 그은 '나'에 대한 설명으로 옳은 것은?
한국사능력검정시험 고급 기출

> 나는 옛날 공(公)의 문하에 있었고 공은 지금 우리 수선사에 들어왔으니, 공은 불교의 유생이요 나는 유교의 불자입니다. 서로 손과 주인이 되고 스승과 제자가 됨은 옛날부터 그러하였고 지금에야 비롯된 것은 아닙니다.

① 유교와 불교의 일치를 주장하였다.
② 권문세족과 긴밀한 관계를 맺고 있었다.
③ 처음으로 수선사 결사 운동을 전개하였다.
④ 교종의 입장에서 선종을 통합하려 하였다.
⑤ 성균관의 부흥을 통해 성장한 신흥 유학자였다.

26. 고려 시대 불교 문화에 대한 설명으로 가장 옳은 것은?
2019 2월 서울시 9급

① 태조는 훈요 십조에서 전국에 비보사찰을 제한없이 늘려 불국토를 이루도록 당부하였다.
② 현종 대에는 거란의 대장경을 수입하여 고려의 독자적인 『초조대장경』을 만들기 시작했고, 완료한 후 흥왕사에 보관하였다.
③ 광종 대 균여는 국청사를 중심으로 해동 천태종을 창시하고, 교종과 선종의 대립을 완화하기 위해 노력하였다.
④ 삼국 시대부터 있어 왔던 향도를 계승하여 신앙의 결속을 다졌으며, 매향 행위를 함으로써 내세의 복을 빌기도 했다.

27. 다음에 나타난 사상에 대한 설명으로 옳지 않은 것은?
2017 국가직 9급(사회복지직 9급)

> 신(臣)들이 서경의 임원역 지세를 관찰하니, 이곳이 곧 음양가들이 말하는 매우 좋은 터입니다. 만약 궁궐을 지어서 거처하면 천하를 병합할 수 있고, 금나라가 폐백을 가지고 와 스스로 항복할 것이며, 36국이 모두 신하가 될 것입니다.

① 서경 천도 운동의 배경이 되었다.
② 문종 때 남경 설치의 배경이 되었다.
③ 하늘에 제사 지내는 초제의 사상적 근거가 되었다.
④ 공민왕과 우왕 때 한양 천도 주장의 근거가 되었다.

28. 다음 자료에 나타난 사상에 대한 설명으로 옳은 것을 <보기>에서 고른 것은?

> 짐은 삼한 산천의 음덕(陰德)을 받아 왕업을 이루었다. 서경은 수덕(水德)이 순조로워 우리나라 지맥의 근본이 되며, 대업을 만대에 전할 땅이므로 마땅히 봄, 여름, 가을, 겨울의 중간 달에 순행하여 1백 일 이상 머물러 왕실의 안녕을 도모하게 하라.

보기
㉠ 『소학』 보급의 명분으로 활용되었다.
㉡ 비보사찰 건립의 이론적 근거가 되었다.
㉢ 양반 사대부의 산송(山訟)에 영향을 끼쳤다.
㉣ 최승로가 올린 시무 28조의 사상적 배경이 되었다.

① ㉠, ㉡ ② ㉠, ㉢
③ ㉡, ㉢ ④ ㉡, ㉣

29. 밑줄 친 '왕'의 정책으로 옳지 않은 것은?
2017 국가직 9급(추가채용)

> 대관(大觀) 경인년에 천자께서 저 먼 변방에서 신묘한 도(道)를 듣고자 함을 돌보시어 신사(信使)를 보내시고 우류(羽流) 2인을 딸려 보내어 교법에 통달한 자를 골라 훈도하게 하였다. 왕은 신앙이 돈독하여 정화(政和) 연간에 비로소 복원관(福源觀)을 세워 도가 높은 참된 도사 10여 인을 받들었다. 그러나 그 도사들은 낮에는 재궁(齋宮)에 있다가 밤에는 집으로 돌아가고는 하였다. 그래서 후에 간관이 지적, 비판하여 다소간 법으로 금하는 조치를 취하게 되었다. 간혹 듣기로는, 왕이 나라를 다스렸을 때는 늘 도가의 도록을 보급하는 데 뜻을 두어 기어코 도교로 호교(胡敎)를 바꿔 버릴 생각을 하고 있었으나 그 뜻을 이루지 못해 무엇인가를 기다리는 것이 있는 듯하였다고 한다.
> ― 『고려도경』 ―

① 우봉·파평 등의 지역에 감무관을 파견하였다.
② 국학 7재를 설치하여 관학을 진흥하였다.
③ 김위제의 건의로 남경 건설을 추진하였다.
④ 윤관을 원수로 하여 여진 정벌을 단행하였다.

30 현재 해인사에 보관된 팔만대장경에 대한 설명으로 옳은 것은?

① 강화도에 설치된 대장도감에서 팔만대장경의 판각을 담당하였다.
② 팔만대장경은 고려 시대 최초로 만든 대장경이었다.
③ 팔만대장경은 무신 정권이 붕괴된 이후인 원 간섭 시기에 해인사로 옮겨 보관되었다.
④ 팔만대장경은 원래 명칭이 재조대장경으로, 송·요(거란) 등의 불경을 들여와 판각되었다.

31 다음의 ㉠~㉢과 관련된 설명으로 가장 적절한 것은?
2016 경찰직 1차

> 심하도다. (㉠)의 환란이여. 잔인한 것은 말할 것도 없고, 지극히 어리석기는 짐승보다 심하니, 어찌 천하에서 공경하는 바를 알겠으며, 불법(佛法)이 있음을 알겠습니까? 그들은 지나가는 곳마다 불상과 불서를 모두 불태워 ㉡<u>부인사에 소장된 대장경 판본</u>도 남기지 않고 쓸어버렸습니다. …(중략)… 이런 큰 보물이 없어졌는데 어찌 감히 역사(役事)가 클 것을 염려하며, ㉢<u>고쳐 만드는 일</u>을 주저할 수 있겠습니까?
> — 이규보, 『동국이상국집』—

① ㉠은 송과 연합하여 요를 멸망시킨 후 송을 침략하여 강남으로 몰아냈다.
② ㉠과의 전쟁이 끝난 후 고려는 개경에 나성을 쌓아 도성 수비를 강화하였으며, 북쪽 국경 일대에 천리장성을 쌓았다.
③ ㉡은 부처의 도움으로 여진을 퇴치하려고 만든 금속 활자 인쇄본이다.
④ ㉢에 따라 만들어진 대장경판은 현재 합천 해인사에 보관되어 있다.

32 고려에서 행한 국가 제사에 대한 설명으로 옳지 않은 것은?
2018 지방직 9급(사회복지직 9급)

① 태조 때에 환구단(圜丘壇)에서 풍년을 기원하는 제사를 올렸다.
② 성종 때에 사직(社稷)을 세워 지신과 오곡신에게 제사를 지냈다.
③ 숙종 때에 기자(箕子) 사당을 세워 국가에서 제사하였다.
④ 예종 때에 도관(道觀)인 복원궁을 세워 초제를 올렸다.

33 (가)에 대한 설명으로 옳지 않은 것은?

> <u>(가)</u> 이/가 개최되는 날에는 부처님을 공양하고 신령님을 즐겁게 하는 축제를 벌였다. 국왕이 몸소 하늘과 산천, 바다의 용 등에게 제사를 지냈으며 축하 공연이 밤늦도록 이어졌다. 개경의 고관은 물론 각 지방을 대표하는 관리들이 의식에 참여하였으며, 다른 나라의 사신과 상인들도 국왕을 알현하고 가져온 선물을 바쳤다.

① 이 행사가 열리는 곳은 축제의 장소이자 교역의 장소였으며, 주변 나라와 각 지방의 여러 소식도 얻을 수 있는 정보 교류의 장이었다.
② 『삼국사기』에 의하면 이 행사는 551년(진흥왕 12년)에 처음 시행되었다.
③ 태조의 훈요 10조에는 이 행사를 반드시 시행하라는 기록이 있다.
④ 이 행사는 전국적인 규모로 개최되었다.

34 다음 (가)에 대한 설명으로 옳지 않은 것은?
2018 국가직 9급

> 예전에 성종이 [(가)] 시행에 따르는 잡기가 정도(正道)에 어긋나는 데다가 번거롭고 요란스럽다 하여 이를 모두 폐지하였다. …(중략)… 이것을 폐지한 지가 거의 30년이나 되었는데, 이때에 와서 정당문학 최항이 청하여 이를 부활시켰다.

① 훈요 10조에서 시행할 것을 강조하였다.
② 토속 신에게 제사를 지냈다.
③ 정월 보름에 개최되었다.
④ 국제 교류의 장이었다.

35 다음 의서에 대한 설명으로 옳은 것은?

> 이 의서에 실린 약은 모두 우리나라 사람들이 쉽게 알 수 있고, 쉽게 구할 수 있으며, 복용하는 법도 일찍이 경험한 것들이다. …(중략)… 대장도감에서 이 의서를 간행한 뒤 세월이 오래되어 판이 낡았고 옛 판본은 구하기가 어렵다.

① 기존 의서들을 널리 모아서 편집한 의학 백과사전이다.
② 세종 때 편찬되어 민족 의학이 발전하는 데 기여하였다.
③ 지금 남아 있는 우리나라 의서 가운데 가장 오래된 것이다.
④ 허준이 우리나라의 전통 한의학을 체계적으로 정리한 책이다.

36 고려 시대의 과학 기술과 관련된 설명으로 옳지 않은 것은?

① 가장 오래된 목판 인쇄물인 『무구정광대다라니경』이 제작되었다.
② 과거 제도에서는 기술관을 등용하기 위한 잡과가 실시되었다.
③ 천문과 역법을 담당하는 관청으로 사천대가 설치되었다.
④ 이슬람 역법을 수용하여 만든 원의 수시력을 사용하였다.

37 고려 시대의 역사적 사실을 시대순으로 나열한 것은?
2018 경찰직 1차

> ㉠ 몽골에 저항하던 고려 정부가 개경으로 환도하였다.
> ㉡ 강화도와 진주에 도감을 설치하고 새로이 대장경을 판각하여 완성하였다.
> ㉢ 『상정고금예문』이 금속 활자로 인쇄되었다.
> ㉣ 일연이 불교사를 중심으로 고대의 민간 설화와 전래 기록을 수록한 역사서를 저술하였다.

① ㉢ → ㉡ → ㉠ → ㉣
② ㉣ → ㉠ → ㉡ → ㉢
③ ㉣ → ㉡ → ㉠ → ㉢
④ ㉢ → ㉠ → ㉡ → ㉣

38 (가) 왕대에 볼 수 없었던 조형물은?
2020 국가직 7급

> 대리석으로 만든 10층 석탑으로 원래는 경천사에 세워졌다. 이후 원위치에서 불법 반출되어 일본으로 건너갔다가 반환되는 우여곡절을 겪기도 했다. 이 석탑은 표면에 새겨진 명문에 의하여 [(가)] 왕대에 건립된 것으로 알려져 있다.

① 불국사 다보탑
② 원각사 10층 석탑
③ 법천사 지광국사탑
④ 관촉사 석조미륵보살입상

39 다음 일이 있었던 시대의 문화에 대한 설명으로 가장 적절하지 않은 것은? 2020 경찰직 1차

> 박유가 왕에게 글을 올려 말하기를 "…(중략)… 청컨대 여러 신하, 관료들로 하여금 여러 처를 두게 하되, 품계에 따라 그 수를 줄이도록 하여 보통 사람에 이르러서는 1인 1첩을 둘 수 있도록 하며 여러 처에서서 낳은 자식들도 역시 본가가 낳은 아들처럼 벼슬을 할 수 있게 하기를 원합니다."라고 하였다. …(중략)… 당시 재상들 가운데 그 부인을 무서워하는 자들이 있었기 때문에 그 건의는 결국 실행되지 못하였다.

① 단아하고 균형 잡힌 석등이 꾸준히 만들어졌으며 법주사 쌍사자 석등이 대표적인 작품이다.
② 다포 양식 건물이 등장하여 지붕을 웅장하게 얹거나 건물을 화려하게 꾸밀 때 쓰였다.
③ 자기 제작에 상감기법이 개발되어 무늬를 내는 데 활용되었으나 원 간섭기 이후에는 퇴조하였다.
④ 이 시대에는 불화가 많이 그려졌는데 혜허의 관음보살도가 유명하다.

40 ㉠~㉢에 들어갈 건축물의 이름을 순서대로 바르게 나열한 것은? 2015 지방직 7급

> 고려의 건축물 가운데 지금 남아 있는 것 중에서는 13세기 이후에 지은 안동 봉정사의 (㉠)이 가장 오래된 것이며, 영주 부석사의 (㉡)과 예산 수덕사의 (㉢)을 통해 자연과 어우러진 외관과 배흘림기둥, 그리고 균형 잡힌 주심포 등 고려 사찰의 특색을 엿볼 수 있다.

	㉠	㉡	㉢
①	극락전	응진전	약사전
②	대웅전	응진전	약사전
③	극락전	무량수전	대웅전
④	대웅전	무량수전	극락전

41 다음 설명에 해당하는 문화유산으로 옳은 것은?

> 이 건물은 우리나라에서 가장 오래된 목조 건물이다. 맞배지붕 건물이며 기둥은 배흘림 양식으로 주심포식 건물이다.

① 부석사 무량수전
② 봉정사 극락전
③ 수덕사 대웅전
④ 법주사 팔상전

42 다음 사진전에 전시될 사진으로 적절한 것을 〈보기〉에서 고른 것은? 한국사능력검정시험 고급 기출

특별 사진전
찬란한 불교문화를 꽃피웠던 고려 시대의 문화유산 사진전을 개최하고자 합니다. 많은 분들의 관람 바랍니다.
■ 기간 2016년 ○○월 ○○일 ~ ○○월 ○○일
■ 장소 △△ 미술관 특별 전시실

보기

ㄱ.
금동 연가 7년명 여래 입상

ㄴ.
영주 부석사 소조 여래 좌상

ㄷ.
하남 하사창동 철조 석가여래 좌상

ㄹ.
금동 미륵보살 반가 사유상

① ㄱ, ㄴ
② ㄱ, ㄷ
③ ㄴ, ㄷ
④ ㄴ, ㄹ
⑤ ㄷ, ㄹ

43. 다음 책에 대한 설명으로 옳은 것은?
한국사능력검정시험 고급 기출

이 책의 원래 이름은 백운화상초록불조직지심체요절인데, 직지심체요절 또는 직지라고도 한다. 승려 백운 화상이 석가모니의 가르침에서 중요한 내용을 뽑아 해설한 책이다. 직지심체는 사람의 마음을 직관하여 부처의 깨달음에 도달한다는 의미이다.

① 주자소를 설치하여 인쇄하였다.
② 신미양요 때 약탈된 문화유산이다.
③ 불국사 3층 석탑 안에서 발견되었다.
④ 청주 흥덕사에서 금속 활자로 간행되었다.
⑤ 세계 기록 유산으로 해인사에 보관되어 있다.

44. 다음 유물에 대한 설명으로 적절하지 않은 것은?
2014 국가직 7급

> 색이 푸른데 사람들은 이를 비색(翡色)이라 한다. 근년에 들어와 제작이 공교해지고 광택이 더욱 아름다워졌다. 술병의 형태는 참외와 같은데, 위에는 작은 뚜껑이 있고 마치 연꽃에 엎드린 오리 모양이다.

① 강진과 부안이 생산지로 유명하였다.
② 왕실과 관청 및 귀족들이 주로 사용하였다.
③ 송나라 사신 서긍이 그 아름다움을 극찬하였다.
④ 신라 말기 상감 청자가 제작되면서 무늬가 한층 다양해졌다.

45. 〈보기〉에서 고려 시대 회화 작품을 모두 고른 것은?
2021 서울시 9급(자체 출제)

보기
ㄱ. 고사관수도
ㄴ. 부석사 조사당 벽화
ㄷ. 예성강도
ㄹ. 송하보월도

① ㄱ, ㄷ
② ㄱ, ㄹ
③ ㄴ, ㄷ
④ ㄴ, ㄹ

46. 고려 시대의 예술에 대한 설명으로 가장 적절하지 않은 것은?
2018 경찰직 1차

① 다포 양식은 공포가 기둥 위뿐만 아니라 기둥 사이에도 짜여 있는 양식으로 황해도 사리원의 성불사 응진전은 대표적인 고려 시대 다포 양식의 건물이다.
② 신라 불상의 양식을 계승한 논산 관촉사 석조 미륵보살 입상은 균형미가 뛰어난 걸작이다.
③ 서예는 고려 전기 구양순체가 주류를 이루었고, 후기에는 송설체가 유행했다.
④ 고려 후기 왕실과 권문세족의 구복적 요구에 따라 극락왕생을 기원하는 아미타불도와 지장보살도 같은 불화가 많이 그려졌다.

47. 고려의 문화에 대한 설명 중 가장 옳은 것은?
2018 국가직 9급

① 고려의 귀족 문화를 대표하는 백자는 상감 기법을 이용한 것이다.
② 고려는 세계 최초로 금속 활자를 발명하였다.
③ 팔만대장경판은 거란의 침입을 물리치기 위한 염원을 담아 만든 것이다.
④ 고려는 불교 국가여서 유교 문화가 발전하지 못하였다.

48. 고려 시대 문화에 대한 설명 중 옳은 것을 모두 고른 것은?
2017 경찰직 1차

㉠ 임춘은 술을 의인화한 「국순전」을 저술하여 현실을 풍자했다.
㉡ 이제현은 삼국 시대부터 고려 시대까지의 유명한 시화를 모은 『백운소설』을 저술하였다.
㉢ 이규보는 흥미 있는 사실, 불교, 부녀자들의 이야기를 수록한 『보한집』을 저술하였다.
㉣ 이인로는 『파한집』에서 개경, 평양, 경주 등 역사적 유적지의 풍속과 풍경 등을 묘사하였다.
㉤ 박인량의 『역옹패설』은 고려 시대의 대표적 설화문학에 해당한다.

① ㉠, ㉢
② ㉡, ㉣
③ ㉠, ㉣
④ ㉠, ㉢, ㉤

49 (가)에 들어갈 탑으로 옳은 것은?

한국사능력검정시험 중급 기출

○○신문

특집 일제의 '문화유산 약탈'에 맞선 외국인들

1907년 일본 궁내대신이 고려 후기에 세워진 석탑을 강탈해 갔다. 이에 맞서 대한매일신보의 발행인 베델과 코리아 리뷰의 발행인 헐버트는 일본의 약탈을 지속적으로 언론에 고발하였다. 이들의 노력으로 석탑은 10여 년 만에 돌아오게 되었다. 원의 영향을 받아 조성된 이 석탑은 현재 국립 중앙 박물관에 전시되어 있다.

(가)

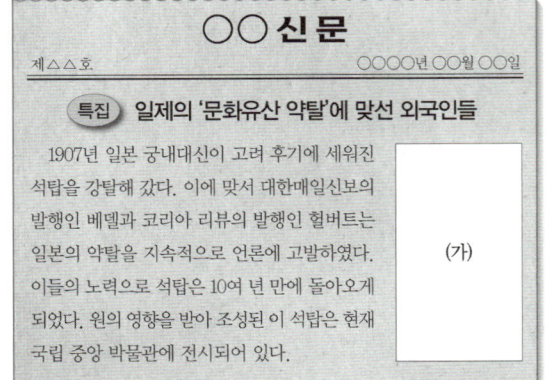

① 불국사 삼층 석탑
② 정림사지 오층 석탑
③ 화엄사 사사자 삼층 석탑

④ 경천사지 십층 석탑
⑤ 월정사 팔각 구층 석탑

50 밑줄 친 ㉠, ㉡에 해당하는 석탑을 바르게 나열한 것은?

2016 사회복지직 9급

우리나라 탑의 양식은 목탑 양식에서 석탑 양식으로 이행되었다. 우리의 산천에는 화강암이 널려 있어 석재를 구하기가 쉬웠기 때문이었다. 반면 중국에서는 황토가 많아 전탑이 유행하였는데, ㉠ 신라에서 이를 본떠 석재를 벽돌 모양으로 잘라서 만든 탑을 만들기도 하였다. 통일 이후 신라는 백제의 석탑 양식을 받아들여 비례와 균형을 갖춘 새로운 석탑 양식을 만들어 내었다. 불교가 더욱 대중화되고 토착화되었던 고려 시대에는 안정감은 부족하나 층수가 높아지고 다양한 형태의 석탑이 건립되었다. ㉡ 고려 후기에는 원나라의 영향을 받은 석탑도 만들어졌다.

	㉠	㉡
①	불국사 3층 석탑	진전사지 3층 석탑
②	불국사 3층 석탑	감은사지 3층 석탑
③	분황사탑	경천사 10층 석탑
④	분황사탑	원각사지 10층 석탑

최근 5개년 9급 주요 직렬 출제 비중

9%

PART 04
근세의 우리 역사

	CHAPTER	출제 비중	교수님의 기출 경향 & 출제 예상 POINT
출제 비중 高	01 근세의 정치	67%	조선 초기 왕들의 업적(태조, 태종, 세종, 세조, 성종)과 중앙 및 지방 제도를 고려 시대와 비교해서 학습한다. 또한 훈구 세력과 사림 세력의 특징을 구분하여 이해하고 네 차례의 사화와 붕당의 형성 과정을 파악한다. 임진왜란의 주요 전투들을 순서대로 나열하는 문제도 출제된 적이 있으므로 관련 내용을 꼭 암기해야 한다.
	02 근세의 경제	0%	과전법, 직전법, 관수관급제, 직전법 폐지 등 토지 제도의 변화와 특징을 파악한다. 또한 공법 등 조세 제도를 이해하고, 조선 전기의 농업, 상업, 수공업의 특징을 기억해두어야 한다.
	03 근세의 사회	11%	조선 시대 신분 제도의 특징 및 신분별 특징을 파악한다. 특히 서얼과 중인은 시험에 빈출되는 주제이므로 잘 파악해 두어야 하며, 사림의 세력 기반이었던 서원과 향약의 특징 또한 제대로 기억해야 한다.
	04 근세의 문화	22%	15세기(『고려국사』, 『고려사』, 『동국통감』 등), 16세기(『기자실기』 등) 주요 역사서는 빈출 주제이므로 꼭 기억한다. 또한 이황의 주리론과 이이의 주기론의 특징을 구분하여 정리하고 이언적 · 서경덕 · 조식의 학문적 특징도 파악해야 한다.

CHAPTER 01 | 근세의 정치

출제 비중 67%

필수기출 & 출제예상편

01 (가)~(라) 시기에 있었던 역사적 사실로 옳지 않은 것은?

(가)	(나)	(다)	(라)
↑	↑	↑	↑	↑
명의 철령위 설치 통보	위화도 회군	조선 건국	1차 왕자의 난	태종 즉위

① (가) - 기철 등 친원 세력을 숙청하였다.
② (나) - 우왕, 창왕이 폐위되고 공양왕이 즉위하였다.
③ (다) - 정도전, 남은 등이 요동 정벌을 계획하였다.
④ (라) - 이방간과 이방원 사이에 왕자의 난이 일어났다.

02 밑줄 친 '그'에 대한 설명으로 옳지 않은 것은?

2019 지방직 9급

> 그와 남은이 임금을 뵈옵고 요동을 공격하기를 요청하였고, 그리하여 급하게 진도(陣圖)를 익히게 하였다. 이보다 먼저 좌정승 조준이 휴가를 받아 집에 있을 때, 그와 남은이 조준을 방문하여, "요동을 공격하는 일은 지금 이미 결정되었으니 공(公)은 다시 말하지 마십시오."라고 말하였다.

① 만권당에서 원의 학자들과 교류하였다.
② 맹자의 역성혁명론을 조선 건국에 적용하였다.
③ 한양 도성의 성문과 궁궐 등의 이름을 지었다.
④ 『경제문감』을 저술하여 재상 중심의 정치를 주장하였다.

03 다음 도시에 대한 설명으로 옳지 않은 것은?

2020 지방직 7급(서울시 7급)

① 고려 문종 때에 남경(南京)으로 승격되었다.
② 종루(鐘樓), 이현, 칠패 등에서 상업 활동이 이루어졌다.
③ 정도전은 궁궐 전각(殿閣)과 도성 성문 등의 이름을 지었다.
④ 성곽은 거중기 등을 이용하여 약 2년 만에 완성되었다.

04 다음은 조선 시대의 한양을 설명한 것이다. (가)~(라)에 각각 들어갈 단어를 순서대로 나열한 것은?

2016 서울시 7급

한양은 통치의 중심 공간인 ((가))을 ((나)) 아래에 남향으로 짓고 그 좌우에 종묘와 사직을 건설하였다. ((다))은 안산에 해당한다. 도성에는 네 개의 대문이 건설되었는데 동은 흥인지문, 서는 ((라)), 남은 숭례문, 북은 숙정문이다.

	(가)	(나)	(다)	(라)
①	경복궁	인왕산	남산	소의문
②	경복궁	백악산	남산	돈의문
③	창덕궁	인왕산	낙산	소의문
④	창덕궁	백악산	낙산	돈의문

05 조선 전기 각 왕의 업적에 대한 설명으로 가장 적절하지 않은 것은?

2017 경찰직 1차(여경 재시험)

① 태종 때에는 호패법이 실시되었으며, 대신들을 견제할 목적으로 사간원이 독립되었다.
② 세종 때에는 훈민정음이 창제·반포되었고, 최윤덕, 김종서 등의 활약으로 북방의 4군 6진이 개척되었다.
③ 세조 때에는 집현전이 폐지되었고, 불교를 억제할 목적으로 간경도감이 폐지되었다.
④ 성종 때에는 관수관급제가 실시되어 국가의 토지에 대한 지배력이 강화되었다.

06 조선 태종 대의 주요 정책에 대한 설명으로 가장 옳은 것은?

2019 서울시 9급

① 사섬서를 두어 지폐인 저화를 발행하였다.
② 상평통보를 발행하여 화폐 경제를 촉진하였다.
③ 지계를 발급하여 토지 소유권을 공고히 하였다.
④ 연분9등법과 전분6등법을 시행하여 조세 제도를 개편하였다.

07 다음 사료와 관련된 인물의 정치·문화적 업적으로 옳은 것은?

대사헌 권근 등이 상소하였다. "병권은 국가의 큰 권세이니, 마땅히 국가에서 통솔하여 관리해야 하고, 개인에게 분산시켜서는 안 되는 것입니다. 분산시켜서 통솔함이 없으면, 이것은 태아(太阿)를 거꾸로 쥐고 남에게 칼자루를 건네주는 것과 같이 제어하기 어려운 것입니다. 그러므로 군사를 맡은 자가 많으면, 각각 무리를 지어 그 마음이 반드시 달라지고, 그 형세가 반드시 나누어져서 서로서로 시기하고 의심하여 화란(禍亂)을 이루게 됩니다. 뜻을 같이 하는 자들이 서로 해치고 공신(功臣)이 보전되지 못하는 것이 항상 여기에서 비롯되니, 이것이 고금의 공통된 근심입니다."

ㄱ. 집현전 설치
ㄴ. 주자소 설치
ㄷ. 사간원 독립
ㄹ. 의정부 서사제 실시

① ㄱ, ㄴ
② ㄴ, ㄹ
③ ㄴ, ㄷ
④ ㄷ, ㄹ

08 밑줄 친 '그'에 대한 설명으로 옳은 것을 〈보기〉에서 모두 고른 것은?
2022 법원직 9급

> 참찬문하부사 하륜 등이 청하였다. "정몽주의 난에 만일 그가 없었다면, 큰일이 거의 이루어지지 못하였을 것이고, 정도전의 난에 만일 그가 없었다면, 또한 어찌 오늘이 있었겠습니까? …(중략)… 청하건대, 그를 세워 세자를 삼으소서." 임금이 말하기를, "경 등의 말이 옳다." 하고, 드디어 도승지에게 명하여 도당에 전지하였다. "…(중략)… 나의 동복(同腹) 아우인 그는 개국하는 초에 큰 공로가 있었고, 또 우리 형제 4, 5인이 성명(性命)을 보전한 것이 모두 그의 공이었다. 이제 명하여 세자를 삼고, 또 내외의 여러 군사를 도독하게 한다."

보기
ㄱ. 영정법을 도입하였다.
ㄴ. 호패법을 시행하였다.
ㄷ. 『경국대전』을 편찬하였다.
ㄹ. 6조 직계제를 실시하였다.

① ㄱ, ㄴ
② ㄱ, ㄷ
③ ㄴ, ㄹ
④ ㄷ, ㄹ

09 다음 정책을 추진한 국왕 대에 있었던 사실로 옳은 것은?
2019 지방직 9급

> 옛적에 관가의 노비는 아이를 낳은 지 7일 후에 입역(立役)하였는데, 아이를 두고 입역하면 어린 아이에게 해로울 것이라 걱정하여 100일간의 휴가를 더 주게 하였다. 그러나 출산에 임박하여 일하다가 몸이 지치면 미처 집에 도착하기 전에 아이를 낳는 경우가 있다. 만일 산기에 임하여 1개월간의 일을 면제하여 주면 어떻겠는가. 가령 저들이 속인다 할지라도 1개월까지야 넘길 수 있겠는가. 상정소(詳定所)로 하여금 이에 대한 법을 제정하게 하라.

① 사형의 판결에는 삼복법을 적용하였다.
② 주자소를 설치하여 계미자를 주조하였다.
③ 국방력 강화를 위해 진관 체제를 실시하였다.
④ 도평의사사를 개편하여 의정부를 설치하였다.

10 밑줄 그은 '왕'의 업적으로 옳은 것을 〈보기〉에서 고른 것은?
한국사능력검정시험 고급 기출

> 호조에서 아뢰기를 "각도 감사가 빗물의 양을 보고하는 법은 이미 있으나 토질의 습도가 같지 않고 흙 속으로 스며든 깊이도 역시 알기 어렵사오니 청하옵건대 서운관(書雲觀)에 대(臺)를 짓고 쇠를 부어 그릇을 만들되 길이는 2척이 되게 하고 직경은 8촌이 되게 하여 대 위에 올려놓고 비를 받아 본관 관원으로 하여금 수량을 재어 보고하게 하고, …(중략)… 또 외방 각 고을에도 자기나 와기를 사용하여 그릇을 만들어 관청 뜰 가운데에 놓고, 수령이 역시 빗물의 수량을 재어서 감사에게 보고하게 하고 감사가 전하여 알리게 하소서." 하니 왕이 그대로 따랐다.

보기
㉠ 사병 혁파
㉡ 주자소 설치
㉢ 『향약집성방』 편찬
㉣ 의정부 서사제 실시

① ㉠, ㉡
② ㉠, ㉢
③ ㉡, ㉢
④ ㉡, ㉣
⑤ ㉢, ㉣

11 밑줄 친 '왕'에 대한 설명으로 옳은 것은?
2021 국가직 9급

> 1919년 3월 1일 탑골 공원에서 민족대표 33인이 서명한 독립선언서가 낭독되었다. 이 공원에 있는 탑은 왕이 세운 것으로 경천사 10층 석탑의 영향을 받았다.

① 우리나라 전쟁사를 정리한 『동국병감』을 편찬하였다.
② 우리나라 역대 문장의 정수를 모은 『동문선』을 편찬하였다.
③ 6조 직계제를 실시하여 국왕 중심의 정치 체제를 구축하였다.
④ 한양으로 다시 천도하면서 이궁인 창덕궁을 창건하였다.

12 밑줄 친 '왕'에 대한 설명으로 옳은 것은?

> 왕 12년 길주 사람으로 전 회령 부사였던 이시애가 아우 이시합과 함께 반역하였다. 함흥 이북의 주(州)와 군(郡)에서 수령을 죽이고 서로 호응하여 그 세력이 치열하였다.

① 홍문관을 통해 경연을 담당하게 하였다.
② 간경도감을 설치하고 『월인석보』를 언해하여 간행하였다.
③ 삼군도총제부를 의흥 삼군부로 개편하였다.
④ 6조 직계제를 채택하고 사간원을 독립시켜 대신을 견제하였다.

13 다음의 밑줄 친 '왕'의 재위 기간에 있었던 사실로 가장 적절한 것은? 2013 경찰직 2차

> 왕의 명으로 이 책을 완성하였다. 그 내용은 제사에 대한 길례, 왕실의 관례와 혼례에 대한 가례, 사신 접대에 대한 빈례, 군사 의식에 대한 군례, 상례 의식에 대한 흉례이다.

① 『이륜행실도』가 간행되었다.
② 『동국여지승람』이 편찬되었다.
③ 『신찬팔도지리지』가 편찬되었다.
④ 『천상열차분야지도』가 제작되었다.

14 조선 초기 국왕의 업적에 대한 설명으로 옳지 않은 것은? 2018 국가직 7급

① 태조는 한양으로 천도하고 한성부로 이름을 바꾸었다.
② 태종은 창덕궁과 창경궁을 새로 건설하였다.
③ 세종은 사가독서제를 실시하여 학문 활동을 장려하였다.
④ 세조는 간경도감을 설치하여 불경을 번역하고 간행하였다.

15 조선 시대 관청에 대한 설명으로 옳지 않은 것은?

① 사헌부 - 관리 감찰
② 승문원 - 외교 문서 작성
③ 예문관 - 교서 작성
④ 교서관 - 경연 주관

16 (가)에 들어갈 기구로 옳은 것은?

> (가) 은/는 임금의 대변인이 되는 곳으로서 그 임무가 매우 중요하고 임금과 가깝기 때문에, 나라에서 이를 중시하여 당상관은 이조나 대사간을 거쳐야 겨우 맡을 수 있었다. …(중략)… (가) 의 관료에 임명되는 자는 인망이 마치 신선과 같으므로 세속 사람들이 '은대 학사'라고 부른다.

① 사간원　　② 사헌부
③ 홍문관　　④ 승정원

17 조선의 중앙 정치 조직에 대한 설명으로 적절하지 않은 것은? 2016 경찰직 2차

① 홍문관은 학술 연구, 정책 자문 등의 역할을 하였으며 장(長)은 정2품의 대제학이었다.
② 조선의 사헌부는 발해의 중정대, 고려의 어사대와 같은 역할을 하였다.
③ 의금부와 승정원은 왕권을 강화하는 데 기여하였다.
④ 교서관은 국왕의 교서를 작성하는 역할을 하였다.

18 〈보기〉와 같은 역할을 담당한 조선 시대 정치 기구에 대한 설명으로 가장 옳지 않은 것은? 2019 서울시 7급

보기
○ 궁중의 서적과 문서를 관리하고, 국왕의 자문에 응하며, 경연(經筵)을 주관하였다.
○ 매일 아침 신하들이 임금에게 정사를 보고하던 상참(常參) 등에 참여하여 국정에 대한 의견을 제출하였다.

① 옥당이라고 불리기도 하였다.
② 사간원·사헌부와 함께 삼사를 구성하였다.
③ 외교 문서와 사초를 작성하였다.
④ 소속 관원은 청요직이라 하여 선망의 대상이었다.

19 다음은 어떤 인물에 대한 연보이다. 밑줄 친 ㉠~㉣의 설명으로 옳은 것은? 2019 국가직 9급

○ 1566년(31세) ㉠ 사간원 정언에 제수되다.
○ 1568년(33세) ㉡ 이조 좌랑이 되었으나 외할머니 이씨의 병환 소식을 듣고 사퇴하다.
○ 1569년(34세) 동호독서당에 머물면서 『동호문답』을 찬진하다.
○ 1574년(39세) ㉢ 승정원 우부승지에 제수되어 만언봉사를 올리다.
○ 1575년(40세) ㉣ 홍문관 부제학에서 사퇴하고 『성학집요』를 편찬하다.

① ㉠ - 왕명을 출납하면서 왕의 비서 기관의 업무를 하였다.
② ㉡ - 삼사의 관리를 추천하는 권한이 있었다.
③ ㉢ - 왕의 정책을 간쟁하고 관원의 비행을 감찰하였다.
④ ㉣ - 서적 출판 및 간행의 업무를 전담하였다.

20 조선 전기의 정치 상황과 정치 기구에 대한 설명으로 옳은 것은?

① 문·무반 관직에는 그에 해당하는 관계(官階)가 정해져 있었다.
② 문한 기구를 중시하여 예문관, 춘추관, 성균관 등의 관청에는 겸임관을 두지 않고 전임관만으로 임명하였다.
③ 사헌부, 사간원, 홍문관 등 3사를 설치하여 이들에게 관리의 임명을 부여하였다.
④ 세종은 집현전을 설치하여 학문을 진흥시키는 한편 왕권을 강화하기 위해 의정부의 권한을 약화시켰다.

21
(가)에 들어갈 내용으로 옳은 것을 〈보기〉에서 모두 고른 것은? 2023 법원직 9급

> 평택현감 변징원이 하직하니, 임금이 그를 내전으로 불러 만났다. 임금이 변징원에게 "그대는 이미 수령을 지냈으니, 백성을 다스리는 데 무엇을 먼저 하겠는가?"라고 물었다. 이에 변징원이 "마땅히 칠사(七事)를 먼저 할 것입니다"라고 하였다. 임금이 "칠사라는 것은 무엇인가?"라고 질문하니, 변징원이 대답하기를, ___(가)___.
>
> - 『성종실록』 -

보기
ㄱ. 호구를 늘리는 것입니다.
ㄴ. 농상(農桑)을 성하게 하는 것입니다.
ㄷ. 역을 고르게 부과하는 것입니다.
ㄹ. 사송(詞訟)을 간략하게 하는 것입니다.

① ㄱ
② ㄱ, ㄴ
③ ㄱ, ㄴ, ㄷ
④ ㄱ, ㄴ, ㄷ, ㄹ

22
조선의 지방 제도에 대한 설명으로 옳은 것을 〈보기〉에서 모두 고른 것은?

보기
ㄱ. 군현 밑에는 면, 리, 통을 두고 다섯 집을 1통으로 편제하였다.
ㄴ. 수령은 자기 출신 지역에 부임하지 못하며, 각 도에는 관찰사를 파견하여 수령의 업무 성적을 평가하였다.
ㄷ. 향리는 수령의 행정 실무를 보좌하였으며, 아전으로 신분이 격하되었다.
ㄹ. 각 군현에 지방민의 자치를 허용하기 위해 경재소를 설치하였다.

① ㄱ
② ㄴ, ㄷ
③ ㄱ, ㄴ, ㄷ
④ ㄱ, ㄴ, ㄹ

23
밑줄 친 '이 기구'에 대한 설명으로 가장 옳지 않은 것은? 2022 법원직 9급

> • 앞서 이 기구의 사람들이 향중(鄕中)에서 권위를 남용하여 불의한 짓을 행하니, 그 폐단이 많았습니다. 그래서 선왕께서 폐지하였던 것입니다. 간사한 아전을 견제하고 풍속을 바로잡는 것은 수령이 해야 할 일인데, 만약 모두 이 기구에 위임한다면 수령은 할 일이 없지 않겠습니까?
> • 전하께서 다시 이 기구를 세우고 좌수와 별감을 두도록 하였는데, 나이가 많고 덕망이 높은 자를 추대하여 좌수로 일컫고, 그 다음으로 별감이라 하여 한 고을을 규찰하고 관리하게 하였다.
>
> - 『성종실록』 -

① 경재소를 통해 중앙의 통제를 받았다.
② 향촌 사회의 풍속을 교화하는 데 기여하였다.
③ 수령을 보좌하고 향리를 감찰하는 역할을 하였다.
④ 전통적 공동 조직에 유교 윤리를 가미하여 만들었다.

24 다음 〈보기〉의 (가), (나)에 들어갈 말로 가장 옳게 연결한 것은?　　　　　　　　　　2012 경찰직 2차

> **보기**
>
> 조선 전기에 실시되던 (가) 체제는 많은 외적의 침입에 효과가 없었다. 이에 16세기 후반에 이르러 (나) 체제가 수립되었으나 임진왜란 중에 큰 효과를 거두지 못하자 (가) 체제를 복구하였다.

㉠ 유사시 필요한 방어처에 각 지역의 병력을 동원하여 중앙에서 파견되는 장수가 지휘하는 방어 체제
㉡ 좌군, 우군, 초군으로 구성되어 진에 주둔하여 국경 수비를 전담하는 체제
㉢ 위로는 양반부터 아래로는 노비에 이르기까지 편제되어, 평상시에는 생업에 종사하면서 향촌 사회를 지키다가 적이 침입해 오면 전투에 동원되는 체제
㉣ 지역 단위 방위 체제로 각 도에 한두 개의 병영을 두어 병사가 관할 지역 군대를 장악하고, 병영 밑에 몇 개의 거진(巨鎭)을 설치하며 거진(巨鎭)의 수령이 그 지역 군대를 통제하는 체제

① (가) - ㉠, (나) - ㉡
② (가) - ㉠, (나) - ㉣
③ (가) - ㉢, (나) - ㉠
④ (가) - ㉣, (나) - ㉠

25 밑줄 친 '이것'에 관한 설명으로 옳은 것은?

> 이것은 원래 태조가 거느리던 의흥친군위의 군사를 주축으로 구성된 왕실의 사병이었다. 사병 혁파 이후, 태종의 즉위와 더불어 제도화되어 왕실과 중앙의 시위(侍衛), 변경 방비 등을 담당하는 정예군으로 활동하였다.

① 번상(番上)하여 복무하는 의무병이었다.
② 대립이 가장 널리 행해진 군역이었다.
③ 정식 무반에 속해 품계와 녹봉을 받았다.
④ 무과에 급제한 자들로 만호·수령 등이 되었다.

26 조선 시기의 과거 제도에 대한 설명으로 가장 옳지 <u>않은</u> 것은?　　　　　　2022 서울시 9급(자체 출제)

① 생원과 진사를 선발하는 사마시의 1차 시험(초시)에서는 합격자의 수를 각 도의 인구 비율로 배분하였다.
② 문과의 정기 시험에는 현직 관원도 응시할 수 있었고, 합격하면 관품을 1~4계 올려주었다.
③ 조선 시기에는 고려 시기와 달리 과거를 보지 않고 관직으로 진출할 수 있는 음서 제도가 폐지되었다.
④ 무과 식년시는 3년에 한 번씩 시행했고, 서얼도 응시할 수 있었다.

27 (가), (나)에 들어갈 말을 바르게 연결한 것은?
2023 지방직 9급(서울시 9급)

> 조선 시대 과거 제도에는 문과·무과·잡과가 있었는데, 이 가운데 문과를 가장 중시하였다. 『경국대전』에 따르면 문과 시험 업무는 ㅤ(가)ㅤ 에서 주관하고, 정기 시험인 식년시는 ㅤ(나)ㅤ 마다 실시하는 것이 원칙이었다.

	(가)	(나)
①	이조	2년
②	이조	3년
③	예조	2년
④	예조	3년

28 밑줄 친 '이 시험'에 대한 옳은 설명을 <보기>에서 고른 것은?

> 모름지기 과거 시험인데 어찌 차이를 둘 수 있겠는가? 천문을 관측하고, 지리를 연구하여 밝히며, 임금의 약을 조제하고, 법률을 판단하며, 외국어를 잘하는 사람을 선발하는 <u>이 시험</u>을 소홀히 해서는 안 된다. 내일 초시를 시행한다고 하는데 해당 관청에서는 엄히 공정하게 하여 문제가 없게 하라.
> ㅤㅤㅤㅤㅤㅤㅤㅤ-『조선왕조실록』-

보기
㉠ 삼 년마다 실시하며 분야별로 정해진 인원이 있었다.
㉡ 양인 이상이면 별다른 제한 없이 응시할 수 있었다.
㉢ 하급 실무직에 임명하기 위한 특별 채용 시험이었다.
㉣ 초시 합격자는 도별 인구 비례에 따라 선발하였다.

① ㉠, ㉡ ② ㉠, ㉢
③ ㉡, ㉢ ④ ㉢, ㉣

29 다음과 관련된 사건에 대한 설명으로 옳은 것은?
2018 지방직 7급

> '조룡(祖龍)이 어금니와 뿔을 휘두른다'고 한 것은 세조를 가리켜 시황제에 비긴 것이요, '회왕을 찾아내어 민망(民望)에 따랐다'고 한 것은 노산군을 가리켜 의제(義帝)에 비긴 것이고, '그 인의를 볼 수 있다'고 한 것은 노산을 가리킨 것이니 의제의 마음에 비추어 말한 것이다.

① 폐비 윤씨 사건에 관련된 자들과 사림 세력이 제거되었다.
② 훈구 세력은 조광조 일파를 모함하여 죽이거나 유배 보냈다.
③ 훈구 세력이 사관 김일손의 사초 내용을 문제 삼아 사림을 축출하였다.
④ 훈구 세력이 폭정을 일삼던 연산군을 몰아내고, 중종을 왕으로 세웠다.

30 다음 사건과 관련 있는 내용으로 가장 옳은 것은?

2023 법원직 9급

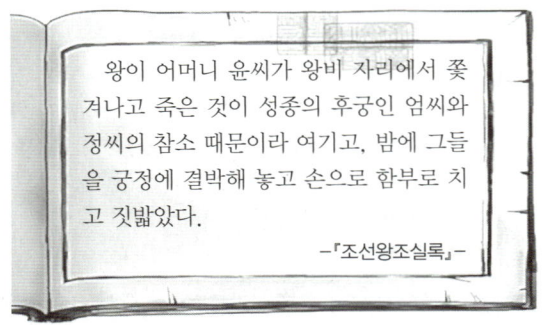

> 왕이 어머니 윤씨가 왕비 자리에서 쫓겨나고 죽은 것이 성종의 후궁인 엄씨와 정씨의 참소 때문이라 여기고, 밤에 그들을 궁정에 결박해 놓고 손으로 함부로 치고 짓밟았다.
>
> -『조선왕조실록』-

① 수양 대군이 단종을 내쫓고 왕위에 올랐다.
② 조광조를 비롯한 많은 사림이 피해를 입었다.
③ 연산군이 훈구파들을 제거하고 권력을 강화하였다.
④ 이조 전랑의 임명 문제를 둘러싸고 사림 간 대립이 일어났다.

31 밑줄 친 '국왕'의 재위 기간에 있었던 일로 옳은 것은?

2018 국가직 9급

> 지금 국왕께서 풍속을 바꾸려는 데에 뜻이 있으므로 신은 지극하신 뜻을 받들어 완악한 풍속을 고치고자 합니다. …(중략)… 『이륜행실(二倫行實)』로 말하면 신이 전에 승지가 되었을 때에 간행할 것을 청했습니다. 삼강이 중한 것은 아무리 어리석은 부부라도 모두 알고 있으나, 붕우·형제의 이륜에 이르러서는 평범한 사람들이 제대로 모르는 경우가 있습니다.

① 주세붕이 백운동 서원을 세웠다.
② 김시습이 『금오신화』를 저술하였다.
③ 『국조오례의』가 편찬되고 『동국여지승람』이 만들어졌다.
④ 문화와 제도를 유교식으로 갖추기 위해 집현전을 창설하였다.

32 다음 사료와 관련된 인물에 대한 설명으로 옳은 것은?

한국사능력검정시험 중급 변형

> 죽으면서 한 말 생각할 때마다, 눈물이 저절로 흐르는데
> 지금 선생의 글 읽으니 도덕이 뛰어남을 더욱 알겠네.
> 조정 관리들은 성취를 기다렸고 시골 아낙들도 존경을 바쳤다네.
> 여기에 익힌 솜씨 필세조차 굳세어라.
>
> -숙종이 『정암집』을 읽고 쓴 시-

① 『성학집요』를 저술하였다.
② 백운동 서원을 사액 받도록 하였다.
③ 현량과 실시를 건의하였다.
④ 여전론을 주장하였다.

33 〈보기〉의 ㉠에 들어갈 인물과 관련된 서술로 가장 옳지 않은 것은?

2019 서울시 7급

보기
> 반정에 의해 왕위에 오른 중종은 한동안 공신들의 그늘에서 벗어나지 못하였다. 중종은 재위 8년 무렵 반정 3인방이 모두 사망하면서, 기존의 훈구 세력을 대체할 수 있는 새로운 정치 파트너를 구했다. 그때 중종의 눈에 들어온 ㉠ 은(는) 사림파의 선두 주자였다. 그는 1510년 과거에 장원으로 합격하고, 1515년 별시에 급제하여 국왕인 중종의 마음을 사로잡았다. 이후 왕을 측근에서 보필하는 핵심 요직을 두루 거쳤고, 1518년 대사헌에 오르는 파격적인 승진을 거듭하였다.

① 『소학』과 향약(鄕約)의 보급을 위해 노력하였다.
② 사초 문제가 발단이 된 무오사화로 인해 목숨을 잃었다.
③ 방납의 폐단을 시정할 것을 주장하였다.
④ 위훈 삭제로 구세력을 제거하고 신진 세력 중심으로 정치판을 재편하려 하였다.

34 (가) 인물에 대한 설명으로 옳은 것은? 2021 국가직 9급

> [(가)] 이/가 올립니다. "지방의 경우에는 관찰사와 수령, 서울의 경우에는 홍문관과 육경(六卿), 그리고 대간(臺諫)들이 모두 능력 있는 사람을 천거하게 하십시오. 그 후 대궐에 모아 놓고 친히 여러 정책과 관련된 대책 시험을 치르게 한다면 인물을 많이 얻을 수 있을 것입니다. 이는 역대 선왕께서 하지 않으셨던 일이요, 한나라의 현량과와 방정과의 뜻을 이은 것입니다. 덕행은 여러 사람이 천거하는 바이므로, 반드시 헛되거나 그릇되는 일이 없을 것입니다."

① 기묘사화로 탄압받았다.
②「조의제문」을 사초에 실었다.
③ 문정왕후의 수렴청정을 지지하였다.
④ 연산군의 생모 윤씨를 폐비하는 데 동조하였다.

35 다음 사실들을 일어난 순서대로 바르게 나열한 것은? 2018 경찰직 2차

> ㉠ 훈구 세력은 김일손 등의 사림 학자를 죽이거나 귀양 보내었다.
> ㉡ 연산군은 생모인 윤씨의 폐출 사사 사건에 관여한 사람을 몰아냈다.
> ㉢ 소윤이 대윤에 대한 보복으로 옥사를 일으켰다.
> ㉣ 훈구 세력의 모략으로 조광조 일파가 제거되었다.

① ㉠-㉡-㉢-㉣
② ㉠-㉡-㉣-㉢
③ ㉡-㉠-㉢-㉣
④ ㉡-㉠-㉣-㉢

36 다음 자료를 통해 알 수 있는 시기의 사실로 옳은 것은?
한국사능력검정시험 고급 기출 변형

> 사신(史臣)은 논(論)한다. …(중략)… 백성들이 도적이 된 원인은 정치를 잘못하였기 때문이지, 그들의 죄가 아니다. …(중략)… 임꺽정을 비록 잡더라도 종기가 안에서 곪아 혼란이 생길 것인데, 더구나 임꺽정을 꼭 잡는다고 단정할 수도 없지 않은가. …(중략)… 나랏일이 날마다 그르게 되어 가는데도 구원하는 자가 없으니, 탄식하며 눈물만 흘릴 뿐이다.

① 임진왜란으로 국토가 황폐화되었다.
② 예송으로 서인과 남인이 대립하였다.
③ 신유박해로 수많은 천주교인들이 처형되었다.
④ 윤원형을 비롯한 외척 세력이 정국을 주도하였다.

37 다음 사건이 일어난 왕의 재위 기간에 대한 설명으로 옳은 것은? 2020 지방직 9급(서울시 9급)

> 임꺽정은 양주 백정으로, 성품이 교활하고 날래고 용맹스러웠다. 그 무리 수십 명이 함께 다 날래고 빨랐는데, 도적이 되어 민가를 불사르고 소와 말을 빼앗고, 만약 항거하면 몹시 잔혹하게 사람을 죽였다. 경기도와 황해도의 아전과 백성들이 임꺽정 무리와 은밀히 결탁하여, 관에서 잡으려 하면 번번이 먼저 알려주었다.

① 동인과 서인의 붕당이 형성되었다.
② 문정왕후가 수렴청정하며 불교를 옹호하였다.
③ 삼포에서 4~5천 명의 일본인이 난을 일으켰다.
④ 조광조가 내수사 장리의 폐지, 소격서 폐지 등을 주장하였다.

38. 다음 사건으로 인하여 발생한 역사적 사실은?
2015 지방직 9급

> 심충겸이 장원 급제를 하자 전랑으로 천거하려고 하였다. 김효원이 "외척은 쓸 수 없다" 하며 막으니, 심의겸이 "외척이 원흉의 문객보다는 낫지 않으냐" 하였다. 이때 김효원 편을 드는 사람들은 "효원의 말은 공론에서 나온 것이다. 그런데 의겸이 사사로운 혐의로 좋은 선비를 배척하니 매우 옳지 못하다" 하였다.

① 동인과 서인으로의 분화
② 남인과 북인으로의 분화
③ 노론과 소론으로의 분화
④ 서인과 남인 간의 예송 논쟁

39. 붕당 정치의 전개 과정에 관한 설명 중 옳지 않은 것은?

① 동인은 이황과 조식, 서경덕의 학문을 계승한 사람들이었다.
② 서인은 정여립 모반 사건을 계기로 남인과 북인으로 나뉘었다.
③ 인조반정 이후 서인과 남인의 공동 체제가 한동안 유지되었다.
④ 서인은 이이와 성혼의 문인이 가담하면서 붕당이 형성되었다.

40. 다음 중 ⊙과 ⓒ에 대한 설명으로 옳은 것은?
2019 경찰직 1차

> 이조 전랑 임명을 둘러싼 대립으로 두 파의 갈등이 표면화되어 김효원 등 신진 관료는 ⊙, 심의겸을 중심으로 한 기성 관료는 ⓒ이라 하여 분당(分黨)되었다.

① ⊙은 대체로 이이와 성혼의 학맥을 이었다.
② ⓒ이었던 정여립이 모반을 일으켜 기축옥사가 발생하였다.
③ 임진왜란 시기 의병 활동을 ⊙ 출신이 주도하였다.
④ ⊙은 정철의 처벌 문제를 둘러싸고 강경파와 온건파로 분열하였다.

41. 밑줄 친 '갈등'에 대한 설명으로 옳지 않은 것은?
2012 지방직 9급

> 이성계는 즉위 직후 명에 사신을 보내어 조선의 건국을 알리고, 자신의 즉위를 승인해 줄 것과 국호의 제정을 명에 요청하였다. 명으로부터 승인을 받아 국내의 정치 상황을 안정시키기 위함이었다. 그러나 이후 조선은 명과 외교적 갈등을 빚었다.

① 조선으로 넘어온 여진인의 송환을 명이 요구함으로써 생긴 갈등
② 조선이 명에 보낸 외교 문서에 무례한 표현이 있다는 명의 주장에 따른 갈등
③ 이성계가 이인임의 아들이었다는 중국 측 기록을 둘러싼 갈등
④ 조선의 조공에 대한 명 황제가 내린 회사품의 양과 가치가 지나치게 적은 데 따른 갈등

42. 조선 전기 대외 관계에 대한 설명으로 옳지 않은 것은?

① 세종 때는 여진족을 정벌하여 4군 6진을 개척하였다.
② 명과는 조공 관계를 통해서 선진 문물을 받아들이고 경제적 실리를 취하였다.
③ 삼포를 개항하여 일본과 교역하였으나, 왜구의 침입이 계속되자 이종무 등이 쓰시마를 정벌하였다.
④ 류큐에는 불경, 유교 경전, 범종, 부채 등을 전해 주어 류큐의 문화 발전에 기여하였다.

43
(가), (나)에 들어갈 대일본 관계 조약에 관한 내용으로 옳은 것만을 〈보기〉에서 모두 고른 것은?

2014 지방직 7급 변형

연대	사건
세종 원년	이종무의 대마도 정벌
세종 25년	(가)
중종 5년	삼포왜란
명종 10년	을묘왜변
선조 25~31년	임진왜란
1609년	(나)

보기

ㄱ. (가)는 일본 막부와 세견선 등 무역에 관해 맺은 조약이다.
ㄴ. (가)는 계해약조로 이 조약에 의해 조선은 일본과의 제한된 무역을 허가하였다.
ㄷ. (나)는 기유약조로 이 조약에 의해 조선과 일본의 국교가 정상화되었다.
ㄹ. (나)는 임진왜란 이후 일본의 재침에 대비하여 우리 측에서 요구한 것이다.

① ㄱ, ㄴ
② ㄱ, ㄷ
③ ㄴ, ㄷ
④ ㄷ, ㄹ

44
다음 내용이 포함된 조약으로 옳은 것은?

2016 서울시 7급

> 1. 대마도주(對馬島主)의 세사미두(歲賜米豆)는 100석으로 한다.
> 1. 대마도주의 세견선(歲遣船)은 20척으로 한다.
> 1. 왜관의 체류 시일은 대마도주가 특별히 보낸 사람은 110일, 기타 세견선은 85일이고, 표류인 등을 송환할 때는 55일로 한다.

① 기유약조
② 임신약조
③ 정미약조
④ 계해약조

45
다음 사건과 시간적으로 가장 근접한 사실은?

2019 경찰직 2차

> 임진왜란 이후 에도(도쿠가와) 막부는 경제적 어려움을 해결하고 막부로서의 위상을 높이기 위해 조선에 국교 재개를 요청하였다. 조선도 1607년 부산 두모포에 다시 왜관을 설치한 이후 북방에서 여진의 세력이 커짐에 따라 일본과의 관계를 안정시키려고 하였다.

① 정미약조
② 기유약조
③ 비변사(임시 기구) 설치
④ 계해약조

46 조선 시대의 사행(使行)에 대한 설명으로 옳지 않은 것은?
2016 지방직 7급

① 조선 전기 명에 파견된 사신은 조천사, 조선 후기 청에 파견된 사신은 연행사로 불렸다.
② 임진왜란 이후 일본으로 통신사를 매년 파견하여 교류하였다.
③ 북경에 사신으로 다녀온 인물들을 중심으로 북학이 전개되었다.
④ 조선 후기 사행에서 역관들은 팔포 무역 등을 통해 국제 무역의 활성화에 기여하였다.

47 조선 초기 대외 관계의 설명으로 가장 옳은 것은?
2018 서울시 7급

① 신숙주는 일본에 다녀온 뒤, 일본의 사정을 자세하게 소개한 견문록 『해동제국기』를 성종 2년(1471)에 편찬하였다.
② 대마도주가 무역을 요청해 오자, 벼슬을 내려 조선의 신하로 삼고, 부산, 인천, 원산 3포를 열어 무역을 허용하였다.
③ 태종은 요동 수복을 포기하지 않고, 삼남 지방의 향리와 부민을 대거 북방으로 강제 이주시켜 압록강 이남 지역의 개발을 추진했다.
④ 여진족에 대해서는 포섭 정책만을 구사하여, 국경 지역에서 무역을 허용하고, 조공과 귀화를 권장하였다.

48 (가) 시기에 있었던 일로 옳은 것은?
2020 지방직 9급(서울시 9급)

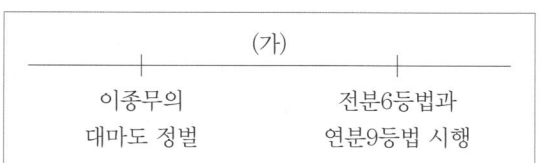

① 과전법 공포
② 이시애의 반란
③ 『농사직설』 편찬
④ 정도전의 요동정벌 추진

49 〈보기〉의 (가)와 (나) 사이의 시기에 있었던 일로 가장 옳은 것은?
2019 2월 서울시 7급

보기
(가) 왜인들이 세견선이 줄어든 것에 불만을 품고 을묘왜변을 일으켰다.
(나) 일본을 통일한 도요토미 히데요시가 20만의 대군을 보내 조선을 침략하였다.

① 정여립 모반 사건이 일어나 많은 동인이 처형당했다.
② 4~5천 명의 왜인들이 삼포왜란을 일으켰다.
③ 도원수 강홍립이 거느리는 원군을 명에 파견하였다.
④ 최세진이 『훈몽자회』를 편찬하였다.

50 밑줄 친 '곽재우'에 대한 설명으로 옳지 않은 것은?
2023 지방직 9급(서울시 9급)

여러 도에서 의병이 일어났다. …(중략)… 도내의 거족(巨族)으로 명망 있는 사람과 유생 등이 조정의 명을 받들어 의(義)를 부르짖고 일어나니 소문을 들은 자들은 격동하여 원근에서 이에 응모하였다. …(중략)… 호남의 고경명·김천일, 영남의 곽재우·정인홍, 호서의 조헌이 가장 먼저 일어났다.
- 『선조수정실록』 -

① 홍의장군이라 칭하였다.
② 의령을 거점으로 봉기하였다.
③ 행주산성에서 일본군을 크게 무찔렀다.
④ 익숙한 지리를 활용한 기습 작전으로 일본군에 타격을 주었다.

51. 다음 전투가 일어난 시기를 〈보기〉의 (가)~(라)에서 바르게 고른 것은?
2021 계리직 9급

> 이여송이 휘하의 병사들을 거느리고 말을 몰아 급히 진격하였다. 왜적은 벽제관 부근에서 거짓으로 패하는 척하면서 명군을 진흙수렁으로 유인하였다. 명군이 함부로 전진하다가 여기에 빠지자 왜적들이 갑자기 달려들어 명군을 마구 척살하였다. 겨우 죽음을 면한 이여송은 나머지 부하들을 이끌고 파주, 개성을 거쳐 평양으로 후퇴하였다.
> -『연려실기술』, 선조조 고사본말-

보기

신립이 탄금대 전투에서 패하고 자결하다.
⇩ (가)
이순신이 이끄는 조선군이 한산도 해상에서 일본군을 크게 이기다.
⇩ (나)
김시민 휘하의 조선 군인과 백성들이 진주성에서 일본군의 침입을 막아내다.
⇩ (다)
권율이 지휘하는 조선군이 행주산성에서 일본군을 물리치다.
⇩ (라)
원균이 칠천량 부근에서 전사하다.

① (가) ② (나)
③ (다) ④ (라)

52. 다음 사건을 발생한 순서대로 바르게 나열한 것은?
2018 지방직 9급(사회복지직 9급)

> ㄱ. 이순신이 명량에서 일본 수군을 격파하였다.
> ㄴ. 의주로 피난했던 국왕 일행이 한성으로 돌아왔다.
> ㄷ. 권율이 행주산성에서 일본군의 공격을 격파하였다.
> ㄹ. 원균이 이끄는 조선 수군이 칠천량에서 크게 패배하였다.

① ㄴ → ㄷ → ㄱ → ㄹ
② ㄴ → ㄷ → ㄹ → ㄱ
③ ㄷ → ㄴ → ㄱ → ㄹ
④ ㄷ → ㄴ → ㄹ → ㄱ

53. 자료를 통해 알 수 있는 전쟁의 영향으로 가장 옳은 것은?
2022 법원직 9급

> 건주(建州)의 여진족이 왜적을 무찌르는 데 2만 명의 병력을 지원하겠다고 하자, 명군 장수 형군문이 허락하려 하였다. 그러나 명 사신 양포정은 만약 이를 허락한다면 명과 조선의 병력, 조선의 산천 형세를 여진족이 알게 될 수 있다고 하여 거절하였다.

① 4군 6진이 개척되었다.
② 일본의 도자기 문화가 발달하였다.
③ 부산포, 제포, 염포에 왜관이 설치되었다.
④ 황룡사 9층 목탑 등 문화재가 소실되었다.

54 다음 내용과 관련 있는 사건은?

『시경(詩經)』에 "내가 지난 일의 잘못을 징계하여 뒤에 환난이 없도록 조심한다."고 하였으니, 이것이 내가 『징비록』을 저술한 까닭이다. 나와 같이 보잘것없는 사람이 어지러운 시기에 나라의 중대한 책임을 맡아서 위태로운 판국을 바로잡지도 못하고, 넘어지는 형세를 붙들어 일으키지도 못했으니, 그 죄는 죽어도 용서받을 수가 없을 것이다. 그런데도 오히려 시골구석에서 목숨을 연명하며 구차하게 생명을 이어가고 있으니, 이것이 어찌 임금님의 너그러우신 은전이 아니겠는가. 근심하고 두려워하는 마음이 조금 진정되어 지난날의 일을 생각하니, 그때마다 황송하고 부끄러워 몸 둘 곳이 없다.

① 을묘왜변
② 임진왜란
③ 정묘호란
④ 병자호란

CHAPTER 02 근세의 경제

필수기출 & 출제예상편

01 〈보기〉의 밑줄 친 '법'에 대한 설명으로 가장 옳은 것은?
2023 서울시 9급(자체 출제)

> **보기**
>
> 12월에 새 왕이 즉위하자, 대사헌(大司憲) 조준(趙浚) 등이 또 상소하여 토지제도에 대해 논하여 말하기를, "하늘이 재앙을 내린 것을 후회하시어 흉악한 무리들을 이미 멸망시켰으며 신돈(辛旽)이 이미 제거되었으니, 마땅히 사전(私田)을 모두 없애 민(民)이 부유하고 장수하는 영역을 여는 것, 이것이 그 기회입니다. …(중략)… 이를 규정된 법으로 정하셔서 백성과 더불어 다시 시작하십시오. ……"라고 하였다.
> 3년 5월 도평의사사(都評議使司)에서 토지를 지급하는 법을 정할 것을 청하니, 그 의견대로 하였다.

① 전지와 시지를 지급하였다.
② 경기 지역의 토지만 지급하였다.
③ 현직 관리에게만 토지를 지급하였다.
④ 토지에 부과하는 세금을 4~6두로 고정하였다.

02 다음의 토지 제도에 대한 설명으로 가장 적절한 것은?

> 공양왕 3년(1391) 5월, 도평의사사가 글을 올려 과전을 지급하는 법을 정할 것을 요청하니 왕이 따랐다. …(중략)… 무릇 서울에 거주하여 왕실을 시위하는 자는 현·퇴직자를 막론하고 과에 따라 과전을 받는다. …(중략)… 전객(田客)은 자기의 경작지를 멋대로 타인에게 팔거나 증여할 수 없다.
> – 『고려사』 –

① 신진 사대부의 경제적 기반을 마련하기 위해 시행하였다.
② 전국의 토지를 대상으로 운영되었다.
③ 현직 관리에게만 전지와 시지를 지급하였다.
④ 수신전과 휼양전 제도가 폐지되었다.

03 다음은 고려·조선 시대 토지 제도의 폐단을 기술한 것이다. 이를 시정하기 위해 실시한 내용으로 옳은 것은?
2018 지방직 7급

(가) 권문세족의 대토지 소유와 토지 겸병으로 국가 재정이 부족해졌다.
(나) 수신전, 휼양전, 공신전 세습과 증가로 신진 관료에게 지급할 수조지가 부족해졌다.
(다) 수조권을 받은 관료가 권한을 남용하여 과다하게 수취하는 일이 빈번하게 발생하였다.
(라) 거듭되는 흉년과 왜구의 침입 등으로 국가 재정이 악화되어 직전이 유명무실해졌다.

① (가) – 권문세족이 겸병한 토지를 몰수하고, 전국 토지의 수조권을 관료에게 지급하였다.
② (나) – 공신전을 몰수하고 신진 관료에게 수조권 지급을 중지하였다.
③ (다) – 관료의 직접적인 수조권 행사를 금지하고 관청에서 수조권 행사를 대행하였다.
④ (라) – 관료에게 수조권과 함께 녹봉도 지급하였다.

04 조선 시대 과전법 제도에 대한 설명으로 옳지 않은 것을 ㉠~㉤ 중에서 모두 고른 것은?
2015 서울시 7급

과전은 ㉠ 18등급으로 나누어 경기 지방의 전지와 시지를 지급하였는데, 이때 관리들에게 준 토지는 ㉡ 소유권을 지급한 것이다. 이 토지를 ㉢ 받은 자가 죽거나 반역을 하면 국가에 반납하도록 정해져 있었다. ㉣ 공신전은 세습을 할 수 없었으나, 죽은 관료의 가족에 대해서는 생계를 유지할 수 있도록 하기 위하여 받았던 토지 중 일부를 ㉤ 수신전, 휼양전 등으로 다시 지급하여 세습이 가능하도록 하였다.

① ㉠, ㉡
② ㉠, ㉡, ㉢
③ ㉠, ㉡, ㉣
④ ㉢, ㉤

05 고려와 조선의 토지 제도에 대한 설명으로 옳지 않은 것은?
2014 사회복지직 9급

① 고려는 국초에 역분전을 지급하였고, 경종 때 처음으로 전시과 제도를 시행하였다.
② 전시과 체제하의 민전은 사유지이지만, 수조권의 귀속을 기준으로 하면 공전인 경우도 있다.
③ 과전법에서는 문무 관료들에게 경기 지방의 토지에 한해서 과전의 수조권을 지급하였고, 군인들에게는 군전을 지급하였다.
④ 과전법에서는 토지 수확량의 1/10을 기준으로 1결마다 30말을 거두었으나, 답험손실법을 적용하여 손실에 비례하여 공제해 주도록 하였다.

06 다음 토지 제도의 실시에 따른 영향으로 옳은 것을 〈보기〉에서 고른 것은?

• 중앙의 관료들에게 사전이라는 명목으로 과전을 지급하였다.
• 죽은 관료의 가족 생계를 위하여 수신전, 휼양전을 지급하였다.
• 특별히 공이 있는 신하들에게 공신전이나 별사전을 지급하였다.
• 지방 전주(田主)들의 수조지를 몰수하고 군전을 지급하였다.

보기

㉠ 병작제가 법적으로 허용되어 가난한 농민들의 생활은 더욱 어려워졌다.
㉡ 사전의 소유권은 전객(佃客)에게 있었고, 수조권은 전주(田主)에게 있었다.
㉢ 세습되는 토지가 많아져 관료들에게 지급할 토지가 점차 부족하게 되었다.
㉣ 관계(官階)만 있고, 관직이 없는 사람들은 수조권을 갖지 못하게 되었다.

① ㉠, ㉡
② ㉠, ㉢
③ ㉡, ㉢
④ ㉡, ㉣

07 조선 시대 수취 체제에 대한 설명으로 가장 적절하지 않은 것은? 2018 경찰직 2차

① 공법은 토지 결수에 따라 지방의 토산물을 거두는 수취 제도였다.
② 전세는 과전법에 있어서 수확량의 10분의 1로 되어 있었으나, 세종 때에는 토지 비옥도와 풍흉의 정도에 따라 전분6등법과 연분9등법을 실시하여 차등 있게 부과하였다.
③ 국가는 재정의 토대가 되는 수취 체제를 운영하기 위해 토지 대장인 양안과 인구 대장인 호적을 작성하였다. 이는 전세, 역 등을 백성에게 부과하는 근거가 되었다.
④ 역에는 교대로 번상해야 하는 군역과 1년에 일정한 기간 노동에 종사해야 하는 요역이 있었다.

08 다음 규정이 반포된 시기의 모습으로 옳은 것만을 〈보기〉에서 모두 고른 것은? 한국사능력검정시험 고급 기출

> 무릇 토지는 매년 9월 보름 이전에 수령이 그해의 농사 형편을 살펴 등급을 매긴다. 관찰사가 이를 심의 보고하면 의정부와 6조가 함께 의논하여 임금에게 보고하고 조세를 거둔다. 소출이 10분의 10이면 상상년으로 정해 1결당 20말, 9분이면 상중년으로 18말, 8분이면 상하년으로 16말, 7분이면 중상년으로 14말, 6분이면 중중년으로 12말, 5분이면 중하년으로 10말, 4분이면 하상년으로 8말, 3분이면 하중년으로 6말, 2분이면 하하년으로 4말씩 거두며, 1분이면 면세한다.

〈보기〉
㉠ 1결당 2.2말씩 삼수미를 내는 지주
㉡ 관료인 남편이 죽자 수신전을 지급받는 미망인
㉢ 6종류의 양전척을 사용하여 토지를 측량하는 관리
㉣ 과전으로 받은 토지의 생산량을 직접 조사하는 수조권자

① ㉠, ㉡
② ㉠, ㉣
③ ㉡, ㉢
④ ㉠, ㉢, ㉣
⑤ ㉡, ㉢, ㉣

09 다음 사건이 일어난 시기에 볼 수 있는 모습으로 가장 옳은 것은? 2023 법원직 9급

> 전제상정소에서 다음과 같이 논의하였다. "우리나라는 지질의 고척(膏塉)이 남쪽과 북쪽이 같지 아니합니다. 하지만 그 전품(田品)의 분등(分等)을 8도를 통한 표준으로 계산하지 않고 있습니다. 다만 1도(道)로써 나누었기 때문에 납세의 경중(輕重)이 다릅니다. 부익부 빈익빈이 심해지니 옳지 못한 일입니다. 여러 도의 전품을 통고(通考)하여 6등급으로 나눈다면 전품이 바로잡힐 것이며 조세도 고르게 될 것입니다." 임금은 이를 그대로 따랐다.

① 3포 왜란으로 입은 피해를 걱정하는 어부
② 벽란도에서 송나라 선원과 흥정하는 상인
③ 『농가집성』의 내용을 읽으며 공부하는 농부
④ 불법적인 상행위를 감시하는 경시서 관리

10 다음은 조선 시대의 조세 제도에 관한 자료이다. ㉠~㉢에 대한 설명으로 가장 적절한 것은? 2015 경찰직 3차

> ㉠ 처음 삼남 지방은 정해진 결수로 조세 대장에 기록하되 …(중략)… 나머지 5도는 모두 하지하(下之下)로 정하여 징수하였다. 이후 경기·삼남·해서·관동 모두 1결에 4두를 징수하였다.
> ㉡ 소출이 10분이면 상상년(上上年)으로 정해 1결당 20두, …(중략)… 2분이면 하하년(下下年)으로 4두씩 거두며 1분이면 면세하였다.
> ㉢ 농부의 둘째 손가락으로 열 번을 재어 상전척(上田尺)으로 삼고, …(중략)… 1결에서 조(租)는 모두 30두씩 거두는 것을 정수로 하였다.

① ㉠ 제도하에서는 토지의 비옥도와 풍흉의 정도에 따라 전분6등법, 연분9등법으로 나누고, 조세 액수를 1결당 최고 20두에서 최하 4두를 내도록 하였다.
② ㉠ 제도하에서는 전세의 비율이 이전보다 다소 낮아졌으나, 대다수의 농민에게는 크게 도움이 되지 못했고, 오히려 부담이 더 늘어났다.
③ ㉡ 제도에서 조세는 수확량의 10분의 1을 내는데, 1결의 최대 생산량을 300두로 정하고, 매년 풍흉을 조사하여 그 수확량에 따라 납부액을 조정하였다.
④ ㉢의 시행으로 감소된 재정은 지주에게 결작이라고 하여 토지 1결당 미곡 2두를 부담시켜 충당하였다.

[11~12] 다음은 세종 때 마련된 조세 제도와 관련된 사료이다.

> (가) 매년 9월 보름 이전에 수령이 그해의 농사 형편을 살펴 등급을 정한다. 관찰사가 심의, 보고하면 의정부와 6조가 함께 의논하여 다시 임금에게 보고한 다음 조세를 거둔다. 상상년(上上年)은 20두, 상하년(上下年)은 16두, 중상년(中上年)은 14두 …(중략)… 하하년(下下年)은 4두로 정한다.
>
> (나) 모든 토지는 6등급으로 나누며, 20년마다 측량을 다시 하여 대장을 만들어, 호조와 본도 및 본읍에 보관한다. 1등전은 주척으로 4자 7치 7푼 5리, 2등전은 5자 1치 7푼 9리, …(중략)… 6등전은 9자 5치 5푼의 자로 잰다.

11 위 제도에 대한 설명으로 옳지 않은 것은?

① 토지의 비옥도에 따라 길이가 다른 자를 사용하여 토지를 측량하였다.
② 그해의 풍흉 정도에 따라 납부하는 조세의 양이 달라졌다.
③ 수확량의 1/10을 내는 종래의 세액에 비하여 농민의 부담이 줄었다.
④ 이 제도는 소작 농민의 소작료 부담을 줄이려는 취지에서 실시되었다.

12 위의 자료를 참고하여 세종 때의 농민 '갑'이 납부해야 하는 조세는 얼마인가?

> ○ 농민 '갑'은 4등급 토지를 2결, 6등급 토지를 1결 소유하고 있으며, 올해 개간하여 면세 받는 토지도 1결 소유하고 있다.
> ○ 올해는 연분9등법의 상하년으로 정해졌다.

① 42두
② 44두
③ 46두
④ 48두

13 밑줄 그은 '대장'에 대한 설명으로 옳은 것을 〈보기〉에서 고른 것은?

> 모든 토지는 6등급으로 나누며 20년마다 한 번씩 토지를 다시 측량한 뒤에 대장을 만들어 호조, 해당 도, 해당 고을에 각각 보관한다. 1등전을 재는 한 자의 길이는 주척 4자 7치 7푼 5리에 해당하고, …(중략)… 6등전을 재는 한 자의 길이는 주척 9자 5치 5푼에 해당한다.
> ―『경국대전』―

보기
㉠ 호적을 기준으로 작성되었다.
㉡ 가축 및 유실수의 현황도 기재하였다.
㉢ 조선 후기 대동세 징수의 근거 자료가 되었다.
㉣ 임진왜란으로 대부분 소실되어 재작성에 어려움을 겪었다.

① ㉠, ㉡
② ㉠, ㉢
③ ㉡, ㉣
④ ㉢, ㉣

14 조선 전기 농업에 대한 설명으로 가장 옳지 않은 것은?

① 견종법이 널리 보급되어 노동력을 절감하는 효과가 나타났다.
② 시비법이 발달하여 경작지를 묵히지 않고 농사를 지을 수 있었다.
③ 남부 지방에 모내기법이 보급되어 생산량을 증가시킬 수 있었다.
④ 여러 지역 농민들의 실제 경험을 수집하여 정리한 『농사직설』이 편찬되었다.

15 다음 업적이 있는 왕의 재위 기간에 볼 수 있는 모습은?
2025 국가직 9급

○ 우리 풍토에 맞는 농서인 『농사직설』을 편찬하였다.
○ 최윤덕과 김종서를 파견하여 4군 6진을 개척하였다.

① 송파장에 담배를 사려고 나온 농민
② 금난전권 폐지에 항의하는 시전 상인
③ 전분6등법을 처음 시행하기 위해 찬반 의견을 묻는 관료
④ 천주교 신자가 되어 어머니 제사를 거부하는 유생

16 밑줄 친 '왕'의 업적으로 옳은 것은?
2022 지방직 9급(서울시 9급)

풍토에 따라 곡식을 심고 가꾸는 법이 다르니, 고을의 경험 많은 농부를 각 도의 감사가 방문하여 농사짓는 방법을 알아본 후 아뢰라고 <u>왕</u>께서 명령하였다. 이어 왕께서 정초와 변효문 등을 시켜 감사가 아뢴 바 중에서 꼭 필요하고 중요한 것만을 뽑아 『농사직설』을 편찬하게 하셨다.

① 공법을 제정하였다.
② 한양으로 도읍을 옮겼다.
③ 『경국대전』을 완성하였다.
④ 조광조를 등용하여 개혁 정치를 실시하였다.

17 조선 시대 조운 제도에 대한 설명으로 바르지 <u>못한</u> 것은?

① 수납한 조세를 한양의 경창으로 이송하는 제도이다.
② 서울까지의 이송은 주로 선박을 이용하여 운송하였다.
③ 해운이 불편한 함경도 지방은 육로를 따라 이송하였다.
④ 강가나 바닷가에는 조창이 있어 조세를 보관하였다.

18 조선 전기 상업 및 무역에 대한 설명으로 옳지 <u>않은</u> 것은?

① 시전 상인은 왕실이나 관청에 물품을 공급하는 대신에 특정 상품에 대한 독점 판매권을 부여받았다.
② 보부상은 장시의 유통망을 연결시켜준 상인이었다.
③ 삼한통보, 해동통보 등이 제작되었으나 널리 유통되지는 못했다.
④ 일본과는 계해약조가 체결되어 세견선 50척, 세사미두 200석을 교역하였다.

19 다음 중 조선 전기의 수공업에 대한 설명으로 옳지 <u>않은</u> 것은?

① 수공업자들은 중앙과 지방의 관청에 소속되어 공장안에 등록되었다.
② 관청에 등록된 수공업자들은 매년 일정 기간 혹은 정해진 책임량을 제조하여 납품하였다.
③ 모든 수공업자들은 관청에서 근무하는 대가로 녹봉을 지급받았다.
④ 관장의 주요 생산품은 의류, 활자, 무기, 문방구, 그릇 등이었다.

정답과 해설 P.76

CHAPTER 03 근세의 사회

출제 비중 11%

필수기출 & 출제예상편

01 조선 시대 신분제에 대한 설명으로 가장 옳지 않은 것은?
　　　　　　　　　　　　　2018 서울시 9급(사회복지직 9급)

① 중앙 관직에 진출할 수 있던 고려 시대의 향리와 달리 조선의 향리는 수령을 보좌하는 아전으로 격하되었다.
② 유교의 적서 구분에 의해 서얼에 대한 차별이 심했기 때문에 서얼은 관직에 진출하지 못하였다.
③ 뱃사공, 백정 등은 법적으로는 양인으로 취급되기도 했으나 노비처럼 천대받으며 특수 직업에 종사하였다.
④ 순조는 공노비 중 일부를 양인으로 해방시켜 주었다.

02 밑줄 친 '이들'에 해당하는 것은?
　　　　　　　　　　　　　2022 지방직 9급(서울시 9급)

　이들의 과거 응시와 벼슬을 제한한 것은 우리나라의 옛 법이 아니다. 그런데 『경국대전』을 편찬한 뒤부터 이들을 금고(禁錮)하였으니, 아직 백 년이 채 되지 않았다. 또한 다른 나라에 이러한 법이 있다는 말은 듣지 못했다. 경대부(卿大夫)의 자식인데 오직 어머니가 첩이라는 이유만으로 대대로 이들의 벼슬길을 막아, 비록 훌륭한 재주와 쓸만한 자질이 있어도 이를 발휘할 수 없게 하였으니, 참으로 안타깝다.

① 향리　　② 노비
③ 서얼　　④ 백정

03 다음은 어느 신분의 불법 행위에 대한 처벌법 내용이다. 이 신분에 대한 설명으로 옳은 것을 〈보기〉에서 고른 것은?
　　　　　　　　　　　　　한국사능력검정시험 고급 기출

　수령을 조종 농락하여 권력을 제 마음대로 부려 폐단을 일으킨 자, 몰래 뇌물을 받고 부역을 불공평하게 하는 자, 세를 거두어 들일 때 법보다 더 거두어 남용하는 자, 양민을 불법으로 끌어다 남몰래 부려먹는 자, …(중략)… 양가 여자와 관비를 첩으로 하는 자는 일반인의 고발을 허락하며 또한 해당 관청 경재소에서도 사헌부에 고발하여 추궁·조사하고 처벌받게 하는 것을 허락한다.
　　　　　　　　　　　　　　　　　　　－『경국대전』－

보기

㉠ 직역의 복무 대가로 국가로부터 녹봉을 지급받았다.
㉡ 향청에 참여하여 풍속 교화와 향촌 자치에 힘썼다.
㉢ 군역을 부담하지 않는 대신에 유사시에는 잡색군에 편제되었다.
㉣ 생원·진사시를 볼 때 반드시 소속 군현에서 허가를 받아야만 하였다.

① ㉠, ㉡　　② ㉠, ㉢
③ ㉡, ㉢　　④ ㉡, ㉣
⑤ ㉢, ㉣

04 조선 전기의 노비에 대한 설명으로 옳은 것은?

2022 계리직 9급

① 노와 양녀 사이에 태어난 소생을 모의 신분을 따라 양인으로 삼는 '노비종모법'이 시행되었다.
② 중앙 관청에 소속된 공노비 가운데는 하급 기술 관직에 임용되기도 하였다.
③ 부족한 군역 자원을 확충하기 위해 양인과 함께 노비를 속오군에 편제하였다.
④ 국가에 소속된 공노비의 도망이 속출하자 내·시 노비 중 일부를 속량하기도 하였다.

05 다음에서 설명하고 있는 조선 시대 호적에 대한 내용으로 적절한 것을 〈보기〉에서 모두 고른 것은?

2020 경찰직 1차

> 국가는 재정의 토대가 되는 수취 체제를 운영하기 위해 토지 대장인 양안과 인구 대장인 호적을 작성하였다. 이를 근거로 전세, 공납, 역을 백성에게 부과하였다.

보기

㉠ 호적은 3년에 한 번씩 관청에서 호주의 신고를 받아 작성하였다.
㉡ 호적에 관료였던 양반은 관직과 품계를 기록하고 관직에 몸담지 않은 양반은 유학이라고 기록하였다.
㉢ 호적에는 호의 소재지, 호주의 직역과 성명, 호주와 처의 연령, 본관과 4조(부, 조부, 증조부, 외조부) 등을 적었다.
㉣ 호적에 평민은 보병이나 기병 등 군역을 기록하였으며, 노비는 이름을 기록하였다.

① ㉠
② ㉠, ㉡
③ ㉠, ㉡, ㉢
④ ㉠, ㉡, ㉢, ㉣

06 조선 시대 사회 제도와 법률에 대한 설명으로 가장 적절하지 않은 것은?

2018 경찰직 3차

① 소송은 원칙적으로 신분에 관계없이 제기할 수 있었다.
② 동일한 범죄에 대해서는 신분에 관계없이 동일한 처벌이 따랐다.
③ 유교에서 중요시하는 삼강오륜을 어긴 것을 강상죄라 하여 중대 범죄로 취급하였다.
④ 민간인 사이에 다툼이 있거나 범죄가 발생하면 『경국대전』과 명의 형법 규정인 『대명률』을 적용하였다.

07 (가) 교육 기관에 대한 설명으로 옳은 것은?

2019 국가직 9급

> 주세붕이 비로소 (가) 을/를 창건할 적에 세상에서 자못 의심했으나, 그의 뜻은 더욱 독실해져 무리들의 비웃음을 무릅쓰고 비방을 극복하여 전례 없던 장한 일을 이루었습니다.
> …(중략)… 최충, 우탁, 정몽주, 길재, 김종직, 김굉필 같은 이가 살던 곳에 (가) 을/를 건립하게 될 것입니다.
> - 『퇴계집』 -

① 지방의 군현에 있던 유일한 관학이다.
② 선비와 평민의 자제에게 『천자문』 등을 가르쳤다.
③ 성적 우수자는 문과의 초시를 면제해 주었다.
④ 학문 연구와 선현의 제사를 위해 설립된 사설 교육 기관이다.

08 (가) 교육 기관에 대한 설명으로 옳은 것을 〈보기〉에서 고른 것은?
한국사능력검정시험 고급 기출

> 무릇 교육이란 현인(賢人)을 높이는 것에서 비롯된다. …(중략)… 지금의 죽계는 문성공(文成公)*이 살았던 마을이다. 교육을 하려면 반드시 문성공으로부터 시작해야 한다. …(중략)… 이에 마음과 힘을 다하여 사묘(祠廟)를 세우고 (가) 을/를 설립하였다.
> — 『무릉잡고』 —
>
> * 문성공(文成公): 안향

보기
ㄱ. 주세붕에 의해 처음 세워졌다.
ㄴ. 사림의 여론 형성을 주도하였다.
ㄷ. 관학 진흥을 목적으로 건립되었다.
ㄹ. 중앙에서 교수와 훈도가 파견되었다.

① ㄱ, ㄴ ② ㄱ, ㄷ
③ ㄴ, ㄷ ④ ㄴ, ㄹ
⑤ ㄷ, ㄹ

09 (가) 기관에 대한 설명으로 옳은 것은?
한국사능력검정시험 고급 기출

> (가) 을/를 설치한 것은 당초에 학문을 하고 심신을 수양하는 선비들을 대우하기 위한 것이니, 따라서 향사(享祀)의 대상이 될 사람은 사표(師表)가 될 만한 사람이어야 합니다. 그런데 지금은 그렇지 않아서 선비라는 사람은 학문을 일삼지 않고, 향사할 사람은 당치 않은 인물이기도 하여 사원(祠院)은 많으나 사문(斯文)은 더욱 침체되니 실로 한심스럽습니다. …(중략)… 지금부터 새로 창설하는 곳에 대해서는, 모두 예조(禮曹)에 보고하여 조정에서 함께 의논해서 공론으로 허용된 후에 창설하도록 하는 것이 타당하겠습니다.

① 주세붕에 의해 처음 세워졌다.
② 좌수와 별감을 중심으로 운영되었다.
③ 중앙에서 교수와 훈도가 파견되었다.
④ 조광조를 비롯한 사림의 건의로 혁파되었다.
⑤ 매향 활동을 하면서 각종 불교 행사를 주관하였다.

10 (가)에 대한 설명으로 옳은 것을 〈보기〉에서 고른 것은?
한국사능력검정시험 고급 기출

> 하나, 나이가 많고 덕망과 학술을 지닌 1인을 여러 사람들이 도약정(都約正)으로 추대하고, 학문과 덕행을 지닌 2인을 부약정으로 삼는다. (가) 의 구성원 중에서 교대로 직월(直月)과 사화(司貨)를 맡는다. …(중략)…
> 하나, 세 가지 장부를 두어 (가) 에 가입하기를 원하는 자들, 덕업(德業)이 볼 만한 자들, 과실(過失)이 있는 자들을 각각의 장부에 기록한다. 이를 직월이 맡았다가 매번 모임이 있을 때 약정에게 알려서 각각 그 순위를 매긴다.
> — 『율곡전서』 —

보기
ㄱ. 흥선 대원군에 의해 철폐되었다.
ㄴ. 지방 사족이 주요 직임을 맡았다.
ㄷ. 대성전을 세워 선현에 제사를 지냈다.
ㄹ. 풍속 교화와 향촌 자치의 역할을 하였다.

① ㄱ, ㄴ ② ㄱ, ㄷ
③ ㄴ, ㄷ ④ ㄴ, ㄹ
⑤ ㄷ, ㄹ

11 다음은 현존하는 우리나라 족보들 가운데 가장 오래된 족보의 기재 방식을 설명한 것이다. 이 족보가 편찬되었을 무렵의 가족 제도에 대한 추론으로 옳은 것만을 〈보기〉에서 모두 고른 것은? 2014 사회복지직 9급

○ 자녀는 출생 순서에 따라 기재하였다.
○ 딸이 재혼하였을 경우 후부(後夫)라 하여 재혼한 남편의 성명을 기재하였다.
○ 자녀가 없는 사람은 무후(無後)라 기재하였고, 양자를 들인 사례는 거의 없다.

보기
ㄱ. 적서의 차별이 없었을 것이다.
ㄴ. 친영 제도가 일반화되었을 것이다.
ㄷ. 형제가 돌아가면서 제사를 지냈을 것이다.
ㄹ. 재산 상속에서 아들과 딸의 차별이 없었을 것이다.

① ㄱ, ㄴ ② ㄱ, ㄹ
③ ㄴ, ㄷ ④ ㄷ, ㄹ

12 다음 족보가 편찬된 시기의 사회상으로 가장 적절한 것은? 2017 국가직 9급(추가채용)

우리나라는 자고로 종법이 없고 보첩(譜牒)도 없어서 비록 거가대족(巨家大族)이라도 가승(家乘)이 전혀 없어서 겨우 몇 대를 전할 뿐이므로 고조나 증조의 이름도 호(號)도 기억하지 못하는 이가 있다.
— 안동 권씨 『성화보』 서문 —

① 윤회 봉사·외손 봉사 등이 행해졌다.
② 아들을 먼저 기록하고 딸을 그다음에 기록하였다.
③ 자손이 없으면 무후(無後)라 하고 양자를 널리 맞아들였다.
④ 남자는 대개 결혼 후에 바로 친가에서 거주하였다.

13 다음은 조선 시대의 재산 상속 방식을 서술한 것이다. A에서 B로 바뀌는 과정에서 나타난 사실로 옳은 것을 〈보기〉에서 고르면?

A: 장남에게 1/5의 상속분을 더 준다는 것 외에는 아들과 딸에게 똑같이 상속되었다.
B: 재산 상속에서 적장자가 우대되어, 처음에는 딸들이 그리고 점차 큰아들 이외의 아들들도 제사나 상속에서 권리를 잃어 갔다.

보기
㉠ 다른 성씨끼리 모여 사는 마을이 발달하였다.
㉡ 예학과 보학이 발달하고, 유교적 가족 제도가 확립되었다.
㉢ 장가드는 풍습이 유지되었고, 여성의 지위가 비교적 높았다.
㉣ 향약과 동약을 실시하여, 사족의 농민에 대한 통제를 강화하였다.

① ㉠, ㉡ ② ㉠, ㉢
③ ㉡, ㉢ ④ ㉡, ㉣

CHAPTER 04 근세의 문화

출제 비중 22%

필수기출 & 출제예상편

01 조선 초기에 특별히 기억해야 할 사실은 민족 문화인 한글의 창제와 사용이다. 이에 대한 설명으로 옳지 <u>않은</u> 것은?
2014 경찰직 2차

① 한글 창제가 요청된 것은 민본 사상이 발달하면서 백성들이 배우기 쉬운 문자를 만들어 국가의 통치 이념을 백성들에게 직접 전달할 필요성이 커졌기 때문이다.
② 서리들이 행정 실무에 이용할 수 있도록 그들의 채용에 한글을 시험으로 치르게 하였다.
③ 한글을 보급하기 위해서 왕실 조상의 덕을 찬양하는 「용비어천가」를 편찬하였다.
④ 부처님의 덕을 기리는 『월인천강지곡』과 『석보상절』은 한글로 간행될 수 없었다.

02 ㉠~㉣에 대한 설명으로 가장 적절한 것은?
2017 국가직 7급(추가채용)

(㉠)에 소속된 주서는 왕과 신하 간에 오고 간 문서와 국왕의 일과를 매일 기록하여 (㉡)을/를 작성하였다. 왕이 바뀌면 전왕의 통치 기록인 사초, 시정기, 조보 등을 합하여 (㉢)을/를 편찬하여 4부를 만들고 한성에는 (㉣)에 보관하였다.

① ㉠ - 의정의 합좌 기관으로 백관과 서무를 총괄하였다.
② ㉡ - 실록 편찬의 기본 자료였으며, 세계 기록 유산이다.
③ ㉢ - 임진왜란 이후 전주, 성주, 충주에 지은 사고에 각기 보관하였다.
④ ㉣ - 국왕의 교서를 제찬하고 외교 사무를 관장하였다.

03 <보기>에서 조선 시대 교육 제도에 대한 설명으로 옳은 것을 모두 고른 것은?
2023 계리직 9급

보기
ㄱ. 성균관은 조선 왕조 최고의 교육 기관이다.
ㄴ. 기술교육은 잡학이라 불렸는데 해당 관서에서 가르쳤다.
ㄷ. 향교는 훌륭한 유학자들을 제사 지내고, 성리학을 연구하는 사립 교육기관이다.
ㄹ. 국가에서 전국의 모든 군현에 서원을 설치하여 종6품의 교수나 종9품의 훈도를 파견하기도 하였다.

① ㄱ, ㄴ
② ㄷ, ㄹ
③ ㄱ, ㄴ, ㄷ
④ ㄱ, ㄴ, ㄹ

04 조선 초기의 교육 제도에 대한 설명으로 가장 옳지 <u>않은</u> 것은?

① 성균관에는 성종 때 건립된 도서관인 존경각이 있었다.
② 한양에는 4부 학당을 세웠고, 교육 방법은 성균관과 비슷하였다.
③ 왕세자도 일단 성균관에서 입학식을 치르고, 궁 안의 시강원에서 교육을 받았다.
④ 향교의 학생들은 매년 두 번씩 시험을 치렀으며, 성적 우수자는 대과(문과)의 초시를 면제하였다.

05 다음 역사서에 대한 설명으로 옳은 것은?
한국사능력검정시험 고급 기출

삼가 삼국 이하의 여러 역사를 뽑고 중국사를 채집하였으며, 편년체를 취하여 사실을 기록하였습니다. 또한 범례는 모두 『자치통감』에 의거하고 『자치통감강목』의 첨삭한 취지에 따라 중요한 것을 보존하는 데 힘썼습니다. 삼국이 병립하였을 때는 삼국기(三國紀), 신라가 통일하였을 때는 신라기, 고려 때는 고려기, 삼한(三韓) 이전은 외기(外紀)라 하였습니다. 1400년 동안 국가의 흥망과 임금의 잘잘못을 비롯하여 정치의 성쇠를 모두 거짓 없이 기록하였습니다.

① 세가, 지, 열전 등으로 구성되었다.
② 서거정에 의해 통사 형식으로 편찬되었다.
③ 서사시 형태로 고구려 계승 의식이 반영되었다.
④ 『고려사절요』의 편찬 체제를 정하는 데 영향을 주었다.
⑤ 불교사를 중심으로 고대의 민간 설화 등을 수록하였다.

06 다음 역사서에 대한 설명으로 가장 적절한 것은?
2014 경찰직 1차

일찍이 세조께서, "우리 동방에는 비록 여러 역사서가 있으나 장편으로 되어 귀감으로 삼을 만한 것이 없다"라고 말씀하시고, 관리들에게 명하여 편찬하게 하셨지만 제대로 이루어지지 못하였습니다. 주상께서 그 뜻을 이어받아 서거정 등에게 편찬을 명하였습니다. …(중략)… 이 책을 지음에 명분과 인륜을 중시하고 절의를 숭상하여, 난신을 성토하고 간사한 자를 비난하는 것을 더욱 엄격히 하였습니다.

① 고조선부터 고려 말까지 역사를 정리하였다.
② 세가, 지, 열전 등으로 구성되었다.
③ 고대사 연구의 시야를 만주 지방까지 확대하여 한반도 중심의 협소한 사관을 극복하는 데 힘썼다.
④ 중국 및 일본의 자료를 참고하여 민족사 인식의 폭을 넓히는 데 이바지하였다.

07 다음 역사서에 대한 설명으로 가장 옳은 것은?
한국사능력검정시험 고급 기출 변형

우리 동방에도 백성이 있어 살아온 지 중국에 뒤지지 않은 것 같은데, 아직 예지(叡智)를 지닌 성신이 나오시어 군사(君師)의 구실을 다하였다는 말을 듣지 못하였다. 물론 단군께서 제일 먼저 나시기는 하였으나 문헌으로 상고할 수 없다. 삼가 생각하건대 기자(箕子)께서 우리 조선에 들어오시어 그 백성을 후하게 양육하고 힘써 가르쳐 주시어 머리를 틀어 얹는 오랑캐의 풍속을 변화시켜 문화가 융성하였던 제나라와 노나라 같은 나라로 만들어 주셨다.

① 성종 때 서거정이 편찬한 역사서로서 우리 민족의 시원을 단군에서 찾았다.
② 초초, 중초, 정초의 과정을 거쳐 편찬되었다.
③ 조선 왕조 개창의 정당성을 밝히기 위해 고려 시대 역사를 정리하였다.
④ 16세기 사림의 역사 인식을 잘 보여주는 역사서이다.

08 다음은 단군과 기자에 대한 서술이다. 옳지 않은 것은?

① 고려 숙종은 예부의 건의를 받아들여 기자 사당의 건립과 제사를 시행하였다.
② 조선 태종 때는 기자와 단군을 함께 제사드릴 것을 결정하였다.
③ 광해군 시기에는 평양(平壤)의 기자사(箕子祠)를 숭인전(崇仁殿)으로 고쳤다.
④ 성종 때는 조선 단군 신주(朝鮮檀君神主)를 조선 시조 단군지위(朝鮮始祖檀君之位)로 고쳤다.

09 조선 중기 성리학에 대한 설명으로 옳지 않은 것은?

① 조광조 등 사림들은 『소학』을 중시하고, 향약을 전국적으로 보급하려 하였다.
② 서경덕은 기(氣)일원론을 주장하였다.
③ 이이는 『동호문답』에서 대공수미법을 주장하였다.
④ 이황은 기대승과의 사단 칠정 논쟁에서 이통기국설을 주장하였다.

10 밑줄 친 '이 사람'에 대한 설명으로 옳은 것은?
2017 서울시 7급

> 이 사람은 1501년에 출생하여 1572년에 타계한 경상우도를 대표하는 유학자이다. 그의 학문 사상 지표는 경(敬)과 의(義)이다. 마음이 밝은 것을 '경(敬)'이라 하고 밖으로 과단성 있는 것을 '의(義)'라고 하였다. 이러한 그의 주장은 바로 '경'으로써 마음을 곧게 하여 수양하는 기본으로 삼고 '의'로써 외부 생활을 처리하여 나간다는 생활 철학을 표방한 것이었다.

① 문인들이 주로 북인이 되었다.
② 이황과 사단 칠정 논쟁을 벌였다.
③ 『동호문답』, 『만언봉사』 등을 저술하였다.
④ 일본의 성리학 발전에 큰 영향을 끼쳤다.

11 밑줄 친 '이 사람'에 대한 설명으로 옳은 것은?
2016 국가직 9급

> 이 사람은 34세에 문과에 급제하여 관직 생활을 시작하였지만 곧 모친상을 당하여 3년간 상복을 입었다. 삼년상이 끝나고 관직에 복귀하였으나 을사사화 등으로 조정이 어지러워지자 이내 관직 생활의 뜻을 접고, 1546년 40대 중반의 나이에 향리로 퇴거하여 학문 연구에 전념하였다. 이후 경상도 풍기 군수로 있으면서 주세붕이 창설한 백운동 서원에 대한 사액을 청원하여 실현을 보게 되었으니, 이것이 조선 왕조 최초의 사액 서원인 '소수 서원'이다.

① 서리망국론을 부르짖으며 당시 서리의 폐단을 강력하게 비판하였다.
② 아홉 차례의 과거 시험에 모두 장원하여 '구도장원공'이라는 별칭을 얻었다.
③ 주희의 성리설을 받아들였으며, 이기 철학에서 이(理)의 절대성을 주장하였다.
④ 우주 자연은 기(氣)로 구성되어 있으며, 기는 영원 불멸하면서 생명을 낳는다고 보았다.

12 다음은 조선 시대 성리학자의 학설을 요약한 것이다. 이 학설이 사회에 미친 영향을 〈보기〉에서 바르게 묶은 것은?

> ○ 4단은 도심이고 7정은 인심이므로 4단과 7정은 둘로 나누어야 한다.
> ○ 이(理)는 원리적 개념으로서 절대적으로 선한 것이고, 기(氣)는 현상적 개념으로서 선과 악이 함께 섞여 있는 것이다.
> ○ 기(氣)에 내재한 선의 요소는 이(理)의 순선으로 수렴할 수 있으며, 이것의 실현을 위해 경(敬)을 실천해야 한다.

보기

㉠ 신분 질서를 유지하는 도덕적 규범을 확립하였다.
㉡ 실학 사상의 성립과 발전에 사상적 기반을 제공하였다.
㉢ 영남의 사림에게 계승되어 학문의 본원적인 연구를 중시하였다.
㉣ 선험적 지식을 중시하고 실천을 강조하는 경향이 강화되었다.

① ㉠, ㉢
② ㉠, ㉣
③ ㉡, ㉢
④ ㉡, ㉣

13
다음은 사단 칠정에 대한 어느 유학자의 견해이다. 〈보기〉에서 이 유학자에 대한 설명으로 옳은 것을 모두 고른 것은? 2015 국가직 7급

> ○ 사단의 발은 순리이므로 선하지 않음이 없고, 칠정의 발은 이기를 겸하였기 때문에 선악이 있다.
> ○ 사단은 이가 발함에 기가 따른 것이고, 칠정은 기가 발함에 이가 탄 것이다(理乘之).
> - 「논사단칠정서」-

보기
ㄱ. 이는 무형(無形)하지만 기는 유형하므로 이통기국(理通氣局)이라 주장하였다.
ㄴ. 간략한 해석을 곁들인 10개의 도형으로 성리학의 핵심 내용을 집성하여 왕에게 바쳤다.
ㄷ. 형이하의 현실 세계를 기의 능동성으로 파악하여 경세적으로는 경장(更張)을 강조하였다.
ㄹ. 도덕적 행위의 근거로서 인간의 심성을 중시하고 근본적이며 이상주의적인 성격이 강하였다.

① ㄱ, ㄷ
② ㄱ, ㄹ
③ ㄴ, ㄷ
④ ㄴ, ㄹ

14
〈보기〉의 인물 ㉠에 대한 설명으로 가장 옳은 것은? 2019 2월 서울시 7급

보기
> 명나라 사신 왕경민이 "항상 기자가 동쪽으로 온 사적에 대해 알 수 없는 것이 한스럽다. 조선에 기록된 것이 있으면 보고 싶다."라고 하니, (㉠)이(가) 전에 본인이 저술한 『기자실기』를 주었다.

① 백운동 서원에 소수 서원이라는 편액을 하사받도록 하였다.
② 『성학집요』와 『격몽요결』 등을 집필하였다.
③ 유성룡, 김성일, 장현광 등 주로 영남학자들에게 그의 학설이 계승되었다.
④ 일평생 처사로 지내며 독창적인 유기철학을 수립하였다.

15
밑줄 친 '신(臣)'에 대한 설명으로 옳은 것은?

> 신(臣)은 상고하건대, 도(道)는 오묘하여 형체가 없으므로 문자(文字)로써 나타낸 것입니다. 사서(四書)와 육경(六經)은 이를 분명하고도 자세하게 밝혔으니, 글로 인하여 도를 찾는다면 이치가 모두 나타날 것입니다. 다만 염려되는 것은 서책이 매우 넓어 요령(要領)을 찾기 어렵기에 선현(先賢)들께서 『대학(大學)』을 드러내어 이것으로 규모를 세웠습니다. 성현의 천만 가지 계획과 가르침(謨訓)이 모두 이에 벗어나지 않으니, 이것이야말로 요령을 찾는 법이옵니다. …(중략)… 1편의 총설은 수기(修己)와 치인(治人)을 합하여 말한 것인데, 곧 『대학』의 이른바 '명덕을 밝힌다(明明德)'는 것과 '백성을 새롭게 한다(新民)'는 것과 '지선에 그친다(止於至善)'는 것입니다. 2편의 수기는 곧 『대학』에서 말한 '명덕을 밝힌다'는 것으로 13조목이 있습니다.

① '이'와 '기' 중 '기'만 중요하며 '기'는 영원불멸하면서 생명을 낳는다고 보았다.
② 노장 사상에 포용적이었으며, 학문의 실천성을 강조하였다.
③ 도덕적 행위의 근거로서 인간의 심성을 중시하고 근본적이며 이상주의적 성격이 강하였다.
④ 『동호문답』, 『만언봉사』 등을 저술하여 다양한 개혁 방안을 제시하였다.

16
밑줄 친 '이 책'의 저자에 대한 설명으로 옳지 <u>않은</u> 것은?

> <u>이 책</u>은 첫 머리에 「목록도(目錄圖)」를 붙여서 전체적 구조를 보여 주고 있다. 또한 총론으로서 '통설(統說)', 본문에는 '수기(修己)', '정가(正家)', '위정(爲政)'의 3편으로 구성되어 있다. 또한 성현도통(聖賢道統)으로 마무리를 하고 있다.

① 기발이승일도설을 주장하였다.
② 해주향약과 예안향약을 시행하였다.
③ 방납의 폐단을 시정하기 위해 수미법 실시를 제시하였다.
④ 『기자실기』를 저술하여 기자의 문화적 영향을 강조하였다.

17 밑줄 친 '저'에 대한 설명으로 옳은 것은?
2022 지방직 9급(서울시 9급)

올해 초가을에 비로소 저는 책을 완성하여 그 이름을 『성학집요』라고 하였습니다. 이 책에는 임금이 공부해야 할 내용과 방법, 정치하는 방법, 덕을 쌓아 실천하는 방법과 백성을 새롭게 하는 방법이 실려 있습니다. 또한 작은 것을 미루어 큰 것을 알게 하고 이것을 미루어 저것을 밝혔으니, 천하의 이치가 여기에서 벗어나지 않을 것입니다. 따라서 이것은 저의 글이 아니라 성현의 글이옵니다.

① 예안향약을 만들었다.
② 『동호문답』을 저술하였다.
③ 백운동 서원을 건립하였다.
④ 왕자의 난 때 죽임을 당했다.

18 문묘에 배향된 우리나라 18현에 해당되지 않는 사람은?

① 회재 이언적
② 우암 송시열
③ 남명 조식
④ 하서 김인후

19 다음 자료의 밑줄 그은 '그'에 대한 설명으로 옳은 것을 〈보기〉에서 모두 고른 것은?

○ 명종 때 그가 올린 '을묘사직소'에서 "전하의 나라 일이 이미 잘못되어 나라의 근본이 망하였고, 하늘의 뜻이 가버렸으며, 인심도 이미 떠났습니다. 비유하면 큰 나무가 백 년 동안 벌레가 속을 먹어 진액이 이미 말라 버렸는데 회오리바람과 사나운 비가 어느 때에 닥쳐올지 까마득하게 알지 못하는 것과 같으니, 이 지경에 이른지 오래 됩니다"라고 직언하였다.
○ 그의 학문은 수양과 실천의 중요성을 강조하였다. 경(敬)을 통한 수양을 바탕으로, 외부의 모순에 대하여 과감하게 실천하는 개념인 의(義)를 신념화하였다. 그는 '경'의 상징으로는 성성자(惺惺子)라는 방울을, '의'의 상징으로는 칼을 찼다. 그 칼에는 '안으로 밝히는 것은 경이요, 밖으로 결단하는 것은 의이다[內明者敬 外斷者義].'라고 새겨 놓았다.

보기
㉠ 벼슬하지 않고 재야에서 처사로 일생을 보냈다.
㉡ 의병장인 곽재우, 정인홍 등이 그의 문하생이다.
㉢ 퇴계와 함께 영남학파의 양대 산맥으로 일컬어진다.
㉣ 광해군 때에 동방 5현으로 꼽혀 문묘에 배향되었다.

① ㉠, ㉡, ㉢
② ㉠, ㉡, ㉣
③ ㉠, ㉢, ㉣
④ ㉡, ㉢, ㉣

20 조선 시대 성리학에 대한 설명으로 가장 적절한 것은?
2015 경찰직 1차

① 서경덕은 기(氣)보다는 이(理)를 중심으로 세계를 이해하고 불교와 노장 사상에 대해서 개방적인 태도를 지녔다.
② 이황은 『성학집요』를 저술하여 군주 스스로가 성학을 따를 것을 제시하였다.
③ 이이는 『주자서절요』, 『동호문답』을 저술하여 16세기 조선 사회의 모순을 극복하는 방안으로 통치 체제의 정비와 수취 제도의 개혁 등 다양한 개혁 방안을 제시하였다.
④ 이언적은 기(氣)보다는 이(理)를 중심으로 자신의 이론을 전개하여 후대에 큰 영향을 끼쳤다.

21
⊙과 ⓒ 사이의 시기에 있었던 사실로 가장 적절하지 않은 것은?
2020 경찰직 1차

> ⊙ 지리서의 편찬이 추진되어『신찬팔도지리지』를 편찬하였다.
> ⓒ 조선 전기를 대표하는 동국지도를 완성하였다.

① 고조선부터 고려 말까지 역사를 정리한『동국통감』을 간행하였다.
② 고려의 역사를 자주적 입장에서 정리한『고려사절요』를 편찬하였다.
③ 역대의 전쟁을 체계적으로 정리한『동국병감』을 편찬하였다.
④ 우리 풍토에 알맞은 약재와 치료 방법을 개발하여 정리한『향약집성방』을 편찬하였다.

22
밑줄 친 '이것'에 대한 설명으로 옳지 않은 것은?
2019 2월 서울시 9급

> 이것은 조선 시대 법령의 기본이 된 법전이다. 조선 건국 초의 법전인『경제육전』의 원전과 속전, 그리고 그 뒤의 법령을 종합하여 만든 통치의 기본이 되는 통일 법전이다. …(중략)… 편제와 내용은『경제육전』과 같이 6분 방식에 따랐고, 각 전마다 필요한 항목으로 분류하여 균정하였다.

① 성종 때 완성되었다.
② 조준이 편찬을 주도하였다.
③ 이, 호, 예, 병, 형, 공전으로 나뉘어 정리되었다.
④ 세조 때 만세불변의 법전을 만들기 위해 편찬을 시작하였다.

23
조선 시대의 법전에 대한 설명으로 옳지 않은 것은?
2016 국가직 7급

①『경국대전』- 성종 대 육전 체제의 법전으로 완성하였다.
②『대전회통』- 법규 교정소에서 만국 공법에 기초하여 제정하였다.
③『대전통편』- 18세기까지의 법령을 모아 원·속·증 표식으로 체계화하였다.
④『속대전』- 영조가 직접 서문을 지어 간행하였다.

24
조선 전기 과학 기술에 대한 설명으로 옳지 않은 것은?
2014 지방직 7급

① 세종 대 경복궁에 간의대(簡儀臺)를 축조하고 간의를 설치하여 천문 관측을 하였다.
② 태조 대 고구려의 천문도를 바탕으로 천상열차분야지도(天象列次分野之圖)를 돌에 새겼다.
③ 세종 대 장영실 등이 물시계인 자격루(自擊漏)와 해시계인 앙부일구(仰釜日晷) 등을 제작하였다.
④ 태종 대 토지 측량 기구인 인지의(印地儀)와 규형(窺衡)을 제작하였다.

25
조선 시대 '궁궐'에 대한 설명으로 가장 옳지 않은 것은?
2017 서울시 7급

① 각 궁궐이 처음 지어진 순서는 '경복궁-창덕궁-경희궁'이다.
② 후원(後園)은 궁궐의 북쪽에 있어서 북원(北園) 혹은 아무나 못 들어간다고 해서 금원(禁園)으로 불렸다.
③ 조정(朝廷)이란 말은 궁궐의 외전(外殿) 앞의, 품계석이 놓인 마당을 의미한다.
④ 양궐 체제(兩闕體制)란 국왕의 중심 공간인 법궁(法宮)과 중전이나 세자 등 왕실 가족의 공간인 이궁(離宮)을 의미한다.

26
다음 중 경복궁에 대한 설명으로 옳지 않은 것은?

① 조선 왕조의 수도를 한양으로 정한 후 1394년 공사를 시작해 이듬해인 1395년 창건되었다.
② '큰 복을 누리라'는 뜻을 가진 '경복(景福)'이라는 이름은 정도전이 지은 것이다.
③ 현재 경복궁은 광화문-근정전-사정전-강녕전 등의 중심 건물이 직선으로 배치되어 있다.
④ 경복궁 동쪽에는 건춘문, 서쪽은 영추문, 남쪽은 신무문, 북쪽엔 광화문이 배치되어 있다.

27 다음 글에서 설명하고 있는 문화유산은?

> 이곳은 경복궁의 이궁(離宮)으로 지어진 궁궐이며, 광해군 때부터 정궁으로 사용되기도 하였다. 이곳에는 가장 오래된 궁궐 정문인 돈화문, 신하들의 하례식이나 외국 사신의 접견 장소로 쓰이던 인정전, 국가의 정사를 논하던 선정전, 왕과 왕후 및 왕가 일족이 거처하는 희정당·대조전 등의 공간이 있다.

① 운현궁
② 경희궁
③ 창덕궁
④ 덕수궁

28 다음 중 창경궁에 대한 설명으로 옳은 것은?

① 조선 시대에는 동궐이라 불렸으며, 유네스코 지정 세계 문화유산에 등재되어 있다.
② 성종 14년(1483) 수강궁 터에 지어진 건물이다.
③ 조선 시대 법궁(法宮)으로서 흥선 대원군 섭정 시기에 중건되었다.
④ 흥선 대원군이 살았던 집으로, 고종이 태어나서 왕위에 오를 때까지 자란 곳이기도 하다.

29 조선 시대 건축물에 대한 설명으로 옳지 않은 것은?

① 장경판전은 건물 내 적당한 환기와 온도, 습도 조절 등의 기능을 자연적으로 해결할 수 있도록 설계되었다.
② 종묘 정전에서는 각 계절과 섣달에 대제를 지냈고, 영녕전에서는 매년 봄, 가을에 제향일을 따로 정하여 제사를 지냈다.
③ 창덕궁 인정전은 신하들의 하례식이나 외국 사신의 접견 장소로 쓰였다.
④ 광화문은 경복궁의 정동문(正東門)이며, 2010년 복원되었다.

30 서원 건축에 대한 설명으로 옳지 않은 것은?

① 주택, 사원 건축 양식을 배합하였다.
② 산과 하천을 끼고 있어 자연과 조화를 이루었다.
③ 사원 양식 배치를 본떠 강당과 재를 지었다.
④ 임진왜란 이후에는 서원 건축이 쇠퇴하였다.

31 조선 시대 기록 문화에 대한 설명으로 옳지 않은 것은?
2019 지방직 7급

① 실록청에서 사초·시정기·승정원일기 등을 바탕으로 실록을 편찬하였다.
② 임진왜란 이전에 실록은 4부를 만들어 한양의 춘추관과 전주·성주·충주의 사고에 보관하였다.
③ 후대 왕에게 본보기로 제공하고자 국왕의 언행을 실록에서 가려 뽑아 『국조보감』을 편찬하였다.
④ 국왕과 대신이 국정을 논의할 때 예문관 한림이 사관으로 참가하여 시정기를 작성하였다.

32 다음은 조선 시대 의궤에 대한 설명이다. 가장 적절하지 않은 것은?
2014 경찰직 1차

① 왕의 행적과 국정 전반을 기록한 것으로 천재지변에 관한 기록까지 소상히 담고 있어 자료적 가치가 매우 높다.
② 조선 초기부터 제작되었으나, 임진왜란 이전의 것은 현재 남아 전해지는 것이 없다.
③ 1866년 프랑스군이 강화도를 침략하였다가 40여일 만에 물러가면서 외규장각에 있던 다수의 의궤를 약탈하였다.
④ 프랑스 국립 도서관에 보관되어 있던 외규장각 의궤는 2011년 임대의 형식으로 우리나라에 반환되어 현재 국립 중앙 박물관에 보관되어 있다.

33. 조선 시대의 통치 기록에 대한 설명으로 옳지 않은 것은?
2016 지방직 7급

① 역대 국왕의 언행을 본보기로 삼기 위해 태종 때부터 『국조보감』을 편찬하였다.
② 춘추관은 관청별 업무 일지인 여러 관청의 등록(謄錄)을 모아 시정기를 정기적으로 편찬하였다.
③ 조선 초기부터 왕실 관련 행사나 국가적인 행사에 관한 기록이나 장면을 모은 의궤를 만들었다.
④ 승정원의 주서(注書)는 왕과 신하 간에 오고간 문서와 국왕의 일과를 매일 기록하여 『승정원일기』를 작성하였다.

34. 밑줄 그은 '왕'의 재위 기간에 있었던 사실로 옳은 것은?

> 우리나라 일관(日官)들은 역법과 천문으로 때를 맞추는 방법에 소홀한 지 오래되었다. 이에 <u>왕</u>께서는 역법과 천문의 책을 두루 연구하여서 신하들에게 대명력, 수시력, 회회력 등을 참고하여 『칠정산』 내편과 외편을 편찬하도록 하였다.

① 세계 지도인 「혼일강리역대국도지도」가 처음 간행되었다.
② 충신, 효자 등의 행적을 수록한 『삼강행실도』가 편찬되었다.
③ 우리나라 역대 문물을 정리한 『동국문헌비고』가 편찬되었다.
④ 각 도의 지리, 풍속 등이 수록된 『동국여지승람』이 간행되었다.

35. 〈보기〉의 ㉠에 해당하는 것은?
2019 서울시 7급

보기

> 왕께서 집현전 부제학 신(臣) 설순에게 명하여 편찬하는 일을 맡게 하였습니다. 이에 동방 고금의 서적에 기록되어 있는 것을 모두 열람하여 효자·충신·열녀로서 우뚝이 높아서 기술할 만한 자를 각각 1백 인을 찾아내었습니다. 그리하여 앞에는 형용을 그림으로 그리고, 뒤에는 사실을 기록하였으며, 모두 시를 붙였습니다. …(중략)… 편찬을 마치니, ㉠ (이)라고 이름을 하사하시고, 주자소로 하여금 인쇄하여 길이 전하게 하였습니다.

① 『입학도설』
② 『국조오례의』
③ 『소학』
④ 『삼강행실도』

36. 밑줄 친 '왕'이 재위하던 시기에 편찬되지 않은 것은?
2017 국가직 9급(추가채용)

> 지금 우리 <u>왕</u>께서도 밝은 가르침을 계승하시고 다스리는 도리를 도모하시어 더욱 백성들의 일에 뜻을 두셨다. 여러 지방의 풍토가 같지 않아 심고 가꾸는 방법이 지방에 따라서 차이가 있기 때문에 옛 글의 내용과 모두 같을 수가 없었다. 이에 각 도의 감사들에게 명령하시어, 주·현의 노농(老農)을 방문하여 그 땅에서 몸소 시험한 결과를 자세히 듣게 하시었다. 또 신 정초(鄭招)에게 명하시어 말의 순서를 보충케 하시고, 신 종부소윤 변효문(卞孝文) 등이 검토해 살피고 참고하게 하여, 그 중복된 것은 버리고 절실하고 중요한 것은 취해서 한 편의 책을 만들었다.

① 『의방유취』
② 『향약채취월령』
③ 『향약집성방』
④ 『향약제생집성방』

37. 다음 서적을 편찬된 시기순으로 바르게 나열한 것은?
2019 지방직 9급

ㄱ. 『의방유취』
ㄴ. 『동의보감』
ㄷ. 『향약구급방』
ㄹ. 『향약집성방』

① ㄱ → ㄴ → ㄷ → ㄹ
② ㄱ → ㄷ → ㄴ → ㄹ
③ ㄷ → ㄱ → ㄹ → ㄴ
④ ㄷ → ㄹ → ㄱ → ㄴ

38. (가)를 편찬한 왕대에 일어난 사실로 옳은 것은?
2020 국가직 7급

S# 15. 어전회의
국왕: 짐이 오랫동안 농사에 관심을 두고 있어 옛글의 농사짓는 방법에도 관심이 있었소. 그런데, 옛글에 있는 방법으로 농사를 지으니 지방에 따라 농사가 잘되는 곳과 안 되는 곳이 있다는 보고가 있었소. 짐의 생각으로는 지방마다 풍토가 달라 곡식을 심고 가꾸는 데 각기 맞는 방법이 있을 것 같은데, 이를 알아낼 방도를 말해 보시오.
신하 1: 여러 도의 감사에게 명하여 고을의 나이 많은 농부에게 물어 이미 그 효과가 입증된 것을 아뢰도록 하는 것이 어떨까 합니다.
국왕: 아주 좋은 생각이오. 그렇게 수집된 것 중 중요한 것을 추려서 편찬하고 책의 제목을 (가) (이)라고 하는 것이 어떻겠소?
신하 2: 어명을 받들어 책을 편찬하도록 하겠습니다.
국왕: 편찬된 책은 각도의 감사와 2품 이상에게 나누어 주어 백성에게 도움이 되게 하라.

① 대보단을 설치하였다.
② 구리로 만든 계미자를 주조하였다.
③ 여민락 등을 짓고 정간보를 창안하였다.
④ 기유약조를 맺고 일본과의 무역을 허용하였다.

39. 〈보기〉의 ⊙에 들어갈 책으로 가장 옳은 것은?
2023 서울시 9급(자체 출제)

보기

세종이 예문제학 정인지 등에 명하여 ⊙ 을/를 지었다. 처음에 고려 최성지가 충선왕을 따라 원나라에 들어가서 『수시력』을 얻어 돌아와서 추보하여 사용하였다. 그러나 일월교식(일식과 월식이 같이 생기는 것)과 오행성이 움직이는 도수에 관해 곽수경의 산술을 알지 못하였다. 조선이 개국해서도 역법은 『수시력』을 그대로 썼다. 『수시력』에 일월교식 등이 빠졌으므로 임금이 정인지·정초·정흠지 등에게 명하여 추보하도록 하니 …(하략)

– 『연려실기술』 –

① 『향약채취월령』 ② 『의방유취』
③ 『농사직설』 ④ 『칠정산』 내외편

40. (가) 왕의 재위 기간에 있었던 사실로 옳은 것은?
한국사능력검정시험 고급 기출 변형

이 책은 (가)의 명에 의해 우리나라 약재와 중국 약재의 비교 연구하고, 각 지역에서 생산되는 약재에 대한 실태 조사를 통해 향약채취월령 등을 바탕으로 편찬되었다. 또한 각 질병의 증상에 따른 치료 방법까지 수록되어 있어 우리 풍토에 알맞은 약재와 치료 방법을 종합적으로 정리한 의약서로 평가 받고 있다.

① 주자소가 설치되어 계미자가 주조되었다.
② 우리말 음운 연구서인 『언문지』가 저술되었다.
③ 「홍길동전」, 「춘향전」 등의 한글 소설이 등장하였다.
④ 한양을 기준으로 천체 운동을 계산한 『칠정산』이 편찬되었다.

41 다음 책에 대한 설명으로 옳은 것을 모두 고른 것은?
2017 서울시 7급

ㄱ. 『칠정산』 내편은 이슬람 달력인 회회력을 개정 증보하여 번역해 놓은 것이다.
ㄴ. 『원생몽유록』은 사육신과 단종의 사후 생활을 그려 은연중에 세조를 비판하였다.
ㄷ. 이종휘는 『동사』를 지어서 고구려사에 대한 관심을 높였다.
ㄹ. 『박통사언해』는 일본에 포로로 잡혀갔던 강우성이 만든 일본어 학습서이다.

① ㄱ, ㄴ ② ㄴ, ㄷ
③ ㄴ, ㄹ ④ ㄷ, ㄹ

42 다음은 조선 시대 편찬·간행된 책들에 대한 설명이다. 이를 시기순으로 나열한 것은?
2018 경찰직 3차

㉠ 고려의 역사를 자주적 입장에서 정리한 『고려사절요』를 편찬하였다.
㉡ 지리서의 편찬이 추진되어 『신찬팔도지리지』를 편찬하였다.
㉢ 고조선부터 고려 말까지의 역사를 정리한 『동국통감』을 간행하였다.
㉣ 각 군현의 위치와 역사, 면적, 인구, 특산물 등 상세한 정보를 담은 『신증동국여지승람』을 완성하였다.

① ㉠ - ㉡ - ㉢ - ㉣
② ㉠ - ㉡ - ㉣ - ㉢
③ ㉡ - ㉠ - ㉢ - ㉣
④ ㉡ - ㉠ - ㉣ - ㉢

43 다음은 조선 전기에 편찬된 책 서문의 일부이다. 이 책과 같은 왕 대에 편찬된 책은?
2014 지방직 7급

우리 동방의 문(文)은 송(宋)과 원(元)의 문도 아니고 한(漢)과 당(唐)의 문도 아니며 바로 우리나라의 문입니다. 마땅히 중국 역대의 문과 나란히 천지의 사이에 행하게 하여야 합니다. …(중략)… 우리 동방의 문은 삼국 시대에서 비롯하여 고려에서 번성하였고 아조(我朝)에 와서 극(極)에 이르렀습니다. 천지 기운의 성쇠와 관계된 것을 또한 알 수 있습니다.

① 『국조오례의』
② 『고려사절요』
③ 『조선경국전』
④ 『의방유취』

44 조선 전기 문화에 대한 설명으로 옳은 것은?
2020 국가직 9급

① 『어우야담』을 비롯한 야담·잡기류가 성행하였다.
② 유서(類書)로 불리는 백과사전이 널리 편찬되었다.
③ 『동문선』이 편찬되어 우리 문학의 독자성을 강조하였다.
④ 중인층을 중심으로 시사가 결성되어 문학 활동을 벌였다.

45 다음 서적을 편찬된 시기순으로 바르게 나열한 것은?

ㄱ. 『동국병감』
ㄴ. 『추관지』
ㄷ. 『총통등록』
ㄹ. 요동 정벌을 위한 『진법(陣法)』 편찬

① ㄷ → ㄹ → ㄱ → ㄴ
② ㄷ → ㄱ → ㄴ → ㄹ
③ ㄹ → ㄷ → ㄴ → ㄱ
④ ㄹ → ㄷ → ㄱ → ㄴ

46 다음 글에서 소개하고 있는 문화재로 옳은 것은?
한국사능력검정시험 고급 기출

이 자기는 회색 또는 회흑색의 태토(胎土) 위에 백토(白土)를 입히고 그 위에 투명한 유약을 씌운 회청색의 사기(沙器)를 말한다. 14세기 후반부터 제작되기 시작하였으며, 세종 연간을 전후하여 그릇의 형태나 무늬가 다양해졌고, 무늬를 넣는 기법이 크게 발전하였다.

①
②
③
④
⑤

47 다음 해외 견문 기록을 시기순으로 바르게 나열한 것은?
2018 국가직 9급

ㄱ. 『표해록』   ㄴ. 『열하일기』
ㄷ. 『서유견문』   ㄹ. 『해동제국기』

① ㄱ → ㄴ → ㄹ → ㄷ
② ㄱ → ㄹ → ㄷ → ㄴ
③ ㄹ → ㄱ → ㄴ → ㄷ
④ ㄹ → ㄷ → ㄱ → ㄴ

48 조선 전기에 편찬된 서적으로 가장 옳지 <u>않은</u> 것은?

① 『본조편년강목』
② 『의방유취』
③ 『삼국사절요』
④ 『농사직설』

49 조선 전기 과학·기술에 대한 설명으로 옳지 <u>않은</u> 것은?
2015 지방직 7급

① 서울을 기준으로 작성한 역법인 『칠정산』 내편을 만들었다.
② 화약 무기의 제작과 그 사용법을 정리한 『총통등록』이 편찬되었다.
③ 측우기는 서운관에만 설치하여 강우량 측정의 통일성을 기하였다.
④ 우리의 풍토에 맞는 독자적인 농법을 정리한 『농사직설』이 편찬되었다.

50 세종 대의 과학 기술의 발달에 대한 설명으로 옳지 않은 것은? 2015 서울시 7급

① 해시계인 혼의와 물시계인 자격루를 만들었다.
② 『의방유취』라는 의학 백과사전을 편찬하였다.
③ 한양을 기준으로 천체 운동을 계산한 역법서인 『칠정산』을 만들었다.
④ 밀랍 대신 식자판을 조립하는 방법으로 인쇄 기술이 더욱 발전하였다.

51 다음 중 조선 시대의 종교와 제사에 대한 설명으로 옳지 않은 것은?

① 조선 시대의 국가 제사 중 왕실 조상의 신위를 모신 종묘(宗廟)와 토지·곡식의 신을 모신 사직(社稷)에 대한 제사가 가장 크고 중요하였다.
② 조선 초 왕실에서는 불교 행사가 자주 시행되기도 하였지만, 국가 차원에서 불경 등 불교 관련 책을 편찬하지는 않았다.
③ 성리학이 지배적인 학문으로 자리잡아 가면서 불교와 도교 등을 이단 혹은 음사(淫祀)로 규정하여 배척·억압하는 정책을 폈다.
④ 조선 초기에는 소격서(昭格署)라는 관청을 두어 일월성신에 대한 제사를 주관하게 하였다.

52 조선 전기(15세기~16세기) 문화에 대한 설명으로 옳은 것은?

① 『동국문헌비고』 등 한국학 백과사전이 편찬되었다.
② 『이륜행실도』를 편찬하여 붕우(朋友)와 장유(長幼)의 윤리를 정리하였다.
③ 유몽인은 당대의 야사 등을 정리한 『어우야담』을 편찬하였다.
④ 조희룡은 잘 알려지지 않은 시인, 서화가 등을 『호산외기』에 수록하였다.

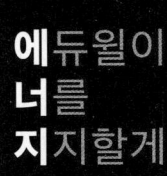

ENERGY

네가 세상에서 보고자 하는 변화가 있다면,
네 스스로 그 변화가 되어라.

– 마하트마 간디(Mahatma Gandhi)

최근 5개년 9급 주요 직렬 출제 비중

8%

PART 05
근대 태동기의 우리 역사

	CHAPTER	출제 비중	교수님의 기출 경향 & 출제 예상 POINT
출제비중 高	01 근대 태동기의 정치	62%	광해군의 중립 외교, 인조 때의 정묘호란·병자호란, 현종 때의 예송 논쟁, 숙종 때의 환국은 빈출 주제이므로 꼭 기억한다. 한편 영조와 정조의 탕평 정책과 업적을 비교하여 이해하고, 간도와 독도는 시사적인 문제로 자주 출제되므로 꼼꼼하게 정리해야 한다.
	02 근대 태동기의 경제	13%	조선 후기 수취 제도의 변화(영정법, 대동법, 균역법)는 빈출 주제이므로 반드시 기억한다. 조선 후기의 농업(이앙법, 견종법, 광작의 유행, 도조법), 수공업(선대제 수공업), 상업(신해통공, 거상의 출현, 화폐의 전국적 유통), 광업(설점수세제, 덕대제)의 변화는 이전 시대와 비교해서 정리해야 한다.
	03 근대 태동기의 사회	0%	양반 중심의 신분제가 동요되는 모습을 파악하고, 새로운 종교(천주교와 동학)의 보급과 박해를 알아둔다. 또한 세도 정치기 삼정의 문란과 민란(홍경래의 난, 임술 농민 봉기)의 발생을 연결하여 이해해야 한다.
	04 근대 태동기의 문화	25%	양명학과 실학의 특징 및 실학자 중 정약용·이익·박지원·박제가·홍대용은 빈출 주제이므로 확실하게 알아두어야 한다. 또한 『동사강목』, 『발해고』, 『해동역사』 등의 조선 후기 주요 역사서와 풍속화 등 문화 예술 관련 내용도 빈출 주제이다.

CHAPTER 01 근대 태동기의 정치

출제 비중 62%

필수기출 & 출제예상편

01 다음 관청에 대한 설명으로 옳지 <u>않은</u> 것은?

2020 국가직 7급

> 중앙과 지방의 군국 기무를 모두 관장한다. … (중략)… 도제조(都提調)는 현임과 전임 의정이 겸임한다. 제조는 정수가 없으며, 왕에게 아뢰어 차출하되 이조·호조·예조·병조·형조의 판서, 훈련도감과 어영청의 대장, 개성·강화의 유수(留守), 대제학이 예겸(例兼)한다. 4명은 유사당상(有司堂上)이라 부르고 부제조가 있으면 예겸하게 한다. 8명은 팔도구관당상(八道句管堂上)을 겸임한다.
>
> -『속대전』-

① 삼포왜란 중에 상설화되었다.
② 흥선 대원군 집권 시기에 사실상 폐지되었다.
③ 본래 외적의 침입에 대비한 임시 기구였다.
④ 임진왜란을 계기로 군사 및 정무 전반을 관할하였다.

02 〈보기〉에서 설명하고 있는 기구에 대한 설명으로 가장 옳은 것은?

2018 서울시 기술직 9급

> **보기**
>
> 재신(宰臣)으로서 이 일을 맡은 사람을 지변재상(知邊宰相)이라고 불렀습니다. 그러나 이것은 일시적인 전쟁 때문에 설치한 것으로 국가의 중요한 모든 일들을 참으로 다 맡긴 것은 아니었습니다. 오늘에 와서 큰 일이건 작은 일이건 중요한 것으로 취급되지 않는 것이 없는데, 정부는 한갓 헛이름만 지니고 육조는 모두 그 직임을 상실하였습니다. 명칭은 '변방의 방비를 담당하는 것'이라고 하면서 과거에 대한 판하(判下)나 비빈(妃嬪)을 간택하는 등의 일까지도 모두 여기를 경유하여 나옵니다.
>
> -『효종실록』-

① 대원군에 의해 기능이 강화되었다.
② 의정부의 기능을 약화시켰다.
③ 붕당 정치의 폐단을 막기 위해 설치되었다.
④ 왜구의 침입에 대비하여 16세기 초 상설 기구로 설치되었다.

03 (가)에 대한 설명으로 옳은 것을 〈보기〉에서 고른 것은?

왕께서 환도하신 후, __(가)__ 을/를 설치하여 군사를 훈련시키라 명하시고, 나를 도제조로 삼았다. 나는 "곡식 1천 석을 꺼내 하루 한 사람에게 두 되씩 준다고 하여 군인을 모집하면 응모하는 자들이 사방에서 모여들 것입니다."라고 아뢰었다. 얼마 안 되어 수천 명을 모집하여 조총 쏘는 법과 창, 칼 쓰는 기술을 가르쳤다.

〈보기〉
㉠ 순조가 즉위하면서 혁파되었다.
㉡ 후금과의 항쟁 과정에서 설치되었다.
㉢ 포수, 살수, 사수의 삼수병으로 조직되었다.
㉣ 구성원의 대부분이 급료를 받는 상비군이었다.

① ㉠, ㉡ ② ㉠, ㉢
③ ㉡, ㉢ ④ ㉢, ㉣

04 조선 후기 설치된 5군영에 대한 설명으로 가장 적절한 것은? (2018 경찰직 3차)

① 1652년 남한산성에 금위영을 두고 광주 및 그 부근의 제진을 경비케 하였다.
② 1682년 서울에 총포병과 기병을 위주로 한 정예 부대인 수어청을 두었다.
③ 1624년 서울과 경기의 경비를 강화하기 위해서 총융청을 설치하고 경기 내의 군인을 여기에 소속시켜 경기 지역의 제진을 통솔케 하였다.
④ 1626년 도성 수비를 목적으로 기병과 훈련도감군의 일부를 주축으로 어영청을 설치함으로써 임란 중에 만들어진 훈련도감을 포함해서 5군영의 체제가 완성되었다.

05 지방 군사 제도의 변천 과정을 시대순으로 바르게 나열한 것은? (2018 지방직 7급)

ㄱ. 국방 요지인 영·진에 소속되어 복무하는 영진군이 있었다.
ㄴ. 양반부터 천인에 이르는 신분으로 구성된 속오군이 편성되었다.
ㄷ. 10정은 각 주마다 1정씩 배치되었는데, 한주(漢州)에는 2정이 설치되었다.
ㄹ. 5도의 일반 군현에 주둔하는 주현군과 양계 지역의 주진군으로 구성되었다.

① ㄱ → ㄴ → ㄷ → ㄹ
② ㄱ → ㄷ → ㄹ → ㄴ
③ ㄷ → ㄱ → ㄹ → ㄴ
④ ㄷ → ㄹ → ㄱ → ㄴ

06 다음 〈보기〉는 광해군이 추진하였던 정책의 내용이다. 이 중에서 광해군이 축출되고 북인 정권이 무너지게 된 원인과 관련된 내용을 모두 고른 것은?

〈보기〉
㉠ 양안과 호적을 새로이 작성하였다.
㉡ 강홍립에게 정세에 따라 향배를 결정하도록 하였다.
㉢ 왕권의 안정을 얻고자 인목대비를 폐위시켰다.
㉣ 성곽과 무기를 수리하고, 군사 훈련을 강화하였다.

① ㉠, ㉡ ② ㉡, ㉢
③ ㉠, ㉣ ④ ㉢, ㉣

07 밑줄 그은 '이 책'이 처음 간행된 국왕 대의 사실로 옳은 것은?
한국사능력검정시험 고급 기출

유네스코 사무국은 이 책의 초간본을 세계 기록 유산으로 등재하는 것을 승인하였다. 유네스코 한국 위원회 측은 등재 사유를 "당시 동아시아 의학 서적 1,000여 권을 집대성한 의학 백과사전으로, 세계 최초의 공중 보건 안내서라는 점이 인정됐다"라고 밝혔다. 이 책은 내경과 외경 등 5편으로 구성되어 있으며, 병이 생기기 전에 치료한다는 양생 의학 개념으로 질병의 원인 및 처방 등을 소개하고 있다.

① 남인과 서인 사이에 예송이 일어났다.
② 탕평파를 중심으로 정국이 운영되었다.
③ 청을 정벌하자는 북벌 운동이 전개되었다.
④ 국왕의 친위 부대인 장용영이 설치되었다.
⑤ 명과 후금 사이에서 중립 외교가 추진되었다.

08 다음 중 광해군 집권 시기에 해당하는 역사적 사실로 옳지 않은 것은?

① 이괄의 난을 장만 등이 진압하였다.
② 이원익 등의 건의로 경기도에서 대동법이 시행되었다.
③ 임진왜란 때의 충신과 열녀 등을 조사하여 혼란한 사회 질서를 바로잡고자 하였다.
④ 허준이 『동의보감』을 완성하였다.

09 밑줄 친 '이곳'에 대한 설명으로 옳은 것은?
2025 국가직 9급

○ 이곳의 고인돌 유적은 유네스코 세계문화유산에 등재되었다.
○ 고려 정부는 이곳으로 천도하여 몽골의 침략에 대항하였다.

① 장보고가 청해진을 설치하였다.
② 정묘호란으로 인조가 피신하였다.
③ 원나라가 탐라총관부를 두었다.
④ 영국군이 러시아를 견제한다는 구실로 주둔하였다.

10 (가)와 (나) 사이에 있었던 사실로 가장 옳은 것은?
2024 법원직 9급

(가) 명군 도독 이여송이 대병력의 관군을 거느리고 곧바로 평양성 밖에 다다라 제장에게 부서를 나누어 본성을 포위하였습니다. …(중략)… 조선의 장군들이 군사를 거느리고 가서 매복하고 함께 대로로 나아가니 왜적들은 사방으로 도망가다가 복병의 요격을 입었습니다.
(나) 화의가 나라를 망친 것은 어제 오늘의 일이 아니고 옛날부터 그러하였으나 오늘날처럼 심한 적은 없었습니다. 명은 우리나라에는 부모의 나라이고 노적은 우리나라에는 부모의 원수입니다. …(중략)… 어찌 차마 이런 시기에 다시 화의를 제창할 수 있겠습니까?

① 강홍립이 이끄는 조선군은 후금에 항복하였다.
② 신립 장군은 충주에서 일본군에게 패배하였다.
③ 인조는 삼전도에 나가 굴욕적인 항복을 하였다.
④ 조선은 왜구의 약탈을 근절하고자 대마도를 정벌하였다.

11 (가) 붕당에 대한 설명으로 옳은 것만을 〈보기〉에서 모두 고른 것은?　2022 법원직 9급

　　(가) 은/는 반정을 주도하여 정권을 잡은 이후 훈련도감을 비롯하여 새로 설치된 어영청, 총융청, 수어청의 병권을 장악하여 권력 유지의 기반으로 삼았다.

보기
ㄱ. 북벌론을 주장하였다.
ㄴ. 인목대비의 폐위를 주장하였다.
ㄷ. 조식 학파를 중심으로 형성되었다.
ㄹ. 예송 논쟁으로 남인과 대립하였다.

① ㄱ, ㄴ　② ㄱ, ㄹ
③ ㄴ, ㄷ　④ ㄷ, ㄹ

12 밑줄 친 (　　)의 행적에 대한 설명으로 옳은 것은?　2023 계리직 9급

　　(　　)은/는 본국에 돌아온 지 얼마 되지 않아 병을 얻었고, 병이 난 지 수일 만에 죽었다. 온몸이 전부 검은빛이었고, 이목구비의 일곱 구멍에서는 모두 선혈이 흘러나왔다. 검은 천으로 그 얼굴 반쪽만 덮어놓았으나, 곁에 있는 사람도 그 얼굴빛을 분변할 수 없어서 약물에 중독되어 죽은 사람과 같았다.
　　　　　　　　　　　　　　－『조선왕조실록』－

① 청에 복수하고 치욕을 갚기 위해 북벌을 주장하였다.
② 청을 왕래하며 얻은 경험으로 『의산문답』 등을 저술하였다.
③ 서양인 신부 아담 샬과 교류하면서 서양 문물을 들여왔다.
④ 에도 막부에서 울릉도와 독도가 조선 영토임을 확인하는 문서를 받아왔다.

13 밑줄 친 내용과 관련된 사실로 가장 옳지 않은 것은?　2017 서울시 사회복지직 9급

　　전일 ㉠세자가 심양에 있을 때 집을 지어 고운 빨간빛의 흙을 발라서 단장하고, 또 ㉡포로로 잡혀간 조선 사람들을 모집하여 둔전을 경작해서 곡식을 쌓아 두고는 그것으로 진기한 물품과 무역을 하느라 ㉢관소의 문이 마치 시장 같았으므로, ㉣임금이 그 사실을 듣고 불평스럽게 여겼다.

① ㉠ 세자 – 북경에서 아담 샬과 만나 교류하였다.
② ㉡ 포로 – 귀국한 여성 중에는 가족들의 천대와 멸시를 받는 이도 있었다.
③ ㉢ 관소 – 심양관은 외교적 기능을 담당하기도 하였다.
④ ㉣ 임금 – 전쟁의 치욕을 벗기 위해 북벌론을 적극 추진하였다.

14 밑줄 친 '대의(大義)'를 이루기 위해 효종이 한 일로 옳은 것은?　2018 지방직 9급(사회복지직 9급)

　　병자년 일이 완연히 어제와 같은데, 날은 저물고 갈 길은 멀다고 하셨던 성조의 하교를 생각하니 나도 모르게 눈물이 솟는구나. 사람들은 그것을 점점 당연한 일처럼 잊어가고 있고 대의(大義)에 대한 관심도 점점 희미해져 북녘 오랑캐를 가죽과 비단으로 섬겼던 일을 부끄럽게 생각지 않고 있으니 그것을 생각한다면 그 아니 가슴 아픈 일인가.
　　　　　　　　　　　　　　－『조선왕조실록』－

① 남한산성을 복구하고 어영청을 확대하였다.
② 훈련별대를 정초군과 통합하여 금위영을 발족시켰다.
③ 명과 후금 사이에서 실리를 추구하는 중립 외교 정책을 펼쳤다.
④ 호위청, 총융청, 수어청 등의 부대를 창설하여 국방력을 강화하였다.

15 ㉠~㉣에 대한 설명으로 옳지 않은 것은?
2018 국가직 7급

> 예조가 아뢰기를, "㉠ 자의 왕대비께서 선왕의 상에 입어야 할 복제를 결정해야 하는데, ㉡ 어떤 사람은 삼년복을 입어야 한다고 하고 ㉢ 어떤 사람은 기년복(期年服)을 입어야 한다고 하니 어떻게 결정해야 할지 모르겠습니다"라고 하였다. 이에 국왕은 여러 대신에게 의견을 물은 다음 ㉣ 기년복으로 결정하였다.
> - 『조선왕조실록』-

① ㉠ - 인조의 계비 조대비를 가리킨다.
② ㉡ - 윤휴는 왕통을 이었으면 적장자로 보아야 하므로 3년복을 입어야 한다고 주장하였다.
③ ㉢ - 송시열은 '체이부정(體而不正)'을 내세워 기년복을 입어야 한다고 주장하였다.
④ ㉣ - 『국조오례의』의 상복 규정에 따라 기년복으로 결정되었다.

16 다음과 같이 주장한 정치 세력에 대한 설명으로 옳은 것은?

> 국상의 복제는 『국조오례의』 흉례편 복제(服制) 조에 규정되어 있으나, 공교롭게도 여기에는 모후가 돌아가신 왕을 위해 입는 복제가 명시되어 있지 않았다. 당시 윤휴는 장유의 차서보다 계서 승통이 중시되기 때문에 효종을 장자로 간주하여 삼년복을 입어야한다고 주장하였다.

① 현종 때 훈련별대를 창설하여 군사적 기반으로 삼았다.
② 인조반정과 북벌 운동을 주도하였다.
③ 예송 논쟁에서 『주자가례』를 주장의 근거로 삼았다.
④ 중립 외교 정책을 추진하였고, 실리적 경향을 보였다.

17 다음과 같이 상소한 인물이 속한 붕당에 대한 설명으로 옳은 것만을 모두 고르면?
2023 국가직 9급

> 상소하여 아뢰기를, "신이 좌참찬 송준길이 올린 차자를 보았는데, 상복(喪服) 절차에 대하여 논한 것이 신과는 큰 차이가 있었습니다. 장자를 위하여 3년을 입는 까닭은 위로 '정체(正體)'가 되기 때문이고 또 전중(傳重: 조상의 제사나 가문의 법통을 전함)하기 때문입니다. …(중략)… 무엇보다 중요한 것은 할아버지와 아버지의 뒤를 이은 '정체'이지, 꼭 첫째이기 때문에 참최 3년복을 입는 것은 아닙니다."라고 하였다.
> - 『현종실록』-

ㄱ. 기사환국으로 정권을 장악하였다.
ㄴ. 인조반정을 주도하여 집권 세력이 되었다.
ㄷ. 정조 시기에 탕평 정치의 한 축을 이루었다.
ㄹ. 이이와 성혼의 문인을 중심으로 형성되었다.

① ㄱ, ㄴ
② ㄱ, ㄷ
③ ㄴ, ㄹ
④ ㄷ, ㄹ

18 17세기 말 숙종 때 벌어진 정치 집권 세력의 변화 양상에 대한 설명으로 가장 옳은 것은?
2019 2월 서울시 7급

① 제2차 예송 논쟁으로 집권한 서인은 숙종 6년(1680) '경신환국'으로 남인에게 정권을 빼앗기게 되었다.
② '경신환국'의 결과 서인은 송시열을 영수로 하는 노론과 윤증을 중심으로 하는 소론으로 분당되었다.
③ 숙종 15년(1689) 후궁 희빈 장씨가 낳은 왕자가 세자로 책봉되는 과정에서 서인이 몰락하고 남인이 다시 집권하였는데 이를 '갑술환국'이라 칭한다.
④ 숙종 20년(1694) 남인 집안 출신의 왕비 민씨가 폐비되면서 서인(노론과 소론)이 다시 집권하였다.

19 〈보기〉의 조치를 시행한 국왕에 대한 설명으로 가장 옳은 것은?
2018 서울시 7급

〈보기〉
○ 노산대군의 시호를 올리고 …(중략)… 묘호를 단종이라 하였다.
○ 임금이 친히 명나라 신종 황제를 제사하였다.
○ 충무공 이순신의 사우(祠宇)에 '현충'이라는 호를 내렸다.

① 왕권 강화를 위해 수시로 환국을 단행하였다.
② 수원에 새로운 성곽 도시인 화성을 건설하였다.
③ 명의 요청을 수용하여 중국에 원병을 파견하였다.
④ 백성들의 군역 부담 완화를 위해 균역법을 시행하였다.

20 다음 사실들을 일어난 순서대로 바르게 나열한 것은?

㉠ 2차 예송에서 남인이 승리하였다.
㉡ 허적·윤휴 등 남인의 중심인물을 몰아내고 서인 정권이 수립되었다.
㉢ 정여립의 모반 사건이 일어나 동인 중 처형된 사람이 많았다.
㉣ 일부 소론 세력이 주도하여 이인좌의 난을 일으켰으나 진압되었다.

① ㉠ - ㉡ - ㉢ - ㉣
② ㉡ - ㉠ - ㉢ - ㉣
③ ㉢ - ㉠ - ㉡ - ㉣
④ ㉢ - ㉡ - ㉠ - ㉣

21 (가), (나) 사이의 시기에 있었던 역사적 사실로 옳은 것은?

(가) 허적(許積)의 공초를 보면 모반에 참여했지만 아는 것이 별로 없으니, 관직을 몰수하고 고향으로 내쳐 돌아가게 하라.
(나) 송시열은 산림의 영수로서 나라가 어렵고 인심이 좋지 않을 때에 감히 원자(元子)의 명호(名號)를 정한 것이 너무 이르다고 하였으니, 관직을 몰수하고 성문 밖으로 내쫓도록 하라.

① 서인이 정국을 주도하였다.
② 반정을 통해 인조가 즉위하였다.
③ 위훈 삭제 문제로 사화가 일어났다.
④ 이괄의 반란군이 도성을 점령하였다.

22 (가)와 (나) 사이의 시기에 있었던 일로 옳은 것은?
2020 지방직 9급(서울시 9급)

(가) 남인들이 대거 관직에서 쫓겨나고 허적과 윤휴 등이 처형되었다.
(나) 인현왕후가 복위되고 노론과 소론이 정계에 복귀하였다.

① 송시열과 김수항 등이 처형당하였다.
② 서인과 남인이 두 차례에 걸쳐 예송을 전개하였다.
③ 서인 정치에 한계를 느낀 정여립이 모반을 일으켰다.
④ 청의 요구에 따라 조총 부대를 영고탑으로 파견하였다.

23 다음은 조선 후기 붕당 정치의 전개 과정에서 일어난 사건들이다. 이 가운데 남인이 집권하는 계기가 된 사건들만을 모두 고른 것은?
2014 지방직 7급

ㄱ. 1차 예송 논쟁   ㄴ. 2차 예송 논쟁
ㄷ. 경신환국   ㄹ. 기사환국
ㅁ. 갑술환국   ㅂ. 이인좌의 난

① ㄱ, ㅁ   ② ㄴ, ㄹ
③ ㄱ, ㄷ, ㅁ   ④ ㄴ, ㄹ, ㅂ

24 다음 글을 지은 인물이 속했던 조선 시대 정치 세력(붕당)에 대한 설명으로 가장 적절한 것은?
2020 경찰직 1차

내 버디 몇치나 ᄒ니 水石(수석)과 松竹(송죽)이라.
東山(동산)의 ᄃᆞᆯ 오르니 긔 더옥 반갑고야.
두어라 이 다ᄉᆞᆺ 밧긔 또 더ᄒᆞ야 머엇ᄒᆞ리.

① 예송에서 왕의 예는 일반 사대부와 다르다고 주장하였다.
② 효종의 비가 죽었을 때 시어머니인 자의대비가 대공복을 입어야 한다고 주장하였다.
③ 자신들의 학문적 정통성을 확립하기 위하여 조식을 높이고 이언적과 이황을 폄하하였다.
④ 경종이 즉위하자 그가 병약하다는 이유를 들어 이복동생 연잉군을 세제로 책봉할 것을 요구하였다.

25. 밑줄 친 '나'가 국왕으로 재위하던 기간에 있었던 일은?
2022 지방직 9급(서울시 9급)

> 팔순 동안 내가 한 일을 만약 나 자신에게 묻는다면
> 첫째는 탕평책인데, 스스로 '탕평'이란 두 글자가 부끄럽다.
> 둘째는 균역법인데, 그 효과가 승려에게까지 미쳤다.
> 셋째는 청계천 준설인데, 만세에 이어질 업적이다.
> …(하략)
> - 『어제문업(御製問業)』 -

① 장용영이 창설되었다.
② 나선 정벌이 단행되었다.
③ 홍경래의 난이 발생하였다.
④ 『동국문헌비고』가 편찬되었다.

26. 밑줄 친 '국왕'의 정책으로 옳은 것은?
2025 지방직 9급

> 국왕은 성균관 앞에 "두루 사귀되 편당을 짓지 않는 것이 군자의 공정한 마음이요, 편당을 짓고 두루 사귀지 않는 것은 소인의 사사로운 마음이다."라는 내용을 새긴 탕평비를 세웠다.

① 균역법을 실시하였다.
② 수원 화성을 건설하였다.
③ 초계문신제를 시행하였다.
④ 『대전회통』을 편찬하였다.

27. 다음과 같은 내용의 교서를 발표한 왕에 대한 설명으로 가장 적절한 것은?
2020 경찰직 1차

> 우리나라는 원래 땅이 협소하여 인재 등용의 문도 넓지 못하였다. 그런데 근래에 와서 인재 임용이 당에 들어있는 사람만으로 이루어지고, 조정의 대신들이 서로 공격하여 공론이 막히고 서로를 반역자라 지목하니 선악을 분별할 수 없게 되었다. 지금 새로 일으켜야 할 시기를 맞아 과거의 허물을 고치고 새로운 정치를 펴려 하니, 유배된 사람은 경중을 헤아려 다시 등용하되 탕평의 정신으로 하라. 지금 나의 이 말은 위로는 종사를 위하고 아래로 조정을 진정하려는 것이니, 이를 어기면 종신토록 가두어 내가 그들과는 나라를 함께 할 뜻이 없음을 보이겠다.

① 문물 제도의 정비를 반영한 『탁지지』 등을 편찬하였다.
② 초계문신제를 신설하여 인재 재교육 정책을 추진하였다.
③ 통공 정책을 실시하여 자유로운 상업 활동의 범위를 확대하였다.
④ 신문고 제도를 부활시키고 『동국문헌비고』 등을 편찬하여 문물과 제도를 정비하였다.

28. 밑줄 친 '왕'의 업적으로 옳은 것은?
2016 사회복지직 9급

> 경연에서 신하들이 "붕당(朋黨)이 나누어지는 것은 전랑(銓郎)으로부터 비롯되었으므로 그 권한을 없애야 합니다"라고 하였다. 왕도 역시 이를 인정하여 이조 낭관(郎官)과 한림(翰林)들이 자신의 후임을 자천(自薦)하는 제도를 폐지하도록 명하였다. 그 결과 이조 전랑의 인사 권한이 축소되었다.

① 『속대전』, 『속오례의』 등을 편찬하였다.
② 주자소를 설치하고 계미자를 주조하였다.
③ 초계문신제를 시행하여 관리들을 재교육하였다.
④ 호포제를 실시하여 양반들에게도 군포를 징수하였다.

29 밑줄 친 '국왕'에 대한 설명으로 가장 옳지 않은 것은?
2024 법원직 9급

> 국왕은 현륭원(顯隆園)을 수원에 봉안하고 1년에 한 번씩 참배할 준비를 하였다. 옛 규례에는 한강을 건널 때 용배[龍舟]를 사용하였으나, 그 방법이 불편한 점이 많다 하여 배다리의 제도로 개정하고 묘당으로 하여금 그 세목을 만들어 올리게 하였다. 그러나 뜻에 맞지 않았기에 국왕은 『주교지남(舟橋指南)』을 편찬하였다.

① 탕평비를 세웠다.
② 장용영을 설치하였다.
③ 『무예도보통지』를 간행하였다.
④ 초계문신 제도를 시행하였다.

30 다음과 같이 주장한 인물에 대한 설명으로 옳은 것은?
2018 국가직 9급

> 달은 하나이나 냇물의 갈래는 만 개가 된다. …(중략)… 나는 그 냇물이 세상 사람들이라는 것을 안다. 빛을 받아 비추어서 드러나는 것은 사람들의 상이다. 달이라는 것은 태극이요, 태극은 나이다.

① 『해동농서』를 편찬하도록 하였다.
② 갑인예송에서 왕권을 강조하며 기년복을 주장하였다.
③ 이순신에게 현충이라는 시호를 내리고 강감찬 사당을 건립하였다.
④ 민간의 광산 개발 참여를 허용하는 설점수세제를 처음 실시하였다.

31 (가)를 처음 실시한 왕의 업적으로 옳은 것은?

> ___(가)___ 은/는 신진 인물이나 중·하급 관리 중에서 유능한 인사를 재교육하는 제도였다. 37세 이하의 당하관 중에서 유능한 자를 선발하여 본래의 직무를 면제하고 연구에 전념하게 하여 그 성과를 평가하였다. 졸업하면 익힌 바를 국정에 적용하게 하였다. 이 제도는 붕당의 비대화를 막고 왕의 권력과 정책을 뒷받침하기 위한 것이었다.

① 『칠정산』 내·외편을 편찬하였다.
② 『속대전』을 편찬하고 서원을 정리하였다.
③ 어영청을 설치하여 군비를 강화하였다.
④ 통공 정책으로 시전 상인들의 특권을 축소하였다.

32 다음 ㉠~㉢의 인물들이 행한 일로 가장 적절한 것은?
2020 경찰직 2차

> "아! (㉠)은/는 (㉡)의 아들이다. (㉢)께서 종통(宗統)의 중요함을 위하여 나에게 효장 세자(孝章世子)를 이어받도록 명하신 것이다. 아! 전일에 (㉢)께 올린 글에서 '근본을 둘로 하지 않는 것(不貳本)'에 관한 나의 뜻을 볼 수 있을 것이다. …(중략)… 이미 이런 분부를 내리고 나서 괴귀(怪鬼)와 같은 나쁜 무리들이 이를 빙자하여 추숭(追崇)하자는 의논을 한다면 (㉢)께서 유언하신 분부가 있으니, 마땅히 해당 형률로 논죄하고 (㉢)의 영령(英靈)께도 고하겠다."

① ㉠은/는 금난전권을 폐지하였다.
② ㉡은/는 『동국문헌비고』와 『속대전』 등을 편찬하였다.
③ ㉢은/는 수원 화성을 건설하였다.
④ ㉠와/과 ㉡은/는 탕평책을 실시하였다.

33 밑줄 친 '이 책'을 편찬한 왕의 재위 기간에 있었던 사실로 옳은 것은?

> 이 책은 왕명에 따라 편찬한 종합 무예서이며, 24기의 전투 기술을 중심으로 편찬되었다. 당시 무예와 병기에 관하여 종합적인 조감을 할 수 있는 중요한 가치를 지니고 있다.

① 북방에 4군과 6진을 개척하였다.
② 명과의 갈등으로 최영이 요동 정벌을 추진하였다.
③ 왕권을 강화하기 위하여 장용영을 설치하였다.
④ 청을 도와 두 차례에 걸쳐 러시아군과 교전하였다.

34 〈보기 1〉의 밑줄 친 '이 왕'이 시행한 정책을 〈보기 2〉에서 모두 고른 것은? 2023 서울시 9급(자체 출제)

보기 1
> 이 왕은 반대 세력을 무력으로 제압하고 자신의 신변을 보호하기 위한 친위부대로 장용영을 설치하였다. 장용영은 기존에 국왕의 호위를 담당하던 숙위소를 폐지하고 새롭게 조직을 갖추어 편성된 부대다.

보기 2
> ㄱ. 탕평의 의지를 반영하여 성균관 입구에 탕평비를 세웠다.
> ㄴ. 상공업을 진흥시키기 위해 통공정책을 단행하였다.
> ㄷ. 젊은 관료의 재교육을 위해 초계문신제도를 시행하였다.

① ㄴ
② ㄷ
③ ㄴ, ㄷ
④ ㄱ, ㄴ, ㄷ

35 밑줄 친 '왕'이 재위한 시기의 역사적 사실로 옳은 것은? 2019 경찰직 1차

> 채제공이 아뢰기를, "평시서로 하여금 30년 이내에 신설된 시전을 모두 혁파하게 하십시오. 형조와 한성부에 분부하여 육의전 이외에는 금난전권을 행사하지 못하게 하십시오."라고 하니, 왕이 허락하였다.

① 경기도에서 대동법을 처음 실시하였다.
② 전세(田稅)를 토지 1결당 미곡 4두로 고정하는 영정법을 처음 실시하였다.
③ 백성의 여론을 직접 정치에 반영하기 위하여 신문고 제도를 부활하였다.
④ 친위 부대인 장용영을 설치하여 왕권을 뒷받침하는 군사적 기반을 갖추었다.

36 조선 시대의 국방 정책을 순서대로 바르게 나열한 것은?

> ㄱ. 수원 유수부가 설치되었다.
> ㄴ. 병조판서 김석주의 건의에 따라 정초군과 훈련별대를 합쳐 군영이 창설되었다.
> ㄷ. 조선에 표류한 하멜이 훈련도감에 소속되어 서양식 무기를 제조하였다.
> ㄹ. 수도 방어를 강화하기 위해 『수성윤음』을 반포하였다.

① ㄱ → ㄴ → ㄷ → ㄹ
② ㄴ → ㄹ → ㄱ → ㄷ
③ ㄷ → ㄴ → ㄹ → ㄱ
④ ㄹ → ㄷ → ㄱ → ㄴ

37. 다음 글을 남긴 국왕의 재위 기간에 일어난 사실로 옳은 것은?
2014 국가직 9급

> 보잘것없는 나, 소자가 어린 나이로 어렵고 큰 유업을 계승하여 지금 12년이나 되었다. 그러나 나는 덕이 부족하여 위로는 천명(天命)을 두려워하지 못하고 아래로는 민심에 답하지 못하였으므로, 밤낮으로 잊지 못하고 근심하며 두렵게 여기면서 혹시라도 선대왕께서 물려주신 소중한 유업이 잘못되지 않을까 걱정하였다. 그런데 지난번 가산(嘉山)의 토적(土賊)이 변란을 일으켜 청천강 이북의 수많은 생령이 도탄에 빠지고 어육(魚肉)이 되었으니 나의 죄이다.
>
> - 『비변사등록』 -

① 최제우가 동학을 창도하였다.
② 공노비 6만 6천여 명을 양인으로 해방시켰다.
③ 미국 상선 제너럴셔먼호가 격침되었다.
④ 삼정 문제를 해결하기 위해 삼정이정청을 설치하였다.

38. 다음 역사적 사실을 순서대로 바르게 나열한 것은?
2017 서울시 7급

> ㄱ. 청의 요청으로 조선은 나선(러시아) 정벌에 조총병을 파병하였다.
> ㄴ. 청의 정세 변화를 이용하여 윤휴를 중심으로 북벌 움직임이 제기되었다.
> ㄷ. 조선과 청의 두 나라 대표가 백두산 일대를 답사하고, 국경을 확정하는 백두산정계비를 세웠다.
> ㄹ. 안용복은 울릉도에 출몰하는 일본 어민들을 쫓아내고, 일본에 건너가 울릉도와 독도가 조선의 영토임을 확인받고 돌아왔다.

① ㄱ-ㄴ-ㄷ-ㄹ
② ㄱ-ㄴ-ㄹ-ㄷ
③ ㄴ-ㄱ-ㄷ-ㄹ
④ ㄴ-ㄱ-ㄹ-ㄷ

39. 다음 건의로 시행된 사실로 옳은 것은?

> 이곳은 우리나라와 청나라의 경계(境界) 지대인데, 수백 년 동안 비어 있었습니다. 수십 년 전부터 북쪽 변경 고을 사람들이 이곳에 가서 살고 있는데, 그 수가 십여 만 명이나 됩니다. …(중략)… 전에 분수령 정계비 아래 토문강 이남의 구역은 우리나라 경계로 확정되었으니 …(중략)… 관리를 특별히 두고 그들의 생명과 재산을 보호하게 하여 조정에서 백성을 보살펴 주는 뜻을 보여 주는 것이 어떻겠습니까?

① 효종이 북벌 정책을 추진하였다.
② 광해군이 중립 외교 정책을 실시하였다.
③ 세종이 백성을 국경 지역으로 이주시켰다.
④ 고종이 이범윤을 간도 관리사로 임명하였다.

40. 다음 지문과 관련된 내용으로 가장 적절하지 않은 것은?
2012 경찰직 3차

> …… 西爲鴨綠 東爲土門 故於分水嶺上 ……
> 서쪽은 압록이 되고, 동쪽은 토문(土門)이 되므로, 분수령 위에 돌을 새겨 기록한다.

① 청 건국 후 조선과 청은 양국의 모호한 경계를 확정하기 위해 1712년 백두산정계비를 세웠다.
② 우리의 외교권을 빼앗은 일제가 1909년 간도 협약을 체결하여 남만주의 철도 부설권을 얻는 대가로 간도를 청의 영토로 인정하였다.
③ 19세기 이후 간도가 우리 민족의 생활 터전으로 바뀌면서 청과의 영유권 분쟁이 발생하였다.
④ 조선의 관리들은 토문(土門)의 해석을 두만강이라고 주장하였다.

41. ㉠에 대한 설명으로 옳지 않은 것은?   2017 지방직 7급

> 칙령 제41호
> 제1조 울릉도를 울도라 개칭하여 강원도에 부속하고, 도감을 군수로 개정하여 관제 중에 편입하고, 군의 등급은 5등으로 한다.
> 제2조 군청 위치는 태하동으로 정하고, 구역은 울릉전도(鬱陵全島)와 죽도, (㉠)을/를 관할한다.

① 『세종실록지리지』에는 강원도 울진현 소속으로 구분하고, 우산으로 표기하였다.
② 숙종 때 안용복은 일본에 건너가 울릉도와 더불어 조선의 영토임을 확인받았고, 당시 일본에서는 '송도(松島)'로 기록하였다.
③ 일본 정부는 1870년대에 조선의 영토임을 인정했으면서도, 1905년 국제법상 무주지(無主地)라는 명목으로 일본 영토에 편입시켰다.
④ 1952년 UN군 사령부와 협의하에 이승만 정부는 '인접 해양의 주권에 관한 대통령 선언'을 발표하여 한국의 영토로 확인하였고, 당시 일본은 이를 묵인하였다.

42. 독도가 우리나라 영토임을 입증하는 근거로만 옳게 짝지어진 것은?   2017 국가직 9급(사회복지직 9급)

① 이범윤의 보고문 – 『은주시청합기』
② 「대한 제국 칙령 제41호」 – 「삼국접양지도」
③ 미쓰야 협정 – 「시마네현 고시 제40호」
④ 「조선국교제시말내탐서」 – 어윤중의 서북 경략사 임명장

43. 독도가 대한민국의 영토임을 알 수 있는 자료로 옳은 것만을 모두 고르면?   2020 국가직 9급

> ㄱ. 일본의 은주시청합기(1667년)
> ㄴ. 일본의 삼국접양지도(1785년)
> ㄷ. 일본의 태정관 지령문(1877년)
> ㄹ. 일본의 시마네현 고시(1905년)

① ㄱ, ㄴ, ㄷ   ② ㄱ, ㄴ, ㄹ
③ ㄱ, ㄷ, ㄹ   ④ ㄴ, ㄷ, ㄹ

44. 밑줄 그은 '이 섬'에 대한 설명으로 옳은 것을 <보기>에서 모두 고른 것은?

> 우리나라의 가장 동쪽에 위치하고 있는 이 섬은 동도와 서도라는 2개의 큰 섬과 여러 개의 작은 섬으로 이루어져 있다. 숙종 때 안용복은 울릉도와 '이 섬'이 우리 영토임을 일본 막부가 인정하도록 활약하였으며, 1900년에는 대한 제국이 칙령 제41호를 반포하여 우리 영토임을 분명히 하였다.

보기
㉠ 영국군이 한때 이 섬을 점령하였다.
㉡ 삼별초가 강화도에서 이곳으로 이동해 대몽 항쟁을 전개하였다.
㉢ 『세종실록지리지』에 우산도(于山島)라고 기록되어 있다.
㉣ 일본이 러·일 전쟁 중 불법으로 이 섬을 자국 영토로 편입하였다.

① ㉠, ㉡   ② ㉠, ㉢
③ ㉡, ㉢   ④ ㉢, ㉣

45. 울릉도와 독도에 대한 설명으로 옳지 않은 것은?

① 『세종실록지리지』와 『(신증)동국여지승람』에는 울릉도와 우산도(독도)에 관한 기록이 있다.
② 조선 숙종 때 안용복은 일본으로 건너가 울릉도와 우산도(독도)가 조선의 영토임을 주장하였다.
③ 19세기 말 조선 정부는 울릉도 경영에 적극 나서면서 타지 주민들의 울릉도 이주를 금지하였다.
④ 대한 제국기에는 울릉도를 울도군으로 승격시키고 관할 구역으로 석도(독도)를 함께 규정하였다.

CHAPTER 02 | 근대 태동기의 경제

필수기출 & 출제예상편

01 다음은 조선 시대 양난 이후 수취 체제의 변화에 대한 설명이다. 가장 적절하지 <u>않은</u> 것은?　　2014 경찰직 1차

① 영정법에서는 연분9등법을 따르지 않고 풍흉에 관계없이 전세를 토지 1결당 미곡 4두로 고정시켰다.
② 대동법의 시행으로 공납이 전세화되어 농민은 대체로 토지 1결당 미곡 12두만 납부하면 되었다.
③ 영정법에 따라 전세의 비율이 이전보다 다소 낮아져 대다수 농민의 부담이 경감되었다.
④ 대동법은 부족한 국가 재정을 보완하고 농민의 부담을 경감하기 위한 개혁론으로 제기되었다.

02 다음 사료를 활용한 수업 주제로 가장 적절한 것은?
한국사능력검정시험 중급 기출

> ○ 국가에 토지를 여섯 등급으로 나누는 법이 있고, 세를 거둘 때 아홉 등급으로 나누는 제도가 있다. …(중략)… 그런데 등급을 나누어 세를 내게 할 때 모두 하하(下下)를 따른다. 중(中)이나 상(上)이 있는 법을 알지 못하고 되풀이하여 답습하다 보니 마침내 일상적인 규정이 되어 버렸다.
> - 『선조실록』 -
>
> ○ 인조 갑술년에 양전을 한 뒤, 해마다 풍흉을 보아 등급을 나누는 법을 혁파하고 …(중략)… 경기·삼남·해서·관동은 모두 1결에 전세 4두를 징수하였다.
> - 『만기요람』 -

① 녹읍의 혁파
② 지계의 발급
③ 역분전의 지급
④ 영정법의 시행
⑤ 전시과 제도의 실시

03 ㉠에 들어갈 부세 제도에 관한 설명으로 옳은 것은?

> 이때에 이원익이 (㉠)을 시행할 것을 청하니, 봄, 가을로 민전 1결에 각기 8말의 쌀을 내어 경창(京倉)에 수납하게 하고, 때때로 각 관아의 사주인(私主人)에게 나누어 주어 스스로 상공(上供)을 교역하여 바치게 하였다. 이로써 물화를 저축하고 시장에서 값을 오르내리게 하여 그 수를 넉넉히 남겼던 것이다.
> - 『택당집』 -

① 부과 기준이 가호에서 토지로 바뀌는 결과를 가져왔다.
② 양인들이 지던 군포의 부담을 줄여주기 위해 시행되었다.
③ 연분9등법에 의해 복잡하게 적용되던 전세율을 고정시켰다.
④ 답험 손실의 폐단을 줄이려는 제도로, 백성들의 여론 조사까지 거쳤다.

04 조선 후기에 등장한 공인에 대한 설명으로 옳은 것은?

① 대동법 실시 후 관수품을 조달하는 특권 상인으로 매점매석을 통해 부를 축적하였다.
② 금난전권을 가진 특권 상인으로 사상의 활동을 규제하였다.
③ 대일·대청 무역에 종사하였다.
④ 송방이라는 지점을 전국에 두었고, 인삼을 재배하여 판매하였다.

05 다음 제도에 대한 설명으로 옳은 것을 〈보기〉에서 모두 고른 것은?

> 공물을 각종 현물 대신 쌀로 통일하여 징수하였고, 과세의 기준도 종전의 가호에서 토지의 결수로 변경하였다. 토지를 가진 농민들은 토지 1결당 쌀 12두만 납부하면 되었기 때문에 공납의 부담이 경감되었다. 또한 쌀을 납부하기 어려운 지방에서는 포목, 동전 등으로 대신하도록 하였다.

보기
㉠ 이 제도의 시행으로 부족한 재정은 결작을 부과하여 충당하였다.
㉡ 선혜청을 설치하여 이 제도를 운영하였다.
㉢ 황구첨정, 강년채 등의 폐단을 해결하기 위해 도입되었다.
㉣ 전국적으로 실시되는 데 100여 년의 시간이 소요되었다.

① ㉠, ㉢
② ㉠, ㉣
③ ㉡, ㉣
④ ㉢, ㉣

06 〈보기〉와 같은 폐단을 해결하기 위해 실시한 제도에 대한 설명으로 가장 옳지 않은 것은? 2019 서울시 9급

보기
> 각 고을에서 공물을 상납하려 할 때 각 관청의 사주인들이 여러 가지로 농간을 부려 좋은 것도 불합격 처리를 하기 때문에 바칠 수가 없게 되었습니다. 이리하여 사주인은 자기가 갖고 있는 물품으로 관청에 대신 내고 그 고을 농민들에게는 자기가 낸 물건 값을 턱없이 높게 쳐서 열 배의 이득을 취하니, 이것은 백성의 피와 땀을 짜내는 것입니다.
> ─「선조실록」─

① 광해군 시기에 실시하였다.
② 토지 결수를 기준으로 1결당 쌀 12두를 납부하게 하였다.
③ 왕실과 관청에서 필요한 수요품을 구해 납품하는 덕대가 등장하였다.
④ 물품 구매와 상품 수요가 증가하면서 상품 화폐 경제가 한층 발전하였다.

07 밑줄 그은 '방법'의 시행 내용으로 옳은 것을 〈보기〉에서 고른 것은? 한국사능력검정시험 고급 기출

보기
> 왕이 명정전에 나아가 전·현직 대신을 비롯한 여러 신하들을 불러 양역의 변통 대책에 대해 논의하면서 말하였다.
> "호포나 결포가 모두 문제점이 있으니, 이제는 1필로 줄이는 것으로 온전히 돌아갈 것이다. 경들은 1필을 줄였을 때 생기는 세입 감소분을 대신할 <u>방법</u>을 강구하라."

보기
ㄱ. 토지 1결당 쌀 2두의 결작을 부과하였다.
ㄴ. 양전 사업을 실시하여 지계를 발급하였다.
ㄷ. 선무군관에게 1년에 1필의 군포를 징수하였다.
ㄹ. 관리들에게 경기 지방에 한하여 과전을 지급하였다.

① ㄱ, ㄴ
② ㄱ, ㄷ
③ ㄴ, ㄷ
④ ㄴ, ㄹ
⑤ ㄷ, ㄹ

08 다음의 폐단을 시정하기 위해 실시한 제도에 관한 설명으로 옳은 것은?

> 나라의 100여 년에 걸친 고질 병폐로서 가장 심한 것은 양역이다. 호포니 하는 주장들이 분분하게 나왔으나 적당히 따를 만한 것이 없다. 백성은 날로 곤란해지고 폐해는 갈수록 더욱 심해지니, …(중략)… 이웃의 이웃이 견책을 당하고 친척의 친척이 징수를 당하고, 황구는 젖 밑에서 군정으로 편성되고 백골은 지하에서 징수를 당하며 …(후략)

① 공인의 출현으로 상품 작물 재배의 확산에 기여하였다.
② 근본적인 개혁이어서 백성의 불만과 피해가 해소되었다.
③ 농토의 결수에 따라 미곡, 포목, 전화로 납부하게 하였다.
④ 부족분을 충당하기 위해 1결당 2두씩 결작을 부과하였다.

09 다음은 정조 때 비변사에서 제정한 제언절목의 일부 내용이다. 이러한 법률 제정의 가장 직접적인 배경은?

> 제1조 제방이나 저수지 바닥을 불법 경작한 곳은 즉시 복구시키되 이를 소홀히 할 때는 지방관을 문책한다.
> 제2조 저수지 바닥을 파내되, 파낸 흙은 바로 근처에 두지 말고 멀리 운반하여 다시 유입되지 않도록 한다.
> 제3조 제방에는 수문이 없어 불편하므로 제언 수축 시에는 반드시 소나무로 만든 수통을 설치하여 필요에 따라 열고 닫도록 한다.

① 지주 전호제의 확대
② 구황 작물의 재배
③ 개간 사업의 장려
④ 이앙법의 전국적 보급

10 밑줄 친 ㉠~㉢과 관련된 임란 이후 경제에 대한 설명으로 옳지 않은 것은? 2019 국가직 9급

> ○㉠ 서울 안팎과 번화한 큰 도시에 파, 마늘, 배추, 오이밭 따위는 10묘의 땅에서 얻은 수확이 돈 수만을 헤아리게 된다. 서도 지방의 ㉡ 담배밭, 북도 지방의 삼밭, 한산의 모시밭, 전주의 생강밭, 강진의 ㉢ 고구마밭, 황주의 지황밭에서의 수확은 모두 상상등전(上上等田)의 논에서 나는 수확보다 그 이익이 10배에 이른다.
> ○작은 보습으로 이랑에다 고랑을 내는데, 너비 1척, 깊이 1척이다. 이렇게 한 이랑, 즉 1묘마다 고랑 3개와 두둑 3개를 만들면, 두둑의 높이와 너비는 고랑의 깊이와 너비와 같아진다. 그 뒤 ㉣ 고랑에 거름 재를 두껍게 펴고, 구멍 뚫린 박에 조를 담고서 파종한다.

① ㉠ - 신해통공을 반포하여 육의전의 금난전권을 폐지하였다.
② ㉡ - 인삼과 더불어 대표적인 상업 작물로 재배되었다.
③ ㉢ - 『감저보』, 『감저신보』에서 재배법을 기술하였다.
④ ㉣ - 밭농사에서 농업 생산력의 발전을 가져온 농법이었다.

11 다음 사료와 관련된 시기의 농업 상황으로 옳은 것을 모두 고르면?

> 부농층은 경작하는 토지가 넓어서 빈민을 고용하여 일을 시키거나, 만약 노비가 있으면 밭을 갈지 않고 벼를 베지 않는다. 이에 아무 일도 하지 않고 부호의 즐거움을 누릴 수 있다. 가난한 사람은 송곳 꽂을 땅도 없다. 다만 부유한 사람의 토지에 고용되어 부지런히 밭을 갈고 김을 맨다. 그러나 겨우 그 수확량의 반을 얻을 수 있다. 그러하지 아니하면 밭 갈 때 고용되고 김맬 때 고용되어 매일 골라 뽑을 뿐이다. 또 그러하지 아니하면 가히 고용될 밭이 없거나, 가히 고용될 집이 없다. 이 때문에 걸식을 하거나 떠나게 된다. 혹은 가난하여 도적이 된다.
>
> -「농포문답」-

ㄱ. 밭농사에서는 견종법이 보급되면서 생산력이 높아졌다.
ㄴ. 인조 때 간행된 신속의 『농가집성』은 이앙법 보급에 기여하였다.
ㄷ. 논농사에서는 제초의 횟수가 줄어들면서 단위 면적당 1인당 노동 투입량이 줄어들었다.
ㄹ. 담배, 인삼, 채소 등을 경작하는 상업적 농업이 성장하였다.

① ㄱ, ㄴ, ㄹ
② ㄱ, ㄷ, ㄹ
③ ㄴ, ㄷ, ㄹ
④ ㄱ, ㄴ, ㄷ

12 밑줄 친 '이 농법'에 대한 설명으로 옳은 것만을 모두 고르면?

2021 국가직 9급

> 대개 이 농법을 귀중하게 여기는 이유는 다음과 같다. 두 땅의 힘으로 하나의 모를 서로 기르는 것이고, …(중략)… 옛 흙을 떠나 새 흙으로 가서 고갱이를 씻어 내어 더러운 것을 제거하는 것이다. 무릇 벼를 심는 논에는 물을 끌어들일 수 있는 하천이나 물을 댈 수 있는 저수지가 꼭 필요하다. 이러한 것이 없다면 벗논이 아니다.
>
> -『임원경제지』-

ㄱ. 세종 때 편찬된 『농사직설』에도 등장한다.
ㄴ. 고랑에 작물을 심도록 하였다.
ㄷ. 『경국대전』의 수령 칠사 항목에서도 강조되었다.
ㄹ. 직파법보다 풀 뽑는 노동력을 절약할 수 있었다.

① ㄱ, ㄴ
② ㄱ, ㄹ
③ ㄴ, ㄷ
④ ㄷ, ㄹ

13 (가)~(마) 상인에 대한 설명으로 옳지 않은 것은?

한국사능력검정시험 고급 기출

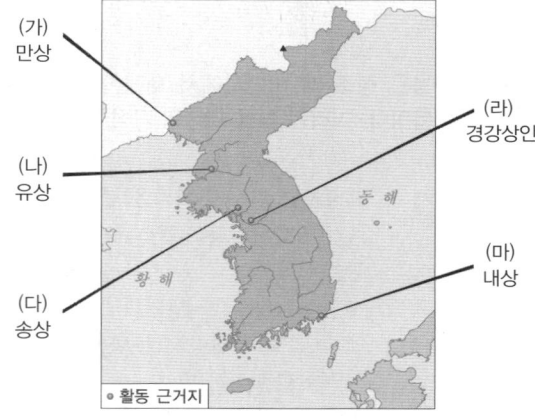

① (가) - 책문 후시를 통해 대외 무역에 종사하였다.
② (나) - 신해통공 이후에도 금난전권을 행사하였다.
③ (다) - 사개치부법이라는 독자적인 회계법을 창안하였다.
④ (라) - 한강을 중심으로 선박을 이용하여 운송업에 종사하였다.
⑤ (마) - 왜관을 중심으로 대일 무역을 전개하였다.

14 다음 자료와 관련된 설명으로 옳지 않은 것은?

> ○ 종전에 허다하게 주조한 전화는 결코 그해에 한꺼번에 쓸 리가 없으며, 경외 각 아문의 예비 재정도 어제오늘 일이 아닌데 최근에 전황이 심합니다. 신의 생각에 이것은 부상대고(富商大賈)들이 때를 타서 화폐를 숨겨 반드시 이익을 노리고자 한 것으로 보입니다.
> ─『비변사등록』─
>
> ○ 지금 돈을 사용한 지 겨우 70년밖에 되지 않으나, 폐단이 더욱 심하다. 돈은 탐관오리에게 편리하고, 사치하는 풍속에 편리하고, 도둑에 편리하나, 농민에게는 불편하다. 돈꿰미를 차고 저자에 나아가서 무수한 돈을 허비하는 자가 많으므로, 인심이 날로 각박해진다.
> ─『성호사설』─

① 전황으로 빈부의 격차가 더욱 심해졌다.
② 동전이 잘 유통되지 않자 정부는 저화를 발행하였다.
③ 지주와 대상인들은 화폐를 재산 축적의 수단으로 삼았다.
④ 농민들은 필요한 동전을 구입하기 위하여 곡물을 헐값으로 팔기도 하였다.

15 조선 후기 사회·경제적 변동에 대한 설명으로 옳은 것만을 모두 고르면?
2019 지방직 7급

> ㄱ. 박지원의 『과농소초』와 서호수의 『해동농서』 등을 비롯한 여러 농서가 편찬되었다.
> ㄴ. 담배·채소·약재 등을 상품 작물로 재배하여 수익을 올리는 부농이 나타났다.
> ㄷ. 청으로부터 유황·구리 등을 수입하여 일본에 수출하였다.
> ㄹ. 지대 납부 방식이 도조법에서 타조법으로 전환되었다.

① ㄱ, ㄴ
② ㄱ, ㄷ
③ ㄴ, ㄹ
④ ㄷ, ㄹ

16 다음 사실을 시기순으로 바르게 나열한 것은?
2022 법원직 9급

> (가) 강희맹이 경기 지역의 농사 경험을 토대로 『금양잡록』을 편찬하였다.
> (나) 신속이 벼농사 중심의 수전 농법을 소개한 『농가집성』을 편찬하였다.
> (다) 이암이 중국 화북 지역의 농사법을 반영한 『농상집요』를 도입하였다.
> (라) 정초, 변효문 등이 왕명에 의해 우리나라 풍토에 맞는 농법을 정리한 『농사직설』을 편찬하였다.

① (가) → (다) → (나) → (라)
② (나) → (다) → (라) → (가)
③ (다) → (라) → (가) → (나)
④ (다) → (라) → (나) → (가)

17 다음 작품이 그려진 시기의 경제적 모습으로 옳지 않은 것은?

① 상품 화폐 경제가 발전하면서 환·어음 등의 신용 화폐는 점차 소멸하였다.
② 이앙법이 전국적으로 보급되었다.
③ 선대제 수공업이 발전하면서 상업 자본의 수공업 지배 현상이 나타났다.
④ 상업 작물이 재배되면서 상품 경제가 활성화되었다.

18 다음의 자료에 보이는 시기의 경제 동향에 대한 설명으로 옳지 않은 것은? 　　2015 국가직 9급

> 배에 물건을 싣고 오가면서 장사하는 장사꾼은 반드시 강과 바다가 이어지는 곳에서 이득을 얻는다. 전라도 나주의 영산포, 영광의 법성포, 흥덕의 사진포, 전주의 사탄은 비록 작은 강이나 모두 바닷물이 통하므로 장삿배가 모인다. …(중략)… 그리하여 큰 배와 작은 배가 밤낮으로 포구에 줄을 서고 있다.
>
> -『비변사등록』-

① 강경, 원산 등이 상업 중심지로 성장하였다.
② 선상은 선박을 이용해서 각 지방의 물품을 거래하였다.
③ 객주나 여각은 상품의 매매를 중개하고, 숙박, 금융 등의 영업도 하였다.
④ 상업 활동이 활발해지면서 삼한통보 등의 동전을 만들어 유통하였다.

19 조선 후기 상업 발달에 대한 설명으로 가장 적절하지 않은 것은? 　　2015 경찰직 2차

① 포구가 새로운 상업 중심지로 되었고, 포구에서의 상거래는 장시보다 규모가 컸다.
② 객주나 여각은 주로 포구에서 상품의 매매를 중개하고, 부수적으로 운송, 보관, 숙박, 금융 등의 영업도 하였다.
③ 청(淸)과의 무역이 활발해지면서, 국경 지대를 중심으로 공적으로 허용된 무역인 개시와 사적인 무역인 후시가 이루어졌다.
④ 국제 무역에서 사적인 무역이 허용되면서 상인이 무역 활동에 적극적으로 참여하였는데, 특히 내상(萊商)은 대중국 무역을 주도하면서 재화를 많이 축적하였다.

20 밑줄 친 '이 시기'의 경제 상황으로 볼 수 없는 것은?

> ○경공장(京工匠)은 『경국대전』에서 2,800여 명으로 규정되었지만, 이 시기에는 약 10분의 1로 줄어들었다.
> ○황해도 평산읍은 『경국대전』에 외공장 정원을 7명으로 규정하였지만, 이 시기에 편찬된 『평산읍지』에는 자영 수공업자의 수가 430명으로 기록되어 있었다.
> ○이 시기에 우정규는 『경제야언』에서 부상대고(富商大賈)들이 제각기 재물을 분담하고 고용 노동자들을 모집하여 은점(銀店)을 경영할 것을 제의하였다.

① 공납 물품은 수공업자가 생산한 토산물을 직접 납부하였다.
② 청과의 무역에서 은의 수요가 증가하여 은광 개발이 활발하였다.
③ 상업적 농업이 발달하여 담배 재배로 많은 돈을 버는 사람도 나타났다.
④ 자본력을 가진 상인 중에서 수공업에 투자하여 부를 축적하는 경우도 있었다.

21 다음 내용과 같은 시기의 경제 상황으로 옳은 것을 〈보기〉에서 모두 고르면?

> 황해도 관찰사의 보고에 의하면 수안에는 본래 금광이 다섯 곳이 있었다. 두 곳은 금맥이 다하였고 세 곳만 금맥이 풍성하였다. 지난해 장마가 심해 광군들 대부분이 흩어졌다. 올해 여름 새로이 39곳의 금혈을 팠는데, 550여 명의 광군이 모여들었다. 일부는 도내 무뢰배들이었지만, 대부분은 사방에서 이득을 좇아 몰려온 무리이다.
> ─『비변사등록』─

보기

㉠ 민간 수공업자들이 상인 자본으로부터 주문뿐만 아니라 자금과 원료를 미리 받아 제품을 생산하는 선대제가 성행하였다.
㉡ 덕대가 상인 물주에게 자본을 조달받아 채굴업자, 채굴 노동자, 제련 노동자를 고용하여 광물을 채굴하고 제련하였다.
㉢ 관장들은 의류, 활자, 화약, 무기, 문방구, 그릇 등을 제조하여 납품하였다.
㉣ 공장안에 등록된 기술자들은 국가가 필요로 하는 무기류, 가구류, 금은 세공품 등을 제조하였다.

① ㉠, ㉡
② ㉡, ㉢
③ ㉢, ㉣
④ ㉠, ㉣

CHAPTER 03 근대 태동기의 사회

필수기출 & 출제예상편

01 밑줄 친 '이들'에 해당하는 것은?

> 우리 왕조가 이들의 벼슬길을 막은 지 300여 년이 되었으니, 폐단이 큰 정책으로 이보다 더한 것이 없습니다. …(중략)… 적자와 서자 사이에 비록 차등이 있다고 해도 나라의 체통에는 이롭지 않으며, 구분과 한계가 너무 각박하여 가족 간에 애정이 적어지는 것입니다. 무릇 자기 집안의 그들을 비천하게 여길 수도 있겠지만 온 세상에서 배척받을 이유는 없으며, 한 문중의 명분은 의당 엄히 해야겠지만 온 조정에서까지 논할 바는 아닙니다.

① 서얼
② (기술직) 중인
③ 향리
④ 노비

02 (가), (나) 신분층에 대한 설명으로 옳지 않은 것은?
2020 국가직 9급

> 오래도록 막혀 있으면 반드시 터놓아야 하고, 원한은 쌓이면 반드시 풀어야 하는 것이 하늘의 이치다. (가) 와/과 (나) 에게 벼슬길이 막히게 된 것은 우리나라의 편벽된 일로 이제 몇백 년이 되었다. (가) 은/는 다행히 조정의 큰 성덕을 입어 문관은 승문원, 무관은 선전관에 임명되고 있다. 그런데도 우리들 (나) 은/는 홀로 이 은혜를 함께 입지 못하니 어찌 탄식조차 없겠는가?

① (가)의 신분 상승 운동은 (나)에게 자극을 주었다.
② (가)는 수차례에 걸친 집단 상소를 통해 관직 진출의 제한을 없애 줄 것을 요구하였다.
③ (나)에 해당하는 인물로는 정조 때 규장각 검서관으로 등용된 유득공, 박제가, 이덕무 등이 있다.
④ (나)는 주로 기술직에 종사하며 축적한 재산과 탄탄한 실무 경력을 바탕으로 신분 상승을 추구하였다.

03 조선 시대 향촌 사회의 모습으로 옳지 않은 것은?

① 조선 후기에는 새롭게 양반 신분을 획득한 신향과 기존 사족(구향) 간의 향촌 주도권 다툼이 있었다. 이것을 향전이라고 한다.
② 향안은 지역 양반들의 명단으로서, 임진왜란 전후 각 군현마다 보편적으로 작성되었다.
③ 경제적으로 성장한 일부 부농층은 향회를 장악하며 상당한 지위를 확보하기도 하였다.
④ 세도 정치기에 향회는 수령과 향리들을 견제하고 지방 통치를 대리하는 기구로 성장하였다.

04 다음 자료에 대한 설명으로 가장 적절하지 않은 것은?
2018 경찰직 3차

> 보성군에는 교파와 약파가 있다. 교파는 향교에 다니는 자들이고, 약파는 향약을 주관하는 자들이다. 서로 투쟁이 끊이지 않고 모함하는 일이 갈수록 더하여 갔다. 드디어 풍속이 도에서 가장 나빠졌다.
> — 정약용, 「목민심서」 —

① 위 자료에서 교파는 구향을, 약파는 신향을 가리킨다.
② 향회를 통해 향촌 사회의 여론을 주도하면서 향촌을 지배하였던 기존의 사족들을 구향이라고 하였다.
③ 신향들은 지금까지 지배층으로 군림하던 구향들과 향촌 지배권을 둘러싸고 경쟁하였다. 이를 '향전'이라 한다.
④ 조선 후기 상품 화폐 경제가 발달하면서 경제력을 확보한 일부 부농층은 사족들의 향촌 지배권에 도전하기 시작하였다. 이들은 향안에 이름을 올리려고 하였으며, 향회를 장악하고자 하였다. 이처럼 새롭게 성장한 이들을 신향이라 한다.

05 다음 사실이 있었던 시기의 향촌 사회에 대한 설명으로 옳지 않은 것은?
2020 국가직 9급

> 황해도 봉산 사람 이극천이 향전(鄕戰) 때문에 투서하여 그와 알력이 있는 사람들을 무고하였는데, 내용이 감히 말할 수 없는 문제에 저촉되었다.

① 향전의 전개 속에서 수령의 권한이 강화되었다.
② 신향층은 수령과 그를 보좌하는 향리층과 결탁하였다.
③ 수령은 경재소와 유향소를 연결하여 지방 통치를 강화하였다.
④ 재지사족은 동계와 동약을 통해 향촌 사회에 대한 영향력을 유지하려 하였다.

06 다음 자료에 나타난 시기의 사회 모습에 대한 설명으로 옳은 것은?

> 지금까지 향촌 사회에서 영향력을 행사하였던 양반은 새로 성장한 부농층의 도전을 받았다. 경제력을 갖춘 부농층은 수령을 중심으로 한 관권과 결탁하여 향안에 이름을 올리는가 하면, 향회를 장악하여 향촌 사회에서 영향력을 키우려고 하였다. 부농층은 종래의 재지 사족이 담당하던 정부의 부세 제도 운영에 적극 참여하였으며 향임직에 진출하거나 기존 향촌 세력과 타협하면서 상당한 지위를 얻었다.

① 기술직 중인들은 철종 때 대규모의 소청 운동을 전개하였다.
② 백정들이 사회적 차별에 반대하는 형평 운동을 전개하였다.
③ 정조 때 공노비 6만 6천여 명이 해방되었다.
④ 신향들은 문중 중심으로 서원이나 사우를 만들어 자신들의 위세를 보여주었다.

07 다음 자료와 같은 현상이 나타난 시기의 사회 모습에 대한 설명으로 옳지 않은 것은?
2016 국가직 9급

> 근래 세상의 도리가 점점 썩어가서 돈 있고 힘 있는 백성들이 갖은 방법으로 군역을 회피하고 있다. 간사한 아전과 한통속이 되어 뇌물을 쓰고 호적을 위조하여 유학(幼學)이라 칭하면서 면역하거나 다른 고을로 옮겨 가서 스스로 양반 행세를 하기도 한다. 호적이 밝지 못하고 명분의 문란함이 지금보다 심한 적이 없다.
> — 「일성록」 —

① 사족들이 형성한 동족 마을이 증가하였다.
② 향회가 수령의 부세 자문 기구로 변질되었다.
③ 유향소를 통제하기 위하여 경재소가 설치되었다.
④ 부농층이 관권과 결탁하여 향임직에 진출하였다.

08 조선 후기 가족 제도에 대한 설명으로 가장 적절한 것은?
2013 국가직 7급

① 제사는 형제가 돌아가면서 지냈으며 책임을 분담하였다.
② 태어난 차례대로 족보에 기재하여 남녀 차별을 하지 않았다.
③ 입양 제도가 확대되고 부계 위주의 족보가 적극적으로 편찬되었다.
④ 사위가 처가의 호적에 입적하여 처가에 생활하는 것이 일반적이었다.

09 조선 후기 삼정의 문란과 가장 관련이 깊은 제도는?

① 총액제
② 균역법
③ 대동법
④ 금납화

10 다음 종교와 성격이 같은 것으로 가장 적절한 것은?
2019 경찰직 2차

> 그 교리는 유교, 불교, 도교 세 교의 내용을 대충 취하여 부연하고 또 하느님이 세상을 주관한다는 기독교의 주장을 취하여 하느님이 인간의 화와 복을 실제로 맡고 있다고 한 것으로서 시골 백성들이 많이 믿었으며 보국안민을 빌었다.

① "한울님이 대답하길 '그렇지 않다. 나에게 신령한 부적이 있으니 …(중략)… 나에게 이 부적을 받아 질병으로부터 사람을 구하고, 나에게 이 주문을 받아 나를 위해 세상 사람들을 가르치면 너 또한 …(중략)… 덕을 천하에 펼 수 있으리라.'라고 하셨다."
② "전선 수백 척과 정예 병사 5, 6만을 얻어서 대포 등 예리한 무기를 많이 싣고 우리나라 해변에 와서 국왕에게 글을 보내기를 '우리는 전교를 목적으로 온 것이지 재물을 탐하여 온 것이 아니므로 선교사를 용납하여 받아들여 달라.'라고 해 주소서."
③ "잘못된 집안 자손이나 벼슬길이 막힌 첩 자손이나 뜻을 잃고 나라를 원망하는 무리들, 아래로는 어리석은 백성, 그릇된 행위를 하는 무리들이 서로 교우라 부르며, 사실을 두루 숨기고 한편이 되었다."
④ "비록 지극한 효자라 할지라도 맛 좋은 것이라 하여 부모가 잠들어 있는 앞에 차려 드릴 수 없는 것은 잠들었을 동안에는 먹고 마시는 때가 아닌 까닭입니다. …(중략)… 사람의 자식이 되어 어찌 허위와 가식의 예로써 이미 돌아간 부모를 섬기겠습니까?"

11. 다음 자료에 나타난 사상에 대한 설명으로 옳은 것은?
2020 국가직 9급

> 사람이 곧 하늘이라. 그러므로 사람은 평등하며 차별이 없나니, 사람이 마음대로 귀천을 나눔은 하늘을 거스르는 것이다. 우리 도인은 차별을 없애고 선사의 뜻을 받들어 생활하기를 바라노라.

① 이 사상에 대해 순조 즉위 이후 대탄압이 가해졌다.
② 이 사상을 바탕으로 『동경대전』과 『용담유사』가 편찬되었다.
③ 이 사상을 근거로 몰락한 양반의 지휘 아래 평안도에서 난이 일어났다.
④ 이 사상을 근거로 단성에서 시작된 농민 봉기는 진주로 이어졌다.

12. 동학의 발생과 전개 과정에 대한 설명으로 적절하지 않은 것은?
2014 경찰직 2차

① 최시형은 교세를 확대하면서 『동경대전』과 『용담유사』를 펴내어 교리를 정리하는 한편, 의식과 제도를 정착시켜 교단 조직을 정비하였다.
② 1860년대에 등장한 동학은 사람이 누구나 평등하다는 사상을 가지고 있었다.
③ 동학이 농민들에게 환영을 받은 이유로는 교리에 주문과 부적 등 민간 신앙의 요소들이 결합되어 있었기 때문이다.
④ 제3대 교주인 손병희는 친일 세력을 내쫓고, 단군 신앙을 기반으로 창시된 대종교와 통합하여 동학을 천도교로 개편하였다.

13. 조선 후기 서학과 관련한 설명으로 옳지 않은 것은?
2019 지방직 9급

① 이승훈이 북경에서 영세를 받았다.
② 윤지충 사건을 계기로 하여 기해박해가 일어났다.
③ 안정복이 천주교를 비판하는 『천학문답』을 저술하였다.
④ 최초의 한국인 신부 김대건이 귀국하여 포교 중 순교하였다.

14. 다음 (가)~(다)의 설명에 해당하는 인물을 바르게 연결한 것은?
2016 서울시 9급

> (가) 스승 이벽의 권유로 북경에 갔다가 서양인 신부의 세례를 받고 귀국하였다.
> (나) 성리학의 입장에서 천주교를 비판하는 『천학문답』을 저술하였다.
> (다) 신부가 되어 충청도 당진(솔뫼)을 근거로 포교하다가 붙잡혀 처형되었다.

	(가)	(나)	(다)
①	이가환	안정복	황사영
②	이승훈	이기경	황사영
③	이승훈	안정복	김대건
④	이가환	이기경	김대건

15. (가)~(다) 사건을 일어난 순서대로 옳게 나열한 것은?
2024 법원직 9급

> (가) 황사영 백서 사건이 일어났다.
> (나) 이승훈이 최창현·홍낙민 등과 함께 서소문 밖에서 참수되었다.
> (다) 윤지충과 권상연을 사형에 처하고, 진산군(珍山郡)은 현(縣)으로 강등하라는 명이 내려졌다.

① (가) - (나) - (다)
② (나) - (가) - (다)
③ (다) - (가) - (나)
④ (다) - (나) - (가)

16 다음은 조선 후기 천주교 박해에 대한 내용이다. 순서대로 바르게 나열한 것은?

㉠ 최초의 신부인 김대건이 순교하였다.
㉡ 윤지충이 모친의 신주를 불사른 사건이 계기가 되었다.
㉢ 이 박해의 결과 정약용, 정약전이 유배형에 처해졌다.
㉣ 9명의 프랑스 신부와 남종삼이 순교하였으며, 병인양요의 원인이 되었다.

① ㉡-㉠-㉢-㉣
② ㉡-㉢-㉣-㉠
③ ㉡-㉠-㉣-㉢
④ ㉡-㉢-㉠-㉣

17 다음 글에 나타난 '무리들'에 대한 설명으로 옳은 것은?
2017 국가직 7급

그 무리들이 번성한 지 벌써 십 년이 지났으나 아직 잡지 못하고 있다. 지난번 양덕에서 군사를 징발하여 그 무리들을 체포하려고 포위하였지만 끝내 잡지 못하였으니 역시 그 음흉함을 알 만하다. 지금 이영창의 심문 기록을 살펴보니 더욱 통탄스럽다.

① 양주 백정 출신인 임꺽정을 중심으로 황해도에서 활동하였다.
② 장길산을 우두머리로 하여 황해도와 평안도 등지에서 활동하였다.
③ 실존 인물인 홍길동이 이 집단의 우두머리로 충청도에서 활동하였다.
④ 몰락 양반인 홍경래를 중심으로 영세농과 광산 노동자 등이 가세하였다.

18 (가)와 (나) 사건 사이에 있었던 사실로 옳은 것은?
2016 국가직 7급

(가) 평서대원수는 급히 격문을 띠우노니 관서의 부로자제와 공·사천민은 모두 이 격문을 들으라. …(중략)… 조정에서 관서를 버림이 분토와 다름없다. 심지어 권세가의 노비도 서토의 사람을 보면 반드시 '평한(平漢)'이라고 말한다.
(나) 백성들이 소동을 일으킨 것은 우병사 백낙신이 탐욕을 부려 침학하였기 때문입니다. 환포와 도결 6만 냥을 가호(家戶)에 배정하여 백징(白徵)하였으므로 백성들이 봉기했던 것입니다.

① 정약용이 유배 중 『목민심서』를 저술하였다.
② 흥선 대원군이 경복궁을 중건하였다.
③ 이승훈이 사행 중 천주교 세례를 받고 돌아왔다.
④ 양헌수가 정족산성에서 프랑스군을 격퇴하였다.

19 다음 사건에 대한 설명으로 옳은 것은?

심지어 권세 있는 집의 노비들도 서토의 인사를 보면 반드시 평한(平漢)이라 일컫는다. 서토에 있는 자가 어찌 억울하고 원통치 않은 자 있겠는가. …(중략)… 지금 나이 어린 임금이 위에 있어서 권세 있는 간신배가 날로 치성하여 김조순, 박종경의 무리가 국가의 권력을 제멋대로 하니 어진 하늘이 재앙을 내린다.

① 백낙신의 탐학이 민란의 원인이 되었다.
② 무신 정권 당시 신분 해방적 성격의 반란이었다.
③ 임진왜란 중 왕족의 서얼 출신이 반란을 주도하였다.
④ 가산 등을 점령한 후, 한때 청천강 이북 지역까지 장악하였다.

20 다음 사건에 대한 설명으로 옳은 것은? 2020 국가직 7급

> 진주민 수만 명이 머리에 흰 수건을 두르고 손에는 나무 몽둥이를 들고 무리를 지어 진주 읍내에 모여 서리들의 가옥 수십 호를 불사르고 부수어서, 그 움직임이 결코 가볍지 않았다. 우병사가 해산시키려고 장시에 나갔다. 그때 흰 수건을 두른 백성들이 그를 빙 둘러싸고 백성의 재물을 횡령한 조목, 그리고 아전들이 세금을 포탈하고 강제로 징수한 일들을 여러 번 문책하였다. 그 능멸하고 핍박함이 조금도 거리낌이 없었다.

① 신유박해를 시작하게 된 계기가 되었다.
② 이필제가 난을 주도하였다.
③ 전봉준 등이 사발통문을 보내 봉기를 호소하였다.
④ 삼정이정청을 설치하게 된 배경이 되었다.

CHAPTER 04 근대 태동기의 문화

출제 비중 25%

필수기출 & 출제예상편

01 조선 시대 성리학의 동향을 시기순으로 바르게 나열한 것은?

> ㄱ. 인간과 사물의 본성이 같은가 다른가를 두고 논쟁이 벌어졌다.
> ㄴ. 향약을 전국적으로 보급하려 하였으나 실패하였다.
> ㄷ. 유교의 개량과 혁신을 주장하는 「유교구신론」이 발표되었다.
> ㄹ. 『주례』를 중심으로 6전의 설치와 각 전의 관할 사무를 규정한 사찬 법전이 편찬되었다.

① ㄹ - ㄴ - ㄱ - ㄷ
② ㄹ - ㄴ - ㄷ - ㄱ
③ ㄴ - ㄹ - ㄱ - ㄷ
④ ㄴ - ㄹ - ㄷ - ㄱ

02 조선 후기 노론 내부에 주기설과 주리설의 분파가 생겨 이른바 '호락 시비(湖洛是非)'로 불리는 큰 논쟁이 일어났다. 이 호락(湖洛) 논쟁에 대한 설명으로 가장 적절하지 않은 것은? 2018 경찰직 1차

① 영조 때에 한원진과 윤봉구로 대표되는 충청도 노론은 인성(人性)과 물성(物性)은 다르다고 보는 '인물성이론(人物性異論)'을 내세웠다.
② 호론의 주장에는 청나라를 중화로 보려는 대의명분론이 깔려 있었다.
③ 이간, 김창협 등으로 대표되는 서울 중심의 노론은 인성과 물성이 같다는 '인물성동론(人物性同論)'을 주장하였다.
④ 낙론의 주장은 북학파의 과학 기술 존중과 이용후생 사상으로 이어졌다.

03 다음은 조선 후기 붕당의 학풍을 설명한 것이다. 이와 관련된 서술로 가장 적절한 것은?

> (가) 조식의 학통을 이었으며, 특히 절의를 중시하여 임진왜란 당시 정인홍, 곽재우와 같은 의병장을 배출하였다.
> (나) 학문의 본원적 연구를 중시하는 이황의 학통을 내세웠는데, 정계에서보다는 향촌 사회에서 그 영향력이 컸다.
> (다) 송시열을 중심으로 이이의 정통 학통을 계승하였다고 자부하였다.
> (라) 윤증의 학통을 이었으며, 이황의 학설에도 호의를 보이는가 하면 이이에 대해 비판적이기도 하여 성리학의 이해에 탄력성을 보여주었다.

① (가)는 실리보다 명분을 중시하여 친명 배금 정책을 추진하였다.
② (나)는 현종 때 예송 논쟁을 계기로 몰락하여 지방 세력화되었다.
③ (다) 가운데 일부 학자들이 중농주의 실학사상을 발달시켰다.
④ (라)의 학자 중 일부는 강화학파에 포함되었다.

04 다음 내용과 관련된 인물에 대한 설명으로 가장 옳은 것은?

> ○ 청이 중국을 차지하고 있으나 정세가 변하여 전국 각지에서 반란이 일어나고 나라가 어지럽다. 우리는 이 기회를 놓치지 말고 군사를 일으켜 청을 공격해야 한다.
> ○ 중용은 공자의 도를 전한 경전이며 주자가 이미 그 의미를 해설하였다. 그러나 나는 내 소견대로 원문의 순서를 다시 정하고 재해석하였다. 이를 두고 유교 교리를 어지럽히는 행동이라고 비난해도 피하지 않겠다.

① 노론의 중심인물로 대의명분을 중시하였다.
② 성리학 비판에 대한 사상적 기반을 6경과 제자백가에서 찾으려 하였다.
③ 『북학의』에서 절약보다 소비를 강조하였다.
④ 『의산문답』에서 지전설을 주장하였다.

05 조선 후기 성리학에 대한 설명으로 옳지 않은 것은?

① 인조반정 이후 서인은 의리 명분론을 강화하며 주자 중심의 성리학을 절대시하였다.
② 인간과 사물의 본성이 같은가 다른가 등의 문제를 둘러싸고 노론을 중심으로 호락논쟁이 벌어졌다.
③ 윤휴는 유교 경전에 대해 독자적인 해석을 하였고, 박세당은 주자의 학설을 비판하다가 사문난적으로 공격당하였다.
④ 노론은 양명학과 노장 사상을 수용하는 등 성리학 이해에 탄력성을 보였다.

06 양명학에 대한 설명으로 옳은 것만을 모두 고르면?

2019 국가직 7급

> ㄱ. 명종 대에 처음 전래되어 이황에 의해 이단으로 비판받았다.
> ㄴ. 수용 초기 양명학자들은 성리학을 배척하여 양립할 수 없었다.
> ㄷ. 박은식의 유교 구신론과 정인보의 조선학 운동에 큰 영향을 끼쳤다.
> ㄹ. 정권에서 소외된 소론과 왕가의 종친 그리고 서얼 출신 인사들 사이에서 가학(家學)으로 이어지면서 퍼졌다.

① ㄱ, ㄴ
② ㄱ, ㄹ
③ ㄴ, ㄷ
④ ㄷ, ㄹ

07 다음 사상을 중심으로 형성된 학파에 대한 설명으로 옳은 것은?

한국사능력검정시험 고급 기출

> ○ 격물치지(格物致知)에서 격물은 사물에 이끌리는 마음속의 부정을 바로잡는 것이며, 치지는 치양지(致良知)로서 마음속의 도덕적 의지인 양지를 남김없이 발현하는 것이다.
> ○ 인간의 마음이 오욕칠정에 의해 흐려질지라도 인간의 마음속에 이미 양지에 의거한 행위인 이(理)가 구현되어 있기 때문에 이러한 심즉리(心卽理)를 구현하도록 실천하는 것이 중요하다.

① 인물성동이론에 관한 논쟁을 벌였다.
② 예학을 학술적 연구의 대상으로 삼았다.
③ 일반 민을 도덕 실천의 주체로 인정하였다.
④ 군주 스스로가 성학을 따를 것을 제시하였다.
⑤ 농민 생활을 안정시키기 위해 여전론을 제시하였다.

08 다음과 같이 주장한 학자에 대한 설명으로 옳은 것은?
2017 국가직 7급

> 나의 학문은 안에서만 구할 뿐이고 밖에서는 구하지 않는다. …(중략)… 그런데 오늘날 주자를 말하는 자들로 말하면, 주자를 배우는 것이 아니라 다만 주자를 빌리는 것이요, 주자를 빌릴 뿐만 아니라 곧 주자를 부회해서 자기들의 뜻을 성취하려 하고 주자를 끼고 위엄을 지어 자기들의 사욕을 달성하려 할 뿐이다.

① 양지와 양능의 본체성을 근거로 지행합일을 긍정하였다.
② 교조화된 주자학을 비판하다가 사문난적으로 몰리어 죽음을 당하였다.
③ 서인의 영수로서 왕과 사족·서민은 예가 같아야 한다고 주장하였다.
④ 유교 문명 이외에도 유럽·회교·불교 문명권을 소개하여 시야를 넓혀 주었다.

09 조선 후기 실학자들에 대한 설명으로 옳은 것은?

① 유형원은 『반계수록』에서 토지의 면적을 단위로 지세(地稅)를 부과할 것을 주장하였다.
② 정약용은 『경세유표』에서 수령이 지켜야 할 지침을 밝히면서 관리들의 폭정을 비판하였다.
③ 이익은 노비 제도, 과거 제도, 양반 문벌제도, 사치와 미신 숭배, 성리학, 게으름 등 여섯 가지를 '나라의 좀'으로 규정하였다.
④ 안정복은 중국 및 일본의 방대한 자료를 참고하여 『해동역사』를 저술하였다.

10 다음 내용을 주장한 실학자와 관계 없는 것은?

> 나라가 빈곤하고 농업이 피폐한 원인으로 노비 제도, 과거 제도, 양반 문벌 제도, 기교, 승려, 게으름 등 여섯 가지를 들었다.

① 고리대와 화폐의 폐단에 대해 지적하였다.
② 그의 토지 개혁론에서는 '영업전' 개념이 제시됐으며, 법으로 매매를 금지할 것을 주장하였다.
③ 사농공상에 따라 토지를 차등 분배할 것을 주장하였다.
④ 천거제인 '공거제'를 과거제와 병행 실시할 것을 주장하였다.

11 <보기>의 내용을 주장한 인물에 대한 설명으로 가장 옳은 것은?
2018 서울시 기술직 9급

> **보기**
> 국가는 마땅히 한 집의 생활에 맞추어 재산을 계산해서 토지 몇 부(負)를 한 호의 영업전으로 한다. 그러나 땅이 많은 자는 빼앗아 줄이지 않고 미치지 못하는 자도 더 주지 않으며, 돈이 있어 사고자 하는 자는 비록 천백 결이라도 허락해 주고, 땅이 많아서 팔고자 하는 자는 다만 영업전 몇 부 이외에는 허락한다.

① 『목민심서』를 저술하는 등 실학을 집대성하였다.
② 발해사를 우리나라 역사로 체계화할 목적으로 『발해고』를 저술하였다.
③ 전국의 자연환경과 인물, 풍속 등을 정리한 『택리지』를 저술하였다.
④ 천지·인사·만물·경사·시문 등 5개 부문으로 나누어 우리나라와 중국의 문화를 백과사전식으로 소개·비판한 『성호사설』을 저술하였다.

12 ㉠~㉢에 들어갈 책의 이름으로 옳은 것은?

2017 지방직 7급

- (㉠)에서는 『주례』에 나타난 주나라 제도를 모범으로 하여 중앙과 지방의 정치 제도를 개혁할 것을 제안했다.
- (㉡)는 수령들이 백성을 수탈하는 도적으로 변한 현실을 바로잡기 위해 백성을 기르는 목민관으로서 지켜야 할 규범을 제시한 일종의 수신 교과서이다.
- (㉢)는 백성들이 억울한 벌을 받지 않도록 형법을 신중하게 집행하기 위해 지은 책이다.

	㉠	㉡	㉢
①	『경세유표』	『목민심서』	『흠흠신서』
②	『목민심서』	『경세유표』	『흠흠신서』
③	『흠흠신서』	『목민심서』	『경세유표』
④	『경세유표』	『흠흠신서』	『목민심서』

13 다음 주장을 한 실학자가 쓴 저서는 무엇인가?

우리 조선으로 접어들면서는 그것에 따르다가 후에 칠사(七事)로 늘렸는데, 소위 수령이 해야 할 대략만을 만들었을 뿐이었다. 그러나 수령이라는 직책은 관장하지 않는 바가 없으니 여러 조목을 차례로 열거하더라도 오히려 직책을 다하지 못할까 두려운데 하물며 스스로 생각해서 스스로 행하기를 바랄 수 있겠는가. 이 책은 첫머리와 맨 끝의 두 편을 제외한 나머지 10편에 들어 있는 것만 해도 60조나 되니, 진실로 어진 수령이 있어서 자기 직분을 다할 것을 생각한다면 아마 미혹(迷惑)하지 않을 것이다.

① 『반계수록』
② 『흠흠신서』
③ 『과농소초』
④ 『곽우록』

14 밑줄 친 '그'의 저술로 옳은 것은?

그가 제시한 단위는 '여(閭)'인데 일정한 자연 지물을 경계로 그 안의 대략 30호(戶) 정도를 '1여'라고 정의했다. '1여'에 '여장(閭長)'이라는 지도자를 두고 그 휘하의 '여민(閭民)'은 공동의 토지에서 공동 경작을 하도록 계획되었다. 여장은 여민의 노동량을 '일역부(日役簿)'라는 장부에 기록하여 두었다가 추수 후에 장부에 기록된 노동량에 따라 수확물을 배분한다는 내용이다.

① 『과농소초』
② 『의방유취』
③ 『의산문답』
④ 『흠흠신서』

15 다음 글을 쓴 인물의 활동으로 옳은 것은?

하늘이 금수(禽獸)에게는 발톱을 주고, 뿔과 단단한 발굽을 주고, 날카로운 이를 주고, 독을 주어서 …(중략)… 환난을 방어하도록 하였다. 그런데 사람에게는 벌거숭이로 태어나서 연약하여 살아 나갈 수 없을 것처럼 만들었다. …(중략)… 사람에게는 지려(智慮)와 교사(巧思)가 있음으로써 그들로 하여금 기예(技藝)를 습득하여 스스로 자기의 생활을 영위하도록 한 것이다.

— 『기예론』 —

① 『반계수록』을 지어 균전론을 주장하였다.
② 거중기를 제작하여 화성 축조에 기여하였다.
③ 『동의수세보원』으로 사상 의학을 체계화하였다.
④ 최초로 100리 척을 사용하여 지도를 제작하였다.

16 다음 ㉠과 ㉡에 대한 설명으로 가장 적절한 것은?
2019 경찰직 2차

㉠ 국가에서 한 집의 재산을 올바로 측량하고 농토 몇 부(負)를 한정하여 한 집의 영업전으로 만들어 주되 당나라 제도처럼 운영한다. 농토가 많은 사람은 빼앗지 않고, 모자라는 사람에게도 더 주지 않으며 …(중략)… 농토가 많아서 팔려고 하는 사람에게도 영업전 몇 부를 제외하고는 역시 허락한다.

㉡ 진정 한제(限制)를 만들어서 모년 모월 이후 이 한제 이상으로 많은 자는 더 이상 사들이지 못하게 하고, 법령 공포 이전에 사들인 것은 비록 산천을 경계로 할 정도로 광점하더라도 불문에 붙인다. …(중략)… 법령 공포 후에 한제를 넘어서 가점(加占)하는 자는 백성들이 적발하면 백성에게 주고, 관에서 적발하면 몰수한다.

① ㉠은 『곽우록』의 내용으로 조선 후기 상품 작물 경작의 현실을 반영하여 토지 소유의 상한선을 제시하였다.
② ㉠은 한 마을 사람들이 토지를 공동 경작한 후 균등하게 분배한다는 토지 개혁론과 관계가 있다.
③ ㉡의 저자는 영농 방법의 혁신, 상업적 농업의 장려, 수리 시설의 확충 등을 통한 농업 생산력 향상에 관심을 기울였다.
④ ㉡은 관리, 선비, 농민 등에게 차등을 두어 토지를 분배하자는 토지 개혁론의 일부이다.

17 다음 개혁안을 주장한 실학자로 옳은 것은?

전국 주요 지역에 국영 농장인 둔전을 설치하여 혁신적 경영 방법과 농법으로 경영하자.

① 홍대용
② 박지원
③ 서유구
④ 유수원

18 다음 시의 작가에 대한 설명으로 옳은 것을 〈보기〉에서 고른 것은?
한국사능력검정시험 고급 기출

갈밭 마을 젊은 여인 울음도 서러워라.
관아 문 향해 울부짖다 하늘 보고 통곡하네.

시아버지 죽어서 이미 상복 입었고
갓난아인 배냇물도 안 말랐는데
삼대의 이름이 군적에 올랐구나.

달려가 호소하려 해도
관가의 문지기 호랑이 같은데
이정이 호통하며 단벌 소마저 끌고 가네.

남편 문득 칼을 갈아 방 안으로 뛰어드니
자리에 선혈이 낭자하구나!
스스로 한탄하길 "아이 낳은 죄로구나!"

보기
㉠ 한강에 놓았던 배다리를 설계하였다.
㉡ 『마과회통』을 지어 종두법을 소개하였다.
㉢ 매매할 수 없는 영업전의 설정을 주장하였다.
㉣ 정조의 윤음에 따라 『과농소초』를 저술하였다.

① ㉠, ㉡
② ㉠, ㉢
③ ㉡, ㉢
④ ㉡, ㉣
⑤ ㉢, ㉣

19. 다음과 같이 주장한 인물에 대한 설명으로 옳은 것은?
2024 지방직 9급

> 이용할 줄 모르니 생산할 줄 모르고, 생산할 줄 모르니 백성은 나날이 궁핍해지는 것이다. 비유하건대, 대체로 재물은 우물과 같다. 퍼내면 가득 차고, 버려두면 말라 버린다. 그러므로 비단을 입지 않아서 나라에 비단 짜는 사람이 없게 되면, 여공이 쇠퇴한다. 쭈그러진 그릇을 싫어하지 않고 기교를 숭상하지 않아서 공장이 숙련되지 못하면 기예가 망하게 된다.

① 청과의 통상과 수레의 이용을 주장하였다.
② 양명학을 연구하여 강화 학파를 형성하였다.
③ 토지의 매매를 제한하는 한전론을 주장하였다.
④ 지전설을 주장하여 중국 중심의 세계관을 비판하였다.

20. 밑줄 친 '그'의 저술로 옳은 것은?
2020 지방직 9급(서울시 9급)

> 서울의 노론 집안에서 태어난 그는 「양반전」을 지어 양반 사회의 허위를 고발하였다. 그는 또한 한전론을 주장하였으며, 상공업 진흥에도 관심을 기울여 수레와 선박의 이용 등에 대해서도 주목하였다.

① 『북학의』
② 『과농소초』
③ 『의산문답』
④ 『지봉유설』

21. 다음 글을 쓴 인물에 대한 설명으로 옳은 것은?
한국사능력검정시험 고급 기출

> 허생이 안성에서 밤, 대추, 감, 배, 귤 등의 과일을 모두 사들였다. 그가 과일을 매점하자, 온 나라가 잔치나 제사를 치르지 못할 지경에 이르렀다. 그는 과일값이 폭등하자 열 배의 값으로 되팔았다.
> — 「허생전」 —

① 『북학의』에서 상공업 육성을 강조하였다.
② 『열하일기』에서 수레와 선박, 화폐의 필요성을 강조하였다.
③ 마을 단위로 토지를 공동 경작하는 여전론을 주장하였다.
④ 『우서』에서 사농공상의 직업 평등과 전문화를 주장하였다.
⑤ 매매를 금지하는 영업전을 통해 자영농을 육성하려 하였다.

22. 〈보기〉와 같은 주장을 편 인물에 대한 설명으로 가장 옳은 것은?
2021 서울시 9급(자체 출제)

> **보기**
> 토지 소유를 제한하는 법령을 세우십시오. 모년 모월 이후부터 제한된 토지보다 많은 자는 더 가질 수 없고, 그 법령 이전부터 소유한 것은 비록 광대한 면적이라 해도 불문에 부치며, 그 자손에게 분급해 주는 것은 허락하고, 혹시 사실대로 하지 않고 숨기거나 법령 이후에 제한을 넘어 더 점유한 자는 백성이 적발하면 백성에게 주고, 관아에서 적발하면 관아에서 몰수하십시오. 이렇게 한다면 수십 년이 못 가서 전국의 토지는 균등하게 될 것입니다.
> ー「한민명전의」ー

① 『북학의』를 저술하여 청 문물의 수용을 역설하였다.
② 「양반전」, 「호질」 등을 지어 놀고먹는 양반을 비판하였다.
③ 화폐 제도의 문제점을 지적하며 폐전론을 주장하였다.
④ 마을 단위로 토지를 공동 경작하여 분배할 것을 제안하였다.

23. 다음은 조선 후기 실학자에 대한 설명이다. 그의 주장으로 가장 적절한 것은?
2013 경찰직 2차

> 그는 청을 왕래하면서 얻은 경험을 토대로 여러 가지 저술을 남겼다. 그는 저술 속에서 성인 남자에게 2결의 토지를 나누어 주고 병농 일치의 군대 조직을 제안하였다. 그리고 실옹(實翁)과 허자(虛子)의 문답 형식을 빌려 지금까지 믿어온 고정 관념을 상대주의 논법으로 비판하였다.

① 사·농·공·상 모두에게 차등을 두어 토지를 재분배함으로써 모든 국민을 자영농으로 안정시키고자 하였다.
② 지구 자전설을 주장하고 인간이 다른 생명체보다도 우월하지 않다는 것 등 파격적인 우주관을 피력하였다.
③ 영농 방법의 혁신, 상업적 농업의 장려, 농기구의 개량 등 경영과 기술적인 측면의 개선을 통해 농업을 발전시키고자 하였다.
④ 상업에 있어서는 상인 간의 합자를 통한 경영 규모의 확대와 상인이 생산자를 고용하여 생산과 판매를 주관할 것을 주장하였다.

24. 다음 내용을 주장한 실학자에 대한 설명으로 옳은 것은?

> 중국은 서양과 180도 정도 차이가 난다. 중국인은 중국을 중심으로 삼고 서양을 변두리로 삼으며, 서양인은 서양을 중심으로 삼고 중국을 변두리로 삼는다. 그러나 실제는 하늘을 이고 땅을 밟는 사람은 땅에 따라서 모두 그러한 것이니 중심도 변두리도 없이 모두가 중심이다.

① 『동국지리지』를 저술하여 역사 지리 연구의 단서를 열어 놓았다.
② 『임하경륜』을 통해서 성인 남자들에게 2결의 토지를 나누어 줄 것을 주장하였다.
③ 『발해고』를 저술하여 발해의 역사를 강조하였다.
④ 「동국지도」를 만들어 지도 제작의 과학화에 기여하였다.

25 우리 문화와 관련된 서적과 그 분야를 바르게 연결한 것은? 2014 사회복지직 9급

① 『자산어보』 – 의학
② 『연조귀감』 – 역사학
③ 『색경』 – 지리학
④ 『벽온신방』 – 양명학

26 조선 후기 문화에 대한 설명 중 가장 적절하지 않은 것은? 2017 경찰직 1차(여경 재시험)

① 홍여하는 『휘찬려사』와 『동국통감제강』을 저술하였으며, 기자의 전통이 마한을 거쳐 신라로 이어져 왔다고 하여 '기자 조선 – 마한 – 신라'를 정통 국가로 내세웠다.
② 신경준이 저술한 『대동운부군옥』은 단군 시대 이래의 지리, 역사, 인물, 문학, 식물, 동물 등을 총망라한 어휘 백과사전이다.
③ 홍대용은 서양 과학의 본질이 수학에 있다는 생각을 바탕으로 『주해수용』을 저술하여 동양과 서양 수학의 연구 성과를 정리하였다.
④ 서호수는 『해동농서』를 저술하여 우리 고유의 농학을 중심에 두고 중국 농학을 선별적으로 수용하는 방향으로 농학의 새로운 체계화를 시도하였다.

27 조선 후기에 전개된 국학 연구에 대한 설명으로 옳지 않은 것은? 2017 서울시 9급

① 유희는 『언문지』를 지어 우리말의 음운을 연구하였다.
② 이의봉은 『고금석림』을 편찬하여 우리의 어휘를 정리하였다.
③ 한치윤은 『기언』을 지어 토지 제도의 개혁을 주장하였다.
④ 이종휘는 『동사』를 지어 고구려사에 대한 관심을 고조시켰다.

28 (가), (나)에 대한 설명으로 옳은 것은? 2022 국가직 9급

(가) 역사서의 저자는 다음과 같은 글을 지어 왕에게 바쳤다. "성상 전하께서 옛 사서를 널리 열람하시고, '지금의 학사 대부는 모두 오경과 제자의 책과 진한(秦漢) 역대의 사서에는 널리 통하여 상세히 말하는 이는 있으나, 도리어 우리나라의 사실에 대하여서는 망연하고 그 시말(始末)을 알지 못하니 심히 통탄할 일이다. 하물며 신라·고구려·백제가 나라를 세우고 정립하여 능히 예의로써 중국과 통교한 까닭으로 범엽의 『한서』나 송기의 『당서』에는 모두 열전이 있으나 국내는 상세하고 국외는 소략하게 써서 자세히 실리지 않았다. …(중략)… 일관된 역사를 완성하고 만대에 물려주어 해와 별처럼 빛나게 해야 하겠다.'라고 하셨다."

(나) 역사서에는 다음과 같은 서문이 실려 있다. "부여씨와 고씨가 망한 다음에 김씨의 신라가 남에 있고, 대씨의 발해가 북에 있으니 이것이 남북국이다. 여기에는 마땅히 남북국사가 있어야 할 터인데, 고려가 그것을 편찬하지 않은 것은 잘못이다."

① (가)는 동명왕의 업적을 칭송한 영웅 서사시이다.
② (가)는 불교를 중심으로 고대 설화를 수록하였다.
③ (나)는 만주 지역까지 우리 역사의 범위를 확장하였다.
④ (나)는 고조선부터 고려에 이르는 역사를 체계적으로 정리하였다.

29 다음과 같은 특징을 가진 조선 후기 역사서는?
2018 지방직 9급(사회복지직 9급)

○ 단군으로부터 고려에 이르기까지의 우리 역사를 치밀한 고증에 입각하여 엮은 통사이다.
○ 마한을 중시하고 삼국을 무통(無統)으로 보는 입장에서 우리 역사를 체계화하였다.

① 허목의 『동사』
② 유계의 『여사제강』
③ 한치윤의 『해동역사』
④ 안정복의 『동사강목』

30 조선 시대 지도와 천문도에 대한 설명으로 옳지 않은 것은?
2023 국가직 9급

① 대동여지도는 거리를 알 수 있도록 10리마다 눈금을 표시하였다.
② 혼일강리역대국도지도는 중국에서 들여온 곤여만국전도를 참고하였다.
③ 천상열차분야지도는 하늘을 여러 구역으로 나누고 별자리를 표시한 그림이다.
④ 동국지도는 정상기가 실제 거리 100리를 1척으로 줄인 백 리척을 적용하여 제작하였다.

31 조선 후기 지도 편찬에 대한 설명으로 가장 옳지 않은 것은?
2019 서울시 9급

① 김정호는 대동여지도를 편찬하기 이전에 이미 청구도 등을 제작하였다.
② 정상기는 백리척을 이용하여 동국지도를 제작하였다.
③ 모눈종이를 이용한 정밀한 지도도 제작되었다.
④ 대동여지도가 완성되자 나라의 기밀을 누설시킬 우려가 있다고 하여 판목은 압수 소각되었다.

32 〈보기〉의 지리서를 편찬된 순서대로 바르게 나열한 것은?
2019 서울시 7급

보기
ㄱ. 『아방강역고』
ㄴ. 『동국여지승람』
ㄷ. 『신찬팔도지리지』
ㄹ. 『동국지리지』

① ㄱ-ㄹ-ㄴ-ㄷ
② ㄴ-ㄷ-ㄹ-ㄱ
③ ㄷ-ㄴ-ㄹ-ㄱ
④ ㄹ-ㄴ-ㄱ-ㄷ

33 〈보기〉의 백과사전(유서)을 편찬한 순서대로 바르게 나열한 것은?
2018 서울시 9급

보기
ㄱ. 『대동운부군옥』   ㄴ. 『지봉유설』
ㄷ. 『성호사설』   ㄹ. 『오주연문장전산고』

① ㄱ → ㄴ → ㄷ → ㄹ
② ㄴ → ㄷ → ㄹ → ㄱ
③ ㄱ → ㄷ → ㄴ → ㄹ
④ ㄱ → ㄹ → ㄷ → ㄴ

34 다음에서 설명하는 인물의 저술로 옳은 것은?
2018 지방직 9급(사회복지직 9급)

○ 종래의 조선 농학과 박물학을 집대성하였다.
○ 전국 주요 지역에 국가 시범 농장인 둔전을 설치하여 혁신적 농법과 경영 방법으로 수익을 올려서 국가 재정을 보충할 것을 제안했다.

① 『색경』
② 『산림경제』
③ 『과농소초』
④ 『임원경제지』

35. ⟨보기⟩의 의서(醫書)를 편찬된 순서대로 바르게 나열한 것은?
2019 서울시 9급

보기
ㄱ. 『동의보감(東醫寶鑑)』
ㄴ. 『마과회통(麻科會通)』
ㄷ. 『의방유취(醫方類聚)』
ㄹ. 『향약구급방(鄕藥救急方)』

① ㄱ - ㄴ - ㄷ - ㄹ
② ㄷ - ㄹ - ㄴ - ㄱ
③ ㄹ - ㄴ - ㄱ - ㄴ
④ ㄹ - ㄷ - ㄴ - ㄱ

36. 조선 후기에는 전통적 과학 기술을 계승하고 발전시키면서 중국을 통하여 전래된 서양의 과학 기술을 수용하여 큰 진전을 보였다. 17세기경부터 중국을 왕래하던 조선의 사신들은 서양 선교사와 접촉하고 서양의 과학 기구와 각종 서적을 조선에 들여왔다. 당시의 사실로서 옳지 않은 것은?
2019 경찰직 2차

① 곤여만국전도 같은 세계지도가 전해짐으로써 보다 과학적이고 정밀한 지리학의 지식을 가지게 되었다.
② 김석문은 『역학도해』에서 우리나라에서 처음으로 지전설을 주장하여 우주관을 전환시켰다.
③ 홍대용은 김석문과 함께 지전설을 주장하였고, 지구가 우주의 중심이 아니라는 무한우주론을 주장하였다.
④ 이광정은 『지구전요』에서 지구의 자전과 공전을 함께 주장하였고, 자전과 공전설이 코페르니쿠스의 것임을 밝혔다.

37. (가)~(다)에 대한 설명으로 옳지 않은 것은?

조선 후기에 들어와 새로운 역법에 대한 논의가 일어났다. 앞서 세종 때에, 이전부터 사용하고 있던 (가) 을(를) 바탕으로 새로운 역법서인 (나) 을(를) 만들었는데, 조선 후기에 이르러 그 역법에 오차가 있음을 알게 되었다. 이 때문에 당시 청나라에서 시행되던 (다) 을(를) 채용해야 한다는 주장이 조선의 지식층 사이에서 자연스럽게 일어났다.

① (가)는 고려 후기에 원나라로부터 들여온 역법이다.
② (나)는 서울을 기준으로 천체 운동을 계산한 역법서이다.
③ (나)는 (가)와 선명력을 토대로 하여 만든 역법서이다.
④ (다)는 김육 등의 노력에 의해 도입될 수 있었다.

38. 다음과 같은 경제적 변화가 전개되던 시기에 나타난 문학과 예술의 경향으로 옳지 않은 것은?

농민들이 농업을 경영하는 방식도 변화하였다. 모내기법으로 잡초를 제거하는 일손을 덜게 되자 농민들은 경작지의 규모를 확대하였다. 지주들도 직접 경작하는 토지를 넓혔지만 자작농은 물론 일부 소작농도 더 많은 농토를 경작하여 재산을 모을 수가 있었다. 특히 광작 농업으로 농가의 소득이 늘어나 부농이 될 수 있었다.

① 우리 문화에 대한 자부심이 높아진 가운데 진경산수화가 창안되었다.
② 상업의 발달과도 연결되면서 탈춤과 산대놀이가 성행하였다.
③ 성리학의 영향을 받아 서민들이 절제된 시조를 많이 지었다.
④ 서당 교육이 보급되고 서민 문화가 대두하였다.

39. 조선 시대에 편찬된 서적과 관련된 설명으로 옳은 것을 〈보기〉에서 모두 고른 것은? 2018 서울시 기술직 9급

보기

ㄱ. 『경국대전』: 조선의 통치 규범과 법을 정리하였다.
ㄴ. 『동문선』: 우리 풍토에 맞는 약재와 치료법을 정리하였다.
ㄷ. 『동의수세보원』: 중국과 일본의 자료를 참고하여 민족사 인식을 확대하였다.
ㄹ. 『금석과안록』: 북한산비가 진흥왕 순수비임을 밝혔다.

① ㄱ, ㄴ
② ㄴ, ㄷ
③ ㄱ, ㄹ
④ ㄴ, ㄹ

40. 다음 내용이 실린 책에 대한 설명으로 옳은 것은? 2023 계리직 9급

대저 살 곳[可居地]을 잡는 데는 지리(地理)가 첫째이고, 생리(生利)가 다음이다. 그 다음은 인심(人心)이며, 다음은 아름다운 산수(山水)가 있어야 한다. 이 네 가지 중 하나라도 모자라면 살기 좋은 땅이 아니다.

① 최초로 100리 척을 이용한 지도를 수록하였다.
② 우리나라 각 지역의 인문 지리적 특성을 제시하였다.
③ 중국의 역사서 등을 참고하여 지리적 관점에서 우리 역사를 체계화하였다.
④ 군현별로 채색 읍지도를 첨부하여 읍의 형편을 일목요연하게 파악할 수 있게 하였다.

41. 조선 후기에 위항인이라 불렸던 사람들의 문화에 대한 설명으로 옳지 <u>않은</u> 것은?

① 위항인들은 초기에 남인이나 북학파 인사들과 교류하면서 양반 사대부 문학을 모방하였다.
② 김수장은 위항인들의 시(詩)만을 모은 『해동유주』를 편찬하였다.
③ 이진흥의 『연조귀감』은 향리의 역사를 기록한 책이다.
④ 『호산외기』는 신분이 낮아 출세하지 못한 위항인들의 전기를 모은 역사서이다.

42. 밑줄 친 '시집'에 해당하는 것으로 옳은 것은? 2018 국가직 7급

위항인들은 인왕산, 삼청동, 청계천, 광교 등의 지역에 많은 시사를 결성하여 문학 활동을 벌이면서 자신들의 위상을 높여 갔다. 그리고 문학을 하는 능력에는 신분의 귀천이 없음을 주장하면서 자신들의 시를 집성한 <u>시집</u>을 편찬하였다.

① 『어우야담』
② 『연조귀감』
③ 『호산외기』
④ 『소대풍요』

43. 조선 시대 미술에 대한 설명으로 가장 적절하지 <u>않은</u> 것은? 2016 경찰직 2차

① 18세기에 들어 중국의 화풍을 배격하고 우리의 고유한 자연과 풍속을 있는 그대로 묘사한 진경 산수(眞景山水)의 화풍이 등장했으며, 정선은 진경산수화의 대가로 '금강전도', '인왕제색도' 등을 그렸다.
② 김홍도는 섬세하고 정교한 필치로 정조의 화성 행차와 관련된 병풍, 행렬도, 의궤 등 궁중 풍속을 많이 남겼다.
③ 신윤복은 주로 도시인의 풍류 생활과 부녀자의 풍속, 남녀 사이의 애정 등을 감각적이고 해학적인 필치로 묘사하였다.
④ 김정희의 '묵란도', '세한도', 장승업의 '홍백매도', '군마도' 등은 19세기의 대표적인 작품들이다.

44 김득신의 「파적도」가 그려진 시기의 사회·경제적 상황으로 가장 적절하지 않은 것은? 2020 경찰직 2차

① 생활 모습을 그린 풍속화와 출세와 장수, 행운과 복을 비는 민화가 크게 유행하였다.
② 대동법의 영향으로 상품 화폐 경제가 활발해졌고 담배, 인삼 등 상품 작물의 재배가 많아졌다.
③ 보부상은 포구나 지방의 큰 장시에서 금융, 운송업, 숙박 등을 담당하였던 상인이다.
④ 「홍길동전」, 「춘향전」 등과 같이 신분제를 비판하거나 탐관오리를 응징하는 한글 소설이 유행하였다.

45 아래는 18세기 미술의 걸작이라는 평가를 받고 있는 「인왕제색도」이다. 이 그림을 그린 화가에 대한 설명으로 옳은 것은? 2014 경찰직 2차

① 서양화 기법을 수용하여 남녀 사이의 애정을 감각적이고 해학적으로 묘사하였다.
② 산수화, 기록화, 신선도 등을 많이 그렸지만, 정감 어린 풍속화를 그린 것으로 유명하다.
③ 우리나라의 고유한 자연을 사실적으로 표현하려는 진경 산수화를 즐겨 그렸다.
④ 고금의 필법을 연구하여 굳센 기운과 다양한 조형성을 갖춘 글씨체를 창안하였다.

46 다음 사료와 관련된 작가와 작품명이 바르게 연결된 것은?

> 태사공 사마천이 말하기를 "권세와 이득을 바라고 합친 자들은 그것이 다하면 교제 또한 성글어진다."고 하였다. 그대 또한 세상의 도도한 흐름 속에 사는 한 사람으로서 세상 풍조의 바깥으로 초연히 몸을 빼내었구나. 잇속으로 나를 대하지 않았기 때문인가? 아니면 태사공의 말씀이 잘못되었는가?

① 정약전 - 『자산어보』
② 정선 - 「금강전도」
③ 김정희 - 「세한도」
④ 윤두서 - 「자화상」

47 〈보기〉에서 설명하는 기록물에 해당하는 것은? 2022 서울시 9급(자체 출제)

> **보기**
> • 조선 후기 국정 운영 내용을 대일 정리한 기록이다.
> • 국왕의 일기 형식으로 작성되었다.
> • 유네스코 세계 기록 유산으로 등재되었다.

① 『승정원일기』
② 『비변사등록』
③ 『조선왕조실록』
④ 『일성록』

48 다음 글에서 제시하는 자료와 관련된 설명으로 옳지 않은 것은?

> 정조 18년 1월부터 정조 20년 8월에 걸친 성곽의 축조는 대규모 토목·건축 공사로서 많은 경비와 기술이 필요하였다. 이에 그 공사 내용에 관한 자세한 기록을 남겨야 하겠다는 뜻에서 정조가 편찬을 명령, 1796년 9월에 시작하여 그해 11월에 원고가 완성되었고 이어 순조 1년 9월에 발간되었다.

① 위의 자료는 『화성일기』에 관한 설명이다.
② 의식 절차와 공사 진행에 관한 절차를 기록하고 있다.
③ 정교한 활자와 높은 수준의 인쇄술을 보여 준다.
④ 각종 건조물과 공사에 사용된 기계·도구 등의 그림이 수록되어 있다.

49 밑줄 친 '이 시기'에 관한 다음 설명 중 가장 옳지 않은 것은? 2019 법원직 9급

청화 백자
까치호랑이문 항아리

이 시기에는 형태가 단순하고 꾸밈이 거의 없는 것이 특색인 백자가 유행하였고, 흰 바탕에 푸른 색깔로 그림을 그린 청화 백자도 많이 만들어졌다. 특히, 청화 백자는 문방구, 생활용품 등의 용도로 많이 제작되었다.

① 판소리, 잡가, 가면극이 유행하였다.
② 위선적인 양반의 생활을 풍자하는 「양반전」, 「허생전」 등의 한문 소설이 유행하였다.
③ 서얼이나 노비 출신의 문인들이 등장하였고, 황진이와 같은 여류 작가들도 활동하였다.
④ 김제 금산사 미륵전, 보은 법주사 팔상전, 논산 쌍계사 등이 이 시기를 대표하는 불교 건축물이다.

50 우리나라 세계 유산과 세계 기록 유산에 대한 설명으로 옳은 것만을 모두 고르면? 2021 국가직 9급

> ㄱ. 공주 송산리 고분군에는 전축분인 6호분과 무령왕릉이 있다.
> ㄴ. 양산 통도사는 금강계단 불사리탑이 있는 삼보 사찰이다.
> ㄷ. 남한산성은 병자호란 때 인조가 피난했던 산성이다.
> ㄹ. 『승정원일기』는 역대 왕의 훌륭한 언행을 『실록』에서 뽑아 만든 사서이다.

① ㄱ, ㄴ
② ㄴ, ㄷ
③ ㄱ, ㄴ, ㄷ
④ ㄱ, ㄷ, ㄹ

51 다음 각 문화재에 대한 설명으로 옳지 않은 것은? 2018 지방직 9급

① 화엄사 각황전은 다층식 외형을 지녔다.
② 수덕사 대웅전은 주심포 양식의 건물이다.
③ 부석사 무량수전은 배흘림기둥을 갖고 있다.
④ 덕수궁 석조전은 서양 고딕 양식의 건물이다.

최근 5개년 9급 주요 직렬 출제 비중
38%

PART 06
근현대의 우리 역사

	CHAPTER	출제 비중	교수님의 기출 경향 & 출제 예상 POINT
출제 비중 高	01 근대사(개항기)	40%	흥선 대원군의 정책 및 외국과의 조약을 맺은 시기와 내용 등을 구체적으로 묻는 문제가 출제되고, 개화 운동 및 위정척사 운동, 임오군란, 갑신정변, 동학 농민 운동 등은 순서대로 나열하는 문제가 자주 출제되므로 꼼꼼히 학습한다. 또한 독립 협회와 대한 제국이 추진한 정책도 비교하여 알아두어야 한다.
	02 일제 강점기	39%	일제의 식민 정책은 항일 투쟁과 시기별로 연결해서 파악한다. 또한 3·1 운동과 대한민국 임시 정부·의열단·한인 애국단의 활동은 빈출 주제이니 꼭 기억해야 하고, 민족주의 역사학자들과 사회경제 사학자들의 주장과 저서는 정리하여 암기하도록 한다.
	03 현대사	21%	대한민국의 수립 과정은 사건의 선후 관계를 이해하며 정리한다. 또한 대한민국 정부 수립 이후 독재와 민주화 운동의 키워드를 기억하고, 그동안의 '통일을 위한 노력'은 무엇이 있었는지 파악한다. 최근에는 1960년대 이후 객관적 사실들(예 1968, 국민 교육 헌장 발표)도 출제되고 있으니, 꼼꼼하게 정리할 필요가 있다.

CHAPTER 01 근대사(개항기)

출제 비중 40%

필수기출 & 출제예상편

흥선 대원군의 정책과 외국과의 조약
빈출도 ★★★

01 밑줄 친 '나'의 집권 시기에 대한 설명으로 옳지 <u>않은</u> 것은?

> 처음 국정을 맡고서 어느 공식 석상에서 기세를 높여 여러 대신에게 말하기를, "나는 천리(千里)를 끌어다 지척(咫尺)으로 만들고, 태산(泰山)을 깎아 평지를 만들고, 남대문을 높여 3층으로 만들고자 하는데, 여러 공들은 어떠시오?"라고 하였다. 이에 많은 재상이 어떻게 대답해야 할지 몰랐는데 김병기가 머리를 치켜들고 말하기를, "천리를 지척으로 하려면 지척이 될 것이고, 남대문을 3층으로 하려면 3층이 될 것입니다. 대감이 지금 무슨 일인들 하지 못하겠습니까? 하지만 태산은 본디 태산이니, 어찌 쉽게 평지로 만들 수 있겠습니까?"라 하고는 밖으로 나갔다.

① 왕실의 위엄을 높이기 위해 경복궁을 중건하였다.
② 『대전통편』을 편찬하여 왕권 중심의 통치 질서를 재정비하였다.
③ 백성들의 군역 부담을 줄여주기 위해 양반에게도 군포를 징수하는 법을 제정하였다.
④ 만동묘를 철폐하고, 전국의 600여 개 서원을 정리하였다.

02 (가) 인물이 추진한 정책으로 옳지 <u>않은</u> 것은?
2023 국가직 9급

> 선비들 수만 명이 대궐 앞에 모여 만동묘와 서원을 다시 설립할 것을 청하니, (가) 이/가 크게 노하여 한성부의 조례(皂隷)와 병졸로 하여금 한강 밖으로 몰아내게 하고 드디어 천여 곳의 서원을 철폐하고 그 토지를 몰수하여 관에 속하게 하였다.
> - 『대한계년사』 -

① 사창제를 실시하였다.
② 『대전회통』을 편찬하였다.
③ 비변사의 기능을 강화하였다.
④ 통상 수교 거부 정책을 추진하였다.

03 밑줄 친 '이때' 재위한 국왕 대에 있었던 사실로 옳은 것은?
2019 지방직 9급

> <u>이때</u> 거두어들인 돈을 '스스로 내는 돈'이라는 뜻에서 원납전이라 하였다. 그런데 백성들은 입을 삐쭉거리면서 '원납전 즉 원망하며 바친 돈이다.'라고 하였다.
> - 『매천야록』 -

① 세한도가 제작되었다.
② 삼정이정청이 설치되었다.
③ 삼군부가 부활되고 삼수병이 강화되었다.
④ 비변사 당상들이 중요한 권력을 장악하였다.

04 (가) 인물에 대한 설명으로 옳은 것은?
2021 지방직 9급(서울시 9급)

철종이 죽고 고종이 어린 나이로 왕이 되자, 고종의 아버지인 (가) 가/이 실권을 장악하였다. (가) 는/은 임진왜란 때 불탄 후 방치되어 있던 경복궁을 중건하였다. 이때 원납전이라는 기부금을 징수하는 일이 벌어졌으며 당백전이라는 화폐도 발행되었다.

① 대한국 국제를 만들어 공포하였다.
② 서원을 대폭 줄이는 정책을 추진하였다.
③ 우정총국 개국 축하연을 이용해 정변을 일으켰다.
④ 황쭌셴의 『조선책략』을 가져와 널리 유포하였다.

05 밑줄 친 '그'의 활동에 대한 설명으로 옳은 것은?

그가 글을 써서 이르기를, "서양 오랑캐가 침범하는데 싸우지 않으면 즉 화친하는 것이요, 화친을 주장함은 나라를 팔아먹는 짓이다."라고 하였다. 또 그 옆에 작은 글자로 두 줄을 썼는데, 첫째 줄에는 "우리 자손만대에게 경계하노라."라고 했고, 둘째 줄에는 "병인년에 비문을 짓고 신미년에 세운다."라고 하였다.

① 일본에서 『조선책략』을 가져와 소개하였다.
② 일본과의 근대적 조약에 반대하는 상소를 올렸다.
③ 임오군란 직후 집권하여 통리기무아문을 폐지하였다.
④ 그의 학통을 계승한 사람들을 화서학파라고 부른다.

06 다음 사건이 일어난 왕의 재위 기간에 있었던 사실로 옳은 것은?
2020 국가직 9급

그들 조선군은 비상한 용기를 가지고 응전하면서 성벽에 올라 미군에게 돌을 던졌다. 창칼로 상대하는데 창칼이 없는 병사들은 맨손으로 흙을 쥐어 적군 눈에 뿌렸다. 모든 것을 각오하고 한 걸음 한 걸음 다가드는 적군에게 죽기로 싸우다 마침내 총에 맞아 죽거나 물에 빠져 죽었다.

① 군포에 대한 양반들의 면세 특권이 폐지되었다.
② 금난전권을 제한하려는 통공 정책이 시작되었다.
③ 결작세가 신설되면서 지주들의 부담이 증가하였다.
④ 영정법이 제정되어 복잡한 전세 방식이 일원화되었다.

07 〈보기〉의 비석을 세우게 된 직접적인 사건으로 가장 옳은 것은?
2019 서울시 7급

보기

서양 오랑캐가 침범하였을 때 싸우지 않는 것은 화친하는 것이요, 화친을 주장하는 것은 나라를 파는 것이다.

① 운요호가 강화도 초지진을 공격하였다.
② 미국이 초지진과 덕진진을 점령하였다.
③ 부산, 인천, 원산 항구를 개항하였다.
④ 구식 군인들이 반외세 운동을 일으켰다.

08 다음 각 조약에 대한 설명으로 가장 적절하지 않은 것은?

2017 경찰직 1차

> ㉠ 우리나라 최초의 근대적 조약으로 치외법권과 해안측량권 등을 내주었다.
> ㉡ 조선이 서양 국가와 맺은 최초의 조약으로 치외법권과 최혜국 대우를 규정하고 있다.
> ㉢ 북경과 한성, 양화진에서 양국 상인의 무역을 허용하고, 지방관이 발행한 여행 허가증이 있으면 내지행상도 할 수 있다고 규정하고 있다.

① ㉠으로 부산에 이어 인천, 원산 순으로 개항되었다.
② ㉡은 ㉠과 달리 관세 조항이 들어있었다.
③ ㉢ 체결 이후 청과 일본의 상권 경쟁이 치열해졌다.
④ ㉠, ㉡, ㉢ 모두 조선에 불평등한 조약이었다.

09 1876년 체결된 조·일 수호 조규에 들어있지 않은 조항은?

2019 2월 서울시 9급

① 조선은 자주국으로 일본과 동등권을 갖는다.
② 인천과 부산에 일본 공관을 둔다.
③ 일본인 거주 지역 내에서의 치외법권을 인정한다.
④ 일본 선박의 조선 연해 측량을 인정한다.

10 강화도 조약이 조선의 주권을 침해하는 불평등 조약임을 보여주는 것으로 옳은 것을 모두 고른 것은?

2019 경찰직 2차

> ㉠ 제1관 조선은 자주국이며 일본과 똑같은 권리를 갖는다.
> ㉡ 제4관 조선 정부는 부산 외에 2개 항구를 개항하고 일본인이 와서 통상을 하도록 허가한다. 이곳에서 토지를 빌려 집을 짓거나 조선 인민에게 집을 빌리도록 허가한다.
> ㉢ 제5관 경기, 충청, 전라, 경상, 함경 5도 중에서 연해의 통상하기 편리한 항구 두 곳을 골라서 지명을 지정한다.
> ㉣ 제7관 조선국 연해의 도서와 암초를 조사하지 않아 매우 위험하다. 일본국 항해자가 자유로이 해안을 측량하도록 허가한다. 위치와 깊이를 상세히 조사하여 지도를 만들어 두 나라 선객이 위험을 피하고 안전하게 항해할 수 있게 한다.
> ㉤ 제8관 이제부터 일본국의 정부는 조선에서 지정한 각 항구에 일본 상인을 관리하는 관청을 수시로 설치하고, 양국에 관계되는 안건이 제기되면 소재지의 지방 장관과 만나서 토의 처리한다.
> ㉥ 제9관 양국 인민의 무역에 대하여 양국 관리는 조금도 이에 간여하지 않으며 제한을 설정하거나 금지하거나 방해하지 못한다.
> ㉦ 제10관 일본국 인민이 조선국 항구에서 죄를 지었거나 조선국 인민에게 관계되는 사건은 모두 일본국 관원이 심판한다. 조선국 인민이 죄를 범하고 일본국 인민과 관계되는 사건은 모두 조선국 관원이 조사한다. 단, 각각 해당 국가의 국법으로 심판하되 공평하도록 하여야 한다.

① ㉡, ㉤
② ㉥, ㉦
③ ㉣, ㉦
④ ㉠, ㉢

11 조약 (가), (나) 사이 시기의 경제 상황으로 옳은 것은?
2019 지방직 9급

(가)	(나)
○조선국 항구에 머무르는 일본은 쌀과 잡곡을 수출·수입할 수 있다. ○일본국 정부에 소속된 모든 선박은 항세(港稅)를 납부하지 않는다.	○입항하거나 출항하는 각 화물이 세관을 통과할 때에는 세칙에 따라 관세를 납부해야 한다. ○조선 정부가 쌀 수출을 금지하고자 할 때에는 반드시 먼저 1개월 전에 지방관이 일본 영사관에게 통고해야 한다.

① 메가타 재정 고문이 화폐 정리 사업을 시도하였다.
② 혜상공국의 폐지 등을 주장한 정변이 발생하였다.
③ 양화진에 청국인 상점을 허용하는 조약이 체결되었다.
④ 함경도 방곡령 사건으로 일본과 외교적 마찰이 일어났다.

12 조약 (가), (나) 사이 시기의 역사적 사실로 옳은 것은?

(가)	(나)
제4관 이후 부산 항구에서 일본국 인민이 통행할 수 있는 도로의 이정(里程)은 부두에서부터 계산하여 동서남북 각 조선의 이법(里法)상 직경 10리로 정한다.	제37관 조선국에서 가뭄과 홍수, 전쟁 등의 일로 인해 국내에 양식이 결핍할 것을 우려하여 일시 쌀 수출을 금지하려고 할 때에는 1개월 전에 지방관이 일본 영사관에게 통지하여 미리 그 기간을 항구에 있는 일본 상인들에게 전달하여 일률적으로 준수하는 데 편리하게 한다.

① 영국군이 거문도를 불법적으로 점령한 사건이 일어났다.
② 함경도 관찰사 조병식은 방곡령을 발표하였다.
③ 거중조정, 최혜국 대우 조항 등이 포함된 조약이 체결되었다.
④ 김옥균, 박영효 등이 우정총국 개국 축하연을 계기로 정변을 일으켰다.

13 ㉠~㉢에 대한 설명으로 옳은 것은?
2016 국가직 7급

> 운요호 사건으로 조선은 일본과 ㉠ 조·일 수호 조규를 체결하였고, 몇 달 후에는 부속으로 ㉡ 조·일 수호 조규 부록과 ㉢ 조·일 무역 규칙을 약정하였다.

① ㉠ - 개항장에서 일본 화폐의 유통을 허용하였다.
② ㉡ - 일본국 항해자가 조선의 연해를 자유롭게 측량하도록 허가하였다.
③ ㉢ - 일본 정부 소속의 선박에는 항세를 면제하였다.
④ ㉠, ㉡, ㉢ - 일본인 범죄자에 대한 영사 재판을 허용하는 조항이 모두 들어 있다.

14 다음 조약과 관련된 국가에 대한 설명으로 가장 옳은 것은?

> 제1관 두 나라는 모두 영원히 화평하고 우애 있게 지낸다. 타국의 어떠한 불공평이나 경멸하는 일이 있을 때 일단 통지하면 서로 도와주며, 중간에서 잘 조처하여 두터운 우의를 보여준다.
> 제4관 우리 인민이 상선이나 항구를 막론하고 모욕하거나 소란을 피워 조선 인민의 생명과 재산에 손해를 끼치는 일이 있을 때는 우리 영사관에서 파견한 관원에게 넘겨 조사하고 체포하여 처벌한다.

① 용암포를 강제 점령하고 조차를 요구하였다.
② 러시아, 프랑스와 함께 삼국 간섭에 참여하였다.
③ 러시아의 남하 정책을 저지하고자 거문도를 불법으로 점령하였다.
④ 이 나라에 민영익, 홍영식 등 보빙사절단이 파견되었다.

15 다음 밑줄 친 황쭌셴의 책자가 끼친 영향으로 옳은 것은?

> 수신사 김홍집이 가지고 와서 유포한 <u>황쭌셴의 사사로운 책자</u>를 보노라면 어느새 털끝이 일어서고 쓸개가 떨리며 울음이 복받치고 눈물이 흐릅니다.

① 청나라에 의존하는 사대 외교 관계가 청산되었다.
② 서구 열강과 최초로 근대적 조약이 체결되었다.
③ 5군영이 무위영과 장어영 체제로 개편되었다.
④ 고종은 러시아 공사관으로 거처를 옮기게 되었다.

16 다음은 『조선책략』의 유포에 반발하여 유생들이 올린 상소문이다. ㉠, ㉡ 나라에 대한 설명으로 옳은 것은?
  2019 국가직 7급

> ㉠ 는(은) 우리가 본래 모르던 나라입니다. 쓸데없이 타인의 권유로 불러들였다가 만에 하나 그들이 우리의 허점을 보고 우리를 업신여겨 어려운 요구를 강요하면 장차 이에 어떻게 대응할 것입니까? …(중략)… ㉡ 는(은) 본래 우리와는 싫어하거나 미워할 처지에 있지 않은 나라입니다. …(중략)… 하물며 ㉡ , ㉠ 그리고 일본은 모두 오랑캐입니다. 그들 사이에 누구는 후하게 대하고 누구는 박하게 대하기란 어려운 일입니다.

① ㉠ - 청의 알선으로 조선과 불평등 조약을 체결하였다.
② ㉠ - 임오군란 이후 조선에 대한 내정 간섭을 강화하였다.
③ ㉡ - 천주교 박해에 항의하여 강화도를 침략하였다.
④ ㉡ - 거문도를 불법 점령하여 러시아의 남하를 견제하였다.

17 다음 내용을 담고 있는 조약에 대한 설명으로 가장 적절한 것은?

> 제1조 청의 상무위원을 조선의 개항장에 파견하고, 조선은 대원(大員)을 톈진에 주재시키고 관원을 다른 개항장에 파견한다. …(중략)… 처리하기 어려운 문제가 생겼을 때는 청의 북양 대신과 조선 국왕이 서로 통지하여 처리한다.
> 제4조 조선 상인은 베이징에서 규정에 따라 교역하고, 청 상인은 양화진과 한성에 상점을 개설한 경우를 제외하고는 내지 행상을 허가하지 않는다. 두 나라 상인이 내지로 들어가고자 할 때는 허가증을 발급받아야 한다.

① 조선이 자주국임을 명시하였다.
② 천주교 포교가 허용되는 근거가 되었다.
③ 개항장 객주의 활동이 위축되는 결과를 초래하였다.
④ 개화파가 일으킨 정변을 계기로 체결되었다.

18 밑줄 친 '이 나라'와 관련된 조약으로 옳은 것은?

> <u>이 나라</u> 사람들이 조선의 언어 문자를 학습하거나 조선인들을 교화할 수 있도록, 그들의 신분을 보호하고 상조(相助)하여 양국의 우의를 돈독하게 한다.

① 병자 수호 조규
② 조·미 수호 통상 조약
③ 조·러 수호 통상 조약
④ 조·불 수호 통상 조약

개화 정책과 위정척사 사상 빈출도 ★★☆

19 다음 자료에 나타난 사상에 대한 설명으로 옳은 것은?
2020 국가직 9급

> 군신, 부자, 부부, 붕우, 장유의 윤리는 인간의 본성에 부여된 것으로서 천지를 통하는 만고불변의 이치이고, 위에 존재하는 것으로서 도(道)가 됩니다. 이에 대해 배, 수레, 군사, 농사, 기계가 국민에게 편리하고 나라에 이롭게 하는 것은 외형적인 것으로서 기(器)가 됩니다. 신이 변혁을 꾀하고자 하는 것은 기(器)이지 도(道)가 아닙니다.

① 왜양일체론(倭洋一體論)을 주장하였다.
② 근대 문물 수용의 사상적 기반이 되었다.
③ 갑신정변 주도 세력의 견해를 대변하였다.
④ 우등한 사회가 열등한 사회를 지배하는 것이 당연하다고 보았다.

20 다음 설명에 해당하는 기구는?
2025 국가직 9급

> 개항 이후 정세 변화에 대응하여 개혁을 추진하기 위해 설립된 기구로 외교, 군사 등 개화와 관련된 정책을 총괄하였다. 또한 그 아래 12사를 두어 실무를 담당하게 하였다.

① 교정청
② 삼정이정청
③ 군국기무처
④ 통리기무아문

21 강화도 조약 이후 외국에 파견된 시찰단 (가)~(라)를 파견 순서대로 바르게 나열한 것은?
2016 서울시 7급

> (가) 박정양 등의 조사 시찰단
> (나) 김홍집 등의 2차 수신사
> (다) 민영익 등의 보빙사
> (라) 김윤식 등의 영선사

① (나) - (가) - (다) - (라)
② (나) - (가) - (라) - (다)
③ (나) - (라) - (가) - (다)
④ (나) - (라) - (다) - (가)

22 1880년대 개화 정책과 관련된 사실에 대한 설명으로 옳은 것만을 모두 고르면?
2018 국가직 7급

> ㄱ. 교정청은 개화 정책을 총괄하는 기구였다.
> ㄴ. 청에 파견된 영선사 김윤식 일행은 무기 제조법을 배웠다.
> ㄷ. 미국에 파견된 보빙사는 근대 시설을 시찰하고 대통령을 접견하였다.
> ㄹ. 김홍집은 조사 시찰단으로 일본을 방문하여 『조선책략』을 가지고 돌아왔다.

① ㄱ, ㄴ
② ㄱ, ㄹ
③ ㄴ, ㄷ
④ ㄷ, ㄹ

23 (가) 시기에 있었던 일로 옳은 것은?

2020 지방직 9급(서울시 9급)

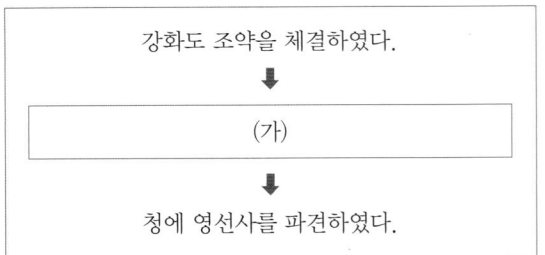

① 군국기무처를 두고 여러 건의 개혁안을 처리하였다.
② 개화 정책을 추진할 기구로 통리기무아문을 설치하였다.
③ 국정 개혁의 기본 방향을 담은 홍범 14조를 공포하였다.
④ 구본신참의 개혁 원칙을 정하고 대한국 국제를 선포하였다.

24 (가) 시기에 있었던 일로 옳은 것은?

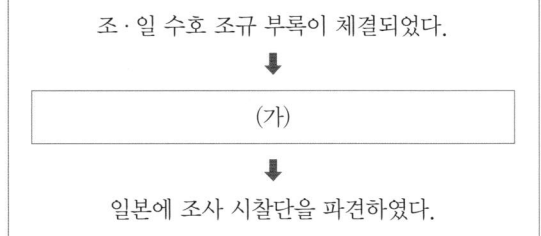

① 전라도 53개 지역에 집강소가 설치되었다.
② 관민 공동회가 개최되어 헌의 6조가 발표되었다.
③ 제2차 수신사 김홍집이 일본에 파견되었다.
④ 대구에서 국채 보상 운동이 시작되었다.

25 다음 주장을 펼친 인물에 대한 설명으로 옳은 것은?

2020 국가직 7급

> 일단 강화를 맺고 나면 저 적들의 욕심은 물화를 교역하는 데 있습니다. 저들의 물화는 모두 지나치게 사치하고 기이한 노리개이고 손으로 만든 것이어서 그 양이 무궁합니다. …(중략)… 저들은 비록 왜인이라고 하나 실은 양적입니다. 강화가 한번 이루어지면 사학의 서적과 천주의 초상화가 교역하는 속에서 들어올 것입니다.

① 『조선책략』을 입수하여 국내에 소개하였다.
② 임병찬과 함께 독립 의군부를 조직하려고 하였다.
③ 서원 철폐 조치 등에 반대하면서 흥선 대원군을 탄핵하였다.
④ 일제의 침략상을 고발한 『한국 독립운동 지혈사』를 저술하였다.

26 〈보기〉의 (가)에 들어갈 나라에 대한 설명으로 가장 옳은 것은?

2024 서울시 9급(자체 출제)

보기

> (가) 은/는 본래 우리와 혐의가 없는 나라입니다. 공연히 남의 말만 듣고 틈이 생기게 된다면 우리의 위신이 손상될 뿐 아니라, 이를 구실로 침략해 온다면 장차 이를 어떻게 막을 것입니까?
> - 『일성록』, 「영남 만인소」-

① 거문도를 불법 점령하였다.
② 일본과 포츠머스 강화 조약을 맺었다.
③ 외규장각의 문서와 문화재를 약탈하였다.
④ 제너럴셔먼호 사건을 구실로 광성보를 공격하였다.

임오군란, 갑신정변, 거문도 사건

빈출도 ★★☆

27 다음 군대가 창설된 시기를 연표에서 옳게 고른 것은?

2022 법원직 9급

개항 후 국방을 강화하고 근대화하기 위하여 윤웅렬이 중심이 되어 5군영으로부터 80명을 선발하여 별기군을 창설하였다. 또한 서울의 일본 공사관에 근무하는 공병소위 호리모토를 교관으로 초빙하였다.

(가)	(나)	(다)	(라)
통리기무아문 설치	기기창 설치	군국기무처 설치	원수부 설치	통감부 설치

① (가)　② (나)　③ (다)　④ (라)

28 다음의 가상 신문에서 언급한 사건 이후의 사실로 옳은 것은?

반란군이 일본 공사관을 습격하자 일본인들이 도망치기 시작하였다. 습격받은 일본인들은 살기 위해서 궁(宮)으로 들어갔는데 그 궁(宮)마저도 반란군의 무리가 많이 모여 있었다. 지금 현재 조선은 무정부 상태이다.
— 1882년 6월 9일 —

① 이 사건의 결과 명성황후가 시해되었다.
② 조·청 상민 수륙 무역 장정이 체결되어 청 상인의 특권이 보장되었다.
③ 조·일 수호 조규 부록과 조·일 무역 규칙이 체결되었다.
④ 청·일 양국 군대의 공동 철수와 파병 시 상호 통보 사항에 합의하였다.

29 (가), (나) 조약 사이의 시기에 있었던 사실로 옳은 것은?

2023 국가직 9급

(가) 제10관 일본국 인민이 조선국 지정의 각 항구에 머무는 동안에 죄를 범한 것이 조선국 인민에 관계되는 사건일 때에는 일본국 관원이 재판한다.
(나) 제4관 중국 상인이 조선의 양화진 및 한성에 영업소를 개설할 경우를 제외하고, 각종 화물을 내륙으로 운반하여 상점을 차리고 파는 것을 허가하지 않는다. 단, 내륙행상이 필요한 경우 지방관의 허가서를 받아야 한다.

① 개항장에서는 일본 화폐가 통용되었다.
② 러시아가 압록강 유역의 산림 채벌권을 획득하였다.
③ 황국 중앙 총상회가 조직되어 상권 수호 운동을 전개하였다.
④ 함경도의 방곡령에 불복하여 일본 상인이 손해 배상을 요구하였다.

30 다음은 어떤 조약의 일부이다. 이 조약에 대한 설명으로 옳은 것은?

조선 상인은 베이징에서 규정에 따라 교역하고, 청 상인은 양화진과 한성에 상점을 개설한 경우를 제외하고는 내지 행상을 허가하지 않는다. 두 나라 상인이 내지로 들어가고자 할 때는 허가증을 발급받아야 한다.

① 조선이 자주국임을 명시하고 있다.
② 이 조약을 근거로 천주교 포교가 허용되었다.
③ 이 조약으로 인해 개항장 객주의 활동이 위축되었다.
④ 개화파가 일으킨 정변을 계기로 체결되었다.

31 밑줄 그은 '이 사건'에 대한 설명으로 옳은 것은?

> 이 사건에 대한 책임 문제를 가지고 조선과 일본이 진행한 교섭은 배상 등 몇 가지 조건으로 타결되었고, 일본과 청은 한반도에서 서로 충돌하는 것을 막기 위해 어느 한 나라가 조선에 파병할 때 상대국에게 그 사실을 통보하도록 하는 협정을 맺었다. …(중략)… 우리 개화당 세력과 개혁의 뜻을 품은 인사들은 대부분 죽거나 망명하였다.

① 우정총국 개국 축하연 장소에서 일어났다.
② 구식 군인에 대한 차별 때문에 발생하였다.
③ 흥선 대원군이 재집권하는 결과를 가져왔다.
④ 부산, 원산, 인천이 개항되는 계기가 되었다.

32 밑줄 친 '사건'에 대한 설명으로 옳은 것은?
2016 국가직 9급

> 4~5명의 개화당이 사건을 일으켜서 나라를 위태롭게 한 다음 청나라 사람의 억압과 능멸이 대단하였다. …(중략)… 종전에는 개화가 이롭다고 말하면 그다지 싫어하지 않았으나 이 사건 이후 조야(朝野) 모두 '개화당은 충의를 모르고 외인과 연결하여 매국배종(賣國背宗)하였다'고 하였다.
> ―『윤치호 일기』―

① 정동구락부 세력이 주도하였다.
② 일본군과 함께 경복궁을 침범하였다.
③ 차관 도입을 위한 수신사 파견의 계기가 되었다.
④ 일본 공사관이 불타고 일본군이 청군에 패퇴하였다.

33 〈보기〉의 밑줄 친 '이 사건'에 대한 설명으로 가장 옳지 않은 것은?
2023 서울시 9급(자체 출제)

보기

> (가) 전에는 개화당을 꾸짖는 자도 많이 있었으나, 개화가 이롭다는 것을 말하면 듣는 사람들도 감히 크게 반대하지 않았다. 그런데 이 사건을 겪은 뒤부터 조정과 민간에서 모두 "이른바 개화당이라고 하는 자들은 충의를 모르고 외국인과 연결하여 나라를 팔고 겨레를 배반하였다."라고 말하고 있다.
> ―『윤치호 일기』―
>
> (나) 임오군란 이후부터 청은 우리나라에 자주 내정 간섭을 하였다. 나는 청나라 당으로 지목되고, 청국이 우리의 자주권을 침해하는 데 분노해 이 사건을 일으켰던 이는 일본 당으로 지목되었다. 그 후 일이 허사로 돌아가자 세상은 그를 역적이라 하였는데, 나는 정부에 몸을 담고 있어 그를 공격할 수밖에 없었다. 그러나 그 마음은 결코 다른 나라에 있지 않았고, 애국하는 데 있었다.
> ―『속음청사』―

① 이 사건을 진압한 청은 조선과 조·청 상민 수륙 무역 장정을 체결하였다.
② 우정총국의 낙성 축하연을 기회로 정변을 일으켜 새로운 정부를 수립하였다.
③ 이 사건의 주모자들은 청과 종속 관계를 청산하여 자주독립을 확고히 하고자 하였다.
④ 이 사건 이후 청과 일본은 톈진 조약을 체결해 향후 조선으로 군대 파견 시 상대국에게 알리도록 하였다.

34. 다음 정강을 발표했던 사건의 결과로 옳은 것은?

2018 지방직 7급

> 1. 흥선 대원군을 빨리 귀국시키고 종래 청에 대해 행하던 조공의 허례를 폐지한다.
> 2. 문벌을 폐지하고 인민 평등권을 제정하여 능력에 따라 관리를 임명한다.
> 3. 지조법을 개혁하여 관리의 부정을 막고 백성을 보호하며 재정을 넉넉히 한다.
> …(중략)…
> 12. 모든 재정은 호조에서 관할한다.
> 13. 대신과 참찬은 의정부에 모여 정령을 의결하고 반포한다.
> …(중략)…

① 청의 내정 간섭이 강화되었다.
② 박문국과 전환국이 설립되었다.
③ 개혁 추진 기관으로 통리기무아문이 설치되었다.
④ 일본은 배상금 지급 등을 내용으로 하는 제물포 조약의 체결을 강요하였다.

35. 다음 글의 밑줄 친 '소수의 청년'에 대한 설명으로 가장 옳은 것은?

> 그들은 한편으로는 서양 문물을 모방하여 내정 개혁을 외치면서, 동시에 한편으로는 일본의 세력을 이용하여 청의 간섭을 배제하고 독립 자주의 나라로 변화시킬 것을 주장하였다. …(중략)… 경험이 적은 <u>소수의 청년</u>이 준비와 실력 없이 대사를 경솔하게 착수하여 실패로 돌아간 것은 크게 유감되는 바이다. 그러나 그 무지몽매한 환경 속에서 생사와 성패를 가리지 않고, 용감하게 분기하여 조선 사상에 최초의 혁신 운동으로 기록을 남긴 것은 장쾌한 일이다.

① 김윤식, 어윤중, 김홍집 등의 인물이 해당한다.
② 성리학 이외의 모든 종교와 사상을 배격하였다.
③ 전제 군주제를 입헌 군주제로 개혁하고자 하였다.
④ 청의 양무운동을 본받아 점진적인 개혁을 추진하였다.

36. (가)~(다) 국가에 대한 설명으로 가장 옳은 것은?

2024 법원직 9급

> 조선은 김기수와 김홍집을 수신사로 (가) 에 파견하였다. (나) 에는 김윤식을 영선사로 삼아 무기 제조 기술 등을 배우는 유학생을 보냈다. 또한 조선은 민영익 등을 보빙사로 (다) 에 파견하였다.

① (가) - 흥선 대원군을 자국으로 납치하였다.
② (나) - 조선과 강화도 조약을 맺었다.
③ (다) - 거문도를 불법 점령하였다.
④ (가)와 (나) - 톈진 조약을 체결하였다.

37. 다음 내용을 주장한 인물에 대한 설명으로 가장 적절한 것은?
2020 경찰직 1차

> 우리나라가 아시아의 인후에 처해 있는 지리적 위치는 유럽의 벨기에와 같고, 중국에 조공하던 처지는 터키에 조공하던 불가리아와 같다. 그런데 불가리아가 중립 조약을 체결한 것은 유럽 여러 대국들이 러시아를 막으려는 계책에서 나온 것이었고, 벨기에가 중립 조약을 체결한 것은 유럽의 여러 대국들이 자국을 보전하려는 계책에서 나온 것이었다. 대저 우리나라가 아시아의 중립국이 된다면 러시아를 방어하는 큰 기틀이 될 것이고, 또한 아시아의 여러 대국들이 서로 보전하는 정략도 될 것이다. 오직 중립만이 우리나라를 지키는 방책인데, 우리 스스로가 제창할 수도 없으니 중국에 청하여 처리해야 할 것이다. 중국이 맹주가 되어 영국, 프랑스, 일본, 러시아 같은 아시아에 관계있는 여러 나라들과 화합하고 우리나라를 참석시켜 같이 중립 조약을 체결토록 해야 될 것이다. 이것은 비단 우리나라만을 위한 것이 아니라 중국의 이익도 될 것이고, 여러 나라가 서로 보전하는 계책도 될 것이니 무엇이 괴로워서 하지 않겠는가.

① 1881년에 조사시찰단으로 일본에 다녀왔고, 1884년에 우정총국이 설립되자 우정국 총판에 임명되었다.
② 1882년 수신사로 일본에 다녀왔고, 일제 강점기에는 일제로부터 후작을 받고 중추원 고문에 임명되었다.
③ 갑신정변 이후 일본을 거쳐 미국에 망명하였고, 1894년에 귀국하여 제2차 김홍집 내각의 법부대신이 되었다.
④ 1894년 제1차 갑오개혁 당시 군국기무처의 회의원으로 참여하였고, 후에 국어 문법서인 『조선문전』을 저술하였다.

동학 농민 운동, 갑오·을미개혁
빈출도 ★★☆

38. 다음 내용은 1894년 동학 농민 운동과 관련된 사실들이다. ㉠과 ㉡ 사이의 시기에 있었던 사실로 가장 적절한 것은?
2020 경찰직 1차

> ㉠ 일본군이 경복궁을 점령한 데 이어 선전 포고도 없이 청·일 전쟁을 일으켰다.
> ㉡ 공주 우금치 전투에서 농민군은 잘 훈련된 일본군과 그들의 최신 병기 앞에서 수천 명에 이르는 희생자를 낸 채 끝내 패하고 말았다.

① 홍계훈이 이끄는 경군 선발대가 장성 황룡촌 전투에서 농민군에 패하였다.
② 손병희의 북접 농민군과 전봉준의 남접 농민군이 충청도 논산에서 합류하였다.
③ 농민군은 청·일 양군에 대한 철병 요구와 폐정개혁을 조건으로 관군과 전주 화약을 맺고 해산하였다.
④ 농민군은 전봉준을 총대장으로, 김개남·손화중을 총관령으로, 김덕명과 오시영을 총참모로 정하는 등 지휘 체계와 조직을 세우고 백산에 '호남창의 대장소'를 설치하였다.

39. 〈보기〉에서 동학 농민군의 폐정개혁 12개 조항으로 옳지 않은 것을 모두 고른 것은?
2023 서울시 9급(자체 출제)

보기
ㄱ. 횡포한 부호를 엄히 다스린다.
ㄴ. 불량한 유림과 양반의 무리를 징벌한다.
ㄷ. 외국인에게 의지하지 말고 관민이 협력하여 전제 황권을 공고히 한다.
ㄹ. 무명의 잡세는 모두 폐지한다.
ㅁ. 중대 범죄를 공판하되 피고의 인권을 존중한다.

① ㄱ, ㄷ
② ㄷ, ㅁ
③ ㄱ, ㄴ, ㄹ
④ ㄴ, ㄷ, ㅁ

40 (가), (나) 사이 시기에 해당하는 역사적 사실로 옳지 않은 것은?

(가) 감영군이 황토현에 이르렀을 무렵 날이 저물고 더 이상의 진격이 불가능하게 되자 이곳에서 숙영을 했다. 감영군은 이 일대의 지리에 전혀 생소했고 때마침 비가 그친지 얼마 되지 않아 안개마저 자욱했다. 농민군의 전력을 과소평가한 감영군은 소를 잡고 술까지 마셔가며 한가로운 저녁을 보내고 있었다.

(나) 충청감사 박제순은 전봉준이 논산에서 글을 보내는 등 공주를 압박해 오자 순무영과 일본군에 급히 지원을 요청하였다. 이에 따라 관군과 일본군은 공주로 속속 이동하였다.

① 보은에서 대규모 집회가 개최되었다.
② 일본군이 경복궁을 습격하여 점령하였다.
③ 조선 정부는 교정청을 설치하여 자주적 개혁을 추진하고자 하였다.
④ 일본이 청을 공격하면서 청·일 전쟁이 일어났다.

41 (가)의 체결 이후에 일어난 사실로 옳은 것은?
2019 국가직 9급

청군과 일본군의 개입으로 사태가 악화되자 농민군은 폐정 개혁을 제시하며 정부와 (가) 을/를 맺었다. 이에 따라 농민군은 해산하였다.

① 농민군이 황토현에서 감영군을 격파하였다.
② 고부 군수 조병갑이 만석보를 쌓아 수세를 강제로 거두었다.
③ 안핵사 이용태가 농민을 동학도로 몰아 처벌하였다.
④ 남접군과 북접군이 논산에서 합류하여 연합군을 형성하였다.

42 (가) 시기에 해당되는 사실로 옳은 것은? 2018 국가직 9급

방금 안핵사 이용태의 보고에 따르면 "죄인들이 대다수 도망치는 바람에 조사하지 못하였다"라고 하였다.
— 「승정원일기」 —

↓

(가)

↓

전봉준은 금구 원평에 앉아 (전라) 우도에 호령하였으며, 김개남은 남원성에 앉아 좌도를 통솔하였다.
— 「갑오약력」 —

① 논산에서 남·북접의 동학군이 집결하였다.
② 우금치 전투에서 동학군이 일본군과 격전을 벌였다.
③ 동학 교도가 궁궐 앞에서 교조 신원을 주장하는 집회를 열었다.
④ 백산에서 전봉준이 보국안민을 위해 궐기하라는 통문을 보냈다.

43 (가), (나) 격문이 발표된 사이의 시기에 있었던 사실로 옳은 것을 〈보기〉에서 모두 고른 것은? 2022 법원직 9급

(가) 우리가 의로운 깃발을 들어 이곳에 이름은 그 뜻이 결코 다른 데 있지 아니하고 창생을 도탄 속에서 건지고 국가를 반석 위에 두고자 함이 다. 안으로는 양반과 탐학한 관리의 목을 베고 밖으로 횡포한 강적의 무리를 내몰고자 함이다.

(나) 일본 오랑캐가 분란을 야기하고 군대를 출동하여 우리 임금님을 핍박하고 우리 백성들을 뒤흔들어 놓았으니 어찌 차마 말할 수 있겠습니까. …(중략)… 지금 조정의 대신들은 망령되이 자신의 몸만 보전하고자 위로는 임금님을 협박하고 아래로는 백성들을 속이며 일본 오랑캐와 내통하여 삼남 백성들의 원망을 샀습니다.

보기

ㄱ. 조선 정부가 개혁 기구인 교정청을 설치하였다.
ㄴ. 동학 농민군과 관군이 전주 화약을 체결하였다.
ㄷ. 조선 정부가 조병갑을 파면하고 박원명을 고부 군수로 임명하였다.
ㄹ. 동학교도들이 전라도 삼례에서 교조 신원을 요구하는 집회를 벌였다.

① ㄱ, ㄴ
② ㄱ, ㄹ
③ ㄴ, ㄷ
④ ㄷ, ㄹ

44 〈보기 1〉의 밑줄 친 부분에 대한 서술로 옳은 것을 〈보기 2〉에서 모두 고르면? 2019 2월 서울시 7급

보기 1

심문자: 작년(1894) 3월 고부 등지에서 무슨 사연으로 민중을 크게 모았는가?
전봉준: 그때 고부 군수(조병갑)의 수탈이 심하여 의거하였다.
심문자: 흩어져 돌아간 후에는 무슨 일로 ㉠ 군대를 봉기하였느냐?
전봉준: 고부 민란 조사 책임자 이용태가 내려와 의거 참가자 대다수가 일반 농민이었음에도 모두를 동학도로 통칭하고, 그 집을 불태우며 체포하고 살육을 행했기 때문에 다시 일어났다.
심문자: ㉡ 전주 화약 이후 ㉢ 다시 군대를 일으킨 이유가 무엇이냐?
전봉준: ㉣ 일본이 개화를 구실로 군대를 동원하여 왕궁을 공격하고 임금을 놀라게 했으니, 의병을 일으켜 일본과 싸워 그 책임을 묻고자 함이다.

- 「전봉준 공초」(발췌요약) -

보기 2

ㄱ. ㉠: 반봉건의 기치를 높이 들고 남·북접이 연합하여 봉기하였다.
ㄴ. ㉡: 정부와 정치를 개혁할 것을 합의하였다.
ㄷ. ㉢: 공주 우금치에서 우세한 화력으로 무장한 일본군과 정부군에게 패하고 말았다.
ㄹ. ㉣: 명성황후를 무참히 살해하는 을미사변을 일으켰다.

① ㄱ, ㄹ
② ㄴ, ㄷ
③ ㄱ, ㄷ, ㄹ
④ ㄱ, ㄴ, ㄷ, ㄹ

45 다음 내용과 관련된 사건에 대한 설명으로 가장 적절하지 않은 것은?
2020 경찰직 2차

> 대개 적은 천한 노비들로 구성되어 있었으므로 양반들을 가장 미워하였다. 길에서 갓을 쓴 사람을 만나면 갑자기 달려들어 '너도 양반이냐'며 갓을 빼앗아 찢어 버렸다. …(중략)… 주인을 협박하여 노비 문서를 불태우고 천민에서 면해 줄 것을 강요하였다. 이들 중 몇몇은 주인을 결박하여 주리를 틀고 곤장을 때리기도 하였다. 이 무렵 노비가 있는 집안에서는 이런 소문을 듣고 노비 문서를 불태워 화를 피하기도 하였다.
> ― 황현, 『오하기문』―

① 동학 농민군은 대도소(大都所)를 중심으로 전라도 일대에 독자적인 자치 기구인 집강소를 설치하였다.
② 제2차 농민 봉기는 손병희가 이끄는 남접과 전봉준이 이끄는 북접이 연합하여 전개되었다.
③ 동학 농민군은 화승총으로 무장한 관군과 싸우기 위해 장태를 이용하였다.
④ 동학 농민군의 잔여 세력은 활빈당, 영학당, 남학당 등을 조직해 항일 투쟁을 계속하였다.

46 다음 내용이 포함된 개혁에 대한 설명으로 옳지 않은 것은?
2016 지방직 9급

> ○ 공·사 노비 제도를 모두 폐지하고, 인신매매를 금지 한다.
> ○ 연좌법을 폐지하여 죄인 자신 외에는 처벌하지 않는다.
> ○ 과부의 재혼은 귀천을 막론하고 그 자유에 맡긴다.

① 중국 연호의 사용을 폐지하였다.
② 독립 협회 활동의 영향을 받았다.
③ 군국기무처의 주도하에 추진되었다.
④ 동학 농민 운동의 요구를 일부 수용하였다.

47 밑줄 친 '이 내각'의 재정 개혁안으로 옳은 것은?
2017 국가직 7급

> 이 내각의 개혁 정책은 초정부적 비상 기구인 군국기무처를 중심으로 추진되었다. 당시 군국기무처에는 박정양, 유길준 등의 개화 인사들이 참여하여 개혁 정책을 결정하였다.

① 모든 재정은 호조에서 통할하도록 한다.
② 국가 재정을 탁지아문의 관할로 일원화시키도록 한다.
③ 궁내부 산하의 내장원에서 광산, 홍삼 사업 등의 재정을 관할하도록 한다.
④ 국가 재정은 탁지부에서 전관하고, 예산과 결산을 국민에게 공표하도록 한다.

48 밑줄 친 '14개 조목'에 해당하는 것만을 모두 고르면?
2023 국가직 9급

> 이제부터는 다른 나라를 의지하지 않으며 융성하도록 나라의 발걸음을 넓히고 백성의 복리를 증진하여 자주독립의 터전을 공고하게 할 것입니다. …(중략)… 이에 저 소자는 14개 조목의 홍범(洪範)을 하늘에 계신 우리 조종의 신령 앞에 맹세하노니, 우러러 조종이 남긴 업적을 잘 이어서 감히 어기지 않을 것입니다.

ㄱ. 탁지아문에서 조세 부과
ㄴ. 왕실과 국정 사무의 분리
ㄷ. 지계 발급을 위한 지계아문 설치
ㄹ. 대한천일은행 등 금융기관 설립

① ㄱ, ㄴ ② ㄱ, ㄹ
③ ㄴ, ㄷ ④ ㄷ, ㄹ

49
〈보기〉의 자료와 관련된 개혁의 내용으로 가장 옳은 것은?
2021 서울시 9급(자체 출제)

> **보기**
> ○ 청나라에 의존하는 생각을 끊어버리고 자주독립의 터전을 튼튼히 세운다.
> ○ 왕실에 관한 사무와 나라 정사에 관한 사무는 반드시 분리시키고 서로 뒤섞지 않는다.
> ○ 조세나 세금을 부과하는 것과 경비를 지출하는 것은 모두 탁지아문에서 관할한다.
> ○ 의정부와 각 아문의 직무와 권한을 명백히 제정한다.
> ○ 지방 관제를 빨리 개정하여 지방 관리의 직권을 제한한다.

① 지방에 진위대를 설치하고, 건양이라는 연호를 제정하였다.
② 내각 제도를 수립하고, 인민 평등권 확립과 조세 개혁 등을 추진하였다.
③ 의정부를 내각으로 개편하고, 지방 제도를 8도에서 23부로 바꾸었다.
④ 전라도 53군에 자치적 민정 기구인 집강소가 설치되었다.

50
다음 밑줄 친 '개혁'의 내용으로 옳은 것을 〈보기〉에서 고른 것은?
2019 법원직 9급

> 청·일 전쟁에서 승기를 잡은 일본은 조선의 내정에 적극 간섭하기 시작하였다. 흥선 대원군을 물러나게 하고 군국기무처를 폐지하였으며, 김홍집·박영효 연립 내각을 구성하고 <u>개혁</u>을 단행하였다.

> **보기**
> ㄱ. 과거제를 폐지하였다.
> ㄴ. 재판소를 설치하였다.
> ㄷ. 8도를 23부로 개편하였다.
> ㄹ. 친위대, 진위대를 설치하였다.

① ㄱ, ㄴ ② ㄱ, ㄹ
③ ㄴ, ㄷ ④ ㄷ, ㄹ

51
다음 법령을 만든 개화파 내각의 개혁으로 옳은 것을 〈보기〉에서 모두 고르면?
2014 국가직 7급

> 제1조 소학교는 아동의 신체 발달에 맞추어 인민 교육의 기초와 생활상 필요한 보통 지식과 기능을 가르치는 것을 목적으로 한다.
> 제2조 소학교는 관립 소학교·공립 소학교·사립 소학교 등의 3종이며, 관립 소학교는 정부 설립, 공립 소학교는 부(府) 혹은 군(郡) 설립, 사립 소학교는 사립 학교 설립과 관계된 것을 말한다.
> — 소학교령 —

> **보기**
> ㄱ. 건양이라는 연호를 제정하였다.
> ㄴ. 조·일 무역 규칙을 개정하였다.
> ㄷ. 서울에 친위대를, 지방에 진위대를 두었다.
> ㄹ. 단발령을 폐지하고 의정부를 다시 설치하였다.

① ㄱ, ㄴ ② ㄱ, ㄷ
③ ㄴ, ㄹ ④ ㄷ, ㄹ

52
(가), (나) 사이에 있었던 사실로 옳지 않은 것은?
2024 지방직 9급

> (가) 조선은 오랫동안 제후국으로서 중국에 대해 정해진 전례가 있다는 것은 다시 의논할 여지가 없다. …(중략)… 이번에 제정한 수륙 무역 장정은 중국이 속방을 우대하는 뜻이니만큼, 다른 조약 체결국들이 모두 똑같은 이익을 균점하도록 하는 데 있지 않다.
> (나) 제1조 청국은 조선국이 완전무결한 독립 자주국임을 확인한다. 아울러 조선의 청에 대한 공물 헌납 등은 장래에 완전히 폐지한다.
> 제4조 청국은 군비 배상금으로 은 2억 냥을 일본국에 지불할 것을 약정한다.

① 영국이 거문도를 점령하였다.
② 한·청 통상 조약이 체결되었다.
③ 김옥균 등이 갑신정변을 일으켰다.
④ 청과 일본 사이에 전쟁이 발발하였다.

53
다음과 같은 개혁이 추진될 당시의 상황으로 가장 옳은 것은?

○ 소학교 설립
○ 태양력 사용
○ 우편 사무 시작

① 청은 묄렌도르프 등을 고문으로 파견하여 조선의 내정을 간섭하였다.
② 김옥균, 박영효 등 급진 개화파가 주도하여 개혁이 추진되었다.
③ 일제는 명성황후를 시해한 후 친일 내각을 수립하였다.
④ 대한 제국의 외교권을 박탈하였다.

독립 협회, 광무개혁   빈출도 ★★★

54
밑줄 친 '이 단체'의 활동으로 옳은 것을 〈보기〉에서 모두 고른 것은?   2023 법원직 9급

정부의 지원을 받아 설립된 이 단체는 고종에게 아래의 문서를 재가 받았어요.

1. 외국인에게 의지하지 말고 관민이 합심하여 황제권을 공고히 할 것.
2. 외국과의 이권에 관한 계약과 조약은 해당 부처의 대신과 중추원 의장이 함께 날인하여 시행할 것.
   …(하략)

〈보기〉
ㄱ. 「구국 운동 상소문」을 지었다.
ㄴ. 고종 강제 퇴위 반대 운동에 앞장섰다.
ㄷ. 일제의 황무지 개간권 요구에 반대하였다.
ㄹ. 러시아의 내정 간섭과 이권 요구에 반대하였다.

① ㄱ, ㄴ ② ㄱ, ㄹ
③ ㄴ, ㄷ ④ ㄷ, ㄹ

55
1898년 관민 공동회에서 채택된 '헌의 6조'에 해당하지 않는 것은?   2017 서울시 사회복지직 9급

① 외국인에게 기대지 아니하고 관민이 동심 협력하여 전제 황권을 견고케 할 것
② 전국의 재정은 궁내부 내장원으로 이속하고 예산과 결산은 중추원의 승인을 거칠 것
③ 모든 중대 범죄는 공개 재판을 시행하되, 피고가 끝까지 설명하여 마침내 자복(自服)한 후에 시행할 것
④ 칙임관은 황제가 정부에 자문을 구하여 그 과반수에 따라 임명할 것

56
㉠ 단체에 대한 설명으로 옳은 것은?   2019 지방직 7급

[㉠]은/는 만민 공동회를 개최하여 외국 열강의 내정 간섭을 비판하였다. 또 정부 관리들까지 참석한 관민 공동회를 열어 국정 개혁에 관한 내용을 논의하였다. 이를 통해 각 부 대신과 중추원 의장이 합동으로 서명 날인하지 않은 조약을 시행하지 말 것, 전국 재정을 탁지부로 하여금 관리하게 하고 예산과 결산에 관한 사항을 인민에게 공표할 것 등의 요구가 담긴 헌의 6조를 채택하였다.

① 국정의 기본 강령인 홍범 14조를 발표하였다.
② 러시아가 절영도 조차를 요구하자 이에 반대하였다.
③ 경제적 자주권을 지키기 위해 국채 보상 운동을 일으켰다.
④ 황해도 일대에 방곡령을 내려 외국에 곡물을 유출하지 못하게 하였다.

57 다음 내용과 관련된 단체에 대한 설명으로 옳은 것은?

"이 사람은 바로 대한에서 가장 천한 사람이고 매우 무식합니다. 그러나 임금께 충성하고 나라를 사랑하는 뜻은 대강 알고 있습니다. 이제 나라를 이롭게 하고 백성을 편리하게 하는 방도는 관리와 백성이 마음을 합한 뒤에야 가능하다고 생각합니다. 저 차일에 비유하면, 한 개의 장대로 받치자면 힘이 부족하지만 만일 많은 장대로 힘을 합친다면 그 힘은 매우 튼튼합니다. 삼가 원하건대, 관리와 백성이 마음을 합하여 우리 황제의 훌륭한 덕에 보답하고 국운이 영원토록 무궁하게 합시다." 회중이 박수를 보냈다.

① 자기회사와 태극서관을 세워 산업 진흥을 이루려고 하였다.
② 일제의 황무지 개간권 요구에 반대하였다.
③ 러시아의 절영도 조차 요구를 저지하였다.
④ 헌정 연구회의 후신으로 1906년에 조직되었다.

58 <보기>의 (가), (나) 문서에 대한 설명으로 가장 옳지 않은 것은? 2021 서울시 9급(자체 출제)

보기
(가) 대한 제국의 정치는 이전으로 보면 500년 전래하시고 이후로 보면 만세에 걸쳐 불변하오실 전제 정치니라.
(나) 외국인에게 의부 아니하고 관민이 동심 합력하여 전제 황권을 견고케 할 것.

① (가)에서는 입법·사법·행정의 모든 권력이 황제에게 있음을 천명하였다.
② (나)에서는 정부의 예산과 결산을 인민에게 공표할 것을 주장하였다.
③ (나)를 수용한 고종은 조칙 5조를 반포하였다.
④ (가)에 따른 전제 정치 선포에 반발하며 독립 협회는 의회 개설 운동을 전개하였다.

59 베베르(웨베르)·고무라 각서에 대한 설명으로 가장 옳은 것은? 2017 서울시 7급

① 조선이 청의 중재를 거치지 않고 러시아와 직접 조·러 통상 조약을 체결하였다.
② 조선이 러시아와 조·러 비밀 협약을 추진하자 영국이 거문도를 불법 점령하였다.
③ 일본이 아관파천 이후 수세에 몰리자 러시아와 세력 균형을 위한 협상을 하였다.
④ 일본이 러·일 전쟁에서 승리하자 미국과 영국으로부터 조선에 대한 독점권을 인정받았다.

60 대한 제국의 광무개혁에 대한 설명으로 가장 적절하지 않은 것은? 2020 경찰직 1차

① '옛 것을 근본으로 하고 새로운 것을 참작한다.'라는 구본신참의 원칙을 내세워 개혁을 추진하였다.
② 황실 재정을 담당하는 내장원의 기능을 확대하고, 이를 바탕으로 황실 주도의 개혁 사업을 추진하였다.
③ 재정 확보를 위해 양전 사업을 실시하고, 일부 지역에서는 토지 소유권을 보장하는 문서인 지계를 발행하였다.
④ 재판소를 설치하여 사법 제도의 근대화를 꾀하였으며, 「교육 입국 조서」를 반포하고 교육 개혁을 추진하였다.

61 대한 제국 정부가 시행한 정책이 아닌 것은?

① 지계아문을 설치하고, 일부 지주에게 근대적 토지 소유권 문서인 지계를 발급하였다.
② 청과 대등한 관계에서 한·청 통상 조약을 체결하였다.
③ 경운궁을 대대적으로 증축하여 장차 정궁으로 이용할 준비를 갖추었다.
④ 법규 교정소를 설치하여 대한국 국제를 발표하였다.

62 러·일 전쟁 기간 중에 있었던 사실로 옳지 않은 것은?
2019 계리직 9급 변형

① 대한 제국은 변화하는 국제 정세에 대응하면서 국외 중립을 선언하였다.
② 일본은 독도를 시마네현에 편입시키는 영토 침탈 행위를 자행하였다.
③ 대한 제국은 「재정 및 외교 고문 용빙에 관한 한·일 각서」를 일본의 강요로 체결하였다.
④ 일본은 미국과 가쓰라·태프트 밀약을 맺어 미국으로부터 대한 제국에 대한 지배권을 인정받았다.

63 다음 내용과 관련된 설명으로 가장 적절한 것은?
2018 경찰직 1차

러시아 공사관에 머물던 고종은 환궁하여 1897년 10월 12일 황제 즉위식을 거행하고, 국호는 '대한(大韓)'으로 바꾸었다. 또한 1899년 '대한국 국제(大韓國國制)'를 발표하여 만국 공법(국제법)상 근대 국가의 모습을 갖추었다.

① 대한 제국의 헌법인 '대한국 국제'는 국민의 기본권과 통치권에 대한 규정을 두었다.
② 러시아 공사관에 머물던 고종은 1897년 2월 경복궁으로 환궁하였다.
③ '대한국 국제'는 황제에게 육·해군의 통수권이 있음을 명시하였다.
④ 대한 제국은 입헌 군주제와 의회 설립을 통한 민주주의 체제를 지향하였다.

64 대한 제국의 지계 발급 사업에 대한 설명으로 옳지 않은 것은?
2017 국가직 7급(추가채용)

① 지계아문에서 토지 측량과 지계 발급을 담당하였다.
② 개항장에서 외국인의 토지 소유를 인정하지 않았다.
③ 모든 산림, 토지, 전답, 가옥을 발급 대상에 포함하였다.
④ 러·일 전쟁으로 중단되어 전국적으로 확대되지 못하였다.

65 자료에 나타난 정부의 정책에 대한 설명으로 옳지 않은 것은?
2020 국가직 7급

종래의 양전처럼 농지의 비척(肥瘠)이나 가옥의 규모를 조사하는 것에만 그치지 않고, 전국 토지 일체에 대한 조사를 목표로 지질과 산림·천택, 수풀과 해변, 도로에 이르기까지 광범위하게 조사하였다. 나아가 전국 토지의 정확한 규모와 소재를 파악하는 한편 소유권을 확인해 주기 위해 지계(地契)를 발행하는 사업을 함께 전개하였다.

① 양지아문에서 양전 사업을 착수하였다.
② 조사한 토지의 지적도와 토지대장을 작성하였다.
③ 지계아문에서 지계 발급 사무를 맡았다.
④ 러·일 전쟁 발발 직후 일본의 간섭으로 중단되었다.

국권 피탈 과정과 항일 의병 운동, 애국 계몽 운동
빈출도 ★★★

66 다음 내용에 해당하는 조약은?

제1조 한·일 양국 사이에 항구적이고 변함없는 친교를 유지하고 동양 평화를 확립하기 위하여 대한 제국 정부는 대일본 제국 정부를 확고하게 믿고 시정 개선(施政改善)에 관한 충고를 받아들인다.
제2조 대일본 제국 정부는 대한 제국 황실을 확실한 친선과 우의로 안전하고 편하게 한다.
제3조 대일본 제국 정부는 대한 제국의 독립과 영토 보전을 확실히 보증한다.
제4조 제3국의 침해나 혹은 내란으로 인하여 대한 제국 황실의 안녕과 영토의 보전에 위험이 있을 경우 대일본 제국 정부는 신속히 임기응변의 필요한 조치를 취할 수 있다. 그러나 대한 제국 정부는 위 대일본 제국의 행동을 용이하도록 충분한 편의를 제공한다. 대일본 제국 정부는 전항의 목적을 성취하기 위하여 군사 전략상 필요한 지점을 상황에 따라 차지하여 이용할 수 있다.

① 한·일 의정서(1904. 2.)
② 제1차 한·일 협약(1904. 8.)
③ 제2차 한·일 협약(1905. 11.)
④ 한·일 신협약(1907. 7.)

67. 〈보기〉의 조약이 체결된 해에 일어난 사건으로 가장 옳은 것은?
2023 서울시 9급(자체 출제)

> **보기**
> 제3국의 침해나 내란으로 인하여 대한 제국 황실의 안녕과 영토 보전에 위험이 있을 경우 대일본 제국 정부는 신속하게 상황에 따라 필요한 조치를 취할 수 있다. 그리고 대한 제국 정부는 이러한 대일본 제국의 행동이 용이하도록 충분한 편의를 제공한다. 대일본 제국 정부는 앞 조관의 목적을 성취하기 위하여 군사 전략상 필요한 지점을 상황에 따라 수용할 수 있다.

① 일본이 제물포에 있는 러시아 군함을 공격하며 러·일 전쟁을 일으켰다.
② 일본이 불법으로 독도를 자국 영토로 편입하였다.
③ 일본이 대한 제국 군대를 강제 해산시켰다.
④ 일본이 헤이그특사 파견을 빌미삼아 고종을 강제 퇴위시켰다.

68. 다음과 같은 결과를 가져왔던 조약으로 가장 적절한 것은?
2018 경찰직 3차

> 일본은 메가타를 대한 제국의 재정 고문으로, 오랜 기간 일본 정부에서 일했던 스티븐스를 외교 고문으로 파견하였다. 이로써 일본은 대한 제국의 재정과 외교에 본격적으로 간섭하기 시작하였다.

① 한·일 의정서
② 제1차 한·일 협약
③ 제2차 한·일 협약
④ 한·일 신협약

69. 다음과 같은 내용이 담긴 조약에 대한 설명으로 옳은 것은?
2021 지방직 9급(서울시 9급)

> 일본 정부는 그 대표자로 한국 황제 밑에 1명의 통감을 두되, 통감은 전적으로 외교에 관한 사항을 관리하기 위하여 경성에 주재하고 친히 한국 황제를 만날 수 있는 권리를 가진다. 또한, 일본 정부는 한국의 개항장 및 일본 정부가 필요하다고 인정하는 지역에 이사관을 설치할 권리를 가지며, 이사관은 통감의 지휘하에 종래 재(在)한국 일본 영사에게 속하였던 모든 권리를 집행한다.

① 조선 총독부를 설치한다는 조항이 포함되어 있다.
② 헤이그 특사 사건 이후 일제의 강요로 체결되었다.
③ 방곡령 시행 전에 미리 통보해야 한다는 합의가 실려 있다.
④ 일본의 중재 없이 국제적 성격을 가진 조약을 체결할 수 없다는 내용이 담겨있다.

70. ㉠ 이후에 일어난 사건으로 가장 옳은 것은?
2023 법원직 9급

> 대한 제국 대황제는 대프랑스 대통령에게 글을 보냅니다. 일본은 우리나라에 ㉠ <u>불의한 일</u>을 자행하였습니다. 다음은 그에 대한 증거입니다. 첫째, 우리 정무대신이 조인하였다고 운운하는 것은 정당하지 않으며 위협을 받아 강제로 이루어진 것입니다. 둘째, 저는 조인을 허가한 적이 없습니다. 셋째, 정부회의 운운하나 국법에 의거하지 않고 회의를 한 것이며 일본인들이 강제로 가둔 채 회의한 것입니다. 상황이 그런즉 이른바 조약이 성립되었다고 일컫는 것은 공법을 위배한 것이므로 의당 무효입니다. 당당한 독립국이 이러한 일로 국체가 손상당하였으므로 원컨대 대통령께서는 즉시 공사관을 이전처럼 우리나라에 다시 설치해주시기를 바랍니다.

① 포츠머스 조약이 체결되었다.
② 이사청에 관리가 파견되었다.
③ 러시아가 용암포를 점령하고 조차를 요구하였다.
④ 제1차 한·일 협약(한·일 외국인 고문 용빙에 관한 협정서)이 조인되었다.

71
다음 협약이 체결된 이후 일어난 일로 옳지 않은 것은?

> 제1조 한국 정부는 시정 개선(施政改善)에 관하여 통감의 지도를 받는다.
> 제2조 한국 정부의 법령 제정 및 중요한 행정상의 처분은 미리 통감의 승인을 거친다.
> 제3조 한국의 사법 사무는 일반 행정 사무와 구별한다.
> 제4조 한국의 고등 관리를 임명하고 해임시키는 것은 통감의 동의에 의하여 집행한다.
> 제5조 한국 정부는 통감이 추천한 일본인을 한국의 관리로 임명한다.
> 제6조 한국 정부는 통감의 동의 없이 외국인을 초빙하여 고용하지 않는다.

① 13도 창의군의 서울 진공 작전
② 순종의 즉위
③ 남한 대토벌 작전
④ 대한 제국의 감옥 사무 박탈

72
다음은 국권 피탈 과정에서 체결된 어떤 협약 중 일부이다. 이 협약과 관련된 설명으로 가장 옳은 것은?

> 1. 육군 1대대를 존치하여 황궁 수위(守衛)를 담당케 하고, 기타를 해대(解隊)한다.
> 1. 교육이 있는 사관은 한국 군대에 남아 근무할 필요가 있는 자를 제하고, 기타는 일본 군대에 부속케 하고 실지 연습하게 할 것

① 고종이 헤이그에 특사를 파견하는 계기가 되었다.
② 신돌석이 의병 운동을 전개하였다.
③ 재정 고문 메가타가 화폐 정리 사업을 실시하는 근거가 되었다.
④ 통감이 추천하는 일본인을 한국 관리에 임명한다는 내용을 담고 있다.

73
〈보기〉의 (가)와 (나) 조약 체결 사이에 일어난 사건으로 가장 옳지 않은 것은? 2019 서울시 7급

> **보기**
> (가) 한국 정부는 시정 개선에 관하여 통감의 지도를 받을 것.
> (나) 한국 황제 폐하는 한국 전부에 관한 모든 통치권을 완전 또는 영구히 일본 황제에게 양여한다.

① 사립 학교령이 공포되었다.
② 안중근이 이토 히로부미를 저격했다.
③ 재정 고문 메가타가 화폐 정리에 나섰다.
④ 한국 군대를 해산하는 조칙이 발표되었다.

74
다음의 시와 관련된 역사적 사건에 대한 설명으로 가장 옳은 것은? 2016 서울시 7급

> 새 짐승도 슬피 울고 산악 해수 다 찡기는 듯
> 무궁화 삼천리가 이미 영락되다니
> 가을 밤 등불 아래 책을 덮고서 옛일 곰곰이 생각해 보니
> 이승에서 지식인 노릇하기 정히 어렵구나.

① 일본은 영·일 동맹, 태프트-가쓰라 각서와 포츠머스 조약을 통하여 각각 영국, 미국, 러시아로부터 대한 제국에 대한 지배를 인정받았다.
② 일본은 군대를 거느리고 들어가 고종 황제와 대신들을 협박하면서 조약에 서명할 것을 강요하였으나, 황제는 끝까지 서명을 거부하였다.
③ 일본은 국가의 법령 제정, 중요 행정 처분, 고등 관리의 임명에 대해 통감의 사전 승인을 받도록 하였고 통감이 추천한 일본인을 관리로 임명하도록 하였다.
④ 육군 대신 데라우치는 2천여 명의 헌병을 데리고 들어와 경찰 업무를 담당하게 하였고, 순종에게 양위의 조서를 내리도록 강요하였다.

75 의병에 대한 설명으로 옳지 않은 것은?

① 임진왜란 때 전라도에서는 김덕령, 고경명 등이 의병을 일으켰다.
② 정묘호란 때 정봉수, 이립 등이 의병을 일으켜 후금군에게 타격을 주었다.
③ 활빈당의 대한사민논설 13조를 통해 반봉건, 반외세적 성격을 확인할 수 있다.
④ 남한 대토벌 작전으로 타격을 받은 의병들은 서울 진공 작전을 통해 반전을 모색하였다.

76 다음 상황이 원인이 되어 일어난 의병에 대한 설명으로 옳은 것은?

> 짐이 머리카락을 이미 깎았으니 너희 백성들도 어찌 받들어 시행하지 않겠는가? 짐의 뜻을 잘 새겨서 서로 알리고 서로 권하여 너희들의 머리카락과 구습을 한꺼번에 끊으며, 모든 일에서 오직 실질만을 추구하여 짐의 부국강병 하는 사업을 도울 것이다.
> —『고종실록』—

① 유인석, 이소응 등 유생들이 주도하였다.
② 해산 군인의 합류로 전투력이 향상되었다.
③ 국제법상 교전 단체로 인정받고자 하였다.
④ 임병찬의 주도로 독립 의군부를 조직하였다.

77 다음 자료와 관련된 단체의 설명으로 옳지 않은 것은?
2017 지방직 7급

> ○ 시장에 외국 상인의 출입을 엄금할 것
> ○ 다른 나라에 철도 부설권을 허용하지 말 것
> ○ 시급히 방곡령을 실시하고 구민법을 채용할 것
> ○ 금광의 채굴을 금지하고 인민의 방책을 꾀할 것

① 정치적·경제적 각성을 촉진하고, 단결을 공고히 함을 강령으로 삼아 투쟁하였다.
② 1900년 전후 충청과 경기, 낙동강 동쪽의 경상도 등지에서 활동하였다.
③ '가난한 사람을 살려내는 무리'라는 뜻으로 홍길동전에서 이름을 따왔다.
④ 을사늑(조)약 이후에 이들 가운데 일부는 의병 운동에 참여하였다.

78 다음 자료와 관련된 의병 활동으로 옳은 것은?

> 대저 살기를 바라는 자는 반드시 죽고 죽기를 기약하는 자는 삶을 얻나니, 제공(諸公)들은 어찌 헤아리지 못하는가? 영환은 다만 한번 죽음으로써 황은(皇恩)에 보답하고 그리하여 우리 2,000만 동포 형제에게 사죄하려 하노라. 영환은 죽되 죽지 아니하고 저승에서라도 제군(諸君)들을 돕기를 기약하니, 바라건대 우리 동포 형제들은 더욱더 분발하고 힘을 써서 그대들의 뜻과 기개를 굳건히 하여 학문에 힘쓰고, 마음으로 단결하고 힘을 합쳐서 우리의 자유 독립을 회복한다면, 죽은 자는 마땅히 저 어두운 저 세상에서 기뻐 웃을 것이다. 오호라, 조금도 실망하지 말지어다. 우리 대한 제국의 2,000만 동포에게 이별을 고하노라.

① 민종식, 최익현 등 유생 출신 의병장 외에도 평민 의병장인 신돌석이 등장하여 활약하였다.
② 1908년 허위를 중심으로 서울 진공 작전을 전개하였다.
③ 을미사변과 단발령을 계기로 거병하였다.
④ 해산 군인들이 참여하면서 의병 전쟁으로 평가된다.

79 다음 사료와 관련된 의병 활동으로 옳은 것을 모두 고른 것은?

> 아, 저 섬나라 오랑캐[島夷]의 수령은 조약과 신의의 법리로도 애초에 말할 것조차 없거니와, 생각하건대 저 국적(國賊)들의 머리부터 발끝까지의 머리카락이 누구로부터 나온 것인가. 원통함을 어찌할까. 국모(國母)의 원수를 생각하며 이미 이를 갈았는데, 참혹함이 더욱 심해져 임금께서 머리를 깎이시고 의관을 찢기는 지경에 이른데다가 또 이런 망극한 화를 당하였으니, 천지가 뒤집어져 우리가 각기 하늘에서 부여받은 본성을 보전할 길이 없게 되었다. 우리 부모로부터 받은 몸을 금수로 만드니 이 무슨 일인가. 우리 부모로부터 받은 머리카락을 깎았으니 이 무슨 변괴인가.

> ㉠ 을사늑약 이후 거병한 민종식은 홍주성을 장악하였다.
> ㉡ 허위는 13도 창의군을 이끌고 서울 진공 작전을 주도하였다.
> ㉢ 제천에서 거병한 유인석은 한때 충주성을 점령하였다.
> ㉣ 해산된 군인들이 대거 참여하였다.

① ㉠, ㉡, ㉢
② ㉡, ㉣
③ ㉢
④ ㉡, ㉢

80 다음 표는 항일 의병의 전투 상황을 나타낸 것이다. 표에 나타난 시기의 의병 활동에 대한 설명으로 옳지 않은 것은?

2011 지방직 9급 변형

연도	전투 횟수	참가 의병 수
1907(8월~12월)	323	44,116
1908	1,452	69,832
1909	898	25,763
1910	147	1,891
1911(1월~6월)	33	216

① 해산된 군인들이 의병에 합류하면서 전투력이 향상되었다.
② 전라도를 중심으로 일본이 실시한 '남한 대토벌 작전'으로 인해 큰 타격을 받았다.
③ 전국의 의병 부대가 연합하여 서울 진공 작전을 시도하였다.
④ 평민 출신 의병장인 신돌석이 등장하여 유격전을 벌였다.

81 다음 신문 기사에 보도된 의병에 관한 설명으로 옳은 것은?

> 의병이 1천여 명에 달하여 일본 경찰과 접전하기 시작했다고 한다. 소문에는 전(前) 의병장 유인석 등이 10여 년 전부터 재앙의 근원을 만들더니 지금 해산병이 들고 일어났다고 한다. 원주를 중심으로 동으로 강릉, 남으로 제천 등 여러 군이 호응하여 6, 7백 리 지방에 창궐한 형세가 나날이 증가한다고 한다.

① 외교권 박탈을 계기로 일어났다.
② 단발령 시행에 분노하여 봉기하였다.
③ 러시아 공사관에 있는 고종의 환궁을 요구하였다.
④ 연합 의병을 결성하여 서울 진공 작전을 추진하였다.

82. 밑줄 친 '나'에 대한 설명으로 옳은 것만을 모두 고르면?

2022 지방직 9급(서울시 9급)

> 오늘날 사람은 모두 법에 의하여 생활하고 있는데 실제로 사람을 죽인 자가 벌을 받지 않고 생존할 도리는 없는 것이다. …(중략)… 나는 한국의 의병이며 지금 적군의 포로가 되어 와 있으므로 마땅히 만국공법에 의해 처단되어야 할 것으로 생각한다.

ㄱ. 일본에서 순국하였다.
ㄴ. 한인 애국단 소속이었다.
ㄷ. 『동양평화론』을 집필하였다.
ㄹ. 연해주에서 의병 투쟁을 전개하였다.

① ㄱ, ㄴ
② ㄱ, ㄹ
③ ㄴ, ㄷ
④ ㄷ, ㄹ

83. 다음은 항일 의병에 대한 설명이다. 이를 일어난 순서대로 바르게 나열한 것은?

2018 경찰직 2차

㉠ 그들은 국모 시해와 단발령에 반발하여 일어났다.
㉡ 평민 출신 의병장인 신돌석이 항일 의병 활동을 시작했다.
㉢ 일본군의 '남한 대토벌 작전' 이후 많은 의병들은 간도와 연해주 등으로 근거지를 옮겨 일제에 항전을 계속했다.
㉣ '한·일 신협약'으로 해산된 군인들이 의병에 합류하기 시작했다.

① ㉠-㉡-㉢-㉣
② ㉠-㉡-㉣-㉢
③ ㉠-㉣-㉡-㉢
④ ㉠-㉣-㉢-㉡

84. 애국 계몽 운동 단체와 그 주요 활동을 연결한 것으로 옳지 않은 것은?

① 독립 협회 – 의회 설립 운동 전개
② 보안회 – 일제의 황무지 개간권 요구 반대
③ 신민회 – 독립군 기지 건설
④ 대한 자강회 – 5적 암살단 조직

85. 다음 글에서 설명하고 있는 단체에 해당하는 것을 〈보기〉에서 고르면?

> 1905년 이후 개화 자강 계열의 민족 운동은 국권 회복을 위한 실력 양성 운동, 곧 애국 계몽 운동으로 전개되었다. 이때 애국 계몽 운동을 주도한 전국적인 규모의 대표적인 단체가 연이어 대두하여 민중 계몽, 근대 교육, 산업 개발, 국학 연구, 언론 활동, 독립군 기지 건설 등을 추진하였다.

보기

㉠ 신민회
㉡ 일진회
㉢ 독립 협회
㉣ 대한 협회
㉤ 대한 자강회

① ㉠, ㉡, ㉢
② ㉠, ㉣, ㉤
③ ㉡, ㉢, ㉣
④ ㉡, ㉢, ㉤

86

다음은 어느 애국 계몽 단체와 관련된 자료이다. 이 단체보다 먼저 결성되어 활동했던 단체로 바르게 짝지어진 것은? 2018 경찰직 1차

> 무릇 우리나라의 독립은 자강에 있음이라. 오늘날 우리 한국은 3천리 강토와 2천만 동포가 있으니 힘써 자강하여 단체가 합하면 앞으로 부강한 전도를 바랄 수 있고 국권을 능히 회복할 수 있을 것이다. 자강의 방법으로는 교육을 진작하고 산업을 일으켜 흥하게 하면 되는 것이다. 무릇 교육이 일지 못하면 민지(民智)가 열리지 못하고 산업이 늘지 못하면 국부가 부강할 수 없다. 그런즉 민지를 개발하고 국력을 기르는 길은 무엇보다도 교육과 산업을 발달시키는 데 있지 않겠는가?

> ㉠ 헌정 연구회   ㉡ 대한 협회
> ㉢ 보안회   ㉣ 대한 자강회

① ㉠, ㉣   ② ㉡, ㉣
③ ㉠, ㉢   ④ ㉡, ㉢

87

(가), (나) 시기에 있었던 사실로 옳은 것은? 2019 국가직 9급

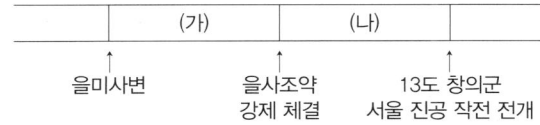

① (가) - 시전 상인을 중심으로 황국 중앙 총상회가 조직되었다.
② (가) - 신민회는 일제가 날조한 105인 사건으로 와해되었다.
③ (나) - 함경도 관찰사 조병식이 곡물 수출을 막는 방곡령을 내렸다.
④ (나) - 일제의 황무지 개간권 요구를 반대하기 위해 보안회가 창설되었다.

88

다음 활동을 전개한 단체로 옳은 것은? 2014 지방직 9급

> 평양 대성 학교와 정주 오산 학교를 설립하였고 민족 자본을 일으키기 위해 평양에 자기 회사를 세웠다. 또한 민중 계몽을 위해 태극 서관을 운영하여 출판물을 간행하였다. 그리고 장기적인 독립운동의 기반을 마련하여 독립 전쟁을 수행할 목적으로 국외에 독립운동 기지 건설을 추진하였다.

① 보안회
② 신민회
③ 대한 자강회
④ 대한 광복회

89

다음 사료와 관련된 단체에 대한 설명으로 옳은 것은?

> 완고하고 부패한 국민 생활을 개혁할 신사상이 시급히 필요하며, 우둔한 국민을 깨우칠 수 있는 신교육이 시급히 필요하고, …(중략)… 미약한 산업을 일으킬 신 모범이 시급히 필요하며, …(중략)… 요컨대 신 정신을 불러 깨우치고 신 단체를 조직해서 신 국가를 건설할 뿐이다.

① 연통제를 통해 독립운동 자금을 모았다.
② 일제의 황무지 개간권 요구에 반대하였다.
③ 「조선 혁명 선언」을 강령으로 삼아 활동하였다.
④ 남만주 삼원보에 독립운동 기지를 건설하였다.

90. 신민회에 대한 설명으로 가장 적절하지 않은 것은?
2015 경찰직 1차

① 국권 회복과 입헌 군주 체제의 국민 국가 건설을 목표로 삼은 비밀 조직이었다.
② 표면적으로는 문화적, 경제적 실력 양성 운동을 전개하면서, 내면적으로는 국외 독립군 기지의 건설에 의한 실력 양성을 기도하였다.
③ 만주와 연해주에 독립군 기지를 건설하였다.
④ 신민회의 국내 조직은 105인 사건으로 인하여 와해되었다.

91. 다음에 제시된 두 사회 운동에 관한 설명으로 옳은 것을 〈보기〉에서 모두 고르면?

(가) 대한 자강회, 대한 협회, 신민회 등의 단체를 중심으로, 교육과 산업을 진흥시켜 독립의 기초를 만들 것을 목적으로 한 운동이었다.
(나) 제국주의 열강의 약소국 침탈이 극심하던 시기에, 일제의 보호국 체제라는 한계에도 불구하고 전개된 국권 회복을 위한 무력 투쟁이었다.

보기
㉠ (가)는 개화 자강 계열의 운동을 계승하였다.
㉡ (가)는 공화정체의 국민 국가 건설을 목표로 삼았다.
㉢ (나)는 봉건 질서의 타파를 내세운 양반 유생층이 주도하였다.
㉣ 국권 피탈 후 (나)는 무장 독립 투쟁으로 계승되었다.

① ㉠, ㉡ ② ㉠, ㉣
③ ㉡, ㉢ ④ ㉢, ㉣

개항기의 경제·사회·문화
빈출도 ★★☆

92. 다음의 경제적 구국 운동에 대한 설명으로 옳은 것은?
2016 사회복지직 9급

> 남자는 담배를 끊고 부녀자들은 비녀·가락지 등을 팔아서 민족 언론 기관에 다양한 액수의 돈을 보내며 호응했다. 이는 정부가 일본으로부터 빌린 차관 1,300만 원이라는 액수를 상환하여 경제적 독립을 이룩하기 위한 것이었다.

① 보안회가 주도하였다.
② 총독부의 탄압과 방해로 실패하였다.
③ 대구에서 시작되어 전국적으로 확대되었다.
④ '내 살림 내 것으로', '조선 사람 조선 것' 등의 표어를 내걸었다.

93. 한말 경제적 구국 운동에 대한 설명 중 옳지 않은 것은?

① 서울의 시전 상인들은 황국 중앙 총상회를 조직하고 상권 수호 운동을 전개하였다.
② 개항장 객주 등은 이륭양행, 백산상회와 같은 근대적 상회사를 설립하였다.
③ 보안회는 일제의 황무지 개간권 요구를 철회하도록 요구하였다.
④ 독립 협회는 러시아의 절영도 조차 요구를 좌절시켰다.

94. 다음의 정부 조치에 대한 설명으로 옳은 것만을 〈보기〉에서 모두 고르면?
2019 국가직 7급

> 상태가 매우 좋은 갑종 백동화는 개당 2전 5리의 가격으로 새 돈으로 바꾸어 주고, 상태가 좋지 않은 을종 백동화는 개당 1전의 가격으로 정부에서 사들이며, 팔기를 원치 않는 자에 대해서는 정부가 절단하여 돌려준다. 다만 모양과 질이 조잡하여 화폐로 인정하기 어려운 병종 백동화는 사들이지 않는다.
> — 『탁지부령』 —

보기
ㄱ. 한·일 신협약을 계기로 추진되었다.
ㄴ. 은화를 발행하여 본위화로 삼고자 하였다.
ㄷ. 제일은행권을 교환용 화폐로 사용하였다.
ㄹ. 필요한 자금을 대느라 거액의 국채가 발생하였다.

① ㄱ, ㄴ
② ㄱ, ㄹ
③ ㄴ, ㄷ
④ ㄷ, ㄹ

95. 〈보기〉는 개항 이후 경제 상황이다. 시간순으로 바르게 나열한 것은?
2018 서울시 7급

보기
ㄱ. 청 상인들이 내지 통상권을 획득하였다.
ㄴ. 일본인 재정 고문이 화폐 정리 사업을 추진하였다.
ㄷ. 대한천일은행이 고종의 적극적인 지원하에 설립되었다.
ㄹ. 일본 상인들이 개항장 중심의 거류지 무역을 시작하였다.

① ㄱ-ㄴ-ㄷ-ㄹ
② ㄱ-ㄷ-ㄴ-ㄹ
③ ㄹ-ㄱ-ㄷ-ㄴ
④ ㄹ-ㄱ-ㄴ-ㄷ

96. 개항기에 체결된 통상 협약에 대한 설명으로 옳지 <u>않은</u> 것은?
2016 국가직 9급

① 조·일 통상 장정(1876) – 곡물 유출을 막는 방곡령 규정이 합의되었다.
② 조·청 수륙 무역 장정(1882) – 서울에서 청국 상인의 개점이 허용되었다.
③ 개정 조·일 통상 장정(1883) – 일본과 수출입하는 물품에 일정 세율이 부과되었다.
④ 한·청 통상 조약(1899) – 대한 제국 황제와 청 황제가 대등한 위치에서 조약을 체결하였다.

97. 밑줄 친 '이 단체'의 운동에 대한 설명으로 옳은 것은?
2014 사회복지직 9급

> <u>이 단체</u>는 본격적으로 자신을 수호하는 운동을 벌이기에 앞서 정부로부터의 허가 과정에서 유배에 처해진 회장의 유배 해제를 주장하는 강경한 상소를 올렸다. 정부의 반응이 소극적이자 <u>이 단체</u>는 독립 협회의 민권 운동을 적극 지원하는 것이 그들의 운동에 부합하는 것이라고 생각하였다. 그리하여 <u>이 단체</u>는 독립 협회가 사회 운동의 일환으로 전개한 노륙법과 연좌법의 부활 저지 운동에 적극 참가하였다.

① 〈대한매일신보〉, 〈만세보〉 등의 언론 기관이 참여하였다.
② 시전 상인들이 경제적 특권 회복을 요구하였다.
③ 대한 자강회 등의 애국 계몽 운동 단체가 참여하였다.
④ 통감부는 양기탁을 횡령 혐의로 구속하는 등 탄압하였다.

98. 다음 지문이 가리키는 신문과 관련된 내용으로 옳은 것은?
2017 서울시 사회복지직 9급

> 그러므로 우리 조정에서도 박문국을 설치하고 관리를 두어 외국의 기사를 폭넓게 번역하고 아울러 국내의 일까지 기재하여 국중에 알리는 동시에 열국에까지 널리 알리기로 하고, 이름을 旬報라 하며 …(후략)

① 우리나라 최초의 신문으로 1883년 창간되었으며, 한문체로 발간된 관보의 성격을 띠었다.
② 최초로 국한문을 혼용하였고, 내용에 따라 한글 혹은 한문만을 쓰기도 하며 독자층을 넓혀 나가고자 하였다.
③ 한글판, 영문판을 따로 출간하여 대중 계몽을 통한 근대화를 촉진하고, 외국인에게 조선의 실정을 제대로 홍보하여 조선이 국제 사회에서 완전한 근대적 자주독립 국가로 자리매김하는 것을 목표로 하였다.
④ 국한문 혼용체를 사용한 일간지로 주로 유학자층의 계몽에 앞장섰다.

99. 다음 중 〈한성주보〉에 대한 설명으로 옳은 것은?

① 한글판과 영문판을 발행하여 대중 계몽과 조선의 실정을 외국에 알리고자 하였다.
② 최초로 국한문을 혼용하였고, 우리 신문 사상 최초로 상업 광고를 게재하였다.
③ 한문체로 발간된 관보의 성격을 띠었으며 1883년 창간되었다.
④ 유학자 층의 계몽을 위해 국한문 혼용체로 발간되었다.

100. 다음 중 개화기 언론에 대한 설명으로 옳은 것은 모두 몇 개인가?
2016 경찰직 1차

> ㉠ 국·한문 혼용체를 사용한 〈황성신문〉은 장지연의 '시일야방성대곡'을 실어 을사늑약을 비판하고 민족의식을 고취하였다.
> ㉡ 순 한글로 간행된 〈제국신문〉은 창간 이듬해 이인직이 인수하였고, 이후 〈제국신문〉은 친일지로 개편되었다.
> ㉢ 〈대한매일신보〉는 영국인 베델과 양기탁에 의하여 설립되었고, 경제적 국권 회복 운동인 국채 보상 운동에도 앞장섰다.
> ㉣ 우리나라 최초의 신문인 〈한성순보〉는 관보적 성격을 띠고 한문으로 발행되었다.
> ㉤ 일본은 1909년 신문지법을 제정하여 언론에 대한 탄압을 강화하였다.

① 1개
② 2개
③ 3개
④ 4개

101. 다음 밑줄 친 '이 신문'에 대한 설명으로 옳은 것은?

> 이 신문은 처음에는 한글과 영어를 겸용했으나, 뒤에 국한문 혼용으로 바뀌었다. 그 뒤 일반 대중을 위해서는 한글판을, 외국인을 위해서는 영문판을 발간하였다. 당시 일제 통감부가 매우 까다롭게 신문을 검열하였으나, 이 신문은 영국인이 경영하는 것으로 되어 있어 통제에서 어느 정도 벗어날 수 있었다. 신문사 정문에 '일본인 출입 금지'라고 써서 붙여 놓고 일본의 침략 행위를 규탄하였다.

① 하층민과 부녀자를 주된 독자층으로 삼았다.
② 서재필 등이 정부의 자금 지원을 받아 발간하였다.
③ 을사늑약의 불법성을 폭로하는 고종 황제의 친서를 게재하였다.
④ 조선 정부가 설립한 박문국에서 국민을 계몽하기 위하여 발간하였다.

102. 다음의 논설을 작성한 인물에 대한 설명으로 옳은 것은?
2024 국가직 9급

> 이 날을 목 놓아 우노라[是日也放聲大哭]. …(중략)… 천하만사가 예측하기 어려운 것도 많지만, 천만 뜻밖에 5개조가 어떻게 제출되었는가. 이 조건은 비단 우리 한국뿐 아니라 동양 삼국이 분열할 조짐을 점차 만들어 낼 것이니 이토[伊藤] 후작의 본의는 어디에 있는가?

① 〈한성순보〉를 창간하였다.
② 『한국통사』를 저술하였다.
③ 「독사신론」을 발표하였다.
④ 〈황성신문〉의 주필을 역임하였다.

103. 우리나라 근대 교육에 대한 설명으로 옳은 것만을 모두 고르면?
2018 지방직 7급

> ㄱ. 함경도 덕원 주민들의 건의로 근대식 학교인 원산 학사가 설립되었다.
> ㄴ. 선교사들이 들어와서 세운 기독교 계통의 학교에는 배재 학당과 이화 학당 등이 있었다.
> ㄷ. 정부는 외국어 교육 기관으로 동문학을 설립하였다.
> ㄹ. 「교육 입국 조서」가 반포되었고, 사범 학교와 외국어 학교의 관제가 제정되었다.

① ㄱ
② ㄱ, ㄴ
③ ㄱ, ㄴ, ㄷ
④ ㄱ, ㄴ, ㄷ, ㄹ

104. 다음 내용이 발표된 이후 설립된 교육 기관은 무엇인가?

> 세상 형편을 돌아보건대, 부강하고 독립한 나라들은 모두 그 나라 백성들이 개명(開明)한 지식을 가지고 있다. …(중략)… 짐은 정부에 지시하여 학교를 널리 세우고 인재를 양성하며, 신민(臣民)이 학식으로 나라를 중흥시키는 큰 공로를 이룩하게 하겠다.

① 동문학
② 원산 학사
③ 배재 학당
④ 한성 사범 학교

105. 근대 교육 기관 및 교육에 대한 설명으로 가장 적절한 것은?
2016 경찰직 2차

① 고종은 광무개혁의 일환으로 교육 입국 조서를 반포하며 지·덕·체를 아우르는 교육을 내세웠고, 이에 따라 소학교, 한성 사범 학교 등이 설립되었다.
② 배재 학당, 숭실 학교, 경신 학교, 정신 여학교는 개신교 선교사들이 설립한 사립 학교이다.
③ 최초의 사립 학교인 육영 공원은 함경도 덕원 주민들과 개화파 인사들의 합자로 설립되었으며, 외국어·자연과학·국제법 등 근대 학문과 함께 무술을 가르쳤다.
④ 대성 학교, 오산 학교, 서전서숙, 보성 학교는 국내에 설립된 교육 기관이다.

106. 다음 사건 중 발생 연도가 다른 하나는?
2019 경찰직 1차

① 박문국이 설립되어 한성순보를 발간하기 시작하였다.
② 전환국이 설립되어 당오전(當五錢)을 발행하였다.
③ 우리나라 최초의 근대적 사립 학교인 원산 학사가 설립되었다.
④ 우리나라 최초의 철도인 경인선이 개통되었다.

107 다음 근대 시설을 볼 수 있었던 시기의 모습으로 가장 적절하지 않은 것은?

> 화륜차 소리는 우레와 같아 천지가 진동하고, 기관차의 굴뚝 연기는 하늘 높이 솟아오르더라. 차창에 앉아서 밖을 내다보니 산천초목이 모두 움직이는 것 같고, 나는 새도 미처 따르지 못하더라.

① 정미의병에 참여한 홍범도
② 이화 학당에 다니는 여학생
③ 명동 성당 완공을 축하하는 프랑스 신부
④ 백동화를 발행하는 전환국

108 다음 자료에 제시된 종교계의 동향을 통해 추론할 수 있는 내용으로 옳은 것은?

> ○ 개신교의 선교사들이 다수 입국하여 활동하였다.
> ○ 손병희는 동학을 천도교로 개칭하였다.
> ○ 박은식은 유교구신론(儒敎求新論)을 전개하였다.
> ○ 한용운은 조선불교유신론(朝鮮佛敎維新論)을 내세웠다.
> ○ 나철, 오기호 등은 대종교를 창시하였다.

> ㉠ 새로운 민족 종교가 창시되었다.
> ㉡ 유교계에서도 개화 운동을 지지하는 혁신 운동이 일어났다.
> ㉢ 천주교와 불교에 대한 정부의 탄압이 계속되고 있었다.
> ㉣ 종교계에서도 매국적 행위에 앞장섰던 사람들이 있었다.

① ㉠, ㉡
② ㉡, ㉢
③ ㉢, ㉣
④ ㉠, ㉣

109 다음 자료와 관련 있는 인물의 활동으로 옳은 것은?
2013 서울시 9급

> 무릇 동양의 수천 년 교화계(敎化界)에서 바르고 순수하며 광대 정미하여 많은 성인이 뒤를 이어 전하고 많은 현인이 강명(講明)하는 유교가 끝내 인도의 불교와 서양의 기독교와 같이 세계에 대발전을 하지 못함은 어째서이며, 근세에 이르러 침체 부진이 극도에 달하여 거의 회복할 가망이 없는 것은 무슨 까닭이뇨. …(중략)… 그 원인을 탐구하여 말류(末流)를 추측하니 유교계에 3대 문제가 있는지라. 그 3대 문제에 대하여 개량(改良) 구신(求新)을 하지 않으면 우리 유교는 흥왕할 수가 없을 것이며 …(중략)… 여기에 감히 외람됨을 무릅쓰고 3대 문제를 들어서 개량 구신의 의견을 바치노라.
> — 〈서북학회월보〉 제1권 —

① 양명학을 토대로 대동 사상을 주창하였다.
② 만세보를 발간하여 민족의식을 고취하였다.
③ 위정척사 운동의 계승과 실천을 강조하였다.
④ 「독사신론」을 통해 역사학의 방향을 제시하였다.
⑤ 신민족주의를 제창하여 민족주의의 한계를 극복하려 하였다.

110 다음과 같이 주장한 인물의 활동으로 옳은 것은?

> 불교의 유신은 마땅히 먼저 파괴를 해야 한다. 유신이란 무엇인가? 파괴의 자손이다. …(중략)… 그러나 파괴라고 해서 모든 것을 무너뜨려 없애 버리는 것을 뜻하지 않는다. 다만 구습 중에서 시대에 맞지 않은 것을 고쳐서 이를 새로운 방향으로 나아가야 한다는 것뿐이다.
> — 『조선불교유신론』 —

① 만주에서 의민단을 조직하였다.
② 〈만세보〉를 발행하여 계몽 활동을 펼쳤다.
③ 「님의 침묵」 등의 문학 작품을 발표하였다.
④ 대성 학교를 설립하여 교육 활동에 힘썼다.

111 밑줄 친 '그'에 대한 설명으로 옳은 것은?

2018 국가직 7급

〈독립신문〉 발간에 관여했던 그는 독립신문사 안에 '국문 동식회(國文同式會)'를 조직했으며, 1897년 4월에 '국문론'이라는 글을 발표하기도 했다. 그는 당시의 문장들이 한문에 토를 다는 형식에 그치고 있다면서 실제로 말하는 대로 글을 쓰는 '언문일치'가 필요하다고 주장했다.

① 『우리말 큰 사전』의 편찬을 주도하였다.
② 문법 서적인 『국어문법』을 저술하였다.
③ 조선어 연구회를 주도적으로 조직하였다.
④ 한글맞춤법 통일안을 만들어 발표하였다.

112 다음은 1910년에 초판이 발행된 『국어문법(國語文法)』이다. 이 저서를 쓴 인물에 대한 설명으로 옳은 것은?

2023 계리직 9급

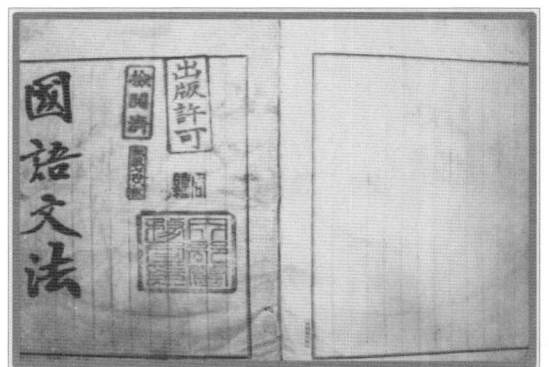

① 가갸날을 제정하였다.
② 국문 연구소에서 활동하였다.
③ 조선어 학회 사건으로 구속되었다.
④ 한글 맞춤법 통일안의 원안 작성에 참여하였다.

113 다음은 어느 외국인의 가상 회고록이다. 밑줄 그은 '건축물'로 적절하지 않은 것은?

한국사능력검정시험 고급 기출

내가 만국 평화 회의를 취재하러 네덜란드 헤이그에 갔다가 대한 제국 특사의 죽음을 보게 된 것은 충격이었다. 그해 난 미국에 돌아오자마자 신문사에 한국으로 보내주길 요청했고, 겨울이 시작될 무렵 서울에 도착할 수 있었다. 그해가 가기 전 일행과 함께 전차를 타고 눈 덮인 황후의 무덤을 다녀오면서 죽은 황후를 향한 한국 황제의 애틋한 사랑 이야기를 전해 들었던 게 기억이 난다. …(중략)… 4년 뒤 서울을 떠나 고향으로 돌아오기 전까지, 나는 서울의 이곳저곳을 돌며 여러 건축물을 볼 수 있었다.

①
②
③
④
⑤

114. 밑줄 친 '철도'에 대한 설명으로 옳지 않은 것은?
2020 국가직 7급

> 그 종점이 되는 초량 등은 혹시 그럴 수도 있으므로 괴이할 것이 없으나 중간 장시나 향촌의 참(站)에는 화물이 풍부하지 않고 탑승객이 많지 않은데 어찌 그 부지로 20만 평이나 쓰는가. 이는 일본인의 식민 계략이니, …(중략)… 또한 본 철도 선로가 완성되면 물산 제조와 정치상 사업이 진보하여 얼마간 확장되는 면이 있겠으나 일본의 식민 욕심은 이 때문에 더욱 절실해질 것이다.
> -〈황성신문〉, 1901년 10월 7일-

① 군용 철도 명목으로 개통되었다.
② 부설을 위하여 한성 전기 회사가 설립되었다.
③ 부설 과정에서 한국인의 토지와 가옥이 강압적으로 수용되었다.
④ 일본은 부설에 따른 각종 이권을 획득하고자 군사적 위협을 가하였다.

115. 개항 이후 서양 문물의 수용과 발전에 대한 설명으로 적절하지 않은 것은?
2014 경찰직 2차

① 박문국에서는 신문을 발간하였고, 기기창에서는 서양 무기를 제조하였다.
② 근대 교통 시설로서 서울에서부터 전차와 기차가 운행되기 시작하였다.
③ 서양 의학이 보급되면서 근대 의료 시설인 광혜원을 설립하여, 지석영에게 책임을 맡겼다.
④ 서울에는 명동 성당과 덕수궁 석조전과 같은 서양식 건축물이 세워졌다.

116. 다음 설명하는 '이 지역'과 관련된 사실로 옳은 것은?

> '이 지역'에서는 통일 신라 때 혈구진이 설치되었고, 철종의 잠저(왕이 되기 전 살았던 집)인 용흥궁이 있다.

① 고려 시대 강동 6주 가운데 흥화진이 있었던 곳이다.
② 근대적 교육 기관인 육영 공원이 이 지역에 설치되었다.
③ 물산 장려 운동이 이 지역에서 처음 시작되었다.
④ 최초의 근대적 조약이 체결된 지역이다.

에듀윌이 너를 지지할게
ENERGY

하고 싶은 일에는
방법이 보이고
하기 싫은 일에는
핑계가 보인다.

– 필리핀 격언

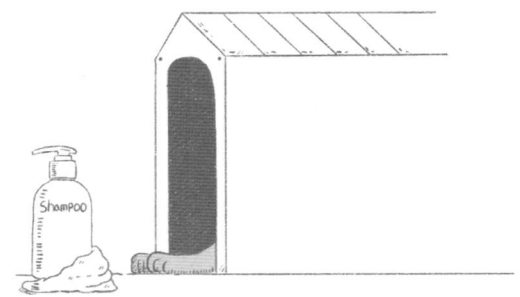

CHAPTER 02 일제 강점기

출제 비중 39%

필수기출 & 출제예상편

일제의 식민 정책
빈출도 ★★☆

01 <보기>의 사건 이후 한반도의 상황에 대한 설명으로 가장 옳지 않은 것은?
2019 2월 서울시 7급

보기

일본은 일진회를 사주하여 「합방청원서」를 제출하도록 하였다. 그리고 1910년 초 일본은 러시아와 영국, 프랑스로부터 한국 병합에 대한 승인을 받아 국제적인 여건을 충족시킨 뒤 한국 병합 조약을 강제로 체결하였다(1910. 8. 22.).

① 일본은 자국의 '헌법'과 '법률'을 적용하여 한국에 무단 통치를 실시하였다.
② 일본은 한국을 일본의 새로운 영토의 일부로 병합하고, 국가명이 아닌 지역명 '조선'으로 호칭했다.
③ 육해군 대장 중에서 임명된 조선 총독은 일본 천황에 직속되어 한반도에 대한 입법·사법·행정권을 장악하고 있었다.
④ 헌병 경찰은 구류, 태형, 3개월 이하의 징역 등에 해당하는 한국인의 범죄에 대해 법 절차나 재판 없이 즉결 처분할 수 있는 권한이 있었다.

02 (가) 시기에 있었던 사실로 옳은 것은?
2022 국가직 9급

한국을 식민지로 삼은 일제는 헌병에게 경찰 업무를 부여한 헌병 경찰제를 시행했다. 헌병 경찰은 정식 재판 없이 한국인에게 벌금 등의 처벌을 가하거나 태형에 처할 수도 있었다. 한국인은 이처럼 강압적인 지배에 저항해 3·1 운동을 일으켰으며, 일제는 이를 계기로 지배 정책을 전환했다. 일제가 한국을 병합한 직후부터 3·1 운동이 벌어진 때까지를 (가) 시기라고 부른다.

① 토지 조사령이 공포되었다.
② 창씨개명 조치가 시행되었다.
③ 초등 교육 기관의 명칭이 국민학교로 변경되었다.
④ 전쟁 물자 동원을 내용으로 한 국가 총동원법이 적용되었다.

03 다음 법령이 시행되던 시기에 있었던 사실은?
2019 국가직 7급

제1조 회사의 설립은 조선 총독의 허가를 받아야 한다.
…(중략)…
제5조 회사가 본령이나 본령에 의거하여 발하는 명령과 허가 조건에 위반하거나 또는 공공질서와 선량한 풍속에 반하는 행위를 할 때, 조선 총독은 사업의 정지, 지점의 폐쇄 또는 회사의 해산을 명할 수 있다.

① 경성 제국 대학이 설립되었다.
② 경찰범 처벌 규칙이 제정되었다.
③ 학교에서 조선어 사용이 금지되었다.
④ 일본 상품에 대한 관세가 철폐되었다.

04 조선 총독부가 실시한 소위 문화 통치의 내용으로 옳지 않은 것은? 2018 지방직 7급

① 전국 각지에 대화숙을 설치하여 사상범에게 전향을 강요하였다.
② 헌병 경찰제가 보통 경찰제로 전환되면서 경찰의 수가 증가하였다.
③ 치안 유지법을 제정하여 사상을 통제하고 사회 운동을 탄압하였다.
④ 문관도 총독으로 임명될 수 있도록 하였으나 무관 총독만이 부임하였다.

05 다음 법령이 제정된 이후 일제의 정책으로 옳은 것은?

제1조 국체를 변혁하는 것을 목적으로 하는 결사를 조직한 자 또는 결사의 임원, 기타 지도자의 임무에 종사한 자는 사형이나 무기 또는 5년 이상의 징역 또는 금고에 처한다. …(중략)… 사유 재산 제도를 부인하는 것을 목적으로 결사를 조직한 자, 결사에 가입한 자 또는 결사의 목적 수행을 위해 행위를 한 자는 10년 이하의 징역 또는 금고에 처한다.

① 일본의 식량 문제를 안정적으로 해결하기 위해 산미 증식 계획이 처음 시작되었다.
② 식민지 관료를 양성하기 위해 조선에 경성 제국 대학이 설립되었다.
③ 관동 대지진이 일어난 후 재일 조선인들이 학살당했다.
④ 독립운동을 탄압하기 위한 조선 사상범 보호 관찰령이 공포되었다.

06 다음 '시정방침'에 따른 통치가 이루어지던 시기에 일어난 대중 운동으로 옳지 않은 것은? 2022 계리직 9급

총독은 문무관 어느 쪽이라도 임용될 수 있는 길을 열고, 나아가 헌병에 의한 경찰 제도를 바꿔 보통 경찰에 의한 경찰 제도를 채택할 것이다. 그리고 복제를 개정하여 일반 관리, 교원이 제복을 입고 칼을 차던 것을 폐지하고, 조선인의 임용, 대우를 더 많이 고려하고자 한다.
─ 사이토 마코토, '시정방침' ─

① 전국적 규모의 노동자 조직으로서 조선 노동 공제회가 결성되었다.
② 빈농을 주체로 한 토지 혁명을 주장하는 농민 조합 운동이 일어났다.
③ 대중 운동 전국적 조직화의 일환으로 조선 청년 총동맹이 결성되었다.
④ 백정들이 신분에 대한 불만을 타파하고자 조선 형평사를 설립하였다.

07 다음 법령이 실시된 기간에 있었던 사실로 옳은 것은? 2020 국가직 9급

제1조 국체를 변혁 또는 사유 재산제를 부인할 목적으로 결사를 조직하거나 그 정을 알고 이에 가입하는 자는 10년 이하의 징역 또는 금고에 처함
제2조 전조의 제1항의 목적으로 그 목적한 사항의 실행에 관하여 협의한 자는 7년 이하의 징역 또는 금고에 처함

① 조선 태형령이 공포되었다.
② 경성 제국 대학이 설립되었다.
③ 물산 장려 운동이 시작되었다.
④ 학도 지원병 제도가 실시되었다.

08 밑줄 그은 '새로운 지배 정책'이 시행된 시기에 제정된 법령의 내용으로 옳은 것은?

한국사능력검정시험 고급 기출

> 일제는 헌병 경찰 통치 대신 새로운 지배 정책을 내세웠다. 그러나 언론·출판의 자유 허용도 기만 정책의 표면적 구호에 그쳤다. 일제는 신문·잡지에 대한 사전 검열을 강화하였고, 기사를 마음대로 삭제하거나 신문의 정간도 폐간도 서슴지 않았다. 결사나 집회의 허용도 친일 단체를 조직하는 데 이용되었다. 즉, 친일 단체나 자산가, 종교인의 집회는 인정하고, 노동자, 농민, 학생의 조직이나 집회는 가차 없이 탄압하였다.

① 국가 총동원이란 전시에 국방 목적을 달성하기 위해 …(중략)… 인적 및 물적 자원을 운용하는 것이다.
② 신문지를 발행하려는 자는 발행지를 관할하는 관찰사를 경유하여 내무대신에게 청원하여 허가를 받아야 한다.
③ 문서, 도서를 출판하고자 하는 때는 저작자 또는 그 상속자 및 발행자가 …(중략)… 내무대신에게 허가를 신청하여야 한다.
④ 사유 재산 제도를 부인하는 것을 목적으로 결사를 조직하는 자, 결사에 가입하는 자, …(중략)… 10년 이하의 징역 또는 금고에 처한다.
⑤ 정치에 관하여 불온한 언어·동작을 하거나 …(중략)… 치안을 방해하는 자는 50 이상의 태형, 10개월 이하의 금옥 또는 2개년 이하의 징역에 처한다.

09 다음 방침과 관련된 일제 강점기의 모습으로 가장 적절한 것은?

2016 경찰직 2차

> ○ 친일 분자를 귀족·양반·유생·부호·실업가·교육가·종교가 등에 침투시켜 그 계급과 사정에 따라 각종 친일 단체를 조직케 할 것
> ○ 종교적 사회 운동을 이용하기 위해 사찰령을 개정하여 불교 각 종파의 총 본산을 경성에 두고, 이를 관장하거나 원조하는 기관의 회장에 친일 분자를 앉히는 한편 기독교에 대해서도 상당한 편의와 원조를 제공할 것
> ○ 친일적인 민간 유지자(有志者)에게 편의와 원조를 제공하고, 수재 교육의 이름 아래 조선 청년을 친일 분자의 인재로 양성할 것
> ○ 조선인 부호·자본가에 대해 일·선(日·鮮) 자본가의 연계를 추진할 것

① 조선 어업령을 공포하여 모든 어민의 기득권을 부인하고 새로이 면허·허가를 받아 조업하도록 하였다.
② 조선 광업령을 공포하여 광업권에 대한 허가제를 실시하였다.
③ 치안 유지법을 통해 언론·집회·결사를 탄압하였다.
④ 회사령을 공포하여 회사를 설립할 경우 총독부의 허가를 받도록 하였다.

10 다음은 일제 강점기 어느 학교 개교식 참관기의 일부이다. 이 학교에 대한 설명으로 옳은 것은?

> 예과와 법문학부, 의학부만 완성하는 데 임시비만 500만 원가량 들었고, 경상비는 매년 40~50만 원이었다. 조선에 있는 10여 개 전문학교 경상비를 다 합친 금액보다 많았다. 그 엄청난 경비는 물론 조선인의 고혈을 짜내 벌어들이는 세금으로 충당됐다. 그런데 그 학교에서 가르치는 사람 중에서 조선인은 한 사람도 없었다. 168명 학생 중에서 조선인은 고작 44명이었다. 출입문에서 사무원이 주는 그 학교 일람 비슷한 인쇄물을 읽을 때, 나는 이루 말할 수 없는 서글픈 느낌이 전광같이 머리로 지나가는 것을 느낄 수 있었다.

① 1930년대 우리 역사와 우리말을 연구하는 조선학 운동의 중심지가 되었다.
② 일제가 민립 대학 설립 운동에 찬성하여 학교의 설립이 이루어질 수 있었다.
③ 일제 강점기 최초로 설립된 대학으로 졸업생의 다수가 관료로 사회에 진출하였다.
④ 미국 북 감리교 선교사인 아펜젤러에 의해 설립된 학교로, 주시경과 이승만을 배출하였다.

11 다음 법령이 실시되었던 시기에 일제가 실시한 정책을 〈보기〉에서 고른 것은? 2014 법원직 9급

> 제1조 국가 총동원이란 전시에 국방 목적을 달성하기 위해 국가의 전력을 가장 유효하게 발휘하도록 인적 및 물적 자원을 운용하는 것이다.
> 제4조 정부는 전시에 국가 총동원상 필요할 때에는 칙령이 정하는 바에 따라 제국 신민을 징용하여 총동원 업무에 종사하게 할 수 있다.
> 제8조 정부는 전시에 국가 총동원상 필요할 때에는 칙령이 정하는 바에 따라 물자의 생산, 수리, 배급, 양도, 기타의 처분, 사용, 소비, 소지 및 이동에 관하여 필요한 명령을 내릴 수 있다.

보기
ㄱ. 한글을 사용하는 신문과 잡지를 강제 폐간시켰다.
ㄴ. 소학교 대신 국민학교라는 명칭을 사용토록 하였다.
ㄷ. 조선 태형령과 경찰범 처벌 규칙을 만들어 시행하였다.
ㄹ. 사회주의자들을 탄압하기 위해 치안 유지법을 만들었다.

① ㄱ, ㄴ ② ㄱ, ㄹ
③ ㄴ, ㄷ ④ ㄷ, ㄹ

12 일제의 식민 정책을 시기순으로 바르게 나열한 것은?

> ㄱ. 국가 총동원법을 발표하였다.
> ㄴ. 국민 징용령을 제정하여 조선인들의 노동력을 수탈하였다.
> ㄷ. 회사 설립 기준을 신고제로 바꾸었다.
> ㄹ. 임시 토지 조사국을 설치하였다.

① ㄷ → ㄹ → ㄱ → ㄴ
② ㄷ → ㄹ → ㄴ → ㄱ
③ ㄹ → ㄷ → ㄱ → ㄴ
④ ㄹ → ㄷ → ㄴ → ㄱ

13. 다음의 법률에 근거하여 실시된 식민지 정책으로 옳지 않은 것은?
2018 국가직 9급

> 제4조 정부는 전시에 국가 총동원상 필요하다고 인정될 때에는 칙령이 정하는 바에 따라서 제국 신민을 징용하여 총동원 업무에 종사하도록 할 수 있다.
> 제7조 정부는 칙령이 정하는 바에 따라 노동 쟁의의 예방 혹은 해결에 관한 명령, 작업소 폐쇄, 작업 혹은 노무의 중지 …(중략)… 등을 명할 수 있다.

① 국민 징용령을 공포하여 강제적인 노무 동원을 실시하였다.
② 금속류 회수령을 제정하여 주요 군수 물자를 공출하였다.
③ 육군 특별 지원병령을 제정하여 지원병을 선발하였다.
④ 물자 통제령을 공포하여 배급제를 확대하였다.

14. 밑줄 친 '그해'에 발생한 사건으로 옳은 것은?
2020 국가직 7급

> 그해에는 이미 나의 앞에는 한 발자국 내어 디딜 땅조차 없었다. 그 때문에 사회로 나선 나의 첫 발길은 오대산으로 더 깊이 들어가는 것이었다. …(중략)… 전해에는 『동아』, 『조선』 두 신문의 폐간을 보았고, 그해에는 다시 『문장』 폐간호를 절간에서 받아 보게 되었다.
> — 조지훈, 「화동 시절의 추억」 —

① 조선에 치안 유지법이 시행되었다.
② 한국 독립당이 건국 강령을 발표하였다.
③ 조선 민족 전선 연맹이 조선 의용대를 조직하였다.
④ 총독부가 국민 정신 총동원 조선 연맹을 설치하였다.

15. 〈보기〉의 내용과 시기적으로 가장 먼 것은?
2023 서울시 9급(자체 출제)

> **보기**
> 신고산이 우루루 화물차 가는 소리에
> 금붙이 쇠붙이 밥그릇마저 모조리 긁어 갔고요
> 어랑어랑 어허야
> 이름 석 자 잃고서 족보만 들고 우누나

① 조선 식량 관리령을 시행하여 곡물을 강제로 공출하였다.
② 여자 정신 근로령을 통해 여성에 대한 강제 동원이 이루어졌다.
③ 기업 정비령과 기업 허가령을 시행하여 기업 통제를 강화하였다.
④ 어업령, 삼림령, 광업령 등을 제정하여 각종 자원을 독점하기 시작하였다.

16. 다음 자서전의 내용이 전개되던 시기에 일제가 시행한 정책으로 가장 적절한 것은?
2013 지방직 9급

> 7월 20일, 학생들과 체조를 하고 있었는데 면사무소 직원이 징병 영장을 가져왔다. 흰 종이에는 '징병 영장' 그리고 '8월 1일까지 함경북도에 주둔한 일본군 나남 222부대에 입대하라'고 적혀 있었다. 7월 30일, 앞면에는 '무운장구(武運長久)' 뒷면에는 '축 입영'이라고 적힌 붉은 천의 어깨 띠를 두르고 신사를 참배한 후 순사와 함께 나룻배를 타고 고향을 떠났다. 용산역에서 기차를 탈 때까지 순사는 매섭게 나를 감시하였다.

① 일진회를 앞세워 한·일 합방을 청원하게 하였다.
② 공출 제도를 강화하여 놋그릇, 농기구까지 수탈하였다.
③ 우가키 총독이 농촌 개발을 명분으로 농촌 진흥 운동을 주장하였다.
④ 헌병 경찰이 칼을 차고 민간의 치안 및 행정 업무를 처리하도록 하였다.

17 다음 내용과 관련된 사업이 실시된 시기에 볼 수 있는 모습으로 옳은 것은?

> 1. 토지 소유권은 조선 총독, 또는 그 권한을 위촉받은 자가 결재·시행한다.
> 2. 소유권의 주장은 신고주의를 원칙으로 한다.
> 3. 불복자에 대해서는 증거주의를 채택한다.
> 4. 토지의 지주는 조선 총독이 정하는 기간 내에 그 주소, 성명 또는 명칭 및 소유지의 소재, 결수를 임시 토지 조사 국장에게 통지한다.
> 5. 임시 토지 조사국은 토지 대장 및 지도를 작성하고, 토지의 조사 및 측량에 대해 사정(査定)으로 확정한 사항 또는 재결을 거친 사항을 이에 등록한다.

① 을사늑약 체결을 강요하는 을사오적
② 국민 대표 회의에서 새로운 정부 수립을 주장하는 세력
③ 3·1 운동에서 대한 독립 만세를 외치는 농민
④ 친일파를 처단하는 대한 광복회 단원

18 (가) 기구가 존속한 시기의 사람들이 볼 수 있었던 사실로 적절한 것은? 2018 국가직 9급

> 지주는 조선 총독이 정하는 기간 내에 (가) 혹은 그것의 출장소 직원에게 신고해야 한다. 만약 제출을 태만히 하거나 신고서를 제출하지 않을 시에는 당국에서 해당 토지에 대해 소유권의 유무 등을 조사하다가 소유자를 알지 못하는 경우에 지주가 없는 것으로 간주하여 국유지로 편입할 수 있다.

① 조선 청년 연합회에 출입하는 일본인 고문
② 신문에 연재 중인 소설 「무정」을 읽는 학생
③ 연초 전매 제도에 따라 조합에 수매되는 담배
④ 의열단에 가입하는 신흥 무관 학교 출신 청년

19 다음 법령에 따라 추진된 사업이 실시되었던 시기의 모습으로 가장 옳은 것은? 2023 법원직 9급

> 1. 토지의 조사 및 측량은 이 영에 의한다.
> …(중략)…
> 4. 토지의 소유자는 조선 총독이 정하는 기간 내에 그 주소, 성명·명칭 및 소유지의 소재, 지목, 자번호, 사방의 경계표, 등급, 지적, 결수를 임시 토지 조사 국장에게 신고하여야 한다. 다만, 국유지는 보관 관청에서 임시 토지 조사 국장에게 통지하여야 한다.
> …(하략)

① 국민부가 조선 혁명당을 결성하는 모습
② 러시아에 대한 광복군 정부가 조직되는 모습
③ 〈신여성〉, 〈삼천리〉 등의 잡지가 발행되는 모습
④ 연해주의 한국인이 중앙아시아로 강제 이주되는 모습

20 산미 증식 계획의 영향으로 가장 옳지 않은 것은? 2018 서울시 7급

① 식민지 조선 내에서 부족해진 식량은 만주에서 조, 수수, 콩 등의 잡곡을 수입해서 메꾸었다.
② 대한 제국 정부와 황실의 땅 등 모든 국유지는 물론 황무지나 소유 관계가 불분명한 땅들도 모두 조선 총독부로 귀속시켰다.
③ 소작 농민들은 고율의 소작료 외에도 수리 조합비를 비롯한 여러 비용을 부담해야 했다.
④ 지주들은 일본으로의 쌀 수출을 통해 이익을 증대시켰다.

21 다음 정책의 결과로 옳지 않은 것은? 2022 계리직 9급

> 총독부는 15년 동안 토지 개량과 농사 개량을 통해 식량 생산을 대폭 늘려 일본으로 더 많은 쌀을 가져가고 조선의 농민 생활도 안정시킨다는 계획을 세웠다. 이를 위해 논의 비중을 높이고 저수지와 같은 수리 시설을 개선·확충하며, 다수확 품종과 비료 개발을 진행했다.

① 조선인 자작농이 감소하고 소작농이 급증하였다.
② 미(米) 단작화로 경제 구조의 파행성이 심화되었다.
③ 전국 토지의 토지 대장, 지적도, 등기부가 작성되었다.
④ 식량 부족분을 해결하기 위해 만주산 좁쌀 등이 수입되었다.

22. 다음 정책에 대한 설명으로 옳은 것은?
한국사능력검정시험 고급 기출

> ○ 농촌 진흥 개선에 뜻을 가진 자는 적절하고 철저하게 지도 계발에 나서야 한다.
> - 조선 총독 우가키 가즈시게의 연설, 1932년 -
>
> ○ 농가 갱생책
> - 각 농가의 경제 갱생을 위한 구체적 방책의 수립을 중심으로 하고, 정신 자세의 중요성도 충분히 천명할 것
> - 지방의 실정에 따라 식량의 충실, 금전 경제의 수지 균형, 부채 근절을 목표로 하여 연차 계획을 수립할 것
> - 「농가 경제 갱생 계획 수립에 관한 방침」, 1933년 -

① 양곡의 무제한 유출이 허용되는 계기가 되었다.
② 동양 척식 주식회사를 세워 사업을 추진하였다.
③ 식량 배급을 실시하고 국방 헌금을 강요하였다.
④ 관습적인 경작권을 부정하여 소작농의 입지를 약화시켰다.
⑤ 대공황으로 더욱 궁핍해진 농민의 저항을 무마하려고 하였다.

23. 다음 시기에 일제가 자행한 수탈 정책은?

> 세계적인 경제 공황으로 인하여 후진 자본주의 국가인 일본 경제가 타격을 입자, 사회 불안이 증대되고 정부에 대한 불신이 높아졌다. 이에 일본 군부는 정변을 일으켜 실권을 장악하고 대륙 침략을 감행하였다.

① 남면 북양 정책
② 토지 조사 사업
③ 산미 증식 계획
④ 관세 제도 철폐

24. 조선 총독부의 식민지 경제 정책으로 옳지 않은 것은?
2016 국가직 7급

① 1910년대 - 회사 설립을 허가제로 한 회사령을 공포하였다.
② 1920년대 - 미곡 증산을 표방한 산미 증식 계획을 수립하였다.
③ 1930년대 - 농공은행을 통합하여 조선식산은행을 설립하였다.
④ 1940년대 - 전체 농민까지 식량 공출을 강제한 식량 관리령을 제정하였다.

1910년대 항일 운동, 3·1 운동, 대한민국 임시 정부
빈출도 ★★★

25. 다음 자료는 어떤 단체의 활동이다. ㉠에 들어갈 단체로 옳은 것은?

> ㉠ 은(는) 경주에서 대구로 향하던 일제의 수송 차량을 습격하여 거액의 현금을 빼앗은 뒤 이 자금으로 무기를 구입하였고, 각 지방 부호들의 재산 상태를 조사한 후 그 재산에 비례하여 독립운동 자금을 납부하도록 배당하였다. 이 과정에서 ㉠ 은(는) 독립운동에 비협조적이거나 자금 제공을 거부하는 자, 또는 일제에 밀고하는 친일파를 처단하여 광복의 의지를 온 세상에 밝혔다. 그 대표적인 사건이 전 관찰사 장승원과 도고 면장 박용하 사살 사건이었다.

① 조선 국권 회복단
② 의열단
③ 국민 군단
④ 대한 광복회

26 다음 강령을 발표한 단체에 대한 설명으로 옳은 것은? 2025 국가직 9급

> 1. 부호의 의연금 및 일본인이 불법 징수하는 세금을 압수하여 무장을 준비한다.
> 6. 일본인 고관 및 한국인 반역자를 수시 수처에서 처단하는 행형부를 둔다.
> 7. 무력이 완비되는 대로 일본인 섬멸전을 단행하여 최후 목적의 달성을 기한다.

① 「조선 혁명 선언」을 활동 지침으로 삼았다.
② 일본에 국권 반환 요구서를 보내려 하였다.
③ 박상진을 총사령으로 하여 공화정체를 지향하였다.
④ 대한민국 임시 정부의 김구가 중심이 되어 창설하였다.

27 ㉠~㉣에 들어갈 단체로 옳은 것은? 2018 지방직 7급

> ○ 1911년 북간도로 거점을 옮긴 대종교는 (㉠)(이)라는 무장 독립 단체를 만들었다. 이 단체는 3·1 운동 이후 북로 군정서로 발전하였다.
> ○ 러시아 연해주에서는 권업회를 기반으로 한 (㉡)이/가 수립되었다. 이 단체는 이상설과 이동휘를 중심으로 하여 독립 전쟁을 준비하였다.
> ○ 1915년 의병 계열과 애국 계몽 운동 계열의 비밀 결사들이 통합하여 결성된 (㉢)은/는 공화국 건설을 목표로 하였다. 그러나 군자금을 마련하던 중 경찰에게 조직이 드러나 해체되었다.
> ○ 경상도 일대에서는 윤상태, 서상일, 이시영 등이 중심이 되어 (㉣)을/를 조직하였다. 이 단체는 3·1 운동이 일어나자 이에 적극 가담하여 각 지방의 만세 운동을 주도하였다.

	㉠	㉡	㉢	㉣
①	중광단	대한 광복회	대한 광복군 정부	조선 국권 회복단
②	조선 국권 회복단	중광단	대한 광복회	대한 광복군 정부
③	중광단	대한 광복군 정부	대한 광복회	조선 국권 회복단
④	대한 광복군 정부	중광단	조선 국권 회복단	대한 광복회

28. 〈보기〉 자료의 민족 운동가들이 추진한 독립운동에 대한 서술로 가장 옳은 것은?
2019 2월 서울시 9급

> 보기
>
> 8월 초에 여러 형제분이 모여서 같이 만주로 갈 준비를 하였다. 비밀리에 땅과 집을 파는데, 여러 집을 한꺼번에 처분하니 얼마나 어려우리요. 그때만 해도 여러 형제분 집은 예전 대갓집이 그렇듯이 종살이를 하는 사람이 수없이 많았고 …(중략)… 우리 집 어른(이회영)은 옛날 범절을 따지지 않고 위아래 구분 없이 뜻만 같으면 악수하여 동지로 대접하였다. …(중략)… 1만여 석의 재산과 가옥을 모두 팔고 경술년(1910) 12월 30일에 큰집, 작은집이 함께 압록강을 건너 떠났다.
>
> -이은숙, 『민족 운동가 아내의 수기, 서간도 시종기』-

① 신흥 강습소를 만들어 민족 교육과 독립군 양성을 추진하였다.
② 대한 광복군 정부, 대한 국민 의회 등의 독립운동 기지를 설립하였다.
③ 간민회를 기반으로 서전서숙과 명동학교 등 학교를 세워 민족 교육을 실시하였다.
④ 나라를 되찾은 후 고종을 복위시키려는 목표를 세우고 전국적인 의병 봉기를 준비하였다.

29. 밑줄 친 '그'의 활동으로 옳은 것은?
2020 지방직 9급(서울시 9급)

> 경술년(1910)에 여러 형제들이 모여서 같이 만주로 갈 준비를 하였다. …(중략)… 그(1867~1932)는 1만여 석의 재산과 가옥을 모두 팔고 큰 집, 작은 집이 함께 압록강을 건너 떠났다. 그는 만주에서 독립군 양성 기관인 신흥 강습소를 설립하였다.

① 조선어 학회 사건으로 옥고를 치렀다.
② 독립운동 단체인 경학사를 조직하였다.
③ 3·1 운동 민족대표 33인 중 한 명이었다.
④ '삼균주의'에 입각한 한국 국민당을 결성하였다.

30. 밑줄 친 '강습소'에 대한 설명으로 옳은 것은?

> 1911년 만주 유하현 삼원보에 독립군 양성을 목적으로 하는 강습소가 설립되었다. 이 강습소는 이듬해에 통화현으로 근거지를 옮겼으며, 나중에 학교로 개편되었다. 이 학교에는 4년제 중학 과정의 본과가 있었고, 3개월 또는 6개월의 무관 양성을 위한 속성과인 특별과가 있었다.

① 일제가 만주 군벌과 체결한 미쓰야 협정으로 폐교되었다.
② 이회영 등이 독립운동 기지 건설 운동의 일환으로 설립하였다.
③ 대한민국 임시 정부가 출범함에 따라 상해로 근거지를 옮겼다.
④ 중·일 전쟁 이후에 조선 민족 전선 연맹의 산하 조직으로 편입되었다.

31. 밑줄 친 '이곳'에서 일어난 사실로 옳은 것을 〈보기〉에서 모두 고른 것은?
2017 국가직 7급

> 이곳에서는 한인 집단 거주지인 신한촌이 형성되어 자치 기구와 학교가 만들어졌으며, 다양한 독립운동이 일어났다. 이곳에서 이상설 등은 성명회를 조직하여 독립운동을 벌였고, 이후 임시 정부의 성격을 가진 대한 국민 의회가 전로 한족회 중앙 총회로부터 개편 조직되었다.

> 보기
>
> ㄱ. 권업회라는 독립운동 단체가 조직되었다.
> ㄴ. 독립군 양성을 위한 신흥 강습소가 설치되었다.
> ㄷ. 대한 광복군 정부가 수립되어 독립운동을 벌였다.
> ㄹ. 신규식, 박은식 등의 주도로 동제사가 조직되었다.

① ㄱ, ㄴ
② ㄱ, ㄷ
③ ㄴ, ㄹ
④ ㄷ, ㄹ

32 밑줄 친 '그'에 대한 설명으로 옳은 것은?

> 그는 대한 제국의 군인 출신으로 강화 진위대에서 참령으로 근무하였고 신민회에 참여하였다. 이후 러시아로 망명하여 1914년 설립된 대한 광복군 정부의 부통령을 지냈으며, 러시아 혁명 이후 최초의 사회주의 정당인 한인 사회당을 결성하였다.

① 해방 이후 조선 인민당을 창당하였고, 좌·우 합작 위원회에 참여하였다
② 신간회에 참여하였으며 해방 이후 미군정 민정장관을 역임하였다.
③ 대한민국 임시 정부의 군무총장과 국무총리를 역임하였다.
④ 중국 호로군과 연합하여 쌍성보 전투 등에서 혁혁한 전과를 올렸다.

33 밑줄 친 ⊙ 이후에 일어난 사실로 옳지 않은 것은?

2019 국가직 9급

> 상쾌한 아침의 나라라는 뜻을 지닌 조선은 일본의 총칼 아래 민족정신을 무참하게 유린당했다. …(중략)… 조선 민족은 독립항쟁을 줄기차게 계속하였다. 그 중에서도 중요한 것은 ⊙ 1919년의 독립 만세 운동이었다.
> — 네루, 『세계사 편력』 —

① '암태도 소작쟁의'가 일어났다.
② '정우회 선언'이 발표되었다.
③ 임병찬이 독립 의군부를 조직하였다.
④ 조선 민립 대학 기성회가 창립되었다.

34 다음 선언문 발표 이후의 사실로 옳지 않은 것은?

> 吾等은 茲에 我 朝鮮의 獨立國임과 朝鮮人의 自主民임을 宣言하노라. 此로써 世界萬邦에 告하야 人類平等의 大義를 克明하며, 此로써 子孫萬代에 誥하야 民族自存의 正權을 永有케 하노라.

① 조선 총독부 산하에 조선사 편찬 위원회가 설치되었다.
② 경상도에서는 대종교에 귀의한 윤상태, 서상일 등이 조선 국권 회복단을 조직하였다.
③ 임시 정부 안에 노선 갈등이 일어나자 이를 조정하기 위해 국민 대표 회의가 소집되었다.
④ 만주 지역에서 채찬, 김승학 등을 중심으로 참의부가 결성되었다.

35 다음 중 3·1 운동의 배경·전개·의의에 관한 설명으로 옳지 않은 것은?

2019 경찰직 1차

① 미국 대통령 윌슨의 민족 자결주의는 제1차 세계 대전 이후 지구상의 모든 식민지 처리에 적용되었다.
② 상하이의 신한 청년단은 파리 강화 회의에 보낼 독립 청원서를 작성하여 김규식을 대표로 파견하였다.
③ 만주, 연해주, 일본 등지에서도 만세 운동이 벌어졌다.
④ 제1차 세계 대전 승전국의 식민지에서 일어난 최초의 반제 민족 운동이다.

36. 다음과 같은 선포문을 발표하면서 성립한 정부의 정책으로 옳지 않은 것은?
2023 국가직 9급

> 제1조 대한민국은 민주공화제로 함
> …(중략)…
> 민국 원년 3월 1일 우리 대한민족이 독립을 선언한 뒤 …(중략)… 이제 본 정부가 전 국민의 위임을 받아 조직되었으니 전 국민과 더불어 전심(專心)으로 힘을 모아 국토 광복의 대사명을 이룰 것을 선서한다.

① 독립 공채를 발행하였다.
② 기관지로 〈독립신문〉을 발간하였다.
③ 비밀 행정 조직인 연통부를 설치하였다.
④ 재정 확보를 위하여 전환국을 설립하였다.

37. (가)에 대한 설명으로 옳은 것은?
2022 국가직 9급

> 3·1 운동 직후에 만들어진 (가) 은/는 연통제라는 비밀 행정 조직을 만들었으며, 국내 인사와의 연락과 이동을 위해 교통국을 두었다. 또 외교 선전물을 간행하여 일제 침략의 부당성을 널리 알리고자 하였다. 그러나 이러한 활동은 뚜렷한 성과를 내지 못하였다. 그러한 가운데 (가) 의 활동 방향을 두고 외교 운동 노선과 무장 투쟁 노선 사이에서 갈등이 빚어지기도 하였다.

① 외교 운동을 위해 미국에 구미 위원부를 설치하였다.
② 비밀 결사 운동을 추진하고자 독립 의군부를 만들었다.
③ 이인영, 허위 등을 중심으로 서울 진공 작전을 추진하였다.
④ 영국인 베델을 발행인으로 한 〈대한매일신보〉를 창간하였다.

38. (가)에 대한 설명으로 옳은 것은?

> (가) 는 만주의 이륭양행이나 부산의 백산상회를 통해 군자금을 확보하였고, 사료 편찬소를 설치하여 『한일관계사료집』을 편찬하였다. 또한 무관학교를 설립하여 독립 전쟁을 수행할 초급 지휘관 양성에 노력하였다. 한편 (가) 는 1941년 강령을 발표하여 새로운 국가에서의 보통선거제, 주요 재산의 국유화, 국비 의무 교육 등을 제시하였다.

① 「조선 혁명 선언」을 강령으로 채택하였다.
② (가)의 군사 조직으로는 지청천이 지휘하는 한국 독립군이 대표적이다.
③ 윤봉길의 의거 이후, 상해를 떠나 각 지역을 이동하였다.
④ 권업회를 모체로 연해주에서 조직되었다.

39. 밑줄 친 '그'에 대한 설명으로 옳은 것은?
2018 지방직 9급(사회복지직 9급)

> 그는 신민회 회원으로 활동하면서 해서 교육 총회에 가담해 교육 사업에 힘을 기울였으며, 안악 사건에 연루되어 일제 경찰에 체포되었다. 1923년에 열린 국민 대표 회의에서 창조파와 개조파가 대립했을 때, 그는 국민 대표 회의의 해산을 명하는 내무부령을 공포하였다. 그 뒤 그는 한국 국민당을 조직하는 등 독립운동 정당을 만들기 위해 노력하였다.

① 평양에서 열린 남북 협상 회의에 참석하였다.
② 조선 민족 혁명당을 조직하고 조선 의용대를 이끌었다.
③ 안재홍과 함께 조선 건국 준비 위원회를 주도적으로 조직하였다.
④ 대통령 직선제를 골자로 하는 발췌 개헌안을 국회에 제출하였다.

40 다음 발의로 개최된 ㉠에 대한 설명으로 옳은 것은?
2017 국가직 9급(사회복지직 9급)

> 베이징 방면의 인사는 분열을 통탄하며 통일을 촉진하는 단체를 출현시키고 상하이 일대의 인사는 이를 고려하여 개혁을 제창하고 있다. …(중략)… 근본적 대해결로써 통일적 재조를 꾀하여 독립운동의 신국면을 타개하려고 함에는 다만 민의뿐이므로 이에 ㉠ 의 소집을 제창한다.

① 파리 강화 회의에 김규식을 파견하는 것이 논의되었다.
② 삼균주의를 바탕으로 한 건국 강령이 채택되었다.
③ 한국 국민당을 통한 정당 정치 실시가 결정되었다.
④ 창조파와 개조파 등의 주장이 대립되었다.

41 밑줄 친 '회의'에서 있었던 사실은?
2021 국가직 9급

> 본 회의는 2천만 민중의 공정한 뜻에 바탕을 둔 국민적 대화합으로 최고의 권위를 가지고 국민의 완전한 통일을 공고하게 하며, 광복 대업의 근본 방침을 수립하여 우리 민족의 자유를 만회하며 독립을 완성하기를 기도하고 이에 선언하노라. …(중략)… 본 대표 등은 국민이 위탁한 사명을 받들어 국민적 대단결에 힘쓰며 독립운동이 나아갈 방향을 확립하여 통일적 기관 아래에서 대업을 완성하고자 하노라.

① 「대한민국 건국 강령」이 상정되었다.
② 박은식이 임시 대통령으로 선출되었다.
③ 민족 유일당 운동 차원에서 조선 혁명당이 참가하였다.
④ 임시 정부를 대체할 새로운 조직을 만들자는 주장이 나왔다.

42 (가)에 들어갈 내용으로 옳은 것을 〈보기〉에서 고른 것은?

> 한국 국민당을 조직하여 임시 정부를 이끌던 김구는 조소앙, 지청천 등과 함께 한국 광복 운동 단체 연합회를 결성하였다. 이후 이들은 한국 국민당, 한국 독립당, 조선 혁명당을 각각 해산하고 김구를 위원장으로 하는 한국 독립당을 결성하였다. 중국 국민당 정부를 따라 충칭에 정착한 대한민국 임시 정부는 이후 _____(가)_____.

보기
㉠ 국무령 중심의 내각 책임제로 개편하였다.
㉡ 의열 투쟁을 전개하고자 한인 애국단을 조직하였다.
㉢ 조소앙의 삼균주의에 기초한 건국 강령을 반포하였다.
㉣ 지청천을 총사령으로 하는 한국광복군을 창설하였다.

① ㉠, ㉡ ② ㉠, ㉢
③ ㉡, ㉢ ④ ㉢, ㉣

43 ㉠ 정당에 대한 설명으로 옳은 것은?
2019 지방직 7급

> 한국 국민당과 조선 혁명당, 한국 독립당은 몇 차례에 걸친 논의를 통해 통합하기로 결정하였다. 이들은 1940년에 자신들의 조직을 해체하고 힘을 합쳐 ㉠ 을/를 조직하였다. 강화된 조직력을 바탕으로 ㉠ 은/는 독립운동을 활발하게 펼쳐 나갈 수 있게 되었다.

① 조선 의용대 화북 지대를 흡수하여 조선 의용군을 조직하였다.
② 무력 투쟁을 준비하기 위해 만주에 신흥 무관 학교를 창설하였다.
③ 대한민국 임시 정부를 주도적으로 이끌어 나가는 역할을 하였다.
④ 쌍성보와 대전자령 전투에서 일본군을 물리쳤다.

44 다음 자료가 발표된 이후의 역사적 사실로 옳지 않은 것은?

제1장 총 칙
一. 우리나라는 우리 민족의 반만 년 이래로 공동한 말과 글과 국토와 주권과 경제와 문화를 가지고 공동한 민족정기를 길러온 우리끼리로써 형성하고 단결한 고정적 집단의 최고 조직임
二. 우리나라의 건국 정신은 삼균제도(三均制度)의 역사적 근거를 두었으니 수미균평위(首尾均平位)하야 흥방보태평(興邦保太平)하리다. 이는 사회 각층 각급의 지력, 권력, 부력의 향유를 균평하게 하야 국가를 진흥하며 태평을 보유(保維)하려 함이니 홍익인간과 이화세계(理化世界)하자는 우리 민족의 지킬 바 최고 공리(公理)임

① 대한민국 임시 정부는 대일 선전 포고문을 발표하였다.
② 대한민국 임시 정부는 개헌을 통해 주석, 부주석 제도를 채택하였다.
③ 한국 국민당, 한국 독립당, 조선 혁명당이 합당하여 한국 독립당이 창당되었다.
④ 제4차 조선 교육령을 공포하여 모든 교육 기관의 수업 기간을 단축하였다.

45 ㉠에 대한 설명으로 옳은 것은? 2019 국가직 7급

민국 23년에 채택한 ㉠ 에는 언론과 종교의 자유를 보장하며, 무상 교육을 시행하겠다는 내용이 담겨 있다. …(중략)… 현재 우리의 급무는 연합군과 같이 일본을 패배시키고 다른 추축국을 물리치는 데에 있다. 우리는 독립과 우리가 원하는 정부, 국가를 원한다. 이를 위해 ㉠ 의 정신을 바탕으로 독립된 나라를 건설해 나가야 한다.
— 〈신한민보〉 —

① 보통 선거 실시를 주장하였다.
② 조선 건국 동맹에서 발표하였다.
③ 파괴와 폭동 등에 의한 민중의 직접 혁명을 강조하였다.
④ 남북 제 정당 사회단체 대표자 회의의 소집을 요구하였다.

46 1940년대 대한민국 임시 정부에 대한 설명으로 옳은 것만을 모두 고르면? 2018 국가직 7급

ㄱ. 의열 활동을 위해 한인 애국단을 결성하였다.
ㄴ. 삼균주의를 바탕으로 한 건국 강령을 발표하였다.
ㄷ. 대일 선전 포고를 하고 연합군과 합동 작전을 전개하였다.
ㄹ. 정부의 형태가 대통령제에서 국무령 중심의 의원 내각제로 바뀌었다.

① ㄱ, ㄴ ② ㄱ, ㄹ
③ ㄴ, ㄷ ④ ㄷ, ㄹ

47 대한민국 임시 정부가 〈보기〉의 체제 개편을 하기 이전에 한 활동으로 가장 옳은 것은?

2023 서울시 9급(자체 출제)

> 보기
>
> 대한민국 임시 정부는 헌법을 개정하여 집단 지도 체제인 국무위원제를 채택했다. 즉, 5~11인의 국무위원 가운데 한 사람을 주석으로 선출하되, 주석은 대통령이나 국무령과 같이 특별한 권한을 갖지 않고 다만 회의를 주재하는 권한만 갖게 했다.

① 이승만을 탄핵하고 박은식을 임시 대통령으로 추대했다.
② 조소앙의 삼균주의에 기초한 건국 강령을 반포하였다.
③ 의열 투쟁을 전개하고자 한인 애국단을 조직하였다.
④ 한국 국민당을 조직하여 정당 정치를 운영하였다.

1920년대 이후 항일 운동, 의열단, 한인 애국단

빈출도 ★★★

48 다음 내용과 관계된 무장 항일 단체는?

> 일제 군경에 대한 유격전을 전개함으로써 상당한 전과를 거두었으며, 만주의 광복군 사령부와 긴밀하게 협조하였다. 그 후 일제 군경의 집요한 반격으로 활동이 여의치 않자 만주로 이동하여 대한 통의부에 편입되었다.

① 보합단
② 경학사
③ 구월산대
④ 천마산대

49 (가) 시기에 있었던 사실로 옳은 것은? 2019 지방직 7급

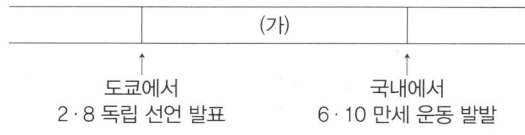

도쿄에서 2·8 독립 선언 발표 — (가) — 국내에서 6·10 만세 운동 발발

① 박상진이 대한 광복회를 조직하였다.
② 일제가 국가 총동원법을 적용하였다.
③ 임병찬이 독립 의군부를 만들었다.
④ 상하이에서 대한민국 임시 정부가 수립되었다.

50 다음 자료와 관련된 민족 운동에 대한 설명으로 옳은 것은?

> 우리 민중의 통곡과 복상(服喪)은 이척(순종)의 죽음 때문만은 아니다. …(중략)… 울고 싶어도 울지 못한 전 조선 민중의 단결에 의하여 일본 제국주의에 대항하여 싸움을 시작하자! 슬퍼하는 민중이여, 하나가 되어 혁명 단체 깃발 아래로 모이자! 일본 제국주의를 박멸하자!

① 평양에서 시작되어 전국으로 확산되었다.
② 대한민국 임시 정부 수립의 계기가 되었다.
③ 일제가 치안 유지법을 적용하여 탄압하였다.
④ 한국인 학생과 일본인 학생 사이의 충돌에서 비롯되었다.

51 밑줄 친 (　　) 운동에 대한 설명으로 옳은 것은?

2023 계리직 9급

> 다음은 대한 제국 황제의 장례일에 일어난 (＿＿) 운동 당시 등장한 격문들의 내용이다.
> • 대한 독립 만세!
> • 일체 남세를 거부하자.
> • 언론·출판·집회의 자유를!
> • 교육 용어는 조선어로!
> • 우리의 철천의 원수는 자본·제국주의 일본이다.

① 임시 정부 수립 운동을 촉발하였다.
② 신간회가 현장에 진상 조사단을 파견하였다.
③ 관세 철폐에 직면하여 자구책으로 시작하였다.
④ 사회주의자들과 민족주의자들이 함께 준비하였다.

52. 밑줄 친 '이 운동'에 대한 설명으로 옳은 것은?
2019 지방직 7급

> 1929년에 통학 열차를 이용하던 한 일본인 학생이 한국인 여학생을 희롱한 사건이 일어났다. 이에 분노한 한국인 학생은 일본인 학생에 맞서 싸웠다. 이때 일제 경찰은 일본인 학생만 두둔하고 나섰다. 광주의 학생들은 이에 대응해 시위를 벌였다. 일제의 차별 정책에 맞서 일어난 이 운동은 전국으로 퍼졌고 곳곳에서 동맹 휴학 투쟁이 연이어 벌어졌다.

① 진주에서 조선 형평사가 창설되는 결과로 이어졌다.
② 조선 민립 대학 설립 운동이 시작되는 배경이 되었다.
③ 신간회가 그 진상을 규명하고자 조사단을 현지에 파견하였다.
④ 비타협적 민족주의자들이 조선 민흥회를 만들게 된 계기가 되었다.

53. 다음 독립운동과 관련된 설명으로 옳은 것은?

> ㉠ 3·1 운동
> ㉡ 6·10 만세 운동
> ㉢ 광주 학생 항일 운동

① ㉠은 비폭력적 시위에서 무력적인 저항 운동으로 변화하였다.
② ㉡ 이후에 사회주의 사상이 본격적으로 국내에 유입되었다.
③ ㉡과 ㉢으로 인해 일제는 식민 통치 방식을 획기적으로 바꾸었다.
④ 시기적으로 ㉠-㉢-㉡의 순서로 진행되었다.

54. 다음 사실들을 시기순으로 바르게 나열한 것은?
2020 경찰직 1차

> ㉠ 홍범도, 최진동, 안무 등이 연합하여 봉오동에서 일본군을 급습하여 크게 이겼다.
> ㉡ 윤봉길이 상하이에서 폭탄을 던져 일본군 장성과 다수의 고관을 살상하였다.
> ㉢ 연해주 지역에 한인 집단촌인 신한촌이 건설되고, 대한 광복군 정부가 조직되었다.
> ㉣ 한국 독립당, 조선 혁명당, 의열단을 비롯한 여러 단체의 인사들이 민족 혁명당을 창건하였다.

① ㉠ → ㉡ → ㉢ → ㉣
② ㉡ → ㉢ → ㉣ → ㉠
③ ㉢ → ㉠ → ㉡ → ㉣
④ ㉣ → ㉢ → ㉠ → ㉡

55. 다음 사건을 일어난 순서대로 바르게 나열한 것은?
2017 국가직 7급

> ㄱ. 일제는 중국 마적단을 매수하여 훈춘의 일본 영사관을 공격하게 하는 조작 사건을 일으켰다.
> ㄴ. 서일을 총재로 하는 대한 독립 군단은 소비에트 러시아의 자유시로 이동하였다.
> ㄷ. 일제는 무장 독립 세력을 진압하기 위해 만주 군벌과 미쓰야 협정을 맺었다.
> ㄹ. 한국 독립당의 산하에 지청천을 총사령관으로 하는 한국 독립군이 조직되었다.

① ㄱ → ㄴ → ㄷ → ㄹ
② ㄴ → ㄱ → ㄹ → ㄷ
③ ㄷ → ㄹ → ㄴ → ㄱ
④ ㄹ → ㄷ → ㄱ → ㄴ

56 다음 사건 직후에 벌어진 사실로 가장 적절한 것은?

2019 경찰직 2차

> 6월 7일 상오 7시 북간도에 주둔한 아군 7백은 북로 사령부 소재인 왕청현 ○○○을 향하여 행군하다가 뜻하지 않게 같은 곳을 향하는 적군 3백을 발견하였다. 아군을 지휘하던 ○○○, ○○○ 두 장군은 즉시 적을 공격하였다. 급사격으로 적 1백 20여 명의 사상자를 내게 하고 도주하는 적을 즉시 추격하여 현재 전투 중에 있다.

① 일제가 중국 마적을 매수하여 훈춘의 민가, 일본 영사관을 습격하고, 이를 핑계로 일본 군대를 두만강 이북으로 출병시켰다.
② 중국 의용군과 연합하여 영릉가 전투, 흥경성 전투에서 일본군에 크게 승리하였다.
③ 백운평 전투를 시작으로 일본군과 6일 동안 10여 회에 걸친 전투를 벌여 크게 승리하였다.
④ 중국 호로군과 한·중 연합군을 편성하여 쌍성보·사도하자·경박호·동경성·대전자령 전투 등 여러 전투에서 일본군을 상대로 큰 승리를 거두었다.

57 다음 전투에 대한 설명으로 가장 옳은 것은?

> 우리 독립군은 이 날 일본군을 공격하여 큰 전과를 이룬 후 갑산촌으로 이동하였다. 이후 독립군은 어랑촌에서 승리하는 등 일본군과 10여 차례 전투에서 승리하였다.

① 조선 의용군이 활약하였다.
② 한·중 연합 작전이 전개되었다.
③ 중국 국민당 정부의 지원을 받았다.
④ 독립 전쟁 사상 최대 규모의 승리였다.

58 (가) 무장 투쟁에 대한 탐구 활동으로 가장 적절한 것은?

한국사능력검정시험 고급 기출

이것은 1920년 10월, 백운평·완루구·어랑촌 등지에서 일본군에 맞서 싸운 [(가)] 당시 독립군들이 불렀던 노래 가사의 일부입니다. 독립군들의 비장한 각오를 잘 보여주고 있습니다.

> 하늘은 미워한다.
> 배달족의 자유를 약탈하는 왜적 놈들을
> 삼천리 강산에 열혈이 끓어
> 분연히 일어나는 우리 독립군
> 맹세코 싸우고 또 싸우리니
> 성결한 전사를 하게 하소서
> ― 「기전사가(祈戰死歌)」 ―

① 조선 의용대가 참여한 전투에 대해 알아본다.
② 일본군에서 탈출한 학도병들의 활동을 정리한다.
③ 북로 군정서와 대한 독립군의 활약상을 조사한다.
④ 조선 혁명군이 흥경성에서 승리한 요인을 살펴본다.
⑤ 한국 독립군이 대전자령에서 수행한 작전을 찾아본다.

59 다음에서 설명하는 단체는 무엇인가?

> 1923년 압록강 건너 남만주 대안 일대에서 조직된 자치 정부 겸 독립운동 단체이며, 임시 정부와 연계하여 운영되었다.

① 국민부
② 참의부
③ 정의부
④ 신민부

60

다음 글은 (가)의 부탁을 받고 (나)가 지은 것이다. (가)와 (나)에 대한 설명으로 옳은 것은?

2022 지방직 9급(서울시 9급)

> 우리는 '외교', '준비' 등의 미련한 꿈을 버리고 민중 직접 혁명의 수단을 취함을 선언하노라. 조선 민족의 생존을 유지하자면 강도 일본을 쫓아내야 하고, 강도 일본을 쫓아내려면 오직 혁명으로써만 가능하니, 혁명이 아니고는 강도 일본을 쫓아낼 방법이 없는 바이다.

① (가)는 조선 의용대를 결성하였고, (나)는 '국혼'을 강조하였다.
② (가)는 신흥 무관 학교를 세웠고, (나)는 형평사를 창립하였다.
③ (가)는 조선 건국 동맹을 조직하였고, (나)는 식민 사학의 한국사 정체성론을 반박하였다.
④ (가)는 황포 군관 학교에서 훈련받았고, (나)는 민족주의 역사 서술의 기본 틀을 제시하였다.

61

㉠ 조직에 대한 설명으로 옳은 것은?

2018 지방직 9급(사회복지직 9급)

> 1922년 3월, 중국 상하이에서 (㉠)이/가 일본 육군대장 타나카 기이치(田中義一)를 암살하고자 한 사건이 발생했다. 이때 체포된 독립운동가들은 일본 경찰에 인도되어 심문을 받게 되었는데, 그 심문 과정에서 (㉠)에 속한 김익상이 1921년 9월 조선 총독부 건물에 폭탄을 던진 의거의 당사자라는 사실이 밝혀졌다.

① 공화주의를 주창하는 내용의 대동 단결 선언을 작성해 발표하였다.
② 이 조직에 속한 이봉창이 일왕이 탄 마차 행렬에 폭탄을 던졌다.
③ 일부 구성원을 황포 군관 학교에 보내 군사 훈련을 받도록 하였다.
④ 새로 부임하는 사이토 조선 총독에게 폭탄을 투척하는 의거를 일으켰다.

62

다음 선언문의 강령에 따라 활동한 단체에 대한 설명으로 옳은 것은?

2019 지방직 9급

> 민중은 우리 혁명의 대본영(大本營)이다. 폭력은 우리 혁명의 유일한 무기이다. 우리는 민중 속으로 가서 민중과 손을 맞잡아 끊임없는 폭력-암살, 파괴, 폭동으로써 강도 일본의 통치를 타도하고 우리 생활에 불합리한 일체의 제도를 개조하여 인류로써 인류를 압박하지 못하며, 사회로써 사회를 박탈하지 못하는 이상적 조선을 건설할지니라.

① 원산에서 일본인이 한국인 노동자를 구타한 사건을 계기로 총파업을 일으켰다.
② 한국 독립당, 조선 혁명당 등과 함께 민족 혁명당을 결성하였다.
③ 청산리 지역에서 일본군과 접전을 벌여 대승을 거두었다.
④ 임시 정부 활동에 활기를 불어넣고자 결성하였다.

63

〈보기〉의 선언문을 지침으로 삼은 단체의 활동에 대한 설명으로 가장 옳은 것은?

보기

> 강도 일본이 우리의 국호를 없이 하며, 우리의 정권을 빼앗으며, 우리의 생존적 필요조건을 다 박탈하였다. …(중략)… 혁명의 길은 파괴부터 개척할지니라. 그러나 파괴만 하려고 파괴하는 것이 아니라 건설하려고 파괴하는 것이니, 만일 건설할 줄을 모르면 파괴할 줄도 모르며, 파괴할 줄을 모르면 건설할 줄도 모를지니라. 건설과 파괴가 다만 형식상에서 보아 구별될 뿐이요 정신상에서는 파괴가 곧 건설이니, 이를테면 우리가 일본 세력을 파괴하려는 것이, …(후략)

① 오성륜, 김익상, 이종암이 상해 황포탄에서 일본 육군대장 다나카 기이치를 저격하였다.
② 이봉창이 동경에서 일왕 히로히토에게 폭탄을 던졌다.
③ 백정기, 이강훈, 원심창이 상해 육삼정에서 일본 공사 아리요시를 암살하려고 시도하였다.
④ 윤봉길이 상해 홍구 공원에서 열린 일본의 천장절 행사에 폭탄을 던졌다.

64. 밑줄 친 '이 의거'를 일으킨 단체에 대한 설명으로 옳은 것은?
2024 지방직 9급

> 김구는 상하이 각 신문사에 편지를 보내 자신이 이 의거의 주모자임을 스스로 밝혔다. 이 편지에서 김구는 윤봉길이 휴대한 폭탄 두 개는 자신이 특수 제작하여 직접 건넨 것이며, 일본 민간인을 포함하여 다른 나라 사람이 무고한 피해를 입지 않도록 신중을 기하라고 당부하였음을 강조하였다.

① 이봉창이 단원으로 활동하였다.
② 고종의 밀명을 받아 결성되었다.
③ 「조선 혁명 선언」을 활동 지침으로 삼았다.
④ 일제가 날조한 105인 사건으로 와해되었다.

65. 밑줄 친 '선생'의 활동으로 옳은 것은?
2020 국가직 7급

> 그 길로 함께 안공근의 집에 가서 선서식을 하고 폭탄 두 개와 300원을 주면서 "선생은 마지막 가시는 길이니 이 돈을 아끼지 말고 동경(東京) 가시기까지 다 쓰시오. 동경에 도착하여 전보를 치면 다시 돈을 보내드리리다."라고 말했다. 그리고 기념사진을 찍기 위해 사진관으로 갔는데, 사진을 찍을 때 내 얼굴에 자연 슬픈 기색이 있었던지 그가 나를 위로하면서 "저는 영원한 쾌락을 누리고자 이 길을 떠나는 것이니 서로 기쁜 얼굴로 사진을 찍으십시다."라고 하였다. 나 역시 미소를 띠고 사진을 찍었다.

① 홍커우 공원에서 폭탄을 던졌다.
② 만주에서 의열단을 결성하였다.
③ 하얼빈에서 이토 히로부미를 사살하였다.
④ 상하이에서 한인 애국단에 참가하였다.

66. 다음 평가를 받은 사건을 전개한 단체에 대한 설명으로 옳은 것은?

> ○ 피고의 행위는 천황 행차 행렬을 침해한 대죄입니다. 따라서 결코 용서할 수 없는 행위이므로 피고에 대해서는 사형에 처해야 한다고 생각됩니다.
> — ○○○ 공판조서 —
>
> ○ 그가 수류탄을 휴대하고 일본 세관의 검사와 경찰의 감시를 피해 동경까지 잠입한 것은 대단한 기백이 있었기 때문에 가능한 것입니다. …(중략)… 우리들이 그의 죽음을 백 번 천 번 추도하는 것도 그의 유지를 계승하기 위함입니다.

① 김구에 의해 조직되었다.
② 만주 지린에서 결성되었다.
③ 105인 사건으로 해체되었다.
④ 「조선 혁명 선언」을 활동 지침으로 하였다.

67. ㉠ 부대에 대한 설명으로 옳은 것은?
2018 지방직 9급(사회복지직 9급)

> (㉠)은/는 1933년에 중국인 부대와 연합하여 동경성 전투 등을 치르며 큰 전과를 올렸고, 대전자령에서는 일본군을 기습 공격하여 승리를 거두었다.

① 하와이에 대조선 국민 군단을 창설하였다.
② 양세봉의 지휘하에 흥경성 전투에 참여하였다.
③ 만주 지역에서 활동했던 한국 독립당의 산하 조직이었다.
④ 중국 의용군과 연합하여 영릉가 전투에서 일본군을 물리쳤다.

68 다음 자료의 전투에 참여한 독립군 부대에 대한 설명으로 옳은 것은?   한국사능력검정시험 고급 기출

> 대전자령의 공격은 이천만 대한 인민을 위하여 원수를 갚는 것이다. 총알 한 개 한 개가 우리 조상 수천 수만의 영혼이 보우하여 주는 피의 사자이니 제군은 단군의 아들로 굳세게 용감히 모든 것을 희생하고 만대 자손을 위하여 최후까지 싸우라.
> — 지청천. 1933년 중국 대전자령 전투에 앞서서 —

① 대한민국 임시 정부의 직할 부대로 창설되었다.
② 중국 관내에서 결성된 최초의 한인 무장 부대였다.
③ 조선 혁명 간부 학교를 세워 군사력을 강화하였다.
④ 중국 호로군과 연합 작전을 통해 항일 전쟁을 전개하였다.
⑤ 러시아에 의해 무장 해제를 당하여 세력이 크게 약화되었다.

70 1930년대의 무장 독립 전쟁에 대한 설명이다. 빈칸에 들어갈 말로 가장 적절한 것은?   2017 경찰직 1차(여경 재시험)

> 조선 혁명군은 (㉠)의 지휘하에 부대를 5개 중대로 개편 정비하고 중국의 요령 민중 자위군과 연합 전선을 결성하기로 합의하였다. 중국 (㉡)과 연합 작전을 전개한 조선 혁명군은 영릉가 전투, 흥경성 전투, 신개령 전투, 통화현 전투 등에서 대규모의 일·만 연합군과 격전을 벌여 이를 대파하였다.
> (㉢)이 이끈 한국 독립군은 중국의 (㉣)과 연합하여 쌍성보, 경박호, 사도하자, 동경성 전투에서 일본군 또는 일·만 연합군을 크게 격파하였다. 특히 대전자령 전투에서는 4시간에 걸친 격전 끝에 승리하였으며 막대한 전리품을 획득하여 한·중 연합군의 사기를 크게 높였다.

	㉠	㉡	㉢	㉣
①	양세봉	의용군	지청천	호로군
②	지청천	의용군	양세봉	호로군
③	양세봉	호로군	지청천	의용군
④	지청천	호로군	양세봉	의용군

69 다음 자료에 해당하는 독립군 부대에 대한 설명으로 옳은 것은?

> 얼음에 풀린 소자강은 수심이 깊었다. 게다가 얼음덩어리가 뗏목처럼 흘러내렸다. 하지만 이 강을 건너지 못하면 영릉가로 쳐들어갈 수 없었다. 밤 12시 정각까지 영릉가에 들어가 공격을 알리는 신호탄을 울려야만 했다. 양세봉 사령관은 전사들에게 소자강을 건너라고 명령하고 나서 자기부터 먼저 강물에 뛰어들었다.

① 자유시 참변으로 시련을 겪었다.
② 연합군의 일원으로 태평양 전쟁에 참여하였다.
③ 남만주에서 중국군과 힘을 합쳐 항일 전쟁을 벌였다.
④ 중국 관내에서 결성된 최초의 한인 무장 부대였다.

71 밑줄 그은 '이 부대'에 대한 설명으로 옳은 것은?   한국사능력검정시험 고급 기출

> 1935년 난징에서 민족 혁명당이 결성되었다. 중·일 전쟁이 발발하자 민족 혁명당은 다른 단체들과 연합하여 조선 민족 전선 연맹을 결성하였고, 이듬해 중국 국민당 정부의 지원을 받아 이 부대를 조직하였다.

① 양세봉의 지휘 아래 활동하였다.
② 영릉가 전투에서 일본군을 물리쳤다.
③ 일본군의 공세를 피해 자유시로 이동하였다.
④ 중국 관내에서 결성된 최초의 한인 무장 부대였다.
⑤ 중국 호로군과 함께 한·중 연합 작전을 전개하였다.

72. 밑줄 친 '이 단체'에 대한 설명으로 옳은 것은?
2018 국가직 7급

> 1930년대 일제의 중국 침략이 본격화되자, 중국 본토에서 활동하던 독립운동 단체들은 좌·우의 대립을 지양하고 민족 연합 전선을 형성하기 위해 상하이에서 '한국 대일 전선 통일 동맹'을 결성하고 민족 유일당 건설을 제창하였다. 이에 여러 단체의 인사들이 난징에서 회의를 열고 이 단체를 창건하였다. 이는 단순한 여러 단체의 동맹이 아니라 단일 정당을 형성한 것이다.

① 한국 독립당, 한국 국민당, 조선 혁명당 3당의 통합으로 만들어졌다.
② 지청천, 조소앙의 독주로 김원봉이 탈퇴하였다.
③ 동북 항일 연군을 산하의 군사 조직으로 두었다.
④ 창설 당시 김구는 참여하지 않았다.

73. 밑줄 친 '우리 부대'에 대한 설명으로 옳은 것은?
2013 지방직 9급(사회복지직 9급)

> 이번 연합군과의 작전에 모든 운명을 거는 듯하였다. 주석(主席)과 우리 부대의 총사령관이 계속 의논하는 것을 옆에서 들었기 때문에 더욱 일의 중대성을 절감하였다. 드디어 시기가 온 것이다! 독립 투쟁 수십 년에 조국을 탈환하는 결정적 시기가 온 것이다. 이때의 긴장감은 내가 일본 군대를 탈출할 때와는 다른 긴장감이었다. 목적은 같으나 그때는 막연한 미지의 세계에 뛰어드는 것이었지만 이번에는 분명히 조국으로 가는 것이 아닌가?
> － 『장정』 －

① 중국 공산군과 함께 화북에서 항일전을 벌였다.
② 만주에서 중국 의용군과 연합 작전을 수행하였다.
③ 중국 관내에서 조직된 최초 한국인 군사 조직이었다.
④ 인도, 미얀마 전선에서 영국군과 공동 작전을 펼쳤다.

74. (가)에 대한 설명으로 옳지 않은 것은?
2025 지방직 9급

> 대한민국 임시 정부는 대한민국 원년에 정부가 공포한 군사 조직법에 의거하여 …(중략)… (가) 을/를 조직하고 …(중략)… 공동의 적인 일본 제국주의자들을 타도하기 위해 연합군의 일원으로 항전을 계속한다.

① 중국군과 연합하여 쌍성보 전투에서 승리했다.
② 조선 의용대가 합류하여 군사력이 한층 더 강화되었다.
③ 중국 충칭에서 국민당 정부의 지원을 받아 창설되었다.
④ 영국군의 협조 요청으로 미얀마, 인도 전선에 파견되었다.

75. 다음 자료가 발표된 이후의 사실에 해당하지 않는 것은?
2020 국가직 9급

> 우리는 3천만 한국 인민과 정부를 대표하여 삼가 중·영·미·소·캐나다 기타 제국의 대일 선전이 일본을 격파하고 동아를 재건하는 가장 유효한 수단이 됨을 축하하여 이에 특히 다음과 같이 성명한다.
> 1. 한국 전 인민은 현재 이미 반침략 전선에 참가하였으니 한 개의 전투 단위로서 추축국에 선전한다.
> 2. 1910년의 합방 조약과 일체의 불평등 조약의 무효를 거듭 선포하며 아울러 반(反) 침략 국가인 한국에 있어서의 합리적 기득권익을 존중한다.
> …(중략)…
> 5. 루스벨트·처어칠 선언의 각조를 견결히 주장하며 한국 독립을 실현키 위하여 이것을 적용하여 민주 진영의 최후 승리를 축원한다.

① 한국광복군은 김원봉이 이끌던 조선 의용대의 병력을 통합하였다.
② 영국군의 요청에 따라 인도, 미얀마 전선에 한국 광복군이 파견되었다.
③ 조선 독립 동맹은 조선 의용대 화북 지대를 기반으로 조선 의용군을 조직하였다.
④ 대한민국 임시 정부는 김구를 주석으로 하는 단일 지도 체제를 만들고 「대한민국 건국 강령」을 제정하였다.

76 다음 설명에 해당하는 독립군 부대는 무엇인가?

1942년 7월 결성된 조선 독립 동맹의 군사 조직으로 중국 공산당의 팔로군과 함께 화북 지역에서 항일 투쟁을 전개하였다. 이후 중국의 국공 내전에 참여했다가, 그 뒤 북한으로 들어가 인민군에 편입되었다.

① 대한 독립군
② 조선 의용군
③ 조선 의용대
④ 조선 혁명군

77 〈보기〉의 (가)~(라)에 대한 설명으로 가장 옳은 것은?
2021 서울시 9급(자체 출제)

보기
(가) 한국광복군
(나) 한인 애국단
(다) 한국 독립군
(라) 조선 혁명군

① (가) - 미 전략 사무국(OSS)과 협력하여 국내 진공 작전을 계획하였다.
② (나) - 중국 관내 최초의 한인 무장 부대로, 중국 국민당 정부의 지원을 받았다.
③ (다) - 양세봉이 이끄는 군대로, 영릉가 전투와 흥경성 전투에서 일본군을 격퇴하였다.
④ (라) - 지청천이 이끄는 군대로, 항일 중국군과 함께 쌍성보 전투, 동경성 전투 등에서 일본군을 격퇴하였다.

78 〈보기〉는 어느 동포의 강제 이주에 대한 회고록이다. 이 동포가 강제 이주되기 전에 거주하던 '㉠ 지역'에 대한 설명으로 가장 옳은 것은? 2022 서울시 9급(자체 출제)

보기

우즈베키스탄의 늪지대에 내팽겨쳐진 고려인들은 땅굴 속에서 겨울을 난 후 늪지를 메워 목화 농사를 해야만 했다. 그러나 우리 가족을 먹여 살릴 삼촌 두 명은 농장에서 일한 경험도 없는 데다, ㉠ 에 살 때 광부 일을 했기 때문에 일자리를 찾아 탄광 도시 카라간다로 갔다. …(중략)… 고려인들의 주식인 쌀은 물론이고 간장, 된장도 전혀 구할 수가 없었다. 할 수 없이 우즈베키스탄 사람들이 먹는 보리빵으로 끼니를 때웠다. 그것도 아주 부족했다.

① 일제는 독립군을 토벌한다는 명목으로 조선인 마을을 파괴하였으며, 경신참변을 일으켜 조선인들을 대량 살육하기도 하였다.
② 1905년 이후 민족 운동가들이 독립운동을 위한 정치적 망명을 시작해 여러 곳에 한인 집단촌이 형성되고 많은 민족 단체와 학교가 설립되었으며, 항일 의병 및 독립운동이 활발히 전개되었다.
③ 1923년 대지진이 발생했는데, 조선인들이 우물에 독을 탔다는 유언비어가 퍼져 적어도 6,000여 명의 조선인들이 학살당하였다.
④ 태평양 전쟁 발발 후에는 수백 명의 조선인 청년들이 미군에 입대하여 일본군과 싸웠다.

79 다음 단체들에 대한 설명으로 가장 적절하지 않은 것은?
2017 경찰직 1차

㉠ 의병장으로 활동하였던 임병찬이 1912년 고종 황제의 비밀 지령을 받아 의병들을 규합하여 결성하였다.
㉡ 1919년 만주에서 일본의 요인 암살과 식민 통치 기관 파괴를 목적으로 소수 정예의 대원으로 구성되었다.
㉢ 1931년 대한민국 임시 정부의 침체를 극복하기 위해 김구가 결성하였다.
㉣ 1940년 만주와 시베리아 지역에서 활동하고 있던 신흥 무관 학교 출신의 독립군 간부와 중국 대륙에 흩어져 있던 수많은 애국 청년을 모아 창설하였다.

① ㉠은 일본 정부와 조선 총독부에 한국 침략의 부당성을 밝히고 국권 반환을 요구하는 서신을 보냈다.
② 1923년에 김원봉이 작성한 「조선 혁명 선언」에는 ㉡의 노선이 잘 제시되어 있다.
③ ㉢에서 활동한 사람으로는 이봉창과 윤봉길이 있다.
④ ㉣은 연합군과 공동으로 인도와 미얀마 전선에 참전하였고, 미국과 협조하여 국내 진공 작전을 준비하였으나, 일본의 패망으로 실현하지 못하였다.

80 해외 항일 독립운동에 대한 설명으로 가장 적절하지 않은 것은?
2020 경찰직 2차

① 김원봉의 주도로 의열단, 한국 독립당, 조선 혁명당 등의 대표들이 난징에 모여 한국 대일 전선 통일 동맹을 출범시켰다.
② 중국 국민당 정부는 뤄양(낙양) 군관 학교에 한인 특별반을 설치하고 간부를 양성할 수 있도록 지원하였다.
③ 1942년 설립된 조선 의용군의 일부는 화북으로 이동하고 남은 병력은 한국광복군에 합류하였다.
④ 한국 독립군은 중국의 항일 무장 세력과 연합하여 쌍성보 전투, 사도하자 전투, 대전자령 전투 등에서 일본군을 격파하였다.

실력 양성 운동과 사회 운동
빈출도 ★★☆

81 (가)에 대한 설명으로 옳은 것은?
2020 국가직 9급

문화통치의 일환으로 한글 신문의 발행이 허용되었다. 이에 따라 (가) 이/가 창간되었다. (가) 은/는 자치운동을 모색하던 이광수의 「민족적 경륜」을 실어 비판받기도 하였으나, '일장기 말소 사건'으로 일제로부터 정간 처분을 받기도 하였다.

① 한글 보급 운동에 앞장서 『한글원본』을 만들었다.
② 브나로드 운동이라는 농촌 계몽 운동을 전개하였다.
③ 〈개벽〉, 〈신여성〉, 〈어린이〉 등의 잡지를 발행하였다.
④ 신간회가 결성되자 신간회 본부와 같은 역할을 하게 되었다.

82 다음과 관련된 운동에 대한 설명으로 옳은 것은?
2022 지방직 9급(서울시 9급)

① 가뭄과 홍수로 인해 중단되었다.
② 조선 총독부의 회사령에 맞서기 위해 전개되었다.
③ 일부 사회주의자는 자본가 계급을 위한 운동이라고 비판하였다.
④ 조선에 사는 일본인이 일본 자본에 대항하기 위해 일으켰다.

83. 밑줄 친 '운동'에 대한 설명으로 옳은 것은?
2018 지방직 9급(사회복지직 9급)

> 조선 사람은 조선 사람이 만든 물건만 쓰고 살자고 하는 운동이 일어나고 있다. 그렇게 하면 조선인 자본가의 공업이 일어난다고 한다. …(중략)… 이 운동이 잘 되면 조선인 공업이 발전해야 하지만 아직 그렇지 않다. …(중략)… 이 운동을 위해 곧 발행된다는 잡지에 회사를 만들라고 호소하지만 말고 기업을 하는 방법 같은 것을 소개해야 한다.
> – 〈개벽〉 –

① 조선 총독부가 회사령을 폐지하는 계기가 되었다.
② 원산 총파업을 계기로 조직적으로 전개될 수 있었다.
③ 조만식 등에 의해 평양에서 시작되어 전국으로 확산되었다.
④ 조선 노농 총동맹의 적극적 참여로 대중적인 기반이 확충되었다.

84. 다음 내용과 가장 가까운 시기에 전개된 독립운동에 대한 설명으로 옳은 것은?

> 보아라! 우리의 먹고 입고 쓰는 것이 다 우리의 손으로 만든 것이 아니었다.
> 이것이 세상에 제일 무섭고 위태한 일인 줄을 오늘에야 우리는 깨달았다.
> 피가 있고 눈물이 있는 형제들아, 우리가 서로 붙잡고 서로 의지하여 살고서 볼 일이다.

① 안중근이 하얼빈역에서 이토 히로부미를 사살하였다.
② 비타협적 민족주의 세력과 사회주의 세력이 결합하여 신간회가 결성되었다.
③ 대한민국 임시 정부는 충칭에서 한국광복군을 창설하였다.
④ 한인 애국단 소속 단원인 윤봉길의 상하이 의거가 있었다.

85. (가)~(다) 시기의 노동 운동에 대한 설명으로 옳은 것을 〈보기〉에서 고른 것은?

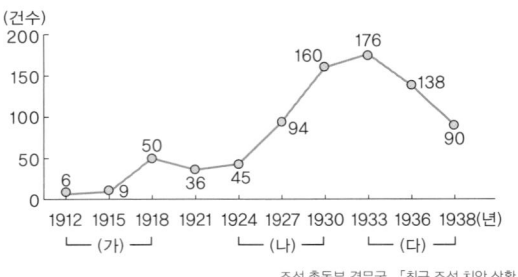

〈연도별 노동 쟁의 발생 건수〉
조선 총독부 경무국, 「최근 조선 치안 상황」

보기
㉠ (가) – 혁명적 노동 조합의 형태로 전개되었다.
㉡ (나) – 전국적 규모의 노동 운동 단체가 결성되었다.
㉢ (다) – 원산 총파업이 일어났다.
㉣ (나), (다) – 사회주의 사상의 영향을 받았다.

① ㉠, ㉡ ② ㉠, ㉢
③ ㉡, ㉢ ④ ㉡, ㉣

86. (가), (나) 사건에 대한 설명으로 옳은 것을 〈보기〉에서 고른 것은?

> (가) 전라남도 신안군 암태도에서 시작된 소작 쟁의는 지주에 대항하여 일어났다. 지주는 소작인들의 요구를 무시하고 경찰을 동원하여 협박하기까지 하였다.
> (나) 원산에서 일본인 간부의 조선인 노동자 구타 사건이 발단되어 총파업이 일어났다.

보기
ㄱ. (가) – 조선 노농 총동맹이 주도하였다.
ㄴ. (가) – 참여 농민의 소작료를 낮추는 성과를 거두었다.
ㄷ. (나) – 전국 각지의 노동 조합, 청년 단체 등의 후원을 받았다.
ㄹ. (나) – 조선 노동 공제회 창립의 계기가 되었다.

① ㄱ, ㄴ ② ㄱ, ㄷ
③ ㄴ, ㄷ ④ ㄴ, ㄹ

87 다음 선언문이 발표된 때로부터 가장 먼 시기에 있었던 사실로 적절한 것은?
2018 경찰직 3차

> 1. 어린이를 재래의 윤리적 압박으로부터 해방하여 그들에 대한 완전한 인격적 예우를 허하게 하라.
> 2. 어린이를 재래의 경제적 압박으로부터 해방하여 만 14세 이하의 그들에 대한 무상 또는 유상의 노동을 폐하게 하라.
> 3. 어린이 그들이 고요히 배우고 즐겁게 놀기에 족한 각양의 가정 또는 사회적 시설을 행하게 하라.

① 신채호는 김원봉의 요청으로 '조선 혁명 선언'을 지어 의열단의 투쟁 노선과 행동 강령을 제시하였다.
② 박상진을 총사령으로 하여 군대식 조직을 갖추고, 공화 정부 수립을 목표로 활동한 대한 광복회가 결성되었다.
③ 백정은 자신들에 대한 차별 대우를 폐지하여 저울처럼 평등한 세상을 만들겠다는 의지를 모아, 경남 진주에서 조선 형평사를 창립하였다.
④ 국내외의 독립운동 상황을 점검하고 새로운 활로를 모색하기 위하여 상하이에서 국민 대표 회의가 열렸다.

88 다음 사료와 관련된 단체는 무엇인가?

> 공평(公平)은 사회의 근본이고, 사랑은 인간의 본성이다. 고로 우리는 계급을 타파하고, 모욕적인 칭호를 폐지하여, 교육을 장려하고 우리도 참다운 인간으로 되고자 함은 본사(本社)의 주지이다. 지금까지 조선의 백정은 어떠한 지위와 압박을 받아 왔던가? 과거를 회상하면 종일 통곡하고도 피눈물을 금할 수 없다.

① 조선 형평사
② 조선 노동 총동맹
③ 조선 농민 총동맹
④ 조선 교육회

89 자료에 나타난 운동에 대한 설명으로 가장 옳은 것은?
2022 법원직 9급

> 진주성 내 동포들이 궐기하여 형평사라는 단체를 조직하여 계급 타파 운동을 개시할 것이라고 한다. …(중략)… 어떤 자는 고기를 먹으면서 존귀한 대우를 받고, 어떤 자는 고기를 제공하면서 비천한 대우를 받는다. 이는 공정한 천리(天理)에 따를 수 없는 일이다.

① 백정에 대한 차별 철폐를 요구하였다.
② 공·사노비 제도가 폐지되는 결과를 가져왔다.
③ 향·부곡·소를 일반 군현으로 승격할 것을 주장하였다.
④ 평안도 지역에 대한 차별과 지배층의 수탈에 항거하였다.

90 다음 선언으로 결성된 단체에 대한 설명으로 옳은 것은?
2017 국가직 9급(추가채용)

> 민족주의적 세력에 대하여는 그 부르주아 민주주의적 성질을 분명히 인식함과 동시에 과정상의 동맹자적 성질도 충분히 승인하여, 그것이 타락하지 않는 한 적극적으로 제휴하여 대중의 이익을 위해서도 종래의 소극적인 태도를 버리고 싸워야 할 것이다.

① 조선인 본위의 교육 제도 실시를 주장하였고, 원산 총파업을 지원하였다.
② 민중의 직접 폭력 혁명으로 강도 일본을 무너뜨리는 목표를 설정하였다.
③ 언론을 통한 국민 계몽과 문맹 퇴치 운동, 민립 대학 설립 운동 등을 추진하였다.
④ 민족 자본의 육성을 위해 자급자족, 토산품 애용 등을 주장하며 물산 장려 운동을 벌였다.

91
다음 강령을 발표한 단체의 활동으로 가장 옳지 않은 것은?

> 우리는 정치적·경제적 각성을 촉진한다.
> 우리는 단결을 공고히 한다.
> 우리는 기회주의를 일체 부인한다.

① 개조파와 창조파의 대립이 있었다.
② 원산 총파업을 지원하였다.
③ 조선인 본위의 교육 제도 시행을 주장하였다.
④ 정우회 선언을 계기로 결성되었다.

92
다음의 ( ) 안에 들어갈 말을 바르게 나열한 것은?
2017 서울시 사회복지직 9급

> 일제의 민족 분열 정책과 자치 운동론의 등장에 대응하여, 민족 해방 운동의 단결과 통일적 대응을 모색하던 사회주의 진영과 비타협적 민족주의 진영은 1926년 (㉠) 선언을 계기로, 1927년 1월 (㉡)를 발기하였다. 이어서 서울 청년회계 사회주의자와 물산 장려 운동 계열이 연합한 (㉢)와도 합동할 것을 결의, 마침내 2월 15일 YMCA 회관에서 (㉡) 창립 대회를 가졌다.

	㉠	㉡	㉢
①	북풍회	정우회	고려 공산 청년회
②	정우회	신간회	조선 민흥회
③	정우회	근우회	고려 공산 청년회
④	북풍회	신간회	조선 민흥회

93
밑줄 그은 '이 단체'에 대한 설명으로 옳은 것은?

> 이 단체는 1927년 2월 '민족 유일당 민족 협동 전선'이라는 기치 아래 비타협적 민족주의 진영과 사회주의 진영이 제휴하여 창립한 단체이다. 창립 총회에서 이상재를 회장으로 선출하였고, 창립 10개월 만에 지회가 100개를 돌파할 정도로 성장하였다.

① 『우리말 큰 사전』 편찬 사업을 추진하였다.
② 광주 학생 항일 운동의 진상 보고를 위한 민중 대회를 계획하였다.
③ 조소앙의 삼균주의를 기초로 기본 강령을 발표하였다.
④ 토지 개혁 실시를 포함한 좌·우 합작 7원칙을 제시하였다.

94
〈보기〉의 단체가 존속한 기간에 발생한 사건이 아닌 것은?
2018 서울시 기술직 9급

> 보기
> • 사회주의 계열과 비타협적 민족주의 계열의 합작으로 구성되었다.
> • 설립 당시 회장은 이상재, 부회장은 홍명희가 맡았다.
> • 전국에 140여 개소의 지회를 두고, 약 4만 명의 회원을 확보하였다

① 광주 학생 독립운동
② 원산 총파업
③ 단천 산림 조합 시행령 반대 운동
④ 암태도 소작 쟁의

95. (가) 단체로 옳은 것은? — 2020 지방직 9급(서울시 9급)

> **(가) 발기 취지(發起趣旨)**
>
> 인간 사회는 많은 불합리를 산출한 동시에 그 해결을 우리에게 요구하고 있다. 여성 문제는 그중의 하나이다. …(중략)… 과거의 조선 여성 운동은 분산되어 있었다. 그것에는 통일된 조직이 없었고 통일된 지도 정신도 없었고 통일된 항쟁이 없었다. …(중략)… 우리는 우선 조선 자매 전체의 역량을 공고히 단결하여 운동을 전반적으로 전개하지 아니하면 아니 된다.
>
> — 〈동아일보〉, 1927. 5. 11. —

① 근우회
② 신간회
③ 신민회
④ 정우회

96. 다음 인물의 활동으로 옳은 것은? — 2018 지방직 7급

1878	평남 강서군 출생
1898	독립 협회 활동
1899	점진 학교 설립
1907	신민회 조직
1923	국민 대표 회의 참여
1938	투옥 끝에 사망

① 흥사단을 조직하였다.
② 한인 애국단을 창단하였다.
③ 헤이그 특사로 파견되었다.
④ 대한매일신보에 「독사신론」을 연재하였다.

97. 다음 법령이 시행되던 시기에 있었던 사실로 옳은 것은? — 2021 경찰직 1차

> 제2조 국어를 상용하는 자의 보통 교육은 소학교령, 중학교령 및 고등여학교령에 의한다.
> 제3조 국어를 상용하지 않는 자에게 보통 교육을 하는 학교는 보통학교, 고등보통학교 및 여자고등보통학교로 한다.
> 제5조 보통학교의 수업 연한은 6년으로 한다. 단, 지역의 정황에 따라 5년 또는 4년으로 할 수 있다.

① 사립 학교령이 공포되었다.
② 조선어가 선택 과목이 되었다.
③ 경성 제국 대학이 설립되었다.
④ 소학교가 국민 학교로 개칭되었다.

98. (가) 시기에 있었던 사실로 옳은 것은? — 2024 국가직 9급

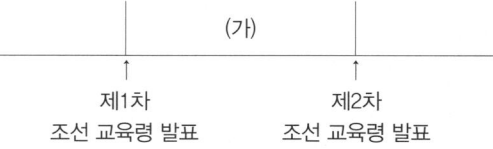

① 경성 제국 대학이 설립되었다.
② 근대 교육 기관인 육영 공원이 설립되었다.
③ 일본에서 「2·8 독립 선언서」가 발표되었다.
④ 보안회의 주도로 일본의 황무지 개간권 반대 운동이 일어났다.

민족 문화 운동

99 다음에서 설명하는 단체는?   2024 국가직 9급

> ○ '가갸날'을 제정하였다.
> ○ 기관지인 〈한글〉을 창간하였다.

① 국문 연구소
② 조선 광문회
③ 대한 자강회
④ 조선어 연구회

100 (가) 단체에 대한 설명으로 옳은 것을 〈보기〉에서 모두 고른 것은?   2023 법원직 9급

> 최현배, 이극로 등이 중심이 된 (가) 은/는 '표준어 및 외래어 표기법 통일안'을 제정하는 등 한글 표준화에 기여하였다. 이에 일제는 1942년 (가) 을/를 독립운동 단체로 간주하여 회원들을 대거 검거하였다. 일제는 이들을 고문하여 자백을 강요하였고 이윤재, 한징이 옥사하였다.

보기
ㄱ. 국문 연구소를 설립하였다.
ㄴ. 한글 맞춤법 통일안을 만들었다.
ㄷ. 『우리말 큰 사전』 편찬을 준비하였다.
ㄹ. 〈개벽〉, 〈어린이〉 등의 잡지를 발행하였다.

① ㄱ, ㄴ
② ㄱ, ㄷ
③ ㄴ, ㄷ
④ ㄴ, ㄹ

101 〈보기〉에서 나타내고 있는 인물에 대한 설명으로 가장 옳지 않은 것은?   2019 2월 서울시 7급

보기
○ 독립운동가이자 민족주의 역사학자
○ 태백광노(太白狂奴) 또는 무치생(無恥生)이라는 별호를 쓰기도 함
○ 상해에서 『안중근전』을 저술함

① '혼'과 '백' 중 '혼'을 잃지 않으면 나라를 되찾을 수 있다고 주장하였다.
② 윤세복이 만주에 세운 동창학교에 참여하였다.
③ 대한민국 임시 정부의 대통령을 역임하였다.
④ 한인 애국단을 조직하였다.

102 다음 글의 저자에 대한 설명으로 옳은 것은?   2019 국가직 9급

> 무릇 동양의 수천 년 교화계(敎化界)에서 바르고 순수하며 광대 정밀하여 많은 성현들이 전해주고 밝혀 준 유교가 끝내 인도의 불교와 서양의 기독교와 같이 세계에 큰 발전을 하지 못함은 어째서이며 …(중략)… 유교계에 3대 문제가 있는 지라. 그 3대 문제에 대하여 개량하고 구신(求新)을 하지 않으면 우리 유교는 흥왕할 수가 없을 것이다.

① '조선얼'을 강조하며 '조선학 운동'을 펼쳤다.
② '나라는 형(形)이고 역사는 신(神)'이라고 주장하였다.
③ 주석·부주석 체제하의 대한민국 임시 정부에서 주석을 역임하였다.
④ 「독사신론」에서 민족을 역사 서술의 주체로 설정하고 사대주의를 비판하였다.

103. 밑줄 친 '그'에 대한 설명으로 옳은 것은?
2019 지방직 7급

일제의 침략이 거세지자 그는 국외로 망명했다. 그는 의열단장 김원봉의 요청을 받아 '조선 혁명 선언'을 작성하였다. 이 선언에는 외교 운동에 주력하자는 주장에 반대하고 더욱 적극적인 독립운동을 추진하자는 내용이 담겨 있다.

① 민족주의 역사학을 지향한 『독사신론』을 저술하였다.
② 철저한 문헌 고증을 지향하며 진단학회를 조직하였다.
③ 동학을 천도교로 개편하고 친일적 인물들을 교단에서 내쫓았다.
④ 보편적 역사 발전 법칙에 따라 역사를 기술한 『조선사회경제사』를 집필하였다.

104. 다음 글의 저자에 대한 설명으로 옳은 것은?
2018 국가직 7급

국가의 역사는 민족의 소장성쇠(消長盛衰)의 상태를 서술할지라. 민족을 빼면 역사가 없으며 역사를 빼어 버리면 민족의 그 국가에 대한 관념이 크지 않을지니, 오호라 역사가의 책임이 그 역시 무거울진저 …(중략)… 만일 그렇지 않으면 이는 무정신의 역사이다. 무정신의 역사는 무정신의 민족을 낳으며, 무정신의 국가를 만들 것이니 어찌 두렵지 아니하리오.

① 이순신, 을지문덕 등 위인의 전기를 써 민족의식을 고취하였다.
② 한국의 독립운동 과정을 서술한 『한국독립운동지혈사』를 저술하였다.
③ 「5천 년간 조선의 얼」이라는 글을 신문에 연재하여 민족정신을 고취하였다.
④ '조선심'을 강조하며 정약용 연구를 중심으로 한 조선학 운동을 전개하였다.

105. 다음 글을 쓴 역사가에 관한 설명으로 가장 옳은 것은?

역사란 무엇이냐? 인류 사회의 아(我)와 비아(非我)의 투쟁이 시간에서 발전하여 공간까지 확대하는 심적 활동의 상태의 기록이니, 세계사라 하면 세계 인류의 그리 되어온 상태의 기록이며, 조선사라 하면 조선 민족이 그리 되어 온 상태의 기록이니라. 그리하여 아에 대한 비아의 접촉이 많을수록 비아에 대한 아의 투쟁이 더욱 맹렬하여 인류 사회의 활동이 휴식할 사이가 없으며, 역사의 전도가 완결될 날이 없다. 그러므로 역사는 아와 비아의 투쟁의 기록이니라.

① 『한국통사』, 『한국 독립운동 지혈사』 등의 역사서를 저술하였다.
② 시론인 「천희당시화」를 〈대한매일신보〉에 연재하였다.
③ 마르크스의 역사 발전 법칙을 한국사에 최초로 적용하였다.
④ 대표적인 무장 투쟁론자로서 〈신한민보〉의 주필을 역임했다.

106. 밑줄 친 '나'에 대한 설명으로 옳은 것은?
2017 국가직 9급(추가채용)

나의 조선 경제사의 기도(企圖)는 사회의 경제적 구성을 기축으로 대체로 다음과 같은 제 문제를 취급하려 하였다.
제1. 원시 씨족 공산체의 태양(態樣)
제2. 삼국의 정립 시대의 노예 경제
제3. 삼국 시대 말기경부터 최근세에 이르기까지의 아시아적 봉건 사회의 특질
제4. 아시아적 봉건 국가의 붕괴 과정과 자본주의 맹아 형태
제5. 외래 자본주의 발전의 일정과 국제적 관계
제6. 이데올로기 발전의 총 과정

① 순수 학문을 표방하면서 식민주의사학에 학문적으로 대항하려 하였다.
② 실학에서 자주적인 근대 사상과 우리 학문의 주체성을 찾으려 하였다.
③ 일제 식민사학의 정체성론을 극복하는 근거를 제공하였다.
④ 우리 고대사를 중국 민족에 필적하는 강건한 민족의 역사로 서술했다.

107 다음과 같은 일제의 식민 사관을 비판한 역사학 방법론은 무엇인가?

> 일본을 비롯한 다른 지역이 세계사적 발전 과정에 따라 시대별로 단계적 발전을 거듭한 반면 한반도의 역사는 발전성이 결여되어 근대 초기까지도 고대 사회적 수준에 머물러 있다. 구체적으로 합방 이전, 즉 20세기 초 조선의 수준은 일본의 고대사 말기인 10세기경의 그것과 같다.

① 신채호, 박은식 등의 민족주의 사학
② 안재홍 등의 신민족주의 사학
③ 백남운, 이청원 등 사회경제 사학
④ 진단학회의 실증 사학

108 다음 글의 저자에 대한 설명으로 옳은 것은?

> 조선 역사 발전의 전 과정은 가령 지리적 조건, 인종학적 골상, 문화 형태의 외형적 특징 등 다소의 차이는 인정되더라도, 외관적인 소위 특수성은 다른 문화 민족의 역사적 발전 법칙과 구별되어야 하는 독자적인 것은 아니며, 세계사적인 일원론적 역사 법칙에 의하여 다른 민족과 거의 같은 궤도로 발전 과정을 거쳐 온 것이다.

① 『한국통사』, 『한국 독립운동 지혈사』 등을 저술하여 일제의 국권 침탈과 독립운동사를 정리하였다.
② 실증 사학을 중심으로 역사적 사실을 객관적으로 밝히려 하였다.
③ 사회, 경제 부분의 연구를 통해 식민 사학의 정체성론을 비판하였다.
④ 실증주의 사학, 민족주의 사학, 사회경제 사학의 장점을 모아 새로운 민족주의 사관을 제시하였다.

109 밑줄 친 '그'에 대한 설명으로 옳은 것은?
2021 경찰직 1차

> 그는 신채호의 고대사 연구를 계승 발전시켜 고대 국가의 사회 발전 단계를 해명하는 많은 논문을 발표하여 해방 후 『조선상고사감』이라는 단행본을 엮어내었고, 우리나라의 전통 철학을 정리하여 『불함철학대전』과 『조선철학』을 저술하였다. 또한 '신민족주의와 신민주주의'라는 독창적인 이론을 제시하고, 이에 의거하여 극좌와 극우를 배격하고 만민공생의 통합된 민족 국가를 건설하려 하였다.

① 한국 민주당 결성을 주도하였다.
② 남조선 과도 입법 의원의 의장이 되었다.
③ 독립 촉성 중앙 협의회의 회장에 추대되었다.
④ 조선 건국 준비 위원회의 결성에 참여하였다.

110 다음 글의 저자에 대한 설명으로 옳은 것은?

> 누구나 어릿어릿하는 사람을 보면 '얼'이 빠졌다고 하고, 멍하니 앉은 사람을 보면 '얼' 하나 없다고 한다. '얼'이란 이같이 쉬운 것이다. 그런데 '얼' 하나 있고 없음으로써 그 광태 용맹함이 혹 저렇기도 하고 그 잔루하고 구차함이 이렇기도 하다.
> 따라서 '얼'에 대하여는 자세히 살피기가 쉽지 않다. 무릇 '얼'이란 보이는 것이 아니라 항상 거짓과 진실에 비추어 감추고, 나타나며, 있다가도 없어지는 것이다.

① 민족의 혼을 강조하였고, 『한국통사』, 『한국 독립운동 지혈사』 등을 저술하였다.
② 광개토대왕릉비를 새롭게 해석하고, 문일평 등과 조선학 운동을 전개하였다.
③ 『조선문명사』에서 붕당 정치를 긍정적으로 인식하여 일제의 당파성론을 비판하였다.
④ 『조선상고사감』을 저술하였고, 해방 이후 신민족주의, 신민주주의를 제창하였다.

111. 다음 자료에 해당하는 단체는?

- 실천성이 강한 유물사관과 민족주의 역사학을 모두 거부하면서 순수 학문으로서 역사학을 전공하는 학자들이 결집하여 창립하였다.
- 이병도, 이상백, 김상기 등의 와세다 출신 역사학자와 이윤재, 이희승 등 국어학자 그리고 손진태 등 민속학자들이 참여하였다.

① 청구 학회
② 조선 문인 협회
③ 조선어 학회
④ 진단 학회

112. ㉠~㉢에 들어갈 내용으로 옳은 것은? 2017 지방직 7급

- (㉠)은 한국 민족사의 주체적 발전과 민족 문화의 우수성을 강조하면서, 민족정신을 중시하고 이를 고취시켜 독립을 이룩하려는 의도를 강하게 드러냈다. 박은식, 신채호 등이 대표적 인물이다.
- (㉡)은 사회 구성체 발전 단계론의 역사 인식을 바탕으로 하면서 역사 발전의 원동력을 민중에게서 구했으며, 우리 역사를 유물 사관의 방법론에 맞추려고 하였다. 백남운, 이청원 등이 대표적 인물이다.
- (㉢)은 순수 학문으로서의 역사학을 지향하며 문헌 고증을 중시하였다. 이병도, 손진태 등이 대표적 인물이다.

	㉠	㉡	㉢
①	민족주의 사학	사회경제 사학	실증 사학
②	실증 사학	민족주의 사학	사회경제 사학
③	민족주의 사학	실증 사학	사회경제 사학
④	사회경제 사학	실증 사학	민족주의 사학

113. 일제 강점기 식민 사학을 비판한 연구 경향으로 옳지 않은 것은? 2015 국가직 7급

① 정인보는 5천 년간의 조선 얼을 강조하였다.
② 신채호는 『조선상고사』를 연재하여 민족의식을 고취하였다.
③ 진단 학회는 개별 역사적 사실의 이해를 확고히 하는 실증 사관을 중시하였다.
④ 청구 학회는 조선과 만주의 역사를 일원적으로 파악하는 만선 사관을 견지하였다.

114. 〈보기〉는 일제 강점기 당시 흥행에 성공하였던 영화의 줄거리이다. 이 영화가 상영되던 시기의 문화 예술계에 대한 설명으로 가장 옳은 것은? 2018 서울시 기술직 9급

보기

영진은 전문학교를 다닐 때 독립 만세를 부르다가 왜경에게 고문을 당해 정신 이상이 된 청년이었다. 한편 마을의 악덕 지주 천가의 머슴이며, 왜경의 앞잡이인 오기호는 빚 독촉을 하며 영진의 아버지를 괴롭혔다. 더욱이 딸 영희를 아내로 준다면 빚을 대신 갚아줄 수 있다고 회유하기까지 하였다. …(중략)… 오기호는 마을 축제의 어수선한 틈을 타 영희를 겁탈하려 하고 이를 지켜보던 영진은 갑자기 환상에 빠져 낫을 휘둘러 오기호를 죽인다. 영진은 살인 혐의로 일본 순경에게 끌려가고, 주제곡이 흐른다.

① 역사학: 민족주의 역사가들 사이에서 이른바 조선학 운동이 시작되었다.
② 문학: 민중 생활에 관심을 기울인 신경향파 문학이 대두하여 식민 통치에 대한 저항 문학으로 발전했다.
③ 음악: 일본 주류 대중음악의 영향을 받은 트로트 양식이 정립되었다.
④ 영화: 일제는 조선 영화령을 공포하여 영화를 전시 체제의 옹호와 선전의 수단으로 사용하였다.

115 다음 글을 쓴 인물의 활동으로 옳은 것은?

> 푸른 산빛을 깨치고 단풍나무 숲을 향하여 난 작은 길을 걸어서 차마 떨치고 갔습니다.
> 황금의 꽃같이 굳고 빛나던 옛 맹세는 차디찬 티끌이 되어서 한숨의 미풍에 날아갔습니다.
> 날카로운 첫 키스의 추억은 나의 운명의 지침을 돌려놓고 뒷걸음쳐서 사라졌습니다.
> 나는 향기로운 님의 말소리에 귀먹고 꽃다운 님의 얼굴에 눈멀었습니다.
> 사랑도 사람의 일이라 만날 때에 미리 떠날 것을 염려하고 경계하지 아니한 것은 아니지만, 이별은 뜻밖의 일이 되고 놀란 가슴은 새로운 슬픔에 터집니다.

① 무장 단체인 의민단을 조직하였다.
② 〈만세보〉를 발행하여 계몽 활동을 펼쳤다.
③ 일제의 사찰령에 저항하였고 불교의 혁신을 주장하였다.
④ 북간도를 거점으로 중광단을 결성하였다.

116 다음 중 1930년대의 사회·문화 활동으로 가장 옳은 것은?

2015 경찰 간부

① 나운규가 민족의 비애를 담은 영화 「아리랑」을 발표하였다.
② 손기정 선수가 올림픽에서 마라톤 금메달을 획득하였다.
③ 조선 여성들의 공고한 단결과 지위 향상을 도모하는 근우회가 조직되었다.
④ 신분 차별을 폐지하고 평등한 세상을 만들겠다는 신념 아래 진주에서 조선 형평사가 창립되었다.

117 일제 강점기 사회·문화의 변화로 가장 적절하지 않은 것은?

2020 경찰직 2차

① 현관과 화장실을 갖춘 개량 한옥이 보급되었고 복도와 응접실, 침실 등 개인의 독립된 공간이 있는 문화주택이 등장하였다.
② 농민 운동이 활성화되면서 전국적인 농민 운동 단체인 조선 농민 총동맹이 결성되어 보다 조직적으로 농민 운동을 이끌었다.
③ 방정환과 조철호를 중심으로 어린이 운동이 전개되면서 처음으로 5월 5일을 어린이날로 정하였다.
④ 도쿄 유학생들을 중심으로 토월회가 결성되어 남녀 평등, 봉건적 인습 비판 등을 주제로 작품을 만들어 순회 공연을 열었다.

118 〈보기〉에서 일제 강점기의 의식주 변화에 해당하는 것을 모두 고른 것은?

2022 서울시 9급(자체 출제)

보기
ㄱ. 음식 조리 과정에서 왜간장, 조미료 등을 사용하였다.
ㄴ. 도시 인구 급증의 후유증으로 토막(土幕)집이 등장하였다.
ㄷ. 일제 말 여성들이 일본식 노동복인 몸뻬의 착용을 강요당하였다.
ㄹ. 경성의 경우 북촌에는 조선인이, 남촌에는 일본인이 주로 거주하였다.

① ㄱ, ㄷ
② ㄱ, ㄹ
③ ㄴ, ㄷ, ㄹ
④ ㄱ, ㄴ, ㄷ, ㄹ

119 〈보기〉의 사건들을 일어난 순서대로 바르게 나열한 것은?

2021 서울시 9급(자체 출제)

보기
ㄱ. 〈동아일보〉와 〈조선일보〉가 창간되었다.
ㄴ. 동경 유학생들이 2·8 독립 선언을 하였다.
ㄷ. 순종의 국장일에 만세 시위 사건이 일어났다.
ㄹ. 조선어 학회가 한글 맞춤법 통일안을 발표하였다.

① ㄱ-ㄷ-ㄴ-ㄹ
② ㄴ-ㄱ-ㄷ-ㄹ
③ ㄷ-ㄹ-ㄴ-ㄱ
④ ㄹ-ㄱ-ㄷ-ㄴ

120 (가)~(라)는 일제 강점기의 문학과 예술에 관한 내용이다. 이를 시기순으로 옳게 배열한 것은?

한국사능력검정시험 고급 기출

(가) 이광수는 소설 「무정」을 발표하였다. 「무정」은 신문학을 총결산하고 소설 문학의 새로운 역사를 개척하는 작품이었다. 작품에 담긴 자유연애 사상은 당시 사람들에게 큰 충격을 주었다.
(나) 일본 도쿄 유학생들이 조직한 토월회가 발족되면서 본격적인 신극 운동이 일어나게 되었다. 토월회는 계몽을 목표로 남녀평등, 봉건적 유교 사상의 비판, 일제에 대한 저항을 주제로 하여 국내 순회공연을 가졌다.
(다) 일제는 문화, 예술 분야에 대한 통제를 강화하여 조선 문인 협회, 조선 음악가 협회, 조선 연극 협회 등을 조직하여 침략 전쟁과 식민 통치의 찬양에 이용하였다.
(라) 미국과 독일에서 활동하던 안익태가 코리아 환상곡을 작곡하였다. 그는 코리아 환상곡 끝에 애국가 합창을 넣었다.

① (가) → (나) → (다) → (라)
② (가) → (나) → (라) → (다)
③ (나) → (가) → (다) → (라)
④ (나) → (라) → (가) → (다)
⑤ (라) → (가) → (나) → (다)

121 ㉠~㉢에 대한 설명으로 옳은 것은? 2015 국가직 7급

일제 강점기 조선 총독부는 수많은 우리 문화재를 훼손하였는데 남산도 예외가 아니었다. ㉠ 장충단을 공원화하고 그 동쪽에다 이토 히로부미를 기념하는 박문사를 세웠다. 거기에는 ㉡ 경복궁을 훼손하여 여러 부속 건물을 가져다놓았고, ㉢ 원구단에 있던 석고전을 종각으로 변조하였으며, ㉣ 경희궁의 정문인 흥화문을 헐어서 정문으로 삼았다.

① ㉠ - 숙종 때 명나라 신종을 제사하려고 지은 사당이었다.
② ㉡ - 세종 때 만든 보루각과 간의대가 있었다.
③ ㉢ - 을미사변 때 죽은 이경직과 홍계훈 등 충신·열사의 넋을 기리는 제단이었다.
④ ㉣ - 역대 임금의 초상을 봉안하던 선원전이 있었다.

CHAPTER 03 현대사

출제 비중 21%

필수기출 & 출제예상편

해방과 분단, 그리고 대한민국 정부 수립
빈출도 ★★★

01 다음 선언을 발표한 회담에 대한 설명으로 옳은 것은?

> 3대 연합국은 일본의 침략을 정지시키며 이를 응징하기 위하여 이번 전쟁을 수행하고 있다. …(중략)… 한국 인민의 노예 상태에 유의하여 적당한 절차를 거쳐 한국이 자유롭고 독립적인 상태가 되어야 한다고 결의한다.

① 이 회담에서 루스벨트 대통령이 20~30년간의 신탁 통치를 언급하였다.
② 국제적으로 한국의 독립을 처음 보장하였다.
③ 일본에 대해서 항복을 권고하고, 제2차 세계 대전 후의 일본에 대한 처리 방침을 표명하였다.
④ 미국, 영국, 소련의 정상이 모여 한국 독립에 대해 논의하였다.

02 다음 내용을 시간 순서대로 나열한 것은?
2018 경찰직 1차

> ㉠ 한국 문제를 언급하여 '적당한 시기(in due course)'에 한국을 독립시킬 것을 결의하였다.
> ㉡ '조선 건국 동맹'이 조직되었다.
> ㉢ '한국 문제에 관한 4개항의 결의서'를 결정하였다.
> ㉣ 3국 정상들은 독일에 모여 한국의 독립을 재확인하였다.

① ㉠ → ㉡ → ㉢ → ㉣
② ㉠ → ㉡ → ㉣ → ㉢
③ ㉡ → ㉠ → ㉢ → ㉣
④ ㉡ → ㉠ → ㉣ → ㉢

03 (가) 인물에 대한 설명으로 옳지 않은 것은?
2020 국가직 7급

> 아침 8시, (가) 은/는 조선 총독부 엔도 정무총감을 만나 다섯 가지 요구 사항을 제시하였다.
> 첫째, 전국에 구속되어 있는 정치·경제범을 즉시 석방하라.
> 둘째, 3개월간의 식량을 확보하여 달라.
> 셋째, 치안 유지와 건설 사업에 아무 간섭하지 말라.
> 넷째, 학생 훈련과 청년 조직에 대해 간섭하지 말라.
> 다섯째, 전국 사업장에 있는 노동자를 우리들의 건설 사업에 협력시키며 아무 괴로움을 주지 말라.
> – 〈매일신보〉 –

① 건국 동맹을 결성하여 일제의 패망과 광복에 대비하였다.
② 김규식과 함께 좌·우 합작 위원회를 조직하여 활동하였다.
③ 민족 역량의 총집결을 강령으로 하는 조선 인민당을 결성하였다.
④ 평양에서 개최된 전조선제정당사회단체연석회의에 참석하였다.

04 다음 강령을 선포한 단체의 활동으로 옳은 것을 <보기>에서 모두 고른 것은? 2017 국가직 7급(추가채용)

○ 우리는 완전한 독립 국가의 건설을 기함
○ 우리는 전 민족의 정치적, 사회적 기본 요구를 실현할 수 있는 민주주의 정권의 수립을 기함
○ 우리는 일시적 과도기에 있어서 국내 질서를 자주적으로 유지하며 대중 생활의 확보를 기함

보기

ㄱ. 전국에 지부를 건설하고 치안대를 조직하였다.
ㄴ. 이른바 8월 테제를 발표하여 토지 혁명을 제창하였다.
ㄷ. 남북을 통합한 좌·우 합작으로 임시 정부 수립을 주장하였다.
ㄹ. 전국 인민 대표 대회에서 조선 인민 공화국의 수립을 선언하였다.

① ㄱ, ㄴ
② ㄴ, ㄷ
③ ㄷ, ㄹ
④ ㄱ, ㄹ

05 (가), (나) 사건 사이에 있었던 사실로 옳은 것은?

(가) 위 동맹국의 목적은 일본국으로부터 1914년 제1차 세계전쟁 이후 일본이 탈취하고 또는 점령한 태평양의 도서를 일체 박탈할 것과 만주·타이완 및 평후 제도와 같이 일본국이 중국인으로부터 훔친 일체의 지역을 중화민국에 반환함에 있고, 일본은 또 폭력과 탐욕에 의하여 약탈한 다른 일체의 지역으로부터 구축될 것이다. 앞의 3대국은 조선 인민의 노예 상태에 유의하여 적당한 시기에 조선이 자유 독립할 것을 결의한다.

(나) 금번 신탁관리제를 배격하기 위한 국민 총동원령에 의한 전 민족의 항쟁 행동은 각층 각계의 각 지역과 직장에서 질서 있는 규율을 엄수하여 최대의 성과를 내도록 일치한 행동을 전개할 것을 이에 맹서함.

① 남조선 과도 입법의원이 구성되었다.
② 김규식, 여운형을 중심으로 좌·우 합작 위원회가 설립되었다.
③ 독립 촉성 중앙 협의회가 결성되었다.
④ 제1차 미·소 공동 위원회가 개최되었다.

06 8·15 광복 직후에 결성된 정당의 중심 인물과 주요 내용을 정리하였다. 이와 관련된 정당을 바르게 연결한 것은? 2014 국가직 9급

ㄱ. 여운형 등이 중심이 되어 결성하였으며, 진보적 민주주의를 표방하면서 좌·우 합작을 추진하였다.
ㄴ. 송진우 등이 중심이 되어 결성하였으며, 인민 공화국을 부정하고 대한민국 임시 정부의 법통을 계승하려 하였다.
ㄷ. 안재홍 등이 중심이 되어 결성하였으며, 신민족주의를 내세워 평등 사회를 건설하려 하였다.

	ㄱ	ㄴ	ㄷ
①	조선 인민당	한국 민주당	한국 독립당
②	조선 신민당	민족 혁명당	한국 독립당
③	조선 신민당	한국 민주당	국민당
④	조선 인민당	한국 민주당	국민당

07 ㉠에 들어갈 명칭으로 옳은 것은? 2019 지방직 7급

_____㉠_____ 에서 소련 대표는 미국·소련·영국 외무장관이 합의한 사항에 동의하는 사회단체와 정당을 한국 민주주의 임시 정부 수립 문제를 논의할 협의 대상으로 하자고 했다. 또 합의한 사항에 반대하는 세력을 협의 대상에서 배제해야 한다고 주장하였다. 미국은 소련이 '의사 표현의 자유'를 보장하지 않는다며 비판했다. 양측은 이 문제로 대립하였고, 결국 ㉠ 는 특별한 성과를 거두지 못한 채 휴회에 들어갔다.

① 미·소 공동 위원회
② 모스크바 3상 회의
③ 좌·우 합작 위원회
④ 조선 건국 준비 위원회

08 〈보기〉의 결정을 내린 회의에 대한 설명으로 가장 옳지 않은 것은? 2018 서울시 7급

> **보기**
> ○ 첫째, 한국을 독립 국가로 재건하기 위해 민주주의 임시 정부를 수립한다.
> ○ 둘째, 한국 임시 정부 수립을 위해 미·소 공동 위원회를 설치한다.
> ○ 셋째, 미국, 영국, 중국, 소련의 4개국이 공동 관리하는 최고 5년 기한의 신탁 통치를 시행한다.

① 1945년 12월 모스크바에서 개최하였다.
② 미국, 영국, 소련 세 나라의 외무 장관이 참석하였다.
③ 한국의 신탁 통치에 대하여 처음 국제적으로 논의하였다.
④ 이 회의의 결정 소식은 국내 좌·우익의 극심한 분열을 일으켰다.

09 (가)와 (나)를 주장한 각 인물에 대한 설명으로 옳은 것은? 2018 국가직 9급

> (가) 우리는 남방만이라도 임시 정부 혹은 위원회 같은 것을 조직하여 38도선 이북에서 소련이 철퇴하도록 세계 공론에 호소해야 할 것이다.
> (나) 나는 통일된 조국을 달성하려다 38도선을 베고 쓰러질지언정 일신의 구차한 안일을 위하여 단독 정부를 세우는 데는 협력하지 아니하겠다.

① (가) - 5·10 총선거에 불참하였다.
② (가) - 좌·우 합작 7원칙을 지지하였다.
③ (나) - 탁치 반대 국민 총동원 위원회를 조직하였다.
④ (나) - 남조선 과도 입법 의원의 의장을 역임하였다.

10 해방 이후 남한의 정치 세력과 주된 입장을 연결한 것으로 옳지 않은 것은?

① 남조선 신민당 - 연합성 신민주주의
② 조선 공산당 - 부르주아 민주주의 혁명
③ 조선 인민당 - 진보적 민주주의
④ 한국 민주당 - 친일파 처단

11 다음에서 설명하는 위원회가 발표한 원칙의 내용으로 가장 적절하지 않은 것은? 2018 경찰직 3차

> 중도파의 여운형과 김규식 등은 통일 정부 수립을 위해 운동을 전개하였다. 소련과 합의를 통해 한반도 문제를 해결하려던 미군정도 이를 지원하였다. 이들은 1946년 7월 하순 위원회를 구성하고, 이 해 10월 몇 가지 원칙에 합의하고 이를 발표하였다.

① 한국의 민주 독립을 보장한 모스크바 3국 외상 회의의 결정에 따라 좌·우 합작으로 민주주의 임시 정부를 수립한다.
② 미·소 공동 위원회의 속개를 요청하는 공동 성명을 발표한다.
③ 친일파 민족 반역자를 처리할 조례를 본 합작 위원회에서 심리 결정하여 실시하게 한다.
④ 입법 기구의 권능과 구성 방법 및 운영 등에 관한 사항은 본 합작 위원회에서 작성하여 적극적으로 실행한다.

12 밑줄 친 '입법 기구'에 대한 설명으로 옳지 않은 것은? 2017 지방직 7급

> 1. 조선의 민주 독립을 보장한 3상 회의 결정에 의하여 남북을 통한 좌·우 합작으로 민주주의 임시 정부를 수립할 것
> 2. 미·소 공동 위원회 속개를 요청하는 공동 성명을 발(發)할 것
> 3. 토지 개혁에 있어 몰수, 유조건 몰수, 체감 매상 등으로 토지를 농민에게 …(중략)…
> 4. …(중략)… 본 합작 위원회에서 <u>입법 기구</u>에 제안하여 <u>입법 기구</u>로 하여금 심리 결정케 하여 실시케 할 것
> …(중략)…

① 입법 의원 의원 선거법을 제정하였다.
② 초대 의장으로 여운형이 선임되었다.
③ 관선과 민선 두 종류의 의원이 있었다.
④ 민족 반역자·부일 협력자·간상배에 대한 특별법을 제정하였다.

13 다음 원칙이 발표된 이후에 있었던 사실로 옳지 않은 것은?
2023 지방직 9급(서울시 9급)

> ○ 조선의 민주 독립을 보장한 삼상 회의 결정에 의하여 남북을 통한 좌·우 합작으로 민주주의 임시 정부를 수립할 것
> ○ 토지 개혁에 있어서 몰수, 유조건 몰수, 체감매상 등으로 토지를 농민에게 무상으로 나누어 주며, …(중략)… 민주주의 건국 과업 완수에 매진할 것
> ○ 입법 기구에 있어서는 일체 그 권능과 구성 방법 운영에 관한 대안을 본 합작 위원회에서 작성하여 적극적으로 실행을 기도할 것

① 3·15 부정선거에 대항하여 4·19 혁명이 일어났다.
② 친일파를 청산하기 위한 반민족 행위 처벌법이 공포되었다.
③ 제헌 국회에서 대통령에 이승만, 부통령에 이시영을 선출하였다.
④ 임시 민주 정부 수립을 논의하기 위해 제1차 미·소 공동 위원회가 개최되었다.

14 (가)~(라)를 시기순으로 바르게 나열한 것은?
2019 국가직 9급

> (가) 좌·우 합작 7원칙이 발표되었다.
> (나) 조선 건국 준비 위원회가 결성되었다.
> (다) 모스크바 3국 외상 회의가 개최되었다.
> (라) 김구와 김규식이 남북 협상을 제의하였다.

① (나) → (가) → (라) → (다)
② (나) → (다) → (가) → (라)
③ (다) → (가) → (나) → (라)
④ (다) → (나) → (가) → (라)

15 다음 사건들을 시기순으로 바르게 나열한 것은?

> ㉠ 이승만의 정읍 발언
> ㉡ 9월 총파업
> ㉢ 조선 정판사 위폐 사건
> ㉣ 조선 공산당의 신전술 발표

① ㉢ → ㉣ → ㉠ → ㉡
② ㉢ → ㉠ → ㉣ → ㉡
③ ㉠ → ㉡ → ㉣ → ㉢
④ ㉠ → ㉡ → ㉢ → ㉣

16 밑줄 친 '그'에 대한 설명으로 옳은 것은?
2022 국가직 9급

> 한국 국민당을 이끌던 그는 독립운동 세력을 통합하고자 한국 독립당을 결성해 항일 운동을 주도하였다. 광복 직후 귀국한 그는 정부 수립을 위한 활동을 이어나갔으며, 남한 단독 선거가 결정되자 김규식과 더불어 남북 협상을 위해 평양을 방문하기도 하였다.

① 좌·우 합작 위원회를 구성해 좌·우 합작 7원칙을 발표하였다.
② 광복 직후 안재홍 등과 함께 조선 건국 준비 위원회를 만들었다.
③ 무장 항일 투쟁을 위해 하와이로 건너가 대조선 국민 군단을 결성하였다.
④ 모스크바 3국 외상 회의의 결정 사항이 알려지자 신탁 통치 반대 운동을 펼쳤다.

17 해방 이후의 역사적 사실에 대한 설명으로 옳지 않은 것은?

① 모스크바 3국 외상 회의에서는 미, 영, 중, 소 4개 국에 의한 최고 5년간의 신탁 통치를 결의하였다.
② 좌·우 합작 7원칙에서는 토지, 친일파 처리 문제 등을 중도적인 입장에서 조정하였다.
③ 이승만의 정읍 발언에서는 남한만의 단독 정부 수립이 주장되었다.
④ 조선 인민당, 조선 공산당, 한국 민주당은 합당하여 남조선 노동당을 결성하였다.

18 1948년 남북 협상에 대한 설명으로 옳은 것을 〈보기〉에서 모두 고른 것은? 2018 서울시 7급

〈보기〉
ㄱ. 제1차 미·소 공동 위원회와 2차 미·소 공동 위원회 사이에 추진되었다.
ㄴ. 좌·우 정치 세력의 합작을 위한 7원칙을 발표하였다.
ㄷ. 김구, 김규식 등이 평양에서 열린 회의에 참여하였다.
ㄹ. 회의 결과, 미·소 양군의 철수를 요구하는 결의문을 채택하였다.

① ㄱ, ㄴ
② ㄱ, ㄹ
③ ㄴ, ㄷ
④ ㄷ, ㄹ

19 다음과 같은 결의문에 근거하여 시행된 조치로 옳은 것은? 2023 국가직 9급

소총회는 …(중략)… 한국 인민의 대표가 국회를 구성하여 중앙정부를 수립할 수 있도록 선거를 시행함이 긴요하다고 여기며, 총회의 의결에 따라 국제연합 한국 임시위원단이 접근할 수 있는 지역에서 결의문 제2호에 기술된 계획을 시행함이 동 위원단에 부과된 임무임을 결의한다.

① 미군정청이 설치되었다.
② 5·10 총선거가 실시되었다.
③ 좌·우 합작 위원회가 구성되었다.
④ 미·소 공동 위원회가 개최되었다.

20 5·10 총선거에 대한 설명으로 옳지 않은 것은?

① 당선된 국회의원의 임기는 2년으로 한정되었다.
② 김구와 김규식 등 남북 협상파는 참여하지 않았다.
③ 만 19세 이상의 등록 유권자에게 선거권이 부여되었다.
④ 제주도에서는 4·3 사건의 여파로 선거에 차질이 빚어졌다.

21 1948년 7월 공포된 '제헌 헌법'에 명시된 내용이 아닌 것은? 2018 경찰직 2차

① 농지는 농민에게 분배하며 그 분배의 방법, 소유의 한도, 소유권의 내용과 한계는 법률로써 정한다.
② 이 헌법을 제정한 국회는 단기 4278년 8월 15일 이전의 악질적인 반민족 행위를 처벌하는 특별법을 제정할 수 있다.
③ 대통령과 부통령은 국민의 보통·평등·직접·비밀 선거에 의하여 각각 선출한다.
④ 이 헌법을 제정한 국회는 이 헌법에 의한 국회로서의 권한을 행하며 그 의원의 임기는 국회 개회일로부터 2년으로 한다.

22. 〈보기〉의 자료가 공포된 이후에 일어난 일로 가장 옳지 않은 것은?
2024 서울시 9급(자체 출제)

> **보기**
>
> 유구한 역사와 전통에 빛나는 우리들 대한 국민은 기미 3·1 운동으로 대한민국을 건립하여 세계에 선포한 위대한 독립 정신을 계승하여 이제 민주 독립 국가를 재건함에 있어서 정의, 인도와 동포애로써 민족의 단결을 공고히 하며 모든 사회적 폐습을 타파하고 민주주의 제제도를 수립하여 정치, 경제, 사회, 문화의 모든 영역에 있어서 각인의 기회를 균등히 하고 능력을 최고도로 발휘케 하며 각인의 책임과 의무를 완수케 하여 …(후략)

① 제주 4·3 사건이 발생했다.
② 친일 청산을 위해 '반민 특위'가 설치되었다.
③ 북한에 조선 민주주의 인민 공화국이 수립되었다.
④ '유상 매수, 유상 분배'의 원칙에 따라 농지 개혁이 실시되었다.

23. 밑줄 친 '이 헌법' 공포 이후에 있었던 사실로 옳은 것은?
2025 국가직 9급

> 제헌 국회는 "유구한 역사와 전통에 빛나는 우리들 대한국민은 기미 삼일운동으로 대한민국을 건립하여 세계에 선포한 위대한 독립정신을 계승하여 이제 민주독립국가를 재건함에 있어서"라고 명시한 이 헌법을 공포하였다.

① 미군정청이 설치되었다.
② 5·10 총선거가 실시되었다.
③ 반민족 행위 처벌법이 공포되었다.
④ 한국의 독립을 언급한 카이로 회담이 개최되었다.

24. 〈보기〉는 해방 후 통일 정부 수립을 위해 노력하던 과정에서 발생한 사건들이다. 시간순으로 바르게 나열한 것은?
2019 2월 서울시 7급

> **보기**
>
> (가) 미군정의 지원과 대중적 지지 속에 결성된 좌·우 합작 위원회는 '좌·우 합작 7원칙'을 발표했다.
> (나) 서울의 혜화동에서 여운형이 암살되었다.
> (다) 이승만은 전라북도 정읍에서 단독 정부를 수립하자고 연설했다.
> (라) 미군정은 좌·우 합작 위원회와 한민당을 주축으로 남조선 과도 입법 의원을 구성했다.
> (마) 모스크바 3국 외상 회의의 결정 사항을 이행하기 위해 제2차 미·소 공동 위원회가 재개되었다.

① (가) - (나) - (다) - (라) - (마)
② (가) - (라) - (마) - (나) - (다)
③ (다) - (가) - (라) - (마) - (나)
④ (마) - (가) - (다) - (나) - (라)

대한민국의 정치 빈출도 ★★★

25. 다음 법령에 대한 설명으로 옳지 않은 것은?

> 제2조 일본 정부로부터 작위를 받은 자 또는 일본 제국 의회의 의원이 되었던 자는 무기 또는 5년 이상의 징역에 처하고 그 재산과 유산의 전부 혹은 2분의 1 이상을 몰수한다.
> 제3조 일본 치하 독립운동자나 그 가족을 악의로 살상·박해한 자 또는 이를 지휘한 자는 사형, 무기 또는 5년 이상의 징역에 처하고 그 재산의 전부 혹은 일부를 몰수한다.

① 이 법령에 따라 특별조사위원회가 설치되었다.
② 이 법령에 의해 실형 선고를 받은 사람들도 재심 청구 등의 방법으로 모두 풀려났다.
③ 일제 강점기에 기술관을 포함한 고등관 3등급 이상, 훈 5등급 이상을 받은 관공리는 이 법의 공소 시효 경과 전에는 공무원에 임용될 수 없다고 규정되었다.
④ 이 법령은 제헌 헌법에 근거하여 제정되었다.

26. 다음 제시된 해방 이후 사회·정치 상황을 시간 순서대로 바르게 나열한 것은?
2020 경찰직 2차

㉠ 유엔 한국 임시 위원단의 감시하에 남한만의 총선거가 실시되었다.
㉡ 제헌 국회는 '경자유전'을 원칙으로 하는 농지 개혁법을 공포하였다.
㉢ 이승만은 정읍에서 남쪽만이라도 먼저 정부를 수립하자고 주장하였다.
㉣ 제헌 국회는 반민족 행위 처벌법을 제정하였다.
㉤ 미군정은 좌·우 합작을 추진하는 한편 남조선 과도 입법 의원 창설을 공포하였다.

① ㉢-㉤-㉠-㉡-㉣
② ㉤-㉢-㉣-㉠-㉡
③ ㉢-㉤-㉠-㉣-㉡
④ ㉠-㉤-㉢-㉡-㉣

27. 다음 자료에서 밑줄 친 '위원회'에 대한 설명으로 옳은 것은?
2018 지방직 7급

대통령은 우리 위원회의 활동이 삼권분립 원칙에 위배된다고 주장하고 있으며, 내무 장관은 피의자인 노덕술을 요직에 등용하였다. …(중략)… 당국자가 노덕술을 보호하고, 우리 위원회에 그의 석방을 요구한 이유가 무엇인가? 우리는 친일 경관이 아니라 애국심을 지닌 경관이 등용되기를 바란다.

① 남북 협상을 추진하였다.
② 부산 정치 파동으로 인해 해산되었다.
③ 3·15 부정 선거를 규탄하는 시위를 주도하였다.
④ 제헌 헌법의 특별 규정에 의해 제정된 법률에 따라 구성되었다.

28. 다음 조항을 포함한 법률에 대한 설명으로 옳지 않은 것은?
2022 지방직 9급(서울시 9급)

제1조 일본 정부와 통모하여 한·일 합병에 적극 협력한 자, 한국의 주권을 침해하는 조약 또는 문서에 조인한 자와 이를 모의한 자는 사형 또는 무기 징역에 처하고, 그 재산과 유산의 전부 혹은 2분의 1 이상을 몰수한다.

① 이 법률은 제헌 국회에서 제정되었다.
② 이 법률은 농지 개혁법이 제정된 후 제정되었다.
③ 이 법률에 의해 반민특위와 특별 재판부가 구성되었다.
④ 이 법률에 의해 친일 경력을 지닌 고위 경찰 간부가 체포되었다.

29. 6·25 전쟁 중 있었던 사실로 옳지 않은 것은?
2023 지방직 9급(서울시 9급)

① 국군과 유엔군이 인천 상륙 작전을 감행하였다.
② 대통령 직선제를 포함한 발췌 개헌안이 국회에서 통과되었다.
③ 이승만 정부가 북한 송환을 거부하는 반공 포로를 석방하였다.
④ 미국이 한반도를 미국의 태평양 지역 방위선에서 제외한다는 애치슨 선언을 발표하였다.

30. 다음 조약이 조인된 시기를 연표에서 가장 옳게 고른 것은?
2023 법원직 9급

제3조 각 당사국은 타 당사국의 행정 지배하에 있는 영토와 각 당사국이 타 당사국의 행정 지배하에 합법적으로 들어갔다고 인정하는 금후의 영토에 있어서 타 당사국에 대한 태평양 지역에 있어서의 무력 공격을 자국의 평화와 안전을 위태롭게 하는 것이라 인정하고 공통한 위험에 대처하기 위하여 각자의 헌법상의 수속에 따라 행동할 것을 선언한다.
제4조 상호적 합의에 의하여 미합중국의 육군, 해군과 공군을 대한민국의 영토 내와 그 부근에 배치하는 권리를 대한민국은 이를 허여하고 미합중국은 이를 수락한다.

(가)	(나)	(다)	(라)
대한민국 정부 수립	6·25 전쟁 발발	제2차 개정 헌법 공포	5·16 군사 정변	한·일 기본 조약 조인

① (가) ② (나) ③ (다) ④ (라)

31
〈보기〉의 상황을 한국 전쟁의 전개 과정에 따라 순서대로 바르게 나열한 것은?
2022 서울시 9급(자체 출제)

> **보기**
> ㄱ. 유엔군이 인천 상륙 작전에 성공하였다.
> ㄴ. 중국군이 대규모 병력을 파견하기 시작하였다.
> ㄷ. 판문점 부근에서 휴전 회담이 열리기 시작하였다.
> ㄹ. 이승만 정부가 반공 포로 석방 조치를 실행하였다.

① ㄱ → ㄴ → ㄷ → ㄹ
② ㄱ → ㄷ → ㄹ → ㄴ
③ ㄴ → ㄱ → ㄷ → ㄹ
④ ㄴ → ㄹ → ㄱ → ㄷ

32
다음 회담과 관련한 내용으로 옳지 않은 것은?
2015 국가직 7급

> 제2 의제 전투 행위를 정지한다는 전제 아래 양측 군대 사이에 비무장 지대를 설치하고자 군사 분계선을 정하는 일
> …(중략)…
> 제5 의제 외국 군대의 철수와 한반도 문제의 평화적 해결에 관해서 쌍방 관련 국가의 정부에 권고하는 일

① 개성과 판문점 등지에서 회담이 진행되었다.
② 공산군 측은 38도선을 경계로 휴전할 것을 요구하였다.
③ 유엔군 측은 제네바 협정에 따른 포로의 자동 송환을 주장하였다.
④ 쌍방은 소련을 제외한 4개국 중립국 감시 위원회의 구성에 합의하였다.

33
6·25 전쟁과 관련된 설명으로 옳지 않은 것은?

① 애치슨 선언으로 한반도가 미국 극동 방위선에서 제외되었다.
② 소련의 유엔 대표였던 '말리크'의 제안으로 휴전 회담이 시작되었다.
③ 정전 협정 이후, 국민 방위군 사건이 발생하여 관련자가 사형되었다.
④ 정전 협정이 체결된 이후 한국과 미국 사이에 한미 상호 방위 조약이 체결되었다.

34
6·25 전쟁 중의 정전 회담과 1953년 7월 체결된 정전 협정에 대한 설명으로 가장 적절하지 않은 것은?
2018 경찰직 2차

① 정전 회담의 주요 쟁점은 군사 분계선 설정 문제, 포로 교환 문제 등이었다.
② 소련이 정전을 제안하였고 유엔군과 공산군이 이를 받아들이면서 정전 회담이 시작되었다.
③ 유엔군과 한국군, 중국군, 북한군은 1953년 7월 27일에 정전 협정에 조인하였다.
④ 정전 협정에서 양측은 현 전선을 군사 분계선으로 정하고, 군사 분계선 남북 각각 2km 지역을 비무장 지대로 설치하였다.

35
(가), (나) 사건 사이에 있었던 사실로 옳은 것은?
2020 국가직 7급

> (가) UN 한국 위원단이 총선거 감시와 협의를 할 수 있었던 그 지역에서 효과적으로 통제 및 사법권을 보유한 합법 정부가 수립되었으며, …(중략)… 한국 위원단은 지난번 한국 인민의 자유로 표현된 의사에 기초하여 장차의 대의 정부 발전에 유용한 감시와 협의를 수행할 것이다.
> (나) 안전보장이사회는 …(중략)… 북한군의 대한민국에 대한 무력공격이 평화 파괴를 조성한다고 단정하였다. 이 지역에서 그 무력공격을 격퇴하고 국제적 평화와 안전을 회복시키기 위하여 필요한 원조를 대한민국에 제공하도록 국제연합 제 회원국에게 권고하였다.

① 제헌 헌법이 공포되었다.
② 남조선 과도 입법의원이 구성되었다.
③ 귀속 재산 처리를 위한 귀속 재산 처리법이 제정되었다.
④ 일본인 토지의 분배를 위해 중앙 토지 행정처가 발족되었다.

36 밑줄 친 '개헌안'에 대한 설명으로 옳은 것은?

2019 지방직 7급

1954년에 실시된 선거로 국회 내 다수 세력이 된 자유당은 새 개헌안을 국회에 상정하였다. 이 개헌안이 국회를 통과하기 위해서는 그 재적 의원 203명의 3분의 2 이상이 찬성해야 했다. 그러나 표결 결과 135표를 얻는 데 그쳐 부결되었다. 그럼에도 자유당은 이른바 '사사오입'이라는 논리로 부결을 번복하고 가결을 선언하였다. 이는 절차적 민주주의 원칙이 크게 훼손된 사건이었다.

① 대통령이 국회의원의 3분의 1을 직접 지명하도록 규정하였다.
② 국가 보위 비상 대책 위원회가 언론을 통제한다는 규정이 포함되어 있었다.
③ 대통령 선거인단에 의한 간접 선거로 대통령을 선출한다는 조항을 두었다.
④ 당시 재임 중인 대통령에 대해서는 중임 제한 규정을 적용하지 않는다는 내용이 있었다.

37 다음 내용의 헌법 개헌안이 통과된 이후 나타난 사실로 적절한 것을 〈보기〉에서 모두 고른 것은?

2020 경찰직 1차

제31조 입법권은 국회가 행한다. 국회는 민의원과 참의원으로써 구성한다.
제55조 대통령과 부통령의 임기는 4년으로 한다. 단, 재선에 의하여 1차 중임할 수 있다. 대통령이 궐위된 때에는 부통령이 대통령이 되고 잔임 기간 중 재임한다.
부칙 이 헌법 공포 당시의 대통령에 대하여는 제55조 제1항 단서의 제한을 적용하지 아니한다.

〈보기〉
㉠ 조봉암이 진보당을 창당하였다.
㉡ 이승만 대통령이 반공 포로를 석방하였다.
㉢ 헌법 개정으로 대통령 선출 방식이 국회 간선제에서 국민 직선제 방식으로 바뀌었다.
㉣ 정·부통령 선거에서 대통령에 자유당의 이승만, 부통령에 민주당의 장면이 당선되었다.

① ㉠, ㉡
② ㉠, ㉣
③ ㉡, ㉢
④ ㉡, ㉣

38 다음 〈보기〉를 시대 순으로 가장 적절하게 나열한 것은?

2015 경찰직 1차

〈보기〉
㉠ 한·미 상호 방위 조약 체결
㉡ 사사오입 개헌
㉢ 휴전 협정 조인
㉣ 발췌 개헌
㉤ 향토 예비군 창설

① ㉢-㉣-㉠-㉤-㉡
② ㉢-㉠-㉣-㉤-㉡
③ ㉣-㉢-㉠-㉡-㉤
④ ㉣-㉠-㉢-㉡-㉤

39 다음의 선거 벽보가 사용된 선거에 대한 설명으로 옳지 않은 것은?

2015 서울시 7급

① 조봉암이 대통령 후보로 출마하였다.
② 자유당의 부통령 후보는 이기붕이었다.
③ 부정 선거로 자유당이 대통령과 부통령 선거에서 모두 승리했다.
④ 사사오입 개헌 이후 이승만이 제3대 대통령으로 당선된 선거였다.

40. <보기>의 ㉠과 ㉡에 들어갈 인물들의 이름을 옳게 짝지은 것은?
2019 서울시 7급

보기

1956년의 제3대 정·부통령 선거에서는 평화 통일과 혁신 노선을 내세운 ㉠ 후보가 대통령 선거에 출마하여 전체 유효표의 30%를 차지하였고, 부통령 선거에서는 민주당의 ㉡ 후보가 자유당의 이기붕 후보를 누르고 당선되었다.

	㉠	㉡
①	조봉암	장면
②	신익희	장면
③	조봉암	김성수
④	신익희	김성수

41. 다음과 같은 강령을 내세운 정당은?

가. 우리는 공산 독재는 물론, 자본가와 부패 분자의 독재도 배격하고 진정한 민주주의 체제를 확립하여 책임 있는 혁신 정치의 실현을 기한다.
나. 우리는 생산 분배의 합리적 계획으로 민족 자본의 육성과 농민·노동자·모든 문화인 및 봉급 생활자의 생활권을 확보하여 조국의 부흥 번영을 기한다.
다. 우리는 안으로 민주 세력의 대동단결을 추진하고, 밖으로 민주 우방과 긴밀히 제휴하여 민주 세력이 결정적 승리를 얻을 수 있는 평화적 방식에 의한 조국 통일의 실현을 기한다.

① 자유당
② 민주 정의당
③ 진보당
④ 공화당

42. 1950년대 시대적 상황에 대한 설명으로 가장 적절하지 않은 것은?
2020 경찰직 2차

① 자유당은 국가 보안법 개정안에 반대하기 위해 반공 투쟁 위원회를 구성하였다.
② '대통령의 명예를 훼손하는 자는 10년 이하의 징역에 처한다'는 내용을 담은 국가 보안법 개정안이 국회에서 통과되었다.
③ 초대 대통령에 한하여 중임 제한 조항을 적용하지 않는다는 내용의 개헌안이 국회에 제출되었다.
④ 자유당은 대통령 선거를 간선제에서 직선제로, 국회를 단원제에서 양원제로 하는 발췌 개헌안을 제출하여 통과시켰다.

43. 다음 글은 어떤 사건이 일어났을 때 발표되었는가?
2022 지방직 9급(서울시 9급)

1. 마산, 서울 기타 각지의 데모는 주권을 빼앗긴 국민의 울분을 대신하여 궐기한 학생들의 순수한 정의감의 발로이며 부정과 불의에는 언제나 항거하는 민족정기의 표현이다.
···(중략)···
3. 합법적이고 평화적인 데모 학생에게 총탄과 폭력을 거리낌 없이 남용하여 참극을 빚어낸 경찰은 자유와 민주를 기본으로 한 대한민국의 국립 경찰이 아니라 불법과 폭력으로 권력을 유지하려는 일부 정부 집단의 사병이다.

— 대학 교수단 4·25 선언문 —

① 4·19 혁명
② 5·18 민주화 운동
③ 6·3 시위
④ 6·29 민주화 선언

44. 〈보기〉 선언문의 발표 후에 있었던 사건으로 가장 적합하지 않은 것은? 2019 서울시 9급

보기

상아의 진리 탑을 박차고 거리에 나선 우리는 질풍과 같은 역사의 조류에 자신을 참여시킴으로써 이성과 진리, 그리고 자유의 대학정신을 현실의 참담한 박토에 뿌리려 하는 바이다. …(중략)… 무릇 모든 민주주의 정치사는 자유의 투쟁사다. 그것은 또한 여하한 형태의 전제로 민중 앞에 군림하든 '종이로 만든 호랑이' 같이 헤슬픈 것임을 교시한다. …(중략)… 근대적 민주주의의 근간은 자유다. …(후략)

- 서울대학교 문리과대학 학생 일동 -

① 이승만 대통령이 하야하였다.
② 장면 정권이 수립되었다.
③ 민족 자주 통일 중앙 협의회가 조직되었다.
④ 조봉암이 진보당을 결성하였다.

45. 다음은 4·19 혁명 당시 일어났던 사실들이다. 이를 순서대로 바르게 나열한 것은?

㉠ 마산에서 부정 선거를 규탄하는 대규모 시위가 발생하였다.
㉡ 고려대학교 학생들이 국회 의사당으로 행진하며 연좌시위를 전개하였다.
㉢ 서울 지역 대학 교수들이 학생들의 시위를 지지하는 시위를 벌였다.
㉣ 이승만이 '국민이 원한다면 대통령직을 물러나겠다'는 하야 성명을 발표하였다.
㉤ 서울 지역 대학생·고등학생과 시민들이 대규모 시위를 전개하며 경무대로 진출하였다.

① ㉠ → ㉡ → ㉢ → ㉤ → ㉣
② ㉠ → ㉡ → ㉤ → ㉢ → ㉣
③ ㉠ → ㉤ → ㉡ → ㉢ → ㉣
④ ㉡ → ㉤ → ㉢ → ㉢ → ㉠

46. 다음 시정 연설을 했던 정부 시기에 있었던 사실로 옳은 것은? 2021 경찰직 1차

셋째로, 부정 선거의 원흉들과 발포 책임자에 대해서는 이미 공소가 제기되어 있으므로 사법부에서 법과 혁명 정신에 의하여 엄정한 판결을 내릴 것으로 믿고 …(중략)…

여섯째로, 경제 건설과의 균형상 국방비의 과중한 부담을 경감시키기 위하여 점차적 감군을 주장하여 온 우리 당의 정책을 실현하고자 국제 연합군 사령부와 협의하여 신년도부터 약간 감군할 것을 계획 중에 있으며, 동시에 새로운 장비를 도입하기 위한 계획도 이미 수립되어 있음을 양해하시기를 바란다.

① 화폐 개혁이 단행되었다.
② 잡지 〈사상계〉가 창간되었다.
③ 주민등록증 발급이 시작되었다.
④ 경제 개발 5개년 계획이 수립되었다.

47. 밑줄 친 '새 헌법'에 대한 설명으로 옳은 것은? 2020 지방직 9급(서울시 9급)

정부에서는 6월 15일 국회에서 통과된 개헌안을 이송받자 이날 긴급 국무회의를 소집하고 정식으로 이를 공포하였다. 이로써 개정된 새 헌법은 16일 0시를 기해 효력을 발생케 되었다. 새 헌법이 공포됨으로써 16일부터는 실질적인 내각 책임체제의 정부를 갖게 되었으며 허정 수석국무위원은 자동으로 국무총리가 된다.

- 〈경향신문〉, 1960. 6. 16. -

① 임시 수도 부산에서 개정되었다.
② '사사오입'의 논리로 통과되었다.
③ 통일 주체 국민 회의 설치를 규정한 조항이 있다.
④ 민의원과 참의원으로 구성된 국회 조항이 있다.

48 다음 헌법이 시행된 시기의 정부에 대한 설명으로 옳은 것은?

> 제32조 양원은 국민의 보통, 평등, 직접, 비밀 투표에 의하여 선거된 의원으로써 조직한다.
> 제53조 대통령은 양원 합동 회의에서 선거하고 재적 국회의원 3분의 2 이상의 투표를 얻어 당선된다.
> 제71조 국무원은 민의원에서 국무원에 대한 불신임 결의안을 가결한 때에는 10일 이내에 민의원 해산을 결의하지 않는 한 총사직하여야 한다.

① 내각 책임제로 운영되었다.
② 베트남 파병을 결정하였다.
③ 새마을 운동을 전개하였다.
④ 금융 실명제를 실시하였다.

49 밑줄 친 '나'가 집권하여 추진한 사실로 옳은 것은?
2023 국가직 9급

> 나는 우리 국민이 선천적으로 타고난 재질을 최대한으로 활용하여 다각적인 생산 활동을 더욱 활발하게 하고, …(중략)… 공산품 수출을 진흥시키는 데 가일층 노력할 것을 요망합니다. 끝으로 나는 오늘 제1회 수출의 날 기념식에 즈음하여 …(중략)… 이 뜻 깊은 날이 자립경제를 앞당기는 또 하나의 계기가 될 것을 기원합니다.

① 대통령 직선제 개헌을 추진하였다.
② 3·1 민주 구국 선언을 발표하였다.
③ 반민족 행위 특별 조사 위원회를 구성하였다.
④ 베트남 파병에 필요한 조건을 명시한 브라운 각서를 체결하였다.

50 (가)에 들어갈 사건으로 가장 옳은 것은?

> 한·일 양국은 외교·영사 관계를 개설하고 한·일 병합 조약과 그 전에 양국 간에 체결된 모든 조약 및 협정이 무효임을 확인하였으며, 일본 측은 대한민국 정부가 한반도에서의 유일한 합법 정부임을 인정하였다.
> 또한, 부속 협정인 '청구권·경제 협력에 관한 협정'을 통해 일본이 3억 달러의 무상 자금과 2억 달러의 장기 저리 정부 차관 및 3억 달러 이상의 상업 차관을 공여하기로 합의하였다.

(가)

> 미국은 동맹국이나 중요한 관계가 있는 국가들에 핵우산을 제공한다. 그러나 내란이나 침략에 대하여 아시아 각국이 스스로 협력하여 그에 대처하여야 할 것이다.

① 박정희 등 일부 군인들이 군사 정변을 일으켜 정권을 장악하였다.
② 통일 주체 국민 회의에서 대통령을 선출하는 내용이 포함된 유신 헌법이 제정되었다.
③ 서울 올림픽이 개최된 이후, 소련 및 중국 등 사회주의 국가들과 수교하였다.
④ 국민의 윤리와 정신적인 기반을 확립하기 위해 국민 교육 헌장이 발표되었다.

51. (가), (나) 사이에 있었던 사실로 옳은 것은?

(가) 박정희 등 일부 군부 세력들은 쿠데타를 일으켜 정권을 장악하였다.
(나) 미국은 브라운 각서를 통해 한국군의 베트남 추가 파병의 대가로 대한민국에 군사·경제적 지원을 약속하였다.

① 당시 정권에 의해 〈경향신문〉이 폐간되었다.
② 대한민국과 일본의 국교가 정상화되었다.
③ 1·21 사태가 일어나 남북 관계가 경색되었다.
④ 대한민국이 중화 인민 공화국과 수교하였다.

52. 다음은 1960년대 어느 일간지에 실린 사설이다. 밑줄 친 '파병'에 대한 설명으로 옳은 것만을 모두 고르면?
2019 지방직 9급

우리는 원했든 원하지 안했든 이미 이 전쟁에 직접적인 관계를 맺었고 파병을 찬반(贊反)하던 국민이 이젠 다 힘과 마음을 합해서 파병된 용사들을 성원하고 있거니와 근대 전쟁이 전투하는 사람만의 전쟁이 아니라 온 국민이 참가하는 '총력전'이라는 것을 알고 이 전쟁의 승리를 위해 모든 국민의 단합을 호소하는 바이다.

ㄱ. 발췌 개헌안 통과에 영향을 주었다.
ㄴ. 브라운 각서를 체결하는 이유가 되었다.
ㄷ. 1960년대 경제 개발 계획의 추진에 기여하였다.
ㄹ. 한·미 상호 방위 원조 협정을 체결하는 계기가 되었다.

① ㄱ, ㄴ ② ㄱ, ㄷ
③ ㄴ, ㄷ ④ ㄷ, ㄹ

53. 〈보기〉와 같은 내용의 헌법으로 개정된 이후 발생한 사건으로 가장 옳은 것은?
2019 서울시 9급

보기
제39조 대통령은 통일 주체 국민 회의에서 토론 없이 무기명 투표로 선거한다.
제40조 통일 주체 국민 회의는 국회의원 정수의 1/3에 해당 하는 수의 국회의원을 선거한다.
제43조 대통령은 조국의 평화적 통일을 위한 성실한 의무를 진다.

① 굴욕적인 한·일 회담에 반대하는 학생 시위가 전개되었다.
② 재야인사들이 명동 성당에 모여 '3·1 민주 구국 선언'을 발표하였다.
③ 친일파 청산을 위해 반민족 행위 특별 조사 위원회를 설치하였다.
④ 민생 안정을 위해 농가 부채 탕감, 화폐 개혁 등을 실시하였다.

54. 밑줄 친 '헌법'이 시행 중인 시기에 일어난 사건은?
2021 국가직 9급

이 헌법은 한 사람의 집권자가 긴급 조치라는 형식적인 법 절차와 권력 남용으로 양보할 수 없는 국민의 기본 인권과 존엄성을 억압하였다. 그리고 이러한 권력 남용에 형식적인 합법성을 부여하고자 …(중략)… 입법, 사법, 행정 3권을 한 사람의 집권자에게 집중시키고 있다.

① 부·마 민주 항쟁이 일어났다.
② 국민 교육 헌장을 선포하였다.
③ 7·4 남북 공동 성명이 발표되었다.
④ 한·일 협정 체결을 반대하는 6·3 시위가 있었다.

55 다음은 어떤 헌법의 일부를 발췌한 내용이다. 이 헌법에 대한 설명으로 가장 옳은 것은?

> 제40조 통일 주체 국민 회의는 국회의원 정수의 3분의 1에 해당하는 수의 국회의원을 선거한다.
> 제53조 대통령은 천재지변 또는 중대한 재정 경제상의 위기에 처하거나, …(중략)… 긴급 조치를 할 수 있다.

① 대통령은 국회를 해산할 수 있다.
② 대통령은 5년 단임제로 선출한다.
③ 대통령은 중임 제한이 적용된다.
④ 국무총리는 대통령이 지명하여 민의원의 동의를 얻어야 한다.

56 다음 헌법이 적용된 시기에 일어난 사실로 가장 옳은 것은?
2023 법원직 9급

> 제38조 ① 대통령은 통일에 관한 중요 정책을 결정하거나 변경함에 있어서, 국론 통일을 위하여 필요하다고 인정할 때에는 통일 주체 국민 회의의 심의에 붙일 수 있다.
> ② 제1항의 경우에 통일 주체 국민 회의에서 재적 대의원 과반수의 찬성을 얻은 통일 정책은 국민의 총의로 본다.
> 제40조 통일 주체 국민 회의는 국회의원 정수의 3분의 1에 해당하는 수의 국회의원을 선거한다.

① 광주 대단지 사건이 일어났다.
② 7·4 남북 공동 성명이 발표되었다.
③ 국가 보위 비상 대책 위원회가 조직되었다.
④ 전태일이 근로 기준법 준수를 요구하며 분신하였다.

57 다음 사료와 관련된 사건은 무엇인가?

> 민주주의는 대한민국의 국시(國是)다. 따라서 대한민국의 정통성은 민주주의에 있다. 그러므로 어떤 구실로도 민주주의가 위축되어서는 안 된다. 이북 공산주의 정권과 치열한 경쟁에 뛰어든 이 마당에 우리가 길러야 할 힘은 민주 역량이다. 국방력도 경제력도 길러야 하지만 민주 역량의 뒷받침이 없을 때 그것은 모래 위에 세운 집과 같다. …(중략)… 첫째로 우리는 국민의 자유를 억압하는 긴급 조치를 곧 철폐하고 민주주의를 요구하다가 투옥된 민주인사들과 학생들을 석방하라고 요구한다. 국민의 의사가 자유로이 표명될 수 있도록 언론, 집회, 출판의 자유를 국민에게 돌리라고 요구한다.

① 4·19 혁명
② 6·3 시위
③ 3·1 민주 구국 선언
④ 5·18 민주화 운동

58 다음 사건들을 일어난 순서대로 바르게 나열한 것은?
2016 서울시 9급

> (가) 김영삼 신민당 당수 국회 제명
> (나) 김대중 납치 사건 발생
> (다) 유신 헌법의 국민 투표 통과
> (라) 국민 교육 헌장 제정
> (마) 7·4 남북 공동 성명 발표

① (라) → (마) → (다) → (가) → (나)
② (라) → (마) → (다) → (나) → (가)
③ (마) → (다) → (라) → (가) → (나)
④ (마) → (다) → (라) → (나) → (가)

59 밑줄 친 ㉠, ㉡의 내용으로 옳은 것은? 2021 법원직 9급

○ 투표는 ㉠ 이 헌법 제39조의 규정에 따라 토론 없이 무기명으로 투표용지에 후보자 성명을 기입하는 방법으로 진행되었다. 투표 결과는 찬성 2,357표, 반대는 한 표도 없이 무효 2표로 박정희 후보를 선출하였다.

○ 집권 준비를 마친 전두환은 통일 주체 국민 회의를 통해 제11대 대통령으로 선출되었다. 그러나 국민의 반발과 악화된 국제 여론을 의식하여 개헌을 단행하였다. ㉡ 새 헌법에 따라 실시된 선거에서 전두환은 다시 대통령에 당선되었다.

① ㉠ – 대통령의 연임을 3회까지만 허용한다.
② ㉠ – 대통령이 국회를 해산할 권한을 갖는다.
③ ㉡ – 대통령의 임기는 5년으로 한다.
④ ㉡ – 통일 주체 국민 회의에서 대통령을 선출한다.

60 다음 역사적 사건을 순서대로 바르게 나열한 것은?
2017 서울시 7급

ㄱ. 5·16 군사 정변
ㄴ. 4·19 혁명
ㄷ. 3·1 민주 구국 선언
ㄹ. 10월 유신
ㅁ. 5·18 민주화 운동
ㅂ. 6·29 민주화 선언

① ㄴ-ㄱ-ㄹ-ㄷ-ㅁ-ㅂ
② ㄴ-ㄱ-ㄹ-ㄷ-ㅂ-ㅁ
③ ㄷ-ㄴ-ㄱ-ㄹ-ㅁ-ㅂ
④ ㄷ-ㄴ-ㄱ-ㄹ-ㅂ-ㅁ

61 다음 자료에 나타난 민주화 운동에 대한 설명으로 옳은 것은?

제목: 시민 동향
1. ○○○○년 ○○월 ○○일 10:20 현재 도청 앞에 집결한 군중은 약 5만 명으로 계속하여 도청 공격을 시도 중이며, 군장갑차 1대를 탈취당하였음
2. 그들의 요구는 금일 12:00까지 연행자 석방, 공수 부대 철수임
3. 50여 대 분승, 차창을 모두 깨고 시가지로 몰고 다니며 '계엄 해제', '전두환 물러가라' 등 구호를 외치고 있으며 시민들은 이들에게 음료수 등을 제공하고 있음

① 유신 체제에 저항하여 부산, 마산 등지에서 일어났다.
② 관련 기록물이 유네스코 세계 기록 유산으로 등재되었다.
③ 한·일 회담 반대에서 더 나아가 정권 퇴진을 요구하였다.
④ 독재 정권을 타도하였으나 미완의 혁명으로 평가받기도 한다.

62 다음 자료에 해당되는 역사적 사건의 직접적 원인은?

우리는 왜 총을 들 수밖에 없었는가? 너무나 무자비한 만행을 더 이상 보고 있을 수만 없어서 너도나도 총을 들고 나섰던 것입니다. …(중략)… 계엄 당국은 18일 오후부터 공수 부대를 대량 투입하여 시내 곳곳에서 학생, 젊은이들에게 무차별 살상을 실시하였으니!
— 시민군 궐기문 —

① 긴급 조치 9호
② 6월 민주 항쟁
③ 5·17 비상계엄 확대
④ 부산 미문화원 방화 사건

63
다음 선언문이 발표된 사건에서 제기된 구호로 옳은 것은?
한국사능력검정시험 고급 기출

> 오늘 우리는 전 세계 이목이 우리를 주시하는 가운데 40년 독재 정치를 청산하고 희망찬 민주 국가를 건설하기 위한 거보를 전 국민과 함께 내딛는다. 국가의 미래요 소망인 꽃다운 젊은이를 야만적인 고문으로 죽여 놓고 그것도 모자라서 뻔뻔스럽게 국민을 속이려 했던 현 정권에게 국민의 분노가 무엇인지를 분명히 보여 주고, 국민적 여망인 개헌을 일방적으로 파기한 4·13 폭거를 철회시키기 위한 민주 장정을 시작한다.

① 부정 선거 책임자를 즉시 처벌하라!
② 명분 없는 계엄령을 즉각 철폐하라!
③ 사죄와 배상 없는 경제 협력 웬말이냐!
④ 국민 합의 배신하는 호헌 주장 철회하라!
⑤ 긴급 조치 철폐하고 민주 인사 석방하라!

64
〈보기〉의 사건을 시간순으로 바르게 나열한 것은?
2018 서울시 7급

> 보기
> ㄱ. 제13대 대통령 선거
> ㄴ. 4·13 호헌 조치 발표
> ㄷ. 박종철 고문 치사 사건
> ㄹ. 민주 헌법 쟁취 국민 운동 본부의 결성

① ㄴ-ㄱ-ㄷ-ㄹ
② ㄴ-ㄷ-ㄱ-ㄹ
③ ㄷ-ㄴ-ㄹ-ㄱ
④ ㄷ-ㄹ-ㄴ-ㄱ

65
다음과 같은 성명을 촉발시킨 정권과 관련 있는 사실로 옳은 것을 〈보기〉에서 모두 고른 것은?

> 우리는 이른바 4·13 대통령 특별 조치를 국민의 이름으로 무효임을 선언한다. 이 나라는 전제 군주 국가가 아니다. 이 나라의 엄연한 주인은 국민이요, 국민이 국가 권력의 주체이다. 그러므로 국민의 의사를 전적으로 무시한 4·13 폭거는 시대적 대세인 민주화를 거스르려는 음모요, 국가 권력의 주인인 국민을 향한 도전장이 아닐 수 없다. 이제 우리 국민은 분단을 이유로, 경제 개발을 이유로, 그리고 올림픽을 이유로 민주화를 유보하자는 독재 정권의 거짓 논리에서 이제는 깨어나고 있다.

> 보기
> ㉠ 3저 호황
> ㉡ 금융 실명제의 시작
> ㉢ 제24회 하계 올림픽 대회 개최
> ㉣ 금강산댐 사건
> ㉤ 문익환 목사 방북 사건

① ㉠, ㉣, ㉤
② ㉠, ㉣
③ ㉡, ㉤
④ ㉢, ㉣, ㉤

66
〈보기〉의 사건을 시간 순으로 바르게 나열한 것은?
2024 서울시 9급(자체 출제)

> 보기
> ㄱ. 5·18 민주화 운동
> ㄴ. 12·12 군사 반란
> ㄷ. 부마 민주 항쟁
> ㄹ. 4·13 호헌 조치

① ㄷ-ㄱ-ㄴ-ㄹ
② ㄷ-ㄴ-ㄱ-ㄹ
③ ㄹ-ㄴ-ㄷ-ㄱ
④ ㄹ-ㄷ-ㄴ-ㄱ

67
다음은 현대사에서 만들어진 단체들이다. 이를 설립 순으로 바르게 나열한 것은?

㉠ 국가 재건 최고 회의
㉡ 국가 보위 비상 대책 위원회
㉢ 통일 주체 국민 회의
㉣ 대통령 선거인단

① ㉠ → ㉢ → ㉡ → ㉣
② ㉠ → ㉡ → ㉢ → ㉣
③ ㉡ → ㉣ → ㉢ → ㉠
④ ㉡ → ㉠ → ㉢ → ㉣

68
〈보기〉에 제시된 헌법 개정의 주요 내용을 시간순으로 바르게 나열한 것은? 　　　　　2019 2월 서울시 7급

보기
ㄱ. 대통령을 직선으로 선출하고 임기는 5년으로 하였다.
ㄴ. 대통령을 대통령 선거인단에서 선출하고, 임기는 7년으로 하였다.
ㄷ. 대통령과 부통령을 직선으로 선출하고, 임기는 4년으로 하였다.
ㄹ. 대통령을 통일 주체 국민 회의에서 선출하고, 임기는 6년으로 하였다.

① ㄱ - ㄴ - ㄷ - ㄹ
② ㄴ - ㄹ - ㄷ - ㄱ
③ ㄷ - ㄹ - ㄴ - ㄱ
④ ㄹ - ㄷ - ㄴ - ㄱ

69
(가)와 (나) 사이 시기에 있었던 역사적 사실로 옳은 것을 〈보기〉에서 모두 고른 것은?

(가) 이번 4월의 참사는 학생 운동 사상 최대 비극이요, 이 나라의 정치적 위기를 극복하기 위한 중대 사태이다. 이에 대한 철저한 반성 없이는 이 민족의 불행한 운명을 도저히 만회할 길이 없다. 우리 전국 대학교 교수들은 이 비상시국에 대처하여 양심의 호소를 하는 바이다.

(나) 대한민국과 일본국은 양국 국민 관계의 역사적 배경을 고려하며, 선린 관계 및 주권 상호 존중 원칙에 입각한 양국 관계의 정상화를 상호 의망(意望)함을 고려하고, 양국의 공동 복지 및 공동 이익을 증진하고 국제 평화 및 안전을 유지하는 데 양국이 …(중략)… 협력하는 것이 중요하다는 사실을 인식한다.

보기
㉠ 진보당 사건, 〈경향신문〉 폐간이 이어졌다.
㉡ 한·일 회담에 반대하여 6·3 시위가 일어났다.
㉢ 국가 재건 최고 회의가 구성되어 군정이 실시되었다.
㉣ 부산 정치 파동으로 야당 국회의원이 정치적 공격을 받았다.

① ㉠, ㉡
② ㉡, ㉢
③ ㉡, ㉣
④ ㉢, ㉣

70
다음 내용이 발표된 이후에 있었던 사실로 옳은 것은?

오늘의 이 시점에서 저는, 사회적 혼란을 극복하고, 국민적 화해를 이룩하기 위하여 대통령 직선제를 택하지 않을 수 없다는 결론에 이르게 되었습니다. 국민은 나라의 주인이며, 국민의 뜻은 모든 것에 우선하는 것입니다. …(중략)… 또한 새로운 법에 따라 선거 운동, 투·개표 과정 등에 있어서 최대한의 공명정대한 선거 관리가 이루어져야 합니다.

① 7·4 남북 공동 성명이 발표되었다.
② 판문점에서 정전 협정이 체결되었다.
③ 북방 정책의 결과 소련과의 국교가 수립되었다.
④ 12·12 사태를 통해 신군부가 집권하였다.

71 대한민국 헌법과 개헌에 대한 ㉠부터 ㉣까지의 설명 중 옳고 그름의 표시(○, ×)가 바르게 된 것은?
2017 경찰직 1차(여경 재시험)

㉠ 제헌 헌법은 임기 4년의 대통령을 국회에서 간접 선거로 선출하고, 국회는 단원제로 구성하는 것을 내용으로 하였다.
㉡ 유신 헌법은 대통령의 임기를 5년으로 규정하고 있었으며, 연임 제한을 두지 않았다.
㉢ 3차 개헌은 내각 책임제와 양원제 국회를 구성하는 것을 내용으로 하였다.
㉣ 8차 개헌은 6·29 선언을 계기로 이루어졌으며, 5년 단임의 대통령 직선제를 그 내용으로 하였다.

① ㉠(×) ㉡(○) ㉢(×) ㉣(○)
② ㉠(○) ㉡(×) ㉢(○) ㉣(×)
③ ㉠(○) ㉡(○) ㉢(×) ㉣(○)
④ ㉠(×) ㉡(×) ㉢(○) ㉣(×)

72 다음 내용을 공동 선언한 정부의 집권 시기에 있었던 일로 가장 적절한 것은?
2017 경찰직 2차

1. 남과 북은 핵무기의 시험, 제조, 생산, 접수, 보유, 저장, 배치, 사용을 아니한다.
2. 남과 북은 핵에너지를 오직 평화적 목적에만 이용한다.
3. 남과 북은 핵 재처리 시설과 우라늄 농축 시설을 보유하지 아니한다.
…(후략)

① 88 서울 올림픽 대회 개최
② OECD 가입
③ 7·4 남북 공동 성명 발표
④ 금 모으기 운동 전개

73 다음 연설을 한 대통령의 집권기에 일어난 사실로 가장 옳은 것은?
2023 법원직 9급

저는 이 순간 엄숙한 마음으로 헌법 제76조 제1항의 규정에 의거하여, 「금융실명거래 및 비밀보장에 관한 대통령 긴급명령」을 반포합니다. …(중략)… 금융 실명제에 대한 우리 국민의 합의와 개혁에 대한 강렬한 열망에 비추어 국회의원 여러분이 압도적인 지지로 승인해 주실 것을 믿어 의심치 않습니다. 친애하는 국민 여러분, 드디어 우리는 금융실명제를 실시합니다. 이 시간 이후 모든 금융거래는 실명으로만 이루어집니다. 금융 실명제가 실시되지 않고는 이 땅의 부정부패를 원천적으로 봉쇄할 수가 없습니다.

① YH 무역 사건이 일어났다.
② 제4차 경제 개발 계획이 추진되었다.
③ 국민 기초 생활 보장법이 시행되었다.
④ 한국이 경제 협력 개발 기구(OECD)에 가입하였다.

대한민국의 경제와 사회   빈출도 ★★☆

74 다음 그래프에 표시된 시기에 일어난 사회 현상으로 옳지 않은 것은?
2020 국가직 9급

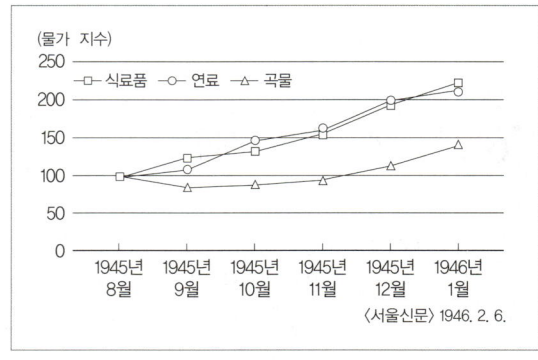

① 해외로부터 귀환인이 급증하여 식량이 부족했다.
② 38도선 분할 점령 이후 식료품 부문의 생산이 크게 위축되었다.
③ 미군정이 재정 적자를 메우기 위해 화폐를 과도하게 발행했다.
④ 미곡 수집제 폐지, 토지 개혁 실시를 주장하는 대규모 시위가 일어났다.

75 대한민국 정부가 수립된 후인 1949년 6월에 '농지 개혁법'이 제정되었다. 이에 대한 설명으로 가장 적절하지 않은 것은? 2018 경찰직 2차

① 이 법은 농지를 농민에게 적절히 분배함으로써 농가 경제의 자립과 농업 생산력의 증진으로 인한 농민 생활의 향상 내지 국민 경제의 균형과 발전을 기함을 목적으로 하였다.
② 법령 및 조약에 의하여 몰수 또는 국유로 된 농지와 소유권의 명의가 분명하지 않은 농지는 정부에 귀속하게 하였다.
③ 정부는 농지를 매입하는 대가로 지가 증권을 발급하였다.
④ 농가 아닌 자의 농지는 매수하고, 자경하지 않는 자의 농지는 매수를 보류하도록 하였다.

76 다음 법령과 관련한 설명으로 옳은 것은? 2019 지방직 9급

제5조 정부는 다음에 의하여 농지를 취득한다.
 1. 다음의 농지는 정부에 귀속한다.
  (가) 법령 및 조약에 의하여 몰수 또는 국유로 된 토지
  (나) 소유권의 명의가 분명하지 않은 농지

① 분배받은 농민은 평년 생산량의 30%를 5년간 상환하였다.
② 중앙 토지 행정처가 분배 업무를 주무하였다.
③ 신한 공사가 보유하던 토지를 분배하였다.
④ 농지 이외 임야도 포함되었다.

77 다음 법령이 반포되었을 당시의 경제적 상황으로 가장 옳은 것은? 2020 법원직 9급

제2조 본 법에서 귀속 재산이라 함은 …(중략)… 대한민국 정부에 이양된 일체의 재산을 지칭한다. 단, 농경지는 따로 농지 개혁법에 의하여 처리한다.
제3조 귀속 재산은 본 법과 본 법의 규정에 의하여 발하는 명령이 정하는 바에 의하여 국용 또는 공유재산, 국영 또는 공영 기업체로 지정되는 것을 제외하고는 대한민국의 국민 또는 법인에게 매각한다.
− 귀속 재산 처리법 −

① 삼백 산업이 발달하였다.
② 금융 실명제가 실시되었다.
③ 수출 100억 달러를 달성하였다.
④ OECD 회원국으로 가입하였다.

78 이승만 정부의 경제 정책으로 옳지 않은 것은? 2021 국가직 9급

① 한·미 원조 협정을 체결하였다.
② 농지 개혁에 따른 지가증권을 발행하였다.
③ 제분, 제당, 면방직 등 삼백 산업을 적극 지원하였다.
④ 제1차 경제 개발 5개년 계획을 추진하였다.

79 정부 수립 이후 이승만 정부의 경제 정책에 대한 설명으로 옳지 않은 것은? 2014 지방직 7급

① 미국과 경제 원조 협정을 체결하여 경제 안정과 시설 복구를 위한 원조를 받았다.
② 귀속 재산 처리법에 따라 일본인이 소유했던 재산과 공장 등을 민간인에게 불하하였다.
③ 농지 개혁법을 제정하여 유상 매입, 무상 분배의 농지 개혁을 실시하였다.
④ 금융 기관의 공공성 유지와 경영 건실화를 위하여 한국 은행법과 은행법을 제정하였다.

80 1960년대 정부의 경제 정책에 대한 설명으로 가장 옳은 것은?
2019 2월 서울시 9급

① 귀속 재산 처리법을 공포하였다.
② 한·미 경제 조정 협정을 체결하였다.
③ 경제 협력 개발 기구(OECD)에 가입하였다.
④ 제1차 경제 개발 5개년 계획이 실시되었다.

82 다음 자료와 관련된 사업에 대한 옳은 설명을 〈보기〉에서 고른 것은?

> ○ 전국의 마을에서는 시멘트를 공급받아 주민 스스로 도로나 하수도를 보수하고 공동 우물 빨래터를 만드는 등의 사업이 추진되었다. 사업 내용은 마을 앞산 푸르게 만들기, 마을 안까지 길 넓히기, 마을 앞 소하천 및 둑 보수 등 10가지였다.
> ○ 전국의 마을은 기초 마을, 자조 마을, 자립 마을이라는 세 단계로 구분되었다. 그리고 모든 마을을 자립 마을로 끌어올린다는 목표를 내세웠다.

보기
㉠ 도시에서 시작하여 농촌으로 확산되었다.
㉡ 전후 경제 복구 사업의 일환으로 실시되었다.
㉢ 정부가 행정력을 동원하여 강력히 추진하였다.
㉣ 농촌의 근대화와 농민의 소득 증대를 표방하였다.

① ㉠, ㉡ ② ㉠, ㉢
③ ㉡, ㉢ ④ ㉢, ㉣

81 그래프에 나타난 시기의 경제 상황으로 옳지 않은 것은?
한국사능력검정시험 고급 기출

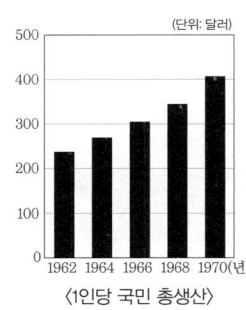
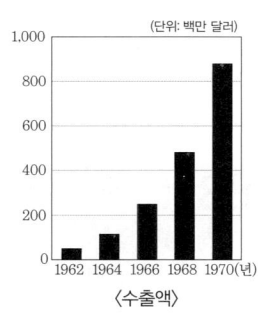

① 저곡가 정책이 추진되었다.
② 서독에 광부와 간호사가 파견되었다.
③ 건설업의 중동 진출이 본격화되었다.
④ 한국 경제의 대외 의존도가 심화되었다.
⑤ 경공업 제품을 중심으로 수출이 증가하였다.

83 다음과 같은 기념물이 만들어지던 시기에 추진되었던 정부의 경제 정책으로 가장 적절한 것은?
2019 법원직 9급

① 중화학 공업을 적극 육성하였다.
② 경제 협력 개발 기구(OECD)에 가입하였다.
③ 미국의 잉여 농산물을 가공하는 삼백 산업을 육성하였다.
④ 자유 무역 협정(FTA)을 통해 시장 개방을 확대하였다.

84 다음은 우리나라 경제 성장 과정을 시간순으로 나열한 것이다. (가)에 들어갈 내용으로 옳은 것은?

2020 국가직 9급

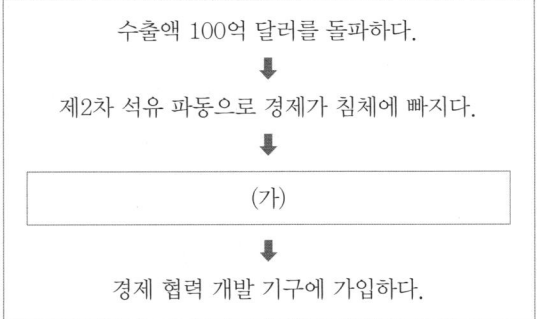

① 3차 경제 개발 5개년 계획이 실시되다.
② 저금리, 저유가, 저달러의 3저 호황을 경험하다.
③ 베트남 파병을 시작하고 브라운 각서를 체결하다.
④ 일본과 대일 청구권 문제에 합의하고 한·일 기본 조약을 체결하다.

85 (가)~(라) 시기에 있었던 경제 상황에 대한 설명으로 옳지 않은 것은?

2015 지방직 7급

1960년	1970년	1980년	1990년	2000년
(가)	(나)	(다)	(라)	

① (가) - 농지 개혁법을 제정·공포하였다.
② (나) - 연간 대외 수출액이 100억 달러를 넘어섰다.
③ (다) - 저금리·저유가·저달러의 3저 현상으로 호황을 맞이하였다.
④ (라) - 경제 협력 개발 기구(OECD)에 가입하였다.

86 다음 정책을 발표한 정부 시기의 경제 상황으로 옳은 것은?

한국사능력검정시험 고급 기출

> 정부는 ○○○○년 ○월 대통령 긴급 명령으로 모든 금융 거래를 실제 거래자 이름으로 하는 금융 실명제를 전격적으로 도입하였다. 금융 실명제는 자금의 흐름을 한눈에 파악하여 세금을 정확하게 매기고 불법 자금의 유통을 막아 금융 거래의 투명성을 기하는 것을 목적으로 하였다.

① 베트남 파병에 따른 특수로 경기가 활성화되었다.
② 2차 석유 파동으로 세계 경제의 불황이 심화되었다.
③ 삼백 산업을 중심으로 재벌이 형성되기 시작하였다.
④ 저유가, 저금리, 저달러의 3저 현상으로 수출이 늘어났다.
⑤ 세계 무역 기구(WTO)의 출범으로 시장 개방이 가속화되었다.

87 대한민국의 현대사 사건들을 발생한 순서대로 가장 적절하게 나열한 것은?

2017 경찰직 1차

> ㉠ 국제 노동 기구(ILO) 가입
> ㉡ 금융 실명제 실시
> ㉢ 경제 협력 개발 기구(OECD) 가입
> ㉣ 대한민국 제14대 대통령 선거 실시

① ㉠ → ㉡ → ㉢ → ㉣
② ㉣ → ㉠ → ㉡ → ㉢
③ ㉣ → ㉡ → ㉢ → ㉠
④ ㉠ → ㉣ → ㉡ → ㉢

88 우리나라의 시기별 교육 변화 양상으로 옳지 않은 것은?

2017 지방직 7급

① 1960년대 - 중학교 무시험 진학 제도가 처음 실시되었다.
② 1970년대 - 처음으로 고등학교 입학시험이 연합 고사로 바뀌었다.
③ 1980년대 - 학교 교육과 별개로 사교육인 과외가 활성화되었다.
④ 1990년대 - 대학 수학 능력 시험이 실시되었다.

89 시대별 교육 문화의 변화에 대한 설명으로 옳지 않은 것은?
2017 지방직 9급

① 미군정기: 미국식 민주주의 교육과 6-3-3학제가 도입되었다.
② 1950년대: 경제적 어려움 속에서도 초등학교 의무 교육제가 시행되었다.
③ 1960년대: 입시 과열을 막기 위해 중학교 무시험 추첨제가 도입되었다.
④ 1970년대: 국가주의 이념을 강조한 국민 교육 헌장이 제정되었다.

90 다음 중 1970년대 교육과 관련된 내용으로 옳은 것은?

① 7·30 조치를 발표하여 과외를 전면 금지하였다.
② 중학교 무시험 진학 제도가 처음 실시되었다.
③ 고등학교 입학시험이 연합고사로 바뀌었다.
④ 학력고사에서 대학 수학 능력 시험으로 입시 제도가 개편 적용되었다.

91 다음은 연대별 인구 정책을 상징하는 표어이다. 각 연대별로 일어난 일에 대한 설명으로 옳은 것만을 〈보기〉에서 모두 고른 것은?
2017 국가직 9급(추가채용)

연대	표어
(가)	덮어 놓고 낳다 보면 거지꼴을 못 면한다.
(나)	딸 아들 구별 말고 둘만 낳아 잘 기르자.
(다)	잘 키운 딸 하나 열 아들 안 부럽다.

〈보기〉
㉠ (가) 군사 정부가 '경제 개발 5개년 계획'을 추진하였다.
㉡ (나) 유신 체제가 성립되었고, 두 차례의 오일 쇼크와 중화학 공업 과잉 중복 투자에 따른 경제 불황이 있었다.
㉢ (다) 6월 민주 항쟁과 저금리, 저유가, 저달러의 3저 호황이 있었다.

① ㉠, ㉡
② ㉠, ㉢
③ ㉡, ㉢
④ ㉠, ㉡, ㉢

북한의 역사와 통일을 위한 노력
빈출도 ★★☆

92 〈보기〉의 북한 정권 수립 과정을 시간순으로 바르게 나열한 것은?
2018 서울시 기술직 9급

〈보기〉
ㄱ. 북조선 임시 인민 위원회 성립
ㄴ. 조선 인민군 창설
ㄷ. 토지 개혁 실시
ㄹ. 최고 인민 회의 대의원 선거 실시
ㅁ. 북조선 노동당 결성
ㅂ. 조선 민주주의 인민 공화국 성립

① ㄱ-ㄴ-ㄷ-ㄹ-ㅁ-ㅂ
② ㄱ-ㄷ-ㅁ-ㄴ-ㄹ-ㅂ
③ ㄱ-ㅁ-ㄷ-ㄹ-ㄴ-ㅂ
④ ㄱ-ㅁ-ㄴ-ㄷ-ㄹ-ㅂ

93 다음 자료에 나타난 문제를 해결하고, 권력을 자신에게 집중시키기 위해 김일성이 추진한 일은?

소련 수상 흐루쇼프는 스탈린에 대한 평가를 격하시키고, 개인 숭배를 비판하였다. 반김일성 세력은 1956년 8월 노동당 중앙 위원회 전원 회의에서 김일성 개인 숭배에 대해 비판하였다.

① 남로당과 그 중심 인물인 박헌영을 제거하였다.
② 연안파의 김두봉과 연합하여 북조선 노동당을 창건하였다.
③ 일반 주민에 대한 대대적인 사상 검토 사업을 시행하였다.
④ 김두봉 등 연안파 세력과 소련파 세력을 숙청하였다.

94 다음 자료에서 밑줄 친 '이것'으로 옳은 것은?

북한 주민의 노동력을 최대한 동원하기 위한 목적으로 대중의 열정을 끌어내기 위해 시행된 이것은 1950년대 후반 이후 1960년대 전반에 걸쳐 사회주의 경제 건설에 커다란 역할을 한 것으로 평가되고 있다.

① 천리마 운동
② 3대 혁명 운동
③ 4대 군사 노선
④ 1차 7개년 계획

95 1960~1970년대 남북한에 대한 설명으로 옳은 것은?

① 김일성은 1968년 '8월 종파 투쟁 사건'을 계기로 연안파를 숙청하였다.
② 북한은 1960년부터 대중들에게 생산 경쟁을 유도하는 천리마 운동을 시작하였다.
③ 박정희는 1971년 3선 개헌을 강행하여 1972년의 대통령 선거에서 야당의 김대중 후보와 경합을 벌였다.
④ 유신 헌법은 대통령에게 국회의원 정원의 1/3을 임명하고 국회를 해산할 수 있는 권한을 부여하였다.

96 다음에 제시된 북한이 일으킨 사건을 순서대로 바르게 나열한 것은? 2015 지방직 7급

> ㉠ 판문점 도끼 만행 사건
> ㉡ 1·21 청와대 습격 사건
> ㉢ 아웅산 폭탄 테러 사건
> ㉣ 대한항공 858편 폭파 사건

① ㉡ → ㉠ → ㉢ → ㉣
② ㉡ → ㉣ → ㉢ → ㉠
③ ㉣ → ㉠ → ㉡ → ㉢
④ ㉣ → ㉠ → ㉢ → ㉡

97 다음 합의문에 대한 설명으로 옳은 것은?

> ○ 통일은 외세에 의존하거나 외세의 간섭을 받음이 없이 자주적으로 해결하여야 한다.
> ○ 통일은 서로 상대방을 반대하는 무력행사에 의거하지 않고 평화적 방법으로 실현하여야 한다.
> ○ 사상과 이념·제도의 차이를 초월하여 우선 하나의 민족으로서 민족적 대단결을 도모하여야 한다.

① 합의문 발표 이후 남북 조절 위원회가 설치되었다.
② 김대중 – 김정일 사이에 합의되어 발표되었다.
③ 이 선언 이후 한반도 비핵화 선언이 발표되었다.
④ 이 선언이 발표된 이후 개성 공단 조성이 합의되었다.

98 다음은 '남북 사이의 화해와 불가침 및 교류·협력에 관한 합의서'의 일부이다. ㉠, ㉡에 해당하는 것을 바르게 연결한 것은? 2019 국가직 7급

> 남과 북은 분단된 조국의 평화적 통일을 염원하는 온 겨레의 뜻에 따라, ㉠ 에서 천명된 ㉡ 을 재확인하고, 정치 군사적 대결 상태를 해소하여 민족적 화해를 이룩하고, 무력에 의한 침략과 충돌을 막고 긴장 완화와 평화를 보장하며, …(중략)… 다음과 같이 합의하였다.

	㉠	㉡
①	7·7 선언	남북 공동 번영 원칙
②	6·15 남북 공동 선언	대북 화해 협력 정책
③	7·4 남북 공동 성명	조국 통일 3대 원칙
④	한민족 공동체 통일 방안	3단계 통일 구상

99 다음 협정에 대한 설명으로 옳은 것은?

> 제2장 남북 불가침
> 제9조 남과 북은 상대방에 대하여 무력을 사용하지 않으며 상대방을 무력으로 침략하지 아니한다.
> 제13조 남과 북은 우발적인 무력 충돌과 그 확대를 방지하기 위하여 쌍방 군사 당국자 사이에 직통 전화를 설치·운영한다.

① 남과 북의 관계를 '통일을 지향하는 과정'에서 '잠정적으로 형성된 특수 관계'로 규정하였다.
② 분단 이후 최초로 남북 정상이 만나 발표하였다.
③ 자주·평화·민족 대단결의 통일 3원칙을 처음으로 합의하였다.
④ 이 협정을 계기로 최초로 남북한 이산가족 방문이 이루어졌다.

100 다음에 제시한 남북한 간 합의문을 발표된 순서대로 바르게 나열한 것은? 2019 경찰직 1차

> ㉠ 남북 기본 합의서
> ㉡ 4·27 판문점 선언
> ㉢ 7·4 남북 공동 성명
> ㉣ 6·15 남북 공동 선언

① ㉠ – ㉢ – ㉣ – ㉡
② ㉡ – ㉠ – ㉢ – ㉣
③ ㉢ – ㉣ – ㉠ – ㉡
④ ㉢ – ㉠ – ㉣ – ㉡

101 다음에 해당하는 통일 방안은?

> 자주·평화·민주의 통일 3원칙이 강조되었고, 남·북한이 상대방의 존재와 체제를 인정한 바탕 위에서 남·북 연합의 과도 단계를 거쳐 통일을 이루는 방안이 제시되었다.

① 8·15 평화 통일 구상
② 한민족 공동체 통일 방안
③ 7·4 남북 공동 성명
④ 남북 기본 합의서

102 다음은 남·북한 사이에 체결된 주요 문서들의 내용 중 일부분이다. 시간 순서에 따라 옳게 나열한 것은?
2015 경찰직 3차

> ㉠ 남과 북은 서로 상대방의 체제를 인정하고 존중한다. …(중략)… 남과 북은 상대방에 대하여 무력을 사용하지 않으며 상대방을 무력으로 침략하지 아니한다.
> ㉡ 남과 북은 경제 협력을 통하여 민족 경제를 균형적으로 발전시키고, 사회, 문화, 체육, 보건, 환경 등 제반 분야의 협력과 교류를 활성화하여 서로의 신뢰를 다져 나가기로 하였다.
> ㉢ 쌍방은 다음과 같은 조국 통일 원칙들에 합의를 보았다. …(중략)… 통일은 외세에 의존하거나 외세의 간섭을 받음이 없이 자주적으로 해결하여야 한다.
> ㉣ 남과 북은 해주 지역과 주변 해역을 포괄하는 서해 평화 협력 특별 지대를 설치하고 …(중략)… 개성 공업 지구 1단계 건설을 빠른 시일 안에 완공하고, 2단계 개발에 착수하기로 하였다.

① ㉠ - ㉢ - ㉣ - ㉡
② ㉡ - ㉠ - ㉢ - ㉣
③ ㉢ - ㉠ - ㉡ - ㉣
④ ㉢ - ㉠ - ㉣ - ㉡

103 (가), (나) 발표 시기의 사이에 있었던 사실로 옳지 않은 것은?

> (가) 국제 연합의 다수 회원국의 뜻이라면, 통일에 장애가 되지 않는다는 전제하에 우리는 북한과 함께 국제 연합에 가입하는 것을 반대하지 않는다.
> 대한민국은 호혜 평등의 원칙에 따라, 모든 국가에 문호를 개방할 것이며, 우리와 이념과 체제를 달리하는 국가들도 우리에게 문호를 개방할 것을 촉진한다.
> (나) 남과 북은 나라의 통일을 위한 남측의 연합제 안과 북측의 낮은 단계의 연방제 안이 서로 공통성이 있다고 인정하고, 앞으로 이 방향에서 통일을 지향시켜 나가기로 하였다.

① 해로(海路)를 통한 금강산 관광이 시작되었다.
② 남북 기본 합의서(남북 화해, 불가침 및 교류 협력에 관한 합의서)가 채택되었다.
③ 남북 이산가족이 서울과 평양을 처음 방문하였다.
④ 남북 협력 사업인 개성 공단 시범 공단 부지가 조성되었다.

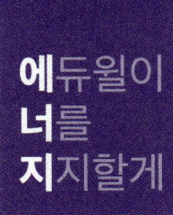

실패는 우회로이지 막다른 길이 아니다.

– 지그 지글러(Zig Ziglar)

약점 보완 최종 마무리
진도별 모의고사

합격을 당기는 전략
기출회독 최종점검
문제풀이 집중훈련

제1회 진도별 모의고사

우리 역사의 기원과 형성 ~ 중세의 우리 역사

01

(가) 시대의 생활 모습으로 옳은 것은?

> 춘천 중도에서 다수의 고인돌과 비파형 동검을 비롯하여 환호로 둘러싸인 마을 터가 발견되어 (가) 시대 생활 모습을 이해하는 데 많은 도움이 될 것으로 보인다.

① 계급이 없는 평등한 생활을 영위하였다.
② 반달돌칼을 이용하여 벼를 수확하였다.
③ 우경이 시작되어 깊이갈이가 가능해졌다.
④ 정착 생활이 시작되면서 움집이 나타났다.

02

밑줄 친 상황 이후 일어난 사실로 옳은 것을 〈보기〉에서 고른 것은?

> 위만은 무리 천여 명을 모아 상투를 틀고 오랑캐 복장을 하고서 동쪽으로 도망하였다. 그는 망명자를 복속시켜 거느리고 왕이 되었으며, 왕검에 도읍을 정하였다.
> - 「한서」 「조선전」 -

보기
㉠ 연(燕)의 공격을 받았다.
㉡ 부왕(否王)의 뒤를 이어 준왕이 왕위에 올랐다.
㉢ 중계 무역을 통해 이익을 장악하였으며, 한(漢)과 대립하였다.
㉣ 조선상 역계경이 무리를 이끌고 남쪽으로 이주하였다.

① ㉠, ㉡
② ㉠, ㉢
③ ㉡, ㉢
④ ㉢, ㉣

03

다음은 3세기 무렵 만주와 한반도 북부 지역에 있었던 나라들의 장례 풍습에 관한 기록이다. (가)~(다) 나라에 대한 설명으로 가장 옳은 것은?

> (가) 여름에 사람이 죽으면 얼음을 넣어 장사 지낸다. 사람을 죽여 순장을 하는데, 많을 때는 백 명을 헤아린다.
> (나) 죽은 자는 모두 가매장했다가 살이 썩으면 뼈를 추려서 큰 목곽 안에 안치한다. 온 가족이 모두 한 곽을 쓴다.
> (다) 장례를 후하게 치러 금·은·재화를 무덤에 넣는다. 돌을 쌓아 봉분을 만들고 주위에 소나무와 잣나무를 심는다.
> - 『삼국지』 위서 동이전 -

① (가)에서는 여(呂)자나 철(凸)자 모양의 집을 많이 짓고 살았다.
② (나)의 지배층 사이에는 형사취수제와 서옥제의 혼인 풍습이 있었다.
③ 백제는 시조가 (다)로부터 내려왔으나, 성왕 때에 (가)의 계승을 표방하며 국호를 바꾸었다.
④ (나)는 (가)에 복속되어 소금·어물 등을 공납으로 바쳐야 했다.

04

밑줄 친 '왕'의 업적으로 옳은 것은?

> 진나라 왕 부견이 사신과 승려인 순도를 파견하여 불상과 경문을 보내 왔다. 왕이 사신을 보내 답례로 토산물을 바쳤다. …(중략)… 이것이 해동 불법(佛法)의 시초가 되었다.
> - 『삼국사기』 -

① 신라에 침입한 왜를 격퇴하였다.
② 서안평을 공격하여 영토를 확장하였다.
③ 율령을 반포하여 국가 체제를 정비하였다.
④ 천리장성을 쌓아 당의 침략에 대비하였다.

05

밑줄 친 '왕'과 관련된 설명으로 옳은 것은?

> 영락 9년(399)에 백제가 서약을 어기고 왜와 화통하므로 왕은 남쪽으로 순수해 내려갔다. 신라가 사신을 보내 왕에게 말하기를 "왜인이 국경에 가득 차 성을 부수었으니 왕께 도움을 청합니다."고 하였다. 영락 10년에 보병과 기병 5만을 보내 신라를 구원하게 하였다.

① 지두우를 분할·점령하여 흥안령 일대의 초원 지대를 장악하였다.
② 율령을 반포하고, 태학을 설립하였다.
③ 관미성을 함락시켰고, 아신왕의 항복을 받아냈다.
④ 동부여와 옥저를 복속하였다.

06

밑줄 친 '그'에 대한 설명으로 옳은 것은?

> 그는 왕명을 받고 거짓으로 항복하였는데 사실은 그 허실(虛實)을 보기 위해서였다. 우중문 등은 그를 억류해 두고자 하였는데, 상서우승(尙書右丞) 유사룡(劉士龍)이 위무사(慰撫使)로 있으면서 강하게 제지하므로 마침내 의견을 따랐다. 우중문 등은 그가 돌아가자 깊이 후회하였다. 사람을 보내 그를 속여서 "다시 의논할 것이 있으니 돌아오기를 바란다."라고 전하였으나, 그는 돌아보지 않고 마침내 압록수를 건너서 돌아갔다.

① 당의 침략을 안시성에서 물리쳤다.
② 황산벌에서 계백의 결사대를 물리쳤다.
③ 살수에서 수나라 군대를 크게 물리쳤다.
④ 영류왕을 살해하고 보장왕을 옹립하였다.

07

다음 사건이 있었던 시기의 신라 국왕에 대한 설명으로 옳은 것은?

> 김구해(金仇亥)가 왕비와 세 아들, 즉 큰아들은 노종(奴宗)이라 하고, 둘째 아들은 무덕(武德)이라 하고, 막내 아들은 무력(武力)이라 하였는데, (이들과) 함께 나라의 재산과 보물을 가지고 와 항복하였다. 왕이 예로써 그들을 대우하고 높은 관등을 주었으며 본국을 식읍(食邑)으로 삼도록 하였다. 아들 무력은 벼슬이 각간(角干)에 이르렀다.

① 동시전을 설치하여 불법적 상행위를 금지하였다.
② 이차돈의 순교를 계기로 불교가 공인되었다.
③ 북한산비, 황초령비 등 순수비가 세워졌다.
④ 자장의 건의로 황룡사 9층탑이 축조되었다.

08

〈보기〉의 내용을 시대순으로 바르게 나열한 것은?

보기
㉠ 살수 대첩
㉡ 백제 멸망
㉢ 나·당 전쟁
㉣ 고구려 멸망
㉤ 안시성 싸움

① ㉠-㉡-㉢-㉣-㉤
② ㉠-㉤-㉡-㉣-㉢
③ ㉡-㉢-㉣-㉤-㉠
④ ㉢-㉣-㉤-㉠-㉡

09

밑줄 친 '과인'이 재위하던 시기의 중앙 및 지방 제도에 대한 설명으로 옳지 않은 것은?

> "공이 있는 사람에게 상을 내리는 것은 옛 성인의 아름다운 규범이요, 죄가 있는 사람을 처벌하는 것은 선왕의 훌륭한 법이다. 과인은 보잘것없는 몸과 두텁지 못한 덕으로 숭고한 왕업(王業)을 이어 지킴에, 먹는 것도 잊어버리고 새벽에 일찍 일어나서 밤늦게 자리에 들 때까지 중신들과 나라를 평안케 하려고 하였으니, 어찌 상중(喪中)에 도성에서 반란이 일어날 줄 생각이나 하였겠는가! 역적의 우두머리 흠돌(欽突)·흥원(興元)·진공(眞功) 등은 벼슬이 재능으로 오른 것이 아니요, 실로 은혜로운 특전으로 관직에 오른 것이다."

① 주(州)에는 지방 감찰관으로 보이는 외사정이 배치되었다.
② 금관소경 등 5소경이 설치되었고, 도독이 행정을 관할토록 하였다.
③ 위화부는 인사 업무를 담당하는 부서였다.
④ 군사 행정을 담당하는 관청은 병부였다.

10

(가) 왕이 재위하던 시기에 일어난 일들로 옳게 짝지어진 것은?

> ___(가)___ 왕은 각간 위홍과 승려 대구에게 명령을 내려 역대 향가를 모아 『삼대목(三代目)』이라는 향가집을 편찬하였는데, 지금 전하지 않는다.

> ㉠ 장보고의 난이 발생하였다.
> ㉡ 독서삼품과를 실시하였다.
> ㉢ 최치원이 10여 개의 개혁안을 올렸다.
> ㉣ 붉은 바지를 입은 도적인 적고적의 반란이 일어났다.
> ㉤ 견훤이 경주를 침략하였다.

① ㉠, ㉤
② ㉠, ㉡
③ ㉣, ㉤
④ ㉢, ㉣

11

밑줄 친 '그'가 활동할 당시의 사실로 옳은 것을 〈보기〉에서 고른 것은?

> 그의 자는 고운으로 신라 왕경(王京) 사량부 사람이다. 어려서부터 명민하였으며 학문을 좋아하였다. 12세 되던 해 부친의 권유로 당에 유학을 떠났다. 18세에 빈공과에 급제하여 당의 관리로 근무하던 중 황소의 난이 일어나자 '토황소격문'을 지었다. 29세 때 고국으로 돌아와 태산군 태수 등을 역임하다가 국왕에게 시무책 10여 조를 건의하였다. 이후 자신의 뜻을 제대로 펼치지 못하게 되자 관직을 그만두고 유랑 생활을 하면서 뛰어난 문장과 저술을 남겼다.

보기
> ㉠ 무열왕의 직계 자손이 왕위를 세습하였다.
> ㉡ 호족들이 반독립적인 세력으로 성장하였다.
> ㉢ 원종과 애노의 난 등 농민 봉기가 일어났다.
> ㉣ 의상이 화엄 사상을 바탕으로 교단을 형성하였다.

① ㉠, ㉡
② ㉠, ㉢
③ ㉡, ㉢
④ ㉡, ㉣

12

발해에 대한 설명으로 옳은 것을 모두 고르면?

> ㉠ 처음에는 나라 이름을 진(震)이라고 하였다.
> ㉡ 중앙에는 정당성, 선조성, 중대성의 3성을 두었다.
> ㉢ 수상은 가독부라 불렸으며, 귀족 회의를 주재하였다.
> ㉣ 전국의 행정 구역은 5경 15부 62주로 나누었다.
> ㉤ 발해의 군사 조직은 중앙군으로는 9서당이 편성되었고, 지방군으로는 10정의 부대가 지방에 분산·주둔하였다.

① ㉠, ㉡, ㉣
② ㉡, ㉣, ㉤
③ ㉢, ㉣, ㉤
④ ㉠, ㉢, ㉣

13

다음 자료를 저술한 승려에 대한 설명으로 옳은 것은?

> 크다 하나 바늘구멍 하나 없더라도 쏙 들어가고, 작다 하나 어떤 큰 것이라도 감싸지 못함이 없다. 있다 하나 텅 비어 있고, 없다 하나 만물이 다 이것으로부터 나온다. 이것을 무어라 이름을 붙일 수 없으므로 억지로 '대승'이라 하였다. …(중략)… 도를 닦는 자에게 온갖 경계를 모두 없애 '하나의 마음(一心)'으로 되돌아가게 하고자 한다.

① 화엄 사상을 통해 왕권 전제화에 기여하였다.
② 정혜쌍수, 돈오점수를 강조하였다.
③ 법화 신앙을 주장하였고, 참회를 강조하였다.
④ 『금강삼매경론』, 『십문화쟁론』, 『화엄경소』 등을 저술하였다.

14

밑줄 친 '이 국왕'이 실시한 정책으로 옳은 것은?

> 앞서 가신 다섯 임금의 정치와 교화가 잘 되었거나 잘못된 것을 기록하여 조목별로 아뢰겠습니다. …(중략)… 이 국왕이 즉위한 해로부터 8년 간 정치와 교화가 깨끗하고 공평하였고, 형벌과 표창을 남용하지 않았습니다. 그러나 쌍기를 등용하여 과거를 시행한 후로부터 문사(文士)를 존중하고 대우하는 것이 지나치게 후하였습니다. 이런 까닭에 재주 없는 자가 부당하게 등용되고, 차례도 없이 벼슬을 뛰어올라 1년이 못 되어도 문득 재상이 되곤 하였습니다.

① 『정계』와 『계백료서』를 지어 관리가 지켜야 할 규범을 제시하였다.
② 지방에 경학 박사를 파견하여 유학을 진흥시켰다.
③ 관리의 위계 질서를 확립하기 위해 공복을 제정하였다.
④ 관리에게 토지를 지급하는 전시과 제도를 시행하였다.

15

다음 중 최충헌 집권 당시 발생한 사실로 옳은 것을 모두 고르면?

> ㉠ 이비·패좌의 난
> ㉡ 최광수의 난
> ㉢ 김사미·효심의 난
> ㉣ 이연년 형제의 난

① ㉠, ㉢
② ㉠, ㉡
③ ㉡, ㉢
④ ㉡, ㉣

16

㉠과의 항쟁에 대한 설명으로 옳지 않은 것은?

> 김윤후가 충주산성 방호별감으로 있을 때 (㉠)이/가 쳐들어와 충주성을 70여 일 동안 포위하자 비축해 둔 군량이 바닥나버렸다. 김윤후가 군사들에게 "만약 힘을 다해 싸워 준다면 귀천을 불문하고 모두 관작을 줄 것이니 너희들은 나를 믿으라."고 설득한 뒤 관노(官奴) 문서를 가져다 불살라 버리고 노획한 마소를 나누어 주었다. 이에 사람들이 모두 죽음을 무릅쓰고 적에게로 돌진하니 (㉠)은/는 조금씩 기세가 꺾여 더 이상 남쪽으로 나아가지 못했다.
>
> - 『고려사』 -

① 저고여의 피살이 침략의 계기가 되었다.
② 신의군이 조직되었다.
③ 흥화진에서 승리를 거두었다.
④ 부곡·소 주민들도 적극적으로 항쟁하였다.

17

다음 사건들을 발생한 순서대로 바르게 나열한 것은?

> ㉠ 화통도감의 설치
> ㉡ 상정고금예문의 인쇄
> ㉢ 위화도 회군
> ㉣ 정치도감의 설치
> ㉤ 신돈의 집권

① ㉠-㉤-㉡-㉢-㉣
② ㉡-㉣-㉤-㉠-㉢
③ ㉡-㉣-㉤-㉢-㉠
④ ㉣-㉡-㉢-㉠-㉤

18

고려의 경제와 무역에 대한 설명으로 옳은 것은?

① 고려 숙종 시기 주전도감을 통해 해동통보, 삼한통보, 상평통보, 활구 등의 화폐를 제작하였다.
② 아라비아 상인들은 약재, 비단, 서적 등을 가지고 고려와 무역하였다.
③ 거란과 여진은 주로 유황이나 모피를 가지고 와서 인삼, 식량 등과 바꾸어갔다.
④ 문종 때 만들어진 전시과 제도에서는 한외과가 소멸되었다는 특징이 있다.

19

밑줄 친 '그'에 대한 설명으로 가장 옳은 것은?

> 현종이 중흥한 뒤로 전쟁이 겨우 멈추어 문교에 겨를이 없었는데, 그가 후진들을 불러 모아서 가르치기를 부지런히 하니, 여러 학생들이 많이 모여들었다. 드디어 낙성, 대중, 성명, 경업, 조도, 솔성, 진덕, 대화, 대빙이라는 9재로 나누었는데, 무릇 과거를 보려는 자는 반드시 그 도에 들어가서 배웠다. 해마다 더운 철이면 귀법사의 승방을 빌려서 여름 공부를 하며, 도 가운데에서 급제한 자로 학문은 우수하면서 벼슬하지 않은 자를 골라 교도로 삼아 학생들을 가르쳤다.
> ―「고려사절요」―

① 9경과 3사를 가르쳐 과거 시험에 대비하게 하였다.
② 성종에게 시무 28조의 개혁안을 올려 지방관 파견 등을 건의하였다.
③ 인종 때 문하시중을 역임하였고, 『삼국사기』를 편찬하였다.
④ 성리학을 최초로 소개하였다.

20

다음과 같은 사상을 주장한 승려에 대한 진술로 옳은 것을 〈보기〉에서 고르면?

> 교종을 공부하는 사람은 내적인 것을 버리고 외적인 것만 추구하려는 경향이 강하고, 반면에 선종을 공부하는 사람은 외부의 대상을 잊고 내적으로만 깨달으려는 경향이 강하다. 이는 모두 양 극단에 치우친 것이므로, 양자를 골고루 갖추어(內外兼全) 안팎으로 모두 조화를 이루어야 한다.

보기

> ㉠ 이론과 실천의 양면을 강조하고 교관겸수를 제창하였다.
> ㉡ 흥왕사에 교장도감을 두어 『속장경』을 간행하였다.
> ㉢ 화엄종의 입장에서 선종을 통합하기 위해 해동 천태종을 창시하였다.
> ㉣ 천태종의 기본 교리를 정리한 『천태사교의』라는 명저를 저술하였다.
> ㉤ 백련사를 중심으로 신앙 결사 운동을 추진하였다.

① ㉠, ㉡, ㉢
② ㉠, ㉢, ㉣
③ ㉠, ㉢, ㉤
④ ㉡, ㉣, ㉤

제2회 진도별 모의고사

근세의 우리 역사 ~
근대 태동기의 우리 역사

01

조선 초기 왕들의 업적으로 옳지 않은 것은?

① 태종 때에는 대신들을 견제할 목적으로 사간원이 독립되었다.
② 세종 때에는 최윤덕, 김종서 등의 활약으로 4군 6진이 개척되었다.
③ 세조 때에는 집현전과 경연이 폐지되었고, 억불 정책을 추진하여 간경도감이 폐지되었다.
④ 성종 때에는 김종직 등의 주장으로 유향소가 복립되었다.

02

밑줄 친 '임금'에 대한 설명으로 옳지 않은 것은?

> 대개 어전(御殿)에서는 2품 이상인 무반(武班) 2명이 큰 칼을 차고 좌·우에 시립(侍立)하게 되어 있다. 이날 <u>임금</u>이 노산군과 함께 대전에 나가게 되고, 성승·유응부·박쟁 등이 별운검(別雲劍)이 되었는데, <u>임금</u>이 전내(殿內)가 좁다고 하여 별운검을 없애라고 명하였다. 성삼문이 정원(政院)에 건의하여 없앨 수 없다고 아뢰었으나 <u>임금</u>이 신숙주에게 명하여 다시 전내(殿內)를 살펴보게 하고, 마침내 별운검이 들어가지 말게 하였다.

① 내수사를 정식으로 설치하여 내수사 장리의 폐단을 낳았다.
② 경연을 담당하던 집현전을 폐지하여 경연 정치를 후퇴시켰다.
③ 집권 체제를 정비하기 위해 『경국대전』을 편찬하기 시작하였다.
④ 이시애의 난이 일어나자 지방 통제를 위해 유향소를 강화하였다.

03

다음 주장을 했던 세력에 대한 설명으로 옳은 것을 〈보기〉에서 고른 것은?

> 지방에서는 감사와 수령, 서울에서는 홍문관과 육경(六卿), 대간(臺諫)에게 재주와 행실이 훌륭하여 관직에 등용할 만한 사람을 천거하게 합니다. 이들을 궁궐에 불러 직접 정책에 대한 평소 생각을 시험한다면 훌륭한 인물들을 많이 얻을 수 있을 것입니다. 이는 조종(祖宗)이 하지 않았던 일이요, 한(漢)나라의 현량방정과의 뜻을 이은 것입니다. 덕행은 여러 사람이 천거하는 바이므로 반드시 헛되거나 그릇되는 것이 없을 것이요, 또 정책에 대한 평가를 통해 그가 하려고 하는 방법을 알게 될 것이니, 두 가지가 모두 손실이 없을 것입니다.

보기

㉠ 학풍은 사장 위주였고 중앙 집권 강화에 노력하였다.
㉡ 언론 활동을 활성화하고 경연을 강화하고자 하였다.
㉢ '주례(周禮)'를 국가의 통치 이념으로 중요하게 여겼다.
㉣ 내수사 장리의 폐지와 토지 집중의 완화를 주장하였다.

① ㉠, ㉡   ② ㉠, ㉢
③ ㉡, ㉢   ④ ㉡, ㉣

04

밑줄 친 '그'가 활동했던 시기의 역사적 사실로 옳은 것은?

> 양주(楊州)의 백정(白丁) 출신인 그는 계속된 흉년과 관리의 부패가 심해져 민심이 흉흉해지자 불평분자들을 규합하여 황해도와 경기도 일대에서 관아를 습격하고 창고를 털어 곡식을 빈민에게 나누어 주는 등 의적 행각을 벌였다. 이들의 행각에 백성들이 호응하면서 관군의 토벌이 있을 경우 이들에게 미리 정보를 알려주었고 이를 통해 자신들의 근거지를 확보할 수 있었다.

① 임진왜란이 일어나 많은 사람이 죽고, 토지가 황폐해졌다.
② 서인과 남인 사이에 효종의 정통성에 대한 논쟁이 일어났다.
③ 이승훈, 이가환, 정약종 등 많은 천주교 신자들이 순교하였다.
④ 문정 왕후의 동생인 윤원형을 비롯한 외척 세력이 정국을 주도하였다.

05

다음은 조선 시대 토지 제도의 변천 과정이다. (가)의 조치에 대한 설명으로 옳은 것은?

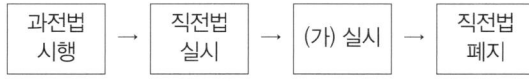

① 전직 관리에게도 토지를 지급하였다.
② 국가에서 직접 조를 수취하여 관리에게 배분하였다.
③ 수신전, 휼양전 등의 명목으로 토지의 실질적 세습이 이루어졌다.
④ 지주 전호제가 사라져 농민들의 생활이 안정되는 계기가 되었다.

06

다음에서 서술하는 인물에 대한 설명으로 옳은 것은?

> 그는 1438년(세종 20) 사마양시에 합격하여 동시에 생원·진사가 되었다. 이듬해 친시문과에 을과로 급제하여 전농시직장(典農寺直長)이 되고, 1441년에는 집현전 부수찬을 역임하였다. 1442년 국가에서 일본으로 사신을 보내게 되자 서장관으로 뽑혔다. 한편 훈민정음을 창제할 때 큰 공을 세웠으며, 『국조오례의』 편찬을 주도하였다.

① 일본과 류큐의 지리, 문화 등을 정리한 『해동제국기』라는 책을 편찬하였다.
② 현량과를 주도하고 소격서를 폐지하였다.
③ 집현전 학사 출신으로 단종의 복위 운동에 참여하였다가 죽임을 당하였다.
④ 조선 최초의 사찬 법전인 『조선경국전』을 편찬하였다.

07

15세기 역사서에 대한 설명으로 가장 옳지 않은 것은?

① 태종 때 권근의 『동국사략』, 성종 때 노사신 등의 『삼국사절요』가 편찬되었다.
② 세종 때 고려 시대의 역사를 정리한 『고려사』와 『고려사절요』가 완성되었다.
③ 세종 때 권제 등이 편찬한 『동국세년가』는 단군 조선에서 고려 말까지의 역사를 노래 형식으로 정리하였다.
④ 권람의 『응제시주』에는 단군 신화가 수록되었으며, 요동 지방의 민족 생활권에 대한 관심이 반영되었다.

08

다음과 관련된 관청에 대한 설명으로 옳은 것은?

> 재상으로서 이 일을 맡은 사람을 지변재상(知邊宰相)이라고 불렀습니다. 그러나 이것은 일시적인 전쟁 때문에 설치한 것으로서 국가의 중요한 모든 일들을 참으로 다 맡긴 것은 아니었습니다. 그런데 오늘에 와서는 큰 일이건 작은 일이건 중요한 것으로 취급되지 않는 것이 없습니다. 그 결과 정부는 한갓 헛 이름만 지니고 육조는 모두 그 직임을 상실하였습니다. 명칭은 변방의 방비를 담당하는 것이라고 하면서 과거 시험에 대한 판하(判下)나 비빈(妃嬪)을 간택하는 등의 일까지도 모두 여기를 경유하여 나옵니다. 명분이 바르지 못하고 말이 이치에 맞지 않음이 이보다 심할 수가 없습니다.

① 을묘왜변을 계기로 상설기구가 되었다.
② 3정승이 합좌하는 기구로서, 신권(臣權)을 대표하였다.
③ 왕의 비서 기관으로서 책임자는 도승지였다.
④ 병자호란을 계기로 군사 및 정무 전반을 관할하였다.

09

다음과 같이 주장한 정치 세력에 대한 설명으로 옳은 것은?

> 허목이 상소하였다. "소현 세자가 세상을 일찍 뜨고 효종께서 인조의 둘째지만 이미 종묘를 이었으니, 대왕대비께서 효종을 위하여 상복을 3년 입어야 할 것은 의심할 것이 없는 일입니다. 효종은 대왕대비에게는 이미 적자이고 왕위에 올랐는데도 그의 복제에서는 3년을 입을 수 없는 자와 동등하게 되었으니 어디에 근거를 두고 한 일인지 신(臣)으로서는 모를 일입니다."

① 기사환국을 통해 권력을 주도하였다.
② 효종 때 북벌운동을 주도하였다.
③ 『주자가례』를 주장의 근거로 삼았다.
④ 왕도 사대부와 예법이 같아야 한다고 주장하였다.

10

밑줄 친 '그'에 해당하는 국왕의 정책으로 옳지 않은 것은?

> 그는 이인좌의 난을 계기로 붕당 간의 관계를 재조정하여 왕과 신하 사이의 의리를 확립할 필요를 절감하였다. 이에 붕당을 없앨 것을 내세우며, 왕이 내세우는 논리에 동의하는 탕평파를 중심으로 정국을 운영하였다.

① 사형수에 대한 삼심제를 시행
② 균역법 실시
③ 초계문신제의 시행
④ 『속대전』의 편찬

11

밑줄 친 '왕'이 실시한 정책으로 옳은 것은?

> 왕은 『홍재전서』라는 방대한 저술을 남긴 학자 군주였다. 왕은 서얼과 노비에 대한 차별을 완화하였으며, 재정 수입을 늘리고 상공업을 증진시키기 위하여 통공 정책을 시행하였다.

① 이행(李荇) 등이 『동국여지승람』을 증보하여 『신증동국여지승람』을 편찬하였다.
② 창덕궁 금원(禁苑) 옆에 대보단을 설치하였다.
③ 신문고 제도를 부활하였고, 청계천 준설 공사를 시행하였다.
④ 대유둔사를 설치하여 대유둔전을 관리하게 하였다.

12

다음 자료와 관련된 시기에 있었던 사실로 옳은 것은?

> 지금 임금이 나이가 어려 권세 있는 간신배가 그 세를 날로 떨치고 김조순의 무리가 국가 권력을 오로지 갖고 노니 어진 하늘이 재앙을 내린다. …(중략)… 이제 격문을 띄워 먼저 여러 고을의 군후(郡侯)에게 알리노니, 절대로 동요하지 말고 성문을 활짝 열어 우리 군대를 맞으라. 만약 어리석게 항거하는 자가 있으면 철기 5,000으로 남김없이 밟아 무찌르리니, 마땅히 속히 명을 받들어 거행함이 가하리라.

① 조광조의 개혁 정치가 실패하였다.
② 청계천이 준설되었다.
③ 초계문신제가 시행되었다.
④ 안동 김씨 등 소수의 가문이 권력을 독점하였다.

13

독도가 우리나라의 영토임을 알 수 있는 자료로 옳은 것만을 모두 고르면?

> ㄱ. 일본 태정관의 결정문
> ㄴ. 일본의 『은주시청합기』
> ㄷ. 프랑스 당빌의 「조선왕국전도」
> ㄹ. 일본의 「삼국접양지도」

① ㄱ, ㄴ
② ㄴ, ㄹ
③ ㄱ, ㄷ, ㄹ
④ ㄱ, ㄴ, ㄷ, ㄹ

14

(가)~(라)를 실시된 순서대로 바르게 나열한 것은?

> (가) 잉류 지역을 제외하고 대동법이 전국적으로 실시되었다.
> (나) 풍년과 흉년에 관계없이 전세를 고정시키는 영정법을 시행하였다.
> (다) 군포의 부담을 1필로 줄여주는 균역법을 실시하였다.
> (라) 육의전을 제외한 시전상인들의 금난전권을 폐지하였다.

① (나) → (가) → (다) → (라)
② (나) → (가) → (라) → (다)
③ (다) → (가) → (라) → (나)
④ (다) → (라) → (나) → (가)

15

다음 사건에 대한 설명으로 옳은 것은?

> 조정에서는 서토를 버림이 썩은 흙이나 다름없다. 심지어 권세 있는 집의 노비들도 서로의 인사를 보면 반드시 평한(平漢)이라 일컫는다. 서토에 있는 자가 어찌 억울하고 원통치 않은 자 있겠는가. …(후략)

① 이 지역의 몰락 양반인 유계춘이 주도하였다.
② 이비, 패좌 등이 주도하여 경주에서 발생하였다.
③ 임진왜란 중 왕족의 서얼 출신이 반란을 주도하였다.
④ 홍경래, 우군칙 등이 주도하여 한때 청천강 이북을 장악하였다.

16

밑줄 친 '그'에 대한 설명으로 옳은 것은?

> 그는 「학변(學辨)」, 「존언(存言)」 등의 글에서 심(心)과 이(理)를 구별하는 주자의 견해를 비판하였다.

① 계유정난을 계기로 정계에서 축출되었다.
② 일본에 다녀와서 『해동제국기』를 편찬하였다.
③ 서얼 출신인 그는 『북학의』를 저술하였다.
④ 양명학을 연구하여 강화학파 형성의 기초를 마련하였다.

17

다음 주장을 펼친 인물에 대한 설명으로 옳은 것은?

> 사람 중에 간사하고 함부로 하는 자가 없다면 천하가 왜 다스려지지 않겠는가? 간사하고 함부로 하는 것은 재물이 모자라는 데에서 생기고 재물이 모자라는 것은 농사에 힘쓰지 않는 데에서 생긴다. 농사에 힘쓰지 않는 자 중에 그 좀이 여섯 종류가 있는데, 장사꾼은 그 중에 들어 있지 않다. 첫째가 노비(奴婢)요, 둘째가 과업(科業)이요, 셋째가 벌열(閥閱)이요, 넷째가 기교(技巧)요, 다섯째가 승니(僧尼)요, 여섯째가 게으름뱅이이다.
>
> —『성호사설』—

① 역사서인 『동사강목』을 저술하였다.
② 서얼의 신분으로 규장각 검서관에 기용되었다.
③ 자영농을 육성하기 위해 한전론을 제시하였다.
④ 「양반전」을 통해 양반의 무능과 허례를 비판하였다.

18

다음 사료와 연관된 인물과 그의 저술이 바르게 연결된 것은?

> 대저 살 곳을 잡는 데는 지리(地理)를 첫째로 들 수 있으며, 생리(生利)가 다음이다. 그 다음은 인심(人心)이며, 또 다음은 아름다운 산수(山水)가 있어야 한다. 이 네 가지에 하나라도 모자라면 살기 좋은 땅이 아니다.
>
> 그런데 지리가 비록 좋아도 생리가 모자라면 오래 살 곳이 못되고, 생리가 비록 좋아도 지리가 나쁘면 또한 오래 살 곳이 못된다. 지리와 생리가 함께 좋아도 인심이 착하지 않으면 반드시 후회할 일이 있게 되고, 가까운 곳에 볼 만한 산수가 없으면 성품을 닦을 수 없다.

① 이중환 – 『택리지』
② 유형원 – 『동국여지지』
③ 신경준 – 『여지고』
④ 정약용 – 『아방강역고』

19

다음 제시된 사료가 나타내는 역사서에 대한 설명으로 옳은 것은?

> 삼국사에서 신라를 으뜸으로 한 것은 신라가 가장 먼저 건국되었고, 뒤에 고구려와 백제를 통합하였으며, 고려는 신라를 계승하였으므로 편찬한 것이 모두 신라의 남은 문적(文籍)을 근거로 하였기 때문이다. 그러므로 편찬한 내용이 신라에 대하여는 약간 자세히 갖추어져 있고 백제에 대하여는 겨우 세대만을 기록했을 뿐 없는 것이 많다. 고구려의 강대하고 현저함은 백제에 비할 바가 아니며 신라가 자처한 땅의 일부는 남쪽에 불과할 뿐이다. 그러므로 김씨(김부식)는 신라사에 쓰여진 고구려 땅을 근거로 했을 뿐이다.

① 이 책의 저자는 『열조통기』를 저술하였다.
② 고구려 역사 연구를 심화시켰다.
③ 중국 및 일본의 자료 500여 권을 참조하여 기전체 역사서로 편찬되었다.
④ '남북국'이라는 용어를 최초로 사용하였다.

20

조선 후기 여러 저술에 대한 설명 중 옳지 않은 것은?

① 이덕무는 백과사전 형식의 『오주연문장전산고』를 저술하였다.
② 이수광의 『지봉유설』은 조선 외에도 중국·일본·안남(安南)·유구(流球) 등의 내용도 소개하여 조선의 세계관 확대에 기여하였다.
③ 홍여하는 『휘찬여사』와 『동국통감제강』을 저술하였다.
④ 서호수는 『해동농서』를 저술하여 농학의 새로운 체계화를 시도하였다.

제3회 진도별 모의고사

근현대의 우리 역사

01

밑줄 친 '수호조약'에 대한 설명으로 옳은 것은?

> 사신의 호칭은 수신사라 하고 김기수를 특별히 차출하고 따라가는 인원은 일을 아는 자로 적당히 가려서 보내십시오. 이는 수호조약을 체결한 뒤에 처음 있는 일이니, 이번에는 특별히 당상관을 시켜 서계(書契)를 가지고 들어가게 하고, 이 뒤로는 서계를 옛날처럼 동래부에 내려보내어 에도로 옮겨 보내는 것이 어떠하겠습니까.

① 천주교 포교의 자유를 인정하는 계기가 되었다.
② 거중 조정과 관세를 규정하였다.
③ 양국 관리는 양국 인민의 자유로운 무역 활동에 일체 간섭하지 않는다고 규정하였다.
④ 이 조약 체결 직후 제물포 조약이 체결되어 개항장에 일본 화폐가 통용될 수 있었다.

02

다음은 조선의 어떤 지식인의 글 중 일부이다. 이 글의 직접적 배경이 된 사건은 무엇인가?

> "우리나라가 아시아의 중립국이 되는 것은 러시아를 막는 중요한 계기가 될 것이며, 또한 아시아의 여러 대국들이 서로 균형을 이루는 정략도 될 것이다. …(중략)… 오직 중립 한 가지만이 진실로 우리나라를 지키는 방책이지만 이를 우리가 먼저 제창할 수 없으니, 중국이 이를 맡아서 처리해 주도록 청하는 것이 좋을 듯하다."

① 임오군란
② 갑신정변
③ 거문도 사건
④ 동학 농민 운동

03

다음 조약이 체결된 이후에 나타난 정세로 옳은 것을 〈보기〉에서 고른 것은?

> 첫째, 청국은 조선의 완전무결한 독립을 인정한다.
> 둘째, 청국은 랴오둥반도 등을 일본에 할양한다.
> ⋮

보기

㉠ 거문도 사건이 일어났다.
㉡ 태양력이 사용되었다.
㉢ 동학 농민군이 황룡촌에서 관군을 물리쳤다.
㉣ 삼국 간섭의 영향으로 친러 내각이 수립되었다.

① ㉠, ㉡
② ㉠, ㉢
③ ㉡, ㉢
④ ㉡, ㉣

04

제시된 내용은 어떤 사료 중 일부 내용이다. (가)와 (나) 사이의 역사적 사실이 아닌 것은?

> (가)
> 6. 납세는 법으로 정하고 함부로 세금을 거두지 않는다.
> 7. 조세의 징수와 경비 지출은 모두 탁지아문(度支衙門)의 관할에 속한다.
> 8. 왕실의 경비는 솔선하여 절약하고, 이로써 각 아문과 지방관의 모범이 되게 한다.
> 9. 왕실과 관부(官府)의 1년 회계를 예정하여 재정의 기초를 확립한다.
> 10. 지방 제도를 개정하여 지방 관리의 직권을 제한한다.
>
> (나)
> 제1조 대한국은 세계 만국이 공인한 자주 독립 제국이다.
> 제2조 대한국의 정치는 만세 불변의 전제 정치이다.
> 제6조 대한국 대황제는 법률을 제정하여 그 반포와 집행을 명하고, 대사, 특사, 감형, 복권 등을 명한다.
> 제9조 대한국 대황제는 각 조약 체결 국가에 사신을 파견하고, 선전, 강화 및 제반 조약을 체결한다.

① 청·일 전쟁의 강화 조약인 시모노세키 조약이 체결되었다.
② 고종이 경운궁으로 환궁하여 대한 제국을 선포하였다.
③ 황국 협회 회원을 동원하여 독립 협회를 해산시켰다.
④ 지계아문을 설치하여 근대적 토지 소유 문서인 지계를 발급하였다.

05

다음 자료와 관련된 의병 활동에 대한 설명으로 옳은 것은?

> 군사장은 미리 군비를 신속히 정돈하여 철통과 같이 함에 한 방울의 물도 샐 틈이 없는지라. 이에 전군에 명령을 전하여 일제히 진군을 재촉하여 동대문으로 진격할새, 대군은 긴 뱀의 형세로 천천히 전진하게 하고 …(중략)… 300명을 인솔하고, 선두에 서서 동대문 밖 삼십 리 되는 곳에 전군이 모이기를 기다려 일거에 서울을 공격하여 돌아오기로 계획하더니 전군이 모이는 시기가 어긋나고 일본군이 갑자기 진박한지라. 후원군이 오지 않음으로 마침내 퇴진하였다.

① 고종의 해산 권고에 따라 대부분 해산하였다.
② 평민 출신 의병장이 이 시기 등장하였다.
③ 해산된 군인들이 가담하였다.
④ 고종이 강제 퇴위를 당하는 계기가 되었다.

06

다음 조약과 관련된 내용으로 옳은 것은?

> 제3조 대일본 제국 정부는 대한 제국의 독립과 영토 보전을 확실히 보증한다.
> 제4조 제3국의 침해나 혹은 내란으로 인하여 대한 제국 황실의 안녕과 영토의 보존에 위험이 있으면 대일본 제국 정부는 신속히 임기응변의 필요한 조처를 할 수 있다. 그러나 대한 제국 정부는 위 대일본 제국의 행동을 쉽도록 충분한 편의를 제공한다. 대일본 제국 정부는 전항의 목적을 성취하기 위하여 군사 전략상 필요한 지점을 상황에 따라 차지하여 이용할 수 있다.

① 러·일 전쟁 발발 직후 체결되었다.
② 메가타와 스티븐스가 대한 제국의 고문으로 임용되었다.
③ 외교권 박탈이 규정되었다.
④ 사법권과 감옥 사무가 박탈되었다.

07

다음 내용을 순서대로 바르게 나열한 것은?

> ㉠ 박문국에서 〈한성순보〉를 발행하였다.
> ㉡ 「교육 입국 조서」의 반포
> ㉢ 최초의 서양식 극장인 원각사가 창립되었다.
> ㉣ 서대문에서 청량리 사이에 전차가 개통되었다.

① ㉠ - ㉡ - ㉢ - ㉣
② ㉠ - ㉡ - ㉣ - ㉢
③ ㉢ - ㉠ - ㉡ - ㉣
④ ㉣ - ㉠ - ㉡ - ㉢

08

밑줄 친 '이 신문'에 대한 설명으로 가장 옳은 것은?

> 박문국에서 발행된 이 신문은 한 달에 세 번씩 발행할 예정인데 외국 소식까지 폭넓게 번역하여 기사를 실으려면 이만저만 바쁜 게 아니다. 세상이 변화하는 형세를 잘 전할 수 있어야 할 텐데, 걱정이 태산 같다.

① 건물 앞에 '일본인 출입 금지'라는 문구를 붙여 강렬한 항일 의지를 보였다.
② 최초로 상업 광고를 게재하였다.
③ 부녀자와 일반 서민들을 대상으로 발행되었다.
④ 우리나라 근대 신문의 효시였다.

09

다음 자료에 나타난 사업에 대한 설명으로 옳은 것은?

> 제17조 임시 토지 조사국은 토지대장 및 지도를 작성하고 토지의 조사 및 측량에 대해서 사정(査定)으로 확정된 사항 또는 재결을 거친 사항을 이에 등록한다.

① 국유지, 문중 토지 등 소유권이 불분명한 토지는 조선 총독부에 편입되었다.
② 3정보를 기준으로 유상 매입, 유상 분배 방식으로 이루어졌다.
③ 1920년대 식민지 정책의 일환으로 추진되었다.
④ 대한 제국 시기에 시행된 양전 사업을 바탕으로 추진되었으며 농민의 경작권은 인정되었다.

10

1920년대에 일제는 한반도에서 산미 증식 계획을 추진하였다. 다음 표를 참고로 하여 이후 우리나라에서 나타난 현상으로 옳은 것을 〈보기〉에서 고른 것은?

연도	생산량	수탈량
1920	1,270	185
1922	1,432	340
1924	1,517	475
1926	1,497	544
1928	1,730	742
1930	1,370	540
1932	1,590	760
1933	1,630	870

보기
㉠ 쌀 위주의 단작형 농업이 나타났다.
㉡ 쌀 수출로 인하여 농촌 경제력이 증진되었다.
㉢ 목포, 군산 등이 쌀 수출항으로 발달하였다.
㉣ 쌀의 유출을 방지하기 위한 방곡령이 취해졌다.
㉤ 농촌 경제가 악화되어 만주로 이주하는 농민이 늘어났다.

① ㉠, ㉡, ㉢
② ㉠, ㉢, ㉣
③ ㉠, ㉢, ㉤
④ ㉡, ㉢, ㉣

11

다음 법령이 적용되었던 시기에 일제의 정책을 〈보기〉에서 고른 것은?

> 제7조 정부는 노동 쟁의의 예방 또는 해결에 관하여 필요한 명령을 하거나 작업소의 폐쇄, 작업 또는 노무의 중지, 기타 노동 쟁의에 관한 행위의 제한 또는 금지를 할 수 있다.
> 제10조 정부는 전시에 임하여 총동원 물자를 사용 또는 수용할 수 있다.

보기
㉠ 〈조선일보〉와 〈동아일보〉가 폐간되었다.
㉡ 소학교가 국민학교로 개칭되었다.
㉢ 경찰범 처벌 규칙이 제정되었다.
㉣ 치안 유지법이 제정되어 독립운동을 탄압하였다.

① ㉠, ㉡
② ㉠, ㉣
③ ㉡, ㉢
④ ㉢, ㉣

12

밑줄 친 '그'에 대한 설명으로 옳은 것은?

> 그는 장훈 학교, 공옥 학교에서 교편을 잡다 신민회에 주도적으로 참여하였다. 그를 비롯한 여섯 형제는 일가족 전체를 거느리고, 전 재산을 팔아 만주로 망명하여 항일 독립운동을 펼쳤다. 1931년에는 흑색공포단을 조직하여 일본과 일본 관련 시설의 파괴와 암살을 지휘하였다.

① 의열단을 창설하여 무장 투쟁을 전개하였다.
② 신한 청년당에서 파리 강화 회의의 대표로 파견되었다.
③ 신흥 무관 학교 설립에 기여하였다.
④ 한국 독립군을 이끌고 쌍성보 전투, 사도하자 전투, 동경성 전투, 대전자령 전투 등에서 일본군을 격퇴하였다.

13

다음은 1920년대 국내에서 제작·살포된 격문의 내용이다. 이와 연관된 설명으로 타당하지 않은 것은?

> (가) 조선 민중아!
> 우리의 철천지 원수는 자본·제국주의 일본이다. 이천만 동포야! 죽음을 각오하고 싸우자!
> 만세 만세 조선 독립 만세.
> (나) 학생, 대중이여 궐기하라!
> 검거된 학생은 우리 손으로 탈환하자.
> 언론·결사·집회·출판의 자유를 획득하라.
> 식민지 교육 제도를 철폐하라.

① (가)와 (나)는 일제의 문화 통치 시기에 발생한 운동이었다.
② (가)와 (나)를 통해 학생들이 독립 투쟁의 주역으로 성장하였다.
③ (가)와 (나)는 일제의 수탈과 식민지 교육을 배경으로 발발하였다.
④ (가)와 (나)의 학생 운동의 결과 좌익과 우익의 통합에 의한 단체가 조직되었다.

14

다음을 주요 임무로 하고 창설된 군대의 활동에 관한 것을 〈보기〉에서 모두 고르면?

> • 우리의 분산된 무장 역량을 총집중하여 조국 광복 전쟁을 전면적으로 전개시킬 것
> • 중국 항전에 참가하여 중국 항일군과 연합하여 왜적(倭賊)을 박멸(撲滅)할 것
> • 정치, 경제, 교육을 평등으로 한 신 민주국가 건설에 무력 기간(基幹)이 될 것
> • 인류의 화평과 정의를 지지하는 세계 제(諸) 민족과 함께 인류 발전의 장애물을 소탕할 것
>
> -『광복』 제1권-

보기

㉠ 김원봉 중심의 조선 민족 혁명당이 이끌던 조선 의용대와 통합하여 군사력을 증강하였다.
㉡ 만주의 중국 의용군과 연합하여 흥경성 전투, 영릉가 전투에서 일본군과 격전을 벌여 대승을 거두었다.
㉢ 압록강과 두만강을 건너 국내의 일제 식민지 통치 기관을 습격·파괴하고, 일본 군경과 치열한 전투를 벌였다.
㉣ 국내에 보합단, 천마산대 등을 편성하고, 식민 통치 기관 파괴, 친일파 처단, 군자금 모금 등의 투쟁을 전개하였다.
㉤ 중국에 주둔하던 미군과 연합하여 특수 훈련을 실시하고, 포로 심문, 암호 번역과 선전 전단의 작성, 대적 회유 방송 등의 심리전에 참여하였다.

① ㉠, ㉡   ② ㉠, ㉤
③ ㉡, ㉢   ④ ㉣, ㉤

15

밑줄 친 '이 단체'에 대한 설명으로 옳지 않은 것은?

> 이 단체는 전국 각지에 150여 개의 지회를 두고 활발한 활동을 전개하였다. 이 단체의 자매 단체인 근우회 역시 이 무렵 창설되었다.

① 이 단체의 중앙 조직은 비타협적 민족주의 계열이 중심이 되었고, 지회는 사회주의 계열이 중심이 되었다.
② 이 단체의 강령에서는 기회주의자 배척을 상정하였다.
③ 단체 가입제를 채택하여 이상재를 회장, 홍명희를 부회장으로 선출하였다.
④ 이 단체에서는 광주 학생 항일 운동 시기 김병로를 단장으로 조사단을 파견하였다.

16

다음 중 신채호에 대한 설명으로 옳은 것을 모두 고르면?

> ㉠ 1919년 상하이에서 대한민국 임시 정부 수립에 참가하였고, 의정원 의원, 전원위원회 위원장 등을 역임하였다.
> ㉡ 무정부주의 독립 단체인 다물단의 선언문인 「조선 혁명 선언」을 썼다.
> ㉢ 『조선상고사』, 『조선사연구』 등 고대사 관련 저술을 〈조선일보〉, 〈동아일보〉에 연재하였다.
> ㉣ 신민회 조직에 참여하였고 신간회의 발기인이었으며 〈대한매일신보〉 등에 논설을 써서 민족 의식을 고양시켰다.
> ㉤ 민족 교육 운동을 통해서만 자주 독립이 가능하다고 믿었으며, 무실역행의 문화 운동을 추진하였다.

① ㉠, ㉤
② ㉡, ㉢
③ ㉠, ㉣
④ ㉡, ㉢, ㉣

17

다음 내용에 대한 설명으로 가장 옳은 것은?

> 농가나 부재 지주가 소유한 3정보 이상의 농지는 국가가 매수하고, 국가에서 매수한 농지는 영세 농민에게 3정보를 한도로 분배하였다. 그 대가를 5년 간에 걸쳐 보상토록 하였다.

① 북한의 토지 개혁에 영향을 주었다.
② 많은 농민들이 자기 토지를 소유하게 되었다.
③ 무상 몰수, 무상 분배의 원칙하에 전개되었다.
④ 토지 국유제에 입각하여 경작권을 나누어 주었다.

18

다음의 사실로 인하여 발생한 사건 직후의 상황으로 옳은 것은?

> • 발췌 개헌안 통과
> • 사사오입 개헌안 통과
> • 3·15 부정 선거
> • 장기 집권에 대한 국민적 불신

① 한·미 상호 방위 조약이 체결되었다.
② 농가 경제 자립을 위한 농지 개혁이 단행되었다.
③ 양원제 의회가 성립되고 내각 책임제가 실행되었다.
④ 새 정권이 수립되어 한·일 간의 국교가 정상화되었다.

19

다음과 같은 내용이 배경이 되어 일어난 사건은?

> 한·일 국교 정상화 회담에서 정부는 일제의 침략과 식민지 지배에 대한 사과나 배상보다는 차관을 얻어내는 데 급급했다. 이에 많은 학생과 시민, 언론들은 '굴욕적인 대일 외교'에 반대하였다.

① 부·마 항쟁
② 6·3 시위(항쟁)
③ 6월 민주 항쟁
④ 5·18 민주화 운동

20

다음의 남북 합의가 이루어진 정부에서 일어난 사실로 옳은 것은?

> 제1조 남과 북은 서로 상대방의 체제를 인정하고 존중한다.
> 제2조 남과 북은 상대방의 내부 문제에 간섭하지 아니한다.
> 제3조 남과 북은 상대방에 대한 비방, 중상을 하지 아니한다.
> 제4조 남과 북은 상대방을 파괴, 전복하는 일체 행위를 하지 아니한다.

① 이 회담 이후 남북 조절 위원회가 설치되었다.
② 자금 흐름을 명확히 밝히기 위한 금융 실명제가 전면적으로 실시되었다.
③ 제2차 남북 정상 회담이 평양에서 개최되었다.
④ 헝가리, 폴란드 등 사회주의 국가들과 외교 관계를 체결하였다.

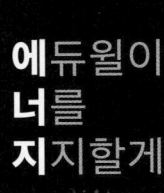

끝이 좋아야 시작이 빛난다.

– 마리아노 리베라(Mariano Rivera)

2026 에듀윌 9급공무원 단원별 기출&예상 문제집 한국사

발 행 일	2025년 8월 12일 초판
편 저 자	신형철
펴 낸 이	양형남
펴 낸 곳	(주)에듀윌
I S B N	979-11-360-3850-0
등록번호	제25100-2002-000052호
주 소	08378 서울특별시 구로구 디지털로34길 55 코오롱싸이언스밸리 2차 3층

* 이 책의 무단 인용 · 전재 · 복제를 금합니다.

www.eduwill.net
대표전화 1600-6700

여러분의 작은 소리
에듀윌은 크게 듣겠습니다.

본 교재에 대한 여러분의 목소리를 들려주세요.
공부하시면서 어려웠던 점, 궁금한 점,
칭찬하고 싶은 점, 개선할 점, 어떤 것이라도 좋습니다.

에듀윌은 여러분께서 나누어 주신 의견을
통해 끊임없이 발전하고 있습니다.

에듀윌 도서몰 book.eduwill.net
- 부가학습자료 및 정오표: 에듀윌 도서몰 → 도서자료실
- 교재 문의: 에듀윌 도서몰 → 문의하기 → 교재(내용, 출간) / 주문 및 배송

에듀윌에서 꿈을 이룬 합격생들의 진짜 합격스토리

에듀윌 강의·교재·학습시스템의 우수성을
합격으로 입증하였습니다!

에듀윌의 체계적인 학습 관리 시스템 덕분에 합격!

김O범 지방직 9급 일반행정직 최종 합격

에듀윌은 시스템도 체계적이고 학원도 좋았습니다. 저에게는 학원에서 진행하는 아케르 시스템이 큰 도움이 되었습니다. 아케르 시스템은 학원에 계시는 매니저님이 직접 1:1로 상담도 해주시고 학습 관리를 해주시는 시스템입니다. 제 담당 매니저님은 늘 진심으로 저와 함께 고민해주시고 제 건강이나 학습 상태도 상담해주시고, 전에 합격하신 선배님들이 어떤 식으로 학습을 진행했는지 조언해주셔서 많은 도움이 되었습니다. 수험생활에서 가장 힘든 것은 외로움과의 싸움이라고 생각하는데, 에듀윌 덕분에 주변에 제 편이 참 많다는 것을 느꼈고 공부하는 기간이 덜 힘들었던 것 같습니다.

에듀윌만의 합리적인 가격과 시스템, 꼼꼼한 관리에 만족

이O민 지방교육청 교육행정직 9급 최종 합격

에듀윌을 선택한 가장 큰 이유는 금액적인 부분입니다. 타사 패스보다 훨씬 저렴한 금액이라 금전적인 부분이 큰 부담인 수험생 입장에서는 가장 크게 다가오는 장점 중 하나라고 생각합니다. 또한 공통 교재를 사용한다는 점이 저에게는 큰 장점이었습니다. 각 커리큘럼별로 여러 교수님 수업을 들으며 공부할 수 있어서 저에게는 큰 장점이었습니다. 그리고 에듀윌 학원은 매니저님들께서 진심으로 수험생 한 명 한 명에게 관심을 가지고 꼼꼼히 관리해주신다는 점이 마음에 들어 등록하게 되었습니다. 실제로 제가 힘들거나 방향을 잃을 때마다 학원 학습 매니저님들과의 상담을 통해 잘 극복할 수 있었습니다.

에듀윌은 공무원 합격으로 향하는 최고의 내비게이션

전O준 국가직 9급 관세직 최종 합격

학교 특강 중에 현직 관세사 분께서 말씀해주신 관세직에 대한 간략한 정보만 가지고 에듀윌 학원을 방문하였습니다. 거기서 상담실장님과의 상담을 통해 관세직 공무원에 대해 자세히 알게 되었고 여기서 하면 합격할 것 같다는 확신이 들어 에듀윌과 함께 관세직만을 바라보고 관세직을 준비하였습니다. 흔들릴 때마다 에듀윌에 올라온 선배 합격자들의 합격수기를 읽으며 제가 합격수기를 쓰는 날을 상상을 했고, 학원의 매니저님과의 상담도 큰 도움이 되었습니다.

다음 합격의 주인공은 당신입니다!

더 많은 합격스토리

합격자 수 2,100% 수직 상승!
매년 놀라운 성장

에듀윌 공무원은 '합격자 수'라는 확실한 결과로 증명하며
지금도 기록을 만들어 가고 있습니다.

합격자 수를 폭발적으로 증가시킨 합격패스

| 합격 시 수강료 100% 환급 | + | 합격할 때까지 평생 수강 |

※ 환급내용은 상품페이지 참고. 상품은 변경될 수 있음.

상품
페이지

* 2017/2022 에듀윌 공무원 과정 최종 환급자 수 기준

2026
에듀윌
9급공무원
단원별 기출&예상 문제집
한국사

정답과 해설

eduwill

2026
에듀윌
9급공무원
단원별 기출&예상 문제집
한국사

2026
에듀윌 9급공무원 단원별 기출&예상 문제집

한국사 | 해설편

합격을 당기는 전략
기출회독 최종점검
문제풀이 집중훈련

기출회독 최종점검

필수기출&
출제예상편

정답과 해설

PART 01 우리 역사의 기원과 형성

CHAPTER 01 한국사의 바른 이해

출제 비중 0%

약점진단표

	1회독				2회독				3회독			
	○	△	×	총	○	△	×	총	○	△	×	총
한국사의 바른 이해				8				8				8

*문제풀이 후 약점진단 결과를 적어 보세요!

필수기출 & 출제예상편

문제편 P.16

| 01 | ③ | 02 | ① | 03 | ① | 04 | ④ | 05 | ① |
| 06 | ③ | 07 | ② | 08 | ① | | | | | | |

01 ③ [中]

개념 카테고리 우리 역사의 기원과 형성 > 한국사의 바른 이해 > 사실로서의 역사

| 정답 해설 | ③ 제시된 자료의 밑줄 친 부분은 역사의 객관성을 강조한 실증주의 사관(사실로서의 역사)의 입장이다.

| 오답 해설 | ①②④ 역사의 주관성을 강조한 상대주의 사관(기록으로서의 역사)에 대한 설명이다.

02 ① [中]

개념 카테고리 우리 역사의 기원과 형성 > 한국사의 바른 이해 > 기록으로서의 역사

| 정답 해설 | 제시된 내용은 카(E. H. Carr)의 『역사란 무엇인가?』 중 일부이다. ① 카(E. H. Carr)는 과거 사실에 대한 역사가의 주관적 가치 판단, 즉 기록으로서의 역사를 강조하였다.

03 ① [下]

개념 카테고리 우리 역사의 기원과 형성 > 한국사의 바른 이해 > 역사 학습의 목적

| 정답 해설 | 제시된 내용은 역사 학습의 목적이 '과거의 사실을 올바르게 이해하는 것', '역사의 모습을 발전적으로 이해하는 것'이라고 주장하고 있다. ① 이는 과거의 역사적 사실을 토대로 역사적 사고력을 기르는 것을 강조한다고 볼 수 있다.

04 ④ [下]

개념 카테고리 우리 역사의 기원과 형성 > 한국사의 바른 이해 > 역사 학습의 목적

| 정답 해설 | 역사 학습에서 '역사를 통하여 배운다'는 것은 역사적 인물이나 사실을 통하여 현재의 내가 살아가는 데 필요한 능력과 교훈을 얻을 수 있다는 것을 의미한다. ④ 객관적 사실만 서술한 것으로, '역사를 통하여 배운다'는 내용과 관련이 없다.

05 ① [中]

개념 카테고리 우리 역사의 기원과 형성 > 한국사의 바른 이해 > 사료와 사료 비판

| 정답 해설 | 사료는 객관적 사실만을 담고 있지 않다. 따라서 사료를 역사 연구에 활용하기 위해서는 사료 비판이 선행되어야 한다. ① 사료를 그대로 '사실로서의 역사'로 판단해서는 안 된다.

| 오답 해설 | ② 사료를 역사 서술에 활용하기 위해서는 그 사료가 기록된 당시의 전반적인 시대 상황을 고려해야 한다.
③ 사료 중 문헌 자료는 기록한 사람의 가치관이 반영된 것이므로 기록한 역사가의 가치관 및 사관을 검토해야 한다.
④ 사료 비판에서는 당시의 다른 사료와 해당 사료를 비교하여 검토하는 것도 매우 중요하다.

06 ③ [中]

개념 카테고리 우리 역사의 기원과 형성 > 한국사의 바른 이해 > 한국사의 특수성

| 정답 해설 | ③ 석굴암은 중국과 인도의 자연 석굴 사원 양식의 영향을 받았으나, 통일 신라 시대 건축 양식의 독특함을 적용하여 인공 석굴로 축조되었다.

07 ②

개념 카테고리 우리 역사의 기원과 형성 > 한국사의 바른 이해 > 한국사의 보편성과 특수성

| 정답 해설 | 우리 민족은 이웃 민족, 이웃 나라의 여러 문화를 받아들이면서 민족 문화를 발전시켜 왔다. ② 우리 민족은 보편적 가치를 추구하면서 다른 민족과는 구분되는 특수성을 발전시켰다.

08 ①

개념 카테고리 우리 역사의 기원과 형성 > 한국사의 바른 이해 > 한국사의 올바른 이해

| 정답 해설 | ① 일제 식민 사학자들이 주장한 정체성론에 대한 설명이다. 식민 사학자들은 우리나라 역사에 분권적 봉건 제도가 없었으며(중세 부재론), 일본과 비교했을 때 고대 국가 수준에 머물러 있었다고 주장했다. 이러한 역사 인식은 식민 지배를 위해 한국사를 왜곡한 것으로 한국사의 올바른 이해라고 볼 수 없다.

| 플러스 이론 | 주요 식민 사관

- **정체성론**
  한국사는 역사적 발전을 제대로 겪지 못해서 근대 사회로의 이행에 필요한 봉건 사회를 거치지 못하고, 고대 국가 정도에 머물러 있다는 주장(중세 부재론)

- **타율성론**
  한국사의 전개 과정이 한국인의 자주적 역량에 의해 자율적으로 이루어지지 못하고, 외세의 간섭과 압력에 의해서 타율적으로 이루어졌다는 주장

- **반도성론**
  반도 국가의 지리적 특수성을 강조하며, 한국사의 독자적 발전을 부정하는 주장

- **당파성론**
  한국인은 분열성이 강하여 항상 당을 이루어 싸웠다는 주장

필수기출 & 출제예상편

CHAPTER 02 선사 시대

출제 비중 60%

약점진단표

	1회독				2회독				3회독			
	○	△	×	총	○	△	×	총	○	△	×	총
선사 시대				19				19				19

*문제풀이 후 약점진단 결과를 적어 보세요!

필수기출 & 출제예상편

문제편 P.19

01	①	02	④	03	③	04	①	05	①
06	②	07	④	08	②	09	③	10	①
11	①	12	③	13	③	14	③	15	①
16	①	17	④	18	②	19	③		

01 ① 中

개념 카테고리 우리 역사의 기원과 형성 > 선사 시대 > 구석기 시대

| 정답 해설 | 밑줄 친 아슐리안 계통의 주먹도끼는 구석기 시대 유적지인 경기도 연천군 전곡리 유적에서 발견되었다. ① 구석기 시대 사람들은 동굴이나 바위 그늘, 강가의 막집에서 살았다.

| 오답 해설 | ② 움집은 신석기 시대부터 사용된 주거 형태이다.
③ 신석기 시대 농경이 시작되면서 수확물을 저장할 토기가 만들어졌다.
④ 청동기 시대에는 구릉에 마을을 형성하고, 다른 부족의 침략을 막기 위해 도랑(환호)을 파고 목책을 둘렀다.

02 ④ 中

개념 카테고리 우리 역사의 기원과 형성 > 선사 시대 > 구석기 시대

| 정답 해설 | 제시된 유적지는 모두 '구석기 시대'의 유적지이다.
④ 농경은 신석기 시대에 처음 시작되었다.

| 오답 해설 | ① 구석기 시대에는 뗀석기를 사용하여 사냥과 채집을 하였다.
② 구석기 시대에는 무리를 지어 살면서 공동체적 생활을 영위하였다.
③ 구석기 시대에는 이동 생활을 했기 때문에 동굴이나 바위 그늘에 주로 살았고, 때로는 막집을 짓고 살았다.

03 ③ 中

개념 카테고리 우리 역사의 기원과 형성 > 선사 시대 > 구석기 시대

| 정답 해설 | 함경북도 종성군 동관진 유적은 한반도 최초로 발견된 (가) '구석기 시대' 유적이다. ③ 구석기 시대 사람들은 이동 생활을 하면서 사냥이나 물고기 잡이 등을 통해 식량을 얻었다.

| 오답 해설 | ① 청동기 시대 사람들은 반달돌칼을 이용하여 벼를 수확하였다.
② 신석기 시대 사람들은 돌 갈판에 곡물을 갈아서 먹었다. 옥수수는 조선 시대에 우리나라에 전해진 것으로 추정된다.
④ 신석기 시대에는 사람이 죽어도 영혼은 없어지지 않는다고 생각하는 영혼 숭배 사상이 나타나, 사람이 죽으면 흙 그릇 안에 매장하였다.

04 ① 下

개념 카테고리 우리 역사의 기원과 형성 > 선사 시대 > 신석기 시대

| 정답 해설 | 자료의 왼쪽은 가락바퀴, 오른쪽은 갈돌과 갈판으로 모두 신석기 시대의 유물이다. ① 신석기 시대에는 처음으로 농경이 시작되었다.

| 오답 해설 | ② 청동기 시대에는 권력을 가진 지배자가 등장하였다.
③ 구석기 시대에는 뗀석기를 주로 사용하였다.
④ 구석기 시대에는 동굴이나 바위 그늘, 막집에 살았다.

05 ① 下

개념 카테고리 우리 역사의 기원과 형성 > 선사 시대 > 신석기 시대

| 정답 해설 | ㄱ, ㄷ. 신석기 시대에는 갈돌과 갈판을 사용하여 곡물이나 열매를 갈았으며, 뼈바늘과 가락바퀴를 사용하여 옷이나 그물을 제작(원시적 수공업)하였다.

| 오답 해설 | ㄴ. 청동기 시대에 반달돌칼을 사용하여 벼 등 농작물을 수확하였다.
ㄹ. 철기 시대에 벼농사를 널리 짓게 되었다.

06 ②

개념 카테고리 우리 역사의 기원과 형성 > 선사 시대 > 신석기 시대

| 정답 해설 | ㉠ 시대는 '신석기 시대'에 해당한다. ② 일부 지역에서 벼농사가 처음 시작된 것은 청동기 시대이다.
| 오답 해설 | ① 제주도 한경면 고산리 유적은 현존하는 우리나라 최고(最古)의 신석기 시대 유적지이며 기원전 8000년경으로 추정된다.
③ 신석기 시대에는 가락바퀴와 뼈바늘을 이용하여 옷감이나 그물을 제작하였다(원시적 수공업).
④ 신석기 시대에는 돌도끼, 돌화살촉 등 간석기와 이른 민무늬 토기, 덧무늬 토기, 눌러찍기무늬 토기, 빗살무늬 토기 등 다양한 토기를 사용하였다.

07 ④

개념 카테고리 우리 역사의 기원과 형성 > 선사 시대 > 청동기 시대

| 정답 해설 | 밑줄 친 '이 시대'는 '청동기 시대'이다. 청동기 시대에는 고인돌, 반달돌칼, 민무늬 토기가 제작되었다. ④ 슴베찌르개(이음 도구, 창의 역할)는 후기 구석기 시대의 유물이다.

08 ②

개념 카테고리 우리 역사의 기원과 형성 > 선사 시대 > 신석기 시대

| 정답 해설 | 제주도 고산리 유적은 현존하는 우리나라 최고(最古)의 ㉠ '신석기 시대' 유적지이며, 기원전 8000년경에 형성된 것으로 추정된다. ② 신석기 시대에는 가락바퀴와 뼈바늘을 이용하여 옷감이나 그물을 제작하였다(원시적 수공업).
| 오답 해설 | ① 청동기 시대, ③ 초기 철기 시대, ④ 청동기 시대에 대한 설명이다.

09 ③

개념 카테고리 우리 역사의 기원과 형성 > 선사 시대 > 신석기 시대

| 정답 해설 | 제시문은 신석기 시대에 제작된 '빗살무늬 토기'를 설명하고 있다. ③ 신석기 시대에는 반지하형 움집을 만들었는데, 움집 중앙에는 난방과 취사를 위한 화덕이 위치하였다.
| 오답 해설 | ① 구석기 시대, ②④ 청동기 시대에 대한 설명이다.

10 ①

개념 카테고리 우리 역사의 기원과 형성 > 선사 시대 > 청동기 시대

| 정답 해설 | ① 청동기 시대에도 반달돌칼, 바퀴날 도끼, 홈자귀 등 석기 농기구가 사용되었다.

| 오답 해설 | ② 청동기 시대에는 (청)동검, 청동 거울, 청동 방울 등을 제작하였다.
③ 청동기 시대에는 생산력이 발전하면서 사유재산제와 계급이 발생하였다.
④ 청동기 시대에는 민무늬 토기, 미송리식 토기, 붉은 간 토기 등이 사용되었다.

11 ①

개념 카테고리 우리 역사의 기원과 형성 > 선사 시대 > 청동기 시대

| 정답 해설 | 밑줄 친 '이 시기'는 '청동기 시대'이다. ① 청동기 시대에는 목을 길게 단 미송리식 토기가 사용되었다.
| 오답 해설 | ② 구석기 시대 유적인 대전 용호동 유적에서는 불 땐 자리가 확인되었다.
③ 구석기 시대 사람들은 주로 동굴이나 강가의 막집에 거주하였다.
④ 신석기 시대에는 농경과 목축이 시작되었다.

12 ②

개념 카테고리 우리 역사의 기원과 형성 > 선사 시대 > 청동기 시대

| 정답 해설 | 제시된 내용 중 "부여 송국리 유적", "(방어를 위한) 목책", "100여 기 이상의 대규모 주거지"를 통해 (가) 시대가 '청동기 시대'임을 알 수 있다. ② 청동기 시대에는 반달돌칼과 같은 석기 농기구를 사용하여 벼를 수확하였다.
| 오답 해설 | ① 6세기 지증왕 때부터 우경이 시작되면서 깊이갈이가 가능해졌다.
③ 구석기부터 신석기 시대까지는 계급이 없는 평등한 사회였다.
④ 신석기 시대부터 정착 생활이 시작되면서 움집이 만들어졌다.

13 ③

개념 카테고리 우리 역사의 기원과 형성 > 선사 시대 > 청동기 시대의 유물과 유적

| 정답 해설 | ③ 2008년 경북 청도 신당리 농토 밑에서 청동기 시대의 고인돌이 발견되었으며, 고인돌 내에서 돌검과 돌화살촉이 출토되었다.
| 오답 해설 | ① 강원도 고성 문암리 유적은 대표적인 신석기 시대의 유적지로, 덧무늬 토기 등이 출토되었고, 동아시아 최초로 신석기 시대의 '밭' 유적이 발견되었다.
② 창원 다호리 유적의 '붓'은 초기 철기 시대의 유물이다.
④ 신석기 시대 유적지인 부산 동삼동 유적에서 조개껍데기 가면이 출토되었다.

14 ③

개념 카테고리 우리 역사의 기원과 형성 > 선사 시대 > 초기 철기 시대

| 정답 해설 | 제시된 유물은 왼쪽에서부터 '명도전'(춘추 전국 시대의 연나라와 제나라에서 사용한 화폐), '반량전'(진나라에서 사용한 청동 화폐), '붓'(창원 다호리 유적에서 발견)이다. ③ 이러한 초기 철기 시대 유물들을 통해 당시 중국과 활발한 교류가 있었음을 알 수 있다.

15 ①

개념 카테고리 우리 역사의 기원과 형성 > 선사 시대 > 선사 시대 유적지의 특징

| 정답 해설 | ① 경남 사천 늑도 유적에서 발견된 반량전은 중국 진(秦)에서 사용된 청동 화폐이다.

| 오답 해설 | 매력적 오답 ② 부산 동삼동 패총은 신석기 시대의 유적이며, 주춧돌을 사용한 지상 가옥은 초기 철기 시대의 주거 형태이다.
③ 흥수아이는 청원(청주) 두루봉 동굴 유적에서 발견된 어린 아이의 뼈 화석이다.
④ 울주 반구대 바위그림에는 고래·물고기·호랑이 등의 동물 그림이 새겨져 있다. 사각형·방패 모양 등 기하학적 그림은 고령 양전동 알터 유적(고령 장기리 유적)에서 발견된다.

16 ①

개념 카테고리 우리 역사의 기원과 형성 > 선사 시대 > 선사 시대의 특징

| 정답 해설 | ① 주먹도끼는 구석기 시대 전기의 유물이지만, 슴베찌르개는 구석기 시대 후기의 유물이다.

| 플러스 이론 | **구석기 시대 구분(석기 다듬는 수법에 따라)**

1. **전기**
전기에는 큰 석기 한 개를 가지고 여러 가지 용도로 썼다.

2. **중기**
중기에는 큰 몸돌에서 떼어 낸 돌조각인 격지들을 가지고 잔손질을 하여 석기를 만들었다. 따라서 크기는 작아지고 점차 한 개의 석기가 하나의 쓰임새를 가지게 되었다.

3. **후기**
후기에는 쐐기 같은 것을 대고 형태가 같은 여러 개의 돌날 격지를 만드는 데까지 발달하였다.

17 ④

개념 카테고리 우리 역사의 기원과 형성 > 선사 시대 > 선사 시대의 특징

| 정답 해설 | ④ 남한에서 최초로 발견된 구석기 시대 유적은 공주 석장리 유적으로, 1964년부터 발굴되기 시작하였다. 한편 청원(청주) 두루봉 동굴 유적에서는 '흥수아이'가 발견되었으며 이를 통해 구석기 시대의 장례 문화를 확인할 수 있다.

18 ②

개념 카테고리 우리 역사의 기원과 형성 > 선사 시대 > 선사 시대의 특징

| 정답 해설 | ② 목책(울타리), 환호(도랑) 등의 방어 시설은 청동기 시대부터 만들어졌다.

19 ③

개념 카테고리 우리 역사의 기원과 형성 > 선사 시대 > 선사 시대의 특징

| 정답 해설 | ㄴ. 붉은 간 토기는 청동기 시대의 토기이다. 청동기 시대에는 거친무늬 거울을 사용하여 제사를 지내거나 의식을 거행하였다.
ㄹ. 눌러찍기무늬(압인문) 토기는 신석기 시대의 토기이며, 당시에는 가락바퀴와 뼈바늘을 이용하여 옷이나 그물을 만들어 사용하였다(원시적 수공업).

| 오답 해설 | ㄱ. 슴베찌르개는 구석기 시대 후기에 사용된 이음도구이다. 한편 벼농사가 처음 시작된 것은 청동기 시대이다.
ㄷ. 반달돌칼은 청동기 시대의 대표적인 석기 농기구이다. 청동기 시대에는 계급(지배와 피지배 관계)이 발생하였다.

CHAPTER 03 국가의 형성

출제 비중 40%

약점진단표

	1회독				2회독				3회독			
	○	△	×	총	○	△	×	총	○	△	×	총
국가의 형성				21				21				21

*문제풀이 후 약점진단 결과를 적어 보세요!

필수기출 & 출제예상편

문제편 P.23

01	②	02	③	03	②	04	①	05	①
06	②	07	②	08	④	09	③	10	②
11	③	12	②	13	①	14	③	15	①
16	④	17	②	18	③	19	③	20	①
21	③								

01 ②   上

| 개념 카테고리 | 우리 역사의 기원과 형성 > 국가의 형성 > 단군 신화

| 정답 해설 | ② 중국의 제(齊)는 춘추 시대의 국가이며, 고조선이 제와 교역한 기록은 『관자』에 수록되어 있다. 단군 신화에서는 양국 교류에 대한 내용을 확인할 수 없다.

| 오답 해설 | ③ 『삼국유사』에 수록된 단군 신화 원문에는 "與高同時(중국 요순 시대의 요 임금이 재위하던 시기와 같다)"라고 기록되어 있다.

| 플러스 이론 | 고조선의 대외 교역

제(齊)나라 환공(桓公, 재위 기원전 685~643)이 관자(管子)에게 물었다. "내가 듣기로 해내(海內)에 7가지 옥폐(玉幣)가 있다고 하는데, 들어 볼 수 있겠는가?" 관자가 대답하였다. "음산(陰山)의 연민(礝磻)이 하나요, 연(燕)나라 자산(紫山)의 백금(白金)이 하나요, 발조선(發朝鮮)의 문피(文皮, 호랑이나 표범의 가죽)가 하나요, 여수(汝水)와 한수(漢水) 우구(右衢)에서 나는 황금(黃金)이 하나요, 강양(江陽)의 진주가 하나요, 진(秦)나라 명산(明山)의 증청(曾靑, 구리 광석의 일종)이 하나요, 우씨(禺氏) 변산(邊山)의 옥(玉)이 하나입니다."

— 『관자』 —

02 ③   上

| 개념 카테고리 | 단원 통합 > 단군에 대한 시대별 인식

| 정답 해설 | ③ 이규보의 「동명왕편」은 고구려의 시조인 동명왕(주몽)에 관해 쓴 '장편 서사시'이다.

| 오답 해설 | ① 이승휴의 『제왕운기』에서는 우리 역사를 단군부터 서술하였고, 고구려·부여·삼한·옥저·예맥과 이 나라들을 통합한 삼국은 모두 단군의 후예라고 보았다. 또한 요동 동쪽을 중국과 다른 세계로 인식하고, 우리 민족 문화의 독자성을 강조하였다.
② 홍만종의 『동국역대총목』은 우리 역사의 시원을 단군으로 규정하고, 단군 – 기자 – 마한 – 통일 신라를 정통 국가로 보았다.
④ 「기미 독립 선언서」에는 단기(檀紀, B.C. 2333)를 기준으로, '조선 건국 4252년'(B.C. 2333+1919=4252)으로 연도를 표기하였다.

03 ②   上

| 개념 카테고리 | 우리 역사의 기원과 형성 > 국가의 형성 > 고조선

| 정답 해설 | ㉠ 최초로 고조선을 언급한 문헌은 『관자(管子)』이다.
㉡ 조선 시대에는 기자동래설(箕子東來說)을 인정하고 있었다(현재는 기자동래설과 기자 조선의 실체를 부정하고 있음).
㉢ 위만 조선은 기원전 194년에 성립되었으며, 발달된 철기에 기반을 둔 문화를 보유하고 있었다.

| 오답 해설 | ㉣ (청동기 시대) 고조선의 세력 범위를 알 수 있는 유물은 미송리식 토기, 비파형 동검, 거친무늬 거울, (북방식) 고인돌이 대표적이다.

04 ① 中

개념 카테고리 우리 역사의 기원과 형성 > 국가의 형성 > 고조선의 발전

| 정답 해설 | (가) '단군 조선 시대'이며, (나) '위만 조선 시대'이다.

ㄱ. 단군 조선 시기 고조선에는 기원전 3세기부터 부왕, 준왕과 같은 강력한 왕이 등장하였고, 상(相), 대부(大夫), 장군(將軍), 대신, 박사 등의 관직도 두었다.

ㄷ. 위만 조선 성립 이후 철기 문화가 본격적으로 수용되었고, 우거왕은 지리적 이점을 이용하여 예(濊)나 남방의 진(辰)이 중국 한(漢)과 직접 교역하는 것을 막고 중계 무역의 이득을 취하였다.

| 오답 해설 | ㄴ. 우거왕 때 위만 조선에 예속되었던 예맥의 군장 '남려'가 우거왕과 관계를 끊고 28만여 명을 이끌고 한나라로 투항하자, 한 무제는 예맥 지역인 만주 요동 지방에 창해군을 설치하였다(기원전 128).

ㄹ. 위만 조선 시기는 철기 시대에 해당하며, 비파형 동검이나 고인돌은 청동기 시대의 유물이다.

05 ① 中

개념 카테고리 우리 역사의 기원과 형성 > 국가의 형성 > 고조선

| 정답 해설 | ㉠은 '고조선'이다. ① 반고의 『한서』 지리지에 고조선에는 8조의 법이 있었다는 기록이 있으나, 현재는 세 조항만 전해진다.

| 오답 해설 | ② 신라에서는 박·석·김씨가 왕위를 교대로 세습하다가, 내물 마립간 시기부터 김씨가 왕위를 독점 세습하였다.
③ 동예에서는 매년 10월에 무천이라는 제천 행사를 열었다.
④ 고구려는 고국원왕 때 전연(前燕)의 침략을 받아 수도가 함락되었다. 이때 미천왕릉이 파헤쳐져 시신을 탈취당했고, 고국원왕의 어머니가 포로로 잡혀갔다.

06 ② 上

개념 카테고리 우리 역사의 기원과 형성 > 국가의 형성 > 고조선 역사의 전개

| 정답 해설 | 제시된 사건의 순서는 다음과 같다.

㉡ 위만이 고조선의 준왕을 축출하고 스스로 왕이 되었다(위만 조선의 성립, 기원전 194).

㉣ 예(濊)의 군장 '남려'가 우거왕을 배신하고, 28만여 명을 이끌고 한나라로 투항하였다. 이후 한나라 무제는 요동 지방에 창해군을 설치하였다(기원전 128).

㉤ 섭하가 조선과 가까운 요동군의 동부도위로 부임하자 고조선은 그를 기습하여 살해하였다. 이 사건은 한나라의 군대가 고조선에 출병하는 발단이 되었다(기원전 109).

㉠ 한의 침략으로 우거왕이 살해되고 왕검성이 함락되었다(기원전 108).

㉢ 고조선이 멸망한 후 한은 고조선 영토에 네 개의 군현(낙랑, 진번, 임둔, 현도)을 설치하였다(한 사군).

| 플러스 이론 | 위만 조선

1. 위만 조선의 성립
- 위만의 고조선 입국: 진(秦)·한(漢) 교체기(기원전 3세기경)에 연의 왕 노관이 한을 배신하고 흉노로 망명했을 때 위만도 1,000여 명의 무리를 이끌고 고조선으로 들어왔다.
- 위만은 준왕에게 고조선의 서쪽 변경에 거주할 것을 허락받은 뒤에 신임을 받아 서쪽 변경을 수비하는 임무를 맡게 되었다.
- 서쪽 변경에 거주하는 이주민 세력을 통솔하게 된 위만은 세력을 키워 수도인 왕검성에 쳐들어가 준왕을 몰아내고 왕이 되었다(기원전 194). 이때 준왕은 남쪽 진국(辰國)으로 가서 한왕(韓王)이라 칭하였다고 한다.

2. 우거왕과 한(漢)의 대립
- 위만의 손자 우거왕은 예(濊)나 진(辰)이 한과 직접 교역하는 것을 막아 중계 무역을 독점하려 하였고, 흉노와 연결되어 한을 견제하였다.
- 당시 위만 조선에 예속되어 있던 예의 군장 '남려'가 우거왕을 배신하고, 28만여 명을 이끌고 한나라로 투항하였다. 이후 한나라 무제는 요동 지방에 창해군을 설치하였다(기원전 128).

3. 한(漢)의 침입
- 고조선의 경제적·군사적 발전과 흉노와의 연결을 우려한 한은 고조선과 대립하였다.
- 한은 섭하를 파견하여 위만 조선을 회유하려 하였으나 우거왕이 이를 수용하지 않았다.
- 당시 섭하는 조선비왕 장을 살해하고 본국으로 달아났고, 이후 섭하가 고조선과 가까운 요동군의 동부도위로 부임하자 고조선은 그를 기습하여 살해함으로써 응징하였다. 이 사건은 한나라의 군대가 고조선에 출병하는 발단이 되었다.
- 한 무제(武帝)가 대규모의 무력 침략을 감행하였으나 고조선은 1차 접전(패수)에서 대승을 거두었고(기원전 109), 이후 약 1년간에 걸쳐 한의 군대에 완강하게 대항하였다.
- 흉노 토벌 문제에 대한 건의가 받아들여지지 않자, 조선상 역계경이 2천여 호를 이끌고 진(辰)국으로 망명해 버렸으며, 주화파(조선상 노인, 상 한음, 니계상 삼(參), 장군 왕협)들의 항복과 우거왕의 피살로 마침내 왕검성이 함락되었다(기원전 108).

4. 한 사군(漢四郡)의 설치
- 한은 고조선의 영역에 낙랑(현재의 대동강 유역), 진번(위만에게 멸망한 부족 국가인 옛 진번 지역-현재의 황해도 일대), 임둔(위만에게 멸망한 부족 국가인 옛 임둔 지방-현재의 함경남도, 강원도 일부), 현도(압록강 중류 지방)의 4군을 설치하였다.
- 군 밑에 현을 두고 한인 태수와 현령을 파견하여 고조선의 유민을 억압하였다.

07 ②

개념 카테고리 우리 역사의 기원과 형성 > 국가의 형성 > 고조선

| 정답 해설 | 제시된 사료는 ㉢『한서』 지리지에 수록된 고조선의 8조법(8조 범금)이다.
㉠ 비파형 동검, 고인돌(북방식), 미송리식 토기, 거친무늬 거울이 출토된 지역의 분포를 통해 고조선의 문화 범위를 확인할 수 있다.
㉣ 고조선은 중국 한 무제에 의해 기원전 108년에 멸망하였다.
| 오답 해설 | ㉡『동국통감』에는 고조선에 관한 기록이 남아 있으나, 『삼국사기』에는 수록되어 있지 않다.
㉤ 마가·우가·저가·구가는 부여의 관직명이다.

08 ④

개념 카테고리 우리 역사의 기원과 형성 > 국가의 형성 > 부여

| 정답 해설 | 다음 사료와 관련된 '나라'는 '부여'이다. ④ 서옥제는 '고구려'의 혼인 풍습이다.

| 플러스 이론 | 부여

위치	정치	경제
만주 송화강 유역의 평야 지대	사출도: 마가, 우가, 구가, 저가	농경, 목축(반농반목), 특산물(말, 주옥, 모피)
풍속	제천 행사	정치적 변동
순장, 1책 12법	12월 영고	고구려에 복속

09 ③

개념 카테고리 우리 역사의 기원과 형성 > 국가의 형성 > 부여

| 정답 해설 | 제시된 사료 중 '흰옷을 즐겨 입어', '명마', '구슬' 등을 통해 부여에 대한 사료임을 알 수 있다. ③ 부여의 가(加)들은 사출도라는 독자적 행정 구역을 다스리고 있었다.
| 오답 해설 | ① 고구려에서는 집집마다 부경이라는 창고를 가지고 있었다.
② 동예의 특산물로는 단궁, 과하마, 반어피 등이 유명하였다.
④ 삼한에서는 소도라는 신성 구역이 있었다.

10 ②

개념 카테고리 우리 역사의 기원과 형성 > 국가의 형성 > 고구려

| 정답 해설 | 제시문에서 설명하는 나라는 '고구려'이다. ② 하호는 노비와는 구별되는 신분상 자유민에 해당한다.

11 ③

개념 카테고리 우리 역사의 기원과 형성 > 국가의 형성 > 고구려

| 정답 해설 | 제시된 사료는『삼국지』위서 동이전에 기록된 고구려의 서옥제에 관한 내용이다. ③ 고구려에서는 상가, 고추가 등의 대가들이 사자, 조의, 선인 등의 관리를 거느리고 있었다.
| 오답 해설 | ① 삼한의 진한과 변한에서는 장사 지낼 때 큰 새의 깃털을 함께 묻어, 죽은 사람의 영혼이 하늘로 오르기를 기원하였다.
② 백제에서는 관리가 뇌물을 받거나 국가의 재물을 횡령했을 때 3배를 배상하고, 종신토록 금고형에 처했다.
④ 동예에서는 산천을 중시하여 산과 내마다 구분이 있어 함부로 들어가지 않았다. 만약 다른 부족의 영역을 침범하면 노비, 소, 말로 배상하는 '책화'의 풍습이 있었다.

12 ①

개념 카테고리 우리 역사의 기원과 형성 > 국가의 형성 > 고구려

| 정답 해설 | 제시된 사료의 "소노부(전 왕족)", "계루부(태조왕 이후의 왕족)", "절노부(왕비족)" 등을 통해 (가)가 고구려임을 알 수 있다. ① 고구려에는 혼인 풍속으로 서옥제가 있었다.
| 오답 해설 | ② 삼한에는 신성 지역인 소도가 있었다.
③ 부여에서는 12월(은력 정월)에 제천 행사인 영고를 개최하였다.
④ 동예에는 읍락의 경계를 중시하여 책화의 풍습이 있었다.

13 ①

개념 카테고리 우리 역사의 기원과 형성 > 국가의 형성 > 옥저

| 정답 해설 | 제시된 사료는『삼국지』위서 동이전의 '옥저'에 관한 내용이다. ① 옥저의 풍습으로는 민며느리제와 가족 공동 무덤제가 있었다.
| 오답 해설 | ② 동예에서는 족외혼이 엄격하게 지켜졌으며, 책화의 풍습이 있었다.
③ 부여에서는 왕의 장례에 옥갑(玉匣)을 사용하였고, 여름철 장례에는 얼음을 사용하였다.
④ 삼한에서는 신지, 견지 등의 군장과 제사장인 천군이 별도로 존재하였다.

14 ①

개념 카테고리 우리 역사의 기원과 형성 > 국가의 형성 > 옥저

| 정답 해설 | 밑줄 친 '이 나라'는 '옥저'이다. ① 옥저의 각 읍락에는 읍군이나 삼로라는 군장이 있어서 자기 부족을 다스렸으며, 혼인 풍습으로는 민며느리제가 있었다.

| 오답 해설 | ② 위만은 고조선에 망명한 후 준왕을 몰아내고 왕위에 올랐다. 위만은 한(漢)의 외신(外臣)이 되어 병력 및 물적 지원을 받아 고조선을 발전시켰다. 이후 위만의 손자인 우거왕 때 고조선이 중계 무역으로 교역을 독점하자, 한 무제는 고조선을 침략하였다.
③ 천군은 삼한의 제사장이며, 삼한은 5월과 10월에 하늘에 제사를 지냈다.
④ 마가와 우가는 부여의 관직명이다.

15 ①

개념 카테고리 우리 역사의 기원과 형성 > 국가의 형성 > 옥저의 풍습

| 정답 해설 | 제시된 자료는 '옥저'의 매장 풍습(목곽으로 만든 가족 공동 묘)에 관한 내용이다. ① 옥저에는 혼인 풍습으로 민며느리제가 있었다. 민며느리제는 혼인을 약속한 어린 신부를 미리 신랑의 집으로 데려간 후 신부가 성장하면 신랑이 신부 측에 혼인 자금을 지불함으로써 혼인이 성립되는 제도이다.

| 오답 해설 | ② 고구려에서는 매년 10월에 동맹이라는 제천 행사를 하였다.
③ 동예의 특산물로는 단궁, 과하마, 반어피가 유명하였다.
④ 동예에서는 다른 부족의 경계를 침범하면 가축이나 노비로 변상하게 하였다(책화).

16 ④

개념 카테고리 우리 역사의 기원과 형성 > 국가의 형성 > 옥저와 동예의 풍습

| 정답 해설 | 제시된 사료의 나라는 (가) '옥저', (나) '동예'이다. ④ 동예에서는 같은 씨족끼리는 혼인하지 않는 족외혼이 엄격하게 이루어졌으며, 책화(다른 읍락의 경계를 침범하면 소, 말, 노비로 보상하는 것)의 풍습이 있었다.

| 오답 해설 | ① 고구려에는 신부의 집 뒤에 서옥을 짓고 훗날 자녀가 태어나 성장하면 아내와 함께 신랑 집으로 돌아가는 혼인 풍습인 '서옥제'가 있었다.
② 고구려에서는 중대한 범죄자가 있으면 제가 회의를 통해 사형시키고 그 가족은 노비로 삼았다.
③ 부여의 부족장들(마가, 우가, 구가, 저가)은 저마다 별도의 행정 구획인 사출도를 다스렸다.

17 ②

개념 카테고리 우리 역사의 기원과 형성 > 국가의 형성 > 동예

| 정답 해설 | 제시된 사료의 국가는 '동예'이다. ② 단궁(檀弓), 반어피(班漁皮), 과하마(果下馬) 등은 동예의 특산물로 유명하였다.

| 오답 해설 | ① 부여, 고구려에서는 남의 물건을 훔치면 물건 값의 12배를 배상하게 하였다(1책 12법).
③ 민며느리제는 옥저의 혼인 제도이다.
④ 고구려에서는 매년 10월 동맹이라는 제천 행사를 거행하였다.

18 ③

개념 카테고리 우리 역사의 기원과 형성 > 국가의 형성 > 동예

| 정답 해설 | 제시된 사료 중 "동성(同姓)끼리는 결혼하지 않는다(족외혼이 엄격하였다).", "병을 앓거나 사람이 죽으면 옛집을 버리고 새집을 지어 산다."는 내용을 통해 '동예'와 관련된 내용임을 알 수 있다. ③ 동예는 산천을 중요시하여 산과 하천마다 구분이 있었고 함부로 들어가지 못했는데, 만약 침범하였을 경우 노비·말 등으로 배상하게 하였다. 이것을 책화라고 한다.

| 오답 해설 | ① 부여에서는 은력 정월(12월)에 국중대회로 영고라는 제천 행사를 지냈다.
② 옥저에는 민며느리제라는 혼인 풍속이 있었다.
④ 고구려에서는 중대한 범죄자를 제가(諸加) 회의를 통해 처벌하였다.

19 ③

개념 카테고리 우리 역사의 기원과 형성 > 국가의 형성 > 삼한

| 정답 해설 | 제시된 사료에서 삼한의 군장인 신지와 읍차, 삼한의 제사장인 천군을 확인할 수 있다. ③ 삼한은 마한의 목지국을 중심으로, 여러 개의 소국으로 구성된 연맹체였다.

| 오답 해설 | ① 동예에는 무천이라는 제천 행사가 있었다.
② 신라는 귀족 회의체인 화백 회의에서 중요한 일을 결정하였다.
④ 부여에는 각 부족장의 독자적 행정 구역인 사출도가 있었다.

20 ① 上

개념 카테고리 우리 역사의 기원과 형성 > 국가의 형성 > 삼한

| **정답 해설** | 토실(충남 공주 장선리)은 『삼국지』 위서 동이전에 나오는 '마한'의 집 형태이다. ① '삼한'은 공통적으로 신지·견지·읍차·부례 등의 정치적 지배자 외에 제사장인 천군이 있었다. 또한 신성 지역으로 소도가 있었는데, 이곳에서 천군이 농경과 종교에 대한 의례를 주관하였다.

| **오답 해설** | ② 옥저에는 여자가 어렸을 때에 남자 집에 가서 성장한 후에 남자가 예물을 치르고 혼인을 하는 민며느리제(일종의 매매혼)가 있었다.

③ 부여에는 왕 아래에 가축의 이름을 딴 마가·우가·저가·구가와 대사자·사자 등의 관리가 있었다. 이들 가(加)는 저마다 따로 행정 구획인 사출도를 다스리고 있어서, 왕이 직접 통치하는 중앙과 합쳐 5부를 이루었다.

④ 고구려는 10월에 동맹이라는 제천 행사를 성대하게 치르고, 아울러 왕과 신하들이 국동대혈에 모여 함께 제사를 지냈다.

21 ③ 中

개념 카테고리 우리 역사의 기원과 형성 > 국가의 형성 > 초기 국가의 풍습

| **정답 해설** | (가) '고구려', (나) '옥저', (다) '동예', (라) '부여'에 관한 사료이다. ③ (다) 동예에는 다른 부족의 생활권을 침범하면 노비와 소, 말로 변상하게 하는 책화라는 풍습이 있었다.

| **오답 해설** | ① 부여에서는 농경과 목축을 주로 하였고, 특산물로는 말, 주옥, 모피 등이 유명하였다.

② 삼한에서는 해마다 씨를 뿌리고 난 뒤인 5월과 가을 곡식을 거두어들이는 10월에 하늘에 제사를 지냈다.

④ 고구려에서는 혼인을 정한 뒤 신부 집 뒤꼍에 조그만 집을 짓고, 거기서 자식을 낳아 장성하면 아내를 데리고 신랑 집으로 돌아가는 풍습이 있었다. 이를 서옥제라고 한다.

PART 02 고대의 우리 역사

CHAPTER 01 | 삼국 시대의 정치
출제 비중 50%

약점진단표

삼국 시대의 정치	1회독 ○	△	×	총	2회독 ○	△	×	총	3회독 ○	△	×	총
				53				53				53

*문제풀이 후 약점진단 결과를 적어 보세요!

필수기출 & 출제예상편

문제편 P.30

01	③	02	②	03	①	04	①	05	②
06	①	07	②	08	④	09	④	10	②
11	③	12	①	13	③	14	④	15	②
16	④	17	④	18	①	19	②	20	①
21	②	22	③	23	①	24	①	25	②
26	④	27	③	28	④	29	③	30	②
31	②	32	④	33	②	34	①	35	③
36	①	37	③	38	①	39	④	40	④
41	③	42	③	43	④	44	③	45	②
46	②	47	③	48	①	49	①	50	④
51	②	52	②	53	④				

01 ③

개념 카테고리 | 고대의 우리 역사 > 삼국 시대의 정치 > 삼국의 중앙 집권화

| **정답 해설** | ③ 빈칸에 들어갈 단어는 (가) 국내성, (나) 고국천왕, (다) 고이왕, (라) 내물왕(내물 마립간)이다. 고구려는 유리왕 때 졸본성(오녀산성)에서 (가) 국내성으로 천도하였다. 또한 2세기 후반 (나) 고국천왕 때는 부족적인 전통을 지녀 온 5부가 행정적 성격의 5부로 개편되었다. 백제는 3세기 중엽 (다) 고이왕 때 낙랑군과 대방군, 말갈족을 북으로 밀어내고 국가 체계를 정비하였다(6좌평, 16관등, 공복제의 마련). 한편 신라는 4세기 후반 (라) 내물왕(내물 마립간) 때 박·석·김 3성이 교대로 왕위를 계승하던 것이 끝나고, 김씨가 왕위를 독점하였다.

02 ②

개념 카테고리 | 고대의 우리 역사 > 삼국 시대의 정치 > 고국천왕

| **정답 해설** | ② 제시된 사료는 고구려 고국천왕 때 실시된 진대법(194)에 관한 내용이다.

| **오답 해설** | ① 미천왕 때 낙랑군을 축출하였다(313).
③ 백제 근초고왕의 평양성 공격 과정에서 고국원왕이 전사하였다(371).
④ 고구려 광개토대왕은 우리나라 최초로 '영락(永樂)'이라는 연호를 사용하였다.

03 ①

개념 카테고리 | 고대의 우리 역사 > 삼국 시대의 정치 > 소수림왕

| **정답 해설** | '소수림왕' 시기에 전진의 순도를 통해 불교가 전래되었다(372). 소수림왕은 불교를 적극적으로 지원하여, 초문사(肖門寺)와 이불란사(伊弗蘭寺)를 창건하였다. ① 소수림왕은 태학(유학 교육 기관)을 설립하였고 율령을 반포하였다.

| **오답 해설** | ② 광개토대왕은 백제를 압박하여 아신왕으로부터 항복을 받았다(396).
③ 영양왕 때 담징은 왜에 종이, 먹, 맷돌의 제작 방법을 전해주었다(7세기).
④ 고국원왕 때 전연의 침략을 받아 한때 수도가 함락되었다(4세기).

04 ①

개념 카테고리 | 고대의 우리 역사 > 삼국 시대의 정치 > 4~5세기 고구려

| **정답 해설** | (가) '소수림왕' 때 전진의 순도로부터 불교가 수용되었고, 유학 교육 기관인 태학이 설립되었다(372).
(다) '광개토대왕'은 신라에 침입한 왜군을 격퇴하였다(400).
① 고구려 소수림왕은 율령을 반포하여 국가 체제를 정비하였다(373).

| 오답 해설 | ② 6세기 영양왕은 직접 말갈 병사를 거느리고 수의 요서 지방을 공격하였다(598).
③ 3세기 동천왕 때 관구검이 이끄는 위나라 군대의 침략을 받았다(246).
④ 5세기 장수왕 때 평양으로 도읍을 옮기고(427), 백제의 수도였던 한성을 함락시켰다(475).

05 ②

개념 카테고리 고대의 우리 역사 > 삼국 시대의 정치 > 395~475년 사이의 역사적 사실

| 정답 해설 | (가) 영락 5년(광개토대왕, 395), (나) 장수왕, 한성 함락(475)과 관련된 사료이다. 따라서 395년~475년 사이의 역사적 사실을 고르는 문제이다. ② 427년 장수왕 때 고구려가 평양으로 천도하였다.

| 오답 해설 | ① 517년 법흥왕 때 신라에 병부가 설치되었다.
③ 260년 고이왕 때 백제의 좌평 및 관등제의 골격이 마련되었다.
④ 371년 백제 근초고왕의 공격으로 고국원왕이 전사하였다.

06 ①

개념 카테고리 고대의 우리 역사 > 삼국 시대의 정치 > 장수왕

| 정답 해설 | 제시된 사료 중 "개로왕", "백제를 치려고" 등을 통해 밑줄 친 '이 왕'이 '고구려 장수왕'임을 알 수 있다. ① 장수왕은 남하 정책을 추진하기 위해 국내성에서 평양으로 천도하였다(427).

| 오답 해설 | ② 고국천왕은 을파소의 건의를 받아들여 빈민 구제 제도인 진대법을 처음 시행하였다(194).
③ 미천왕은 낙랑군을 축출하였다(313).
④ 광개토대왕은 신라에 침입한 왜군을 낙동강 유역에서 물리쳤다(400).

07 ②

개념 카테고리 단원 통합 > 한성(서울)의 역사

| 정답 해설 | 제시된 자료는 고구려 장수왕이 백제의 수도인 한성을 공격하여 함락시키고, 개로왕을 살해한 내용이다(475). 따라서 밑줄 친 '이 지역'은 '한성(현재의 서울)'이다. ② 고려 문종 때 현재의 서울에 남경을 설치하였다.

| 오답 해설 | ① 1176년 공주 명학소에서 망이, 망소이가 반란을 일으켰다.
③ 지눌의 수선사 결사는 현재 전라남도 순천의 송광사를 중심으로 이루어졌다.
④ 고려 태조가 북진 정책의 전진 기지로 삼은 곳은 서경(현재의 평양)이다.

08 ④

개념 카테고리 고대의 우리 역사 > 삼국 시대의 정치 > 장수왕

| 정답 해설 | 제시된 자료는 고구려 '장수왕'("고구려 왕 거련")이 백제의 수도인 한성을 함락하고 개로왕을 죽인 내용이다(475). ④ 장수왕 때 고구려는 중국의 남북조와 동시에 교류하였다.

| 오답 해설 | ① 백제 성왕은 관산성 전투에서 신라군에게 살해되었다(554).
② 신라 법흥왕 때 '건원'이라는 연호를 사용하였다(536).
③ 고구려 영양왕 때 을지문덕이 살수에서 수의 군대를 물리쳤다(살수대첩, 612).

09 ④

개념 카테고리 고대의 우리 역사 > 삼국 시대의 정치 > 영양왕

| 정답 해설 | 『일본서기』에 의하면 담징은 610년(영양왕 21년) 일본에 건너가 종이, 먹 등의 제작 방법을 전해주었고 호류사의 금당 벽화를 그렸다는 기록이 있다. ④ 영양왕 때 이문진은 역사서인 『신집』을 편찬하였다(600).

| 오답 해설 | ① 소수림왕 때 전진의 순도를 통해 불교가 전래되었다(372).
② 고국천왕 때 진휼 제도로 진대법을 도입하였다(194).
③ 장수왕 때 평양으로 수도를 옮겼다(427).

10 ②

개념 카테고리 고대의 우리 역사 > 삼국 시대의 정치 > 4~7세기의 역사적 사실

| 정답 해설 | (가) 고구려 고국원왕의 전사(371), (나) 고구려 영양왕 대의 『신집』 편찬(600)에 대한 내용이다.
ㄱ. 고구려 장수왕의 공격으로 백제 개로왕이 전사하고 뒤이어 즉위한 문주왕이 웅진(공주)으로 천도하였다(475).
ㄷ. 금관가야는 신라 법흥왕 때 신라에 병합되었다(532).

| 오답 해설 | ㄴ. 양만춘의 안시성 전투는 645년의 일이다.
ㄹ. 고구려 미천왕 때 낙랑을 축출하고 대동강 유역까지 진출하였다(313).

11 ③

개념 카테고리 고대의 우리 역사 > 삼국 시대의 정치 > 을지문덕

| 정답 해설 | 제시된 자료 중 "수 병사", "살수" 등을 통해 살수대첩과 관련된 사료임을 알 수 있다. 따라서 ㉠에 들어갈 인물은 '을지문덕'이다. ③ 을지문덕이 적장(수의 장군) 우중문에게 보낸 5언 시가 현재 전해진다('여수장우중문시').

| 오답 해설 | ① 연개소문, ② 양만춘, ④ 백제의 계백에 대한 설명이다.

12 ②

개념 카테고리 고대의 우리 역사 > 삼국 시대의 정치 > 연개소문

| 정답 해설 | 제시된 사료는 '연개소문'이 보장왕에게 도교를 수용해야 한다고 주장하는 내용이다. 연개소문은 불교와 결탁한 귀족 세력의 영향력을 약화시키기 위해 당에서 보낸 숙달 등 도사 8명을 맞아들여 도교를 장려하였다(643, 보장왕 2년). ② 연개소문은 천리장성의 축조를 담당하면서 세력을 키워, 영류왕을 죽이고 보장왕을 옹립하였다(연개소문의 정변, 642).

| 오답 해설 | ① 김춘추는 648년에 당나라와 동맹을 체결하였다(나·당 연합).
③ 을지문덕은 수나라의 군대를 살수에서 격퇴하였다(살수 대첩, 612).
④ 장수왕은 남진 정책을 추진하여 백제의 수도인 한성을 점령하였다(475).

| 플러스 이론 | 연개소문의 도교 수용

보장왕 2년(643) 3월 연개소문(淵蓋蘇文)이 왕에게 아뢰기를, "삼교(三教)는 비유하자면 솥의 발과 같아서 하나라도 없어서는 안 됩니다. 지금 유교와 불교는 모두 흥하는데 도교는 아직 성하지 않으니, 이른바 천하의 도술(道術)을 갖추었다고 할 수 없습니다. 엎드려 청하오니 당(唐)나라에 사신을 보내 도교를 구하여 와서 나라 사람들을 가르치게 하소서." 라고 하였다. 대왕이 매우 그러하다고 여기고 표(表)를 올려서 (도교를) 요청하였다. 태종(太宗)이 도사(道士) 숙달(叔達) 등 8명을 보내고, 이와 함께 노자(老子)의 『도덕경(道德經)』을 보내주었다. 왕이 기뻐하여 불교 사찰을 빼앗아 이들을 머물도록 하였다.
― 『삼국사기』 ―

13 ③

개념 카테고리 고대의 우리 역사 > 삼국 시대의 정치 > 연개소문

| 정답 해설 | 제시된 사료는 642년에 영류왕을 제거하고 보장왕을 옹립한 연개소문의 정변을 보여준다. 따라서 밑줄 친 '그'는 연개소문이다. ③ 연개소문이 사망한 이후 그의 자식들 사이에 권력 투쟁이 발생하였고, 결국 고구려는 668년에 멸망하였다.

| 오답 해설 | ① 영양왕 때 온달은 신라에 빼앗긴 한강 유역을 수복하기 위해 출정하였다가 아단성 전투(현재의 아차산성으로 추정)에서 전사하였다(590).
② 을지문덕은 살수에서 수의 군대를 격퇴하였다(살수 대첩, 612).
④ 보장왕은 고구려 멸망 이후 당으로부터 요동 도독 조선 군왕에 봉해졌다(677). 이후 고구려 유민을 규합하고 말갈족과 연결하면서 고구려 부흥을 도모하였으나 발각되어 681년에 유배되었고, 682년경 사망하였다.

14 ④

개념 카테고리 고대의 우리 역사 > 삼국 시대의 정치 > 4~7세기의 역사적 사실

| 정답 해설 | 제시된 사건에 해당하는 연도는 다음과 같다.
• 낙랑군 축출(미천왕, 313)
• 광개토대왕릉비 건립(장수왕, 414)
• 살수 대첩의 승리(영양왕, 612)
• 안시성 전투 승리(보장왕, 645)
• 고구려의 멸망(668)
④ 신라가 매소성에서 당군을 격파한 것은 675년의 일이다. 따라서 (라) 이후의 일이다.

| 오답 해설 | ① 백제 침류왕 때 불교를 수용하였다(384).
② 고구려 영양왕 때 수의 요서 지방을 선제공격하였다(598).
③ 백제 의자왕 때 신라 대야성을 공격하여 함락시켰다(642).

15 ②

개념 카테고리 고대의 우리 역사 > 삼국 시대의 정치 > 백제의 발전 과정

| 정답 해설 | 제시된 사실의 순서는 다음과 같다.
ㄱ. 6좌평제와 16관등제 및 백관의 공복을 제정하였다(고이왕, 260).
ㄴ. 고구려의 평양성을 공격하였다(근초고왕, 371).
ㄹ. 불교를 받아들여 통치 이념을 정비하였다(침류왕, 384).
ㄷ. 지방에 22담로를 설치하였다(무령왕, 6세기 초).

| 플러스 이론 | 고이왕의 관제 정비

내신좌평을 두어 왕명 출납을, 내두좌평은 물자와 창고를, 내법좌평은 예법과 의식을, 위사좌평은 숙위 병사를, 조정좌평은 형벌과 송사를, 병관좌평은 지방의 군사에 관한 일을 각각 맡게 한다. …(중략)… 왕이 영(令)을 내려 6품 이상은 자줏빛 옷을 입고 은꽃으로 장식하고, 11품 이상은 붉은 옷을, 16품 이상은 푸른 옷을 입게 하였다.
― 『삼국사기』 ―

16 ④

개념 카테고리 고대의 우리 역사 > 삼국 시대의 정치 > 부여와 백제·고구려의 관계

| 정답 해설 | 제시된 사료는 백제 개로왕이 보낸 국서 중 일부이다. 고구려 장수왕의 남하 정책으로 위기에 빠진 백제는 북위에 국서를 보내 도움을 요청하였으나 북위가 이를 거절하였다. 이후 고구려의 공격으로 백제의 한성이 함락되고 개로왕이 피살되자, 그의 아들 문주왕은 웅진(공주)으로 천도하였다(475). ④ 개로왕은 북위에 보낸 표문에 "백제가 고구려와 더불어 부여로부터 나왔다."라고 하여 백제와 고구려가 부여를 계승하였음을 주장하였다.

17 ④

| 개념 카테고리 | 고대의 우리 역사 > 삼국 시대의 정치 > 무령왕

| 정답 해설 | 제시된 자료에서 밑줄 친 '사마왕'은 백제의 '무령왕'이다. ④ 무령왕은 양나라에 사신을 보내 여러 차례 고구려를 격파했다는 서신을 전했다.
| 오답 해설 | ① 개로왕, ② 동성왕과 신라의 결혼 동맹(493), ③ 성왕에 대한 설명이다.

| 플러스 이론 | 무령왕과 양(梁)과의 관계

> 무령왕 21년(521) 겨울 11월, 사신을 양(梁)나라에 보내 조공하였다. 이보다 앞서 고구려에게 격파당하여 쇠약해진 지가 여러 해였다. 이때 이르러 표를 올려, "여러 차례 고구려를 깨뜨려 비로소 우호를 통하였으며 다시 강한 나라가 되었다."라고 일컬었다. 12월에 양나라 고조(高祖)가 조서(詔書)를 보내 왕을 책봉하여 다음과 같이 말하였다. "행(行) 도독(都督) 백제제군사(百濟諸軍事) 진동대장군(鎭東大將軍) 백제 왕 여융(餘隆)은 해외에서 번병(藩屛)을 지키며 멀리 와서 조공을 바치니 그의 정성이 지극하여 짐은 이를 가상히 여긴다. 마땅히 옛 법에 따라 이 영광스러운 책명을 보내는 바, 사지절(使持節) 도독(都督) 백제제군사(百濟諸軍事) 영동대장군(寧東大將軍)으로 봉함이 가하다."
> – 『삼국사기』 –

18 ①

| 개념 카테고리 | 고대의 우리 역사 > 삼국 시대의 정치 > 성왕

| 정답 해설 | 제시된 자료는 백제 성왕과 신라 진흥왕 사이의 '관산성 전투(554)'에 대한 내용이다. 신라 신주(新州)의 군주 김무력 등의 공격으로 왕이 죽었다는 내용을 통해, 밑줄 친 '왕'이 '성왕'임을 알 수 있다. ① 성왕은 사비로 천도하고 국호를 남부여로 고쳤다(538).
| 오답 해설 | ② 백제에서 불교가 공인된 것은 침류왕 때(384)이며, 고이왕 시기에 율령을 반포하였다(262).
③ 3세기 고이왕 때 6좌평, 16관등제의 골격을 마련하고 낙랑군 및 대방군과 공방을 벌였다.
④ 6세기 신라 진흥왕 때 화랑도를 국가적 조직으로 개편하여 인재를 양성하였다.

19 ②

| 개념 카테고리 | 고대의 우리 역사 > 삼국 시대의 정치 > 성왕

| 정답 해설 | 제시된 자료는 백제 '성왕'(523~554)의 행적이다. ② 성왕은 수도를 사비로 옮기고 이름을 남부여라고 고쳤다.
| 오답 해설 | ① 6세기 초 무령왕, ③ 4세기 근초고왕, ④ 4세기 침류왕 때이다.

20 ①

| 개념 카테고리 | 고대의 우리 역사 > 삼국 시대의 정치 > 무왕

| 정답 해설 | 2009년 1월 미륵사지 석탑에서 '사리장엄구(불탑에 사리를 봉안할 때 마련하는 사리 용기와 각종 공예품 및 공물 등)'와 금으로 만든 '사리봉영기'가 발견되었다. '사리봉영기'는 백제 왕후 사택씨가 재물을 시주하여 가람을 창건하며 왕실의 안녕을 기원하는 내용의 발원문으로, "기해년(己亥年, 639) 정월 29일"이라는 문구를 통해 미륵사를 창건한 왕이 '무왕'임을 알 수 있는 귀중한 유물이다. ① 무왕 때 사비에 왕흥사가 낙성되었다. 2007년 왕흥사지 사리기 명문에서 왕흥사가 위덕왕 때 창건(577, 위덕왕 24년)되었음이 밝혀졌으나, 해당 문제는 『삼국사기』의 기록에 따라 출제되었다.
| 오답 해설 | ② 6세기 초 무령왕 때 지방의 22개 담로에 왕자와 왕족을 책임자로 파견하였다.
③ 4세기 근초고왕 때 박사 고흥이 『서기』를 편찬하였다.
④ 6세기 성왕 때 노리사치계가 왜에 불상과 불경을 전하였다.

21 ②

| 개념 카테고리 | 고대의 우리 역사 > 삼국 시대의 정치 > 백제의 발전 과정

| 정답 해설 | (가) '한성 시대', (나) '웅진 시대', (다) '사비 시대', (라) '백제 멸망 이후'에 해당한다. ② 남쪽의 마한 잔여 세력을 정복하고, 수군을 정비하여 요서 지방까지 진출한 것은 4세기 근초고왕 시기로 (가) 한성 시대에 해당한다.
| 오답 해설 | ① (가) 한성 시대: 3세기 고이왕 때 관등제를 정비하고 공복제를 도입하는 등 국가 통치 체제의 근간을 마련하였다.
③ (다) 사비 시대: 6세기 성왕은 신라와 연합하여 한강 하류 지역을 수복했으나, 신라 진흥왕의 공격으로 얼마 후 빼앗겼다. 이후 관산성 전투(554)에서 성왕이 패사하였다.
④ (라) 백제 멸망 이후: 복신, 도침 등은 주류성에서 군사를 일으켜 사비성의 당군을 공격하였다.

22 ③

| 개념 카테고리 | 고대의 우리 역사 > 삼국 시대의 정치 > 마립간 시기

| 정답 해설 | ㉠은 '마립간'이며, 내물 마립간(17대), 눌지 마립간(19대), 자비 마립간(20대), 소지 마립간(21대) 등 4명의 왕이 사용한 왕호이다. 참고로 18대 실성왕에 대해 『삼국사기』에는 이사금을 사용했다고 기록되어 있으며, 『삼국유사』에는 마립간 칭호를 사용했다는 기록이 있다. ③ 눌지 마립간 시기부터 왕위의 부자 상속제가 확립되었다.
| 오답 해설 | ①④ 율령 반포와 건원이라는 독자적 연호 사용은 법흥왕의 업적이다.
② 진흥왕은 대가야를 병합하였다(562).

23 ①

| 개념 카테고리 | 고대의 우리 역사 > 삼국 시대의 정치 > 소지 마립간

| 정답 해설 | 우역을 처음 설치한 시기는 신라 소지 마립간 때이다. ① 소지 마립간 때 처음으로 수도에 시장을 개설하였다.

| 오답 해설 | ② 백제 성왕 때 중앙 관서를 22부로 정비하고 수도를 5부, 지방을 5방으로 편제하였다.
③ 신라 지증왕 때 우산국(현재의 울릉도)을 정복하여 영토로 편입하였다.
④ 통일 신라 신문왕 때 전국을 9주 5소경으로 새롭게 정비하였다.

24 ①

| 개념 카테고리 | 고대의 우리 역사 > 삼국 시대의 정치 > 지증왕

| 정답 해설 | 순장 금지와 우경 시작은 신라 '지증왕' 때의 역사적 사실이다. ① 진흥왕 때 이사부의 건의로 거칠부가 『국사』를 편찬하였다(545).

| 플러스 이론 | 지증왕(22대, 500~514)의 업적

- 우산국(현재의 울릉도)을 복속하였다. 이때 독도도 우리 영토로 편입되었다.
- 우경(소를 이용한 경작)이 시작되어 농업 생산력이 향상되었다.
- 순장을 금지하여 노동력을 확보하였다.
- 국호를 '신라'로 정하고 '왕(王)'의 호칭을 사용하였다(503).
- 동시(시장), 동시전(시장을 관리, 감독하는 기구)을 설치하였다.

25 ②

| 개념 카테고리 | 고대의 우리 역사 > 삼국 시대의 정치 > 지증왕

| 정답 해설 | 제시된 사료는 '지증왕' 때 이사부가 우산국을 정복한 내용이다. ② 아시촌 소경은 지증왕 15년(514)에 설치된 신라 최초의 소경이며, 지금의 경상남도 함안 일대로 추정된다.

| 오답 해설 | ① 상대등은 법흥왕 18년(531)에 처음 설치되었다.
③ 진흥왕은 고구려 승려인 혜량을 승통으로 삼아 불교 교단을 정비하였다.
④ 소지왕(소지 마립간) 9년(487)에 우역(郵驛)을 처음 설치하였다.

26 ④

| 개념 카테고리 | 고대의 우리 역사 > 삼국의 정치 > 법흥왕

| 정답 해설 | 제시된 사료는 법흥왕 때 이차돈의 순교(이 사건을 계기로 불교 공인)를 보여 주고 있다. ④ 국호를 '신라'로 정하고, 우산국을 정벌한 것은 지증왕이다.

| 플러스 이론 | 법흥왕의 업적

1. 4년(517) 여름 4월 처음으로 병부(兵部)를 설치하였다.
2. 7년(520) 봄 정월 율령(律令)을 반포하고 처음으로 모든 관리의 공복(公服)을 만들어 붉은색과 자주색으로 위계를 정하였다.
3. 9년(522) 봄 3월 가야국(加耶國) 왕이 사신을 보내 혼인을 청하였으므로, 왕이 이찬(伊湌) 비조부(比助夫)의 누이를 그에게 보냈다.
4. 11년(524) 가을 9월 왕이 나아가 남쪽 변경의 개척지를 순행하였는데 가야국 왕이 찾아와 만났다.
5. 18년(531) 봄 3월 담당 관청(有司)에 명하여 제방을 수리하게 하였다. 여름 4월에 이찬 철부(哲夫)를 상대등(上大等)으로 삼아 나라의 일을 총괄하게 하였다. 상대등의 관직은 이때 처음 생겼으니, 지금(고려)의 재상(宰相)과 같다.
6. 19년(532) 금관국(金官國)의 왕 김구해(金仇亥)가 왕비와 세 아들, 즉 큰아들은 노종(奴宗)이라 하고, 둘째 아들은 무덕(武德)이라 하고, 막내아들은 무력(武力)이라 하였는데, (이들과) 함께 나라의 재산(國帑)과 보물을 가지고 와 항복하였다. 왕이 예로써 그들을 대우하고 높은 관등을 주었으며 본국을 식읍(食邑)으로 삼도록 하였다. 아들 무력은 벼슬이 각간(角干)에 이르렀다.
7. 23년(536) 처음으로 연호를 칭하여 건원(建元) 원년이라 하였다.

— 『삼국사기』 —

27 ③

| 개념 카테고리 | 고대의 우리 역사 > 삼국 시대의 정치 > 법흥왕

| 정답 해설 | 금관가야의 멸망(532), 건원이라는 연호 사용은 '법흥왕' 때의 역사적 사실이다.
ㄷ. 법흥왕 22년(535)에 새겨진 울주 천전리 각석의 을묘명에 법흥왕을 '성법흥대왕(聖法興大王)'이라고 칭하면서 국왕의 초월자적 위상을 과시하였다.
ㄹ. 울진 봉평 신라비는 524년(법흥왕 11년)에 세워진 비석이며, 신라 6부의 명칭과 당시 율령이 반포되었음을 확인할 수 있다.

| 오답 해설 | ㄱ. 지증왕, ㄴ. 진흥왕, ㅁ. 선덕 여왕에 대한 서술이다.

28 ④

| 개념 카테고리 | 고대의 우리 역사 > 삼국 시대의 정치 > 진흥왕

| 정답 해설 | 제시된 자료는 신라 '진흥왕'에 대한 내용이다. 진흥왕은 한강 하류 지역을 백제로부터 빼앗고 북한산 순수비를 세웠다. ④ 진흥왕은 대가야를 정복하여 낙동강 서쪽 지역을 장악하였다(562).

| 오답 해설 | ① 지증왕 때 수도에 동시전을 설치하여 시장의 불법적 상행위를 감독하였다.
② 선덕 여왕 때 천체 관측을 위해 첨성대를 축조하였다.
③ 법흥왕 때 율령을 반포하여 통치 질서를 확립하였다.

29 ④

| 개념 카테고리 | 고대의 우리 역사 > 삼국 시대의 정치 > 진흥왕

| 정답 해설 | 제시된 사료는 '진흥왕' 때 역사서인 『국사』를 편찬(545)한 내용이다. ④ 진흥왕 때 한강 유역을 장악한 후 북한산 순수비를 건립하였다(555년 혹은 568년).
| 오답 해설 | ① 성덕왕 때 정전이 지급되었다(성덕왕 21년, 722).
② 신문왕 때 국학이 설치되었다(신문왕 2년, 682).
③ 선덕 여왕 때 천문 관측 시설인 첨성대가 건립되었다.

30 ③

| 개념 카테고리 | 고대의 우리 역사 > 삼국 시대의 정치 > 진흥왕

| 정답 해설 | 제시된 사료는 '진흥왕' 12년(551)에 신라가 백제와 연합하여 고구려를 공격한 내용이다. ③ 선덕 여왕 때 자장의 건의로 황룡사 9층 목탑을 건립하였다.
| 오답 해설 | ① 진흥왕은 대가야를 정벌하여 가야 연맹을 소멸시켰다(562).
② 진흥왕 때 화랑도를 국가적 조직으로 개편하였다.
④ 진흥왕 때 거칠부가 『국사』를 편찬하였다(545).

31 ④

| 개념 카테고리 | 고대의 우리 역사 > 삼국 시대의 정치 > 진흥왕

| 정답 해설 | 화랑도는 '진흥왕' 때 국가적 조직으로 개편되었다. ④ 진흥왕은 화랑도를 통해 정복 활동을 전개했으며, 특히 한강 유역을 장악하여 국가 발전의 인적·경제적 기반을 마련하였다.
| 오답 해설 | ① 지증왕 시기에 수도에 동시전을 설치하여 시장의 불법적 상행위를 감독하였다.
② 선덕 여왕 시기에 분황사 탑과 첨성대가 만들어졌다.
③ 법흥왕 시기에 이차돈의 순교로 불교가 공인되었다(527).

32 ④

| 개념 카테고리 | 고대의 우리 역사 > 삼국 시대의 정치 > 6세기 말~7세기 초 삼국의 형세

| 정답 해설 | 진평왕의 재위 기간은 6세기 말에서 7세기 초반(579~632)으로, 그 시기는 이미 나제 동맹(433~554)이 결렬된 이후이다.

33 ②

| 개념 카테고리 | 고대의 우리 역사 > 삼국 시대의 정치 > 김유신

| 정답 해설 | 백제 정벌 당시 당과 신라는 기벌포에서 합류하기로 하였으나, 신라군이 황산벌 전투에서 계백이 이끄는 결사대의 강력한 저항으로 고전하여 약속 날짜를 지키지 못하였다. 제시된 자료는 당시 신라의 김유신과 당의 소정방 사이의 갈등을 보여주고 있으며, 밑줄 친 '그'는 '김유신'이다. ② 김유신은 김춘추(후에 태종 무열왕)의 왕위 계승을 지원하였다.
| 오답 해설 | ① 을지문덕은 살수에서 수의 군대를 물리쳤다(살수 대첩, 612).
③ 장보고는 청해진을 설치(828)하고 해상 무역을 전개하였다.
④ 진흥왕 때 이사부, 사다함 등이 대가야를 정벌하였다(562).

34 ①

| 개념 카테고리 | 고대의 우리 역사 > 삼국 시대의 정치 > 김유신

| 정답 해설 | 제시된 사료는 나·당 연합을 성공시키고 돌아온 김춘추와 (가) '김유신'의 대화이다. ① 김유신은 황산벌에서 백제군(계백의 결사대)을 물리쳤다(660).
| 오답 해설 | ② 세속 오계를 제시한 인물은 원광이다.
③ 진덕 여왕에 이어 왕위에 오른 인물은 김춘추(태종 무열왕)이다.
④ 김춘추의 둘째 아들인 김인문은 당의 부대총관으로 백제 원정에 종군하였다.

35 ③

| 개념 카테고리 | 고대의 우리 역사 > 삼국 시대의 정치 > 선덕 여왕, 진성 여왕

| 정답 해설 | (가) '선덕 여왕' 때 자장의 건의로 건립된 황룡사 9층 목탑(645)에 대한 내용이며, (나) 9세기 말 '진성 여왕' 때의 대표적 민란인 원종과 애노의 난과 관련된 내용이다. ③ (나) 진성 여왕 때 각간 위홍과 대구화상으로 하여금 향가집인 『삼대목』을 편찬하게 하였다.
| 오답 해설 | ① 진흥왕은 화랑도를 국가적 조직으로 개편하였다.
② 법흥왕 때 이차돈의 순교를 계기로 불교가 공인되었다.
④ 신문왕은 김흠돌의 난을 진압하여 진골 귀족들을 대거 숙청하였다.

36 ①

| 개념 카테고리 | 고대의 우리 역사 > 삼국 시대의 정치 > 고대의 유물과 삼국의 영토 확장

| 정답 해설 | ① 사택지적비를 통해 백제 귀족 사회에서 유행한 도가 사상을 확인할 수 있다. 백제가 영산강 유역까지 영역을 확장한 것은 근초고왕 시기로 의자왕 때 건립된 사택지적비와는 연관이 없다.
| 오답 해설 | ② 임신서기석에는 신라의 두 화랑이 유학 공부에 전념할 것과 국가에 충성할 것을 맹세한 내용이 적혀있다.
③ 충주 고구려비를 통해 5세기 고구려가 남한강 유역까지 영토를 확보했음을 알 수 있다.

④ 광개토대왕의 장례 다음 해인 을묘년(415)에 추모 행사에 참석했던 신라 사신이 고구려에서 호우명 그릇을 받아 왔을 것이라고 추정하고 있다.

37 ④

개념 카테고리 고대의 우리 역사 > 삼국 시대의 정치 > 신라의 금석문

| 오답 해설 | ① 포항(영일) 냉수리비 건립은 지증왕(503) 시기로 추정된다. 진이마촌의 '절거리'란 사람의 재물에 대한 권리·분쟁·상속에 대한 국가의 인정 판결이 기록되어 있다. 또한 촌주 명칭이 확인되어 신라의 촌주 제도가 지증왕 이전에 마련되었음을 보여준다.
② 울진 봉평비는 법흥왕 때 건립된 율령비로, 울진 지방이 신라의 영토로 들어감에 따라 주민들의 항쟁이 일어나자, 중앙에서 6부 회의를 열고 대인을 보내어 벌을 주고 다시 대항하지 않도록 하기 위해 비를 세웠다는 내용을 담고 있다.
③ 단양 적성비는 진흥왕 시기 한강 상류 지역으로의 영토 확장을 확인할 수 있는 척경비이다.

38 ①

개념 카테고리 고대의 우리 역사 > 삼국 시대의 정치 > 4~6세기 삼국의 역사

| 정답 해설 | (가)는 4세기 중반, 백제의 최전성기 때의 지도이며, (나)는 6세기 후반 이후, 신라의 영토를 보여준다. ① 태조왕은 56년(태조왕 4년)에 (동)옥저를 복속하였다.
| 오답 해설 | ② 『삼국사기』에는 576년(진흥왕 37년) 여성 중심의 원화제(源花制)를 폐지하고 남성 중심의 화랑도를 창설하였다고 기록되어 있으나, 실제로 원화를 화랑으로 개편한 것은 562년(진흥왕 23년) 이전으로 보고 있다.
③ 장수왕은 5세기 남진 정책을 추진하였다.
④ 지증왕은 503년, '신라'를 국호로 공식화하였으며, '왕(王)'의 명칭을 처음 사용하였다.

39 ③

개념 카테고리 고대의 우리 역사 > 삼국 시대의 정치 > 삼국의 항쟁

| 정답 해설 | 제시된 사건들을 순서대로 나열하면 다음과 같다.
(다) 신라에 침입한 왜군을 고구려 광개토대왕이 격파하였다(400).
(라) 장수왕의 남하 정책으로 백제의 한성이 함락되고 개로왕이 전사하였다. 이후 문주왕은 웅진으로 천도하였다(475).
(가) 백제 성왕은 신라와의 관산성 전투에서 전사하였다(554).
(나) 백제 의자왕은 신라의 대야성 등 40여 성을 함락시켰다(642).

40 ④

개념 카테고리 고대의 우리 역사 > 삼국 시대의 정치 > 6~7세기 삼국

| 정답 해설 | 제시된 사건의 순서는 다음과 같다.
ㄹ. 대가야 멸망(562)
ㄱ. 살수 대첩(612)
ㄴ. 안시성 싸움(645)
ㄷ. 황산벌 전투(660)

41 ③

개념 카테고리 고대의 우리 역사 > 삼국 시대의 정치 > 7세기 삼국

| 정답 해설 | 제시된 사건의 순서는 다음과 같다.
(다) 백제 멸망(660)
(라) 백강 전투(663)
(가) 고구려 멸망(668)
(나) 매소성 전투(675)

| 플러스 이론 | **백제와 고구려의 부흥 운동**

1. **백제 부흥 운동(660~663)**
   - 왕족인 복신과 승려 도침이 일본에 있던 왕자 풍을 옹립하여 주류성(한산)에서 부흥 운동을 일으켰고, 흑치상지의 임존성 등 200여 성이 호응하였다. 그러나 지도층의 내분으로 부흥 운동은 실패하였다.
   - 백강 전투: 왜의 수군이 백제 부흥 운동군을 지원하기 위하여 백강 입구까지 왔으나 패퇴하였다(663).

2. **고구려 부흥 운동(668~673)**
   - 검모잠이 왕족인 안승을 옹립하여 한성(재령)에서, 고연무가 오골성에서 부흥 운동을 전개하였다.
   - 신라는 안승을 회유하여 금마저(익산)에 머물게 하고 보덕국의 왕으로 삼아, 고구려 유민과 함께 당의 세력을 축출하고자 하였다.

42 ③

개념 카테고리 고대의 우리 역사 > 삼국 시대의 정치 > 매소성 전투 이후의 사건

| 정답 해설 | 제시된 사료는 나·당 전쟁 중 대표적 전투인 매소성 전투(675)이다. ㄴ. 신문왕 때 김흠돌이 반란을 일으켰고(681), ㄷ. 유학 교육 기관인 국학이 설립되었다(682).
| 오답 해설 | ㄱ. 백제 멸망 직후 웅진도독부가 설치되었다(660).
ㄹ. 백제 멸망 이후 복신, 도침 등은 부여풍과 함께 백제 부흥 운동을 일으켰다(660~663).

43 ④

개념 카테고리 고대의 우리 역사 > 삼국 시대의 정치 > 금관가야

| **정답 해설** | 제시된 사료는 '금관가야'의 건국 시조인 (김)수로왕 설화이다. ④ 금관가야에서는 철기를 만들 때 사용하는 덩이쇠를 화폐와 같은 교환 수단으로 이용하기도 하였다.
| **오답 해설** | ① 백제는 침류왕 때 동진의 마라난타로부터 불교를 받아들여 왕실의 권위를 높였다(384).
② 정사암 회의는 백제의 귀족 회의체이다.
③ 화백 회의는 신라의 귀족 회의체이다.

44 ③

개념 카테고리 고대의 우리 역사 > 삼국 시대의 정치 > 가야

| **정답 해설** | 제시된 내용은 2023년 9월, 유네스코 세계 문화유산에 등재된 가야 고분군에 대한 설명이다. ③ 골품에 따라 관등이나 관직 승진에 제한이 있었던 나라는 신라이다.

| **플러스 이론** | **가야 고분군(2023년 9월 등재)**

한반도에 존재했던 고대 문명 '가야'를 대표하는 7개 고분군으로 이루어진 연속유산으로, 전북 남원 유곡리와 두락리 고분군, 경북 고령 지산동 고분군, 경남 김해 대성동 고분군, 경남 함안 말이산 고분군, 경남 창녕 교동과 송현동 고분군, 경남 고성 송학동 고분군, 경남 합천 옥전 고분군이 포함되었다.
가야 고분군은 "주변국과 자율적이고, 수평적인 독특한 체계를 유지하며 동아시아 고대 문명의 다양성을 보여주는 중요한 증거가 된다는 점에서 '탁월한 보편적 가치'(Outstanding Universal Value)가 인정된다."라고 평가했다.

45 ②

개념 카테고리 고대의 우리 역사 > 삼국 시대의 정치 > 대가야

| **정답 해설** | 진흥왕 때 멸망한 가야는 '대가야'이다. ② 대가야의 우륵은 신라에 가야금을 전해 주었다.
| **오답 해설** | ①③④ 모두 금관가야에 대한 설명이다.

46 ②

개념 카테고리 고대의 우리 역사 > 삼국 시대의 정치 > 대가야

| **정답 해설** | 제시된 사료 중 '이뇌왕이 신라에 결혼을 청하여 이찬 비지배의 딸과 혼인하였다.'는 내용을 통해 밑줄 친 '이 나라'가 '대가야'임을 알 수 있다. ② 금관가야의 시조인 김수로왕은 인도 아유타국에서 온 공주(허황옥)와 혼인했다고 전해진다.
| **오답 해설** | ① 고령에 기반을 둔 대가야는 5세기 후반부터 급성장해 가야의 주도 세력이 되었다(후기 가야 연맹의 맹주로 성장).
③ 대가야 출신 우륵은 신라에 가야금을 전하였다.
④ 대가야는 5세기 후반에 백제의 영향력이 축소된 전라북도 남원, 장수 등까지 세력을 확대하였다.

47 ③

개념 카테고리 고대의 우리 역사 > 삼국 시대의 정치 > 대가야

| **정답 해설** | 현재의 고령에 있었던 '이 나라'는 '대가야'이다.
③ 대가야는 한때 전라북도 남원, 장수 등 호남 동부 지역까지 세력을 확대하기도 하였다.
| **오답 해설** | ① 관산성 전투(554)에서 백제 성왕이 전사하였다.
② 신라 지증왕은 우산국(지금의 울릉도)을 정복하여 영토로 삼았다(512).
④ 고구려 광개토대왕은 신라를 도와 낙동강 유역에 진출한 왜를 격파하였다(400).

48 ①

개념 카테고리 고대의 우리 역사 > 삼국 시대의 정치 > 신라의 군사 제도

| **정답 해설** | ① 방령은 백제의 지방 장관에 해당한다.

49 ①

개념 카테고리 고대의 우리 역사 > 삼국 시대의 정치 > 삼국의 지방 장관

| **정답 해설** | ① 고구려는 5부, 백제는 5방, 신라는 5주에 각각 최고 지방 장관인 욕살, 방령, 군주를 파견하였다.

50 ④

개념 카테고리 고대의 우리 역사 > 삼국 시대의 정치 > 고구려의 관등제

| **정답 해설** | ④ 고구려 관등에는 형, 사자의 명칭이 붙은 것이 많다.
| **오답 해설** | ① 백제, ②③ 신라와 관련된 내용이다.

51 ②

개념 카테고리 고대의 우리 역사 > 삼국 시대의 정치 > 백제의 통치 체제

| **정답 해설** | 제시된 자료는 백제의 귀족 회의체인 '정사암' 회의에 대한 설명이다.
ㄴ. 백제 성왕 시기에 중앙 관청을 22개로 확대하고, 수도는 5부, 지방은 5방 체제로 정비하였다.
ㄷ. 백제 고이왕 때 16관등 제도를 시행하고, 자색·비색·청색의 관복을 관등에 따라 입도록 하였다.
| **오답 해설** | ㄱ. 고구려는 대대로를 비롯한 10여 등급의 관리들이 중앙 정치를 나누어 맡았다.

ㄹ. 통일 신라 시대에 지방 행정 조직을 9주 5소경 체제로 정비하였다.
ㅁ. 발해는 중앙에 3성 6부를 두고, 정당성의 수장(首長)인 대내상이 국정을 총괄하도록 하였다.

| 플러스 이론 | 백제의 통치 구조

- 귀족 회의 기구(의장): 정사암 회의(상좌평)
- 중앙 정치 기구: 고이왕 – 6좌평, 성왕 – 22부
- 관등: 16관등
- 지방 제도(지방관): 5방(방령) – 군(군장)
- 특수 행정 구역: 22담로
- 군사 조직: 방령이 지방 군사권 행사

52 ②

개념 카테고리 고대의 우리 역사 > 삼국 시대의 정치 > 삼국의 정치 제도

| 정답 해설 | ㄱ. 삼국의 관등제와 관직 제도의 운영은 신분제에 의해 제약되었다. 대표적 사례로 골품제가 있다.
ㄷ. 백제는 수도를 5부로 편제하였고, 지방은 5방(長: 방령), 그 아래 군(長: 군장)이 있었다. 한편 특수 행정 구역으로 22담로를 설치하였다.

| 오답 해설 | ㄴ. 고구려는 수도를 5부, 지방은 5부(長: 욕살), 그 아래 성(처려근지, 도사)과 말단의 촌으로 구성하였다.
ㄹ. 10정은 통일 이후 정비된 신라의 지방 군대이다.

53 ④

개념 카테고리 고대의 우리 역사 > 삼국 시대의 정치 > 삼국의 정치 제도

| 정답 해설 | ④ 고구려에서는 수상을 국상, 대대로, 막리지 등으로 지칭하였다.

| 오답 해설 | ① 신라의 귀족 회의체인 화백 회의는 만장일치로 의사를 결정하였으며, 회의의 의장은 상대등이었다.

매력적 오답 ② 백제는 관품 구별에 따라 자·비·청색의 공복을 입었다.

③ 신라는 진덕 여왕 시기에 품주를 집사부와 창부로 분리하였다.

CHAPTER 02 | 남북국 시대의 정치

출제 비중 25%

약점진단표

	1회독				2회독				3회독			
	○	△	×	총	○	△	×	총	○	△	×	총
남북국 시대의 정치				30				30				30

*문제풀이 후 약점진단 결과를 적어 보세요!

필수기출 & 출제예상편

문제편 P.43

01	①	02	①	03	④	04	②	05	③
06	②	07	④	08	②	09	①	10	③
11	①	12	④	13	②	14	③	15	②
16	③	17	④	18	①	19	②	20	④
21	③	22	④	23	③	24	④	25	②
26	④	27	②	28	①	29	③	30	②

01 ① 中

개념 카테고리 고대의 우리 역사 > 남북국 시대의 정치 > 김춘추

| 정답 해설 | 제시된 사료는 642년(신라 선덕 여왕 11년, 백제 의자왕 2년) 백제가 지금의 경남 합천 일대인 대량주(大梁州, 대야성)를 함락했을 때, 김품석과 김춘추의 딸 고타소랑(古陁炤娘)이 사망한 사건에 대한 내용이다. 따라서 밑줄 친 '그'는 김춘추이다. ① 김춘추는 최초의 진골 출신으로 신라 왕위를 계승하였다(태종 무열왕).

| 오답 해설 | ② 진평왕의 명령을 받아 걸사표(수나라에게 고구려 군사 공격을 요청하는 글)를 작성한 인물은 원광이다.
③ 김유신은 황산벌 전투에서 계백의 결사대를 무찔렀다(660).
④ 자장은 선덕 여왕에게 황룡사 9층탑을 세우도록 건의하였다.

02 ① 上

개념 카테고리 고대의 우리 역사 > 남북국 시대의 정치 > 태종 무열왕

| 정답 해설 | 제시된 사료는 진덕 여왕 2년(648)에 당에 간 '김춘추'가 당 태종에게 백제를 정벌할 군사를 청하는 내용이다(나·당 연합의 결성). 따라서 밑줄 친 '신'은 '김춘추(이후 무열왕)'이다. ① 무열왕은 갈문왕 제도를 폐지하고 상대등의 권한을 약화시켰다.

| 오답 해설 | ②④ 선덕 여왕(632~647) 때 자장의 건의로 황룡사 9층 목탑이 건립되었고(645), 비담과 염종 등 귀족 세력의 반란이 일어났다(647).

③ 진덕 여왕(647~654)은 즉위 직후부터 사용하던 독자적 연호인 태화(太和)를 폐지하고, 당나라 고종의 연호였던 영휘(永徽)를 사용하기 시작하였다(650).

03 ④ 中

개념 카테고리 고대의 우리 역사 > 남북국 시대의 정치 > 통일 신라의 국가 체제

| 오답 해설 | ① 통일 신라 시기에는 집사부, 위화부 등 중앙 14개 관부가 설치되었다.
② 통일 이후 군사 제도는 중앙군인 9서당과 지방군인 10정으로 개편되었다.
③ 아시촌 소경은 지증왕 때 설치되었다.

04 ② 中

개념 카테고리 고대의 우리 역사 > 남북국 시대의 정치 > 신문왕

| 정답 해설 | 제시된 사료는 '신문왕' 때 완성된 감은사와 대왕암에 관한 내용이다. ② 신문왕은 국학을 설립하여 유학을 교육하였다(신문왕 2년, 682).

| 오답 해설 | ① 법흥왕은 '건원'이라는 독자적인 연호를 사용하였다(536).
③ 성덕왕 때 백성에게 처음으로 정전을 지급하였다(722).
④ 무열왕은 진골 출신으로서 처음 왕위에 올랐다.

05 ③ 上

개념 카테고리 고대의 우리 역사 > 남북국 시대의 정치 > 안동 도호부 설치와 발해 건국 사이 시기의 일

| 정답 해설 | (가) 안동 도호부 설치(668), (나) 발해 건국(698)에 대한 내용이다. ③ 국학은 682년 통일 신라 신문왕 때 설치된 유학 교육 기관이다.

| 오답 해설 | ① 성덕왕 때 일반 백성들에게 정전을 지급하였다(722).
② 원성왕 때 독서삼품과를 실시하였다(788).
④ 경덕왕 때 관료전을 폐지하고 녹읍을 부활시켰다(757).

06 ②

개념 카테고리 고대의 우리 역사 > 남북국 시대의 정치 > 신문왕

| 정답 해설 | 제시된 사료는 만파식적 설화 중 일부이다. 만파식적 설화는 신라 중대 '신문왕' 때 강력한 왕권을 바탕으로 사회가 안정되었음을 보여준다. ② 신문왕은 달구벌(현재의 대구)로 수도를 옮겨 자신의 정치적 이상을 실현하고자 하였으나 실패하였다.

| 오답 해설 | ① 진성 여왕, ③ 경덕왕, ④ 진흥왕 시기의 사실이다.

07 ④

개념 카테고리 고대의 우리 역사 > 남북국 시대의 정치 > 신문왕

| 정답 해설 | 제시문은 김흠돌 등의 모반 사건을 진압한 '신문왕'과 관련된 사료이다. ④ 독서삼품과는 신라 하대 원성왕 시기에 해당한다.

| 오답 해설 | ①② 신문왕은 국학을 설치하여 유학을 진흥시켰으며, 귀족 세력을 약화시키기 위해 관료전을 지급하고 녹읍을 폐지하였다. 또한 ③ 지방 행정 제도를 9주 5소경으로 정비하였다.

08 ②

개념 카테고리 고대의 우리 역사 > 남북국 시대의 정치 > 경덕왕

| 정답 해설 | 제시된 사료에서 밑줄 친 '왕'은 '경덕왕'이다. 경덕왕 때 지방 9주와 군현의 명칭을 중국식으로 변경하였고(757), 이후 중앙 관부의 관직명도 중국식으로 개편하였다(759). ② 경덕왕 때 녹읍이 부활되었다(757).

| 오답 해설 | ① 신문왕, ③ 원성왕, ④ 성덕왕 때의 역사적 사실이다.

09 ①

개념 카테고리 고대의 우리 역사 > 남북국 시대의 정치 > 경덕왕

| 정답 해설 | 제시된 「안민가」는 신라 '경덕왕' 때 충담(忠談, 충담사)이 지은 향가이다. ① 경덕왕은 9주의 명칭을 중국식으로 바꾸었다.

| 오답 해설 | ② 신문왕은 귀족들의 경제적 기반인 녹읍을 폐지하였다.
③ 최초의 진골 출신 왕은 태종 무열왕이다.
④ 최치원은 당에서 귀국한 후 진성 여왕에게 10여 조의 시무책을 건의하였다.

10 ③

개념 카테고리 고대의 우리 역사 > 남북국 시대의 정치 > 김헌창의 난

| 정답 해설 | 웅천주 도독 김헌창은 ㄷ. (무열왕계 후손인) 아버지 김주원이 원성왕에게 밀려 왕위에 오르지 못한 것에 불만을 품고, 822년(헌덕왕 14년) 반란을 일으켰다. ㄴ. 그는 국호를 장안(長安), 연호를 경운(慶雲)이라 하고, 무진주(현재의 광주)·완산주(현재의 전주)·청주(현재의 진주)·사벌주(현재의 상주)의 4개 지역 도독과 국원경(현재의 충주)·서원경(현재의 청주)·금관경(현재의 김해) 등의 관리들과 군·현의 수령들의 항복을 받았고, 한때 충청·전라·경상 등지의 여러 지역이 이에 호응하였다.

| 오답 해설 | ㄱ. 천민이 중심이 된 신분 해방적 성격을 가진 대표적 반란은 만적의 난(1198)이다.
ㄹ. 김지정의 난으로 혜공왕이 피살되면서 무열왕의 직계가 단절되고, 내물왕계가 다시 왕위를 차지하는 결과(선덕왕의 즉위, 780)를 가져왔다.

11 ①

개념 카테고리 고대의 우리 역사 > 남북국 시대의 정치 > 신라 중대·하대의 사건

| 정답 해설 | 제시된 사건의 순서는 다음과 같다.
② 대공의 난은 혜공왕 때 일어난 사건으로, 『삼국사기』에는 768년, 『삼국유사』 및 『신당서』에는 767년으로 기록되어 있다.
① 822년(헌덕왕 14년) 웅천주 도독 김헌창이 반란을 일으키고 국호를 '장안', 연호를 '경운'이라 하였다.
④ 장보고의 난은 846년(문성왕 8년)에 발생하였다.
③ 889년(진성 여왕 3년)에 신라의 사벌주(현재 경상북도 상주)에서 원종·애노의 난이 일어났다.

| **플러스 이론** | **김헌창의 난**

> 헌덕왕 14년(822) 3월 신라 웅천주(熊川州, 지금의 충청남도 공주)의 도독이었던 김헌창은 신라 조정에 항거해 새로운 정부를 수립하고 국호를 '장안', 연호를 '경운'이라 하였다. 지금의 충청·전라·경상도 일부 지역이 반란 세력에게 장악된 전국적인 규모의 내란이었으나, 중앙에서 파견된 토벌군에게 웅진성이 함락되고 김헌창이 자결함으로써 한 달이 못 되어 진압되었다.

12 ④ 中

개념 카테고리 고대의 우리 역사 > 남북국 시대의 정치 > 장보고

| 정답 해설 | 제시된 사료에서 밑줄 친 '대사'는 '장보고'이다.
④ 김헌창은 헌덕왕 14년(822) 웅주를 근거지로 반란을 일으키고, 국호를 장안, 연호를 경운이라 하였다.

| 오답 해설 | ① 장보고는 당의 산둥반도에 법화원을 세워 이를 지원하였다.
② 장보고는 당나라 서주(徐州)에 건너가 무령군 소장이 되었으나, 노비로 잡혀간 신라인들의 비참한 처우에 분개하여 사직하고 귀국하였다.
③ 장보고는 청해진(현재의 완도) 대사가 되자 해적을 완전히 소탕한 후, 당·일본에 파견한 무역선인 교관선과 교역 사절단인 견당매물사 및 회역사를 통해 당 – 신라 – 일본의 무역을 독점하였다.

13 ② 上

개념 카테고리 고대의 우리 역사 > 남북국 시대의 정치 > 신라 하대 흥덕왕

| 정답 해설 | 제시된 사료는 신라 하대 흥덕왕 9년(834)에 공포된 사치 금지령이다. ② 장보고는 당에서 귀국한 후 흥덕왕에게 청해진 설치를 건의하였다(흥덕왕 3년, 828).

| 오답 해설 | ① 대조영이 발해를 건국하였다(698). 이 시기 통일 신라의 왕은 효소왕이다.
③ 불국사는 경덕왕 때부터 건립하기 시작하여 혜공왕 때 완성되었다(751~774).
④ 견훤은 효공왕 때 완산주에 도읍을 정하고 후백제를 건국하였다(900).

14 ③ 中

개념 카테고리 고대의 우리 역사 > 남북국 시대의 정치 > 진성 여왕

| 정답 해설 | 제시된 사료는 '진성 여왕' 때 일어난 원종과 애노의 난(889)을 보여준다. ③ 진성 여왕 때 최치원이 시무책 10여 조를 건의하였다.

| 오답 해설 | ① 발해 대인선 때 거란의 침략으로 발해가 멸망하였다(926, 신라 경애왕).
② 신문왕 때 유학 교육을 위하여 국학을 설치하였다(682).
④ 흥덕왕 때 장보고의 건의에 따라 완도에 청해진을 설치하였다(828).

15 ② 中

개념 카테고리 고대의 우리 역사 > 남북국 시대의 정치 > 진성 여왕

| 정답 해설 | 제시된 사료는 진성 여왕 3년(889)에 일어난 ㄹ. 원종과 애노의 난이다. 진성 여왕 때는 ㄱ. 896년 적고적(赤袴賊)의 난도 발생하였다.

| 오답 해설 | ㄴ. 김헌창의 난은 822년 신라 헌덕왕 때 일어났다.
ㄷ. 만적은 1198년(신종 1년, 최충헌 집권 시기) 신분 해방을 주창하였다.

| 플러스 이론 | 적고적의 난

> 도적들이 나라의 서남쪽에서 봉기하였다. 그들은 바지를 붉게 물들여 스스로 남들과 다르게 하였기 때문에 사람들은 적고적이라고 불렀다. 그들은 주와 현을 도륙하고, 도읍의 서부 모량리(牟梁里)까지 와서 사람들을 위협하고 노략질하고 돌아갔다.
> – 『삼국사기』 신라본기 진성 여왕 –

16 ③ 中

개념 카테고리 고대의 우리 역사 > 남북국 시대의 정치 > 발해

| 정답 해설 | 첫 번째 사료의 "솔빈부의 말", 두 번째 사료의 "남으로는 신라와 서로 접한다."를 통해 밑줄 친 '이 나라'가 '발해'임을 알 수 있다. ③ 발해 선왕 때 지방을 5경 15부 62주로 편성하였다.

| 오답 해설 | ① 백제 고이왕 때 중앙에 6좌평 제도가 마련되었다.
② 통일 신라 신문왕 때 중앙군인 9서당과 지방군인 10정이 편성되었다.
④ 고구려는 제가 회의를 통해 국가의 중대사를 결정하였다.

17 ④ 上

개념 카테고리 고대의 우리 역사 > 남북국 시대의 정치 > 고왕 대조영

| 정답 해설 | 제시된 자료 중 "인안"은 무왕 때의 연호이며, 무왕은 대조영(고왕)의 장남이므로 괄호 안의 인물은 '대조영(고왕)'이다. ④ 대조영은 천문령 전투에서 당의 군대를 물리치고 동모산에서 진국(발해)을 건국하였다.

| 오답 해설 | ① 선왕은 5경 15부 62주의 지방 행정 제도를 확립하였다.
② 무왕은 장문휴를 시켜 당의 등주를 공격하였다.
③ 문왕은 3성 6부의 중앙 관제를 마련하였다.

18 ①

개념 카테고리 고대의 우리 역사 > 남북국 시대의 정치 > 무왕

| 정답 해설 | 제시된 사료는 발해 '무왕(대무예)'이 일본에 보낸 국서 중 일부이다. ① 무왕은 당을 견제하기 위해 돌궐과 계속 교류하였고, 신라를 견제하기 위해 일본과 국교를 체결하였다.

| 오답 해설 | ② 고왕(대조영)은 당으로부터 발해군왕의 책봉호를 처음으로 받았다.

매력적 오답 ③ 문왕(대흠무)은 당에서 안녹산의 난이 일어나자 중경에서 상경으로 천도하였다.

④ 선왕(대인수)은 요동 지역까지 영토를 확장하고 5경 15부 62주의 행정 구역을 완비하였다.

19 ②

개념 카테고리 고대의 우리 역사 > 남북국 시대의 정치 > 무왕

| 정답 해설 | 제시된 자료 중 "무예", "장문휴의 등주 공격"을 통해 밑줄 친 인물이 '무왕(대무예)'임을 알 수 있다. ② 발해는 무왕 때 일본과 국교를 체결하였다.

| 오답 해설 | ①③ 발해국왕으로 승격, 전륜성왕 자처, 황상·황후 등의 용어를 사용한 것은 문왕(대흠무) 때이다.

④ 성왕(대화여, 5대 왕, 793~794)은 동경에서 상경으로 천도하고 중흥(中興)이라는 연호를 사용하였다.

20 ④

개념 카테고리 고대의 우리 역사 > 남북국 시대의 정치 > 발해 문왕 때 신라의 역사

| 정답 해설 | 제시된 자료는 '발해 문왕(737~793)'의 업적이다. ④ 통일 신라 원성왕 때 독서삼품과를 설치하였다(788).

| 오답 해설 | ① 신문왕 때 녹읍이 폐지되었다(689).

② 흥덕왕 때 장보고의 건의로 청해진이 설치되었다(828).

③ 진성 여왕 때 각간 위홍과 대구화상이 향가집인 『삼대목』을 편찬하였다(888).

21 ③

개념 카테고리 고대의 우리 역사 > 남북국 시대의 정치 > 문왕

| 정답 해설 | 수도를 중경에서 상경으로, 다시 동경으로 옮기고 대흥, 보력 등 독자적 연호를 사용한 왕은 발해 '문왕'이다. ③ 문왕은 전륜성왕(불교적 성왕)을 자처하고, 황상(皇上)의 칭호를 사용하였다.

| 오답 해설 | ① 무왕은 산동 지방에 장문휴의 수군을 보내 당을 공격하였다.

② 선왕 이후 발해는 당으로부터 '해동성국'이라 불렸다.

④ 고왕은 동모산에서 진(震, 이후 발해로 개칭)을 건국하였다.

| 플러스 이론 | 발해 문왕(737~793)의 업적

1. 외교
당과 친선 관계를 유지하며, 당의 제도를 수용하였다. 또한 당에 사신과 유학생을 파견하였고, '신라도'를 개설하였다.

2. 발해국왕
당으로부터 발해국왕으로 격상되었으며(762), 대흥·보력이라는 독자적 연호를 사용하였다.

3. 중앙 조직
3성 6부로 조직하였고 국립 대학인 주자감을 설치하였다.

22 ④

개념 카테고리 고대의 우리 역사 > 남북국 시대의 정치 > 발해 문왕 때 신라의 역사

| 정답 해설 | 제시된 사료 중 도성을 상경(上京)으로 옮겼고, 이후 동경(東京)으로 옮겼다는 사실을 통해 발해 문왕 시기(재위 737~793)임을 알 수 있다. ④ 발해 문왕 재위 시기에 통일 신라에서는 녹읍이 부활되었다(757, 경덕왕 16년).

| 오답 해설 | ① 헌덕왕 때 신라 웅천주(熊川州)의 도독 김헌창이 반란을 일으켰다(822).

② 흥덕왕 때 장보고의 건의로 청해진이 설치되었다(828).

③ 진성 여왕 때 각간 위홍과 승려 대구에 의해 향가집인 『삼대목』이 편찬되었다(888).

23 ③

개념 카테고리 고대의 우리 역사 > 남북국 시대의 정치 > 발해

| 오답 해설 | ㄹ. 스스로 불교의 이상적 군주인 전륜성왕이라고 자처한 인물은 문왕이다.

| 플러스 이론 | 발해

1. 발해 왕들의 주요 업적

구분	업적
고왕(대조영)	발해를 건국(698)하여 신라와 함께 남북국의 형세를 이룸
무왕(대무예)	• 돌궐 및 일본과 외교 • 당과 적대 관계(흑수말갈 문제로 갈등) → 당의 산동 지방 등주를 공격(장문휴) • 연호: 인안
문왕(대흠무)	• 당과 친선 관계 수립 → 당의 제도를 받아들여 3성 6부를 중심으로 중앙 제도 정비 • 신라와 상설 교통로 개설(신라도) • 중경 → 상경 → 동경으로 천도 • 스스로를 전륜성왕으로 자처 • 연호: 대흥, 보력
선왕(대인수)	• 대부분의 말갈족을 복속시키고, 요동 지방으로 진출, 지방 제도 완성(5경 15부 62주) → 이후 '해동성국'으로 불림 • 연호: 건흥

2. 멸망
  거란족의 침입으로 멸망(926)
3. 의의
  • 발해 문왕이 일본에 보낸 국서에 고려(고구려) 국왕 명칭 사용
    → 고구려 계승 의식
  • 고구려 문화와 유사: 온돌 장치, 모줄임 천장 구조 등

24 ④

개념 카테고리 고대의 우리 역사 > 남북국 시대의 정치 > 발해의 정치 제도

| 정답 해설 | 제시문은 '발해'에 대한 설명이다. ④ 정령을 제정하고 정책을 집행하는 기관은 정당성이다. 중대성은 국왕의 명령을 하달하는 역할을 담당하였다. 참고로 사장시(司藏寺)는 발해 7시 중 하나로, 재화(財貨)의 보관 및 무역 활동을 담당하는 재정기관이었다.

25 ②

개념 카테고리 고대의 우리 역사 > 남북국 시대의 정치 > 발해

| 정답 해설 | 제시된 자료의 밑줄 친 '북국(北國)'은 '발해'이다. ② 발해의 최고 교육 기관은 주자감이다.

26 ④

개념 카테고리 고대의 우리 역사 > 남북국 시대의 정치 > 발해

| 정답 해설 | ㄱ, ㄴ, ㄷ, ㄹ 모두 발해와 관련된 설명이다.
ㄷ. 격구는 타구, 포구, 봉구, 격봉, 봉희라고도 하며, 당나라를 통해 발해와 후삼국에 유입되었다.
ㄹ. 『신당서』에는 발해의 특산물이 기록되어 있는데, 태백산(백두산)의 토끼, 남해부의 곤포(다시마), 책성부의 된장, 부여부의 사슴, 막힐부의 돼지, 솔빈부의 말, 현주의 마포, 옥주의 면포, 용주의 명주, 위성현의 철, 노성의 벼, 미타호의 붕어, 환도현의 오얏, 약유현의 배 등이 유명했다고 한다.

27 ③

개념 카테고리 고대의 우리 역사 > 남북국 시대의 정치 > 발해의 발전 과정

| 정답 해설 | 제시된 사실을 순서대로 나열하면 다음과 같다.
ㄹ. 8세기 초 무왕은 당과 신라를 견제하기 위해 일본과 처음 통교하였다.
ㄷ. 8세기 중엽 문왕은 중경 현덕부에서 상경 용천부로 도읍을 옮겼다.
ㄱ. 9세기 초 발해 선왕 이후 당으로부터 해동성국이라고 불리었다.

ㄴ. 10세기 발해의 마지막 왕인 대인선 때 야율아보기에 의해 홀한성이 포위되었다.

28 ①

개념 카테고리 고대의 우리 역사 > 남북국 시대의 정치 > 발해의 발전 과정

| 정답 해설 | 제시된 내용의 순서는 다음과 같다.
ㄱ. 무왕 때 장문휴의 산동 지방 등주 공격
ㄴ. 문왕 때 중경 현덕부에서 상경 용천부로의 천도(756)
ㄷ. 당으로부터 문왕이 발해국왕으로 봉해짐(762)
ㄹ. 선왕 때 연호로 건흥 사용

29 ③

개념 카테고리 고대의 우리 역사 > 남북국 시대의 정치 > 발해

| 정답 해설 | ③ 발해는 당을 견제하기 위해 북으로는 돌궐, 신라를 견제하기 위해 남으로는 일본과 통교하였다.

30 ②

개념 카테고리 고대의 우리 역사 > 남북국 시대의 정치 > 발해

| 정답 해설 | 제시문은 최치원이 발해 사신을 신라보다 위에 앉히지 않은 일에 대해 당 소종에게 감사하는 글로, ⑦은 '발해'이다. ② 발해는 당으로부터 해동성국으로 불렸다.
| 오답 해설 | ① 궁예는 901년에 후고구려를 세운 후 마진(904), 태봉(911)으로 국호를 변경하였다.
③ 견훤은 백제의 부흥을 표방하며 완산주(전주)에서 후백제를 건국하였다(900).
④ 패강진은 782년(선덕왕 3년)에 지금의 황해도 평산 지역에 설치된 신라의 군진이다.

CHAPTER 03 고대의 경제

출제 비중 0%

약점진단표												
	1회독				2회독				3회독			
	○	△	×	총	○	△	×	총	○	△	×	총
고대의 경제				12				12				12

*문제풀이 후 약점진단 결과를 적어 보세요!

필수기출 & 출제예상편

문제편 P.51

01	①	02	④	03	①	04	④	05	②
06	④	07	④	08	③	09	②	10	②
11	③	12	②						

01 ① 中

개념 카테고리 고대의 우리 역사 > 경제 > 백제의 경제

| **정답 해설** | 한수(현재의 한강) 이북 사람 중 15세 이상인 자를 징발하여 위례성(백제의 왕성)을 수리하였다는 기록을 통해 이 나라가 '백제'임을 알 수 있다. ① 백제는 근초고왕 때 동진과 수교하고 왜와 무역을 활발하게 전개하였다.

| **오답 해설** | ② 신라는 6세기 진흥왕 때 한강 유역을 장악한 이후 당항성을 통해 중국과 직접 교류할 수 있었다.

매력적 오답 ③ 6세기 후반 영양왕 때 고구려 승려 혜자는 백제의 혜총과 더불어 쇼토쿠 태자의 스승이 되었다.
④ 신라 중대인 신문왕 때 관료전이 지급되었고, 성덕왕 때 백성들에게 정전이 지급되었다.

02 ④ 上

개념 카테고리 고대의 우리 역사 > 경제 > 삼국의 대외 무역

| **정답 해설** | ④ 곡물, 비단은 ㉣ 중국에서 신라로 들어와, 신라에서 왜로 수출된 품목이다.

| **오답 해설** | ① 도자기, 비단, 서적은 고구려의 (중국으로부터의) 수입품이다.
② 인삼, 직물류는 백제의 수출품이다.
③ 금, 은, 모피류는 고구려의 수출품이다.

03 ① 中

개념 카테고리 고대의 우리 역사 > 경제 > 신라 중대의 경제 상황

| **정답 해설** | 9주 5소경이 설치된 것은 7세기 말 신문왕 시기이며, 대공의 난은 8세기 후반 혜공왕 때 일어난 사건이다. 따라서 (가)는 '신라 중대'이다. ① 성덕왕 때 백성에게 정전을 처음으로 지급하였다(722).

| **오답 해설** | ② 신라 상대 시기인 지증왕 때 시장을 감독하는 관청인 동시전을 신설하였다(508).
③ 고구려 고국천왕 때 백성의 구휼을 위하여 진대법을 제정하였다(194).
④ 신라 하대 시기인 소성왕 때 청주(菁州)의 거로현을 국학생의 녹읍으로 삼았다(799).

04 ④ 中

개념 카테고리 고대의 우리 역사 > 경제 > 통일 신라의 경제 상황

| **정답 해설** | ④ 통일 신라 시대에는 당과의 무역이 가장 활발하였고, 송과의 무역은 고려 전기에 가장 활발하였다.

| **오답 해설** | ① 신문왕 2년(682)에 수공업을 관장하는 공장부를 설치하였다.
② 장보고는 청해진을 설치(828)한 후, 해적들을 소탕하고 당-신라-일본을 연결하는 해상 무역을 장악하였다.
③ 효소왕 4년(695)에 시장의 업무를 관장하기 위하여 서시전과 남시전이 설치되었다.

05 ② 中

개념 카테고리 고대의 우리 역사 > 경제 > 민정 문서

| **정답 해설** | ② 민정 문서는 촌주가 3년마다 한 번씩 작성하였다.

06 ④

| 개념 카테고리 | 고대의 우리 역사 > 경제 > 민정 문서

| 정답 해설 | 제시된 자료에서 가축의 수, 관모전, 내시령답, 연수유답 등의 토지가 기록된 것으로 보아 민정 문서임을 알 수 있다. 통일 신라 시대에 수취를 위해 제작된 민정 문서는 서원경 주변의 4개 촌락을 대상으로 작성되었다. 인구는 남, 여 모두를 대상으로 연령별로 6등급으로 분류하였고, 호(戶)는 인정(人丁)의 많고 적음에 따라(다소에 따라) 9등급으로 구분하였다. ④ 민정 문서는 통일 이후 설치된 서원경(현재의 청주) 주변 4개 촌락을 대상으로 작성되었다.

07 ④

| 개념 카테고리 | 고대의 우리 역사 > 경제 > 민정 문서

| 정답 해설 | ④ 현재 남아 있는 민정 문서는 서원경(현재의 청주) 주변 4개 촌락을 대상으로 작성되었다. 따라서 국경 지대는 아니다.

08 ③

| 개념 카테고리 | 고대의 우리 역사 > 경제 > 민정 문서

| 정답 해설 | 서원경 부근의 4개 촌락을 대상으로 작성된 문서는 '민정 문서'이다. ③ 통일 신라 시대에 수취를 위해 작성된 민정 문서에는 호(戶)를 인정(人丁)의 많고 적음에 따라(다소에 따라) 9등급으로 구분하였다.

| 오답 해설 | ① 건원은 통일 이전 법흥왕 때 사용되었던 연호이다.
② 전시과는 고려 시대의 토지 제도이다.
④ 불국사 3층 석탑(석가탑)에서 발견된 『무구정광대다라니경』은 현존하는 세계 최고(最古)의 목판 인쇄물로 평가받고 있다.

09 ②

| 개념 카테고리 | 고대의 우리 역사 > 경제 > 녹읍

| 정답 해설 | 신문왕 시기에 폐지되었고, 경덕왕 시기에 부활되었다고 언급된 점에서 밑줄 친 '이것'이 '녹읍'임을 알 수 있다. ② 녹읍은 그 지역의 수조권뿐 아니라, 노역(勞役) 동원 및 공물 수취권까지 포함하여 광범위한 권한을 행사할 수 있었다.

| 오답 해설 | ① 왕토 사상은 통일 이전부터 존재하였으며, 녹읍이 폐지되고 백성들에게 정전을 지급할 때 왕토 사상에 바탕을 두고 시행하였다.
③ 녹읍은 삼국 통일 이전부터 지급하였으며, 6두품 신분에만 특별히 지급된 것은 아니다.
④ 양인 농민인 백정은 고려 시대에 있었다.

10 ②

| 개념 카테고리 | 고대의 우리 역사 > 경제 > 정전의 지급

| 정답 해설 | ② 8세기 초 성덕왕 때 백성에게 '정전'을 지급하였다. 정전 지급을 통해 국가는 토지 및 농민 지배력을 강화시켰다.

11 ③

| 개념 카테고리 | 고대의 우리 역사 > 경제 > 장보고

| 정답 해설 | '견대당매물사'를 통해 ㉠이 장보고임을 알 수 있다. ③ 장보고는 산둥반도 적산 지방에 적산법화원(赤山法華院)을 건립하였다.

| 오답 해설 | ① 김대문은 『화랑세기』를 저술하였으나 현재 전하지 않는다.
② 발해 무왕 때 장문휴는 당의 등주를 공격하였다.
④ 822년(헌덕왕 14년) 3월 신라 웅천주(熊川州: 지금의 충청남도 공주)의 도독(都督)이었던 김헌창은 신라 조정에 항거해 새로운 정부를 수립하고 국호를 '장안(長安)', 연호를 '경운(慶雲)'이라 하였다.

| 플러스 이론 | 장보고

장보고는 일찍이 당나라에 건너가 무령군 소장(武寧君小將)이 되었으나 신라에서 잡혀간 노비(奴婢)의 비참한 처우에 분개하여 사직하고 귀국했다. 청해진 대사가 되자 해적을 소탕한 후, 당·일본에 파견한 무역선인 교관선과 교역 사절단인 견당매물사와 회역사를 이용하여 동아시아 해상무역을 독점하였다. 일본 승려 엔닌(圓仁)의 『입당구법순례기』에도 장보고와 적산법화원(장보고가 중국에 세운 절)이 소개되어 있다.
한편 837년(희강왕 3년) 왕위 계승 다툼에서 밀려난 우징(신무왕)이 청해진에 오자 이듬해 우징과 함께 반란을 일으켜 839년 민애왕을 죽이고 신무왕을 왕위에 오르게 하여 감의군사(感義軍使)가 되었다. 신무왕이 죽고 문성왕이 즉위하자 진해장군(鎭海將軍)이 되었다. 845년(문성왕 7년) 딸을 왕의 차비(次妃)로 보내려 했으나 군신들의 반대로 좌절되었다. 846년(문성왕 8년) 그의 세력에 불안을 느낀 조정에서 보낸 자객 염장(閻長)에게 살해되었다. 이후 청해진은 염장이 관리하다가 폐지되었고, 주민들은 벽골군(현재 전라북도 김제)에 강제 이주되었다.

12 ②

| 개념 카테고리 | 고대의 우리 역사 > 경제 > 남북국의 경제

| 정답 해설 | (가) '발해', (나) '신라'에 해당한다. ② 고구려에 대한 설명이다. 중국의 남북조 시대는 시기적으로 우리나라의 삼국 시대에 해당한다.

CHAPTER 04 고대의 사회

출제 비중 0%

약점진단표

	1회독				2회독				3회독			
	○	△	×	총	○	△	×	총	○	△	×	총
고대의 사회				11				11				11

*문제풀이 후 약점진단 결과를 적어 보세요!

필수기출 & 출제예상편

문제편 P.55

01	④	02	②	03	①	04	④	05	①
06	④	07	②	08	①	09	④	10	④
11	③								

01 ④ [中]

개념 카테고리 | 고대의 우리 역사 > 사회 > 경당

| **정답 해설** | 제시된 자료는 고구려 장수왕 때 만들어진 '경당'에 대한 설명이다. 경당에서는 한학(漢學)과 무술(武術)을 교육하였다. ④ 경당과 가장 유사한 조직은 한학(유학) 교육과 무술 교육이 함께 이루어지는 '화랑도'이다.

02 ② [中]

개념 카테고리 | 고대의 우리 역사 > 사회 > 백제의 특징

| **정답 해설** | "나솔, 장덕, 시덕" 등을 통해 밑줄 친 '이 나라'가 '백제'임을 알 수 있다. 백제는 근초고왕 이후 일본(왜)과 밀접한 관련을 가지고 있었다. 특히 ② 6세기 성왕 때는 노리사치계를 통해 불경과 불상을 전해 주는 등 일본 문화 발전에 큰 영향을 주었다.

| **오답 해설** | ① 의창은 고려 태조 때의 흑창(빈민 구제 기관)이 개편되어 성종 때 설치되었다.
③ 형과 사자는 고구려의 관등 명칭이다.
④ 백제의 지배층은 왕족인 부여씨와 8성의 귀족이었다. 제시된 설명은 발해에 해당한다.

| 플러스 이론 | 백제의 관등 조직

1	2	3	4	5	6	7	8	9	10	11
좌평	달솔	은솔	덕솔	한솔	나솔	장덕	시덕	고덕	계덕	대덕
자색						비색				
좌평 이하 솔 계열						덕 계열				

12	13	14	15	16
문독	무독	좌군	진무	극우
청색				
무장 계열				

03 ① [下]

개념 카테고리 | 고대의 우리 역사 > 사회 > 화랑도

| **정답 해설** | 제시된 자료는 진흥왕 때 국가적 조직으로 개편된 (가) '화랑도'에 대한 설명이다. ① 화랑도는 무예를 닦아 신라의 삼국 통일에 기여하였다.

| **오답 해설** | ② 백제의 정사암 회의에 대한 설명이다.
③ 향도에 대한 설명이다. 향도는 삼국 시대부터 등장한 불교 신앙 공동체로, 고려 시대에 융성하였고 이후 농민 공동체로 발전하였다.
④ 신라의 화백 회의에 대한 설명이다.
⑤ 향약에 대한 설명이다. 향약은 조선 중종 때 조광조가 처음 시행한 이후 이황과 이이의 노력으로 전국적으로 확산되었다.

04 ④ [上]

개념 카테고리 | 고대의 우리 역사 > 사회 > 6두품

| **정답 해설** | 제시된 자료는 6두품 출신의 유학자인 최승우에 대한 내용이다. ④ 6두품은 6관등 아찬이 승진의 상한선이었다.

| **오답 해설** | ①②③ 모두 진골에 대한 설명이다.

05 ①

개념 카테고리 고대의 우리 역사 > 사회 > 6두품

| 정답 해설 | ㉠ 신문왕에게 「화왕계」를 바쳐 조언했던 인물은 '설총'이고, ㉡ 진성 여왕에게 시무책 10여 조를 올렸던 인물은 '최치원'이다. 설총과 최치원은 모두 신라 6두품 출신의 지식인이었다. ① 삼국 통일을 전후한 시기에 6두품 이하 신분에게 일종의 특진 제도인 중위제(重位制)가 적용되었다.

| 오답 해설 | ② 진골 귀족은 각 부의 령, 집사부의 시중 등 중앙 관부의 최고 책임자를 독점하였다.
③ 자색의 공복은 5관등 이상만 입을 수 있었다. 따라서 진골 출신만 착용하였던 공복이다.
④ 진덕 여왕까지는 성골, 태종 무열왕 이후에는 진골만 왕이 될 수 있었다.

| 플러스 이론 | **중위제**

『삼국사기』 직관지에 따르면 중위가 설정된 관등은 아찬(6관등)·대나마(10관등)·나마(11관등)의 관등이었다. 아찬에는 중아찬에서 4중아찬까지, 대나마에는 중대나마에서 9중대나마까지, 나마에는 중나마에서 7중나마까지 중위가 설정되어 있었다.

06 ④

개념 카테고리 고대의 우리 역사 > 사회 > 골품제

| 정답 해설 | 제시된 자료의 밑줄 친 ㉠은 '골품제'이다. ④ 골품제는 혈통에 따른 신분제로서 관등 승진의 상한선이 결정되었다(예 6두품은 17관등 중 6두품 아찬이 관등 상한선).

| 오답 해설 | ① 골품제는 법흥왕 때 정비되었다.
② 국학의 설립과 골품제의 폐지는 서로 관계가 없다.
매력적 오답 ③ 진골은 5관등 대아찬 이상의 관등에 올라갈 수 있지만, 처음부터 대아찬에서 시작하지는 않았다.

07 ②

개념 카테고리 고대의 우리 역사 > 사회 > 골품제와 관등제

| 정답 해설 | 골품제는 엄격한 신분 사회를 보여 주는 고대 사회의 전형적인 특징이며, 신라의 관등 조직은 골품 제도와 연관되어 편성되었다. 이에 관등 승진의 상한선이 골품에 따라 정해져 있었는데 진골 이벌찬(1위), 6두품 아찬(6위), 5두품 대나마(10등위), 4두품 대사(12등위) 등이 그것이다. ② 도독은 진골과 6두품만이 할 수 있었으나, 주로 진골이 독점하였다.

08 ①

개념 카테고리 고대의 우리 역사 > 사회 > 6두품

| 정답 해설 | (가) 낭혜화상백월보광탑비문은 '최치원'의 4산 비문 중 하나, (나) 대견훤기고려왕서는 927년 '최승우'가 후백제 왕 견훤을 대신하여 고려 왕건에게 보낸 서신, (다) 낭원대사오진탑비명은 '최언위'가 쓴 것이다. ① 최치원, 최승우, 최언위는 6두품 출신으로 당나라에 유학하여 빈공과에 급제하였으며, 뛰어난 문학적·행정적 능력을 보여 '일대 3최(一代三崔)'라고 불렸다.

| 오답 해설 | ② 최치원의 경우 진성 여왕 시기 당에서 돌아와 벼슬을 하였으나, 개혁이 실패하자 은둔 생활을 하였으므로 고려 왕조에서도 벼슬을 한 것은 아니다.
③ 태학은 고구려의 국립 교육 기관이다.
④ 6두품은 골품제를 비판하였으며, 하대 호족 세력과 결합하기도 하였다.

| 플러스 이론 | **최언위와 최승우**

최언위는 885년 당나라에 유학하여 문과에 급제한 뒤 909년 귀국하였다. 신라가 망하자 고려에서 태자사부 등을 역임했다. 낭원대사오진탑비명(朗圓大師悟眞塔碑銘) 등이 남아 있으며, 영월 흥녕사 징효대사탑비 비문을 지었다.

최승우는 진성 여왕 4년(890) 중국 당나라에 건너가 국학에서 3년간 공부하고 893년 빈공과에 급제한 뒤 관직에 있다가 귀국하였다. 후백제의 견훤을 섬겨 고려 태조에게 보내는 대견훤기고려왕서(代甄萱寄高麗王書)를 짓기도 하였다. 또한 『호본집(餬本集)』을 저술하였으나 현재 전하지 않는다.

09 ④

개념 카테고리 고대의 우리 역사 > 사회 > 신라 하대의 사회상

| 정답 해설 | 제시된 자료는 신라 하대 흥덕왕(재위 826~836) 때 공포된 '사치금지령'이다. ④ 신라 하대에는 당-신라-일본 사이의 국제 무역을 독점하던 장보고가 반란을 일으키기도 하였다(846).

| 오답 해설 | ① 신라 하대에는 중앙 귀족이 위축되고 지방 호족이 성장한 것은 맞지만, 자영농이 몰락하여 민란이 자주 발생하였다.
매력적 오답 ② 기와로 지붕을 잇거나 밥 짓는 데 숯을 사용한 것은 귀족들의 생활 모습이다.
③ 진대법은 고구려 고국천왕 때 실시되었다(194).

10 ④

개념 카테고리 고대의 우리 역사 > 사회 > 신라 하대의 문화

| 정답 해설 | 스스로를 성주 혹은 장군이라고 자처하면서 신라 정부에 대항해 반독립적 세력으로 성장한 세력은 신라 하대의 '호족'이다. ④ 신라 하대에는 선종이 크게 유행하였고, 선종 승려들의 사리를 보관하는 승탑(부도)과 탑비도 함께 유행하였다.

| 오답 해설 | ① 고구려 영양왕 때 이문진이 『유기』 100권을 정리하여 『신집』 5권을 편찬하였다(600).
② 분황사탑은 벽돌탑 형식의 석탑(모전 석탑)으로 선덕 여왕 시기에 건립된 것으로 추정된다.
③ 북방 가마 기술이 도입되어 제작된 분청사기는 원 간섭 시기부터 15세기까지 유행하였다.

11 ③

개념 카테고리 고대의 우리 역사 > 사회 > 발해의 경제, 사회

| 정답 해설 | ③ 발해는 당, 신라, 거란, 일본 등과 무역하였는데 당과의 무역 비중이 가장 컸다.

| 오답 해설 | ① 발해의 주민은 소수의 고구려 유민들이 지배 계급을 형성하였고, 다수의 말갈인들이 피지배 계급을 구성하였다.
② 발해의 중앙 문화는 고구려 문화를 바탕으로 당의 문화가 결합된 형태로 발전하였다. 한편 발해의 저변에는 소박한 말갈 문화도 남아 있었다.
④ 발해는 최고 교육 기관으로 주자감을 두어 유교 경전을 교육하였고, 당에 유학생을 보내기도 하였다.

CHAPTER 05 고대의 문화

출제 비중 25%

약점진단표

	1회독				2회독				3회독			
	○	△	×	총	○	△	×	총	○	△	×	총
고대의 문화				48				48				48

*문제풀이 후 약점진단 결과를 적어 보세요!

필수기출 & 출제예상편

문제편 P.58

01	①	02	②	03	①	04	④	05	②
06	③	07	①	08	③	09	②	10	②
11	②	12	②	13	④	14	②	15	③
16	④	17	②	18	④	19	④	20	①
21	①	22	④	23	④	24	①	25	②
26	②	27	①	28	②	29	③	30	④
31	②	32	①	33	①	34	①	35	⑤
36	③	37	①	38	④	39	②	40	④
41	③	42	③	43	②	44	③	45	②
46	④	47	④	48	③				

01 ①

개념 카테고리 고대의 우리 역사 > 문화 > 신라의 유교

| 정답 해설 | ① 신문왕 때 국학이 설치되었고, 경덕왕 때 국학의 명칭이 태학감으로 변경되었다(혜공왕 때 다시 국학으로 환원).

| 플러스 이론 | 국학

- 신라의 예부에 속한 교육 기관으로서, 신문왕 2년(682)에 설치하였다. 경덕왕 때 국학의 명칭을 태학감으로 고쳤다가(747), 혜공왕 때 다시 국학으로 개칭(776)하였다.
- 소속 관직으로는 경·박사·조교·대사·사 등이 있었다.
- 학생은 관등이 없는 사람부터 12관등 대사 이하였으며, 나이는 15세부터 30세까지 모두 입학시켰다. 9년을 기한으로 공부하였는데, 우둔해서 배우지 못하는 자는 퇴학시켰고, 재주가 있으나 미숙한 자는 9년이 넘어도 재학을 허락했으며, 관등이 대나마·나마에 이른 뒤에 국학을 나갔다.
- 『논어』와 『효경』을 필수 과목으로 교육했으며 『주역』, 『상서』, 『모시』, 『예기』, 『춘추좌씨전』, 『문선』을 공부하게 하였다.

02 ②

개념 카테고리 고대의 우리 역사 > 문화 > 최치원

| 정답 해설 | 제시된 사료는 난랑비 서문 중 일부로서 '최치원'의 글이다. 6두품 출신 최치원은 당나라에 유학 후 빈공과(당나라에서 치르던 외국인 대상 과거 시험)에 합격하였고, 황소의 난이 일어나자 '토황소격문'을 지어 명성을 떨쳤다. ② 이후 신라로 귀국하여 진성 여왕에게 시무책(개혁안) 10여 조를 제시하고, 아찬에 올랐으나 개혁안은 결국 실행되지 못했다. 관직에서 물러난 최치원은 각 지역을 유랑하며 은둔 생활을 하였다. 그의 대표적인 저서로는 『계원필경』과 『제왕연대력』 등이 있다.

| 오답 해설 | ① 김대문, ③ 원효, ④ 의상에 대한 설명이다.

03 ①

개념 카테고리 고대의 우리 역사 > 문화 > 유학자

| 정답 해설 | ① 강수는 「답설인귀서」, 「청방인문표」 등 외교 문서를 잘 지은 문장가로 유명하며, 불교를 세외교(世外敎, 세상과 동떨어진 종교)라고 비판하였다.

| 오답 해설 | ② 설총은 6두품 출신 유학자이다.
③ 『한산기』, 『계림잡전』, 『고승전』은 김대문의 저서가 맞지만, 『사륙집』은 최치원의 저서이다.
④ 최치원은 귀국한 후 진성 여왕에게 개혁안 10여 조를 건의하였다.

04 ④

개념 카테고리 고대의 우리 역사 > 문화 > 원효

| 정답 해설 | 제시된 사료에서 '아들 총', '무애라는 이름을 붙이고, 노래를 지어(무애가)'를 통해 괄호 안 인물이 원효임을 알 수 있다. ④ 원효는 종파 간 대립을 극복하기 위해 일심 사상과 화쟁 사상을 제창하였다.

| 오답 해설 | ① 의상은 화엄종의 중심 사찰인 부석사를 창건하였다.
② 원광은 화랑도의 계율인 세속 오계를 제시하고, 호국 불교의 전통을 세웠다.

③ 자장은 황룡사에 9층 목탑을 세울 것을 선덕 여왕에게 건의하였다.

05 ②

| 개념 카테고리 | 고대의 우리 역사 > 문화 > 원효

| 정답 해설 | 제시된 자료의 밑줄 친 '그'는 '원효'로, 고려 숙종 때 화쟁국사(和諍國師)로 추앙받았다. ② 원효는 『대승기신론소』를 저술하였다.
| 오답 해설 | ① 『해동고승전』은 고려 고종 때 각훈이 왕명에 따라 저술한 우리나라 옛 승려들의 전기이다.
③ 혜초는 인도에 다녀와 『왕오천축국전』을 저술하였다.
④ 의상은 화엄 사상의 핵심을 정리한 『화엄일승법계도』를 저술하였다.

06 ③

| 개념 카테고리 | 고대의 우리 역사 > 문화 > 의상

| 정답 해설 | 제시된 사료의 밑줄 친 '그'는 '의상'이다. 의상은 문무왕의 정치 자문을 담당하였으며, 화엄종을 창시하였다. 그의 화엄 사상의 요체인 '일즉다 다즉일(하나가 모든 것이요, 모든 것이 하나다)' 사상은 대표적인 저술인 『화엄일승법계도』에 잘 나타나 있다. 또한 현세 구복적인 관음 신앙을 중시하였고, ③ 부석사와 낙산사 등 여러 사찰을 창건하였다.
| 오답 해설 | ① 도의는 가지산파를 개창하여 선종을 보급하였다.
② 원측은 당에 들어가 유식론을 독자적으로 발전시켰다.
④ 원효는 일심 사상을 바탕으로 화쟁 사상을 주장하였다.

07 ④

| 개념 카테고리 | 고대의 우리 역사 > 문화 > 의상

| 정답 해설 | 제시된 사료에서 "부석사", "해인사" 등을 통해 밑줄 친 '그'가 '의상'임을 알 수 있다. ④ 의상은 『화엄일승법계도』를 지었으며, 문무왕이 왕경에 새로 성을 쌓으려 하자 왕에게 공사를 중지할 것을 건의하여 중단시키기도 하였다.
| 오답 해설 | ① 진표는 김제 금산사(법상종의 중심 사찰)를 중심으로 미륵불이 지상에 와서 이상사회를 건설한다는 믿음을 가르쳤다.
② 원효는 일심 사상을 바탕으로 화쟁 사상을 주장하였고 불교 대중화에 기여하였다.
③ 혜초는 인도 기행문인 『왕오천축국전』을 저술하였다.

| 플러스 이론 | 최치원의 『법장화상전』에 기록된 화엄 10찰

- 중악 공산의 미리사(美理寺)
- 남악 지리산의 화엄사
- 북악 부석사
- 강주 가야산 해인사 및 보광사
- 웅주 가야협 보원사
- 계룡산 갑사
- 양주 금정산 범어사
- 비슬산 옥천사
- 전주 무산 국신사
- 한주 부아산 청담사

08 ③

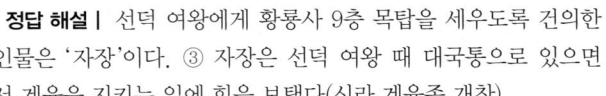

| 개념 카테고리 | 고대의 우리 역사 > 문화 > 자장

| 정답 해설 | 선덕 여왕에게 황룡사 9층 목탑을 세우도록 건의한 인물은 '자장'이다. ③ 자장은 선덕 여왕 때 대국통으로 있으면서 계율을 지키는 일에 힘을 보탰다(신라 계율종 개창).
| 오답 해설 | ① 원효는 일심 사상과 화쟁 사상을 주장하여 불교 교리의 대립을 극복하고자 하였다.
② 의상은 통일 이후의 사회 갈등을 통합으로 이끄는 화엄 사상을 강조하였다. 의상의 화엄 사상은 왕권 전제화에 기여했다고 평가된다.
④ 원광은 화랑도의 계율인 세속 오계를 만들었고, 진평왕의 요청으로 걸사표(수나라에 고구려 공격을 요청하는 글)를 작성하였다.

09 ②

| 개념 카테고리 | 고대의 우리 역사 > 문화 > 의상과 자장

| 정답 해설 | (가) '의상', (나) '자장'과 관련된 내용이다. ② 의상은 『화엄일승법계도』를 통해 화엄 사상의 핵심을 제시하였다.
| 오답 해설 | ① 원효는 모든 것이 한마음에서 나온다는 일심 사상을 제시하였다.
③ 혜초는 인도를 순례한 후 『왕오천축국전』이라는 여행기를 남겼다.
④ 고려 시대의 승려인 의천은 이론과 실천을 같이 강조하는 교관겸수를 제시하였다.

10 ②

개념 카테고리 고대의 우리 역사 > 문화 > 진표

| 정답 해설 | 제시된 사료 중 "미륵보살", "금산사"를 통해 '진표'임을 알 수 있다. ② 진표의 법상종(중심 사찰: 김제 금산사)은 계율과 참회를 내세우며, 일반 백성을 대상으로 미륵 신앙을 강조하였다.

| 오답 해설 | ① 원광은 진평왕 때 수(隋)로 하여금 고구려 공격을 요청하는 글(걸사표)을 작성하였다.
③ 원효는 『대승기신론소』, 『금강삼매경론』 등을 저술하여 교학 불교 발전에 기여하였다.
④ 원측은 신라 왕족 출신으로, 당에 유학하여 현장법사에게 가르침을 받았고, 유식론을 독자적으로 발전시켰다.

11 ②

개념 카테고리 고대의 우리 역사 > 문화 > 통일 신라의 불교

| 오답 해설 | ⓒ 고구려, ⓔ 고려 시대의 불교와 관련 있다.

12 ②

개념 카테고리 고대의 우리 역사 > 문화 > 원광과 의상

| 정답 해설 | ㉠ '원광', ㉡ '의상'이다. ② 진평왕 때 수(隋)나라에 고구려 공격을 요청했던 글(걸사표)을 쓴 원광이 세속 오계를 만들었다.

| 오답 해설 | ① 자장은 선덕 여왕에게 건의하여 황룡사 9층탑을 세웠다.
③ 원효는 저잣거리에서 『무애가』를 부르면서 대중을 교화하였다.
④ 원측은 당에 유학하여 유식론을 독자적으로 발전시켰다.

13 ④

개념 카테고리 고대의 우리 역사 > 문화 > 혜초

| 정답 해설 | (가)에 해당하는 인물은 ④ 혜초이다. 혜초는 중앙 아시아와 인도 지역의 다섯 천축국을 순례하고 각국의 지리, 풍속, 산물 등에 관한 기행문인 『왕오천축국전』을 남겼다. 『왕오천축국전』은 중국의 둔황 막고굴에서 발견되었으며, 현재 프랑스 국립 도서관에 보관되어 있다.

14 ②

개념 카테고리 고대의 우리 역사 > 문화 > 선종

| 정답 해설 | 개인적 정신세계를 추구하는 경향이 강하고, 성주나 장군으로 자처하던 자들(호족)의 호응을 얻은 것은 '선종 불교'이다. ② 쌍봉사 철감선사탑은 쌍봉사를 창건한 선종 승려 도윤(798~868)의 유골을 안치한 승탑으로, 신라 하대 승탑의 전형적 양식인 8각 원당형으로 만들어졌다.

| 오답 해설 | ① 성덕 대왕 신종은 경덕왕 때 제작되기 시작하여 혜공왕 때 완성하였다. 이 종은 처음에 봉덕사에 달았다고 해서 '봉덕사 종'이라고도 하며, 아기를 시주하여 넣었다는 전설로 아기의 울음소리를 본따 '에밀레종'이라고도 한다.
③ 경천사지 10층 석탑은 고려 충목왕 때 대리석으로 제작되었으며, 몽골의 라마교의 영향을 받은 것으로 알려져 있다.
④ 삼국 시대에는 미륵보살 반가상이 많이 만들어졌다. 그중에서도 탑 모양의 관을 쓰고 있는 금동 미륵보살 반가상과 삼산관(三山冠)을 쓰고 있는 금동 미륵보살 반가상이 가장 유명하다. 한편 일본에서는 삼국에서 전래된 미륵보살 반가 사유상의 영향으로 고류사 미륵보살 반가 사유상과 호류사 백제 관음상이 만들어졌다.

15 ③

개념 카테고리 고대의 우리 역사 > 문화 > 선종

| 정답 해설 | 제시된 사료는 선종 9산 중 가지산파를 개창한 '도의'에 대한 내용이다. ③ 신라 하대에는 참선을 강조하는 선종이 유행하여, 선종 승려들의 승탑(부도)과 탑비가 많이 만들어졌다.

| 오답 해설 | ① 고려 말 성리학이 수용되면서 신진 사대부를 중심으로 『소학』과 『주자가례』가 보급되기 시작하였다.
② 백제 금동 대향로는 도교 사상의 영향을 받아 제작되었다.
④ 고려 태조는 풍수지리 사상과 고구려 계승 의식에 입각하여 서경(평양)을 중시하는 등의 북진 정책을 추진하였다.

16 ④

개념 카테고리 고대의 우리 역사 > 문화 > 선종

| 정답 해설 | 제시된 문화재는 화순 쌍봉사 철감선사 승탑이며, 철감선사 도윤이 868년(경문왕 8년)에 입적한 후 만들어졌다. 신라 하대에는 선종이 유행하였고, 선종 승려의 사리를 보관하는 승탑(부도)과 탑비가 만들어졌다. ④ 고려 시대 의천은 원효의 화쟁(和諍) 사상을 중시하였고 교관겸수를 강조한 교종 승려이다.

17 ④

| 개념 카테고리 | 고대의 우리 역사 > 문화 > 호국 불교

| 정답 해설 | ④ 황룡사 9층탑, 백좌 강회(호국 법회), 인왕경 설파, 원광의 걸사표 작성 등을 통해 호국 불교적 성격을 확인할 수 있다.

18 ④

| 개념 카테고리 | 고대의 우리 역사 > 문화 > 풍수지리 사상

| 정답 해설 | 제시된 자료에서 밑줄 친 '이 사상'은 신라 말 도선에 의해 널리 퍼진 '풍수지리 사상'이다. ④ 초제는 도교의 제사 의식이다.

| 오답 해설 | ①② 풍수지리 사상은 신라 말 혼란 시기에 일반 백성들에게 광범위하게 수용되었으며, 호족의 사상적 기반으로 작용하기도 하였다(예 송악길지설).
③ 고려 시대에는 묘청의 서경 천도 운동의 사상적 배경이 되었다(예 서경길지설).

19 ④

| 개념 카테고리 | 고대의 우리 역사 > 문화 > 도교가 반영된 문화유산

| 정답 해설 | 불로장생과 신선이 되기를 추구하는 종교는 '도교'이다. 7세기 고구려의 연개소문은 왕실 및 귀족과 연결된 불교를 탄압하기 위해 도교를 장려하였다. ④ 백제 금동 대향로는 백제인의 도교적 이상세계를 형상화한 작품이다.

| 오답 해설 | ① 쌍봉사 철감선사 승탑으로, 승탑은 선종의 영향으로 제작되었다.
② 백제 근초고왕 때 왜(倭)로 전해진 칠지도이다.
③ 삼국 공통으로 제작되었던 금동 미륵보살 반가 사유상이다.

20 ①

| 개념 카테고리 | 고대의 우리 역사 > 문화 > 백제 역사 유적 지구

| 정답 해설 | 백제 역사 유적 지구에는 공주 공산성(웅진 시대 백제의 도성), 무령왕릉을 포함한 공주 송산리 고분군, 부여 관북리 유적, 부소산성(사비 시대 수도의 방어성), 부여 능산리 고분군, 부여 정림사지, 부여 나성, 익산 왕궁리 유적, 익산 미륵사지 등이 포함된다.

ㄱ. 정림사지는 사비(부여)의 가장 중심에 위치한 사찰 터로, 발굴을 통해 중문과 금당 터, 강당 터, 승방 터, 화랑지 등이 확인되었다.
ㄷ. 부소산성은 평상시에는 왕궁의 후원으로서, 위급할 때에는 방어 시설로 이용한 사비(부여) 시대 백제 왕궁의 배후 산성이다. 부여 관북리 유적은 650m² 규모의 대형 건물 터와 상수도 시설, 목곽고와 석실고 등 저장 시설, 연못, 건물 터와 공방 시설 등이 발견되어 왕성의 터로 추정되는 곳이다.

| 오답 해설 | ㄴ. 공산성, ㄹ. 송산리 고분군은 모두 공주시에 위치한 유적이다.

21 ④

| 개념 카테고리 | 고대의 우리 역사 > 문화 > 무령왕릉

| 정답 해설 | 제시된 자료 중 "이름이 사마(斯摩)", "영동대장군(寧東大將軍)에 봉해졌음"을 통해 '무령왕'에 대한 내용임을 알 수 있다. ④ 무령왕이 묻힌 무덤은 공주 무령왕릉이다.

| 오답 해설 | ① 서울 석촌동 3호 고분은 백제의 (계단식) 돌무지무덤이며, 3세기 중엽~4세기 정도에 축조된 것으로 추정된다.
② 부여 능산리 고분군은 백제 사비 시대(6세기 중엽 이후)에 축조된 무덤들이다.
③ 전라북도 익산의 쌍릉(雙陵)은 남북으로 2기의 무덤이 나란히 있으며, 북쪽의 것은 대왕 묘, 남쪽의 것은 소왕 묘라고 한다. 마한의 무강왕과 왕비의 능이라고도 하며, 백제 무왕과 왕비의 능으로도 전해진다.

22 ②

| 개념 카테고리 | 고대의 우리 역사 > 문화 > 백제의 유적과 유물

| 정답 해설 | ② 무령왕이 묻힌 관의 재료는 일본으로부터 가져온 금송이다.

| 오답 해설 | ① 7세기 무왕 때 익산에 거대 사찰인 미륵사를 세웠다.
③ 칠지도는 근초고왕 때 왜왕에게 보낸 칼이다.
④ 한성 백제 시기에 풍납토성과 몽촌토성이 축조되었다.

23 ④

| 개념 카테고리 | 고대의 우리 역사 > 문화 > 삼국의 고분과 미술 문화

| 오답 해설 | ① 백제의 송산리 6호분은 벽돌무덤 양식으로, 사신도와 산수도 벽화가 발견되었다. 다만, 무령왕릉에는 벽화가 없다.
매력적 오답 ② 고구려 굴식 돌방무덤의 벽화는 초기에는 무덤 주인의 생활 모습을 많이 그렸으며, 후기에는 사신도와 같은 추상화가 주로 그려졌다.
③ 백제 건국 주도 세력이 고구려계 유이민임을 알 수 있는 무덤은 (계단식) 돌무지무덤이다.

24 ④

| 개념 카테고리 | 고대의 우리 역사 > 문화 > 고대의 유물

| 정답 해설 | ④ 『무구정광대다라니경』은 현존하는 세계 최고(最古)의 목판 인쇄물로 불국사 3층 석탑(석가탑)에서 발견되었다.

| 오답 해설 | ① (가) 무령왕릉은 중국 남조의 영향을 받은 벽돌무덤이다.
② (나) 발해의 영광탑은 당의 영향을 받아 만들어진 5층 벽돌탑이다.
③ (다) 고구려의 강서 대묘에는 도교의 영향을 받은 사신도 벽화가 그려져 있다.

25 ④

| 개념 카테고리 | 고대의 우리 역사 > 문화 > 돌무지덧널무덤

| 정답 해설 | ④ 제시된 무덤 양식은 신라의 '돌무지덧널무덤'으로, 무덤 구조상 도굴이 어려워 많은 양의 부장품이 출토되었다.

| 오답 해설 | ① 중국 남조의 영향을 받은 대표적 무덤은 무령왕릉과 같은 백제의 벽돌무덤이다.
② 고구려의 초기 무덤 형태는 돌무지무덤이다.
③ 천마도는 벽화가 아니라 말다래(장니)에 그려진 그림이다.

26 ②

| 개념 카테고리 | 고대의 우리 역사 > 문화 > 무령왕릉

| 정답 해설 | ㉠은 '무령왕릉'이다. 무령왕릉은 1971년에 송산리 고분군의 배수로 공사 중에 우연히 발견되었는데 다른 무덤과 달리 완전한 형태로 남아 있었다. 중국 남조의 영향을 받아 벽돌무덤으로 축조되었고, ② 무덤의 주인공이 무령왕과 왕비임을 알리는 지석이 발견되어 연대를 확실히 알 수 있다. 특히 왕과 왕비의 장신구와 금관 장식, 귀고리, 팔찌 등 3,000여 점의 부장품이 출토되어 백제 미술의 귀족적 특성을 확인할 수 있다.

27 ④

| 개념 카테고리 | 고대의 우리 역사 > 문화 > 발해의 고분

| 정답 해설 | 발해 문왕의 넷째 딸은 '정효 공주'이다. ④ 무덤 양식은 굴식 돌방무덤으로 모줄임천장 구조를 확인할 수 있으며, 발굴 과정에서 돌사자상이 함께 출토된 무덤은 발해 문왕의 둘째 딸인 정혜 공주의 묘이다.

| 오답 해설 | ① 정효 공주(757~792) 무덤에서 죽은 자의 생애와 가족 관계 등을 기록한 묘지(墓誌)가 발견되었다.
② 정효 공주 무덤은 당의 영향을 받은 벽돌무덤으로 축조되었다.
③ 정효 공주 무덤에는 무사(武士)·시위(侍衛)·내시(內侍)·악사(樂師) 등으로 구성된 12명의 인물들이 늘어서 있는 벽화가 있다.

28 ②

| 개념 카테고리 | 고대의 우리 역사 > 문화 > 발해의 고분

| 정답 해설 | 제시된 사료 중 "대흥", "보력"은 문왕 시기의 연호이며 정효 공주는 문왕의 딸이다.

| 오답 해설 | ㉡ 돌사자상은 정혜 공주 무덤에서 발견되었다.

29 ③

| 개념 카테고리 | 고대의 우리 역사 > 문화 > 고분과 벽화

| 정답 해설 | ㄴ. 쌍영총: 기마 인물도 및 사신도, ㄷ. 무용총: 무용도·수렵도, ㄹ. 각저총: 씨름도 등의 벽화가 확인된다.

| 오답 해설 | ㄱ. 호우총, ㅁ. 천마총은 돌무지덧널무덤으로 축조되어 벽화가 없다.

30 ④

| 개념 카테고리 | 고대의 우리 역사 > 문화 > 고대 국가의 역사 편찬

| 정답 해설 | ④ 진골 출신인 김대문은 『계림잡전』, 『고승전』, 『화랑세기』, 『한산기』, 『악본』 등을 저술하여 신라 문화를 주체적으로 인식하였다. 김대문의 저서는 현재 전하지 않으나 『삼국사기』에 인용 자료로 수록되어 있다. 『제왕연대력』은 최치원의 저서이다.

| 오답 해설 |

나라	역사책	시기	저자
① 고구려	『유기』 100권	국초	미상
	『신집』 5권	영양왕(600)	이문진
② 백제	『서기』	근초고왕(375)	고흥
③ 신라	『국사』	진흥왕(545)	거칠부

31 ②

| 개념 카테고리 | 고대의 우리 역사 > 문화 > 삼국 시대의 문화 수용과 전파

| 오답 해설 | 나. 불교는 왕권 강화에 기여하였다.
매력적 오답 라. 칠지도는 백제 근초고왕 시기에 왜왕에게 하사한 칼이다.

32 ②

개념 카테고리 고대의 우리 역사 > 문화 > 삼국 시대의 문화적 교류

| **정답 해설** | ② 돌무지덧널무덤은 통일 이전 신라의 독자적인 무덤 양식이다. 돌무지덧널무덤은 지상이나 지하에 시신과 껴묻거리를 넣은 나무 덧널을 설치하고 그 위에 돌을 쌓은 다음 흙으로 덮었다. 따라서 도굴이 어려워 많은 껴묻거리가 발견된다.

33 ③

개념 카테고리 고대의 우리 역사 > 문화 > 경주 역사 유적 지구

| **정답 해설** | 2000년 12월 유네스코 세계 유산으로 등록된 경주 역사 유적 지구는 신라의 역사와 문화를 한눈에 파악할 수 있을 만큼 다양한 유산이 산재해 있는 종합 역사 지구이다. 유적의 성격에 따라 불교 미술의 보고인 '남산 지구', 궁궐터인 '월성 지구', 고분군 분포 지역인 '대릉원 지구'와 '황룡사 지구', 왕경 방어 시설의 핵심인 '산성 지구'로 구분되어 있으며 52개의 지정 문화재가 세계 유산에 포함되어 있다. ③ 이 중 '남산 지구'에는 ㄴ. 나정, ㄷ. 포석정, 미륵곡 석불 좌상, ㅂ. 배리 석불 입상(배동 석조여래삼존 입상), 칠불암 마애 석불 등 수많은 불교 유적이 산재해 있다.

| **플러스 이론** | 경주 역사 유적 지구

남산 지구	야외 박물관이라고 할 만큼 신라의 숨결이 살아 숨 쉬는 곳으로 신라 건국 설화에 나타나는 나정, 신라 왕조가 종말을 맞았던 포석정과 미륵곡 석불 좌상, 배리 석불 입상(배동 석조여래삼존 입상), 칠불암 마애 석불 등 수많은 불교 유적이 산재해 있다.
월성 지구	신라 왕궁이 자리하고 있던 월성, 신라 김씨 왕조의 시조인 김알지가 태어난 계림, 신라 통일기에 조영한 임해전지, 그리고 동양 최고(最古)의 천문 시설인 첨성대 등이 있다.
대릉원 지구	신라 왕, 왕비, 귀족 등 높은 신분 계층의 무덤들이 있고 구획에 따라 황남리 고분군, 노동리 고분군, 노서리 고분군 등으로 부르고 있다. 무덤의 발굴 조사에서 신라 문화의 정수를 보여 주는 금관, 천마도, 유리잔, 각종 토기 등 당시의 생활상을 파악할 수 있는 귀중한 유물들이 출토되었다.
황룡사 지구	황룡사지와 분황사가 있다. 황룡사는 몽골의 침입으로 소실되었으나 발굴을 통해 당시의 웅장했던 대사찰의 규모를 짐작할 수 있으며 40,000여 점의 출토 유물은 신라사 연구의 귀중한 자료가 되고 있다.
산성 지구	400년 이전에 쌓은 것으로 추정되는 명활산성이 있다.

34 ③

개념 카테고리 단원 통합 > 문화 > 우리나라 문화 유산

| **정답 해설** | ③ 익산 미륵사지 석탑에서 백제 무왕의 왕후가 넣은 사리기가 발견되었다.

| **플러스 이론** | 미륵사지 출토 금제 사리봉안기

우리 백제 왕후께서는 좌평(佐平) 사택적덕[沙乇(宅)積德]의 따님으로 지극히 오랜 세월에 선인(善因)을 심어 이번 생에 뛰어난 과보(果報)를 받아 만민(萬民)을 어루만져 기르시고 삼보(三寶)의 동량(棟梁)이 되셨기에 능히 정재(淨財)를 희사하여 가람(伽藍)을 세우시고, 기해년(己亥年: 639) 정월 29일에 사리를 받들어 맞이하셨다.

원하옵나니, 영원토록 공양하고 다함이 없이 이 선(善)의 근원을 배양하여, 대왕 폐하의 수명은 산악(山岳)과 같이 견고하고 치세는 천지(天地)와 함께 영구하며, 위로는 정법(正法)을 넓히고 아래로는 창생(蒼生)을 교화하게 하소서.

또 원하옵나니, 왕후의 신심(身心)은 수경(水鏡)과 같아서 법계(法界)를 비추어 항상 밝히시며, 금강(金剛) 같은 몸은 허공과 나란히 불멸(不滅)하시어 7세(七世)의 구원(久遠)까지도 함께 복리(福利)를 입게 하시고, 모든 중생과 함께 불도(佛道)를 이루게 하소서.

35 ⑤

개념 카테고리 고대의 우리 역사 > 문화 > 고대 국가의 탑

| **정답 해설** | (가) '익산 미륵사지 석탑', (나) '불국사 3층 석탑(석가탑)', (다) '분황사 석탑'이다. ⑤ 분황사 석탑은 돌을 벽돌처럼 잘라서 쌓은 모전 석탑이다.

36 ③

개념 카테고리 고대의 우리 역사 > 문화 > 유네스코 세계 유산

| **정답 해설** | ③ 부여 능산리 고분군은 굴식 돌방무덤 형태가 일반적이다. 계단식 돌무지무덤은 백제 한성 시대의 서울 석촌동 고분군이 대표적이다.
| **오답 해설** | ① 익산 미륵사지 석탑은 목탑 양식이 반영된 석탑이다.
② 부여 정림사지 5층 석탑은 목탑 양식의 석탑으로, 한때 '평제탑'이라고 잘못 불리기도 하였다.
④ 무령왕릉에서 무령왕과 왕비의 지석(매지권)이 발견되었다.

37 ①

개념 카테고리 고대의 우리 역사 > 문화 > 미륵사지 석탑

| **정답 해설** | 제시된 사료는 ① '미륵사지 석탑'에서 발견된 금제 사리봉안기의 내용 중 일부이다. 금제 사리봉안기는 2009년 미륵사지 석탑 해제 복원 과정에서 발견되었다. 그동안 전북 익산의 미륵사가 『삼국유사』에 나오는 서동(무왕)과 신라 선화공주가 세운 것으로 알려져 왔으나, 금제 사리봉안기에는 미륵사 창건 주체가 무왕과 사택왕후로 기록되어 세간의 주목을 받았다.
| **오답 해설** | ② 부여 정림사지 5층 석탑, ③ 서산 용현리 마애여래 삼존상(서산 마애 삼존상), ④ 발해의 불상인 이불병좌상이다.

38 ④

개념 카테고리 고대의 우리 역사 > 문화 > 삼국의 문화

| 정답 해설 | ④ 대가야 출신의 우륵은 진흥왕 때 신라로 들어가 가야금을 전하였다.

39 ②

개념 카테고리 고대의 우리 역사 > 문화 > 삼국의 사회·문화

| 정답 해설 | ② 당나라에 가서 유식론(唯識論)을 발전시킨 원측(진평왕 35년, 613~효소왕 5년, 696)은 신라의 승려이다.

| 플러스 이론 | **신라의 불교를 통한 왕권 강화**

> 진종 사상은 불교를 통한 왕권 강화를 위하여 국왕을 부처와 동일시하고, 진흥왕을 전륜성왕(轉輪聖王)으로 숭배하는 사상이다. 이는 진평왕 때 성골 성립의 근거가 되었다.
> 진흥왕은 동륜과 금륜 두 아들이 있었는데, 장남 동륜이 죽자 그의 아들 백정이 있었음에도 거칠부의 지지로 차남 금륜이 진지왕으로 즉위하였다. 그러나 진지왕은 즉위 4년 만에 폐위되고 백정이 진평왕으로 즉위하였다. 진평왕은 즉위의 정당성과 정통성을 재규정하기 위하여 자신의 가계를 성골이라 명명하고 다른 귀족과의 차별화를 시도하였다.

40 ④

개념 카테고리 고대의 우리 역사 > 문화 > 삼국 시대의 사상과 문화

| 정답 해설 | ④ 백제의 겸익은 성왕 4년(526)에 인도에 다녀와서 (계)율종을 개창하였다.

41 ③

개념 카테고리 고대의 우리 역사 > 문화 > 발해의 유적

| 정답 해설 | ㉠ 돈화 – 동모산 일대, ㉡ 화룡 – 중경, ㉢ 영안 – 상경, ㉣ 훈춘 – 동경이다.
㉡ 중국 길림성 화룡현에 위치한 용두산 고분군의 정효 공주 무덤은 벽돌무덤 양식으로, 당의 문화적 영향을 확인할 수 있다.
㉢ 중국 흑룡강성 영안현에 위치한 상경성 궁성 정문인 오봉루(五鳳樓) 성문터를 통해 당 문화의 영향을 확인할 수 있다.

| 오답 해설 | ㉠ 정효 공주 무덤은 중국 길림성 화룡현 용두산 고분군에 위치한다.
㉣ 정혜 공주 무덤은 중국 길림성 돈화시 육정산 고분군에 있으며, 굴식 돌방무덤 양식과 모줄임 천장 구조를 통해 고구려의 문화적 영향을 확인할 수 있다.

42 ③

개념 카테고리 고대의 우리 역사 > 문화 > 발해의 고구려 계승 의식

| 정답 해설 | 발해는 고구려를 계승한 국가로, 따라서 우리 민족의 역사이다. ③ 발해가 고구려를 계승했다는 증거로는 상경성에서 발견된 궁궐의 온돌 장치, 연꽃무늬 기와, 굴식 돌방무덤의 모줄임 천장 구조 등이 있다.

| 오답 해설 | ① 발해는 서경 압록부를 통해 당과 교역하였다(조공도).
②④ 영광탑과 정효 공주 묘는 당의 영향을 받아 제작되었다.

43 ②

개념 카테고리 고대의 우리 역사 > 문화 > 삼국의 문화유산

| 정답 해설 | 제시된 문화유산이 만들어진 순서는 다음과 같다.
ㄱ. 진흥왕 순수비(진흥왕, 555년 혹은 568년)
ㄴ. 미륵사지 석탑(무왕, 639)
ㄹ. 문무왕 해중릉(신문왕)
ㄷ. 석굴암 본존불(경덕왕~혜공왕, 751~774)

44 ③

개념 카테고리 고대의 우리 역사 > 문화 > 발해의 사회·문화

| 오답 해설 | ㄱ. 발해의 영광탑은 중국의 영향을 받은 전탑(벽돌탑)이다.
ㄹ. 발해 인구의 다수는 말갈족이었으며, 소수의 고구려 계통 사람들이 지배층을 형성하였다.

45 ②

개념 카테고리 고대의 우리 역사 > 문화 > 삼국의 문화의 순서 나열

| 정답 해설 | 고흥의 『서기』 편찬(근초고왕, 375) → (가) → 거칠부의 『국사』 편찬(진흥왕, 545) → (나) → 성덕 대왕 신종의 완성(혜공왕, 771). ② 황룡사 9층 목탑은 7세기 선덕 여왕 때 세워졌다(643~645).

| 오답 해설 | ① 충주(중원) 고구려비: 장수왕(5세기)
③ 이문진의 『신집』 편찬: 영양왕(600)
④ 석굴암: 경덕왕(751)~혜공왕(774)

46 ④

개념 카테고리 고대의 우리 역사 > 문화 > 삼국의 발전 과정

| 정답 해설 | 거칠부가 편찬한 신라의 역사서인 『국사』는 진흥왕 6년(545)에 편찬되었고, 고구려의 역사서인 『신집』은 영양왕 11년(600)에 이문진이 편찬하였다. ④ 백제 성왕 때 노리사치계가 일본에 불상과 불경을 전하였다(552).

| 오답 해설 | ① 고구려 장수왕은 백제 한성을 함락시켰다(475).
② 광개토대왕은 신라에 침입한 왜군을 격퇴하였다(400). 그 과정에서 금관가야를 공격하여 금관가야 중심의 전기 가야 연맹이 해체되었다.
③ 신라 법흥왕 때 건원이라는 독자적 연호를 사용하였다(536).

47 ④

개념 카테고리 고대의 우리 역사 > 문화 > 삼국 문화의 일본 전파

| 오답 해설 | ㄱ. 백제의 아직기는 일본에 한자를 전해 주었다. 불교를 전파한 인물은 노리사치계이다.
ㄴ. 일본 다카마쓰 고분 벽화는 고구려 수산리 고분 벽화의 영향을 받았다.

48 ③

개념 카테고리 고대의 우리 역사 > 문화 > 삼국 문화의 일본 전파

| 정답 해설 | ③ 혜관은 고구려의 승려이며, 일본에 삼론종을 전파하여 일본 삼론종의 시조가 되었다.
| 오답 해설 | ① 『일본서기』에 백제 무령왕 때 고안무가 한학(유학)을 전해 주었다는 기록이 있다.
② 성왕 때 노리사치계는 일본에 불교를 전해 주었다.
④ 근초고왕 때 아직기는 일본에 한자를 전해 주었다.

| 플러스 이론 | 일본으로의 문화 전파

1. **삼국 문화**: 일본 아스카 문화 형성에 영향을 줌

국가	문화 전파
백제	• 삼국 중 일본과 가장 밀접한 국가 • 아직기: 한자 • 왕인: 천자문, 논어 • 단양이와 고안무: 무령왕 때 유학 전래 • 노리사치계: 성왕 때 불경과 불상을 전해줌
고구려	• 혜자: 일본 쇼토쿠 태자의 스승이 됨 • 담징: 호류사의 금당 벽화, 종이, 먹, 맷돌 제조 방법 전수 • 수산리 고분 벽화: 일본 다카마쓰 고분 벽화에 영향을 줌
신라	조선술(배 만드는 기술)과 축제술(제방 쌓는 기술)

2. **통일 신라 문화**: 일본 하쿠호 문화 성립에 영향을 줌

PART 03 중세의 우리 역사

CHAPTER 01 중세의 정치

출제 비중 60%

약점진단표												
	1회독				2회독				3회독			
	○	△	×	총	○	△	×	총	○	△	×	총
중세의 정치				73				73				73

*문제풀이 후 약점진단 결과를 적어 보세요!

필수기출 & 출제예상편

문제편 P.72

01	①	02	②	03	④	04	①	05	④
06	①	07	③	08	③	09	②	10	④
11	①	12	①	13	①	14	④	15	②
16	①	17	②	18	④	19	④	20	④
21	③	22	④	23	①	24	①	25	②
26	③	27	①	28	③	29	②	30	①
31	①	32	④	33	②	34	②	35	③
36	①	37	④	38	④	39	④	40	②
41	③	42	④	43	①	44	①	45	①
46	①	47	③	48	④	49	④	50	①
51	②	52	③	53	④	54	④	55	④
56	④	57	④	58	④	59	④	60	①
61	③	62	④	63	④	64	①	65	①
66	②	67	③	68	④	69	④	70	④
71	①	72	④	73	①				

01 ① 中

| 개념 카테고리 | 중세의 우리 역사 > 정치 > 견훤

| 정답 해설 | (가) '견훤'은 공산 전투(927)에서 고려에 승리하였으나, 고창 전투(930)에서는 고려에 패배하였다. ① 후백제의 견훤은 오월, 후당 등에 사신을 보내 교류하였다.
| 오답 해설 | ② 궁예는 송악(개성)에서 철원으로 도읍을 옮겼다(905).
③ 궁예는 기훤, 양길의 휘하에서 세력을 키웠고 901년 후고구려를 건국하였다.
④ 태조 왕건은 예성강을 중심으로 성장한 해상 세력이다.

02 ② 上

| 개념 카테고리 | 중세의 우리 역사 > 정치 > 견훤

| 정답 해설 | (가) 인물은 후백제를 건국한 '견훤'이다. 신라 서남해 방면 장군이었던 견훤은 군사력을 바탕으로 무진주(현재의 광주)를 점령하고(892), 완산주(현재의 전주)를 도읍으로 하여 후백제를 건국하였다(900). ② 견훤은 후백제를 건국한 후 관직을 설치하고, 남중국의 후당 및 오월, 거란, 일본과 통교하는 등 국가 체제를 갖추었다. 또한 신라를 계속 침공하여 920년 대야성을 함락시키고, 927년 경주에 침입하여 경애왕을 죽이는 등 신라에 적대적 노선을 취하였다.
| 오답 해설 | ① 양길의 휘하에서 세력을 키운 인물은 궁예이다.
③ 궁예의 후고구려는 광평성을 국정 최고 기관으로 하는 중앙 관제를 마련하였다.
④ 송악의 호족 출신인 왕건은 나주를 점령하여 광평성 시중에까지 올랐고, 호족들의 추대를 받아 고려를 건국하였다(918).

03 ④ 中

| 개념 카테고리 | 중세의 우리 역사 > 정치 > 후삼국의 통일 과정

| 정답 해설 | 제시된 사건의 순서는 다음과 같다.
ⓒ 왕건의 고려 건국(918), 철원에서 송악(현재의 개성)으로 천도(919)
㉠ 견훤의 경주 침략 후, 포석정에서 경애왕 시해(927)
㉣ 공산 전투에서 후백제 승리(927)
ⓒ 신검에 의한 견훤의 금산사 유폐(935)

04 ①

개념 카테고리 중세의 우리 역사 > 정치 > 훈요 10조

| 정답 해설 | 제시된 자료에서 '삼한을 통일'했다는 내용을 통해 이 '왕'이 고려를 건국한 태조임을 알 수 있다. 따라서 밑줄 친 '이것'은 태조가 후대 왕들에게 정책의 기본 방향을 제시한 '훈요 10조'이다. ① 훈요 10조에서는 '연등회와 팔관회는 반드시 행하라'고 제시하였다.

05 ④

개념 카테고리 중세의 우리 역사 > 정치 > 태조

| 정답 해설 | 제시된 사료는 '고려 태조'의 훈요 10조 중 일부이다. ④ 1992년 개성의 현릉(顯陵, 태조 왕건과 신혜왕후 유씨의 합장릉) 부근에서 태조 왕건의 청동제 인물상이 발견되었다.

| 오답 해설 | ① 성종, ② 현종, ③ 광종에 대한 설명이다.

| 플러스 이론 | 훈요 10조

첫째, 우리나라의 대업은 분명히 여러 부처가 지켜 준 데 힘을 입은 것이다. 그렇기에 선종과 교종 사원을 창건하고 주지(住持)를 파견해 불도를 닦도록 하여 각각 그 업(業)을 다스리도록 하였다. 후세에 간신이 정권을 잡아 승려의 청탁을 따르면 각자가 사원을 경영하면서 서로 바꾸고 빼앗게 될 것이니 반드시 이것을 금지하라.

둘째, 모든 사원은 도선이 산수(山水)의 순역(順逆)을 계산하여 개창한 것이다. 도선이 말하기를, "내가 지정한 곳 외에 함부로 더 창건하면 지덕(地德)을 상하게 하여 왕업이 길지 못할 것이다."라고 하였다. 때문에 짐은 후세의 국왕·공후·후비·조신(朝臣)들이 각각 원당(願堂)을 핑계로 혹여 사원을 더 창건한다면 큰 걱정거리가 될 것이라 생각한다. 신라 말에 절을 다투어 짓더니 지덕을 손상하여 망하기에 이르렀으니 어찌 경계하지 않겠는가?

넷째, 우리 동방은 예부터 당나라의 풍속을 본받아 문물과 예악이 다 그 제도를 준수하여 왔으나 그 지역이 다르고 인성이 각기 다르니 분별없이 똑같이 할 필요는 없다. 거란은 짐승과 같은 나라인지라 풍속이 같지 않고 언어도 다르니 복식 및 제도 등을 삼가 본받지 말라.

다섯째, 짐은 삼한의 산천 신령의 도움에 힘입어 대업을 성취하였다. 서경은 수덕이 순조로워 우리나라 지맥의 근본이 되며 대업을 만대에 전할 땅인 까닭에 마땅히 사중월(四仲月)에는 행차하여 100일 이상 머물며 안녕을 이루도록 하라.

여섯째, 짐이 지극히 원하는 바는 연등(燃燈)과 팔관(八關)에 있으니 연등은 부처를 섬기는 것이며 팔관은 천령(天靈) 및 오악(五嶽), 명산, 대천과 용신(龍神)을 섬기는 것이다. 후세에 간사한 신하가 더하고 줄일 것을 권하는 자가 있거든 필히 그것을 금지하라. 나도 당초부터 맹세하여 회일(會日)이 나라의 기일(忌日)과 맞물리지 않게 하고 임금과 신하가 같이 즐겁게 하였으니 마땅히 삼가 뜻을 받들어 행하라.

06 ①

개념 카테고리 중세의 우리 역사 > 정치 > 태조

| 정답 해설 | 제시된 사료는 태조(918~943)가 고려의 개국공신 박술희를 통해 훈요 10조를 구술한 내용이다. ① 927년 고려와 후백제 간 공산 전투가 있었다(태조 10년).

| 오답 해설 | ② 광종 때 노비안검법이 시행되었다.
③ 궁예는 911년, 국호를 '마진'에서 '태봉'으로 바꾸고 연호를 '수덕만세'로 정하였다.
④ 성종 때 최승로는 시무 28조를 제시하였다.

07 ③

개념 카테고리 중세의 우리 역사 > 정치 > 기인 제도

| 정답 해설 | ㉠은 '기인'이다. "해마다 외주의 한 사람을 도성에 있는 여러 관청에 올려 보내 지키게 하였다."를 통해 통일 신라 시대의 '상수리 제도'임을 알 수 있고 "지금의(『삼국유사』가 편찬된 고려 시대를 지칭)"를 통해 상수리 제도와 같은 인질 제도인 '기인'임을 유추해 낼 수 있다. ③ 통일 신라의 상수리 제도와 고려의 기인 제도는 일종의 인질 제도였으며, 지방 세력을 견제하기 위한 수단으로 활용되었다.

| 오답 해설 | ① 조선 시대 유향소는 향촌 자치 기구이며, 좌수와 별감이라는 향임직을 두어 운영되었다.
② 고려 시대 '어사대(관리 감찰 기구)의 관원'과 '중서문하성의 낭사'는 '대간'으로 불렸다. 대간은 왕의 잘못을 논하는 간쟁과 잘못된 왕명을 시행하지 않고 되돌려 보내는 봉박, 관리의 임명과 법령의 개정이나 폐지 등에 동의하는 서경권을 가지고 있었다.
④ 유향소는 수령을 보좌하고 풍속을 교정하는 기능을 담당하였다.

08 ③

개념 카테고리 중세의 우리 역사 > 정치 > 고려의 서경

| 정답 해설 | 밑줄 친 '이곳'은 '서경(현재의 평양)'이다. 고려 정종 때 서경으로 천도 계획을 세웠으나 실행되지 못했고, 문종 때 서경 주변에 서경기(西京畿) 4도를 설정하였다(1062). ③ 조위총은 정중부 등의 타도를 외치며 서경에서 반란을 일으켰다(조위총의 난, 1174).

| 오답 해설 | ① 청주 흥덕사에서 현존 세계 최고(最古)의 금속활자본인 『직지심체요절』이 간행되었다.
② 지눌은 순천 송광사를 중심으로 수선사 결사 운동을 전개하였다.
④ 서북면 도순검사(西北面都巡檢使) 강조는 개경으로 쳐들어와 김치양 일파를 제거하고 목종을 폐위한 뒤 현종을 옹립하였다(강조의 정변, 1009).

09 ②

개념 카테고리 | 중세의 우리 역사 > 정치 > 광종

| 정답 해설 | 왕의 이름이 '소(昭)'임을 통해 '광종'임을 알 수 있다. 광종은 왕권을 강화하기 위해 노비안검법과 과거제를 실시하였다. 또한 자색, 단색, 비색, 녹색 4가지 색으로 공복을 구분하였다(4색 공복의 제정). ② 성종은 불교의 폐단을 막기 위해 최승로의 시무 28조를 수용하였다.

10 ④

개념 카테고리 | 중세의 우리 역사 > 정치 > 광종

| 정답 해설 | 제시된 사료는 '광종' 때 실시한 노비안검법에 관한 내용이다. 광종 때 빈민 구제 기금인 제위보를 설치하였고, 귀법사(주지: 균여)를 창건하였다. 또한 광덕, 준풍 등 독자적 연호를 사용하여 황제국을 표방하였다. ④ 성종 때 12목에 지방관을 파견하였다.

11 ①

개념 카테고리 | 중세의 우리 역사 > 정치 > 광종

| 정답 해설 | 제시된 자료의 밑줄 친 '왕'은 '광종'이다. 광종은 왕권을 강화하는 과정에서 대상 준홍과 좌승 왕동을 역모죄로 축출(960)하였으며, 쌍기의 건의를 받아들여 과거제를 시행(958)하였다. ① 광종은 노비안검법을 실시하였다(956).
| 오답 해설 | ② 공민왕은 신돈을 등용하고 전민변정도감을 설치하여 개혁을 추진하였다.
③ 경종 때 전시과를 처음 시행하였다(시정 전시과).
④ 성종은 12목을 설치하고 지방관을 파견하였다.

12 ③

개념 카테고리 | 중세의 우리 역사 > 정치 > 광종

| 정답 해설 | 제시된 사료는 광종 때 설치된 '제위보'에 대한 내용이다(광종 14년, 963). 빈민 구제 기금인 제위보는 춘궁기에 가난한 백성을 도와주거나 통행이 많은 길목에서 행인들의 식사를 지급하였으며, 질병 치료도 담당하였다.
광종은 혜종(왕규의 난), 정종 시기의 왕권 불안을 해소하기 위해 노비안검법과 과거제 등 왕권 강화 정책을 추진하였다. 또한 백관의 공복을 제정하여 관리의 기강을 확립하였다(광종 11년, 960). ③ 한편 광종은 칭제건원을 단행하여 왕을 황제라 호칭하고, 독자적 연호를 사용하였다(광덕, 준풍).
| 오답 해설 | ① 성종은 최승로의 건의를 받아들여 전국 주요 지역에 12목을 설치하고 지방관인 목사를 파견하였다.
② 경종 때 전시과 제도를 처음 시행하였다(시정 전시과).
④ 태조는 『정계』와 『계백료서』를 지어 관리가 지켜야 할 규범을 제시하였다.

13 ①

개념 카테고리 | 중세의 우리 역사 > 정치 > 성종

| 정답 해설 | 제시된 사료는 최승로가 고려 '성종'에게 올린 시무 28조이다. ① 성종은 양경(개경, 서경)과 12목에 물가 조절 기관인 상평창을 설치하였다.
| 오답 해설 | ② 광종은 귀법사를 창건하고 균여를 귀법사 주지로 삼아 불교를 정비하였다.
③ 예종은 국자감에 7재를 두어 관학을 부흥하고자 하였다.
④ 문종은 전지와 시지를 지급하는 경정 전시과를 실시하였다.

14 ④

개념 카테고리 | 중세의 우리 역사 > 정치 > 성종

| 정답 해설 | 제시된 사료는 최승로의 시무 28조 중 일부이며, 최승로의 건의를 받은 국왕은 '성종'이다. ④ 성종은 최고 교육 기관으로 국자감을 설립(992)하고, 지방에 12목을 설치하였다.
| 오답 해설 | ① 태조는 '취민유도'의 원칙을 세워 지나친 세금 징수를 금지하였다.
② 광종은 백관의 공복을 제정하여 자색(紫色), 단색(丹色), 비색(緋色), 녹색(綠色)으로 구분하였다(4색 공복 제도).
③ 예종은 청연각과 보문각을 세워 관학을 진흥시켰다.

15 ②

개념 카테고리 | 중세의 우리 역사 > 정치 > 최승로

| 정답 해설 | 제시된 사료는 『삼국유사』 「탑상」 편, 삼소관음(三所觀音) 중생사(衆生寺) 조에 수록된 '최승로'의 탄생 설화이다.
② 최승로는 성종에게 시무 28조를 건의하여, 국가 재정을 낭비하는 불교 행사를 억제하고, 유교 사상을 통치 이념으로 받아들일 것을 제안하였다.
| 오답 해설 | ① 통일 신라 경덕왕 시기에 재상을 지낸 김대성(700~774), ③ 통일 신라 말기 승려이자 풍수지리설의 대가 도선(827~898), ④ 통일 신라 말기~고려 초의 문신 최언위(868~944)에 대한 설명이다.

16 ①

| 개념 카테고리 | 중세의 우리 역사 > 정치 > 성종

| 정답 해설 | 제시된 자료에서 밑줄 그은 '왕'은 '성종'이다. ① 성종은 최승로의 건의를 받아들여 지방에 12목을 설치하고 지방관을 파견하였다.

| 오답 해설 | ② 예종은 관학 진흥을 위해 장학 재단인 양현고를 설치하였다.
③ 광종은 왕권을 강화하고 호족 세력을 약화시키기 위해 노비안검법을 실시하였다.
④ 공민왕은 신돈을 등용하고 전민변정도감을 설치하였다.
⑤ 태조는 빈민 구제 기관인 흑창을 처음 설치하였다.

17 ②

| 개념 카테고리 | 중세의 우리 역사 > 정치 > 최승로의 5조 정적평(5조 치적평)

| 정답 해설 | ② 최승로는 5조 정적평에서 혜종은 예를 갖추어 사부를 높였으며, 빈객과 관료들을 잘 대우하여 처음 즉위할 때는 여러 사람들이 기뻐하였다고 기술하였다.

| 오답 해설 | ① 태조는 후한 덕과 넓은 도량으로 후삼국을 통일하였고, 절약과 검소함을 숭상하여 궁궐이나 의복에 도를 넘지 않았으며, 통일을 이룬 이래로 정사에 부지런했다고 평가하였다.
③ 광종은 왕위에 오른 후 8년간은 정치를 잘하였으나, 쌍기가 귀화한 후 인사가 문란해졌다고 평가하였다. 또한, 밤마다 사람을 접견하고 날마다 손님을 초대하는 것을 즐거움으로 삼아 정사를 게을리하였다고 서술하였다.
④ 경종은 자질은 뛰어났지만 경험이 적어, 권신(權臣)에게 정권을 맡겨 정치가 어지러워졌으며, 거짓과 참의 구분이 없어서 상과 벌이 균등하지 않았다고 평가하였다.

18 ④

| 개념 카테고리 | 중세의 우리 역사 > 정치 > 최승로의 5조 정적평(5조 치적평)

| 정답 해설 | 최승로의 상소문은 5조 정적평과 시무 28조로 구분된다. 5조 정적평을 통해 최승로는 태조 이래 경종까지 5대 왕의 업적을 평가하고, 교훈으로 삼을 것을 권고하였다. ④ 최승로는 광종의 훈신 숙청과 쌍기의 등용 이후의 정치 상황을 혹독히 비판했다.

19 ④

| 개념 카테고리 | 중세의 우리 역사 > 정치 > 도병마사

| 정답 해설 | 제시된 자료의 괄호 안에 들어갈 정치 기구는 '도병마사'이다. ④ 도병마사는 국방 문제를 논의하는 기구로 운영되었고, 원 간섭기인 충렬왕 때 '도평의사사'로 개편되면서 국방뿐 아니라 인사, 행정 등을 관할하는 최고의 정무 기구로 성장하였다.

| 오답 해설 | ① 군사 기밀과 왕명 전달을 담당했던 기구는 중추원이었다.
② 고려 시대 삼사는 화폐와 곡식의 출납, 회계의 일을 담당하였다.
③ 어사대는 정치의 잘잘못을 논하고, 관리의 비리를 감찰하였다.

20 ④

| 개념 카테고리 | 중세의 우리 역사 > 정치 > 식목도감

| 정답 해설 | ④ 중서문하성의 재신(2품 이상)과 중추원의 추밀(2품 이상)은 도병마사와 '식목도감(각종 제도와 격식을 만드는 임시 기구)'에서 중요한 일을 논의하였다. 이것을 '재추합좌'라고 한다.

| 오답 해설 | ① 삼사는 단순 회계 기관, ② 상서성은 정책 집행 기관, ③ 어사대는 감찰 기관이다.

21 ③

| 개념 카테고리 | 중세의 우리 역사 > 정치 > 고려 전기 문산계와 무산계

| 정답 해설 | 고려 성종 시기에는 당나라의 문산계 및 무산계 관제를 도입하여 중앙의 관계와 향직을 정비하였다. 고려의 문·무산계 제도는 중국과는 달리 ③ 중앙의 문·무관 모두에게 문산계를 부여하는 것이었다. 한편 무산계는 지방의 향리, 노병(老兵), 탐라의 왕족, 여진 추장, 공장(工匠), 악인(樂人) 등에게 부여하였다.

22 ④

| 개념 카테고리 | 중세의 우리 역사 > 정치 > 중앙 정치 제도

| 정답 해설 | ④ 도병마사에서는 중서문하성의 재신과 중추원의 추밀이 참여하여(재추 합좌) 국방 문제를 논의하였다.

| 플러스 이론 | 고려 시대 중앙 통치 기구

- 중서문하성: 정책의 심의·결정, 재신(2품 이상)+낭사(낭관, 3품 이하)
- 상서성, 6부: 정책 집행
- 중추원: 군사 기밀과 왕명 출납, 추밀(2품 이상, 군사 기밀 담당)+승선(3품 이하, 왕명 출납 담당)
- 도병마사: 재신+추밀(재추 합좌 기구), 원 간섭 이후 도평의사사(도당)로 개칭·국가 최고 회의 기관으로 발전
- 식목도감: 재신+추밀, 법의 제정 및 각종 시행 규칙 제정
- 대간(대성, 성대): 어사대 관원+중서문하성의 낭사, 간쟁·봉박·서경권 행사 → 왕권 견제
- 삼사: 화폐와 곡식의 회계 출납

23 ④

| 개념 카테고리 | 중세의 우리 역사 > 정치 > 중앙 정치 제도 |

| 정답 해설 | ④ 원 간섭 시대에 중서문하성과 '상서성'은 첨의부로 통합되었고, 6부는 4사로 통폐합되었다. 한편 중추원은 밀직사로 개편되었다.

| 플러스 이론 | 원 간섭기 관제 변화

원 간섭 이전		원 간섭 이후
2성	중서문하성	첨의부
	상서성	
6부	이부	전리사
	예부	
	호부	판도사
	병부	군부사
	형부	전법사
	공부	(폐지)
도병마사		도평의사사
중추원		밀직사

24 ①

| 개념 카테고리 | 중세의 우리 역사 > 정치 > 한림원 |

| 정답 해설 | ① 고려 시대 '한림원'은 왕의 교서를 작성하던 기구였다. 태조 때 태봉의 제도에 따라 '원봉성'을 두었고, 뒤에 '학사원'으로 이름이 바뀌었다. 한편 '한림원'의 명칭은 현종 때 만들어졌다. 문종 때는 관원을 정해 판원사(재신 겸임)와 학사승지(정3품) 1명, 학사(정4품) 2명, 시독학사·시강학사 각 1명 등의 관원을 두었다.

| 오답 해설 | ② 홍문관은 조선 시대 세종 때의 집현전을 계승하여 성종 때 설립되었다. 옥당, 옥서, 영각으로 불리기도 했으며, 사헌부, 사간원과 함께 3사로 불렸다. 경연을 주관하고 왕의 정치적 자문에 응하는 역할을 했으며, 수장은 대제학이었다.
③ 전중성은 목종 때 설치되어 왕의 공상 및 왕족의 보첩(족보)에 관한 일을 관장하던 관청이다.
④ 비서성은 고려 시대 경적과 축문 작성 등에 관한 일을 관장하던 관청이다. 고려 초기 내서성으로 설치되었다가, 성종 14년(995)에 비서성으로 명칭이 바뀌었다.

25 ④

| 개념 카테고리 | 중세의 우리 역사 > 정치 > 지방 행정 제도 |

| 오답 해설 | ㄱ. 양계 지역은 군사 책임자인 병마사가 관할하였다.

| 플러스 이론 | 고려의 지방 행정 제도

1. 5도
   - 일반 행정 구역인 5도에 안찰사가 파견되어 각 지역을 순찰하였다.
   - 도 아래에 주·군·현과 특수 행정 구역인 향·부곡·소 등이 있었다.
   - 수령이 파견되는 주현보다 파견되지 않는 속현이 더 많았다.
2. 양계(동계, 북계)
   - 북방의 국경 지대에는 양계를 설치하여 군사 책임자인 병마사를 파견하였다.
   - 국방상의 요충지에는 진을 설치하였다.
3. 향리
   조세, 공물 징수와 노동력 징발 등 행정 실무를 담당하였다.

26 ③

| 개념 카테고리 | 중세의 우리 역사 > 정치 > 고려 시대 중앙·지방 제도 |

| 정답 해설 | 제시된 자료 중 '중방 서리', '도병마녹사'는 고려의 직책이며, 원종은 고려의 왕이다. ㄱ. 고려 시대에는 주현(지방관이 파견된 지역)보다 속현(지방관이 파견되지 않은 지역)이 많았고, ㄷ. 중서문하성의 낭사와 어사대의 관원들을 대간(= 대성, 성대)이라고 불렀다.

| 오답 해설 | ㄴ. 조선 시대에 모든 군현에 지방관이 파견되었다.
ㄹ. 조선 시대에는 전국을 8도로 나누고, 부·목·군·현에 지방관을 파견하였다.

27 ①

| 개념 카테고리 | 중세의 우리 역사 > 정치 > 군사 조직 |

| 정답 해설 | 고려 시대 군사 제도는 중앙의 2군 6위, 지방의 주현군과 주진군으로 이루어졌다. ① 지방군 중 5도에는 (가) '주현군'을, 양계에는 (나) '주진군'을 배치하였다. 한편 (다) '중방'은 2군 6위의 정·부 지휘관인 상장군과 대장군으로 구성된 무신 합좌 기관이었다.

28 ①

| 개념 카테고리 | 중세의 우리 역사 > 정치 > 군사 제도 |

| 정답 해설 | ① 북방의 양계(동계, 북계)에는 주진군이 설치되었다.

29 ②

개념 카테고리 중세의 우리 역사 > 정치 > 과거 제도

| 정답 해설 | ② 고려 시대에는 공양왕 때 정식으로 무과가 설치되었으나, 고려 전체를 고려해 본다면 무과가 없었던 것이나 다름없었다.

30 ①

개념 카테고리 중세의 우리 역사 > 정치 > 과거 제도

| 정답 해설 | ① 고려 시대에는 무관을 선발하는 무과는 거의 시행되지 않았다.

| 플러스 이론 | 고려 시대의 관리 임용 제도

1. 과거 제도
   - 광종 9년(958) 호족들의 힘을 약화시키고, 왕권을 강화할 목적으로 시행하였다.
   - 과거 시험: 제술업, 명경업, 잡과(기술관 선발 시험), 승과
   - 무과: 고려 시대 무과는 없었던 것과 다름없었다(정식 채택: 공양왕 시기).
   - 응시자: 법제적으로 양인 이상은 과거에 응시할 수 있었으나, 실제로 제술업과 명경업에는 귀족과 향리의 자제들이 응시하였고, 잡과에는 일반 백성도 지원하였다.

2. 음서
   - 공신이나 5품 이상의 고위 관료의 자손 등은 과거를 거치지 않고도 관료가 될 수 있는 음서의 혜택을 받았다.
   - 고려의 관료 체제가 귀족적 특성을 지녔음을 보여 준다.

31 ①

개념 카테고리 중세의 우리 역사 > 정치 > 음서 제도

| 정답 해설 | ㄱ. 고려 시대에는 공신과 종실의 후손 외에도 5품 이상 관료의 아들, 손자, 사위, 동생들에게 음서의 혜택이 주어졌으며, ㄷ. 10세 미만이 음직을 받은 사례도 있었다.

| 오답 해설 | ㄴ. 고려 시대 음서 출신자들은 한품의 제약이 없었기 때문에 5품 이상의 고위 관직에 오를 수 있었다.

ㄹ. 고려 시대 음서 중 5품 이상 문무 관리의 자손을 대상으로 시행된 음서는 연중 어느 때나 제수되었으며, 이 외에도 국왕의 즉위 및 태후·태자의 책봉과 같은 국가의 경사가 있을 때 부정기적으로 시행되었다.

32 ④

개념 카테고리 중세의 우리 역사 > 정치 > 음서 제도

| 오답 해설 | ㄱ. 음서는 성종 때 처음 실시된 것으로 보고 있다.
ㄴ. 고려 시대에는 음서 출신도 고위 관직에 진출할 수 있었다.

33 ②

개념 카테고리 중세의 우리 역사 > 정치 > 숙종

| 정답 해설 | ㉠ 고려 숙종 때 윤관의 건의로 별무반이 설치되었고(1104), 대각국사 의천은 송에서 귀국한 뒤 화폐 주조의 필요성을 건의하였다. 숙종은 이 건의를 받아들여 주전도감을 설치하고 ㉢ 삼한통보, 해동통보, 해동중보와 활구(은병)를 발행하였으나 널리 유통되지는 못하였다.

| 오답 해설 | ㉡ 삼별초는 무신 정권 때 최우의 사병 집단이었으며, 이후 몽골과의 강화에 반대하여 진도, 제주도로 근거지를 옮겨가며 끝까지 저항하였다.

㉣ 광종은 과거 제도와 더불어 노비안검법을 실시하여 호족 세력을 약화시키고 왕권 강화를 실현하였다.

34 ②

개념 카테고리 중세의 우리 역사 > 정치 > 인종

| 정답 해설 | 제시된 사료 중 "자신의 생일을 인수절(仁壽節)이라고 불렀다."는 내용을 통해 '그'는 이자겸이며, 밑줄 친 '왕'은 '인종'임을 알 수 있다. ② 인종의 명으로 김부식 등은 기전체 역사서인 『삼국사기』를 편찬하였다(인종 23년, 1145).

| 오답 해설 | ① 현종 때 강조의 정변(목종을 폐위하고 현종을 옹립)을 명분으로 거란의 성종이 40만 대군을 이끌고 고려를 침략하였다(거란의 2차 침략, 1010).

③ 예종은 국자감에 7재를 두어 유교 교육을 전문화시켰으며, 청연각·보문각 등을 설치하여 학문을 연구·토론하게 하였다.

④ 예종 때 홍관의 『편년통재속편』(1116), 김인존 등이 풍수지리서를 집대성한 『해동비록』(1106)이 편찬되었다.

35 ③

개념 카테고리 중세의 우리 역사 > 정치 > 인종

| 정답 해설 | 제시된 사료는 이자겸 등의 주장으로, 금과 사대 관계를 체결했던 (가) '인종' 때의 사실이다. ③ 인종 때 묘청 등은 서경 천도 운동을 추진하면서 서경에 대화궁을 짓고, 칭제건원(황제를 칭하고, 독자적 연호를 사용하자)을 주장하였다.

| 오답 해설 | ① 도병마사가 도평의사사로 개편된 것은 충렬왕 때이다.

② 성리학을 처음 소개한 인물은 충렬왕 때 안향이며, 신진 사대부들은 성리학을 적극적으로 수용하면서 『소학』과 『주자가례』를 보급하였다.

④ 몽골의 침략에 대응하기 위해 강화도로 천도한 것은 최우 집권 시기이다(고종 19년, 1232).

36 ①

개념 카테고리 중세의 우리 역사 > 정치 > 묘청과 김부식

| 정답 해설 | (가) '묘청', (나) '김부식'이다.
ㄱ. 묘청은 서경 천도에 실패하자, 1135년 서경에서 반란을 일으켰다. 이때 국호를 대위, 연호를 천개, 군대 이름을 천견충의군으로 정했다.
ㄷ. 김부식은 당시 개경 중심의 문벌 귀족을 대표하는 인물이었다.
| 오답 해설 | ㄴ. 묘청은 칭제건원과 금나라(여진) 정벌을 주장하였다.
ㄹ. 김부식이 편찬한 『삼국사기』는 기전체 역사서이다.

37 ④

개념 카테고리 중세의 우리 역사 > 정치 > 중세의 주요 사건

| 정답 해설 | 제시된 사건의 순서는 다음과 같다. ④ (다) 이자겸의 난(1126) – (나) 김부식, 묘청의 난 진압(1136) – (가) 무신 정변(1170)

38 ④

개념 카테고리 중세의 우리 역사 > 정치 > 이의민

| 정답 해설 | ④ 경주의 노비 출신인 '이의민'은 무신 정변에 참여한 후 중랑장, 장군 등으로 승진하였다.

39 ④

개념 카테고리 중세의 우리 역사 > 정치 > 최충헌

| 정답 해설 | 제시된 사료는 최충헌 집권기의 노비인 만적의 난과 관련된다. 따라서 (가)는 '최충헌'이다. ④ 최충헌은 이의민을 제거하고 권력을 잡은 후, 명종에게 봉사 10조라는 사회 개혁안을 제시하였다.
| 오답 해설 | ①② 정방과 야별초는 최우가 설치하였다.
③ 이의방을 제거하고 권력을 장악한 사람은 정중부이다. 최충헌은 이의민을 제거하고 권력을 장악하였다.

| 플러스 이론 | **최충헌의 봉사 10조**

❶ 왕은 정전(正殿, 연경궁)에 들어가 영명(永命)을 받을 것
❷ 무능하고 불필요한 관원을 감축하고 녹봉(祿俸)의 수량에 따라 관직을 제수할 것
❸ 토지 제도를 정비하여 부당한 토지 겸병(兼倂)을 시정하고, 빼앗은 땅을 원래 주인에게 되돌려 줄 것
❹ 어진 관리를 뽑아 지방 관직에 배치하여 세력가가 백성의 재산을 착취하지 못하도록 할 것
❺ 제도(諸道)의 사(使)에게 공진(供進)을 금하고 오로지 사문(查問)으로써 직책을 삼도록 할 것
❻ 승려들을 물리쳐 궁전 출입을 금하고 곡식의 이식(利息)을 취하지 못하게 할 것
❼ 지방 수령에게 명하여 관리들의 능력 보고를 하게 하고, 능한 자는 올려주며 무능한 자는 징계할 것
❽ 백관에게 훈계하여 사치를 금하고, 검약을 숭상케 할 것
❾ 음양관(陰陽官)으로 사원(寺院) 자리의 지덕을 조사케 하고, 비보(裨補) 사찰 이외의 것은 모두 없앨 것
❿ 측근 관리를 가려 뽑아 아첨하는 무리를 경계할 것

40 ②

개념 카테고리 중세의 우리 역사 > 정치 > 최우

| 정답 해설 | 몽골 침략 시기 강화도로 천도를 주도한 인물은 (A) '최우'이다. 가. 최우는 김생, 유신, 탄연과 함께 신품 4현으로 일컬어졌으며, 다. 사병 집단인 야별초를 조직하였다.
| 오답 해설 | 나. 최우는 인사권을 장악하기 위해 정방을 설치했으나, 교정도감을 폐지하지는 않았다.
라. 사병 집단인 도방을 처음 설치한 인물은 경대승이다.

41 ③

개념 카테고리 중세의 우리 역사 > 정치 > 무신 정권 시기의 난

| 정답 해설 | 첫 번째 사건은 동북면 병마사였던 김보당이 의종 복위를 위해 일으킨 난('김보당의 난')이며(1173), 두 번째 사건은 서경 유수 '조위총의 난'이다(1174). 위의 두 변란은 무신 정변(1170) 직후인 ③ (다) 기간에 일어났으며, 무신 정권을 타도하려 했다는 공통점이 있다.

42 ④

개념 카테고리 중세의 우리 역사 > 정치 > 고려 시대의 반란

| 정답 해설 | 1173년 김보당이 무신 정변으로 폐위된 의종 복위를 명분으로 반란을 일으켰다(김보당의 난). ④ 김사미·효심의 난은 신라 부흥을 명분으로 1193년에 일어났다.
| 오답 해설 | ① 고려 전기 최대의 문벌 귀족이자 왕실 외척이었던 이자겸은 척준경과 함께 난을 일으켰다(이자겸의 난, 1126).
② 묘청은 서경으로의 천도를 시도하였으나 실패하자 반란을 일으켰다(1135).
③ 최광수는 고구려 부흥을 기치로 내걸며 난을 일으켰다(1217, 고종 4년).

43 ①

개념 카테고리 중세의 우리 역사 > 정치 > 무신 정권 시기의 사건 순서

| 정답 해설 | 제시된 사건의 순서는 다음과 같다.
(가) 김보당의 난(1173)
(나) 경대승 사망 후 이의민의 권력 장악(1183)

(다) 김사미와 효심의 난(1193)
(라) 1196년 이의민을 제거하고 권력을 잡은 최충헌이 최고 권력 기구인 교정도감 설치(1209)

44 ①

개념 카테고리 중세의 우리 역사 > 정치 > 무신 정권 시기의 사건 순서

| 정답 해설 | 제시된 사건은 모두 무신 정권 시기에 일어난 하층민의 봉기이며 순서는 다음과 같다.
㉠ 망이·망소이의 난(1176, 정중부 집권기)
㉣ 만적의 난(1198, 최충헌 집권기)
㉡ 광명·계발의 난(1200, 최충헌 집권기)
㉢ 이비·패좌의 난(1202, 최충헌 집권기)

45 ①

개념 카테고리 중세의 우리 역사 > 정치 > 만적의 난

| 정답 해설 | 제시된 내용은 최충헌 집권 시기(1196~1219)에 일어난 '만적의 난(1198)' 사료이다. 따라서 무신 정권 시기의 시대 상황이 아닌 것을 고르는 문제이다. ① 최충의 9재 학당은 문종 때 설립되었으며, 9재 학당(문헌공도) 등 사학 12도가 융성했던 시기는 고려 중기이다.
| 오답 해설 | ② 최충헌 집권 시기에 경주 일대에서 이비·패좌의 난(1202)과 같은 신라 부흥 운동이 일어났다.
③ 무신 정권 시기에는 정혜쌍수, 돈오점수를 강조한 지눌의 수선사 결사 운동이 전개되었다.
④ (무신 정권 시대를 포함한) 고려 시대에 소(所)의 거주민은 금, 은, 철 등 광물이나 수공업 제품을 생산하여 국가에 납부하였다.

46 ①

개념 카테고리 중세의 우리 역사 > 정치 > 고종

| 정답 해설 | 제시된 내용은 1237년(고종 24년) 전라도 담양에서 일어난 이연년 형제의 난이다. 따라서 '고종' 재위 시기(1213~1259)에 해당하지 않는 사실을 고르는 문제이다. ① 묘련사는 1284년(충렬왕 10년)에 창건된 왕실의 원찰(願刹)이었다.
| 오답 해설 | ② 1216년(고종 3년), 요세는 강진 만덕사에서 백련(사)결사를 조직하였다.
③ 1215년(고종 2년), 각훈은 고종의 명령에 따라 『해동고승전』을 편찬하였다.
④ 1236년(고종 23년) 최우는 대장도감(大藏都監)을 설치하고, '수기' 스님을 총책임자로 임명하여 재조대장경을 조판하였다(완성: 최항 집권 시기, 1251, 고종 38년).

47 ③

개념 카테고리 중세의 우리 역사 > 정치 > 강조

| 정답 해설 | 제시된 사료의 (가)는 '강조'이다. 강조는 거란의 2차 침입(현종 1년, 1010) 때 통주에서 패하여 포로가 되었다. 당시 거란(요)의 성종이 자신의 신하가 되어 달라고 권유하였으나, 강조는 이를 거절하여 결국 처형되었다. ③ 강조는 정변을 일으켜 목종을 폐하고 현종을 옹립하였다. 강조의 정변은 거란의 2차 침입의 원인이 되었다.
| 오답 해설 | ① 인종 때 김부식이 묘청의 난을 진압하였다.
② 숙종 때 윤관은 여진 정벌을 위해 별무반 편성을 건의하였다.
④ 거란의 1차 침입 당시 서희는 외교 담판을 통해 강동 6주를 획득하였다.

48 ④

개념 카테고리 중세의 우리 역사 > 정치 > 거란의 2차 침입

| 정답 해설 | 제시된 사료에서 '양규', '흥화진'을 통해 거란의 2차 침입에 대한 것임을 알 수 있다. ④ 초조대장경은 고려 현종 때 부처의 힘을 빌어 거란의 침략을 막고자 제작되었다. 대구 부인사에 보관되었던 초조대장경은 몽골 2차 침입 시기에 소실되었다.
| 오답 해설 | ① 고려는 윤관의 건의를 받아들여 별무반을 편성하여 여진족을 정벌하고 동북 9성을 축조하였다(1107).
② 승려 김윤후는 몽골의 2차 침입 시기 처인성에서 적장 살리타를 사살하고 몽골군을 격퇴하였다.
③ 최무선을 중심으로 화통도감을 설치하고(1377) 화포를 제작하여 진포에 침입한 왜구를 물리쳤다.

49 ④

개념 카테고리 중세의 우리 역사 > 정치 > 귀주 대첩 이후의 일

| 정답 해설 | 제시된 사건은 거란의 3차 침입 때 발생한 강감찬의 귀주 대첩이다. ④ 고려는 거란의 3차례의 침입을 막아낸 이후 압록강에서 도련포까지 천리장성을 축조하였다(덕종, 1033~정종, 1044).
| 오답 해설 | ① 거란의 1차 침입 당시(성종 12년, 993) 서희의 외교 담판을 통해 강동 6주를 획득하였다.
② 강조의 정변(1009)으로 목종이 폐위되고 현종이 옹립되었다. 이 사건은 거란의 2차 침략의 원인이 되었다.
③ 태조 때는 만부교 사건 등 대(對)거란 강경 정책이 추진되었다.

50 ④

개념 카테고리 중세의 우리 역사 > 정치 > 별무반

| **정답 해설** | 밑줄 친 '새로운 군대'는 여진족 정벌을 위해 윤관이 편성한 '별무반'이다. 별무반은 신기군(기병), 신보군(보병), 항마군(승병)으로 구성되었다. ④ 예종 때 윤관은 별무반을 중심으로 여진족을 격퇴하였다.

| **오답 해설** | ① 강감찬, ② 최영·이성계, ③ 김윤후의 활약에 대한 설명이다.

51 ②

개념 카테고리 중세의 우리 역사 > 정치 > 여진과의 관계

| **정답 해설** | 빈칸의 국가를 상국으로 대우하는 일(사대 관계를 맺는 일)에 이자겸, 척준경이 찬성했다는 내용을 통해 빈칸의 국가가 여진족이 세운 '금(金)'임을 알 수 있다. ② 묘청 일파는 서경 천도 운동을 추진하면서 금국 정벌과 칭제건원(황제국을 표방하고, 독자적 연호를 사용하자)을 주장하였다.

| **오답 해설** | ① 현종은 거란(요)의 2차 침입 당시 나주까지 피난하였다.
③ 고려는 몽골과 함께 강동성에 포위된 거란족을 격파하였다(강동의 역, 1218~1219).
④ 정종은 거란족을 방어하기 위해 광군을 설치하였다(947).

52 ③

개념 카테고리 중세의 우리 역사 > 정치 > 윤관의 여진 정벌과 교정도감 설치 사이 시기의 일

| **정답 해설** | (가) 예종 때 여진 정벌 및 동북 9성의 설치(1107)와 (나) 최충헌의 교정도감 설치(희종, 1209) 사이의 역사적 사실을 고르는 문제이다. ㄴ. 이자겸의 난(1126), ㄷ. 묘청의 서경 천도 운동(1135)은 모두 인종 때 일어난 사건이다.

| **오답 해설** | ㄱ. 몽골의 2차 침입 때 최우는 대몽 항쟁을 위해 강화도로 천도하였다(1232).
ㄹ. 거란의 3차 침입 때 강감찬이 귀주에서 승리하였다(귀주 대첩, 현종 10, 1019).

53 ④

개념 카테고리 중세의 우리 역사 > 정치 > 몽골과의 관계

| **정답 해설** | 제시된 사료는 '몽골'의 1차 침입 당시(1231) 박서의 귀주성 전투에 해당한다. ④ 고려의 김방경 등은 몽골과 함께 여·몽 연합군을 구성하여 제주도의 삼별초를 진압하였다(1273).

| **오답 해설** | ① 윤관은 예종 때 별무반을 동원하여 여진족을 정벌하고, 동북 지방에 9성을 축조하였다.
② 홍건적은 공민왕 때 2차례에 걸쳐 대규모로 침략하였다.
③ 우왕 때 이성계는 황산 대첩을 통해 왜구의 침입을 물리쳤다.

54 ④

개념 카테고리 중세의 우리 역사 > 정치 > 대외 항쟁

| **정답 해설** | 제시된 사건의 순서는 다음과 같다.
ㄹ. 거란의 2차 침입(현종, 1010)
ㄷ. 별무반의 조직(숙종, 1104)
ㄱ. 몽골의 1차 침입(고종, 1231)
ㄴ. 삼별초 항쟁의 시작(원종, 1270)

55 ④

개념 카테고리 중세의 우리 역사 > 정치 > 대외 항쟁

| **정답 해설** | ④ 공민왕 시기에는 홍건적이 두 차례나 침략해왔다. 1차 침입 때는 서경까지 쳐들어왔으나 이방실·이승경 등이 격퇴하였고, 2차 침입 때는 개경까지 침입하여 왕이 한때 복주(안동)까지 피난하였으나 이방실·정세운·안우·최영·이성계 등이 이를 격퇴하였다.

| **오답 해설** | ① 12세기 초 숙종 때 윤관의 건의로 별무반을 편성하였으며, 예종 때 별무반을 동원하여 여진족을 축출하고 동북 지방 일대에 9개의 성을 쌓았다.
② 몽골의 2차 침입 때 부인사 대장경(초조대장경), 3차 침입 때 황룡사 9층 목탑 등 많은 문화재가 소실되었다.
③ 고려 정부가 개경으로 환도하자(원종의 개경 환도령, 1270), 삼별초는 진도와 제주도로 근거지를 옮기면서 대몽 항쟁을 계속하였다(1270~1273).

56 ④

개념 카테고리 중세의 우리 역사 > 정치 > 몽골 침입기의 사건

| **정답 해설** | 몽골 침입 시기는 최우 집권기인 1231년(1차 침입)~1270년(원종의 개경 환도 선언)까지이다.
ㄷ. 1234년 『상정고금예문』을 금속 활자로 인쇄하였다.
ㄹ. 강화 천도 시기인 1259년 고종의 뒤를 이어 원종이 즉위하였다.

| **오답 해설** | ㄱ. 만적의 난(1198, 최충헌 집권 시대)과 ㄴ. 김보당의 난(1173)은 모두 몽골 침입 이전의 사실이다.

57 ④

개념 카테고리 중세의 우리 역사 > 정치 > 무신 정권 시기의 일

| 정답 해설 | 제시된 사료는 '무신 정권 시기'에 살았던 이규보의 『동국이상국집』 중 일부이다. 사료의 "오랑캐"는 몽골군이다. 강화 천도 이후에 몽골군이 강화도 맞은편에 나타나 고려를 위협하자, 이규보는 몽골군이 바다를 건너지 못할 것이라는 내용의 시를 지었다. ④ 야별초는 최우 집권 시기에 설치된 사병 조직으로, 처음에는 나라 안의 도적을 막는 역할을 담당하였다. 이후 야별초는 좌별초와 우별초로 분리되었고, 신의군(몽골의 포로가 되었다가 돌아온 사람들을 중심으로 조직)과 함께 삼별초를 구성하였다.

| 오답 해설 | ① 숙종 때 별무반이 조직(1104)되었고, 예종 때 윤관이 별무반을 이끌고 여진을 정벌하였다(9성 축조, 1107).
② 고려 태조는 거란이 보낸 사신들을 유배 보냈고, 선물로 보낸 낙타를 만부교 아래에 묶어 굶겨 죽였다(만부교 사건, 942).
③ 거란의 2차 침략(1010) 당시 현종은 나주로 피난했다.

58 ③

개념 카테고리 중세의 우리 역사 > 정치 > 몽골·고려 강화 조약

| 정답 해설 | 제시된 사료는 '원종과 원의 세조(쿠빌라이 칸) 사이에 체결된 강화 조약[1259, 세조구제(世祖舊制)]'에 해당한다. 고려는 몽골과의 강화 이후 수도를 개경으로 환도하였다. 이후 여몽 연합군은 두 차례의 일본 정벌(1274, 1281)을 단행하였으나 실패하였다. 정동행성(정동행중서성)은 2차 일본 정벌을 준비할 당시 설립된 기구이다(1280). 한편 사림원은 원 간섭 시기인 충선왕 때 설치된 개혁 기구이다(1298). ③ 몽골과의 전쟁 당시 조휘, 탁청 등이 철령 이북의 땅을 몽골에 바쳤다. 이후 몽골은 이곳에 쌍성총관부를 설치하였다(1258).

59 ①

개념 카테고리 중세의 우리 역사 > 정치 > 몽골과의 관계

| 정답 해설 | 제시된 사건의 순서는 다음과 같다.
ⓒ 고려가 몽골과 연합하여 강동성에서 거란족을 몰아냈다(강동의 역, 1218~1219).
ⓔ 처인성에서 김윤후가 쏜 화살을 맞고 살리타가 전사했다(몽골의 2차 침입, 처인성 전투, 1232).
ⓐ 무신 정권이 무너지고 개경으로 환도했다(원종 11년, 1270).
ⓓ 충렬왕 원년(1275) 중서문하성과 상서성이 합쳐져 첨의부가 되었다.

60 ③

개념 카테고리 중세의 우리 역사 > 정치 > 원 간섭기 고려의 국가 체제

| 정답 해설 | ③ 원 간섭기에 기존의 관제가 격하되어 중서문하성과 상서성은 첨의부로 통합되었고, 6부는 4사 체제로 개편되었다.

| 오답 해설 | ① 몽골의 간섭을 받았지만, 고려는 독립국의 지위를 유지하였다.
② 정동행성의 승상은 고려의 왕이 겸임하였다.
④ 대막리지는 고구려 말기의 집정 대신이었다.

61 ③

개념 카테고리 중세의 우리 역사 > 정치 > 고려 후기 개혁 기구

| 정답 해설 | 충선왕 때의 개혁 기구는 ㉠ '사림원'이며, 충목왕 시기의 개혁 기구는 ㉡ '정치도감'이다.

| 오답 해설 | 편민조례추변도감은 충혜왕 때 설치된 기구이다.

62 ④

개념 카테고리 중세의 우리 역사 > 정치 > 충선왕의 업적

| 정답 해설 | 제국대장공주(충렬왕의 비)의 아들은 '충선왕'이다. 충선왕은 상왕으로 물러난 후 ④ 원나라에 만권당을 설립하여 고려의 학자들(대표 인물: 이제현)이 원의 학자들(대표 인물: 조맹부)과 교류하게 하였다.

| 오답 해설 | ① 인종 시기 묘청 등의 건의로 서경에 대화궁을 짓고 그 안에 팔성당을 설치하였다.
② 예종은 국자감을 '국학'으로 개칭하고, 장학 재단인 양현고를 설치하였다.
③ 공민왕은 유인우로 하여금 쌍성총관부를 비롯한 철령 이북의 땅을 무력으로 수복하게 하였다.

63 ③

개념 카테고리 중세의 우리 역사 > 정치 > 충숙왕의 업적

| 정답 해설 | ③ 충숙왕은 권문세족들이 불법으로 점유한 토지와 노비를 본 주인에게 돌려주기 위하여 찰리변위도감을 설치하였다.

| 오답 해설 | ① 충렬왕, ② 충선왕, ④ 충목왕의 업적이다.

64 ①

개념 카테고리 중세의 우리 역사 > 정치 > 몽골의 2차 침략, 공민왕

| **정답 해설** | 〈보기 1〉은 몽골의 1차 침략 당시(1231)의 충주성 전투, 〈보기 2〉는 공민왕 5년(1355) 원의 연호인 지정을 쓰지 않겠다는 교지(반원 자주 정책의 의지)이다. ① 화통도감이 설치된 것은 1377년(우왕 3년)이다.

| **오답 해설** | ② 정동행성은 1280년(충렬왕 6년), 여몽 연합군의 2차 일본 정벌을 위해 설치되었다.
③ 원 간섭기에는 새로운 지배 세력으로 권문세족이 출현했다.
④ 『삼국유사』, 『제왕운기』는 충렬왕 때 편찬되었다.

| **플러스 이론** | **공민왕의 반원 자주 의식**

> 공민왕 5년(1355) 6월, 원나라 연호인 지정을 쓰지 않고 교지를 내렸다. "크게 생각하건대 태조께서 나라를 세우시고, 여러 성인들이 종묘사직을 지켜왔다. 그러나 요사이 나라 풍속이 크게 바뀌어 오직 권세만 추구하게 되었다. 기철 등이 군주를 놀라게 하여 나라 법을 혼란에 빠트려 관리 선발, 인사이동을 마음대로 하였다. 또 다른 사람의 땅과 노비도 함부로 빼앗는다. 이것이 과인이 덕이 없는 탓인가 기강이 서지 아니하여 통제할 방법이 없음인가? 깊이 그 까닭을 생각하니 늘 슬프게 되노라."
> – 『고려사』 –

65 ①

개념 카테고리 중세의 우리 역사 > 정치 > 공민왕

| **정답 해설** | 제시된 사료는 홍건적의 2차 침략 당시 '공민왕'이 복주(현재의 안동)까지 몽진(왕의 피난)했음을 보여준다. ① 공민왕 때 이제현의 『사략』이 편찬되었다(공민왕 6년, 1357).

| **오답 해설** | ② 『직지심체요절』은 우왕 때 청주 흥덕사에서 금속 활자로 인쇄되었다(1377).
③ 1389(창왕 원년) 박위는 100척의 함대를 이끌고 왜구의 소굴인 대마도를 정벌하였다.
④ 민지의 『본조편년강목』은 충숙왕 때 편찬되었다(1317).

66 ②

개념 카테고리 중세의 우리 역사 > 정치 > 공민왕의 업적

| **정답 해설** | 제시된 사료는 '공민왕' 시기 성균관 부흥과 관련된 내용이다. ② 공민왕은 신돈을 등용하여 전민변정도감을 설치하고, 권문세족의 영향력을 약화시키려 하였다.

| **오답 해설** | ① 충선왕 때 각염법이 처음 실시되어 소금 전매제가 시행되었다.
③ 충목왕은 개혁 기구로서 정치도감을 설치하였다.
④ 충렬왕 때 원은 일본 정벌을 위해 개경에 정동행성을 설치하였다.

67 ③

개념 카테고리 중세의 우리 역사 > 정치 > 전민변정도감

| **정답 해설** | 제시된 사료 중 '신돈', '도감의 설치'를 통해 (가)가 전민변정도감임을 알 수 있다. ③ 공민왕 때 설치된 전민변정도감을 통해 권문세족들이 불법적으로 점유한 토지를 원래 주인에게 돌려주고, 불법적으로 노비가 된 사람들을 일반 양인으로 환원시켰다.

| **오답 해설** | ① 고려 시대 경시서는 시전의 물가를 감독하는 임무를 담당하였다.
② 고려 시대 삼사는 국가 재정의 출납과 회계 업무를 담당하였다.
④ 개경 환도(1270) 이후, 원종은 부족한 녹봉을 보충하고자 관료에게 녹과전을 지급하였다.

68 ③

개념 카테고리 중세의 우리 역사 > 정치 > 우왕

| **정답 해설** | 밑줄 친 '이 기구'는 '우왕' 때 설치된 화통도감이다. ③ 우왕 때 명의 철령위 설치 통보에 반발하여, 최영을 중심으로 요동 정벌을 추진하였다.

| **오답 해설** | ① 만권당은 충선왕이 상왕으로 물러난 후 북경에 세운 학문 연구소이며, 이제현 등의 고려 유학자와 조맹부 등의 원의 학자들이 교류하던 학술 공간이었다.
② 공민왕은 성균관을 순수한 유학 교육 기관으로 개편하고 유학 교육을 강화하였다.
④ 정치도감은 충목왕 때의 개혁 기구이다.

69 ④

개념 카테고리 중세의 우리 역사 > 정치 > 우왕

| **정답 해설** | 제시된 자료의 밑줄 친 '왕'은 고려 '우왕'이다. 우왕은 공민왕이 죽은 후 이인임의 추대로 왕위에 올랐다. ④ 1388년(우왕 14년)에 요동 정벌을 위해 출병한 이성계는 위화도에서 회군한 후 최영을 제거하고 권력을 장악하였다.

| **오답 해설** | ① 세종 1년(1419)에 이종무는 왜구의 근거지인 쓰시마섬(대마도)를 정벌하였다.
② 삼별초는 원종의 개경 환도 명령을 거부하고 대몽 항쟁을 전개하였다(1270~1273).
③ 공민왕 때 쌍성총관부를 공격하여 철령 이북 지역을 수복하였다(1356).

| 플러스 이론 | 우왕 대의 주요 사건

- 이인임 축출: 우왕이 즉위한 이후, 이인임 등의 권문세족이 전횡을 일삼자 최영, 이성계 등이 이인임을 제거하였다.
- 철령위 설치 통보: 우왕이 친원 정책을 표방하면서 명(明)의 감정을 자극하였다. 이에 명은 쌍성총관부가 있던 철령 이북의 땅을 차지하고자 이곳에 철령위(鐵嶺衛) 설치를 통보해 왔다.
- 요동 정벌: 당시 최고 집권자였던 최영은 명의 철령위 설치 통보에 반발하며 요동 정벌을 단행하였다.
- 위화도 회군(1388): 이성계는 위화도에서 회군하여 최영을 제거한 뒤, 우왕을 폐위시켰다.

70 ④ 中

개념 카테고리 중세의 우리 역사 > 정치 > 위화도 회군 이후의 역사

| 정답 해설 | 위화도 회군(1388) 이후 이성계 등은 최영을 제거하고, 우왕을 폐위하였다. 우왕의 아들 창왕도 폐가입진(廢假立眞: 가짜 왕을 폐하고, 진짜 임금을 세우다.)을 명분으로 폐위하고 공양왕을 옹립하였다. ④ 황산 대첩은 1380년(우왕 6년), 이성계 등이 전라도 지리산 부근 황산(荒山)에서 왜구를 격퇴한 전투이다.

| 오답 해설 | ① 조준 등 혁명파 신진 사대부는 전제 개혁을 통해 과전법을 공포(1391)하였다.
② 1392년 이방원은 온건파 신진 사대부인 정몽주를 제거하였고, 공양왕의 양위를 받아 이성계가 새로운 왕으로 즉위하였다(조선 왕조의 개창).
③ 이성계(태조)는 1394년 한양으로 도읍을 옮겼다.

71 ① 上

개념 카테고리 중세의 우리 역사 > 정치 > 왜구

| 정답 해설 | 제시된 사료는 고려 말 이성계가 황산 전투에서 왜구를 격퇴한 사실을 보여준다. 따라서 밑줄 친 '살아 도망간 자'는 '왜구'이다. ① 홍건적의 2차 침략 당시 개경 수복의 공신이었던 정세운, 이방실, 김득배 등은 김용의 모략으로 살해되었다.

72 ④ 中

개념 카테고리 중세의 우리 역사 > 정치 > 요동 정벌 운동

| 정답 해설 | ④ 이방원은 태조의 요동 정벌 운동을 반대하였고, 정도전과 대립하였다.

| 오답 해설 | ① 우왕 시기 고려가 '친원 정책'을 표방하여 명의 감정을 자극하자, 명은 쌍성총관부가 있던 지역에 '철령위'를 설치하여 명의 영토에 편입시키려 하였다(우왕 14년, 1388). 이에 고려와 명이 대립하게 되었고, 최영은 요동 정벌을 추진하였다.
②③ 명은 하정사의 표문(명에 보내는 국서) 내용이 불손하다고 트집을 잡아, 정도전의 압송을 요구하였다(표전정국). 이러한 명의 태도에 격분한 정도전과 남은은 태조의 호응을 받아 군량미를 비축하고 병력을 증강해 진도 강습을 강화하는 등 일련의 요동 정벌을 계획하였다.

73 ① 上

개념 카테고리 중세의 우리 역사 > 정치 > 고려 말에서 조선 초의 역사적 사실

| 정답 해설 | (가)는 '우왕' 재위 시기이다. ① 김용이 왕을 시해할 목적으로 흥왕사에 침범했다가 최영에 의해 격퇴된 사건(흥왕사의 변)은 공민왕 재위 시기의 사실이다.

| 오답 해설 | ② 이성계 일파는 위화도 회군(1388) 이후 권력을 장악하였고, 폐가입진(가짜를 폐하고 진짜를 세운다)을 내세워 우왕과 창왕을 신돈의 자손으로 규정하여 폐위시키고 공양왕을 옹립하였다.
③ 태조 때 명은 하정사의 표문(명에 보내는 국서) 내용이 불손하다고 트집 잡아, 정도전의 압송을 요구하였다(표전정국). 이러한 명의 태도에 격분한 정도전과 남은은 태조의 호응을 받아 군량미를 비축하고 병력을 증강해 진도 강습을 강화하는 등 요동 정벌을 계획하였다.
④ 박포는 태조의 넷째 아들인 이방간을 충동하여, 2차 왕자의 난을 일으켰다. 이 난에서 승리한 이방원은 정종의 양위를 받아 태종으로 즉위하였다.

CHAPTER 02 중세의 경제

출제 비중 7%

약점진단표												
	1회독				2회독				3회독			
	○	△	×	총	○	△	×	총	○	△	×	총
중세의 경제				14				14				14

*문제풀이 후 약점진단 결과를 적어 보세요!

필수기출 & 출제예상편

문제편 P.89

01	④	02	①	03	③	04	④	05	①
06	④	07	③	08	④	09	②	10	④
11	①	12	④	13	③	14	②		

01 ④ 〔下〕

개념 카테고리 중세의 우리 역사 > 경제 > 태조의 정책

| 정답 해설 | 제시된 자료는 '태조' 때 논공행상적 성격으로 지급되었던 역분전에 대한 설명이다. ④ 태조는 결혼 정책과 사성 정책 등을 통해 호족들을 회유하였다.

| 오답 해설 | ① 정종 때 광군을 조직하여 거란의 침입에 대비하였다.
② 광종은 왕권 강화를 위해 노비안검법과 과거 제도를 시행하였다.
③ 태조 때 북진 정책을 추진하여 서경을 전초 기지로 삼고 청천강에서 영흥까지 영토를 확장하였다.

02 ① 〔上〕

개념 카테고리 중세의 우리 역사 > 경제 > 녹읍

| 정답 해설 | 제시된 사료에서 "국록을 먹는 사람들", "오직 거두어들이는 데만 힘써 마음대로 약탈"이라는 문장을 통해 ㉠ '녹읍'임을 알 수 있다. ① 녹읍은 관리의 직역에 대한 대가로 지급한 토지이며, 신라의 토지 제도에서 비롯되었다.

| 오답 해설 | ② 녹읍은 수조권뿐 아니라 공물 수취, 노동력 징발 등 광범위한 권한을 행사할 수 있었다.
③ 녹읍은 고을[읍(邑)] 단위로 지급되었다.
④ 고려 태조 대에는 녹읍이 지급되었던 기록이 존재한다. 그러나 이는 고려 초기에만 있었던 것으로 빠르면 태조가 후삼국을 통일한 이후, 늦어도 경종 대의 전시과 제도가 시행되기 이전에 폐지되었다.

03 ③ 〔中〕

개념 카테고리 중세의 우리 역사 > 경제 > 전시과

| 정답 해설 | ③ 개정 전시과가 적용되던 시기에는 산관(散官), 전직 관리 또는 실직이 없는 관리에게도 토지가 지급되었다.

04 ④ 〔中〕

개념 카테고리 중세의 우리 역사 > 경제 > 경정 전시과

| 정답 해설 | 제시된 자료는 문종 때 시행한 '경정 전시과'에 대한 내용이다. ④ 개정 전시과(목종)에서는 전·현직 관리에게 수조권을 지급하였던 것에 반해, 경정 전시과(문종)에서는 현직 관리에게만 전답(전지)과 임야(시지)를 지급하였다.

| 오답 해설 | ① 전시과 제도는 전국을 대상으로 운영한 토지 제도이다. 지급 대상을 원칙적으로 경기 지역에 한정한 것은 고려 말에 제정된 과전법이다.
② 과전법에서는 관리가 사망하면 유가족에게 수신전과 휼양전을 지급하였다.
③ 고려 태조는 개국 공신에게 인품·행실·공로를 기준으로 토지를 지급하였다. 이것을 역분전이라고 한다.

05 ① 〔中〕

개념 카테고리 중세의 우리 역사 > 경제 > 토지 제도

| 정답 해설 | ㉠ 자손이 없는 하급 관리나 군인의 유가족에게는 '구분전'을 지급하였다.
㉡ 중앙과 지방 관청의 경비 마련을 위해 '공해전'이 지급되었다.

06 ④

개념 카테고리 중세의 우리 역사 > 경제 > 민전

| 정답 해설 | ④ 고려 시대에는 매매·상속·임대 등이 가능한 개인 사유지인 민전이 있었다. 민전은 귀족이나 일반 농민들의 상속·매매·개간을 통해 형성되었다. 다만 토지 국유의 원칙에 의해 실제로는 사유지에 속하는 민전 생산량의 1/10을 조세로 수취하였다.

07 ③

개념 카테고리 중세의 우리 역사 > 경제 > 조운 제도

| 정답 해설 | ③ 주교사는 1789년 조선 정조 때 준천사의 산하 관서로 만들어졌으며, 선박·교량 관리 및 호남·호서 지방의 조운에 관한 사무를 담당하였다. 특히 정조의 화성 행차 때에 한강에 배다리를 설치하는 일을 맡았다.

| 오답 해설 | ① 양계(동계와 북계)에서는 조세를 현지의 경비로 사용하였다(잉류 지역).
② 각 지역의 조창에서 개경의 경창으로 운송하는 일은 조창민이 담당하였다.
④ 조운 기간은 일반적으로 2월부터 5월까지였다. 구체적으로는 징수된 조세를 11월 초부터 다음 해 1월까지 각 지방의 조창에 모은 후 이후 2월부터 시작해서 가까운 곳은 4월, 먼 곳은 5월까지 경창으로 조운을 마치도록 규정하였다.

| 플러스 이론 | 고려 시대 교통과 통신 제도

1. 역참 제도
- 전국의 도로망 중 군사·교통의 요충지에 525개의 역(驛)이 설치되었다.
- 역에는 역리와 역졸이 업무를 담당하였고, 역마(驛馬)가 준비되어 있었다. 국가에서는 역전(驛田)을 지급하여 경비를 충당하게 했다.
- 역을 통해 군사 연락, 공문 전달 등을 수행하였고, 관리는 병부에서 담당하였다.

2. 진(津, 나루터)
- 육로와 연결된 나루터에는 진이 설치되어 육로 수송을 보완하였다.
- 진의 경비 충당을 위해 진전(津田)이 지급되었다.

3. 조운 제도
- 조운은 각 지방의 조창에 저장한 세미(稅米, 세금으로 거둔 곡식)를 개경의 경창(좌·우창)으로 운송하기 위해 마련된 해상 수송 제도로서 호부가 관장하였다.
- 각 지역 조창은 조운하기 적합한 해변이나 하천 주변에 설치되었으며, 문종 때 13개의 조창이 설치되었다.

08 ④

개념 카테고리 중세의 우리 역사 > 경제 > 상공업

| 정답 해설 | ㄱ. 개경에는 시전이 설치되었고, 서경에도 시전과 유사한 상점이 설치되었다.
ㄴ. 숙종 때 주전도감을 설치하여 해동통보 등 동전을 주조하였다.
ㄷ. 충선왕 때 각염법을 실시하여 소금의 전매제가 시행되었다.
ㄹ. 고려 시대에는 사원 수공업과 소(所) 수공업이 이루어졌다.

09 ②

개념 카테고리 중세의 우리 역사 > 경제 > 건원중보

| 정답 해설 | ② 고려 성종 때 우리나라 최초의 화폐인 건원중보가 발행되었으나, 널리 이용되지는 못하였다.

| 오답 해설 | ① 고구려 고국천왕 때 진대법이라는 구휼 제도를 시행하였다.
③ 조선 후기에는 광산 경영 방식에서 덕대제가 유행하기 시작하였다.
④ 조선 세종 때 정초 등에 의해 『농사직설』이 편찬되었다.

10 ④

개념 카테고리 중세의 우리 역사 > 경제 > 해동통보

| 정답 해설 | 제시된 자료에서 "주전도감", "은병(활구)"을 통해 숙종 대의 상황임을 알 수 있다. ④ 고려 숙종 때 주전도감에서 해동통보를 발행하였다.

| 오답 해설 | ① 건원중보는 고려 성종 때 발행한 화폐(철전·동전)이다.
② 상평통보는 조선 인조 때 처음 발행되었고, 숙종 때 발행된 상평통보가 전국적으로 유통되었다.
③ 조선통보는 조선 세종 때 발행된 동전(銅錢)이다.

11 ①

개념 카테고리 중세의 우리 역사 > 경제 > 고려의 경제 활동

| 정답 해설 | ① 개경의 좌창의 곡식은 관리의 녹봉으로 지출되었고, 우창의 곡식은 국용(공공재정, 국가재정)으로 사용되었다.

12 ④ 中

개념 카테고리 중세의 우리 역사 > 경제 > 경제생활

| 정답 해설 | ㄱ. 성종은 건원중보를 만들어 전국적으로 유통시키려 하였으나 성공하지 못하였다.
ㄴ. 고려 후기 관청 수공업이 쇠퇴하면서, 사원 수공업과 민간(민영) 수공업이 점차 발달하였다.
ㄷ. 예성강 어귀의 벽란도는 고려 시대 최대의 국제 무역항이었다.
ㄹ. 원 간섭 시기에는 원의 지폐인 보초가 들어와 유통되기도 하였는데, 특히 고려 왕실의 원나라 왕래 혹은 사신 파견 등의 소요 경비로 사용되었다.

13 ③ 中

개념 카테고리 중세의 우리 역사 > 경제 > 고려 시대 경제의 특징

| 정답 해설 | 충선왕 때 시행된 소금의 전매제에 관한 사료이다. 따라서 고려 시대 경제적 상황이 아닌 것을 고르면 된다. ③ 대각국사 의천은 송에서 귀국한 뒤 화폐 주조의 필요성을 건의하였고(주전론), 숙종은 이 건의를 받아들여 주전도감을 설치하고 화폐를 주조하였다. 이 시기에는 동전인 삼한통보, 해동통보, 해동중보와 활구(은병)를 발행하였으나 널리 유통되지 못했다.

14 ② 下

개념 카테고리 중세의 우리 역사 > 경제 > 대외 무역

| 오답 해설 | ① 고려는 송과 경제적·문화적·군사적 목적으로 꾸준히 교류하였다.
③ 거란과 여진은 은(銀)·모피·말 등을 가지고 와서 식량·문방구·구리·철 등을 수입해 갔다. 한편 11세기 후반부터는 일본과 교역하면서 일본인들이 수은·유황 등을 고려에 가지고 와 식량·인삼·서적 등과 바꾸어 갔다.
매력적 오답 ④ 대식국인이라 불리던 아라비아 상인들은 고려에 들어와서 수은·향료·산호 등을 팔았다. 한편 비단·약재·서적·악기 등 왕실과 귀족의 수요품은 송나라로부터 수입하였다.

필수기출 & 출제예상편

CHAPTER 03 중세의 사회

출제 비중 3%

약점진단표

	1회독				2회독				3회독			
	○	△	×	총	○	△	×	총	○	△	×	총
중세의 사회				15				15				15

*문제풀이 후 약점진단 결과를 적어 보세요!

필수기출 & 출제예상편

문제편 P.93

01	②	02	③	03	③	04	②	05	④
06	③	07	①	08	①	09	②	10	④
11	②	12	①	13	④	14	③	15	④

01 ② 中

개념 카테고리 중세의 우리 역사 > 사회 > 권문세족

| 정답 해설 | ② 권문세족들은 부재지주(농지의 소재지에 살고 있지 않은 지주)로서, 대농장과 각종 면세전 등이 중요한 경제적 기반이었다.

02 ③ 上

개념 카테고리 중세의 우리 역사 > 사회 > 혁명파 신진 사대부

| 정답 해설 | 제시된 사료는 위화도 회군 이후 폐가입진(가짜 왕을 폐하고, 진짜 왕을 세우다)을 명분으로 우왕과 창왕을 폐위한 후 공양왕을 옹립한 내용으로, 이성계 등과 결탁한 '혁명파 신진 사대부' 세력의 주장임을 알 수 있다.
ㄷ. 조준, 정도전 등의 혁명파 신진 사대부는 전제 개혁을 통해 과전법을 실시하였다(1391).
ㄹ. 이성계 세력은 공양왕 3년(1391) 중앙군 제도를 개편하여 삼군도총제부를 두어 군사권을 장악하였다.

| 오답 해설 | ㄱ. 신진 사대부는 전제 왕권 중심이 아닌 사대부들에 의한 관료 중심의 정치를 추구하였다(정도전 – 재상 중심의 정치).

매력적 오답 ㄴ. 이색, 정몽주는 온건파 신진 사대부이지만, 윤소종은 혁명파 신진 사대부에 해당한다.

03 ③ 中

개념 카테고리 중세의 우리 역사 > 사회 > 중류층

| 정답 해설 | 고려 시대 중류층은 중앙 관청의 말단 서리인 ㉠ '잡류', 궁중 실무 관리인 ㉡ '남반', 직업 군인으로 하급 장교인 ㉢ '군반' 등이 있었다.

04 ② 中

개념 카테고리 중세의 우리 역사 > 사회 > 향리

| 정답 해설 | 제시된 사료의 "호장", "부호장"은 고려 시대 향리의 직책이다. ② 고려 시대 향리는 속현(지방관이 파견되지 않은 지역)의 조세와 공물 징수, 노역 징발 등 행정 실무를 담당하였다.

| 오답 해설 | ① 고려 시대 공신과 왕족의 자손, 5품 이상 관료의 자손 등에게 음서의 혜택이 부여되었다.
③ 수군, 조례, 역졸, 조졸, 나장 등 칠반천역은 조선 시대 신량역천(법적 신분은 양인이지만 하는 일은 천하게 여겨졌던 사람들)의 대표적 사례이다.
④ 조선 시대 향리는 수령의 행정 실무를 보좌하는 세습적인 아전으로 활동하였다.

| 플러스 이론 | 고려 시대의 향리 제도

성종 2년(983) 향리 직제를 개정하여 향리의 수장으로 호장·부호장을 두고, 그 밑에 일반 서무를 관장하는 호정·부호정·사 계열, 지방 주현군과 관련된 사병 계열, 그리고 조세·공부의 보관 및 운반과 관련된 창정의 사창 계열로 조직하였다.

05 ④ 中

개념 카테고리 중세의 우리 역사 > 사회 > 향리

| 정답 해설 | ㄱ. 사심관은 부호장 이하의 향리에 대한 임명권을 행사하는 등 감독 권한이 있었다.
ㄴ. 호장, 부호장 등 상층 향리는 과거를 통해 중앙 관료로 진출할 수 있었다.
ㄷ. 일부 향리의 자제들은 기인으로 선발되어 개경으로 보내졌다(기인 제도).

ㄹ. 속현(지방관이 파견되지 않은 지역)의 행정 실무는 향리가 담당하였다.

06 ③

개념 카테고리 중세의 우리 역사 > 사회 > 신분 제도

| 정답 해설 | ③ 궁중 잡무를 맡은 서리층은 남반이며, 산관은 현재 실직이 없는 관료를 의미한다.

07 ①

개념 카테고리 중세의 우리 역사 > 사회 > 향·부곡 거주민

| 정답 해설 | ㉠ '향(鄕)', ㉡ '부곡(部曲)'이다. ① 향, 부곡 거주민들은 그 지역 향리층의 지배를 받았다.

| 플러스 이론 | 향·부곡 등 특수 행정 구역

> 이제 살펴보건대, 신라에서 주군(州郡)을 설치할 때 그 전정(田丁), 호구(戶口)가 현의 규모가 되지 못하는 곳에는 향(鄕)이나 부곡(部曲)을 두어 소재지의 읍에 속하게 하였다. 고려 때 또 소(所)라고 칭하는 것이 있었는데, 금소(金所)·은소(銀所)·동소(銅所)·철소(鐵所)·사소(絲所)·주소(紬所)·지소(紙所)·와소(瓦所)·탄소(炭所)·염소(鹽所)·묵소(墨所)·곽소(藿所)·자기소(瓷器所)·어량소(魚梁所)·강소(薑所)의 구별이 있어 각각 그 물건을 공급하였다.
> 또 처(處)나 장(莊)으로 칭하는 것도 있어, 각 궁전(宮殿)·사원(寺院) 및 내장택(內莊宅)에 분속되어 그 세를 바쳤다. 위 여러 소(所)에는 모두 토성(土姓)의 아전과 백성이 있었다.
> — 『신증동국여지승람』 —

08 ①

개념 카테고리 중세의 우리 역사 > 사회 > 향도의 특징

| 정답 해설 | ① 유향소는 조선 시대의 지방 자치 조직이었다.

09 ②

개념 카테고리 중세의 우리 역사 > 사회 > 여성의 지위

| 오답 해설 | ㄴ. 고려 시대에는 여성도 호주가 될 수 있었다.
ㄹ. 결혼할 때 여성이 데려온 노비와 토지 등은 모두 여성의 소유였다.

10 ④

개념 카테고리 중세의 우리 역사 > 사회 > 상속 제도

| 정답 해설 | ④ 고려 시대에는 균분 상속의 원칙에 따라 아들과 딸 혹은 장남과 차남 이하도 별도의 차별 없이 고르게 상속받았다.

11 ②

개념 카테고리 중세의 우리 역사 > 사회 > 여성의 지위와 가족 제도

| 정답 해설 | ② 부모의 재산은 남녀 관계없이, 또한 출생 순서와 상관없이 고루 분배되었다(균분 상속).

12 ①

개념 카테고리 중세의 우리 역사 > 사회 > 형률 제도

| 정답 해설 | ① 고려의 형법은 당률을 참작한 71개 조의 법률이 시행되었다.

| 오답 해설 | ② 행정권과 사법권이 분리된 시점은 1894년 2차 갑오개혁 시기이다.
③ 고려 시대에는 실형주의가 강조되었다.
④ 기본적으로 태형, 장형, 도형, 유형, 사형의 5형 체계를 가지고 있었으며, 지배 계급만을 대상으로 적용된 귀향형도 있었다.

13 ④

개념 카테고리 중세의 우리 역사 > 사회 > 구제도감

| 정답 해설 | 제시된 사료 중 "개경 내의 사람들이 역질(疫疾, 돌림병, 전염병)에 걸린" 재해가 발생하여, 이를 "치료"하고, 굶주린 백성을 "진휼"하라는 내용을 통해 ④ (가) 예종 때 재해가 발생했을 때 임시 기구로 설치된 '구제도감'임을 알 수 있다.

| 플러스 이론 | 구제도감 설치

> 예종(睿宗) 4년(1109) 5월에 제서(制書)를 내리기를, "개경(開京) 내의 인민(人民)들이 역질(疫疾)에 걸렸으니 마땅히 구제도감(救濟都監)을 설치하여 이들을 치료하고, 또한 사신과 유골은 거두어 묻어서 비바람에 드러나지 않게 할 것이며, 근신(近臣)을 나누어 보내어 동북도(東北道)와 서남도(西南道)의 굶주린 민(民)을 진휼하라."라고 하였다. — 『고려사』 —

14 ③

개념 카테고리 중세의 우리 역사 > 사회 > 사회 정책

| 정답 해설 | ③ 동·서 활인서는 조선 시대 기구로서 유랑자의 수용 및 구휼을 담당하였다.

15 ④

개념 카테고리 중세의 우리 역사 > 사회 > 사회 정책

| 정답 해설 | ④ 혜민서는 조선 시대 서민 환자의 구제와 약재 판매를 담당했던 기구이다. 참고로 태조 1년(1392) 혜민고국, 태종 14년(1414) 혜민국, 세조 12년(1466) 혜민서로 명칭이 변화되었다. 한편 유랑자의 수용과 구휼을 담당했던 기구는 조선 시대 도성에 설치된 동·서 활인서이다.

CHAPTER 04 중세의 문화

출제 비중 30%

약점진단표												
	1회독				2회독				3회독			
	○	△	×	총	○	△	×	총	○	△	×	총
중세의 문화				50				50				50

*문제풀이 후 약점진단 결과를 적어 보세요!

필수기출 & 출제예상편

문제편 P.96

01	①	02	④	03	③	04	④	05	①
06	④	07	④	08	②	09	②	10	④
11	②	12	②	13	①	14	③	15	②
16	④	17	②	18	③	19	④	20	①
21	④	22	②	23	③	24	③	25	③
26	④	27	③	28	③	29	③	30	①
31	④	32	③	33	④	34	③	35	③
36	①	37	①	38	②	39	①	40	③
41	②	42	③	43	④	44	③	45	③
46	②	47	②	48	③	49	④	50	③

01 ① 中

개념 카테고리 중세의 우리 역사 > 문화 > 신진 사대부

| **정답 해설** | 제시된 자료는 성리학에 대한 내용이다. 성리학은 '신진 사대부'들이 본격적으로 수용하였다. ① 신진 사대부들은 학문적 교양뿐만 아니라 정치적 실무 능력도 갖추었다.

02 ④ 中

개념 카테고리 중세의 우리 역사 > 문화 > 안향

| **정답 해설** | 우리나라에 처음 성리학을 소개한 인물은 ㉠ '안향'이다. ④ 안향을 배향하기 위해 설립된 백운동 서원은 이황의 건의로 조선 최초의 사액 서원(소수 서원)이 되었다.

| **오답 해설** | ① 정도전은 최초의 성리학 입문서인 『학자지남도』를 편찬하였다.

매력적 오답 ② 이제현은 충선왕이 세운 만권당에서 원의 학자들과 교류하였다.

③ 이색은 원의 과거에 급제하고 돌아와, 공민왕 때 성균관 대사성이 되어 성리학을 확산시켰다.

03 ③ 上

개념 카테고리 중세의 우리 역사 > 문화 > 성리학의 수용

| **정답 해설** | ③ 안향은 처음 성리학을 소개한 인물이며, 정몽주·권근·정도전 등을 가르쳐 성리학을 확대시킨 인물은 '이색'이다.

04 ④ 上

개념 카테고리 중세의 우리 역사 > 문화 > 교육 제도

| **정답 해설** | ④ 충렬왕 시기에 경사교수도감을 설치하여 7품 이하의 관리들에게 유학 경전과 사서를 가르쳤다.

05 ① 中

개념 카테고리 중세의 우리 역사 > 문화 > 관학 진흥책

| **정답 해설** | ㉠ '숙종', ㉡ '예종', ㉢ '인종', ㉣ '충렬왕' 때의 관학 진흥책이다. ① 윤관이 여진족을 정벌하고 동북 9성을 축조한 것은 예종 때의 사실이다.

| **플러스 이론** | 고려의 관학 진흥책

- 숙종
  국자감을 강화하고자 서적포를 두어 서적 간행을 활성화하였다.
- 예종
  국자감에 7재를 두었고, 일종의 장학 재단인 양현고를 설치하였으며, 청연각과 보문각(도서관 겸 학문 연구소)을 설치하였다.
- 충렬왕
  양현고의 부실을 보충하기 위하여 섬학전을 설치하고, 국자감을 국학으로 개칭한 후 다시 국학을 성균감으로 개칭(충선왕 재위기)하였다.
- 충선왕
  성균감을 성균관으로 개칭하였다.
- 공민왕
  성균관을 부흥시켜 유교 교육을 강화하였다.

06 ④

|개념 카테고리| 중세의 우리 역사 > 문화 > 관학 진흥 정책

| 정답 해설 | ④ 예종 때 일종의 장학 재단으로 양현고를 설치하였다. 이후 충렬왕 때 안향의 건의로 양현고의 부실을 보충하기 위해 섬학전을 설치하였다.

07 ④

|개념 카테고리| 중세의 우리 역사 > 문화 > 역사적 사실의 순서

| 정답 해설 | 제시된 내용의 순서는 다음과 같다.
ㄹ. 문종 때 경정 전시과를 실시하였다.
ㄱ. 예종 때 국학에 강예재(무학재)를 포함한 7재를 설치하였다.
ㄴ. 교정도감은 최충헌 시기의 최고 권력 기구이다(1209, 희종).
ㄷ. 공양왕 때 도평의사사의 건의로 무과가 설치되었다.

08 ②

|개념 카테고리| 중세의 우리 역사 > 문화 > 『삼국사기』

| 정답 해설 | 제시된 사료는 김부식이 『삼국사기』를 인종에게 바치면서 올린 「진삼국사기표」 중 일부이다(인종 23년, 1145). ② 『삼국사기』는 유교적인 합리주의 사관에 따라 기전체로 서술되었다.
| 오답 해설 | ① 일연의 『삼국유사』는 불교를 중심으로 신화와 설화를 정리한 역사서이다.
③ 서거정의 『동국통감』은 단군 조선을 우리 역사의 시작으로 본 통사이다.
④ 진흥왕의 명을 받아 거칠부가 『국사』를 편찬하였다(545).

09 ②

|개념 카테고리| 중세의 우리 역사 > 문화 > 『삼국사기』

| 정답 해설 | 제시된 사료는 김부식이 『삼국사기』를 인종에게 바치면서 올린 「진삼국사기표」 중 일부이다(인종 23년, 1145). ② 『삼국사기』 본기에서는 삼국의 국왕들을 균형 있게 서술하였지만, 열전에서는 신라인의 비율이 두드러져 신라 계승 의식이 강조되었다.
| 오답 해설 | ① 『삼국유사』(일연), ③ 「동명왕편」(이규보), ④ 『제왕운기』(이승휴)에 대한 설명이다.

10 ④

|개념 카테고리| 중세의 우리 역사 > 문화 > 이규보

| 정답 해설 | 제시된 사료는 이규보의 「동명왕편」(명종 23년, 1193)이다. 이규보는 고구려 건국 설화를 민족 자주적 입장에서 5언시로 표현하였다(일종의 영웅 서사시). ④ 「동명왕편」에서는 동명왕의 신이한 사적이 『삼국사기』에 생략되어 있음을 비판하고, 고구려 건국 설화를 원형대로 서술하였다.
| 오답 해설 | ① 평가를 강조한 강목체 사서의 대표적 사례는 안정복의 『동사강목』이다.
② 이승휴의 『제왕운기』는 단군부터 고려 충렬왕까지의 역사를 서사시로 기록하고 있다. 또한 중국 신화 시대부터 원의 성장까지의 중국사도 서사시로 서술하였다.
③ 일연은 『삼국유사』에 단군 신화와 더불어 민간에서 전승되는 자료(민간 설화)를 광범위하게 수록하였다.

11 ②

|개념 카테고리| 중세의 우리 역사 > 문화 > 「동명왕편」

| 정답 해설 | 제시된 사료는 이규보의 『동국이상국집』에 수록된 「동명왕편」 중 일부이다. ② 「동명왕편」은 고구려 건국 시조인 동명왕(주몽)의 업적을 정리한 영웅 서사시이다.
| 오답 해설 | ① 『삼국사기』는 인종 때 김부식 등이 왕명으로 편찬한 현존 최고(最古)의 역사서이다.
③ 일연이 편찬한 『삼국유사』에는 단군의 건국 이야기와 향가 14수가 수록되어 있다.
④ 이승휴는 『제왕운기』에 단군 신화를 수록하여 우리 민족 문화의 독자성을 강조하였으며, 우리 역사를 중국사와 대등하게 파악하였다.

12 ②

|개념 카테고리| 중세의 우리 역사 > 문화 > 진화와 이규보

| 정답 해설 | 진화(陳澕)는 무신 정권 시대(신종 ~ 고종) 문신으로서, '이규보'와 같은 시대를 살았다. 진화의 시는 현재 59수가 전하고 있다. 그중 무신 정변 이후 피폐한 농촌을 사실적으로 묘사한 「도원가(桃源歌)」와 금나라에 사신으로 가면서 지은 「사금통주구일(使金通州九日)」, 「봉사입금(奉使入金)」 등이 유명하다.
② 이규보의 「동명왕편」은 고구려의 건국 신화를 5언시의 형태로 저술한 영웅 서사시이다.
| 오답 해설 | ① 『삼국사기』는 인종 때 김부식 등이 편찬한 기전체 사서이다.
③ 『제왕운기』는 충렬왕 때 이승휴가 쓴 역사서이다.
④ 『삼국유사』는 충렬왕 때 일연이 저술한 역사서이다.

13 ①

개념 카테고리 중세의 우리 역사 > 문화 > 『삼국유사』

| 정답 해설 | 제시된 사료는 『삼국유사』 중 일부이다. ① 『삼국유사』에는 향가 14수가 수록되어 현재 전하는 신라의 향가를 가장 많이 수록하고 있다.

| 오답 해설 | ② 『삼국사기』는 유교 역사서의 관례에 따라 기전체 형식을 적용하였다.
③ 『삼국사기』 열전은 고구려인과 백제인보다 신라인의 비중이 높다.
④ 김부식은 『삼국사기』에서 "신라는 한결같은 마음으로 중국을 섬겨 사신의 배와 조공의 배가 서로 마주칠 정도로 연달았는데도 법흥이 스스로 연호를 칭했으니 이해할 수 없다."라고 서술하는 등 신라의 독자적 연호 사용에 대해 비판적으로 평가하였다.

14 ③

개념 카테고리 중세의 우리 역사 > 문화 > 『삼국유사』

| 정답 해설 | 제시된 자료의 밑줄 친 '이 책'은 『삼국유사』이다. ③ 충렬왕 때 일연이 편찬한 『삼국유사』는 단군의 건국 이야기(단군 신화)를 수록하고 있다.

| 오답 해설 | ① 기전체로 서술된 대표적인 역사서는 김부식의 『삼국사기』이다.
② 현존하는 가장 오래된 역사서는 『삼국사기』이다.
④ 이제현의 『사략』에는 대의명분을 중시하는 성리학적 사관이 반영되어 있다.

| 플러스 이론 | 일연의 『삼국유사』

『삼국유사』는 전체 5권 2책으로 되어 있으며, 왕력(王歷) · 기이(紀異) · 흥법(興法) · 탑상(塔像) · 의해(義解) · 신주(神呪) · 감통(感通) · 피은(避隱) · 효선(孝善) 등 9편목으로 구성되어 있다.
 [왕력]은 삼국 · 가락국 · 후고구려 · 후백제 등의 간략한 연표이다. [기이]는 고조선으로부터 후삼국까지의 단편적인 역사를 57항목으로 서술하였다. [흥법]에는 삼국의 불교 수용과 그 융성에 관한 내용, [탑상]에는 탑과 불상에 관한 내용, [의해]에는 신라의 고승들에 대한 전기를 중심으로 하는 서술, [신주]에는 신라의 밀교적 신이승들에 대한 내용, [감통]에는 불교 신앙의 신비로운 감응에 관한 내용, [피은]에는 특이한 삶을 살았던 인물의 행적, [효선]에는 부모에 대한 효도와 불교적인 선행에 대한 미담을 각각 수록하였다.

15 ②

개념 카테고리 중세의 우리 역사 > 문화 > 『제왕운기』

| 정답 해설 | 제시된 사료에서 중국과 동국(우리나라)의 역사를 풍영(諷詠, 시가를 읊조림)으로 시를 지었다는 내용을 통해 괄호 안에 들어갈 말이 이승휴의 『제왕운기』임을 알 수 있다. ② 『제왕운기』에서는 단군을 민족 시조로 삼고 고구려, 부여, 삼한, 예맥, 옥저 등과 이들을 통합한 삼국이 모두 단군의 후예라고 보았다.

| 오답 해설 | ①④ 마한, 통일 신라를 정통국가로 서술하였고, 편년체와 강목체를 결합한 역사서는 안정복의 『동사강목』이다.
③ 『삼국유사』는 불교사를 중심으로 설화와 야사를 많이 서술하였다.

16 ③

개념 카테고리 중세의 우리 역사 > 문화 > 이제현

| 정답 해설 | 제시된 자료는 충선왕이 상왕으로 물러난 후, 원의 수도에 설립한 만권당에 관한 내용이다. 이제현은 원의 수도 만권당에서 원나라의 문인들과 교류하면서 성리학을 연구하였고, ③ 『익재집』, 『역옹패설』, 『사략』 등을 저술하였다.

| 오답 해설 | ① 정도전은 성리학 입문서인 『학자지남도』를 편찬하였다.
② 정몽주는 '횡설수설이 전부 성리(性理)의 이치에 맞는다.'라는 평을 들었고, 동방 이학의 비조(시조)로 불렸다.
④ 안향은 김문정에게 원에서 공자 및 제자 70인의 초상[화상(畫像)]을 그려오게 하고, 궁궐 안의 학문 기관에서 생도들에게 경사(經史, 유학 경전과 역사서)를 가르치게 하여 성리학을 널리 전하고자 하였다.

17 ②

개념 카테고리 중세의 우리 역사 > 문화 > 고려 불교의 특징

| 정답 해설 | ② 거란의 침략을 부처의 힘을 통해 막고자 조판된 초조대장경은 몽골의 2차 침입 당시 소실되었다(고종 19년, 1232).

18 ③

개념 카테고리 중세의 우리 역사 > 문화 > 균여 활동 시기의 사실

| 정답 해설 | 제시된 인물은 균여이다. 균여는 광종 때 창건된 귀법사의 주지를 맡았으며, 화엄 교학을 정비하였다. 또한 「보현십원가」를 지어 불교의 대중화에 이바지하였다. ③ 광종 때 승려 혜거는 중국에서 수용한 법안종을 중심으로 선종을 통합하고자 하였다.

| 오답 해설 | ① 거란(요)은 강조의 정변을 빌미로 고려를 침략하였다(거란의 2차 침략, 현종 1년, 1010).
② 의천은 흥왕사에 교장도감(선종 3년, 1086)을 설치하고, 주석서인 『교장(속장경)』을 간행하였다.
④ 현화사는 고려 현종 때 창건된 것으로 알려졌다.

19 ④

개념 카테고리 중세의 우리 역사 > 문화 > 고려의 주요 승려

| **정답 해설** | ㉢ 원 간섭 이후 고려 불교는 귀족적·세속적 경향을 보이며 각종 폐단이 나타났다. 당시 보우는 원으로부터 선종 종파인 임제종을 도입하여 불교를 개혁하려 했으며, 9산 선문의 통합을 주장하였으나 실패하였다.
㉣ 요세는 백련결사를 결성하여 진정한 참회와 염불을 통한 극락왕생 및 법화 신앙을 강조하였다.

| **오답 해설** | ㉠ 의통은 광종 때 중국으로 건너가 중국 천태종의 제16대 교조가 된 인물이다. 한편 성상융회를 강조하여 화엄종을 중심으로 법상종 등 교종 종파를 통합하고자 한 인물은 균여이다. 균여는 귀법사의 주지였으며, 화엄 사상을 정비하여 보살의 실천행을 강조하였다. 또한 성속무애 사상을 통해 불교의 대중화에 기여하였다.
㉡ 유불 일치설은 혜심의 주장이다.

20 ①

개념 카테고리 중세의 우리 역사 > 문화 > 의천

| **정답 해설** | 밑줄 친 '그'는 의천이다. 의천은 국청사를 중심으로 해동 천태종을 창시하였다. 천태종은 교종(특히 화엄종)을 중심으로 선종을 통합한 종파이다. ① 천태종의 통합 이론으로는 교관겸수가 강조되었는데, 이론적인 교리 공부와 실천적인 수행을 아우를 것을 주장한 것이다.

| **오답 해설** | ② 지눌은 참선과 독경은 물론 노동에도 힘쓰자고 주장하면서 수선사 결사를 제창하였다.
③ 각훈은 삼국 시대 이래 고승들의 전기를 기록한 『해동고승전』을 편찬하였다.
④ 요세는 백련사 결사를 통해 극락왕생을 기원하는 참회와 염불 수행을 강조하였다.

21 ④

개념 카테고리 중세의 우리 역사 > 문화 > 지눌

| **정답 해설** | 제시된 자료의 수선사 결성, 돈오점수를 통해 (가) 인물이 지눌임을 알 수 있다. 지눌은 ④ 선종을 중심으로 교종을 통합한 조계종을 창시하였고, 정혜쌍수라는 실천 수행 방법을 제시하였다.

| **오답 해설** | ① 의천은 교종을 중심으로 선종을 통합한 해동 천태종을 개창하였다.
② 고려 말 보우는 임제종을 도입하여 당시 불교계를 개혁하려 하였다.
③ 교종의 입장에서 선종을 통합하려 한 인물은 대각국사 의천이다.

22 ②

개념 카테고리 중세의 우리 역사 > 문화 > 의천과 지눌

| **정답 해설** | (가) '의천', (나) '지눌'이다.
ㄱ. 의천은 교종을 중심으로 선종을 통합하여 해동 천태종을 개창하였고, 지눌은 선종을 중심으로 교종을 통합하여 조계종을 발전시켰다.
ㄹ. 지눌은 수선사 결사를 제창하여 불교계의 개혁을 추진하였다.

| **오답 해설** | ㄴ. 신라 하대 선종은 지방 호족과 연합하여 중앙의 권위를 약화시켰다.
ㄷ. 유불 일치설을 주장한 인물은 혜심이다.

23 ③

개념 카테고리 중세의 우리 역사 > 문화 > 고려의 주요 승려

| **정답 해설** | ㉠ '의천'은 교장(속장경)의 목록인 『신편제종교장총록』을 편찬하였다.
㉡ '보우'는 원에서 선종 종파인 임제종을 들여와서 불교를 개혁하고자 하였다.
㉢ '요세'는 강진에서 백련사 결사를 개창하고, 법화 신앙을 내세웠다.
㉣ '지눌'은 『목우자수심결』을 지어 선(禪) 수행의 요체가 될 핵심 내용을 정리하였다.

24 ①

개념 카테고리 중세의 우리 역사 > 문화 > 요세

| **정답 해설** | 제시된 자료에서 "참회", "결사"라는 용어를 통해 밑줄 친 '그'가 '요세'라는 것을 알 수 있다. 요세는 참회에 바탕을 둔 법화 신앙을 강조하였고, ① 강진의 토호(토착 세력)의 지원을 받아 백련 결사를 결성하였다.

| **오답 해설** | ② 고려 말 불교 개혁을 추진했던 보우는 불교계 폐단을 개혁하기 위해 9산선문의 통합을 주장하였고, 선종 종파인 임제종을 도입하였다.
③ 의천은 이론의 연마와 실천을 아울러 강조하는 교관겸수와 내외겸전을 주장하였다.
④ 지눌은 깨달은 후에도 꾸준한 실천이 필요하다는 돈오점수를 중시하였고, 정혜쌍수를 주장하였다.

25 ①

개념 카테고리 중세의 우리 역사 > 문화 > 혜심의 유불 일치설

| **정답 해설** | 제시된 자료에서 밑줄 친 '나'는 '혜심'이며, ① 제시된 내용은 유교와 불교의 일치를 주장하고 있는 '유불 일치설'이다. 유불 일치설은 성리학 수용의 사상적 배경이 되었다.

26 ④

개념 카테고리 중세의 우리 역사 > 문화 > 불교

| 정답 해설 | ④ 향도는 불교가 수용된 삼국 시대부터 조직되었고, 매향(향나무를 바닷가에 묻는 행위)은 미륵 신앙이 반영된 활동이었다.

| 오답 해설 | ① 태조는 훈요 10조에서 사원의 남설(많이 설립하는 것)을 경계하였다.
② 『초조대장경』은 거란의 대장경을 수입하여 판각되지 않았으며, 부인사에 보관되었다가 몽골 침략 시기에 소실되었다. 한편 흥왕사는 문종 때 건립되었기 때문에 현종 때는 존재하지 않았다.
③ 국청사를 중심으로 해동 천태종을 창시한 인물은 의천이다.

27 ③

개념 카테고리 중세의 우리 역사 > 문화 > 풍수지리 사상

| 정답 해설 | 제시된 사료는 고려 인종 때 '풍수지리 사상'에 입각한 묘청 등 서경파 세력의 '서경 천도론(서경 길지설)'이다. 고려 시대 풍수지리 사상은 문종 때의 남경 설치, 공민왕과 우왕 때 한양 천도론 등의 사상적 배경이 되었다. ③ 초제는 도교의 제천 행사이다.

28 ③

개념 카테고리 중세의 우리 역사 > 문화 > 풍수지리 사상

| 정답 해설 | 제시된 사료는 고려 태조의 훈요 10조 중 일부이다. 내용 중 "음덕", "서경은 수덕이 순조로워"라는 표현을 통해 '풍수지리 사상'과 관련됨을 알 수 있다. ㉡ 풍수상 땅의 기운이 흉하거나 약한 곳에 사찰을 세워 땅의 기운을 보충하였다(비보사찰). ㉢ 산송은 자신의 조상을 풍수지리상 명당에 모시기 위한 양반 사대부 간의 소송이다.

| 오답 해설 | ㉠ 『소학』과 『주자가례』의 보급은 성리학과 관련된다.
㉣ 성종 시기 최승로의 시무 28조는 유교가 정치 이념으로 정착되는 계기가 되었다.

| 플러스 이론 | 고려 시대의 풍수지리 사상과 관련된 사료

- 훈요 10조
"나는 우리나라 산천의 신비력에 의하여 통일의 대업을 이룩하였다. 서경(평양)의 수덕(水德)은 순조로워 우리나라 지맥의 근본을 이루고 있어 길이 대업을 누릴 만한 곳이다."

- 묘청의 서경 천도 운동
"신들이 서경의 임원역 땅을 보니 이는 음양가가 말하는 대화세입니다. 만약 궁궐을 세워 이에 옮기면 천하를 합병할 수 있을 것이요, 금나라가 폐백을 가지고 스스로 항복할 것이며, 36국이 다 조공하게 될 것입니다."

- 남경 길지설
"고려의 땅에 삼경(三京)이 있으니 송악은 중경(中京)이 되고, 목멱양(현재의 서울)은 남경이 되고, 평양이 서경이 되니, …(중략)… 엎드려 바라건대 삼각산(북한산) 남쪽, 목멱산(남산) 북쪽의 편평한 땅에 도성을 건립하여 수시로 옮겨 거처하소서."

29 ③

개념 카테고리 중세의 우리 역사 > 문화 > 예종

| 정답 해설 | 제시된 자료는 고려 '예종' 때의 도교와 관련된 내용이다. ③ 숙종 때 김위제의 건의로 남경개창도감을 설치하고, 남경(현재의 서울) 건설을 추진하였다.

| 오답 해설 | ① 예종은 1106년 지방에 감무를 최초로 파견하였다.
② 예종 때 국학에 7재를 설치하여 관학을 진흥하였다.
④ 예종 때 윤관의 별무반(설치는 숙종 때)을 통해 여진족을 정벌하여 동북 9성을 축조하였다.

30 ①

개념 카테고리 중세의 우리 역사 > 문화 > 팔만대장경

| 정답 해설 | ① 몽골의 침입으로 초조대장경과 속장경이 소실되자, 최우는 강화도에 대장도감과 진주(진양)에 분사 대장도감을 설치하고 '수기'를 총책임자로 하여 팔만대장경을 조판하였다.

| 오답 해설 | ② 고려 시대 최초로 만든 대장경은 초조대장경이다.
③ 팔만대장경은 고종 시기에 완성되어 강화도 선원사에서 보관하였고, 조선 건국 이후(1398년 태조 시기라고 보는 것이 통설)에 현재의 해인사 장경판전에 옮겨 보관 중이다.
④ 송과 거란 등의 불경을 들여와 초조대장경을 보완한 것은 의천의 '속장경(교장)'이다.

31 ④

개념 카테고리 중세의 우리 역사 > 문화 > 대장경

| 정답 해설 | ㉠ '몽골', ㉡ '초조대장경', ㉢ '재조대장경(팔만대장경)'에 해당한다. 사료의 출전인 이규보의 『동국이상국집』은 무신 정권 시기에 편찬되었다. 최우가 집권하고 있을 무렵 몽골의 침략이 있었고, 그 과정에서 대구 부인사에 보관되었던 초조대장경이 소실되었다. 이에 ④ 최우는 재조대장경(팔만대장경)을 조판하여 몽골의 침략을 부처의 힘을 통해 막아내고자 하였다. 재조대장경은 현재 합천 해인사에 보관되어 있다.

| 오답 해설 | ① 12세기 초 여진이 세운 금은 송과 연합하여 요를 멸망시켰고, 이후 송을 침략하여 강남으로 몰아냈다.
② 개경에 나성을 축조하고 북쪽 국경에 천리장성을 축조한 것은 거란의 3차 침략 이후이다.
③ 초조대장경은 거란의 침략을 부처의 도움으로 막아내고자 만들었다.

32 ①

| 개념 카테고리 | 중세의 우리 역사 > 문화 > 국가 제사

| 정답 해설 | ① 환구단(원구단)은 고려 성종 2년(983) 정월에 '처음' 설치되었고, 조선 초에 제천 의례가 억제되자 폐지되었다. 세조 2년(1456)에는 일시적으로 제도화하여 1457년에 환구단을 설치하고 제사를 올렸다. 그러나 세조 10년(1464)에 실시된 제사를 마지막으로 환구단에서의 제사는 중단되었다. 한편 환구단이 다시 설치된 것은 1897년 고종이 황제로 즉위하면서부터이다.

| 오답 해설 | ② 성종 때는 사직을 세워 토지 신과 오곡(곡식)의 신에게 제사를 지냈다.
③ 숙종 때 평양에 기자 사당을 설치하여 기자를 '교화의 군주'로 숭상하였다.
④ 예종 때 최초의 도교 사원인 복원궁(복원관)이 건립되었고, 초제를 지냈다.

33 ④

| 개념 카테고리 | 단원 통합 > 문화 > 팔관회

| 정답 해설 | (가)는 '팔관회'이다. ④ 팔관회는 개경과 서경에서만 개최되었다.

| 플러스 이론 | 팔관회

팔관회는 『삼국사기』에 551년(진흥왕 12년)에 처음 시행되었다는 기록이 있으며, 고려는 건국 당시(918, 태조 1년)부터 시작되었다. 이 행사는 개경(11월 15일), 서경(10월 15일)에서 개최되었으나, 개최일은 변동이 있기도 하였다.
팔관회가 개최되면 국왕이 몸소 하늘과 산천, 바다의 용 등에게 제사를 지냈으며 축하 공연이 밤늦도록 이어졌다. 개경과 지방의 관리들이 의식에 참여하였으며, 다른 나라의 사신과 상인들도 국왕을 알현하고 가져온 선물을 바쳤다. 따라서 팔관회가 개최되는 곳은 축제의 장소이자 교역의 장소였으며, 정보 교류의 장이었다.

34 ③

| 개념 카테고리 | 중세의 우리 역사 > 문화 > 팔관회

| 정답 해설 | (가) '팔관회'이다. ③ 팔관회는 서경(10월 15일)과 개경(11월 15일)에서 두 차례 개최되었다. 정월 보름에 개최된 것은 연등회이다.

| 오답 해설 | 팔관회는 ② 불교 행사이자, 토속 신에게 제사를 지냈던 국가 행사이다. 또한 ① 훈요 10조에서는 연등회와 팔관회를 반드시 행할 것을 제시하였고, ④ 외국 상인과 사신들도 참석하여 국제 교류의 장이 되었다.

| 플러스 이론 | 훈요 10조 – 연등회와 팔관회

나의 소원은 연등과 팔관에 있는 바, 연등은 부처를 제사하고, 팔관은 하늘과 5악(五嶽)·명산·대천·용신(龍神) 등을 봉사하는 것이니, 후세의 간사한 신하가 신위(神位)와 의식 절차를 늘리거나 줄이자고 건의하지 못하게 하라.
나도 마음속에 행여 행사일이 황실의 제일(祭日)과 서로 마주치지 않기를 바라고 있으니, 군신이 동락하면서 제사를 경건히 행하라.

35 ③

| 개념 카테고리 | 중세의 우리 역사 > 문화 > 『향약구급방』

| 정답 해설 | ③ 제시된 자료는 현존하는 가장 오래된 의서(醫書)인 『향약구급방』에 대한 설명이다. 『향약구급방』은 약재의 자급자족을 위하여 1236~1251년 사이에 대장도감에서 간행하였다.

| 오답 해설 | ① 『의방유취』, ② 『향약집성방』, ④ 『동의보감』이다.

36 ①

| 개념 카테고리 | 중세의 우리 역사 > 문화 > 과학 기술

| 정답 해설 | ① 불국사 3층 석탑(석가탑)에서 발견된 『무구정광대다라니경』은 통일 신라 시대인 8세기 초에 만들어진 세계 최고(最古)의 목판 인쇄물이다.

37 ①

| 개념 카테고리 | 중세의 우리 역사 > 문화 > 역사적 사실의 순서

| 정답 해설 | 제시된 사건의 순서는 다음과 같다.
ⓒ 『상정고금예문』을 금속 활자로 인쇄(고종, 1234)
ⓑ 대장도감을 설치하고(고종, 1236), 재조대장경(팔만대장경)을 완성(1236~1251)
ⓐ 개경 환도(원종, 1270)
ⓓ 『삼국유사』 편찬(충렬왕, 1281)

38 ②

| 개념 카테고리 | 중세의 우리 역사 > 문화 > 고려의 문화유산

| 정답 해설 | 경천사지 10층 석탑은 원 간섭기인 (가) '충목왕' 때 세워졌다. 따라서 통일 신라 시대에 세워진 불국사 다보탑, 고려 초에 설립된(968년으로 추정) 관촉사 석조미륵보살 입상, 법천사 지광국사탑(1070~1085)은 충목왕 시기(1344~1348)에 볼 수 있었다. ② 원각사 10층 석탑은 조선 세조 때 설립되었다.

39 ①

개념 카테고리 중세의 우리 역사 > 문화 > 고려의 문화유산

| 정답 해설 | 제시된 사료는 원 간섭기인 충렬왕 때 박유가 축첩제를 건의하였으나 당시 여성들의 반대로 시행되지 못했다는 내용이다. ① 법주사 쌍사자 석등은 8세기 통일 신라 시대에 제작되었다.

| 플러스 이론 | 고려 시대의 대표적 문화유산

건축물	석탑	불상	도자기
• 주심포 양식(안동 봉정사 극락전, 영주 부석사 무량수전, 예산 수덕사 대웅전) • 다포 양식(원의 영향, 성불사 응진전, 석왕사 응진전)	• 월정사 8각 9층 탑(송의 영향) • 경천사지 10층 석탑(원의 영향)	• 관촉사 석조 미륵보살 입상(거대 불상) • 부석사 소조여래좌상(신라 조형 예술 계승)	• 상감 청자 유행(12세기 중엽) • 분청사기 유행(원 간섭기 이후)

40 ③

개념 카테고리 중세의 우리 역사 > 문화 > 주심포 양식 건물

| 정답 해설 | ㉠ '안동 봉정사 극락전'은 현존하는 가장 오래된 목조 건축물이며, ㉡ '영주 부석사 무량수전', ㉢ '예산 수덕사 대웅전'과 함께 고려 시대 대표적인 주심포 양식 건물이다.

| 플러스 이론 | 절의 부속 건물

- **대웅전**
  석가모니불을 봉안한 법당이다. 대웅보전(大雄寶殿)이라고도 하며 사찰의 중심에 위치해 있다.
- **응진전**
  응진전이라는 이름은 나한(羅漢)에서 나온 것이다. 나한은 수행을 마치고 이미 성자의 위치에 오른 이들로, 산스크리트어 '아라하트'를 음역한 것이다.
- **극락전(무량수전)**
  불교에서 서방 정토(극락세계)의 주재자인 아미타불을 모시는 사찰 건물이다.
- **약사전**
  중생의 모든 질병을 치료해 주고 고통을 없애주는 약사여래불을 모시는 건물이다.

41 ②

개념 카테고리 중세의 우리 역사 > 문화 > 안동 봉정사 극락전

| 정답 해설 | ② 현재 우리나라에서 가장 오래된 목조 건축물은 '안동 봉정사 극락전'으로, 고려 후기인 1200년대 초에 축조된 것으로 추정된다. 안동 봉정사 극락전은 맞배지붕을 올린 주심포식 구조로, 기둥은 배흘림 양식이 반영되었다.

| 오답 해설 | ① 영주 부석사 무량수전은 주심포 건물로서 고려 후기의 건축물이다.
③ 예산 수덕사 대웅전은 주심포 양식의 건물로서 고려 후기의 건축물이다.
④ 보은 법주사 팔상전은 우리나라에 남아 있는 유일한 5층 목조탑으로서, 17세기 건축물이다.

42 ③

개념 카테고리 중세의 우리 역사 > 문화 > 불교 문화

| 정답 해설 | ㄴ. 영주 부석사 무량수전의 소조여래좌상은 고려 시대를 대표하는 불상으로 신라 조형 예술을 계승한 걸작으로 평가받고 있다.
ㄷ. 하남 하사창동 철조 석가여래좌상은 고려 초 대표적인 철불(철로 만든 불상)이다.

| 오답 해설 | ㄱ. 금동 연가 7년명 여래 입상은 고구려의 불상이다(539년 제작).
ㄹ. 금동 미륵보살 반가 사유상은 삼국 시대의 문화재로, 고구려·백제·신라 모두에서 제작되었다.

43 ④

개념 카테고리 중세의 우리 역사 > 문화 > 『직지심체요절』

| 정답 해설 | 고려 말의 승려 백운 화상(경한 스님, 1299~1374)은 역대 고승들의 법어, 어록 등에서 선(禪)의 요체를 깨닫는 데 필요한 내용들을 엮었다. ④ 이후 그 제자들이 1377년에 『직지심체요절』(정식 명칭: 백운화상초록불조직지심체요절)을 청주 흥덕사에서 금속 활자로 인쇄, 간행하였다. 현재 프랑스 국립 도서관에 소장되어 있다.

| 오답 해설 | ① 금속 활자를 제작하는 주자소는 조선 태종 때 만들어졌으며, 태종 때 계미자, 세종 때 갑인자가 주조되었다.
② 신미양요 때 약탈된 문화유산은 어재연 장군의 '수(帥)'자기이다. '수'자기는 현재 우리나라에 임대 형태로 반환되어 강화 역사 박물관에 소장되어 있다.
③ 현존 최고(最古)의 목판 인쇄물인 『무구정광대다라니경』은 불국사 3층 석탑(석가탑)에서 발견되었다.
⑤ 팔만대장경(재조대장경)에 대한 설명이다.

44 ④

| 개념 카테고리 | 중세의 우리 역사 > 문화 > 고려 청자

| 정답 해설 | 제시된 내용은 12세기 송나라의 사신이었던 서긍이 저술한 『고려도경』의 일부분이며, 고려의 청자를 설명하고 있다. 고려 청자는 강진과 부안이 대표적 생산지였으며, 왕실과 관청 및 귀족들이 주로 사용하였다. ④ 상감 청자는 12세기 중엽부터 유행하다가 원 간섭기 이후에는 점차 쇠퇴하였다.

45 ③

| 개념 카테고리 | 중세의 우리 역사 > 문화 > 고려의 문화유산

| 정답 해설 | ㄴ. 부석사 조사당 벽화는 12세기~13세기 작품으로 추정된다.
ㄷ. 예성강도는 이령이 1124년(인종 2년)에 사신 이자덕을 따라 송에 갔다가 송 휘종의 요청으로 그린 그림이다. 현재 전하지는 않는다.

| 오답 해설 | ㄱ. 고사관수도는 15세기 강희안의 작품이다.
ㄹ. 송하보월도는 15세기 말~16세기 초 이상좌의 작품이다.

46 ②

| 개념 카테고리 | 중세의 우리 역사 > 문화 > 예술 문화

| 정답 해설 | ② 광종 때 만들어진 논산 관촉사 석조 미륵보살 입상은 안정감이 부족하다는 평가를 받는다. 한편 신라 조형 예술의 영향을 받아 제작된 부석사 소조여래좌상은 균형미가 뛰어난 걸작으로 평가받는다.

| 플러스 이론 | 고려의 예술 문화

1. 석탑
   - 전기의 석탑
     - 개성 불일사 5층 석탑
     - 현화사 7층 석탑: 고려의 독특한 직선미
     - 월정사 8각 9층탑(오대산): 송의 영향
   - 후기의 석탑
     경천사지 10층 석탑(원의 영향): 원각사지 10층 석탑(조선)의 원형

2. 승탑(부도)
   - 8각 원당형의 기본 양식
     - 여주 고달사지 승탑
   - 독특한 형태
     - 정토사 홍법국사 실상탑: 탑신이 구형
     - 원주 법천사 지광국사 현묘탑: 탑신이 사각형

3. 불상
   - 초기에는 하남 하사창동 철조 석가여래좌상과 같은 '대형 철불'이 많이 제작되었다.
   - 논산 관촉사 석조 미륵보살 입상과 파주 용미리 마애이불 입상은 거대하지만 조형미는 다소 떨어진다.
   - 부석사 소조여래좌상: 신라 양식을 계승한 고려 불상의 걸작으로 평가받는다.

4. 공예
   - 공예: 귀족의 생활 도구와 불교 의식의 불구 중심
   - 고려 자기
     - 자기는 신라의 전통 위에 송의 기술이 더해지면서 11세기에는 순수 청자가 발달하였다.
     - 12세기에는 고려의 독특한 기술인 상감법이 개발되어 황금기를 맞이하였다.
     - 원 간섭 시기 이후부터 조선 초까지는 소박한 분청사기가 제작되었다.
   - 은입사 기술과 옻칠한 바탕에 자개를 붙여 무늬를 새기는 나전 칠기 공예도 성행하였다.

5. 서예
   - 전기: 왕희지체, 구양순체(귀족들에게 특히 환영받음) 유행
   - 신품 사현: 유신(柳伸)·탄연(坦然)·최우(崔瑀)·김생(金生, 통일 신라 시대)
   - 후기: 조맹부의 송설체 유행, 이암(충선왕 때)

47 ②

| 개념 카테고리 | 중세의 우리 역사 > 문화 > 예술 문화

| 정답 해설 | ② 고려는 세계 최초로 금속 활자를 발명하였다. 12세기 말이나 13세기 초에는 이미 금속 활자 인쇄술이 발명되었으리라고 추측되며, 몽골과 전쟁 중 강화도로 천도했던 당시 금속 활자로 『상정고금예문』을 인쇄하였다(1234). 이는 서양에서 금속 활자 인쇄가 시작된 것보다 200여 년이나 앞서 이루어졌지만 현재 전해지지 않고 있다. 한편 청주 흥덕사에서 간행한 『직지심체요절』(1377)이 현존하는 세계 최고(最古)의 금속 활자본으로 공인받고 있으며, 유네스코 세계 기록 유산으로 등재되었다.

| 오답 해설 | ① 고려의 귀족 문화를 대표하는 자기는 청자이며, 상감 청자가 12세기 중엽부터 유행하였다.

매력적 오답 ③ 팔만대장경(재조대장경)은 몽골의 침략을 막기 위한 염원에서 만들어졌다(최우~최항 집권 시기).
④ 고려는 유교와 불교문화가 융합된 독특한 문화가 발전하였다.

48 ③

개념 카테고리 중세의 우리 역사 > 문화 > 문학

| **정답 해설** | 제시된 지문 중 ㉠㉣만 옳은 설명이다.
| **오답 해설** | ㉡ 『백운소설』은 이규보의 저서이다.
㉢ 『보한집』은 최자의 저서이다.
㉥ 『역옹패설』은 이제현의 저술이다.

| **플러스 이론** | 고려 후기 문학의 새 경향

1. 대표 문인과 작품
- 이규보: 이규보의 『동국이상국집』(1241)에 「동명왕편」이 수록되어 있으며, 금속 활자로 『고금상정예문(상정고금예문)』을 1234년에 찍었다는 기록이 남아 있다. 한편 『백운소설』은 이규보 자신이 직접 저술한 것은 아니며, 조선 중기 어떤 인물이 『동국이상국집』에 실린 '삼국 시대 이후 고려 시대'까지의 여러 시를 뽑아 해설한 책이다.
- 이인로: 이인로의 『파한집』은 고려 시대 여러 문인의 이야기와 시문이 소개되어 있고, 경주의 신라 유적지나 서경(西京)과 개경(開京)의 풍물(風物), 궁궐과 사찰에 대한 이야기가 담겨 있다. 또한 저자가 직접 보고 들은 일화, 친구와 교제하는 과정에서 주고받은 문답 등도 해학적으로 기록되어 있다.
- 최자: 최자의 『보한집』은 고종 41년(1254)경에 출간된 것으로 보이며, 이인로의 『파한집』을 보충한다는 의미로 '보한집'으로 이름을 붙였다. 『파한집』에는 삼국 시대의 시들도 실린 반면, 『보한집』에는 고려 시대의 시만 수록되었다는 점에서 두 책의 차이를 엿볼 수 있다.
- 이제현: 이제현의 『역옹패설』은 충혜왕 복위 3년(1342)에 저술되었다. 이 책에는 첫째, 고려가 몽골로부터 당한 치욕을 반성하는 방법으로 부당한 사대주의를 비판하고 있으며, 둘째, 무신 정권 시대의 횡포와 삼별초의 항쟁을 비판하고 있으며, 셋째, 한유(韓愈)·이백(李白) 등의 유명한 중국 문인들의 시를 언급하였고, 정지상(鄭知常) 등 우리나라 시인들의 작품에 대해서도 평가하였다.

2. 가전체 문학(의인체 소설)
- 임춘의 「국순전」: 술을 의인화한 가전체 작품이다. 부패한 벼슬아치들의 득세와 뛰어난 인물들이 오히려 소외되는 현실을 풍자하고, 비판하는 내용을 담고 있다.
- 이규보의 「국선생전」: 이규보는 술을 의인화하여, 술과 인간과의 관계에서 형성되는 덕(德)과 패가망신(敗家亡身)을, 군신 사이의 관계로 의미를 확대하였다.
- 이곡의 「죽부인전」: 대나무를 절개 있는 여인으로 의인화하여, 당시 타락한 사회를 비판하였다.

49 ④

개념 카테고리 중세의 우리 역사 > 문화 > 석탑

| **정답 해설** | ④ 경천사지 10층 석탑은 원의 영향을 받아 세워진 석탑으로, 원래 경기도 개풍군 광덕면 경천사 터에 세워졌다. 1907년 일본의 궁내대신 다나카[田中光顯]에 의하여 일본 도쿄로 불법 반출되었다. 이후 베델(대한매일신보 발행인)과 헐버트(코리아 리뷰 발행인)의 지속적인 문제 제기로 반환되었으며, 오랜 기간 경복궁 근정전 회랑에 방치되었다가 1959년 재건을 시작하여 1960년에 완공 후 경복궁에 전시되었다. 이후 2005년에 개관한 국립 중앙 박물관으로 옮겨져 실내에 전시되고 있다.

| **오답 해설** | ① 불국사 3층 석탑(석가탑, 국보 제21호)은 신라 중대 경덕왕~혜공왕 시기에 축조되었으며, 신문왕 때 축조된 감은사지 3층 석탑 양식을 계승하였다. 석탑 내부에서는 현존하는 가장 오래된 목판 인쇄물인 『무구정광대다라니경』이 발견되었다.
② 부여 정림사지 5층 석탑은 백제의 탑이며, 소정방이 백제 정벌 이후 자신의 감회를 석탑 기단부에 새겨놓아 한때 평제탑이라고 불리기도 하였다.
③ 화엄사 4사자 3층 석탑(전남 구례)은 통일 신라 시대의 석탑이다.
⑤ 월정사 8각 9층 석탑(강원도 평창)은 송의 영향을 받아 만들어진 고려 시대 석탑이다.

50 ③

개념 카테고리 단원 통합 > 문화 > 시대별 석탑

| **정답 해설** | ㉠ 신라의 '분황사탑'은 석재를 벽돌 모양으로 잘라서 만든 탑(모전 석탑)이다.
㉢ 고려 후기에는 원나라의 영향을 받아 '경천사 10층 석탑'이 만들어졌다.

PART 04 근세의 우리 역사

정답과 해설

CHAPTER 01 | 근세의 정치   출제 비중 67%

약점진단표

	1회독				2회독				3회독			
	○	△	×	총	○	△	×	총	○	△	×	총
근세의 정치				54				54				54

*문제풀이 후 약점진단 결과를 적어 보세요!

필수기출 & 출제예상편

문제편 P.108

01	①	02	①	03	④	04	②	05	③
06	①	07	③	08	③	09	①	10	⑤
11	③	12	②	13	②	14	②	15	④
16	④	17	④	18	①	19	②	20	①
21	④	22	③	23	④	24	④	25	③
26	③	27	④	28	①	29	③	30	③
31	①	32	③	33	②	34	①	35	②
36	④	37	②	38	①	39	②	40	④
41	④	42	③	43	②	44	①	45	②
46	②	47	①	48	②	49	①	50	②
51	③	52	④	53	②	54	②		

01 ① 中

개념 카테고리 근세의 우리 역사 > 정치 > 조선 건국 전후의 일

| 정답 해설 | ① (가)는 우왕 재위 시기이다. 기철 등 친원 세력이 숙청된 것은 공민왕 재위 시기의 사실이다.

| 오답 해설 | ② 이성계는 위화도 회군(1388) 이후 권력을 장악한 후, 폐가입진(가짜를 폐하고 진짜를 세운다)을 명분으로 공양왕을 옹립하였다.
③ 태조 때 명은 하정사의 표문(명에 보내는 국서) 내용이 불손하다고 트집 잡아, 정도전의 압송을 요구하였다(표전 문제). 이러한 명의 태도에 격분한 정도전과 남은은 태조의 호응을 받아 요동 정벌을 계획하였다.
④ 이방간과 이방원 사이에 2차 왕자의 난이 일어났다. 2차 왕자의 난에서 승리한 이방원은 정종의 양위를 받아 태종으로 즉위하였다.

02 ① 中

개념 카테고리 근세의 우리 역사 > 정치 > 정도전

| 정답 해설 | 제시된 사료는 조선 태조 때 '정도전'과 남은이 요동 정벌을 추진하던 상황을 보여준다. ① 충선왕이 상왕으로 물러난 후 설립한 만권당에서 원의 학자들(대표적 인물 조맹부)과 교류한 대표적 인물은 이제현이다.

| 오답 해설 | ② 정도전은 맹자의 역성혁명론을 조선 건국에 적용하였고, ③ 한양 도성의 성문 및 경복궁 등 궁궐 이름을 지었다. 또한 조선 최초의 사찬 법전인 『조선경국전』을 편찬하였으며, ④ 『경제문감』을 저술하여 재상 중심의 정치를 주장하였다.

| 플러스 이론 | 정도전

정도전은 이색의 문하에서 수업하였으며 1362년 문과에 급제하여 예조 정랑 등의 벼슬을 지냈다.
친원 배명 정책을 반대하다가 전라도 나주의 거평 부곡에 유배당하였다. 1377년 유배형을 마친 후 학문 연구와 후진 교육에 종사하며, 특히 주자학적 입장에서 '불교 배척론'을 체계화하였다. 이성계를 도와서 토지 개혁을 하였고, 조선 왕조의 개국 공신이 되었다.
1394년 한양 천도 때는 궁궐과 종묘의 위치 및 도성의 기지를 결정하고 궁·문의 모든 칭호를 정했다. 『조선경국전』을 편찬하여 법제의 기본을 이룩하고, 1398년 8월 '요동 수복 계획'을 수립하던 가운데 세자인 이방석의 편에 서서 종사(宗嗣)를 위태롭게 한다는 이유로 이방원의 습격을 받아 죽었다.
불교를 철저히 반대한 유학자로서, 저서로는 『삼봉집』, 『경제문감』, 『심기리편』, 『불씨잡변』, 『진법』, 『금남잡영』 등이 있고, 악곡으로는 「납씨가」, 「정동방곡」, 「문덕곡」 등이 있다.

03 ④

개념 카테고리 단원 통합 > 정치 > 서울의 역사

| 정답 해설 | 제시된 그림에서 숭례문(남대문), 흥인지문(동대문), 돈의문(서대문), 숙정문(북대문)을 통해 한양(현재의 서울)의 지도임을 알 수 있다. 현재의 서울은 고려 문종 때 남경으로 승격되었고(문종 21년, 1067), 조선 시대에 한양 도성이 만들어졌으며, 정도전이 궁궐 전각 및 도성 성문 이름을 지었다. 조선 후기에는 종루(鍾樓), 이현, 칠패 등에서 사상들이 활발히 상업 활동을 하였다. ④ 화성의 성곽은 정약용이 제작한 거중기를 사용하여 지어졌으며, 건축한 지 2년 만인 1796년(정조 20년)에 완성되었다.

04 ②

개념 카테고리 근세의 우리 역사 > 정치 > 한양

| 정답 해설 | 한양은 통치의 중심 공간인 (가) 경복궁을 (나) 백악산 아래 남향으로 짓고 그 좌우에 종묘와 사직을 건설하였다. (다) 남산은 안산에 해당한다. 안산이란 주산(主山)·청룡(靑龍)·백호(白虎)와 함께 풍수학상의 네 가지 요소 중 하나로, 가택이나 묘택이 있는 혈(穴) 앞의 낮고 작은 산을 의미한다. 한편 도성의 4대문은 숭례문(남대문), 흥인지문(동대문), (라) 돈의문(서대문), 숙정문(북대문)이다. 참고로 4소문은 소의문(서소문), 창의문(북소문), 혜화문(동소문), 광희문(남소문)이다.

05 ③

개념 카테고리 근세의 우리 역사 > 정치 > 초기 왕들의 업적

| 정답 해설 | ③ 세조 때에 집현전이 폐지되었다. 또한 불교를 장려하여 『월인석보』를 한글로 간행하기도 하였고(1459), 간경도감이 설치되었다(1461).

| 플러스 이론 | 조선 초기 왕들의 업적

구분	업적
태조	국호를 조선으로 정하고 한양으로 천도
태종	• 왕권 강화: 6조 직계제, 사병 혁파, 대신들을 견제할 목적으로 사간원 독립 • 호패법 실시, 신문고 설치
세종	• 집현전 설치: 경연 담당 • 의정부 서사제 실시 • 훈민정음 창제 • 최윤덕, 김종서의 활약으로 4군 6진 개척
세조	• 6조 직계제 실시 • 집현전과 경연 폐지 • 『경국대전』 편찬 시작, 직전법 실시 • 불교 정책: 간경도감 설치, 불교 서적 언해 및 간행
성종	• 『경국대전』 반포(성리학적 통치 질서 완성) • 홍문관 설치: 경연 담당 • 관수관급제 실시(국가의 토지 및 농민 지배력 강화)

06 ①

개념 카테고리 근세의 우리 역사 > 정치 > 태종의 주요 정책

| 정답 해설 | ① 태종은 1401년 사섬서(司贍署)를 설치하고, 지폐인 저화(楮貨)를 발행하였다.

| 오답 해설 | ② 상평통보는 인조 때 처음 발행되었고, 숙종 때 발행된 상평통보가 전국적으로 유통되면서 화폐 경제를 촉진하였다.
③ 대한 제국 때 실시한 광무개혁에서는 지계를 발급하여 근대적 토지 소유권 제도를 확립하고자 하였다.
④ 세종은 공법(연분9등법과 전분6등법)을 시행하여 조세 제도를 개편하였다.

07 ③

개념 카테고리 근세의 우리 역사 > 정치 > 태종의 업적

| 정답 해설 | 제시된 사료는 사병 혁파를 건의하는 상소문 중 일부이다. 이방원(이후 태종)은 2차 왕자의 난 이후 권력을 잡은 후 사병을 혁파하였다. 왕위에 오른 다음에는 6조 직계제를 시행하고 공신 및 처남 등을 제거하는 등 왕권을 강화하였다. 또한 ㄷ. 사간원을 독립시켜(1401) 대신들을 견제하게 하였으며, 양전 사업과 호패법(1413)을 실시하여 국가 재정을 안정시키려 하였다. 한편 8도제를 확립하고 모든 군현에 지방관을 파견하였다. 그 외에도 신문고를 설치하고, 서얼차대법(서얼금고법, 서얼을 차별하는 법)을 제정하였다(성종 때 법제화). 한편 ㄴ. 주자소를 설치하여 금속 활자를 만들었으며 이 시기에 계미자가 제작되었다.

| 오답 해설 | ㄱ, ㄹ. 집현전을 설치하고 의정부 서사제를 운영했던 왕은 세종이다.

08 ③

개념 카테고리 근세의 우리 역사 > 정치 > 태종

| 정답 해설 | 제시된 사료 중 '정몽주의 난을 진압하고 세자가 되었다.'는 내용을 통해 밑줄 친 '그'가 '태종'임을 알 수 있다.
ㄴ. 태종은 호패법을 시행하여 16세 이상의 양인 남자들에게 호패를 차고 다니게 하였다.
ㄹ. 태종은 6조 직계제를 실시하여 왕권을 강화하였다.

| 오답 해설 | ㄱ. 영정법은 인조 때 도입된 전세 제도이다.
ㄷ. 『경국대전』은 성종 때 편찬되었다.

09 ①

| 개념 카테고리 | 근세의 우리 역사 > 정치 > 세종

| 정답 해설 | 제시된 사료는 세종이 여비(女婢, 여자 노비)의 출산 전·후 휴가를 늘려주는 조치를 시행한 내용이다. ① 세종 때의 사형 판결에는 삼복법(三覆法)을 엄격하게 적용하였다.

| 오답 해설 | ② 태종 때 주자소를 설치하여 계미자를 주조하였다.
③ 세조 때 국방력 강화를 위해 진관 체제를 실시하였다.
④ 정종 때 도평의사사를 개편하여 의정부를 설치하였다.

10 ⑤

| 개념 카테고리 | 근세의 우리 역사 > 정치 > 세종의 업적

| 정답 해설 | 제시된 자료에서 빗물의 양을 측정하는 도구인 측우기를 통해 밑줄 그은 '왕'이 '세종'임을 알 수 있다. 세종 때에 ㉢『향약집성방』을 편찬하였고, ㉣ 의정부 서사제를 실시하였다.

| 오답 해설 | ㉠ 두 차례에 걸친 왕자의 난을 통해 왕위에 오른 태종은 왕자의 난이 일어나는 군사적 기반이 되었던 사병을 혁파하였다.
㉡ 태종 때에 주자소를 설치하고 계미자를 주조하였다. 세종 때에는 갑인자를 주조하였다.

11 ③

| 개념 카테고리 | 근세의 우리 역사 > 정치 > 세조

| 정답 해설 | 현재 탑골 공원에는 '원각사지 10층 석탑'이 있다. 이 탑은 조선 '세조' 때 설립되었고, 고려 충목왕 때 건립된 경천사지 10층 석탑의 영향을 받았다고 평가된다. ③ 세조는 6조 직계제를 실시하여 국왕 중심의 정치 체제를 구축하였다.

| 오답 해설 | ① 문종 때 우리나라 대외 전쟁사를 정리한 『동국병감』이 편찬되었다.
② 성종 때 서거정 등은 『동문선』을 편찬하였다.
④ 태종은 개경에서 한양으로 다시 천도하면서 경복궁 동쪽에 이궁(離宮)인 창덕궁을 창건하였다.

12 ②

| 개념 카테고리 | 근세의 우리 역사 > 정치 > 세조

| 정답 해설 | 제시된 자료는 세조 13년(1467)에 발생한 이시애의 난에 대한 내용이다. 세조는 이시애의 난을 진압한 후 유향소를 폐지하였다. ② 세조는 『월인천강지곡』과 『석보상절』을 합책하여 『월인석보』를 간행(1459)하였으며, 간경도감을 설치(1461)하여 불전을 언해 및 간행하였다.

| 오답 해설 | ① 성종은 홍문관을 통해 경연을 담당하게 하였다.
③ 1393년(태조 2년)에 삼군도총제부를 의흥 삼군부로 개편하였다.
④ 태종은 왕권 강화를 위해 6조 직계제를 채택하고 사간원을 독립시켜 대신을 견제하였다.

13 ②

| 개념 카테고리 | 근세의 우리 역사 > 정치 > 성종

| 정답 해설 | 제시된 자료에서 설명하는 책은 '성종' 5년(1474)에 편찬된 『국조오례의』이다. ②『동국여지승람』은 성종 12년(1481) 노사신·양성지가 『팔도지리지』·『세종실록지리지』를 참고하여 각 도의 연혁·풍속·인물·성씨 등을 기록한 인문 지리서이다.

| 오답 해설 | ①『이륜행실도』는 중종 13년(1518)에 간행되었다.
③『신찬팔도지리지』는 세종 14년(1432)에 편찬되었다.
④ 태조 4년(1395)에 고구려의 천문도를 바탕으로 『천상열차분야지도』가 제작되었다.

14 ②

| 개념 카테고리 | 근세의 우리 역사 > 정치 > 초기 왕들의 업적

| 정답 해설 | ② 창덕궁은 태종 때 건설되었으나, 세종 때 만든 수강궁을 보수하여 창경궁이라는 명칭을 사용한 것은 성종 때이다.

| 플러스 이론 | **창덕궁과 창경궁**

- **창덕궁**
  창덕궁은 조선 제3대 왕인 태종 5년(1405) 경복궁의 이궁(離宮)으로 지어진 궁궐이다. 임진왜란 당시 경복궁과 함께 소실된 것을 선조 40년(1607)에 중건하기 시작하여 광해군 5년(1613)에 공사가 끝났다. 이후 1623년 인조반정 때 인정전을 제외한 대부분의 전각이 소실되었다가 인조 25년(1647)에 복구되었으나 이후에도 여러 번 화재가 발생하였다.
  창덕궁 안에는 가장 오래된 궁궐 정문인 돈화문, 신하들의 하례식이나 외국 사신의 접견 장소로 쓰이던 인정전, 국가의 정사를 논하던 선정전, 왕과 왕후 및 왕가 일족이 거처하는 희정당·대조전 등의 공간이 있다. 창덕궁의 역사에 대한 기록은 『조선왕조실록』, 『궁궐지』, 『창덕궁조영의궤』, 「동궐도」 등에 기록되어 있다. 특히 1830년경에 그린 「동궐도」(국보 제249호)가 창덕궁의 건물 배치와 건물 형태를 그림으로 전하고 있는데 궁궐사와 궁궐 건축을 연구하는 데 귀중한 자료이다.

- **창경궁**
  창경궁(昌慶宮)은 옛 수강궁(壽康宮) 터에 지은 것으로, 수강궁은 1418년 왕위에 오른 세종이 상왕인 태종을 모시기 위해 지은 궁이다. 일제는 창경궁에 동물원을 설치하였다.

15 ④

개념 카테고리 근세의 우리 역사 > 정치 > 조선 시대 중앙 관청

| 정답 해설 | ④ 교서관(校書館)은 조선 시대 서적 인쇄 등을 관장하기 위하여 설치되었다. 1392년(태조 1년)에 교서감(校書監)으로 처음 설치했다가, 1401년(태종 1년)에 교서관으로 개칭되었다. 한편 별칭으로는 운각(芸閣)이라고 불렸다. 한편 경연을 담당한 관청은 세종 때의 집현전(세조 때 폐지)과 성종 이후에는 홍문관이다.

16 ④

개념 카테고리 근세의 우리 역사 > 정치 > 승정원

| 정답 해설 | 제시된 자료의 (가)는 '승정원'이다. ④ 승정원은 은대(銀臺)라고 불렸으며 주 임무는 국왕의 명령을 전달하는 일이었다. 또한 각 관청에서 올라오는 보고와 이에 대한 왕의 결재 사항을 각 관청에 하달하는 업무도 맡았다.

17 ④

개념 카테고리 근세의 우리 역사 > 정치 > 중앙 정치 조직

| 정답 해설 | ④ 교서관은 출판 기구였으며, 국왕의 교서를 작성하는 기관은 예문관이다.

18 ③

개념 카테고리 근세의 우리 역사 > 정치 > 홍문관

| 정답 해설 | 제시된 자료는 홍문관에 대한 설명이다. ③ 외교 문서를 담당하던 관청은 승문원이며, 사초는 예문관 사관(한림)이 작성하였다.

19 ②

개념 카테고리 근세의 우리 역사 > 정치 > 중앙 정치 조직

| 정답 해설 | ② 이조 좌랑은 종6품 관직으로서, 이조 정랑(정5품)과 함께 이조 전랑으로 불렸다. 이조 전랑은 삼사의 관리를 추천하고 자신의 후임을 추천할 수 있는 등 조선 시대 핵심 요직이었다.
| 오답 해설 | ① 승정원은 왕명을 출납하면서 왕의 비서 기관의 업무를 하였다.
③ 왕의 정책을 간쟁하는 기관은 사간원이며, 관리 감찰 기구는 사헌부이다.
④ 교서관은 서적 출판 및 간행의 업무를 담당하였다.

20 ①

개념 카테고리 근세의 우리 역사 > 정치 > 중앙 정치 조직

| 오답 해설 | **매력적 오답** ② 겸임이 관행이었다.
③ 사간원, 사헌부, 홍문관의 관리들은 언관들이며 인사권 행사와는 관련이 없었다.
④ 세종 시기에는 의정부 서사제를 통해 의정부의 권한을 강화시켰다.

21 ④

개념 카테고리 근세의 우리 역사 > 정치 > 수령 7사

| 정답 해설 | (가)는 수령 7사이다. 수령 7사는 수령이 꼭 해야 할 7가지 일로서, ㄴ. 농상성(農桑盛, 농상을 성하게 함), ㄱ. 호구증(戶口增, 호구를 늘림), 학교흥(學校興, 학교를 일으킴), 군정수(軍政修, 군사 행정을 잘 운영하는 일), ㄷ. 부역균(賦役均, 역의 부과를 균등하게 함), ㄹ. 사송간(詞訟簡, 소송을 간명하게 함), 간활식(奸猾息, 교활하고 간사한 것을 그치게 함)이다.

22 ③

개념 카테고리 근세의 우리 역사 > 정치 > 지방 행정 제도

| 오답 해설 | **매력적 오답** ㄹ. 지방민(재지 사족)의 자치 기구는 유향소이며, 경재소는 중앙에 설치되어 유향소를 통제하는 역할을 하였다.

23 ④

개념 카테고리 근세의 우리 역사 > 정치 > 유향소

| 정답 해설 | 제시된 사료의 "좌수", "별감" 등을 통해 밑줄 친 '이 기구'가 '유향소'임을 알 수 있다. 유향소는 향촌 사회의 풍속을 교화하고 수령을 보좌하며 향리를 규찰하는 역할을 담당하였다. 중앙 정부는 경재소를 통해 유향소를 통제하였다. ④ 전통적 공동 조직을 중심으로 삼강오륜 등의 유교 윤리를 가미한 조직은 향약이다.

24 ④

개념 카테고리 근세의 우리 역사 > 정치 > 군사 제도

| 정답 해설 | (가) 세조 때 실시된 '진관 체제'는, ㉢ 지역 단위 방위 체제로 각 도에 한두 개의 병영을 설치하고 병사(병마절도사)가 관할 지역의 군대를 지휘하였다. 또한 병영 밑에는 몇 개의 거진을 설치하여 거진의 수령이 그 지역의 군대를 통솔하였다. (나) 16세기 지방군 제도인 '제승방략 체제'는 ㉠ 유사시 필요한 방어처에 각 지역의 병력을 동원하여 중앙에서 파견되는 장수가 지휘하는 방어 체제였다.
| 오답 해설 | ㉡ 고려 시대 주진군은 좌군·우군·초군으로 구성된 상비군으로 평상시에는 토지를 경작하여 군량을 공급하고, 유사시에는 전투원으로 동원되어 국경의 수비를 전담하였다.
㉣ 임진왜란 중 편성된 속오군은 양반부터 노비에 이르기까지 편제되었다. 평상시에는 생업에 종사하면서 향촌 사회를 지키다가 적이 침입해 오면 전투에 동원되었다.

25 ③

개념 카테고리 근세의 우리 역사 > 정치 > 갑사

| 정답 해설 | 제시된 내용의 밑줄 친 '이것'은 '갑사'이다. ③ 직업 군인인 갑사는 정식 무반에 속해 품계와 녹봉을 받았다.

26 ③

개념 카테고리 근세의 우리 역사 > 정치 > 과거 제도

| 정답 해설 | ③ 조선 시대에도 음서(문음)가 있었으나 대상자가 축소되었고, 음서로 관직에 오른 사람은 고위 관직에 진출하기 어려웠다.
| 오답 해설 | ① 소과(생진과, 사마시)의 1차 시험(초시)은 각 도별 인구 비율로 합격자를 할당하였다.
② 문과(대과)의 정기 시험에는 현직 관원들도 응시할 수 있었고, 합격자는 1~4등급의 품계를 올려주었다.
④ 무과 식년시는 3년에 한 번씩 시행되었고 서얼도 응시할 수 있었다.

27 ④

개념 카테고리 근세의 우리 역사 > 정치 > 과거 제도

| 정답 해설 | ④ 『경국대전』에 따르면 문과 시험 업무는 (가) 예조에서 주관하고, 정기 시험인 식년시는 (나) 3년마다 실시하는 것이 원칙이었다.

28 ①

개념 카테고리 근세의 우리 역사 > 정치 > 잡과

| 정답 해설 | 제시된 사료의 밑줄 친 '이 시험'은 '잡과'이다. ㉠ 잡과는 3년마다 치러졌으며 분야별로 정원이 있었다. 역과(어학), 율과, 의과, 음양과(천문, 지리학)로 이루어졌고, 초시와 복시만 시행했다. 초시는 교육을 담당하는 해당 관청이 주관하였고(역과-사역원, 율과-형조, 의과-전의감, 음양과-관상감), 복시는 해당 관청과 예조가 합동 주관하였다. 잡과에 최종 합격하면 백패를 주었다. ㉡ 양인 이상이면 잡과에 응시할 수 있었다.
| 오답 해설 | ㉢ 취재, ㉣ 문과에 해당한다.

29 ③

개념 카테고리 근세의 우리 역사 > 정치 > 무오사화

| 정답 해설 | 제시된 사료 중 "노산군"(단종)과 "의제(義帝)"를 통해 세조를 비방한 「조의제문」을 빌미로 발생한 무오사화(1498)를 떠올릴 수 있다. ③ 무오사화는 훈구 세력이 사관 김일손의 사초 내용(김종직의 「조의제문」)을 문제 삼아 사림을 축출한 사건이다.
| 오답 해설 | ① 갑자사화(1504), ② 기묘사화(1519), ④ 중종반정(1506)에 대한 내용이다.

30 ③

개념 카테고리 근세의 우리 역사 > 정치 > 갑자사화

| 정답 해설 | 제시된 사료는 연산군의 생모인 폐비 윤씨 사사(賜死) 사건과 관련된 내용이다. ③ 연산군은 갑자사화(연산군 10년, 1504)를 일으켜 사건과 관련된 훈구파와 사림파를 제거하였다.
| 오답 해설 | ① 수양 대군은 단종을 내쫓고 왕위에 올랐다(세조 즉위).
② 기묘사화(중종 14년, 1519)에서는 조광조를 비롯한 많은 사림이 피해를 입었다.
④ 선조 때 이조 전랑 임명 문제를 둘러싸고, 사림은 동인과 서인으로 분열되었다.

31 ①

개념 카테고리 근세의 우리 역사 > 정치 > 중종

| 정답 해설 | 제시된 사료는 16세기 '중종' 때 편찬된 『이륜행실도』(1518) 중 일부이다. 『이륜행실도』는 연장자와 연소자, 친구 사이에서 지켜야 할 윤리를 강조한 책이다. ① 중종 때 풍기 군수 주세붕이 백운동 서원을 세웠다(1543). 백운동 서원에서는 안향을 봉사(제사를 모심)하였고, 이후 이황의 건의로 사액되어 소수 서원으로 개칭되었다.

| 오답 해설 | ② 김시습의 『금오신화』는 15세기(세조~성종)에 저술된 한문 소설이다.
③ 『국조오례의』와 『동국여지승람』은 15세기 성종 때 편찬되었다.
④ 집현전은 15세기 세종 때 창설되었다.

32 ③ 上

개념 카테고리 근세의 우리 역사 > 정치 > 조광조

| 정답 해설 | "정암"은 '조광조'의 호이다. ③ 조광조는 현량과 실시를 건의하는 등 급진적 개혁을 추진하였다.

33 ② 中

개념 카테고리 근세의 우리 역사 > 정치 > 조광조

| 정답 해설 | 중종 때 중용된 대표적 사림은 ㉠ '조광조'이다. 조광조는 『소학』과 향약(鄕約)의 보급을 위해 노력하였고, 방납의 폐단을 시정할 것을 주장하였다. 또한 위훈 삭제(삭훈)를 통해 훈구 세력을 제거하여 사림 중심의 정치를 시도하였다. ② 무오사화로 인해 김일손 등의 사림이 목숨을 잃었으며, 이미 사망한 김종직은 부관참시(剖棺斬屍)되었다.

34 ① 中

개념 카테고리 근세의 우리 역사 > 정치 > 조광조

| 정답 해설 | 제시된 사료에서 "천거", "한(漢)나라의 현량과와 방정과" 등을 통해 (가) '조광조'의 현량과 실시와 관련된 내용임을 알 수 있다. ① 조광조의 급진적 개혁에 대한 공신들의 반발로 조광조 등 사림 세력은 탄압받았다(기묘사화, 1519).

| 오답 해설 | ② 김일손은 그의 스승인 김종직의 「조의제문」을 사초(史草)에 실었는데, 이것이 문제가 되어 무오사화(연산군 4년, 1498)가 발생하였다.
③ 명종 즉위 이후 윤원형(문정왕후의 남동생) 등 소윤 세력은 문정왕후의 수렴청정을 지지하였다.
④ 연산군의 생모 윤씨를 폐비하는 데 동조했던 사람들은 갑자사화(연산군 10년, 1504) 때 희생되었다.

35 ② 中

개념 카테고리 근세의 우리 역사 > 정치 > 사화

| 정답 해설 | 조선 시대 사화(士禍)는 훈구 세력과 사림 세력 간의 갈등으로 인해 네 차례에 걸쳐 발생하였다.
㉠ 무오사화(연산군 4년, 1498)
㉡ 갑자사화(연산군 10년, 1504)
㉣ 기묘사화(중종 14년, 1519)
㉢ 을사사화(명종 1년, 1545)

36 ④ 中

개념 카테고리 근세의 우리 역사 > 정치 > 명종 시기의 사실

| 정답 해설 | 황해도 구월산을 중심으로 일어난 임꺽정의 난은 '16세기 명종' 때의 대표적인 민란이다. ④ 명종 시기에는 왕실 외척인 윤원형이 권력을 독점하면서 많은 폐단이 있었다.

| 오답 해설 | ① 임진왜란은 선조 시기인 1592년에 일어났다.
② 현종 때 효종의 정통성과 관련하여, 서인과 남인 사이에 두 차례의 예송 논쟁이 전개되었다. 인조의 계비인 자의대비의 복제가 쟁점이 되었는데, 서인은 효종이 장자가 아님을 들어 왕과 사대부에게 동일한 예가 적용되어야 한다는 입장에서 1차 (기해)예송 때는 1년설(기년설), 2차 (갑인)예송 때는 9개월설(대공설)을 주장하였다. 이에 반하여 남인은 왕에게는 일반 사대부와 다른 예법이 적용되어야 한다는 입장에서 3년설과 1년설을 각각 주장하여 서인과 대립하였다. 1차 때는 서인의 1년설이, 2차 때는 남인의 1년설이 채택되었다.
③ 신유박해(1801)는 순조 즉위 직후 노론 벽파가 남인 시파를 제거하기 위하여 대대적으로 단행한 천주교 박해이다. 그 결과 이승훈(최초의 세례 교인), 이가환, 정약종, 주문모(청나라 신부)가 순교하였고 정약용, 정약전은 유배형에 처해졌다.

37 ② 中

개념 카테고리 근세의 우리 역사 > 정치 > 명종 대의 사실

| 정답 해설 | 임꺽정의 난은 명종 때의 사실이다. ② 명종 즉위 이후 명종의 어머니인 문정왕후가 수렴청정을 하였고, 보우를 등용하는 등 불교를 숭상하였다.

| 오답 해설 | ① 선조 때 동인과 서인의 붕당이 형성되었다.
③ 1510년(중종 5년)에 삼포에서 4~5천 명의 일본인이 난을 일으켰다(삼포왜란).
④ 중종 때 조광조는 내수사 장리(고리대)의 폐지, 도교 관련 관서인 소격서 폐지 등을 주장하였다.

38 ① 下

개념 카테고리 근세의 우리 역사 > 정치 > 붕당의 형성

| 정답 해설 | (이조) 전랑은 비록 5~6품의 낮은 지위였으나, 관리의 인사권에 막강한 영향력을 행사하는 직책이었다. 특히 이조 전랑을 거치면 대개 재상으로까지 올라갈 수 있는 요직이었기 때문에 이조 전랑의 임명은 이조 판서라도 관여하지 못했고, 전임자가 추천하도록 되어 있었다. 선조 초에 김효원이 전랑에 천거되었으나 심의겸의 반대가 있었고, 이후 심의겸의 동생(심충겸)이 후보에 올랐으나 김효원이 반대하였다. 이렇게 심의겸과 김효원의 반목이 표면화됨으로써 ① 심의겸을 중심으로 한 기성 사림을 '서인'이라 지칭하고, 김효원 등 신진 사림을 '동인'이라 칭하면서 붕당 정치가 시작되었다.

39 ②

| 개념 카테고리 | 근세의 우리 역사 > 정치 > 붕당 정치의 전개 |

| 정답 해설 | ② 동인은 정여립 모반 사건과 건저의(세자 책봉 문제) 사건을 계기로 강경파(북인)와 온건파(남인)로 나뉘었다.

| 플러스 이론 | 각 붕당과 관련된 사건

동·서 분당	이조 전랑의 문제로 동인(김효원), 서인(심의겸)으로 분당
남·북 분당	정여립 모반 사건과 서인 정철의 건저의 문제로 동인이 북인(강경파), 남인(온건파)으로 분당
인조반정 이후 서인 집권, 남인 참여	
예송 논쟁	• 1차(기해예송): 서인 집권 • 2차(갑인예송): 남인 집권
경신환국	허적 등 남인 축출, 서인 집권: 노론(송시열), 소론(윤증)으로 분열
기사환국	장희빈 소생(후에 경종)의 원자 정호 문제: 남인 집권
갑술환국	인현왕후 복위 과정에서 남인이 축출당함
신임사화	경종의 즉위: 소론이 노론을 탄압

40 ④

| 개념 카테고리 | 근세의 우리 역사 > 정치 > 동인과 서인 |

| 정답 해설 | 신진 사림과 기성 사림은 이조 전랑 자리를 놓고 서로 경쟁하였고, 김효원 등 신진 사림은 ㉠ '동인', 심의겸 등 기성 사림은 ㉡ '서인'으로 분화되었다. 이후 ④ ㉠ 동인은 건저의 사건 이후 정철의 처벌 문제를 둘러싸고 온건파인 남인과 급진파인 북인으로 분열되었다.

| 오답 해설 | ① ㉡ 서인은 대체로 이이와 성혼의 학맥을 이었다.
② ㉠ 동인이었던 정여립이 모반을 일으켜 기축옥사가 발생하였다.
③ 임진왜란 시기 의병 활동은 ㉠ 동인에서 분화된 북인 출신이 주도하였다. 대표적 인물로는 곽재우, 정인홍 등이 있다.

41 ④

| 개념 카테고리 | 근세의 우리 역사 > 정치 > 조선 초기 명과의 갈등 |

| 정답 해설 | 조선을 건국한 이성계는 명에 대한 사대(事大) 정책을 추진함으로써 신진 사대부의 지지를 이끌어냈다. 그러나 건국 초기 조선에 의탁한 여진인에 대한 명의 송환 요구(태조 2년 '이성', '강계'에서 조선에 의탁한 여진인들을 명이 송환할 것을 요구함), 조선의 외교 문서에 무례한 표현이 있다는 명의 주장, 종계변무(『대명회전』에 조선 태조가 이인임의 아들로 잘못 기록된 것을 수정해 달라는 요청) 등의 문제가 야기되었다. 이 때문에 태조 시기 정도전 등의 주장으로 요동 정벌론이 제기되기도 하였으나, 태종이 즉위한 이후에는 양국 간의 관계가 회복되었다. ④ 조선 태조 때는 조공에 관한 양국의 갈등이 첨예하지 않았다.

42 ③

| 개념 카테고리 | 근세의 우리 역사 > 정치 > 조선 전기 대외 관계 |

| 정답 해설 | ③ 삼포(부산포, 염포, 제포) 개항은 1426년(세종 8년)이며, 이종무의 쓰시마 정벌은 1419년(세종 1년)의 일이다.

43 ③

| 개념 카테고리 | 근세의 우리 역사 > 정치 > 계해약조와 기유약조 |

| 정답 해설 | (가) 세종 25년(1443) 대마도주와 체결한 '계해약조', (나) 광해군 1년(1609)에 세견선 20척, 세사미두 100석의 무역량을 규정한 '기유약조'이다. ㄴ. 계해약조에서는 세견선 50척, 세사미두 200석으로 무역량을 제한하였다. ㄷ. 기유약조를 계기로 일본과의 국교가 실질적으로 정상화되었다.

| 오답 해설 | ㄱ. 계해약조는 조선과 대마도 도주(島主) 간의 협약이었고, 일본 막부와 체결한 조약은 아니다.
ㄹ. 기유약조는 일본 도쿠가와 막부와 대마도의 도주가 적극적으로 요청하여 체결된 것이다.

| 플러스 이론 | 임진왜란 이후 일본과의 국교 정상화

임진왜란 이후 국교가 재개된 것은 1607년이지만, 당시에는 양국의 무역에 관한 내용은 협의되지 않았다.

44 ①

| 개념 카테고리 | 근세의 우리 역사 > 정치 > 기유약조 |

| 정답 해설 | ① 임진왜란 이후 조선과 일본의 국교가 정상화되고, 기유약조(광해군 1년, 1609)가 체결되었다. 기유약조에서는 부산포에 왜관을 설치한 후 교역을 재개하되 세견선 20척, 세사미두 100석으로 무역량을 제한하였다.

| 오답 해설 | ② 임신약조(1512): 삼포 왜란 이후에 체결된 조약으로 그 내용은 다음과 같다. 첫째, 왜인의 3포 거주를 허락하지 않고 3포 중 제포만 개항한다. 둘째, 도주(島主)의 세견선을 종전의 50척에서 25척으로 반감한다. 셋째, 종전의 세사미두 200석을 반감해 100석으로 한다.
③ 정미약조(1547): 사량진 왜변 이후 단절되었던 교류가 재개되면서 체결되었고, 세견선 대선 9척, 중·소선 각 8척 등 25척으로 제한하는 것을 내용으로 하고 있다.
④ 계해약조(1443): 일본에 통신사로 파견된 첨지중추부사 변효문이 귀환길에 대마도주와 체결한 조약이다. 그 주요 내용은 세견선은 50척으로 한다는 것과 세사미두를 200석으로 한다는 것이다.

45 ②

개념 카테고리 | 근세의 우리 역사 > 정치 > 기유약조

| 정답 해설 | 제시된 내용에서 '1607년 부산 두모포에 다시 왜관을 설치했다.'는 것을 확인할 수 있다. 따라서 시간적으로 가장 가까운 사실은 ② 기유약조(1609)이다. 조선 정부는 1609년(광해군 1년) 대마도주(對馬島主)를 통해 기유약조를 체결하여 세견선 20척, 세사미두 100석으로 무역량을 제한하였다.

| 오답 해설 | ① 정미약조는 1547년(명종 2년) 체결되어, '사량진 왜변' 이후 단절되었던 일본과의 국교가 재개되었다.
③ 1510년(중종 5년) 삼포왜란을 계기로, 비변사가 임시 기구로 설치되었다.
④ 계해약조는 1443년(세종 25년) 대마도주와 체결한 조약이며, 세견선 50척, 세사미두 200석으로 무역량을 제한하였다.

46 ②

개념 카테고리 | 단원 통합 > 정치 > 조선 시대의 사행(使行)

| 정답 해설 | 통신사는 일본 막부의 요청에 따라 파견된 사절단이다(막부의 쇼군이 새로 취임할 때 쇼군의 권위를 국제적으로 인정받기 위해 조선에 통신사 파견을 요청). 따라서 ② 매년 파견된 것은 아니다.

| 오답 해설 | ① 조선 전기 명에 파견된 사신은 조천사, 조선 후기 청에 파견된 사신은 연행사로 불렸다. 사절단 중 하정사는 중국에 새해 인사를 위해 보냈던 사절단이며, 성절사는 중국 황제나 황후의 생일에 파견되었다. 천추사는 중국 황태자의 생일에 맞추어 파견되었다.
③ 북경에 사신으로 다녀온 인물들이 청의 선진 문화를 소개하여 북학이 전개되었다.
④ 조선 후기 사행에서 역관들은 팔포 무역[사신을 수행하는 대가로 인삼 8포(80근)를 교역할 수 있도록 국가에서 허가해 줌] 등을 통해 국제 무역의 활성화에 기여하였다.

47 ①

개념 카테고리 | 근세의 우리 역사 > 정치 > 대외 관계

| 정답 해설 | ①『해동제국기』는 세종 때 서장관으로서 일본에 다녀온 신숙주가 성종의 명을 받아 편찬하였다. 일본 및 유구 등의 역사, 지리 정보 등이 상세하게 기록되어 있다.

| 오답 해설 | 매력적 오답 ② 세종 때 개항된 3포는 부산포, 제포(진해: 현재 창원으로 통합), 염포(울산)이다.
③ 조선 초(태조) 정도전, 남은 등이 요동 정벌을 추진하였으나, 태종(이방원)은 요동 수복을 포기하였다.
④ 조선 초 여진족에 대해서는 포섭 정책(회유 정책)뿐 아니라, 강경책(토벌 정책)도 병행하였다.

48 ③

개념 카테고리 | 근세의 우리 역사 > 정치 > 세종 대의 역사적 사실

| 정답 해설 | 이종무의 대마도 정벌(세종 원년, 1419)과 공법(전분6등법, 연분9등법) 시행(세종 26년, 1444) 사이의 역사적 사실은 ③『농사직설』의 편찬(세종 11년, 1429)이다.

| 오답 해설 | ① 1391년 고려 공양왕 때, ② 1467년 조선 세조 때, ④ 조선 태조 때에 있었던 사실이다.

49 ①

개념 카테고리 | 근세의 우리 역사 > 정치 > 을묘왜변과 임진왜란 사이 시기의 일

| 정답 해설 | (가) 을묘왜변(명종 10년, 1555), (나) 임진왜란(선조 25년, 1592)이다. ① 정여립의 모반 사건은 선조 22년인 1589년에 해당한다.

| 오답 해설 | ② 삼포왜란은 중종 5년(1510)에 일어났다.
③ 광해군 11년(1619)에 도원수 강홍립이 지휘하는 원군을 명에 파견하였다.
④『훈몽자회』는 중종 22년(1527) 최세진이 지은 한자 학습서이다.

50 ③

개념 카테고리 | 근세의 우리 역사 > 정치 > 곽재우

| 정답 해설 | 곽재우는 임진왜란 때 경상도 의령에서 거병한 의병장이다. 항상 붉은 옷을 입고 다녔기 때문에 '홍의장군(紅衣將軍)'이라고 불렸고, 익숙한 지리를 이용한 기습 작전으로 일본군에게 타격을 주었다. ③ 행주대첩을 승리로 이끈 인물은 권율이다.

51 ③

개념 카테고리 | 근세의 우리 역사 > 정치 > 벽제관 전투

| 정답 해설 | 제시된 내용은 명과 왜군의 '벽제관 전투(1593. 1. 27.)'이다. 따라서 〈보기〉 중 김시민의 진주 대첩(1592. 10.)과 권율의 행주 대첩(1593. 2.) 사이인 ③ (다)를 정답으로 고르면 된다.

52 ④

개념 카테고리 | 근세의 우리 역사 > 정치 > 임진왜란 시기 주요 사건

| 정답 해설 | 제시된 사건의 순서는 다음과 같다.
ㄷ. 권율의 행주 대첩(1593. 2.)
ㄴ. 선조의 한성 환도(1593. 10.)
ㄹ. 원균의 칠천량 해전 패배(1597. 7.)
ㄱ. 이순신의 명량 해전(1597. 9.)

53 ②

|개념 카테고리| 근세의 우리 역사 > 정치 > 임진왜란

| 정답 해설 | 제시된 자료는 '임진왜란' 때 건주의 여진족이 조선에 군대를 지원하겠다고 제안하였으나, 명과 조선이 여진족의 위험성을 우려해 거절하는 내용이다. ② 임진왜란 때 일본은 조선의 많은 도공(陶工)과 활자 기술자 등을 포로로 잡아가 일본의 문화 발전을 이루었다. 이러한 사실 때문에 일본에서는 임진왜란을 '도자기 전쟁'이라 부르기도 한다.

| 오답 해설 | ① 세종 때 최윤덕, 김종서 등의 활약으로 4군 6진이 개척되었다.
③ 세종 때 3포(부산포, 염포, 제포)가 개항되었고 왜관이 설치되었다.
④ 몽골의 3차 침입 때 황룡사 9층 목탑이 소실되었다.

54 ②

|개념 카테고리| 근세의 우리 역사 > 정치 > 임진왜란

| 정답 해설 | 제시된 사료는 유성룡(1542, 중종 37~1607, 선조 40)의 『징비록』 중 일부이다. ② 『징비록』은 '임진왜란' 시기인 1592년부터 1598년까지 7년에 걸친 전란의 원인, 전황 등을 기록한 책이다. 책 제목인 '징비'는 『시경』 소비편의 '예기징이비역환', 즉 '미리 징계하여 후환을 경계한다.'는 구절에서 따온 것이다.

CHAPTER 02 근세의 경제

출제 비중 0%

약점진단표

	1회독				2회독				3회독			
	○	△	×	총	○	△	×	총	○	△	×	총
근세의 경제				19				19				19

*문제풀이 후 약점진단 결과를 적어 보세요!

필수기출 & 출제예상편

문제편 P.123

01	②	02	①	03	③	04	③	05	③
06	③	07	①	08	③	09	④	10	②
11	④	12	④	13	④	14	①	15	③
16	①	17	③	18	③	19	③		

01 ② 中

개념 카테고리 근세의 우리 역사 > 경제 > 과전법

| **정답 해설** | 조준의 토지 개혁 상소문이 제출된 후, 1391년 과전법이 공포되었다. 과전법은 신진 사대부의 경제적 기반을 확보하고, 농민 생활 안정을 통해 국가 재정을 확충하려는 목적으로 시행되었다. ② 과전법은 전·현직 관리를 18과로 구분하여 최고 150결에서 10결까지 경기 지역의 토지'만' 수조권을 차등 지급하였으며 농민의 경작권을 법적으로 보장하였다. 한편 과전법에서 주목되는 토지로 수신전(남편 죽은 후 부인에게 지급)과 휼양전(부모 죽은 후 어린 자손들에게 지급)이 있었는데, 이 토지들은 실질적으로 세습되었다.

| **오답 해설** | ① 과전법은 전지만 지급하였다. 한편 전시과에서는 전지와 시지를 지급하였다.
③ 과전법을 통해 전·현직 관리 모두에게 토지가 지급되었다.
④ 조선 후기 영정법이 시행(인조 13년, 1635)되면서 토지에 부과되는 세금을 4~6두로 고정하였다.

02 ① 中

개념 카테고리 근세의 우리 역사 > 경제 > 과전법

| **정답 해설** | 제시된 사료는 1391년 공포된 과전법에 대한 내용이다. ① 과전법은 신진 사대부의 경제적 기반을 마련하고, 농민 생활을 안정시켜 국가 재정을 확충하기 위해 추진되었다. 한편 과전법에서는 관료가 사망한 후 그 재혼하지 않은 부인에게 지급하는 수신전과 어린 자식에게 지급하는 휼양전이 있었다.

| **오답 해설** | ② 과전법은 경기 지방에 한정하여 실시되었다.

③ 과전법에서는 전·현직 관리 모두가 토지 지급 대상이었다. 현직 관리에게만 전지와 시지를 지급한 것은 경정 전시과에 해당한다.
④ 세조 시기 직전법이 실시되면서 기존에 지급되었던 수신전과 휼양전을 몰수하고, 제도는 폐지되었다.

03 ③ 中

개념 카테고리 단원 통합 > 경제 > 고려와 조선의 토지 제도

| **정답 해설** | ③ (다) 관료의 수조권 남용이 심해지자, 성종 때 관수관급제를 실시하였다. 그 내용은 관료의 직접적인 수조권 행사를 금지하고 관청에서 수조권 행사를 대행한 것이다.

| **오답 해설** | ① (가) 고려 말 권문세족이 불법적으로 겸병한 토지를 몰수하고, 과전법을 시행하였다. 과전법은 경기 지역을 대상으로 전·현직 관리에게 토지를 지급한 제도이다.
② (나) 수신전, 휼양전, 공신전 세습과 증가로 신진 관료에게 지급할 수조지가 부족해지자, 세조 때 직전법이 실시되었다. 직전법을 통해 수신전과 휼양전은 몰수하였으나, 공신전은 대상이 아니었으며, 현직 관료를 대상으로 수조권이 지급되었다.
④ (라) 명종 때 거듭되는 흉년과 왜구의 침입 등으로 국가 재정이 악화되어 직전이 유명무실화되자, 수조권 지급을 폐지하고 (직전법 폐지) 녹봉제로 일원화하였다.

04 ③ 下

개념 카테고리 근세의 우리 역사 > 경제 > 과전법

| **정답 해설** | ㉠ 과전법에서는 전지만을 지급하였다.
㉡ 과전법에서의 토지 지급은 수조권만을 지급한 것이다.
㉣ 공신전은 세습 가능한 토지였다.

05 ③

개념 카테고리 단원 통합 > 경제 > 고려와 조선의 토지 제도

| 정답 해설 | 고려 시대 전시과는 관리의 직역에 대한 대가로 토지(전지 및 시지)를 지급하는 제도이다. 여기에서 토지 지급은 수조권의 개념이며, 전국을 대상으로 운영되었고, 반납하는 것이 원칙이나 세습 토지도 존재하였다. 고려 말에 이르러 권문세족들의 불법적 토지 겸병으로 신진 사대부에게 지급할 토지가 부족해지자, 혁명파 신진 사대부들이 주도하여 1391년 과전법이 공포되었다. 과전법은 농민의 경작권을 법적으로 보장해 주었다는 점에서 전시과와는 차별성이 있었다. 한편 ③ 과전법에서는 직업 군인들에게 군전이 지급되지 않았다. 직업 군인들에게는 그들의 무관 품계에 따라 과전이 지급되었다. 과전법에서의 군전은 한량(무과를 준비하던 사람들)에게 지급된 토지로서, 세조 때 직전법이 시행된 이후 폐지되었다.

| 플러스 이론 | 전시과와 과전법의 차이점

전시과(고려)	과전법(조선)
• 전지와 시지 • 전국을 대상으로 지급 • 중앙군에게 군인전 지급 • 5품 이상 관료에게 공음전 지급	• 전지만 지급 • 과전: 품계를 기준으로 지급 • 최고 150결, 최하 10결 내지 15결 • 사전은 경기에 한해 지급, 외역전 폐지 • 공로자에게 공신전과 별사전 지급

06 ③

개념 카테고리 근세의 우리 역사 > 경제 > 과전법

| 정답 해설 | 제시된 설명은 과전법이다. ⓒ 과전법에서는 전객의 경작권이 법적으로 보장(실질적으로 소유권을 보장)되었으며, ⓒ 직관(현직자), 산관(퇴직자 등 비현직자) 모두에게 토지를 지급하여 토지 부족 현상이 나타났다.

07 ①

개념 카테고리 근세의 우리 역사 > 경제 > 수취 제도

| 정답 해설 | ① 세종 때 마련된 공법은 토지세 제도이며, 지방의 토산물을 거두는 수취 제도는 '공납'이다. 공납은 국가에 필요한 물품을 각 군현에 할당하면, 군현에서 각 호에 부과해 현물로 징수했던 것을 말한다. 공납에는 해마다 부과되는 상공이 있었고, 별공과 진상이 수시로 부과되었다. 특히 16세기 이후 관청의 서리나 지방의 부호들이 공물을 대신 내고 그 대가를 챙기는 방납의 폐단이 나타났다.

| 오답 해설 | ② 전세(토지세)는 조선 건국 직후에 1결당 30두를 징수하다가, 세종 때 공법(비옥도에 따른 전분6등법과 풍흉의 정도에 따른 연분9등법)이 실시되어 최고 20두에서 최하 4두까지 차등 과세하였다.
③ 조선 시대에는 토지 대장인 양안(20년마다 작성)과 인구 대장인 호적(3년마다 작성)을 근거로 전세(토지세), 공납, 역 등을 부과하였다.
④ 역(役)은 16세 이상 60세 이하의 정남(丁男)에게 부과되었으며, 군역과 요역으로 나뉘었다. 특히 요역은 토지 8결당 1인을 차출하여 1년 중 6일 이내로 동원하도록 규정되었다.

08 ③

개념 카테고리 근세의 우리 역사 > 경제 > 세종 대 공법

| 정답 해설 | 제시된 자료는 '세종 시기'에 실시된 공법에 대한 설명이다. 공법은 비옥도에 따른 전분6등법과 풍흉의 정도에 따른 연분9등법으로 적용되었다. ③ ⓒ 과전법에서의 수신전에 대한 설명이고, ⓒ 전분6등법에 대한 설명이다.

| 오답 해설 | ㉠ 삼수미세에 대한 설명이다. 삼수미세는 훈련도감의 삼수병의 급료를 마련하기 위해 부과된 세금이다.
㉣ 손실답험법에 대한 설명이다. 손실답험법은 한 해의 작황을 현지에 직접 나가서 조사해 등급을 정하는 답험법과 조사한 작황 등급에 따라 일정한 비율로 조세를 감면해 주는 손실법을 합친 것이다. 손실답험법의 단점을 보완한 것이 공법이다.

09 ④

개념 카테고리 근세의 우리 역사 > 경제 > 세종

| 정답 해설 | 제시된 사료 중 '전품(田品) 6등급'은 토지의 비옥도에 따라 여섯 등급으로 나눈 전분6등법이며, 세종 때의 공법에 관한 내용이다. ④ 고려 문종 때 설치된 경시서는 시전의 불법적 상행위를 감독하던 기구였다. 조선 시대에도 경시서의 명칭을 사용하다가, 세조 때 평시서로 개칭되었다.

| 오답 해설 | ① 3포 왜란은 중종 때인 1510년 발생하였다.
② 벽란도는 고려 시대 최대의 무역항이다.
③ 『농가집성』은 효종 때 신속이 편찬한 농서이다.

10 ②

개념 카테고리 단원 통합 > 경제 > 조세 제도

| 정답 해설 | ㉠ "모두 1결에 4두를 징수"를 통해 인조 때 시행된 영정법임을 알 수 있다. ㉡ 상상년 1결당 20두, 하하년 1결당 4두를 징수하는 제도는 세종 때 시행된 공법(전분6등법, 연분9등법)이다. ㉢ 1결당 30두씩 과세한 것은 조선 건국 직후이다. ㉣ 영정법이 시행된 이후 전세(토지세)의 비율은 이전보다 낮아졌으나, 각종 부가세와 삼수미세가 추가되어 농민들의 부담은 오히려 늘어났다.

| 오답 해설 | ① 전분6등법, 연분9등법은 세종 때 시행된 공법이다.
③ 공법에서는 1결당 최고 20두에서 최하 4두씩 차등 과세하였다.
④ 결작(1결당 2두)은 영조 때 균역법을 시행한 후 부족한 군포 수입을 충당하기 위해 실시한 제도이다.

11 ④

개념 카테고리 근세의 우리 역사 > 경제 > 공법

| 정답 해설 | (가) 연분9등법, (나) 전분6등법이다. '공법 체제'는 토지에 부과되는 세금 제도로, 토지세는 지주가 부담하는 게 원칙이다. 따라서 ④ 소작인의 소작료 부담을 줄이는 내용과는 관련이 없다.

12 ④

개념 카테고리 근세의 우리 역사 > 경제 > 공법에 의한 조세 계산

| 정답 해설 | ④ 총 과세 결수 3결 × 상하년(1결당 16두)=48두

13 ④

개념 카테고리 근세의 우리 역사 > 경제 > 양안(量案)

| 정답 해설 | 밑줄 그은 '대장'은 토지 대장인 '양안(量案)'을 가리킨다. 조선 후기 대동법은 집집마다 부과하여 토산물을 징수하던 공물 납부 방식을 토지의 결수에 따라 쌀, 삼베나 무명, 동전 등으로 납부하게 하는 제도로, ㉢ 양안은 대동세 징수의 근거 자료가 되었다. ㉣ 임진왜란으로 양안이 대부분 소실되어 임진왜란 직전 전국의 토지 결수는 150만 결이었는데, 직후에는 30여 만 결로 크게 줄었다.

| 오답 해설 | ㉠ 토지 대장인 양안은 호적이 아닌 토지를 기준으로 작성되었다.
㉡ 신라의 민정 문서와 관련된 내용이다. 신라는 촌락의 토지 크기, 인구수, 소와 말의 수, 토산물 등을 파악하는 민정 문서를 만들어 이를 바탕으로 조세, 공물, 부역 등을 거두었으며 매년, 변동 사항을 조사하여 3년마다 문서를 다시 작성하였다.

14 ①

개념 카테고리 근세의 우리 역사 > 경제 > 조선 전기 농업의 특징

| 정답 해설 | ① 조선 전기 밭농사에는 농종법 중심이었고, 견종법은 조선 후기에 보급되었다. 노동력의 절감은 이앙법의 특징이다.

15 ③

개념 카테고리 근세의 우리 역사 > 경제 > 전분6등법

| 정답 해설 | 『농사직설』, 4군 6진의 개척은 조선 세종 때의 업적이다. 세종 때는 ③ 토지세(전세)를 전분6등법과 연분9등법(공법, 1결당 최고 20두에서 최하 4두씩 차등 부과)의 기준으로 부과하였다.

| 오답 해설 | ① 송파장은 조선 후기 난전이 성행했던 대표적 장소이며, 담배는 임진왜란 이후 들어온 외래 작물이다.
② 정조 때 신해통공(1791, 육의전을 제외한 시전 상인들의 금난전권 폐지) 이후 볼 수 있는 모습이다.
④ 천주교는 조선 후기 서학으로 수용되었다가, 신앙으로 발전하였다.

16 ①

개념 카테고리 근세의 우리 역사 > 경제 > 세종

| 정답 해설 | 『농사직설』은 '세종' 때 편찬된 농서이다. ① 세종 때 공법(전분6등법, 연분9등법)을 제정하여 1결당 최고 20두 ~ 최하 4두씩의 전세를 징수하였다.

| 오답 해설 | ② 조선 개창 이후 태조 때 한양으로 천도하였으며, 정종 때 개경으로 천도하였다. 이후 태종 때 다시 한양으로 도읍을 옮겼다.
③ 성종 때 『경국대전』을 완성·반포하였다.
④ 중종은 조광조를 등용하여 개혁 정치를 실시하였다.

17 ③

개념 카테고리 근세의 우리 역사 > 경제 > 조운 제도

| 정답 해설 | ③ 함경도와 평안도 및 전라도 일부(제주도)는 잉류 지역으로, 거두어들인 세금은 자체 경비(사신 접대비, 군사비)로 활용하였다.

| 플러스 이론 | 조선 시대 교통·통신·조운 제도

1. 역원 제도
   - 전국 주요 도로망을 따라 30리마다 역을 설치했다. 『경국대전』에는 총 516개 역을 설치했다는 기록이 있다.
   - 역장, 역리, 역졸 등이 업무를 담당하였고 역마가 준비되어 있었다. 역의 운영 경비를 위해 역전이 지급되었다.

- 역은 병조의 소속 관청인 '승여사'에서 관할하였다.
- 임진왜란 이후 파발제가 시행되면서, 참(站, 정류소)이 설치되었고 역은 점차 쇠퇴하였다.
- 원(院)은 출장 관원들이 묵었던 국영(국립) 여관이며, 현재의 이태원, 장호원, 조치원 등은 원이 있던 지역이었다.

2. 봉수 제도
- 봉수는 산꼭대기에 봉화대를 설치하여 밤에는 횃불로, 낮에는 연기로 변경(邊境)의 정세를 중앙에 전달하는 군사 통신 수단이었다.
- 봉수 업무의 최종 책임 부서는 병조의 '무비사'이며, 지방은 관찰사, 병마사, 수군절도사, 수령 등이 봉수를 감독하였다.
- 봉수망은 5로(路)로 나누어져 서울 목멱산(현재의 남산)에 있는 5개의 봉수대에 집결하였다.
- 봉수를 담당하는 사람들(봉수군, 간망군, 해망인으로 불림)은 신량역천(신분은 양인이었으나 역할이 천하게 취급되었던 사람들)이었다.

3. 파발 제도
- 임진왜란 중인 1597년부터 시행되어 기존의 역원 제도를 점차 대체하였다.
- 파발은 변경 군사 정세를 중앙에 신속히 전달하고, 중앙의 시달 사항을 변경에 전달하기 위한 특수 통신망이었다. 관할 부서는 공조였다.
- 말을 이용하는 기발(騎撥)과 도보로 전달하는 보발(步撥)로 구분되었다.
- 기발은 25리마다, 보발은 30리마다 설치된 참(站)에서 교대하였다.

4. 조운 제도
- 조운은 지방에서 거둔 세미를 조창에 보관했다가 경창으로 운송하는 제도로서, 호조에서 관할하였다.
- 평안, 함경도 및 제주도(조선 시대 제주도는 전라도에 속했던 지역)는 세곡을 조운하지 않고 그 지역 경비에 충당하였다. 이를 잉류 지역이라고 한다.
- 15세기에는 주로 관선(官船)으로 운영하였고, 16세기 이후 사선(私船)의 이용 비중이 높아졌다. 특히 조선 후기에는 경강 상인(한강을 거점으로 운송업에 종사했던 상인)의 배를 주로 이용하였다.
- 개항 이후에는 일본의 증기선이 이용되었으며, 정부에서 '전운사(조운을 담당하는 관청)'를 설치한 이후에는 직접 운송하였다.
- 갑오개혁 이후 조세의 금납화가 법제화되면서 조운 제도는 점차 소멸되었다.

18 ③

개념 카테고리 근세의 우리 역사 > 경제 > 상업과 무역

| 정답 해설 | ③ 삼한통보, 해동통보, 활구 등은 고려 숙종 시기 주전도감에서 만들어졌다.

19 ③

개념 카테고리 근세의 우리 역사 > 경제 > 수공업

| 정답 해설 | ③ 국가에 등록된 수공업자들의 물품 생산은 의무이기 때문에 국역으로 근무하는 동안에는 식비 정도만을 지급받았다. 다만 예외적으로 기술이 우수하거나 근무 기간이 길 때 종6품 이하의 잡직과 함께 체아(遞兒)라는 명목의 녹봉을 지급한 경우는 있었다.

CHAPTER 03 근세의 사회

출제 비중 11%

약점진단표	1회독				2회독				3회독			
	○	△	×	총	○	△	×	총	○	△	×	총
근세의 사회				13				13				13

*문제풀이 후 약점진단 결과를 적어 보세요!

필수기출 & 출제예상편

문제편 P.128

01	②	02	③	03	⑤	04	②	05	④
06	②	07	④	08	①	09	①	10	④
11	④	12	①	13	④				

01 ② 〔上〕

개념 카테고리 근세의 우리 역사 > 사회 > 신분 제도

| 정답 해설 | ② 서얼은 법적으로 문과 응시가 금지되었으나, 무과나 잡과를 통해 관직에 진출할 수 있었다.

02 ③ 〔下〕

개념 카테고리 근세의 우리 역사 > 사회 > 서얼

| 정답 해설 | ③ 제시된 사료의 "금고(禁錮, 사회적 차별)", "어머니가 첩이라는 이유만으로 이들의 벼슬길을 막아"라는 표현을 통해 밑줄 친 '이들'이 '서얼'임을 알 수 있다.

03 ⑤ 〔上〕

개념 카테고리 근세의 우리 역사 > 사회 > 향리

| 정답 해설 | 제시된 자료는 『경국대전』에 규정된 원악향리처벌법이다. 조선 시대 '향리'는 ⓒ 군역을 부담하지 않는 대신에 유사시에는 일종의 예비군인 잡색군에 편제되었고, ⓔ 문과 응시가 법적으로 제한되어 있지는 않았지만, 생원·진사시를 볼 때는 반드시 소속 군현에서 허가를 받아야만 하였다.

| 오답 해설 | ㉠ 조선 시대 향리는 직역의 복무 대가로 국가로부터 녹봉을 지급받지 못했다.
ⓛ 지방 사족들은 향청(유향소, 향소)에 참여하여 풍속 교화와 향촌 자치에 힘썼다.

04 ② 〔中〕

개념 카테고리 근세의 우리 역사 > 사회 > 조선 전기의 노비

| 정답 해설 | ② 조선 시대에는 중앙 관청에 소속된 공노비 중 일부는 유외잡직(관품에 들어가지 못하는 잡직)과 같은 하급 기술 관직에 임명되기도 하였다.

| 오답 해설 | ① 노비종모법(영조 때 『속대전』에 등재), ③ 속오군, ④ 공노비의 일부 속량(양인으로 신분 상승)은 조선 후기에 해당한다.

05 ④ 〔上〕

개념 카테고리 근세의 우리 역사 > 사회 > 호적

| 정답 해설 | 조선 시대 호적 작성의 원칙으로, ㉠ⓛⓒⓔ 모두 해당된다.

| 플러스 이론 | 호적

조선 시대의 호적 제도는 세종 10년(1428), 호구성급규정(戶口成給規定)과 호구식(戶口式)이 제정되면서 완성되었다. 호적은 3년에 한 번 호주가 호구단자(戶口單子)를 관청에 제출하면, 각 고을의 향리(鄕吏) 등이 작성하였다. 호적은 같은 내용으로 여러 부 작성되어, 지방 관청, 해당 도(道), 호조 등에서 관리하였다(한양 사람들의 호적은 한성부, 호조에서 보관).

호적에 기재되는 사항은 주소, 본인의 직역, 성명, 연령, 사조(四祖: 부, 조부, 증조부, 외조부)·처의 성씨와 연령 및 사조(四祖)·솔거 자녀의 성명과 연령, 노비 및 고공(雇工, 머슴)의 성명과 연령 등이었다. 한편 관료였던 양반은 직역에 관직과 품계를 기록하고, 관직에 몸담지 않은 양반은 유학(幼學)이라고 기록하였다. 또한 평민은 보병이나 기병 등 군역을 기록하였다.

06 ②

개념 카테고리 근세의 우리 역사 > 사회 > 법률 제도

| 정답 해설 | ② 동일한 범죄라도 신분에 따라 차별적 처벌이 이루어졌다.

| 플러스 이론 | 조선의 법률 제도

- 형벌과 민사에 관한 사항은 『경국대전』의 규정에 따라 처리되었다.
- 반역죄와 강상죄를 가장 무겁게 처벌하였으며 범인의 가족까지 함께 처벌하는 연좌제가 적용되었다. 범죄가 발생한 고을의 호칭이 강등되고 수령이 파면되기도 하였다.
- 형벌은 태·장·도·유·사형으로 구분되었다.
- 토지와 노비의 소유권 분쟁은 문건에 의한 증거를 기준으로 처리되었고, 상속 문제는 종법에 의거하여 처리되었다.

07 ④

개념 카테고리 근세의 우리 역사 > 사회 > 서원

| 정답 해설 | 제시된 사료에서 "주세붕"을 통해 (가) '서원'임을 알 수 있다(주세붕이 세운 최초의 서원: 백운동 서원). ④ 서원은 성리학 연구와 선현의 제사를 위해 설립된 사립 교육 기관이었다.

| 오답 해설 | ① 향교에 대한 설명이다. 향교는 부·목·군·현에 각각 하나씩 설치되었으며, 지역의 인구에 따라 정원이 배정되었다. 한편 향교의 교육을 위해 중앙에서 교수나 훈도가 파견되었다.
② 초등 교육 기관인 서당에서는 선비와 평민의 자제에게 『천자문』 등을 가르쳤다.
매력적 오답 ③ 성균관의 성적 우수자는 문과의 초시를 면제해 주었다.

08 ①

개념 카테고리 근세의 우리 역사 > 사회 > 서원

| 정답 해설 | (가)는 '서원'이다.
ㄱ. 풍기 군수였던 주세붕은 안향에게 제사하고, 성리학을 교육하기 위해 백운동 서원을 세웠다. 이후 이황의 건의에 의해 사액되어 소수 서원으로 개칭되었다.
ㄴ. 서원은 사림의 여론 형성을 주도했던 곳이며, 사림이 향촌 사회를 주도할 수 있었던 세력 기반이었다.

| 오답 해설 | ㄷ. 조선 시대 관학 교육 기관은 성균관과 향교가 대표적이다.
ㄹ. 향교는 부·목·군·현에 하나씩 세워졌으며, 중앙에서 교수와 훈도가 파견되었다.

09 ①

개념 카테고리 근세의 우리 역사 > 사회 > 서원

| 정답 해설 | 제시된 사료에서 "학문을 하고, 심신을 수양하는 선비를 대우하기 위한 곳", "향사(享祀, 제사를 받들다)의 대상"이라는 문장을 통해 (가)가 '서원'임을 알 수 있다. 우리나라 최초의 서원은 백운동 서원이다. ① 중종 때 풍기 군수였던 주세붕은 안향에게 제사하고, 성리학을 교육하기 위해 백운동 서원을 세웠다.

| 오답 해설 | ② 조선 시대 유향소는 향촌 자치 기구이며, 좌수와 별감이라는 향임직을 중심으로 운영되었다.
③ 향교에서는 중앙에서 교수와 훈도가 파견되어 학생들을 교육하였다.
④ 조광조를 비롯한 사림들의 건의로 도교 기구인 소격서가 혁파되었다.
⑤ 향도는 불교 신앙 공동체에서 시작되어 농민 공동체로 발전하였다. 향도의 무리들은 매향(향나무를 바닷가에 묻는 행동)을 통해 미륵을 기다리는 염원을 나타냈으며, 상두꾼도 향도 조직에서 기원하였다.

10 ④

개념 카테고리 근세의 우리 역사 > 사회 > 향약

| 정답 해설 | 제시된 사료에서 "도약정", "부약정"은 (가) '향약'의 책임자이다.
ㄴ. 지방 사족은 향약의 주요 직임(도약정, 부약정, 직월)을 맡아 지방민을 통제하였다.
ㄹ. 향약은 향규(향촌 규약)와 공동체 조직인 계에 삼강오륜의 유교 윤리를 가미한 향촌의 자치 규약이다. 4대 덕목으로는 덕업상권, 과실상규, 예속상교, 환난상휼이 있었다.

| 오답 해설 | ㄱ. 흥선 대원군은 만동묘와 전국의 서원 600여 개를 철폐하였다.
ㄷ. 문묘의 대성전은 공자 등 유교 선현에 대한 제사를 지내던 사당으로 성균관과 향교에 설치되었다.

11 ④

개념 카테고리 근세의 우리 역사 > 사회 > 가족 제도

| 정답 해설 | "자녀를 남녀 구분 없이 출생 순서에 따라 기록"하거나, "딸이 재혼했을 경우에 재혼한 남편의 성명을 기록"한 것, 또 "양자를 들이지 않았던" 내용으로 보아 '16세기 이전의 사실'임을 알 수 있다. 우리나라에서 현존하는 가장 오래된 족보는 조선 성종 때 편찬된 안동 권씨 『성화보』(성종 7년, 1476)이다. 15세기 무렵에는 ㄷ. 형제가 돌아가면서 제사를 지냈고, 아들이 없을 때는 양자를 들이지 않고 딸이 제사를 지냈다. 또한 ㄹ. 당시

에는 균분 상속이 원칙이었다.

| 오답 해설 | ㄱ. 15세기 태종과 성종 대를 거치면서 적서의 차별이 확립되었다.

ㄴ. 여자가 혼인 후에 남자 집에 들어가서 생활하는 친영 제도가 일반화된 시기는 조선 후기이다.

12 ①

 개념 카테고리 근세의 우리 역사 > 사회 > 가족 제도

| 정답 해설 | 안동 권씨 『성화보』는 '15세기' 안동 권씨의 외손이었던 서거정이 편찬한 현존 최고(最古)의 족보이다. ① 15세기에는 윤회 봉사, 외손 봉사가 행해졌다.

| 오답 해설 | ②③④ 조선 후기에 해당된다.

| 플러스 이론 | 조선 후기 가족 제도와 여성의 지위 변화

1. 16세기까지
   재산의 남녀 균분 상속 및 제사의 분담 실시가 이루어졌다.
2. 17세기 이후
   - 부계 중심의 가족 제도가 확립되면서 재산 상속과 제사는 장자를 중심으로 이루어졌고, 딸과 다른 아들들은 점차 재산 상속과 제사에 대한 권리를 잃어 갔다.
   - 친영 제도(여성이 혼인 후 곧바로 남자 집에서 생활하는 혼인 형태)가 정착되었으며, 아들이 없는 경우 양자를 들이는 것이 일반화되었다.
3. 한편 조선에서는 여성의 이혼과 재혼을 금지했으며, 여성의 정절을 중시해서 정부가 열녀를 표창하는 제도가 시행되었다. 이처럼 성리학적 윤리가 강조되면서 여성의 지위는 점차 낮아졌다.

13 ④

 개념 카테고리 근세의 우리 역사 > 사회 > 상속 제도의 변화

| 정답 해설 | 16세기를 과도기로 자녀 균분 상속제는 점차 적장자 우선 상속제로 전환되어 갔다. 이것은 사림이 집권하면서 성리학적 명분론이 강조되었기 때문이다. 이에 따라 여성의 사회적 진출뿐 아니라 가정에서의 역할도 감소하여, 부계 친족 중심의 가부장적 사회가 확립되었다. 이 과정에서 ⓒ②과 같은 사회 모습이 나타났다.

CHAPTER 04 근세의 문화

출제 비중 22%

약점진단표

	1회독				2회독				3회독			
	○	△	×	총	○	△	×	총	○	△	×	총
근세의 문화				52				52				52

*문제풀이 후 약점진단 결과를 적어 보세요!

필수기출 & 출제예상편

문제편 P.132

01	④	02	②	03	①	04	④	05	②
06	①	07	④	08	④	09	④	10	①
11	③	12	①	13	④	14	②	15	④
16	②	17	②	18	③	19	①	20	④
21	①	22	②	23	②	24	①	25	④
26	④	27	①	28	②	29	④	30	④
31	④	32	④	33	①	34	②	35	④
36	④	37	④	38	③	39	④	40	④
41	②	42	③	43	②	44	③	45	④
46	①	47	③	48	①	49	②	50	①
51	②	52	②							

01 ④ 中

개념 카테고리 근세의 우리 역사 > 문화 > 훈민정음

| 정답 해설 | 훈민정음은 백성이 쉽게 익혀서 자신의 의사를 표현할 수 있게 하려는 목적에서 만들어졌다. ④ 세종 때는 한글을 보급하기 위해 왕실 조상의 덕을 찬양하는 「용비어천가」(1445), 석가모니의 일생을 정리한 『석보상절』(1447), 부처님의 덕을 기리는 『월인천강지곡』(1449) 등이 편찬되었다. 또한 세조 때에는 『월인석보』를 한글로 간행하기도 하였고(1459), 간경도감을 설치하였다(1461).

| 오답 해설 | ① 한글은 백성이 쉽게 익혀서 자신의 의사를 표현할 수 있게 하려는 목적으로 만들어졌다. 한편 정부의 입장에서는 한글을 통해 성리학적 통치 이념을 백성들에게 직접 전달할 필요성이 커졌기 때문에 만든 것이기도 하였다.
② 서리들이 훈민정음을 배워 행정 실무에 이용할 수 있도록 하고, 이들을 채용할 때 훈민정음 시험을 보도록 하였다.
③ 조선 정부는 「용비어천가」, 『월인천강지곡』『석보상절』 등을 훈민정음으로 번역하거나 편찬하였다.

02 ② 中

개념 카테고리 근세의 우리 역사 > 문화 > 역사의 기록

| 정답 해설 | ㉠ '승정원', ㉡ 『승정원일기』, ㉢ 『조선왕조실록』, ㉣ '춘추관'에 해당한다. ② 『승정원일기』는 실록 편찬의 기본 자료 중 하나였으며, 현재 유네스코 지정 세계 기록 유산에 등재되어 있다.

| 오답 해설 | ① 의정의 합좌 기관은 의정부이다.
③ 전주, 성주, 충주, 춘추관 사고는 임진왜란 이전의 사고이다.
④ 국왕의 교서를 제찬한 곳은 예문관이며, 외교 사무는 예조에서 담당하였다. 한편 외교 문서를 담당한 부서는 승문원이다.

03 ① 中

개념 카테고리 근세의 우리 역사 > 문화 > 조선 시대 교육 제도

| 정답 해설 | ㄱ. 성균관은 조선 왕조 최고의 교육 기관이다.
ㄴ. 기술교육은 '잡학'이라 불렸으며, 해당 관서에서 가르쳤다 (예) 외국어 교육 - 사역원).

| 오답 해설 | ㄷ. 훌륭한 유학자들을 제사 지내고, 성리학을 연구하는 사립 교육 기관은 서원이다.
ㄹ. 국가에서는 전국의 모든 군현에 향교를 설치하여 종6품의 교수나 종9품의 훈도를 파견하기도 하였다.

04 ④ 中

개념 카테고리 근세의 우리 역사 > 문화 > 조선 초기 교육 제도

| 정답 해설 | ④ 향교에서는 매년 자체적으로 정기 시험(1년에 2회)을 치러 성적 우수자에게는 소과(생진과) 초시를 면제하여, 회시(복시)에 응시할 수 있도록 하였다.

05 ②

개념 카테고리 근세의 우리 역사 > 문화 > 『동국통감』

| 정답 해설 | ② 『동국통감』은 성종 때 서거정 등이 편찬한 편년체 역사서이다(1485). 민족 자주성을 높이기 위해 고조선부터 고려까지의 역사를 통사의 형태로 편찬하였다.

| 오답 해설 | ① 세가, 지, 열전은 기전체의 요소이며, 조선 시대 역사서로는 『고려사』가 대표적이다.
③ 서사시 형태로 고구려 계승 의식이 반영된 역사서는 이규보의 「동명왕편」이다.
④ 『고려사절요』는 문종 때 완성된 역사서로서, 편년체로 편찬되었다.
⑤ 『삼국유사』는 고려 원 간섭기 충렬왕 때 편찬된 역사서로, 불교사를 중심으로 고대의 민간 설화 등을 수록하였다.

06 ①

개념 카테고리 근세의 우리 역사 > 문화 > 『동국통감』

| 정답 해설 | 제시된 사료 중 "서거정 등에게 편찬을 명했다"는 내용을 통해 성종 때 완성된 『동국통감』임을 알 수 있다. ① 『동국통감』은 고조선부터 고려 말까지의 역사를 정리한 우리나라 최초의 통사이다.

| 오답 해설 | ② 기전체 역사서인 『고려사』에 해당된다.
③ 조선 후기 역사서인 이종휘의 『동사』와 유득공의 『발해고』에 대한 설명이다.
④ 조선 후기 역사서인 한치윤의 『해동역사』에 대한 설명이다.

07 ④

개념 카테고리 근세의 우리 역사 > 문화 > 『기자실기』

| 정답 해설 | 제시된 자료는 이이의 『기자실기』 중 일부이다. 『기자실기』는 윤두수의 『기자지』를 참고로 저술된 책이며, 기자가 우리 민족을 교화하여 중국인과 같은 문화민족으로 성장시킨 공로를 높이 평가하였다. ④ 따라서 16세기 사림들의 중국 중심적 역사 인식을 반영했다고 평가할 수 있다.

| 오답 해설 | ① 『동국통감』(성종 16년, 1485)은 서거정이 편찬한 역사서로서 우리 민족의 역사를 단군부터 서술하였다.
② 『조선왕조실록』은 초초, 중초, 정초의 과정을 거쳐 편찬되었다.
③ 정도전의 『고려국사』는 조선 왕조 개창의 정당성을 밝히기 위해 편찬되었다.

08 ④

개념 카테고리 단원 통합 > 문화 > 단군과 기자에 대한 제사

| 정답 해설 | ④ 1456년(세조 2년) 조선 단군 신주(朝鮮檀君神主)를 조선 시조 단군지위(朝鮮始祖檀君之位)로, 후조선 시조 기자(後朝鮮始祖箕子)를 후조선 시조 기자지위(後朝鮮始祖箕子之位)로, 고구려 시조(高句麗始祖)를 고구려 시조 동명왕지위(高句麗始祖東明王之位)로 고쳐 정하였다. 이러한 사실은 단군을 개국 시조로 격상시켰던 조선 초기의 주체적 문화 정책이 반영되었음을 의미한다.

09 ④

개념 카테고리 근세의 우리 역사 > 문화 > 16세기 성리학의 발전

| 정답 해설 | ④ 이통기국설(理通氣局說)은 이이의 독창적 학설이다.

10 ①

개념 카테고리 근세의 우리 역사 > 문화 > 조식

| 정답 해설 | 제시된 자료에 "경(敬)", "의(義)"의 용어가 확인되는 것으로 보아 밑줄 친 '이 사람'은 '조식'이다. ① 조식의 문인들은 처음에 동인에 속했다가, 이후 북인이 되었다.

| 오답 해설 | ② 이황과 사단 칠정 논쟁을 벌인 인물은 기대승이다.
③ 이이는 『동호문답』, 『만언봉사』 등을 저술하였다.
④ 이황의 주리 성리학이 강항을 통해 일본으로 전해졌으며, 당시 일본 성리학자들은 이황을 '동방의 주자'라고 불렀다(일본 성리학 발전에 큰 영향을 줌).

11 ③

개념 카테고리 근세의 우리 역사 > 문화 > 이황

| 정답 해설 | 제시된 자료의 밑줄 친 '이 사람'은 '이황'이다. 이황은 백운동 서원에 대해 사액(국가의 지원을 받는)을 청원하였고, 그 결과 백운동 서원은 조선 왕조 최초의 사액 서원인 소수 서원이 되었다. ③ 이황은 주희(주자)의 학설을 받아들였으며, 이기 철학에서 이(理)의 절대성을 주장하였다.

| 오답 해설 | ① 조식은 서리망국론을 제기하여 당시 서리의 폐단을 강력하게 비판하였다.
② 이이는 아홉 차례 과거 시험에 모두 장원하여 '구도장원공(九度壯元公)'이라는 별칭을 얻었다.
④ 서경덕은 우주 자연은 기(氣)로 구성되어 있으며, 기는 영원 불멸하면서 생명을 낳는다고 보았다.

12 ①

개념 카테고리 근세의 우리 역사 > 문화 > 이황의 주리론

| 정답 해설 | 제시된 내용은 '이황'에 대한 설명이다. 이황의 주리론은 이와 기의 차별성을 강조하여 ㉠ 신분 질서를 유지하는 데 기여하였고, ㉢ 영남 사림에게 계승되었다(영남학파).

13 ④

개념 카테고리 근세의 우리 역사 > 문화 > 이황의 주리론

| 정답 해설 | 제시된 사료는 이황과 기대승 사이에 벌어진 사단칠정 논쟁 중 '이황'의 입장이다. ㄴ. 이황은 간략한 해설을 곁들인 10개의 도형으로 성리학의 핵심 내용을 정리한 『성학십도』를 왕에게 바쳤다. 또한 ㄹ. 이황의 주리 성리학은 도덕적 행위의 근거로서 인간의 심성을 중시하고, 근본적이며 이상주의적인 성격이 강했다.

| 오답 해설 | ㄱ. 이통기국설은 이이의 주장이다.
ㄷ. 현실 세계를 기의 능동성으로 파악하여 경세적(현실 개혁적) 성격을 가졌던 인물은 이이이다.

14 ②

개념 카테고리 근세의 우리 역사 > 문화 > 이이

| 정답 해설 | 『기자실기』는 ㉠ '이이'의 저서다. ② 이이는 『성학집요』와 『격몽요결』 등을 저술하였다.

| 오답 해설 | ① 이황은 주세붕이 설립한 백운동 서원의 사액(賜額)을 건의하였다(사액 후 소수 서원으로 개칭).
③ 이황의 사상은 유성룡, 김성일 등 주로 영남학자들에게 영향을 주었다.
④ 서경덕은 일평생 처사로 지내며 독창적인 유기철학('기'일원론)을 수립하였다.

15 ④

개념 카테고리 근세의 우리 역사 > 문화 > 이이, 『성학집요』

| 정답 해설 | 제시된 사료 중 '총설', '수기' 등을 통해 이이의 『성학집요』임을 알 수 있다. 『성학집요』는 왕도 정치의 규범을 체계화한 성리학의 정치 이론서이며, 『대학』을 기본적 지침으로 삼아 통설, 수기편(修己篇), 정가편(正家篇), 위정편(爲政篇), 성현도통장(聖賢道統章)으로 구성되어 있다.
이이는 『대학연의』(『대학』을 성리학적 입장에서 풀이한 책)를 모범으로 하되 너무 내용이 많은 것을 비판하였으며, 현명한 신하가 성학(성리학)을 군주에게 가르쳐 기질을 변화시켜야 한다는 주장을 피력하였다. 또한 ④ 『동호문답』, 『만언봉사』 등을 저술하여 다양한 개혁 방안을 제시하였다.

| 오답 해설 | ① 서경덕은 '이'와 '기' 중 '기'만 중요하며 '기'는 영원불멸하면서 생명을 낳는다고 보았다.
② 조식은 노장 사상에 포용적이었으며, 학문의 실천성을 강조하였다.
③ 이황의 주리론은 도덕적 행위의 근거로서 인간의 심성을 중시하고 근본적이며 이상주의적 성격이 강하였다.

16 ②

개념 카테고리 근세의 우리 역사 > 문화 > 이이

| 정답 해설 | 『성학집요』를 저술한 인물은 '율곡 이이'이다. 『성학집요』는 1575년(선조 8년) 이이가 편찬하여 선조에게 바친 저서이고, 현명한 신하가 성학(성리학)을 군주에게 가르쳐 기질을 변화시켜야 한다는 것이 핵심 내용이다. ② 이이는 서원향약과 해주향약을 시행하였다. 예안향약은 이황이 시행한 향약이다.

| 오답 해설 | ① 이이는 주기론적 입장에서 기발이승일도설을 제시하였다.
③ 이이는 『동호문답』에서 수미법 실시를 주장하였다.
④ 이이는 『기자실기』를 통해 기자의 문화적 영향을 강조하였다.

17 ②

개념 카테고리 근세의 우리 역사 > 문화 > 이이

| 정답 해설 | 『성학집요』를 저술한 인물은 '율곡 이이'이다. ② 이이는 『동호문답』에서 대공수미법을 제시하였다.

| 오답 해설 | ① 예안향약은 이황이 만들었고, 이이는 해주향약과 서원향약을 만들었다.
③ 중종 때 풍기 군수 주세붕이 백운동 서원을 건립하였다(최초의 서원).
④ 1차 왕자의 난 때 정도전, 남은 등이 죽임을 당했다.

18 ③

개념 카테고리 근세의 우리 역사 > 문화 > 문묘 18현

| 정답 해설 | ③ 남명 조식은 문묘에 배향되지 않았다.

플러스 이론 | 문묘 18현

이름(시호)	시기	이름(시호)	시기
최치원(문창후)	1020	설총(홍유후)	1022
안향(문성공)	1319	정몽주(문충공)	1517
김굉필(문경공)	1610	조광조(문정공)	1610
이황(문순공)	1610	정여창(문헌공)	1610
이언적(문원공)	1610	이이(문성공)	1682
성혼(문간공)	1682	김장생(문원공)	1717
송시열(문정공)	1756	송준길(문정공)	1756

| 박세채(문순공) | 1764 | 김인후(문정공) | 1796 |
| 조헌(문열공) | 1883 | 김집(문경공) | 1883 |

19 ①

개념 카테고리 | 근세의 우리 역사 > 문화 > 조식의 사상

| 정답 해설 | 제시된 자료는 학문의 실천, 경, 의를 강조한 '조식'에 대한 설명이다.

| 오답 해설 | ㉣ 동방 5현은 김굉필, 정여창, 조광조, 이언적, 이황이며, 조식은 문묘에 배향되지 않았다.

20 ④

개념 카테고리 | 근세의 우리 역사 > 문화 > 성리학의 발전

| 정답 해설 | ④ 이언적은 기(氣)보다는 이(理)를 중심으로 자신의 이론을 전개한 주리론의 선구자이다. 그의 주리론적 인식은 이황에 의해 계승되었다.

| 오답 해설 | ① 서경덕은 '이(理)'보다는 '기(氣)'가 중요하다는 '기(氣)일원론'적 입장을 가졌다.
②『성학집요』는 이이의 저서이다.
③『주자서절요』는 이황의 저서이다.

21 ①

개념 카테고리 | 근세의 우리 역사 > 문화 >『신찬팔도지리지』와「동국지도」편찬 사이 시기의 일

| 정답 해설 | ㉠『신찬팔도지리지』는 세종 14년(1432)에 편찬되었고, ㉡「동국지도」는 양성지, 정척 등이 세조 9년(1463)에 완성되었다. ①『동국통감』은 서거정 등이 성종 16년(1485)에 간행하였다.

| 오답 해설 | ②『고려사절요』는 문종 2년(1452), ③『동국병감』은 문종 때, ④『향약집성방』은 세종 15년(1433)에 편찬되었다.

22 ②

개념 카테고리 | 근세의 우리 역사 > 문화 >『경국대전』

| 정답 해설 | 제시된 자료의 밑줄 친 '이것'은『경국대전』이다. 6전 체제로 정리된『경국대전』은 세조 때 편찬하기 시작하여 성종 때 반포되었다(성종 16년, 1485). ② 조준[1346(충목왕 2년) ~ 1405(태종 5년)]은 고려 말 조선 초의 문신으로『경제육전』을 편찬하였고, 태종 때 사망하였다. 따라서『경국대전』편찬과는 관련이 없다.

23 ②

개념 카테고리 | 단원 통합 > 문화 > 시기별 법전의 특징

| 정답 해설 | ②『대전회통』은 흥선 대원군 섭정 시기 '국왕 중심의 통치 질서를 확립'하기 위해 편찬된 법전이다(1865). 법규 교정소(1899년 교전소에서 분리·개편된 법률 개정 기관)에서 만국 공법에 기초하여 제정한 것은 '대한국 국제'이다.

| 오답 해설 | ①『경국대전』은 세조 때 편찬되기 시작하여 성종 때 반포된 조선 시대의 기본 법전이다. 이·호·예·병·형·공전의 6전 체제로 구성되었으며, 유교적 법치 국가의 토대를 마련하였다.
③『대전통편』은 정조 9년(1785)『경국대전』과『속대전』및 그 뒤의 법령을 통합해 편찬한 법전이다.『경국대전』의 원 내용은 '원(原)',『속대전』의 내용은 '속(續)', 그리고 그 뒤의 법령은 '증(增)'으로 표시하였다.
④『속대전』은 영조 22년(1746)에『경국대전』시행 이후에 공포된 법령 중에서 시행할 법령만을 추려서 편찬한 법전이다. 영조가 직접 서문을 지어 간행되었다는 점이 특징이다.

24 ④

개념 카테고리 | 근세의 우리 역사 > 문화 > 과학 기술의 발달

| 정답 해설 | ④ '세조' 때 인지의와 규형을 제작하여 토지 측량과 지도 제작에 활용하였다(1467).

25 ④

개념 카테고리 | 근세의 우리 역사 > 문화 > 궁궐

| 정답 해설 | ④ 양궐 체제(兩闕體制)의 이궁은 행궁(行宮)이라고도 하며, 피서(避暑)·피한(避寒)·요양을 위해 짓거나, 국가 재난 시 왕이 거주할 공간으로도 지어졌다. 또한 통치력의 효과적인 파급을 위해 지방 요충지에 이궁을 지어 돌아가면서 머물기도 하였다.

26 ④

개념 카테고리 | 근세의 우리 역사 > 문화 > 경복궁

| 정답 해설 | ④ 광화문은 경복궁의 남문이며, 신무문은 북문이다. 참고로 사정전은 임금이 정사를 돌보던 곳이며, 강녕전은 왕의 침전(침실이 있는 건물)이다.

27 ③

개념 카테고리 근세의 우리 역사 > 문화 > 창덕궁

| 정답 해설 | ③ 창덕궁은 조선 제3대 태종 5년(1405) 경복궁의 이궁(離宮)으로 지어진 궁궐이다. 임진왜란 때 경복궁과 함께 소실되었으나, 선조 40년(1607)에 중건하기 시작하여 광해군 5년(1613)에 완성되었다. 그러나 인조반정(1623) 때 인정전을 제외한 대부분의 전각이 소실되었다가 인조 25년(1647)에 복구되었다. 창덕궁은 광해군 때 정궁으로 사용한 후부터 1868년 고종이 경복궁을 중건할 때까지 258년 동안 역대 왕들이 정사를 보살펴 온 '법궁'이었다. 창덕궁 안에는 가장 오래된 궁궐 정문인 돈화문, 신하들의 하례식이나 외국 사신의 접견 장소로 쓰이던 인정전, 국가의 정사를 논하던 선정전, 왕과 왕후 및 왕가 일족이 거처하는 희정당·대조전 등의 공간이 있다. 창덕궁의 역사에 대한 기록은 『조선왕조실록』, 『궁궐지』, 『창덕궁조영의궤』, 「동궐도」 등에 기록되어 있다. 특히 1830년경에 그린 「동궐도」(국보 제249호)에서 창덕궁의 건물 배치와 건물 형태를 그림으로 전하고 있는데 궁궐의 역사와 궁궐 건축을 연구하는 데 귀중한 자료이다.

28 ②

개념 카테고리 근세의 우리 역사 > 문화 > 창경궁

| 정답 해설 | ② 창경궁 자리는 원래 수강궁(태종의 별궁)이 있었던 곳이다. 성종 14년(1483) 기존의 수강궁을 헐고, 세 명의 대비(세조 비 정희왕후, 예종 계비 안순왕후, 덕종 비 소혜왕후)를 모시기 위해 창경궁을 지었다.
| 오답 해설 | ① 창덕궁, ③ 경복궁, ④ 운현궁에 대한 설명이다.

29 ④

개념 카테고리 근세의 우리 역사 > 문화 > 건축물

| 정답 해설 | ④ 광화문(光化門)은 경복궁의 남쪽 정문이다. 건춘문(建春門)은 동문, 영추문(迎秋門)은 서문, 신무문(神武門)은 북문이다.

30 ④

개념 카테고리 근세의 우리 역사 > 문화 > 서원 건축의 특징

| 정답 해설 | ④ 서원 건축은 16세기 이후에도 활발하게 이루어졌다.

31 ④

개념 카테고리 근세의 우리 역사 > 문화 > 기록 문화

| 정답 해설 | ④ 예문관 한림이 사관(史官)으로서 작성한 글은 사초(史草)이다.

32 ①

개념 카테고리 근세의 우리 역사 > 문화 > 의궤

| 정답 해설 | 현전하는 가장 오래된 '의궤'는 임진왜란 이후인 선조 34년(1601)에 제작된 『의인왕후산릉도감의궤』(의인왕후의 장례 기록을 남기기 위해 편찬)와 『의인왕후빈전혼전도감의궤』가 있다. ①『조선왕조실록』에 대한 설명이다.

| 플러스 이론 | 『조선왕조의궤』

조선 시대 왕실에서 거행된 여러 가지 의례의 전모를 소상하게 기록한 서책이다. 조선이 건국된 초기부터 '의궤'가 제작되었으나 임진왜란으로 모두 소실되었으며 조선 중기 이후 본격적으로 제작되었다. 현재 전해지는 '의궤'로는 선조 34년(1601)에 만들어진 의인왕후의 장례에 대한 것이 가장 오래된 것이며, 19세기까지 시기가 내려올수록 종류도 많아지고 질적인 수준도 높아졌다.

'의궤'가 작성되는 주요 행사로는 왕비·세자 등의 책봉(册封)이나 책례(册禮), 왕실 구성원의 결혼, 선대(先代) 인물들의 지위를 높이는 추숭(追崇)이나 존호가상(尊號加上), 빈전(殯殿)이나 혼전(魂殿)의 마련에서 능원(陵園)의 조성 및 이장에 이르는 각종 상례(喪禮), 신주를 태묘(太廟)에 모시는 부묘(祔廟)를 비롯한 여러 제례(祭禮)가 있다.

33 ①

개념 카테고리 근세의 우리 역사 > 문화 > 통치 기록

| 정답 해설 | ①『국조보감』은 세조 때부터 편찬되었다.
| 오답 해설 | ② 춘추관에서는 여러 관청의 업무 일지(등록)를 모아 '시정기'를 간행하였다.
③ 『조선왕조의궤』는 조선 초기부터 제작되어 왕실과 국가 행사의 내용을 글과 그림으로 기록하였다.
④ 승정원의 주서(注書)들은 왕과 관련된 내용을 매일 기록하여 『승정원일기』를 작성하였다.

34 ②

개념 카테고리 근세의 우리 역사 > 문화 > 세종 대 편찬 서적

| 정답 해설 | 제시된 자료의 밑줄 그은 '왕'은 '세종'이다. 세종 때 한양(서울)을 기준으로 독자적인 역법인 『칠정산』을 편찬하였다. 중국 역법은 중국 수도인 북경을 중심으로 하였는데, 북경과 한양은 경위도가 다르기 때문에 태양이 뜨고 지는 시각이라든지 달이 뜨고 지는 시각이 달라 예보가 자주 틀렸다. 전통 사회에서

일식이나 월식과 같은 천문 현상은 제왕의 권위와 정치의 잘잘못을 평가하는 민감한 사안이었다. 따라서 우리 실정에 맞는 역법을 갖추려는 세종의 자주적인 의지와 노력에 힘입어 『칠정산』내·외편이 탄생하였다. '외편'은 서역의 회회력법(回回曆法)을 연구하여 해설한 책이고, '내편'은 원나라의 수시력을 이해하기 쉽게 해설한 책으로서, 한양을 기준으로 한 해와 달, 행성들의 운행이 나타나 있다. ②『삼강행실도』는 세종 때 설순이 편찬한 윤리서로, 백성들이 유교 윤리를 쉽게 알 수 있도록 효자, 충신, 열녀들의 모범 사례를 모아 글과 함께 그림으로 편찬한 것이다.

| 오답 해설 | ① 태종 때 이회 등은 세계 지도인 「혼일강리역대국도지도」를 처음 간행하였다.

③ 『동국문헌비고』는 영조 46년(1770) 홍봉한 등이 왕명을 받아 편찬한 일종의 백과사전이다. 조선의 정치·경제·문화 등 각종 제도와 문물을 분류하여 정리하였다.

④ 『동국여지승람』은 성종 때 노사신 등이 각 도의 지리, 풍속 등을 기록하여 편찬한 관찬 지리지이다.

35 ④

개념 카테고리 근세의 우리 역사 > 문화 > 『삼강행실도』

| 정답 해설 | ④『삼강행실도』(세종 16년, 1434)는 설순이 모범이 될 만한 충신, 효자, 열녀를 골라 그 행적을 그림으로 그리고 설명을 덧붙였다. 이후 한글로도 번역되었다.

36 ④

개념 카테고리 근세의 우리 역사 > 문화 > 세종 시기 서적 간행

| 정답 해설 | 제시된 자료는 『농사직설』에 대한 설명이며, 밑줄 친 '왕'은 '세종'이다. 세종 때는 『의방유취』(세종 27년, 1445), 『향약채취월령』(세종 13년, 1431), 『향약집성방』(세종 15년, 1433) 등이 간행되었다. ④ 『향약제생집성방』은 태조 7년(1398)에 집필, 정종 1년(1399)에 간행된 의약서이다. 『향약집성방』을 편찬했을 때 그 내용이 인용되었다.

| 플러스 이론 | 조선 초기 의서(醫書)

- 『향약제생집성방』
  조준·김사형·권중화·김희선 등이 『삼화자향약방』, 『향약간이방』 등 여러 의서를 참고하고, 국내의 경험방(처방전)을 가려 뽑아 완성하였다. 태조 7년(1398) 8월에 편찬하기 시작하여 이듬해(정종 원년) 5월에 완성되었다.

- 『향약채취월령』
  세종 10년(1428) 유효통·노중례·박윤덕 등이 왕명으로 편찬하기 시작하여 세종 13년(1431)에 완성·간행하였다. 우리나라 약초의 적절한 채취 시기를 월령으로 만든 책이다.

- 『향약집성방』
  세종의 명으로 기존의 『향약제생집성방』을 확장·증보하여 편찬하였다(세종 15년, 1433). 우리나라 풍토에 맞는 약재와 치료 방법을 개발하고 정리하였다.

- 『의방유취』
  당·송·원·명의 중국 의서와 국내 의서 153종을 망라하여 편찬된 동양 최대의 의학 백과사전이다(세종 27년, 1445).

- 『신주무원록』
  세종 20년(1438) 최치운 등이 원나라 왕여가 편찬한 『무원록』에 주해를 더하고 음훈을 붙여 편찬한 의서이다.

37 ④

개념 카테고리 단원 통합 > 문화 > 고려·조선 시대의 의서(醫書)

| 정답 해설 | 제시된 의서(醫書)의 순서는 다음과 같다.
- ㄷ. 『향약구급방(鄕藥救急方)』: 고려 고종
- ㄹ. 『향약집성방(鄕藥集成方)』: 조선 세종, 1433년
- **매력적 오답** ㄱ. 『의방유취(醫方類聚)』: 조선 세종, 1445년
- ㄴ. 『동의보감(東醫寶鑑)』: 조선 광해군, 허준이 1610년에 완성

38 ③

개념 카테고리 근세의 우리 역사 > 문화 > 세종 대의 사실

| 정답 해설 | 제시된 내용 중 "여러 도 감사(관찰사)에게 명하여 고을의 나이 많은 농부[老農, 경험 많은 농부]에게 물어" 농서를 만들었다는 내용을 통해, (가)가 세종 때 편찬된 『농사직설』임을 알 수 있다. ③ 세종은 여민락 등을 짓고 정간보를 창안하였다.

| 오답 해설 | ① 숙종 때 임진왜란 때 원병을 보낸 명의 황제에게 제사를 지내기 위해 창덕궁 안에 대보단을 설치하였다.

② 태종 때 주자소가 설치되었고, 구리로 만든 계미자를 주조하였다.

④ 광해군 때 기유약조(1609)를 맺고 일본과 제한된 무역을 허용하였다.

39 ④

개념 카테고리 근세의 우리 역사 > 문화 > 『칠정산』 내외편

| 정답 해설 | ㉠은 『칠정산』 내외편이다. 중국 역법은 중국 수도인 북경을 중심으로 하였다. 북경과 한양은 경도 및 위도가 달랐으므로 태양이 뜨고 지는 시각, 달이 뜨고 지는 시각 등이 달라 예보가 자주 틀렸다. 전통 사회에서는 일식이나 월식과 같은 천문 현상이 제왕의 권위와 정치의 잘잘못을 평가하는 민감한 사안이었다. 이에 우리 실정에 맞는 역법을 갖추려는 세종의 자주적인 의지와 노력에 힘입어 『칠정산』 내외편이 탄생하였다. 『칠정산(七政算)』은 1444년(세종 26년)에 이순지와 김담(金淡)이 우리

나라 역대의 역법(曆法)을 정리하고, 중국 및 아라비아의 역법을 참고하여 만든 것으로 내편(內篇)과 외편(外篇)으로 이루어졌다. 내편은 원나라의 수시력(授時曆)을 이해하기 쉽게 해설하면서 서울(한양)을 기준으로 해와 달, 행성들의 운행을 정리하였고, 외편은 서역(西域)의 회회력법(回回曆法)을 연구하여 해설하였다.

| 오답 해설 | ① 『향약채취월령』은 세종 10년(1428) 유효통 등이 왕명으로 편찬하기 시작하여 세종 13년(1431)에 완성하였다. 우리나라 약초의 적절한 채취시기를 월령으로 만든 책이다.
② 『의방유취』는 당·송·원·명의 중국 의서와 국내 의서 153종을 망라하여 편찬한 동양 최대의 의학 백과사전이다(세종 27년, 1445).
③ 세종 때 정초, 변효문 등이 편찬한 『농사직설』은 우리나라에서 편찬된 최초의 농서로서, 중국의 농업 기술을 수용하면서 우리 실정에 맞는 독자적인 농법을 정리하였다. 특히 씨앗의 저장법, 토질의 개량법, 모내기법(이앙법) 등 농민들이 실제 경험한 농사법을 종합했다는 점에서 의의가 있다.

40 ④
개념 카테고리 | 근세의 우리 역사 > 문화 > 세종 대의 문화

| 정답 해설 | 자료의 책은 (가) '세종' 때 편찬된 『향약집성방』이다. 『향약집성방』(1433)은 우리 풍토에 알맞은 약재와 치료 방법을 정리한 의학 서적이다. ④ 한양을 기준으로 만든 독자적 역법서인 『칠정산』은 세종 때 간행되었다.

| 오답 해설 | ① 주자소 설치, 계미자 주조는 태종 시기에 해당한다.
② 『언문지』는 1824년(순조 24년) 유희가 지은 한글 및 한자음 관계 연구서이다.
③ 조선 후기에는 「홍길동전」, 「춘향전」 등 한글 소설이 유행하였다.

41 ②
개념 카테고리 | 단원 통합 > 문화 > 시기별 서적의 간행

| 정답 해설 | ㄴ. 『원생몽유록』은 조선 중기 '임제'가 생육신의 한 사람인 원호(元昊)를 주인공으로 쓴 소설이다. 사육신과 단종의 사후 생활을 그려 은연중에 세조를 비판하고 있다.
ㄷ. 이종휘는 『동사』에서 고구려 역사를 강조하였다.

| 오답 해설 | ㄱ. 『칠정산』 외편은 서역(西域, 이슬람)의 회회력법(回回曆法)을 연구하여 해설·편찬한 책이다. 한편 『칠정산』 내편은 원나라의 수시력(授時曆)에 대한 해설서이다.
ㄹ. 『박통사언해』는 중국어 학습서이다. 일본에 포로로 잡혀갔던 강우성이 쓴 일본어 해설서는 『첩해신어』이다.

42 ③
개념 카테고리 | 근세의 우리 역사 > 문화 > 조선 전기 문헌

| 정답 해설 | 제시된 문헌들의 순서는 다음과 같다.
ⓒ 세종 때 『신찬팔도지리지』 편찬
㉠ 문종 때 『고려사절요』 편찬
ⓒ 성종 때 『동국통감』 간행
㉡ 중종 때 『신증동국여지승람』 완성

43 ①
개념 카테고리 | 근세의 우리 역사 > 문화 > 성종 때 편찬 서적

| 정답 해설 | 제시된 사료는 '성종' 때 편찬된 서거정의 『동문선』 서문 중 일부이다. ① 성종 때는 『경국대전』의 반포, 『동국통감』, 『동문선』, 『국조오례의』, 『동국여지승람』 등의 편찬이 이루어졌다.

| 오답 해설 | ② 『고려사절요』는 문종 때 편찬된 편년체 사서이다.
③ 『조선경국전』은 태조 때 정도전이 저술한 법전이다.
④ 『의방유취』는 세종 때 편찬된 의학 백과사전이다.

44 ③
개념 카테고리 | 근세의 우리 역사 > 문화 > 조선 전기의 문화

| 정답 해설 | ③ 15세기 성종 때 서거정 등이 『동문선』을 편찬하여 우리 문학의 독자성을 강조하였다.

| 오답 해설 | ① 『어우야담』은 17세기 광해군 때 유몽인이 야사 등 설화를 엮어 편찬하였다.
②④ 백과사전[類書]이 널리 편찬되고 중인층을 중심으로 시사가 결성된 시기는 조선 후기이다.

45 ④
개념 카테고리 | 단원 통합 > 문화 > 조선 시대의 병서

| 정답 해설 | 제시된 저서의 편찬 순서는 다음과 같다.
ㄹ. 『진법』: 조선 태조, 정도전
ㄷ. 『총통등록』: 조선 세종, 1448
ㄱ. 『동국병감』: 조선 문종, 김종서
ㄴ. 『추관지』: 형조 관할 사무를 모아 편찬한 책, 정조, 1781

46 ①
개념 카테고리 | 근세의 우리 역사 > 문화 > 분청사기

| 정답 해설 | 제시된 자료는 조선 초까지 유행했던 분청사기에 대한 설명이다. ① 분청사기는 청자에 백토의 분을 칠한 것으로 백색의 분과 안료로 무늬를 만들어 장식한 도자기이다.

| 오답 해설 | ② 독특한 모양의 청화 백자인 청화 백자 매조문 항아리이다.
③ 조선 후기의 청화 백자 죽문각병이다.
④ 12세기 상감법이 적용된 상감 청자 운학문 매병이다.
⑤ 고려 시대 은입사 기술이 적용된 청동 은입사 포류수금무늬 정병이다.

47 ③

개념 카테고리 근세의 우리 역사 > 문화 > 서적 간행

| 정답 해설 | 제시된 견문록은 순서는 다음과 같다.
ㄹ.『해동제국기』(신숙주, 성종, 1471)
ㄱ.『표해록』(최부, 성종, 1488)
ㄴ.『열하일기』(박지원, 정조, 1780: 연행사를 따라 청에 다녀옴)
ㄷ.『서유견문』(유길준, 고종, 1895)

| 플러스 이론 |『해동제국기』와『표해록』

- 『해동제국기』(성종, 1471)
  세종 때 서장관으로 일본으로 간 신숙주가 성종의 명을 받아 편찬한 책으로, 일본의 역사·지리 등을 상세하게 서술하였다.
- 『표해록』(성종, 1488)
  최부가 명에 표류되었을 때의 경험을 일기 형식으로 기록한 여행기이다.

48 ①

개념 카테고리 근세의 우리 역사 > 문화 > 서적 간행

| 정답 해설 | ①『본조편년강목』(『본국편년강목』)은 충숙왕 4년(1317)에 민지가 편찬한 역사서이며, 현존하지 않는다.
| 오답 해설 | ②『의방유취』는 세종 때 편찬된 의학 백과사전이다.
③『삼국사절요』는 성종 때 노사신, 서거정 등이 편찬한 삼국의 역사서이다.
④『농사직설』은 세종 때 정초 등이 우리나라 환경에 맞는 농법을 수록한 농서이다.

49 ③

개념 카테고리 근세의 우리 역사 > 문화 > 과학 기술

| 정답 해설 | 세종 23년(1441) 8월 호조에서 측우기를 설치할 것을 건의하여, 다음 해 5월 '측우'(강우량 관측)에 관한 제도를 제정하였다. 이후 ③ 중앙에는 서운관(관상감)에, 지방에는 각 도의 감영(監營)에 측우기를 설치하였다.

50 ①

개념 카테고리 근세의 우리 역사 > 문화 > 세종 시기의 과학 기술

| 정답 해설 | ① 혼의는 천체 관측 기구이다. 앙부일구가 해시계이다.

51 ②

개념 카테고리 근세의 우리 역사 > 문화 > 종교와 제사

| 정답 해설 | ② 세조 시기에는 간경도감을 통해 불경을 번역·간행하였다.

52 ②

개념 카테고리 근세의 우리 역사 > 문화 > 조선 전기 문헌

| 정답 해설 | ②『이륜행실도』는 1518년(중종 13년)에 편찬된 관찬 윤리서로서, 붕우(朋友)와 장유(長幼)의 윤리를 정리한 것이다.
| 오답 해설 | ①『동국문헌비고』은 영조 때 홍봉한 등이 편찬한 백과사전이다(1770).
③ 광해군 때 유몽인은 야사 등 각종 설화를 엮어『어우야담』을 편찬하였다(1622).
④ 헌종 때 조희룡은『호산외기』(1844)를 저술하여 42명의 여항인(閭巷人, 보통 사람)들의 전기를 수록하였다.

PART 05 근대 태동기의 우리 역사

CHAPTER 01 | 근대 태동기의 정치

출제 비중 62%

약점진단표

	1회독				2회독				3회독			
	○	△	×	총	○	△	×	총	○	△	×	총
근대 태동기의 정치				45				45				45

*문제풀이 후 약점진단 결과를 적어 보세요!

필수기출 & 출제예상편

문제편 P.146

01	①	02	②	03	④	04	③	05	④
06	②	07	⑤	08	①	09	②	10	①
11	②	12	③	13	④	14	①	15	④
16	①	17	②	18	②	19	①	20	③
21	①	22	④	23	②	24	①	25	②
26	①	27	④	28	①	29	①	30	①
31	④	32	②	33	③	34	③	35	④
36	③	37	⑤	38	②	39	④	40	④
41	④	42	②	43	①	44	④	45	③

01 ① 中

개념 카테고리 근대 태동기의 우리 역사 > 정치 > 비변사

| 정답 해설 | 제시된 내용 중 "군국 기무를 모두 관장한다"와 구성원 중 "공조 판서"가 제외된 점을 통해 비변사에 대한 사료임을 알 수 있다. ① 비변사는 1555년 을묘왜변을 계기로 상설화되었다.

02 ② 中

개념 카테고리 근대 태동기의 우리 역사 > 정치 > 비변사

| 정답 해설 | 명칭은 '변방의 방비를 담당하는 곳'이지만, 국가의 중대사 등을 담당했던 기구가 '비변사'이다. ② 조선 후기 비변사의 영향력이 확대되면서 의정부와 6조 중심 행정 체계가 약화되었다.

| 오답 해설 | ① 흥선 대원군은 왕권을 강화하기 위해 비변사를 축소·혁파하였다.
③④ 비변사는 삼포왜란(1510)을 계기로 설치된 임시 기구였으며, 을묘왜변(1555) 이후 상설 기구가 되었다.

03 ④ 上

개념 카테고리 근대 태동기의 우리 역사 > 정치 > 훈련도감

| 정답 해설 | (가) '훈련도감(선조, 1593)'이다. ⓒ 훈련도감은 삼수병(포수, 사수, 살수)으로 구성되었고, ⓔ 병력들은 직업 군인으로 조직되었으며 상비군이었다. 이들은 받은 급료(쌀이나 포)를 남대문 앞에서 판매하며 난전에 참여하기도 하였다.

| 오답 해설 | ㉠ 훈련도감을 포함한 5군영은 1881년 통리기무아문을 통해 무위영과 장어영으로 통합되었다. 신식 군대인 별기군도 이 시기에 설치되었다.
ⓑ 후금의 침략에 대비하기 위해 인조 때 총융청 등이 설치되었다.

04 ③ 上

개념 카테고리 근대 태동기의 우리 역사 > 정치 > 5군영

| 정답 해설 | ③ 1624년 인조 시기에 경기 내의 군인을 배속시켜 총융청을 설치하고 서울 및 경기의 경비를 강화하였다.

| 오답 해설 | ① 금위영은 숙종 때(숙종 8년, 1682) 설치된 군영이며, 남한산성 방어는 수어청이 담당하였다.
② 1682년 병조 판서 김석주의 건의로 총포병과 기병을 위주로 금위영을 설치하였다.
매력적 오답 ④ 기병과 훈련도감군의 일부를 주축으로 금위영을 설치하여 5군영 체제가 완성되었다.

05 ④ 下

개념 카테고리 단원 통합 > 정치 > 군사 제도

| 정답 해설 | 제시된 내용의 순서는 다음과 같다.
ㄷ. 통일 신라의 지방군 10정
ㄹ. 고려의 지방군인 주진군과 주현군
ㄱ. 조선 초의 지방군인 영진군
ㄴ. 조선 후기 지방군인 속오군

06 ②

개념 카테고리 근대 태동기의 우리 역사 > 정치 > 광해군의 정책

| 정답 해설 | 광해군은 ⓒ 대외적으로 중립 외교 정책을 추진하여 강홍립으로 하여금 정세에 따라 향배를 결정하도록 하였고, ⓒ 왕권의 안정을 얻고자 인목대비 폐위, 영창대군 사사 등을 단행하였다. 이 같은 정책은 이후 인조반정의 빌미가 되었다.

07 ⑤

개념 카테고리 근대 태동기의 우리 역사 > 정치 > 광해군

| 정답 해설 | 제시된 자료는 광해군 때 편찬된 『동의보감』에 대한 설명이다. 『동의보감』은 2009년 7월 유네스코 세계 기록 유산으로 등재되었다. ⑤ 광해군은 임진왜란 이후 전후 복구 사업을 추진하였고, 대외적으로 명과 후금 사이에서 중립 외교 정책을 추진하였다.
| 오답 해설 | ① 현종, ② 영조, ③ 효종, ④ 정조 때의 설명이다.

08 ①

개념 카테고리 근대 태동기의 우리 역사 > 정치 > 광해군

| 정답 해설 | ① 이괄의 난은 인조반정(1623) 직후인 1624년에 일어났다.
| 오답 해설 | ② 대동법은 광해군 즉위년인 1608년에 경기도에서 처음 실시되었다.
③ 광해군은 임진왜란 때의 충신과 열녀 등을 조사하여 추앙(推仰, 높이 받들어 우러러봄)하였다. 이는 성리학적 사회 질서를 강화하여 임진왜란 이후 혼란한 사회 질서를 바로잡기 위함이었다.
④ 『동의보감』은 허준 등이 편찬하여 광해군 2년(1610)에 완성된 의학 서적이다. 현재 유네스코 세계 기록 유산으로 등재되어 있다.

09 ②

개념 카테고리 단원 통합 > 정치 > 정묘호란

| 정답 해설 | 밑줄 친 '이곳'은 강화도이다. 강화도의 고인돌 유적은 (고창, 화순 지역 고인돌 유적과 더불어) 유네스코 세계 문화유산으로 등재되었다. ② 정묘호란(1627) 때 인조는 강화도로 피신하였다. 참고로 병자호란(1636) 때는 남한산성으로 피신하였다.

| 오답 해설 | ① 장보고는 흥덕왕에게 건의하여 현재의 완도에 청해진을 설치(828)하였다.
③ 원나라는 삼별초의 항쟁을 진압한 후, 제주도를 직접 지배하기 위해 탐라총관부를 설치(1273)하였다.
④ 영국은 1885년 러시아의 남하 정책을 저지하기 위해, 거문도를 점령하였다(거문도 사건).

10 ①

개념 카테고리 단원 통합 > 임진왜란, 병자호란

| 정답 해설 | (가)는 임진왜란 당시, 조명 연합군의 평양성 전투(선조 26년, 1593. 1.), (나)는 병자호란 직전(인조 14년, 1636) '윤집'의 척화론 사료이다. ① 1619년 광해군 때 강홍립이 이끄는 조선군은 후금에 항복하였다.
| 오답 해설 | ② 1592년 6월, 신립 장군은 충주에서 일본군에게 패배하였다.
③ 남한산성에서 항전했던 인조는 1637년 1월, 삼전도에서 청에 굴욕적인 항복을 하였다.
④ 세종 때 이종무 등이 왜구의 약탈을 근절하고자, 1419년(세종 1년) 대마도를 정벌하였다.

11 ②

개념 카테고리 근대 태동기의 우리 역사 > 정치 > 서인

| 정답 해설 | 제시된 자료의 (가)는 '서인'으로, 이들은 인조반정 이후 훈련도감 등 5군영을 장악하여 자신들의 군사적 기반으로 활용하였다.
ㄱ. 서인은 효종 때 북벌 운동의 핵심 세력이었다.
ㄹ. 서인은 현종 때 남인과 2차례의 예송 논쟁을 전개하였다.
| 오답 해설 | ㄴ. 광해군 때 북인은 인목대비의 폐위를 주장하였다.
ㄷ. 조식·서경덕의 학통을 계승한 붕당은 북인이다.

12 ③

개념 카테고리 근대 태동기의 우리 역사 > 정치 > 소현 세자

| 정답 해설 | 제시된 사료에서 '본국에 돌아온 지 얼마 되지 않아', '약물에 중독되어 죽은 사람과 같았다.' 등의 내용을 통해 괄호 안 인물이 소현 세자임을 알 수 있다. ③ 소현 세자는 1644년 북경(北京)에 들어가 70여 일을 머물면서 독일인 신부 아담 샬(Schall, J. A.)과 교류하였고, 천문·수학 및 천주교 서적, 여지구(輿地球)·천주상(天主像)을 전래하는 등 서양 문물을 적극적으로 수용하려 하였다.

| **오답 해설** | ① 효종과 송시열 등 서인은 청에 복수하고 치욕을 갚기 위해 북벌을 주장하였다.
② 홍대용은 청을 왕래하며 얻은 경험으로 『의산문답』을 저술하였다.
④ 숙종 때 안용복은 에도 막부로부터 울릉도와 독도가 조선 영토임을 확인하는 문서를 받아왔다.

13 ④

개념 카테고리 근대 태동기의 우리 역사 > 정치 > 인조, 소현 세자

| **정답 해설** | ㉠ '소현 세자', ㉡ 병자호란 때 청으로 잡혀간 '조선인 포로', ㉢ '심양관', ㉣ '인조'이다. ④ 북벌 운동을 적극적으로 추진한 것은 효종이다.

| **오답 해설** | 소현 세자는 병자호란 이후 당시 청의 수도인 심양에서 9년 동안 인질 생활을 하였다. 심양관은 소현 세자와 봉림 대군이 머물던 관소로서, 조선과 청의 외교를 조율하던 외교 공관이었다. 당시 소현 세자는 현실적으로 청의 존재를 인정하면서 청의 왕족 및 장군들과 친교를 맺고 양국 관계를 정상화하는 데 노력하였다. 또한, 소현 세자는 북경에 들어가 70여 일을 머물면서, 독일인 신부 아담 샬(Adam Schall)과 친교를 쌓으며, 천문·수학·천주교 서적과 여지구·천주상을 전래하는 등 서양 문물을 적극적으로 수용하려 하였다.

14 ①

개념 카테고리 근대 태동기의 우리 역사 > 정치 > 효종의 북벌 정책

| **정답 해설** | 제시된 자료의 밑줄 친 '대의(大義)'는 '북벌'이다. 병자호란(1636) 당시 인조의 굴욕적인 항복으로 말미암아 효종 때는 복수설치(오랑캐에게 당한 치욕을 갚는다)를 위해 북벌 정책이 추진되면서 ① 남한산성을 복구하고, 어영청(북벌 운동의 중심 기구)을 확대하였다.

| **오답 해설** | ② 숙종 때는 훈련별대와 정초군을 통합하여 금위영을 창설하였다.
③ 광해군은 명과 후금 사이에서 실리를 추구하는 중립 외교를 추진하였다.
④ 인조 때 호위청, 총융청, 수어청 등의 부대를 창설하여 국방력을 강화하였다. 호위청은 인조반정 직후 궁중을 호위하기 위해 설치한 군영으로, 5군영에는 해당하지 않는다.

15 ④

개념 카테고리 근대 태동기의 우리 역사 > 정치 > 예송 논쟁

| **정답 해설** | 제시된 사료는 현종 때 있었던 1차 예송 논쟁에 관한 내용이다. ㉠ 자의 왕대비는 인조의 계비인 조씨이며, ㉡ 윤휴, 허목 등 남인들은 효종이 왕통을 이었기 때문에 적장자로 보아야 한다는 입장에서 3년복을 주장하였다. 한편 ㉢ 송시열 등 서인들은 효종의 왕위 계승이 체이부정(體而不正: 적자이나 장자가 아닌 경우)하다 규정하고, 기년복(1년복)을 주장하였다. 결과적으로 ④ ㉣ 『주자가례』의 상복 규정에 따라 송시열 등 서인의 주장이 받아들여져 기년복(1년복)으로 결정되었다.

16 ①

개념 카테고리 근대 태동기의 우리 역사 > 정치 > 남인

| **정답 해설** | 1차 예송 논쟁에서 3년 상복을 주장한 정치 세력은 남인이다. ① 남인들은 현종 때 훈련별대를 창설하여(현종 10년, 1669) 군사적 기반으로 삼았다.

| **오답 해설** | ② 인조반정과 북벌 운동은 서인이 주도하였다.
③ 『주자가례』를 근거로 1년설(1차 예송), 9개월설(2차 예송)을 주장했던 세력은 서인이다.
④ 광해군 정권의 주류 세력이었던 북인은 중립 외교 정책을 추진하였고, 실리적 경향을 보였다.

17 ②

개념 카테고리 근대 태동기의 우리 역사 > 정치 > 남인

| **정답 해설** | 제시된 사료는 예송논쟁 당시 자의 대비의 3년 상복을 주장했던 남인 허목의 상소이다. ㄱ. 남인은 기사환국(숙종 15년, 1689)으로 정권을 장악하였다.
ㄷ. 정조 때 채제공, 정약용 등 일부 남인이 등용되면서 탕평 정치의 한 축을 이루었다.

| **오답 해설** | ㄴ. 서인은 인조반정을 주도하여 집권 세력이 되었다.
ㄹ. 서인은 이이와 성혼의 문인들을 중심으로 형성되었다.

18 ②

개념 카테고리 | 근대 태동기의 우리 역사 > 정치 > 숙종 때의 역사적 사실

| 정답 해설 | ② 숙종 6년(1680) 허견의 역모 사건으로 남인이 실각하고 서인이 집권하게 된 '경신환국'의 결과, 서인은 남인의 처벌에 대한 강경론자인 노론(송시열)과 온건론자인 소론(윤증)으로 분열되었다.

| 오답 해설 | 매력적 오답 ① 제2차 예송 논쟁으로 집권한 붕당은 남인이며, '경신환국'으로 서인에게 정권을 빼앗겼다.
③ 후궁 장씨가 낳은 왕자가 세자로 책봉되는 과정에서 기사환국이 발생(1689)하였고, 남인이 집권하였다.
④ 서인 집안 출신인 왕비 민씨(인현왕후)가 복위되면서 서인이 다시 집권하였다(1694, 갑술환국).

19 ①

개념 카테고리 | 근대 태동기의 우리 역사 > 정치 > 숙종

| 정답 해설 | 제시된 내용은 모두 '숙종'과 관련된다. ① 숙종은 왕권 강화를 위해 수시로 환국을 단행하여, 특정 붕당이 권력을 독점하는 일당 전제화 현상이 나타나게 되었다.

| 오답 해설 | ② 수원에 화성을 건설한 왕은 정조이다.
③ 광해군은 명의 요청을 수용하여 원병을 파견했으나, 도원수 강홍립에게 밀명('향배에 따라 결정하라')을 내려 중립 외교 정책을 펼쳤다.
④ 균역법 시행은 영조의 업적이다.

20 ③

개념 카테고리 | 근대 태동기의 우리 역사 > 정치 > 역사적 사건 나열

| 정답 해설 | 제시된 사실들의 순서는 다음과 같다.
ⓒ 선조 때 정여립의 모반 사건이 일어나 동인 중 처형된 사람이 많았다(1589, 기축옥사).
㉠ 현종 때 2차 예송(1674, 갑인예송)에서 남인이 승리하였다.
ⓛ 숙종 때 경신환국(1680)으로 허적·윤휴 등 남인의 중심인물이 축출되고 서인 정권이 수립되었다.
ⓔ 영조 때 소론과 일부 남인들이 이인좌의 난(1728)을 일으켰으나 진압되었다.

21 ①

개념 카테고리 | 근대 태동기의 우리 역사 > 정치 > 환국

| 정답 해설 | (가) 숙종 때 남인의 영수였던 허적의 아들 허견의 역모 사건으로 인해 발생한 '경신환국'이다. (나) 송시열 등 서인이 원자(희빈 장씨의 아들) 정호에 반대하다가 남인에 의해 제거된 '기사환국'이다. 따라서 ① 경신환국 이후 서인이 정국을 주도했다는 내용이 (가)와 (나) 사이에 들어가야 한다.

| 오답 해설 | ② 광해군의 중립 외교와 '폐모살제'를 이유로 서인들이 주도하여 인조반정이 일어났다.
③ 중종 때 조광조의 위훈 삭제 등 급진적 개혁이 문제가 되어 기묘사화가 일어났다.
④ 인조 때 반정 공신이었던 이괄이 난을 일으켜 한때 도성을 점령하였다.

22 ①

개념 카테고리 | 근대 태동기의 우리 역사 > 정치 > 경신환국과 갑술환국 사이 시기의 일

| 정답 해설 | (가) '경신환국'(숙종 6년, 1680)의 결과이며, (나) '갑술환국'(숙종 20년, 1694)과 관련된다. ① 기사환국(숙종 15년, 1689)의 결과로 송시열과 김수항 등이 처형되었다.

| 오답 해설 | ② 현종 때 서인과 남인은 두 차례의 예송 논쟁을 전개하였다(1차: 기해예송, 1659, 2차: 갑인예송, 1674).
③ 서인 정치에 한계를 느낀 정여립이 모반을 일으켰다(선조 22년, 1589).
④ 청의 요구에 따라 효종 때 두 차례에 걸쳐(1차: 1654, 2차: 1658) 조총 부대를 모란강[牧丹江] 상류 지역인 영고탑(寧古塔, 현 중국 영안현)으로 파견하였다(나선 정벌).

23 ②

개념 카테고리 | 근대 태동기의 우리 역사 > 정치 > 남인의 집권

| 정답 해설 | ㄴ. 효종 비의 사망으로 촉발된 2차 예송 논쟁에서는 남인의 1년설이 채택되었고, 이후 숙종 초까지 남인이 정국을 주도하였다.
ㄹ. 기사환국은 희빈 장씨가 낳은 아들(후에 경종)의 세자 책봉 문제와 관련하여 발생하였고, 세자 책봉을 지지했던 남인이 집권하였다.

| 오답 해설 | ㄱ. 효종의 사망으로 촉발된 1차 예송 논쟁에서는 서인의 1년설이 채택되어 이후 서인이 정국을 주도하게 되었다.
ㄷ. 남인 허적의 궁중 물건 사적 사용 사건(유악 사건)과 허적의 아들 허견의 역모 사건 등이 원인이 되어 경신환국이 일어났다. 그 결과 서인이 집권하고, 남인이 실각하였다.

ㅁ. 인현왕후가 갑술환국 이후 복귀하면서 서인이 정국을 주도하게 되었다.
ㅂ. 영조 즉위 이후 권력에서 배제된 소론과 남인 일부 세력이 경종의 독살설을 유포하면서 이인좌의 난을 주도하였다.

24 ①

개념 카테고리 근대 태동기의 우리 역사 > 정치 > 남인

| 정답 해설 | 제시된 사료는 윤선도의 「오우가」 중 일부이다. 윤선도는 윤휴와 함께 대표적인 '남인'이었으며, ① 예송 논쟁에서는 "왕의 예는 일반 사대부와 다르다[王者禮不同士庶]"고 주장하였다.

| 오답 해설 | ② 2차 예송 때 대공복(9개월복)을 주장한 붕당은 서인이다.
③ 조식을 높이고, 이언적과 이황을 폄하했던 붕당은 북인이다.
④ 경종 때 연잉군을 왕세제로 책봉할 것을 주장한 붕당은 노론이다.

25 ④

개념 카테고리 근대 태동기의 우리 역사 > 정치 > 영조

| 정답 해설 | 제시된 사료의 "균역법", "청계천 준설"을 통해 밑줄 친 '나'가 '영조'임을 알 수 있다. ④ 영조 때 홍봉한 등이 왕명에 따라 한국학 백과사전인 『동국문헌비고』를 편찬하였다.

| 오답 해설 | ① 정조 때 왕의 친위 부대인 장용영이 창설되었다.
② 효종 때 2차례에 걸쳐 나선 정벌이 단행되었다.
③ 순조 때 홍경래의 난이 발생하였다(1811).

| 플러스 이론 | **나선 정벌**

- 1차(효종 5년, 1654): 헤이룽강 유역에 침입한 러시아 세력을 변급이 격퇴하였다.
- 2차(효종 9년, 1658): 신류가 조총군을 이끌고 러시아군을 격퇴하였다.

26 ①

개념 카테고리 근대 태동기의 우리 역사 > 정치 > 영조

| 정답 해설 | 제시된 내용은 영조가 성균관 앞에 세운 탕평비이다. 영조는 ① 균역법을 시행하여 1년에 2필씩 납부하던 군포를 1필로 줄여주었다.

| 오답 해설 | ②, ③ 정조 때 수원 화성을 건설하였고, 초계문신제를 시행하였다.
④ 『대전회통』은 고종(흥선 대원군 섭정 시기) 때 편찬된 법전이다.

27 ④

개념 카테고리 근대 태동기의 우리 역사 > 정치 > 영조

| 정답 해설 | 제시된 사료는 영조의 '탕평교서' 중 일부이다. ④ 영조는 민의를 반영하기 위해 신문고 제도를 부활시키고 『동국문헌비고』(홍봉한 등이 편찬한 한국학 백과사전) 등을 편찬하여 문물과 제도를 정비하였다.

| 오답 해설 | ① 『탁지지』의 편찬, ② 초계문신제의 실시, ③ 통공 정책(1791, 신해통공)은 모두 정조의 업적이다.

28 ①

개념 카테고리 근대 태동기의 우리 역사 > 정치 > 영조의 업적

| 정답 해설 | 제시된 자료에서 밑줄 친 '왕'은 '영조'이다. 영조는 이조 낭관(郎官)과 한림(翰林)들이 자신의 후임을 자천(自薦)하는 제도를 폐지하고, 이조 전랑의 인사 권한을 축소하였다. ① 『속대전』은 영조 시기 편찬된 법전이며, 『속오례의』는 『국조오례의』의 속편으로 영조 20년(1744)에 편찬되었다.

| 오답 해설 | ② 태종 때 주자소를 설치하고 계미자를 주조하였다.
③ 정조 때 초계문신제를 시행하여 관리들을 재교육하였다.
④ 흥선 대원군 때 호포제를 실시하여 양반들에게도 군포를 징수하였다.

29 ①

개념 카테고리 근대 태동기의 우리 역사 > 정치 > 정조

| 정답 해설 | 제시된 설명 중 '현륭원(사도 세자의 무덤)을 수원에 봉안', '배다리의 제도로 개정' 등을 통해 밑줄 친 국왕이 정조임을 알 수 있다. ① '영조'는 성균관 입구에 (자신이 직접 쓴 글을 새긴) 탕평비를 세웠다.

| 오답 해설 | ② 정조 때 왕의 친위 부대인 장용영이 설치되었다.
③ 정조 때 무예 훈련 교범서인 『무예도보통지』를 간행하였다.
④ 정조 때 신진 인물이나 중·하급 관리 가운데 능력 있는 자들을 규장각에서 재교육시키는 초계문신 제도를 시행하였다.

30 ①

개념 카테고리 근대 태동기의 우리 역사 > 정치 > 정조의 정책

| 정답 해설 | 제시된 사료는 '정조'의 「만천명월주인옹자서(萬川明月主人翁自序)」 중 일부이다. 정조는 왕으로서의 초월적 존재를 부각시키기 위해, 스스로를 "만 갈래 냇물에 비치는 밝은 달과 같은 존재"라고 규정하였다. ① 정조는 서호수에게 『해동농서』를 편찬하도록 하였다. 『해동농서』는 우리 고유의 농학을 중심으로, 중국 농학을 선별적으로 수용하여 정리한 한국 농학의 새로운 체계를 만들었다고 평가된다.

| 오답 해설 | ② 현종 시기 갑인예송(2차 예송) 때 남인들은 왕권을 강조하며 기년복을 주장하였다.
③ 숙종 때 이순신에게 현충이라는 시호를 내리고, 강감찬 사당을 건립하였다.
④ 효종 때 처음으로 설점수세제를 실시하였다.

31 ④ 中

개념 카테고리 근대 태동기의 우리 역사 > 정치 > 정조의 업적

| 정답 해설 | 신진 인물이나 중·하급 관리 중에서 유능한 인사를 재교육하는 초계문신 제도는 (가) '정조' 때 시행되었다. 정조는 붕당의 비대화를 막고 자신의 권력과 정책을 뒷받침하기 위하여 초계문신 제도를 실시하고, 규장각을 강력한 정치 기구로 육성하였다. 한편 친위 부대인 장용영을 설치하여 왕권을 뒷받침하는 군사적 기반을 갖추었고, 더 나아가 수원으로 사도세자의 묘를 옮기고 화성을 세워 정치적·군사적 기능을 부여함과 동시에 상공인을 유치하여 자신의 정치적 이상을 실현하는 상징적 도시로 육성하고자 하였다. 또한, ④ 경제적으로는 육의전 이외의 시전에 대한 전매 특권(금난전권)을 폐지하고 각종 상품에 대한 사상인(私商人)의 자유로운 매매를 인정한 상업 정책을 반포하였다(1791, 신해통공). 법전으로는 『대전통편』을 편찬하였다.
| 오답 해설 | ① 『칠정산』 내·외편을 편찬한 왕은 세종이다.
② 『속대전』 편찬, 서원(200여 개소)을 정리한 왕은 영조이다.
③ 어영청을 설치하여 군비를 강화한 왕은 인조이다.

32 ① 上

개념 카테고리 근대 태동기의 우리 역사 > 정치 > 영조, 정조의 업적

| 정답 해설 | ㉠ '정조', ㉡ '사도세자(장헌세자, 장조)', ㉢ '영조'이다. ① 정조는 1791년 신해통공을 통해 육의전을 제외한 시전 상인의 금난전권을 폐지하였다.
| 오답 해설 | ② ㉢ 영조 때 『동국문헌비고』와 『속대전』 등이 편찬되었다.
③ ㉠ 정조 때 수원 화성이 건설되었다.
④ ㉠ 정조는 준론 탕평, ㉢ 영조는 완론 탕평을 실시하였다.

33 ③ 中

개념 카테고리 근대 태동기의 우리 역사 > 정치 > 정조의 업적

| 정답 해설 | 밑줄 친 '이 책'은 『무예도보통지』로, 백동수·이덕무·박제가 등이 '정조'의 명을 받아 편찬한 종합 무예서이다. 『무예도보통지』에는 24기의 전투 훈련 기술을 다루고 있어 당시의 무예와 병기에 대해 종합적인 연구가 가능하다. ③ 장용영은 정조 때 설치된 왕의 친위 부대이다.

| 오답 해설 | ① 세종 때 최윤덕, 김종서 등의 활약으로 4군 6진을 개척하였다.
② 고려 우왕 때 명과의 갈등(명의 철령위 설치 통보)으로 요동 정벌을 단행하였으나 이성계가 위화도에서 회군하였다(1388).
④ 효종 때 청의 요청으로 두 차례에 걸쳐 러시아군과 교전하였다(나선 정벌).

34 ③ 中

개념 카테고리 근대 태동기의 우리 역사 > 정치 > 정조

| 정답 해설 | 친위부대인 장용영을 통해 밑줄 친 '이 왕'이 정조임을 알 수 있다. ㄴ. 정조는 상공업을 진흥시키기 위해 통공정책(1791, 신해통공)을 단행하였다.
ㄷ. 정조는 젊은 관료들을 재교육하기 위해 초계문신제를 실시하였다.
| 오답 해설 | ㄱ. 영조는 탕평의 의지를 반영하여 성균관 입구에 탕평비를 설치하였다(영조 18년, 1742).

35 ④ 中

개념 카테고리 근대 태동기의 우리 역사 > 정치 > 정조의 업적

| 정답 해설 | 육의전을 제외하고, 시전 상인들의 금난전권을 폐지(1791, 신해통공)한 왕은 '정조'이다. ④ 정조는 국왕의 친위 부대인 장용영을 설치하여 왕권을 뒷받침하는 군사적 기반을 갖추었다.
| 오답 해설 | ① 광해군 때 이원익의 건의로 경기도에서 대동법을 처음 실시하였다(1608).
② 인조 때 전세(田稅)를 토지 1결당 미곡 4~6두로 고정하는 영정법을 처음 실시하였다.
③ 영조 때 백성의 여론을 직접 정치에 반영하기 위하여 신문고 제도를 부활하였다.

36 ③ 上

개념 카테고리 근대 태동기의 우리 역사 > 정치 > 조선 시대의 국방 정책

| 정답 해설 | 제시된 내용의 순서는 다음과 같다.
ㄷ. 효종 때 조선에 표류한 하멜이 훈련도감에 소속되어 서양식 무기를 제조하였다.
ㄴ. 숙종 때 병조판서 김석주의 건의에 따라 정초군과 훈련별대를 합쳐 금위영이 설치(1682)되면서 5군영 체제가 완성되었다.
ㄹ. 영조는 수도 방어를 강화하기 위해 『수성윤음』을 반포하였다(1751).
ㄱ. 정조 때 수원 유수부가 설치되었다.

37 ②

| 개념 카테고리 | 근대 태동기의 우리 역사 > 정치 > 순조

| 정답 해설 | 제시된 사료에서 "어린 나이로 유업을 계승하였다", "지난번 가산(嘉山)의 토적(土賊)이 변란", "청천강 이북" 등의 내용을 통해 1811년 '순조' 때 발생한 홍경래의 난과 관련된 내용임을 알 수 있다. ② 순조 원년(1801)에 공노비 6만 6천여 명을 양인으로 해방시켰다.

| 오답 해설 | ① 동학의 창도: 1860년(철종)
③ 제너럴셔먼호 사건: 1866년(고종)
④ 임술 농민 봉기 직후 삼정이정청 설치: 1862년(철종)

38 ②

| 개념 카테고리 | 근대 태동기의 우리 역사 > 정치 > 대외 관계

| 정답 해설 | 제시된 사건의 순서는 다음과 같다.
ㄱ. 나선 정벌(효종, 1차 1654, 2차 1658)
ㄴ. 윤휴의 북벌 주장(1674, 1675)
ㄹ. 안용복의 활약(1693, 1696)
ㄷ. 백두산 정계비 건립(1712)

39 ④

| 개념 카테고리 | 단원 통합 > 정치 > 간도

| 정답 해설 | 제시된 사료의 내용 중 "분수령 정계비(1712년 세워진 백두산정계비를 지칭) 아래 토문강 이남의 구역"은 19세기 후반 이후 조선과 청나라 사이의 영토 문제가 발생했던 '간도'에 해당한다. 간도 지역을 우리 영토로 생각했던 조선 정부는 1882년 어윤중을 서북 경략사로 파견하였고, 1885년에는 이중하를 토문 감계사로 임명하여 대처하였다. 또한 ④ 1900년 러시아가 간도를 점령하자, 1903년 이범윤을 간도 관리사로 임명하여 간도를 함경도에 편입시키고 조세를 징수하였다. 한편 을사늑약 이후 일본도 처음에는 용정에 간도 파출소를 두는 등 한국 영토로 관리하였다. 그러나 대한 제국이 불법적으로 외교권을 상실한 상태에서 1909년 청과 일본 사이에 간도 협약이 체결되어 간도는 청의 영토로 귀속되고 말았다. 대신 일본은 청으로부터 남만주 철도(안봉선) 부설권 및 푸순 탄광 채굴권을 획득하였다.

40 ④

| 개념 카테고리 | 근대 태동기의 우리 역사 > 정치 > 백두산정계비

| 정답 해설 | 제시된 자료는 '백두산정계비'의 내용이다. 백두산 정계비에서 문제가 되는 부분은 "동위토문(東爲土門)"인데 토문 강의 위치를 어떻게 해석하느냐에 따라 간도 지역에 대한 영토 해석이 달라질 수 있기 때문이다. ④ 토문을 두만강이라 해석한 것은 청나라의 주장이었다.

41 ④

| 개념 카테고리 | 단원 통합 > 정치 > 독도

| 정답 해설 | 제시된 사료는 1900년 발표된 '대한 제국 칙령 제41호'이며, ㉠ '독도'에 대한 영토 주권 의식이 명확하게 표기되어 있다. 이승만 대통령은 1952년 '인접 해양의 주권에 관한 대통령 선언(한반도 평화선)'을 발표하여 독도 영토 주권을 명확히 하였다. ④ 당시 일본은 이를 묵인하지 않고 1951년 조인된 샌 프란시스코 강화 조약에서 독도가 명시되어 있지 않다는 등의 근 거를 들어 강력하게 반발하였다.

| 플러스 이론 | 독도

- 독도는 울릉도에 딸린 섬으로, 신라 지증왕 때 이사부가 울릉도(우산국)를 흡수한 이래 우리나라 고유 영토였다. 『삼국사기』에 울릉도가 기록되어 있으며, 『고려사』에는 우산국 사람들이 고려에 토산품을 바쳤다는 기록이 있다.
- 조선 태종 때 왜구의 피해에 대비하여 공도 정책을 실시하면서 사람의 왕래가 적어졌지만, 특히 독도는 『세종실록지리지』(독도에 관한 최초의 기록물)에 우산도로 기록되어 있으며, 울릉도와 함께 강원도 울진현에 속해 줄곧 우리 영토로 인식되어 왔다.
- 17세기 이후 일본 어민들이 자주 침범허 불법 어로 활동이 시작되었다. 이 때문에 양국 어민들 사이에 충돌이 일어나(1693, 1696) 안용복이 일본에 건너가 에도 막부로부터 울릉도와 독도가 조선의 영토임을 확인받고 돌아왔다. 참고로 당시 일본에서는 독도를 송도(松島, 마쓰시마)로 불렀다.
- 19세기 이후 조선 정부는 울릉도 등에 공도 정책을 중단하고, 개척령을 발표하여 관리를 파견하고 주민을 이주시켰다.
- 1900년 10월 대한 제국 정부는 울릉도를 군으로 승격시켜 독도를 관할 하게 하면서 우리의 영토임을 분명히 밝히는 「대한 제국 칙령 제41호」를 공표하였다.
- 일제는 러·일 전쟁 중에 독도를 주인 없는 무인도(무주지)로 규정하고, 시마네현에 불법적으로 편입하였다(1905. 2.).
- 독도는 현재 우리나라가 역사적·국제법적으로 배타적 영유권을 가지며 실효적으로 지배하고 있으나, 일본은 1951년 조인된 샌프란시스코 강화 조약에 독도가 명시되어 있지 않다는 등의 근거를 들어 자국 영 토라고 억지 주장을 계속하고 있다.

42 ②

개념 카테고리 | 단원 통합 > 정치 > 독도

| 정답 해설 | ② 「대한 제국 칙령 제41호」는 울릉도를 '군'으로 승격시키고, 독도를 관할하게 한 조치이며, 〈삼국접양지도〉는 일본인 하야시 시헤이가 1785년에 편찬한 『삼국통람도설』에 실린 지도로서, '울릉도와 독도는 조선의 것'이라고 명기되어 있다.

| 오답 해설 | ① 이범윤은 1902년 간도 시찰원으로 파견되었고, 1903년에는 간도 관리사로 임명되어 간도 지방의 한인 보호에 힘썼다. 『은주시청합기』는 1667년 사이토 호센이 간행한, 독도를 조선의 영토로 확인한 일본 최초의 문헌이다(책의 해석을 두고 한·일 학자 간의 논쟁이 있음).

③ 미쓰야 협정은 만주의 독립운동을 탄압하기 위해서 만주 군벌인 장쭤린과 조선 총독부 경무국장 미쓰야 미야마스가 체결한 조약이다. 한편 일본은 러·일 전쟁 중인 1905년 「시마네현 고시 제40호」를 발표하여 독도를 시마네현에 강제 편입하였다.

④ 일본의 「조선국교제시말내탐서」(1870)에서는 '독도가 조선의 영토'임을 인정하고 있다. 한편 조선 정부에서는 어윤중을 서북 경략사로 파견(1882)하여 청과 국경 문제를 협의하도록 하였다.

| 플러스 이론 | 독도를 한국 영토로 인정한 일본의 공문서(태정관 지령)

> 1876년 일본 내무성은 전국의 지도를 제작하였다. 이 과정에서 시마네현에서 '울릉도와 독도를 시마네현에 포함시킬 것인가'에 대해 질의하였다. 5개월의 조사 끝에 내무성은 '이 문제는 이미 17세기에 끝난 문제이고, 울릉도와 독도는 일본과 관계가 없다.'고 결론을 내렸다. 그러나 영토 문제는 중요한 사항이라고 생각하여 최고 국가 기관인 태정관에 질의하였다. 1877년 3월 20일, 태정관은 '품의한 취지의 죽도(울릉도) 외 일도(一島)의 건은 일본과 관계가 없다.'라는 최종 결론을 내렸다.

43 ①

개념 카테고리 | 단원 통합 > 정치 > 독도와 관련된 자료

| 오답 해설 | ㄹ. 일본은 1905년 시마네현 고시를 통해 독도를 '주인 없는 땅'으로 규정하고 일본의 시마네현에 강제로 편입시켰다.

44 ④

개념 카테고리 | 단원 통합 > 정치 > 독도

| 정답 해설 | 우리나라 가장 동쪽에 있는 섬은 '독도'이며, 조선 숙종 때 일본 막부로부터 안용복이 울릉도와 독도를 우리 영토로 확인받았다. ⓒ 독도는 『세종실록지리지』에 우산(于山)으로 기록되어 있으며, ⓔ 1905년 러·일 전쟁 중 일본이 강제로 자국 영토로 편입하였다.

| 오답 해설 | ㉠ 1885년 영국군은 러시아를 견제하기 위해 불법적으로 거문도를 점령하였다(거문도 사건).

ⓒ 고려 왕실이 몽골과 강화를 맺자 삼별초는 강화도, 진도, 제주도로 거점을 옮기며 몽골에 끝까지 저항하였다.

45 ③

개념 카테고리 | 단원 통합 > 정치 > 울릉도와 독도

| 정답 해설 | ③ 19세기 말 조선 정부는 공도 정책(섬 거주민들을 본토로 이주시키는 정책)을 폐기하고, 울릉도 등에 적극적인 이주 정책을 추진하였다.

CHAPTER 02 근대 태동기의 경제

출제 비중 13%

약점진단표

	1회독				2회독				3회독			
	○	△	×	총	○	△	×	총	○	△	×	총
근대 태동기의 경제				21				21				21

*문제풀이 후 약점진단 결과를 적어 보세요!

필수기출 & 출제예상편

문제편 P.157

01	③	02	④	03	①	04	①	05	③
06	③	07	②	08	④	09	④	10	①
11	②	12	②	13	②	14	②	15	①
16	③	17	①	18	②	19	④	20	①
21	①								

01 ③ 中

개념 카테고리 근대 태동기의 우리 역사 > 경제 > 수취 제도의 변화

| 정답 해설 | 조선 후기에는 영정법, 대동법, 균역법 등이 실시되면서 수취 제도에 큰 변화가 일어났다. 영정법은 토지세를 1결당 4~6두로 고정 과세한 제도이다. ③ 영정법 시행 이후 기존 공법에 비해 세율은 낮아졌으나, 삼수미세(1결당 2.2두) 및 각종 부과세가 신설되면서 농민의 부담은 가중되었다.

02 ④ 中

개념 카테고리 근대 태동기의 우리 역사 > 경제 > 수취 제도

| 정답 해설 | 첫 번째 사료는 세종 때 마련된 공법이 잘 지켜지지 않는다는 내용이다. 공법(전분6등법, 연분9등법)은 풍흉의 정도에 따라 1결당 최고 20두에서 최하 4두씩 차등 과세한 수취 제도이다. 그러나 16세기 이후 제도가 유명무실화되어 최저 세율(하하년 기준 1결당 4두)이 적용되었다. ④ 이를 개선하고자 인조 시기 영정법을 실시하였다. 영정법은 풍흉과 관계없이 토지 1결당 4~6두의 전세를 고정 과세한 제도이다. 영정법 실시 이후 세율은 낮아졌지만 각종 부과세, 삼수미세(삼수병 경비를 충당하기 위해 설치한 세금, 1결당 2.2두) 등의 신설로 농민 부담은 더욱 가중되었다.
| 오답 해설 | ① 신문왕은 왕권을 강화하기 위해 관료전을 지급하고, 녹읍을 폐지하였다.
② 지계는 대한 제국 시기 발행된 근대적 토지 소유권 증명 문서로서, 전국적으로 발급되지는 못하였다.
③ 고려 태조는 후삼국 통일 과정의 공로를 평가해 역분전을 지급하였다.
⑤ 고려 시대 전시과는 관리의 직역에 대한 대가로 토지의 수조권을 지급한 제도이다. 전국을 대상으로 운영되었으며, 전지(농토)와 시지(땔감을 획득할 수 있는 땅)를 지급하였다. 반납하는 것이 원칙이었으나 공음전과 같은 세습 토지도 존재하였다.

03 ① 中

개념 카테고리 근대 태동기의 우리 역사 > 경제 > 대동법

| 정답 해설 | 제시된 사료에서 "이원익", "봄, 가을로 민전 1결에 각기 8말의 쌀을 내어 경창(京倉)에 수납하게 하고"라는 내용을 통해 ㉠ '대동법'임을 알 수 있다. 대동법은 광해군 때 이원익, 한백겸 등의 건의로 경기도에서 처음 시행한 제도이다. ① 대동법 시행 결과 세금 부과 기준을 가호에서 토지 결수로 바꾸어 현물 대신 미·포·전으로 징수하게 되었다.
| 오답 해설 | ② 균역법(영조), ③ 영정법(인조), ④ 공법(세종) 시행에 대한 설명이다.

04 ① 中

개념 카테고리 근대 태동기의 우리 역사 > 경제 > 공인

| 정답 해설 | 대동법 실시 이후 정부에서는 ① 공인(貢人)이라는 공납 청부업자를 지정하여 이들에게 공가(貢價, 공물 납품 대금)를 미리 주어 필요한 관청 수요품을 조달하게 하였다. 이후 공인은 도고(독점적 도매상인)로 성장하였다.

05 ③ 中

개념 카테고리 근대 태동기의 우리 역사 > 경제 > 대동법

| 정답 해설 | 제시된 내용은 방납의 폐단을 시정하기 위해 시행된 대동법에 대한 설명이다.
㉡ 대동법 시행 이후 관할 관청으로 선혜청이 설치되었다.
㉣ 대동법은 토지 결수를 기준으로 세금을 부과하는 제도였기 때문에 많은 토지를 가진 지주들이 강력하게 반대하였다. 그 결

과 전국적으로 실시되는 데 100여 년의 시간이 소요되었다.

| 오답 해설 | ㉠ 균역법의 시행으로 부족한 재정은 결작, 선무군관포, 어장세·선박세 등 각종 잡세로 보충하였다.
㉢ 황구첨정(16세가 되지 않은 어린아이에게 군포 징수), 강년채(60세가 넘은 사람도 나이를 줄여 군포 징수) 등은 군역 제도의 폐단이다.

06 ③

개념 카테고리 근대 태동기의 우리 역사 > 경제 > 대동법

| 정답 해설 | 제시된 사료는 방납의 폐단을 지적한 내용이며, 이를 해결하기 위해 대동법이 실시되었다. 대동법은 광해군 때 경기도에서 처음 시작되었고, 호(戶)에 부과되던 공납을 개편하여 토지 결수를 기준으로 1결당 쌀 12두를 납부하는 제도였다. 한편 대동법의 실시로 왕실과 관청에서 필요한 물품을 조달하기 위한 수공업이 성장하였고, 상품 수요가 증가하면서 상품 화폐 경제가 발전하는 데 기여하였다. ③ 대동법 시행 이후 왕실과 관청에서 필요한 물품을 조달해주던 상인은 공인이었다.

07 ②

개념 카테고리 근대 태동기의 우리 역사 > 경제 > 균역법

| 정답 해설 | 제시된 사료는 균역법에 대한 내용이며, 밑줄 그은 '방법'은 '균역법 시행 이후 부족한 군포를 보충하는 방법'이다. 영조는 균역법을 실시하여 1년에 2필씩 걷던 군포를 1필로 줄여주었다. 이후 부족한 군포 수입을 보충하기 위하여 ㄱ. 지주에게 결작(1결당 2두씩)을 부과하였다. 또한 ㄷ. 선무군관에게 선무군관포를 징수하고, 어장세·선박세 등 각종 잡세를 국가 재정으로 편입시켰다.

| 오답 해설 | ㄴ. 대한 제국에서는 양전 사업을 실시하여 근대적 토지 소유권 문서인 지계를 발급하였다.
ㄹ. 고려 공양왕 때 과전법(1391)이 실시되어 관리들에게 경기 지방에 한하여 과전을 지급하였다.

08 ④

개념 카테고리 근대 태동기의 우리 역사 > 경제 > 균역법

| 정답 해설 | 제시된 지문은 '군역의 폐단'이다. 영조 시기에는 이를 시정하기 위해서 ④ 1년에 납부해야 할 군포를 1필로 줄이는 균역법을 실시하였고, 이후 부족한 군포를 보충하기 위하여 어장세, 선박세와 같은 잡세를 국가 재정에 편입시키고, 선무군관포와 결작(1결당 2두씩)을 부과하였다.

09 ④

개념 카테고리 근대 태동기의 우리 역사 > 경제 > 제언절목

| 정답 해설 | 조선 정부는 처음에 이앙법을 정책적으로 금지했으나, ④ 17세기 이후 이앙법이 전국적으로 확대되자, 수리 시설을 관리하는 정책으로 변경하였다(생산력을 높이기 위함). 이에 현종 3년(1662)에 제언사를 설치하고, 정조 2년(1778)에 제언절목(수리 시설의 개인 독점을 금하는 법률)을 반포하였다.

10 ①

개념 카테고리 근대 태동기의 우리 역사 > 경제 > 임란 이후 경제

| 정답 해설 | ① 신해통공(1791)이 반포되어 육의전을 제외한 시전 상인들의 금난전권을 폐지하였다.

| 플러스 이론 | 서유구의 『임원경제지』(견종법의 보급)

> 다음 해 청명(淸明)과 곡우(穀雨) 사이에 작은 보습[鑱]으로 이 이랑에다 고랑을 내는데, 너비 1척, 깊이 1척이다. 이렇게 한 이랑, 즉 1묘(畝)마다 고랑[畎] 3개와 두둑[伐] 3개를 만들면, 두둑의 높이와 너비는 고랑의 깊이와 너비와 같아진다. 그 뒤 고랑에 거름 재를 두껍게 펴고, 구멍 뚫린 박에 조를 담고서 파종한다. 파종 간격은 일정해야 하며 덮어주는 흙의 두께는 손가락 하나의 두께만큼으로 한다.

11 ②

개념 카테고리 근대 태동기의 우리 역사 > 경제 > 조선 후기 농업의 변화

| 정답 해설 | 제시된 사료는 정상기(1678~1752)가 저술한 『농포문답』의 일부로, 조선 후기 농업 노동의 새로운 변화인 광작과 용작(임노동자를 고용하여 경작)에 관한 내용이다.

| 오답 해설 | ㄴ. 신속의 『농가집성』은 1655년(효종 6년)에 간행된 농서로 이앙법 보급에 기여하였다.

12 ②

개념 카테고리 근대 태동기의 우리 역사 > 경제 > 이앙법

| 정답 해설 | 제시된 사료는 서유구의 『임원경제지』 중 '이앙법(모내기법)'에 관한 내용이다.
ㄱ. 세종 때 편찬된 『농사직설』의 벼농사 부분에 파종법으로 이앙법과 직파법이 제시되어 있다.
ㄹ. 이앙법은 직파법보다 풀 뽑는 노동력을 절약할 수 있어 한 사람의 경작 면적이 넓어지는 효과가 있었다(→ 광작의 유행).

| 오답 해설 | ㄴ. 밭농사에서 고랑에 작물을 심도록 한 농법은 견종법이다.
ㄷ. 수령 7사에 농상성(農桑盛, 농업과 잠업을 발전시킴)이 있으나, 이앙법을 제시한 것은 아니다.

13 ②

개념 카테고리 근대 태동기의 우리 역사 > 경제 > 상인의 활동

| 정답 해설 | (가) 만상은 의주 상인으로 주로 청과의 무역을 통해 부를 축적하였다.
(나) 평양 상인인 유상은 도고 상업에 의한 국내의 유통뿐만 아니라, 만상과 연결하여 대청 무역에도 종사하였다.
(다) 송상은 개성을 중심으로 송방이라는 지방 조직을 운영하였고, 인삼을 재배·가공하여 전국에 판매하였다. 한편 내상, 만상과 연계하여 청·일본과 무역하였고(중계 무역), 송도부기(사개치부법)를 개발하여 거래 상황을 기록하기도 했다.
(라) 경강상인은 한강을 근거지로 세곡 운반 등 곡물 도매상으로 발전하였다. 특히 선박의 건조와 생산에까지 진출했다는 점이 중요하다.
(마) 동래 상인인 내상은 왜관 개시를 통해 대일 무역에 종사하였다. 이들은 인삼, 쌀, 무명을 수출하고 은, 구리, 유황, 후추 등을 일본으로부터 수입하였는데, 은은 다시 청에 수출하는 중계 무역으로 이득을 취했다.
② 조선 후기에 들어서 상품 화폐 경제가 발전하고, 사상이 성장함에 따라 시전 상인들은 독점 판매권을 기반으로 금난전권을 행사하였다. 그러나 1791년 신해통공 조치가 발표되어 육의전을 제외한 시전 상인들의 금난전권이 폐지되었다. 이후 사상들의 자유로운 상업 활동이 보장되었다.

14 ②

개념 카테고리 근대 태동기의 우리 역사 > 경제 > 전황

| 정답 해설 | 제시된 자료는 조선 후기에 화폐 유통이 원활하지 않아 발생한 '전황 현상'에 관한 내용이다. ② 저화는 고려 말 공양왕 시기와 15세기 태종 시기에 발행된 지폐이다.

15 ①

개념 카테고리 근대 태동기의 우리 역사 > 경제 > 사회·경제적 변동

| 오답 해설 | ㄷ. 유황, 구리는 일본으로부터 수입한 품목이다.
매력적 오답 ㄹ. 조선 후기에는 지대 납부 방식이 타조법(정률 지대)에서 도조법(정액 지대)으로 점차 바뀌어갔다.

16 ③

개념 카테고리 단원 통합 > 경제 > 고려·조선 시대의 농서

| 정답 해설 | 제시된 농서의 도입 및 간행 순서는 (다) 이암이 원의 농서인 『농상집요』를 고려에 소개(충정왕 1년, 1349) → (라) 세종 때 『농사직설』 편찬(세종 11년, 1429) → (가) 성종 때 강희맹이 『금양잡록』 편찬(성종 23년, 1492) → (나) 효종 때 신속이 『농가집성』 편찬(효종 6년, 1655)이다.

17 ①

개념 카테고리 근대 태동기의 우리 역사 > 경제 > 조선 후기의 경제적 특징

| 정답 해설 | 제시된 자료는 조선 후기 작품인 김홍도의 「무동」이다. 조선 후기에는 이앙법이 전국적으로 확대되어 농업 생산력이 증대하였다. 그 결과 민영 수공업(㉠ 선대제 수공업)이 성장하고 상업도 발달하게 되었다. 또한, ① 조선 후기에는 상품 화폐 경제가 발전하면서 상평통보가 전국적으로 유통되었고, 환·어음 등의 신용 화폐 사용도 증가하였다.

18 ④

개념 카테고리 근대 태동기의 우리 역사 > 경제 > 조선 후기의 경제 동향

| 정답 해설 | 제시된 사료는 '조선 후기' 포구를 중심으로 발전한 상업 활동의 모습을 보여주고 있다. 조선 후기에는 강경포, 원산 등이 상업 중심지로 성장하였고, 선상(㉠ 경강상인)들이 선박을 이용하여 각 지방의 물품을 유통시켰다. 한편 포구에서는 객주나 여각들이 성장하여 도매업, 창고업, 위탁 판매, 숙박업, 운송업 등에 종사하였다. ④ 삼한통보는 고려 숙종 때 주전도감에서 만들어진 화폐이다. 조선 후기에는 상평통보가 전국적으로 유통되었다.

19 ④

개념 카테고리 근대 태동기의 우리 역사 > 경제 > 상업 발달

| 정답 해설 | ④ 대중국 무역을 주도했던 상인은 만상(의주 상인)이었다. 내상(동래 상인)은 대일본 무역을 주도하였다.

20 ①

개념 카테고리 근대 태동기의 우리 역사 > 경제 > 조선 후기의 경제 상황

| 정답 해설 | 밑줄 친 '이 시기'는 '조선 후기'이다. ① 조선 후기에는 현물로 내는 공납 대신에 토지 결수를 기준으로 미·포·전을 납부하는 대동법이 시행되었다.

21 ①

개념 카테고리 근대 태동기의 우리 역사 > 경제 > 조선 후기의 경제 상황

| 정답 해설 | 제시문은 '조선 후기'의 광업과 관련된 내용이다. 조선 후기에는 부역제의 변동과 상품 화폐 경제의 진전으로 관영 수공업이 쇠퇴하고 민영 수공업이 증가하였다. ㉠ 선대제 수공업 발달, ㉡ 광산 경영 방식 변화(덕대제) 등이 이와 관련한 경제 현상이다.
| 오답 해설 | ㉢㉣ 조선 전기 관영 수공업에 대한 설명이다.

CHAPTER 03 근대 태동기의 사회

출제 비중 0%

약점진단표

	1회독				2회독				3회독			
	○	△	×	총	○	△	×	총	○	△	×	총
근대 태동기의 사회				20				20				20

*문제풀이 후 약점진단 결과를 적어 보세요!

필수기출 & 출제예상편

문제편 P.164

01	①	02	③	03	④	04	①	05	③
06	①	07	③	08	③	09	①	10	①
11	②	12	④	13	②	14	③	15	④
16	④	17	②	18	①	19	③	20	④

01 ① 中

개념 카테고리 근대 태동기의 우리 역사 > 사회 > 서얼

| 정답 해설 | ① 제시된 사료 중 '이들의 벼슬길을 막음', '적자와 서자 사이의 차등' 등을 통해 밑줄 친 '이들'은 서얼임을 알 수 있다.

02 ③ 中

개념 카테고리 근대 태동기의 우리 역사 > 사회 > 서얼과 기술직 중인

| 정답 해설 | (가) 서얼, (나) (기술직) 중인이다. ③ 정조 때 규장각 검서관으로 임용된 유득공, 박제가, 이덕무 등은 서얼 출신이다.

03 ④ 中

개념 카테고리 근대 태동기의 우리 역사 > 사회 > 향촌 사회의 변화

| 정답 해설 | 조선 후기에는 기존 사족(구향)의 영향력이 약화되고, 신향의 영향력과 관권이 강해졌다. ④ 이에 향회는 수령의 세금 부과 시 자문 기구로 전락하였다.

04 ① 中

개념 카테고리 근대 태동기의 우리 역사 > 사회 > 향촌 사회의 변화

| 정답 해설 | ① 내용상 향교에 다니는 자들은 신향이며(사료에서는 교파가 해당), 향약을 주관하는 자들은 기존 사족(구향, 사료에서는 약파가 해당)이다.

| 플러스 이론 | 조선 후기 향촌 사회의 변화

조선 후기 양반의 수가 급증하고, 경제적으로 몰락하는 양반이 늘어나면서 향촌 사회에서 양반의 권위가 점차 약화되었다.

기존 사족들은 문중을 중심으로 서원 및 사우를 건립하고 동족 마을을 형성하거나, 촌락 단위로 동약을 실시하여 자신들의 지위를 유지하고자 하였다. 부농층(신향)은 경제력을 바탕으로 양반 신분을 획득하여 향회에 참여하거나, 향안(향촌 양반들의 명단)에도 이름을 올렸다. 또한 향임직에도 진출하여 자신들의 영향력을 확대하였다. 이 과정에서 관권과 결탁하여 지방 사족(구향)에게 대항하였다(향전의 발생).

05 ③ 中

개념 카테고리 근대 태동기의 우리 역사 > 사회 > 향촌 사회의 변화

| 정답 해설 | 향전은 조선 후기의 구향(기존 사족)과 신향 사이의 향촌 주도권 다툼이다. ③ 경재소는 1603년(선조 36년)에 폐지되었고, 조선 후기의 (유향소의 후신인) 향회는 수령에 대해 세금 부과 등을 자문하는 기구로 그 위상이 하락하였다.

| 플러스 이론 | 조선 후기 향촌 사회의 변화

1. **양반층의 지위 유지 노력**
   - 조선 후기에는 양반의 수가 급증하고, 이와 함께 경제적으로 몰락하는 양반이 늘어나면서 향촌 사회에서 양반이 지녔던 권위가 점차 약화되었다.
   - 이에 사족은 문중을 중심으로 서원 및 사우를 건립하고 동족 마을을 형성하거나, 촌락 단위로 동약을 실시하여 자신들의 지위를 유지하고자 하였다.

2. **부농층의 성장**
   - 부농층은 경제력을 바탕으로 양반 신분을 획득하고(신향) 관권과 결탁하여 지방 사족(구향)에게 대항하였다(향전 발생).
   - 부농층은 수령과 결탁해 지방 양반들의 모임인 향회에 참여하고, 향임직에도 진출하여 자신들의 영향력을 확대하였다.
   - 한편 수령과 향리의 권한이 강화되고, 향회는 수령의 세금 부과에 대한 자문 기관으로 위상이 약화되었다. 이로써 정부의 향촌 통제력은 강화되었다.

06 ①

개념 카테고리 근대 태동기의 우리 역사 > 사회 > 조선 후기의 모습

| 정답 해설 | ① 1851년 신해허통 이후 서얼들이 청요직으로 법적 진출이 가능해지자, 기술직 중인들은 철종 때 대규모의 소청 운동(청요직으로의 진출을 허가해달라는 집단 행동)을 전개하였다. 그러나 성공하지는 못하였다.
| 오답 해설 | ② 백정들은 1923년 진주에서 조선 형평사를 창립하고 백정들의 사회적 차별 타파를 주장하였다(형평 운동).
③ 공노비 6만 6천여 명이 해방된 것은 순조 시기인 1801년이다.
④ 구향들은 문중 중심으로 서원이나 사우를 만들어 자신들의 지위를 유지하고자 하였다.

07 ③

개념 카테고리 근대 태동기의 우리 역사 > 사회 > 조선 후기의 모습

| 정답 해설 | 제시된 사료는 경제적 능력을 바탕으로 양반 신분을 획득할 수 있었던 '조선 후기'의 사회 모습이다. ③ 유향소를 통제하기 위하여 경재소가 설치된 것은 15세기(조선 초기)에 해당한다.
| 오답 해설 | ① 조선 후기 향촌에서 기존 양반 사족(구향)의 권위가 약해지자, 그들은 동족 마을을 형성하거나 문중을 중심으로 서원과 사우 등을 만들어 자신들의 지위를 유지하려 하였다.
② 향회는 부세(세금 징수)를 위한 수령의 자문 기구로 변질되었다.
④ 부농층(신향)은 관권과 결탁하여 향회를 장악하기 위해 향임직에 진출하기도 하였다.

08 ③

개념 카테고리 근대 태동기의 우리 역사 > 사회 > 가족 제도

| 오답 해설 | ①②④ 조선 전기까지의 내용이다.

09 ①

개념 카테고리 근대 태동기의 우리 역사 > 사회 > 삼정의 문란

| 정답 해설 | ① 조선 후기 영조 때는 세금을 지역 단위로 부과하여 공동 납부하는 총액제로 개편되어, 당시에 신분제의 변화로 수가 줄어든 상민들의 부담은 더욱 커지게 되었다.

10 ①

개념 카테고리 근대 태동기의 우리 역사 > 사회 > 동학

| 정답 해설 | ① 동학은 유교, 불교, 도교 및 천주교의 교리까지 포함하여 사상 체계가 완성되었다. 또한 인내천 사상과 보국안민을 주장하였고, 부적 및 주문(呪文)의 사용을 통해 민중들에게 친숙하게 정착되었다.
| 오답 해설 | ②③④ 천주교와 관련된 사료이다.

11 ②

개념 카테고리 근대 태동기의 우리 역사 > 사회 > 동학

| 정답 해설 | 제시된 자료는 '동학'(최제우 창도, 1860)의 인내천 사상('사람이 곧 하늘이라')을 보여준다. ② 동학의 2대 교주인 최시형은 『동경대전』과 『용담유사』를 간행하였다.
| 오답 해설 | ① 순조 즉위 이후인 1801년에 대대적인 천주교 탄압이 있었다(신유박해).
③ 1811년 홍경래의 지휘 아래 평안도에서 대규모 반란이 일어났다(홍경래의 난). 홍경래의 난은 동학과 관련이 없다.
④ 1862년에 일어난 임술 농민 봉기는 동학과 관련이 없다.

12 ④

개념 카테고리 근대 태동기의 우리 역사 > 사회 > 동학의 발생과 전개

| 정답 해설 | ④ 동학의 3대 교주 손병희는 이용구 등 친일 세력을 축출하고 동학을 천도교로 개편하였으나, 대종교와 통합한 것은 아니다. 한편 대종교는 단군 신앙을 바탕으로 나철, 오기호 등이 조직한 민족 종교이다.

13 ②

개념 카테고리 근대 태동기의 우리 역사 > 사회 > 천주교

| 정답 해설 | ② 윤지충 신주 소각 사건(어머니의 위패를 폐하고, 제사를 지내지 않고 천주교식으로 장례를 지낸 사건, 진산 사건)을 계기로 발생한 박해는 신해박해(정조, 1791)이다.

| 플러스 이론 | 천주교 박해

시기		박해	내용
정조		추조 적발 사건 (1785)	• 형조(추조)에서 천주교 비밀 신앙 집회를 발각한 사건 • 역관 김범우 유배(고문 후유증으로 사망), 이승훈·권일신·정약종 등 방면
		반회 사건 (1787)	남인(이승훈·정약용 등)이 예배 도중 발각
		신해박해 (진산 사건, 1791)	• 윤지충의 모친 신주 소각 사건 → 윤지충, 권상연 사형 • 정조는 시파와 연결된 천주교에 비교적 관대
세도정치	순조	신유박해 (1801)	• 벽파(노론 강경파)가 시파를 축출하기 위한 정치적 박해 • 이승훈, 이가환, 정약종, 주문모 신부(청) 등 3백여 명 처형 • 정약용, 정약전 등이 강진과 흑산도로 유배 • 시파 세력의 위축, 실학의 쇠퇴 • 황사영의 백서(帛書) 사건 → 처형 → 천주교를 더욱 탄압하는 계기가 됨
	헌종	기해박해 (1839)	• 프랑스 신부의 처형(모방, 샤스탕, 앵베르), 정하상『상재상서』작성) 순교 • 척사윤음 반포 • 오가작통법을 이용하여 박해
		병오박해 (1846)	김대건 신부의 처형
고종		병인박해 (1866)	• 최대의 박해(흥선 대원군: 처음에는 비교적 관대하였음) • 프랑스 신부(9명)와 남종삼 등 수천 명 처형 → 프랑스의 침입(병인양요)

14 ③ 中

개념 카테고리 근대 태동기의 우리 역사 > 사회 > 천주교

| 정답 해설 | (가) '이승훈'은 스승 이벽의 권유로 북경에 갔다가 서양인 신부의 세례를 받고 귀국하였다. 우리나라 최초의 세례 교인이다.
(나) '안정복'은 성리학의 입장에서 천주교를 비판한『천학문답』을 저술하였다.
(다) '김대건'은 우리나라 최초의 신부로, 충청도 당진을 근거로 포교하다가 붙잡혀 순교하였다(1846, 병오박해).

15 ④ 中

개념 카테고리 근대 태동기의 우리 역사 > 사회 > 천주교 박해

| 정답 해설 | 제시된 사건의 순서는 다음과 같다. (다) 신해박해(정조 15년, 1791) → (나) 신유박해(순조 1년, 1801) → (가) 황사영 백서 사건(순조 1년, 1801)

| 플러스 이론 | 황사영 백서 사건

천주교 지도자였던 황사영은 순조 1년(1801) 신유박해의 전말과 그 대응책을 흰 비단(백서)에 적어 중국 베이징의 구베아 주교에게 밀서로 보냈다. 그 내용은 첫째, 종주국인 청나라 황제에게 요청하여 조선도 서양인 선교사를 받아들이도록 강요할 것, 둘째 서양의 배 수백 척과 군대 5~6만 명을 조선에 보내어 신앙의 자유를 허용하도록 하는 방안 등이 기술되어 있었다. 이 백서는 결국 발각되어, 천주교에 대한 박해가 더욱 심해지는 계기를 제공하였다.

16 ④ 上

개념 카테고리 근대 태동기의 우리 역사 > 사회 > 천주교 박해

| 정답 해설 | 제시된 내용의 순서는 다음과 같다.
ⓒ 신해박해(1791) - ⓒ 신유박해(1801) - ㉠ 병오박해(1846) - ㉣ 병인박해(1866)

| 플러스 이론 | 천주교

천주교는 처음 서학(서양 학문)으로 소개되었다가, 18세기 후반 남인 실학자들 사이에서 신앙 운동으로 발전하였다. 천주교는 평등 사상과 내세 신앙을 전파하였으나, 정부는 천주교를 사교로 규정하고 제사 거부, 신분 질서 부정 등을 이유로 탄압하였다. 정조 때까지는 대대적인 박해는 없었으나(1791년 신해박해도 윤지충과 권상연만 사형에 처하는 관대한 정책을 썼다), 순조 즉위 이후 노론 벽파가 남인 시파를 제거하기 위해 대규모 박해를 일으켰다(1801, 신유박해). 이후 헌종 때는 최초의 신부인 김대건이 순교한 병오박해가 일어났다(1846). 한편 흥선 대원군은 집권 초기에 천주교에 대해 비교적 관대한 입장이었다. 흥선 대원군은 국내에서 활동하는 프랑스 선교사들을 통해 프랑스를 끌어들여 러시아의 남하를 저지하고자 하였다. 그러나 성과를 거두지 못하자 1866년 대대적인 천주교 박해를 시작하였다(병인박해). 이 과정에서 프랑스 선교사 9명이 순교하였고 이는 병인양요의 원인이 되었다.

17 ② 上

개념 카테고리 근대 태동기의 우리 역사 > 사회 > 장길산

| 정답 해설 | 제시된 자료의 무리들은 '장길산 세력'이다. ② 광대 출신인 장길산은 황해도 일대에서 도적으로 활동하다 정부의 탄압을 피해 숙종 18년(1692) 평안남도 양덕 일대로 이동하였다. 숙종 22년(1696) 이영창이 장길산과 연합하여 반란을 일으키려 하였으나 실패하였다. 당시 이영창 심문에는 "극적 장길산은 날래고 사납기가 견줄 데가 없다. 여러 도(道)로 왕래하여 그 무리들이 번성한 것이 10년이 지났으나 아직 잡히지 못하고 있다."고 기록되어 있으며 실제 그는 잡히지 않았다.

| 오답 해설 | ① 임꺽정은 원래 양주 지방의 백정이었다. 명종 시기 정치적 혼란과 관리의 부패로 민심이 악화되자, 불평분자들을 규합하여 황해도와 경기도, 강원도 등에서 의적 활동을 했다. 이후 1562년 남치근의 토벌로 체포되어 처형되었다.

③ 실존 인물인 홍길동은 16세기 초 연산군 대에 농민 무장 봉기를 이끌었다. 그는 양반 관리의 복장을 하고 스스로 '첨지'라 하면서 무장한 많은 농민을 지휘해 여러 고을의 관청들을 습격했다. 결국 체포되어 의금부에서 취조당한 기록이 남아 있다. 그에 대한 이야기는 허균의 「홍길동전」으로 소설화되었다.
④ 1811년에 발생한 홍경래의 난은 평안도 지역을 중심으로 영세 농과 광산 노동자 등이 가세하여 한때 청천강 이북을 장악하기도 하였다.

18 ① 上

개념 카테고리 근대 태동기의 우리 역사 > 사회 > 홍경래의 난과 임술 농민 봉기 사이 시기의 일

| 정답 해설 | (가) '1811년 홍경래의 난', (나) '1862년 임술 농민 봉기'에 해당하는 사료이다. ① 정약용은 신유박해(1801)로 강진에 유배되었는데 『목민심서』는 유배가 풀렸던 1818년 완성되었다.

| 오답 해설 | ② 흥선 대원군은 왕실의 권위를 높이기 위해 1865년부터 1868년까지 경복궁을 중건하였다.
③ 이승훈은 1783년에 북경에 들어간 후, 1784년 그라몽(Gramont) 신부에게 세례를 받아 한국인 최초의 세례 교인이 되었다. 1801년 신유박해 때 순교하였다.
④ 1866년 병인양요 당시 양헌수가 정족산성에서 프랑스군을 격퇴하였다.

19 ④ 中

개념 카테고리 근대 태동기의 우리 역사 > 사회 > 홍경래의 난

| 정답 해설 | 제시된 사료는 1811년 일어난 홍경래의 난에 해당한다. 홍경래의 난은 평안도에 대한 지역적 차별을 명분으로 일어났으며, 영세 농민·중소 상인·광산 노동자 등이 가담하였다. ④ 이들은 처음 가산에서 난을 일으켜 선천·정주 등을 별다른 저항 없이 점거하였다. 한때 청천강 이북 지역을 거의 장악하였으나 5개월 만에 평정되었다.

| 오답 해설 | ① 진주 민란은 백낙신의 탐학이 원인이 되었다(1862).
② 무신 정권 당시 만적의 난(1198)은 신분 해방적 성격의 반란이었다.
③ 임진왜란 중 왕족의 서얼 출신인 이몽학이 반란을 일으켰다(1596).

20 ④ 中

개념 카테고리 근대 태동기의 우리 역사 > 사회 > 진주 민란

| 정답 해설 | 제시된 사료는 1862년 발생한 진주 민란을 나타낸다. ④ 진주 민란 이후 안핵사로 파견된 박규수의 건의로 삼정의 문란을 시정하기 위한 삼정이정청이 설치되었다.

| 오답 해설 | ② 이필제의 난은 동학교도인 이필제가 경상도 영해 일대에서 1871년에 일으킨 반란이다.

CHAPTER 04 근대 태동기의 문화

출제 비중 25%

약점진단표												
	1회독				2회독				3회독			
	○	△	×	총	○	△	×	총	○	△	×	총
근대 태동기의 문화				51				51				51

*문제풀이 후 약점진단 결과를 적어 보세요!

필수기출 & 출제예상편

문제편 P.170

01	①	02	②	03	④	04	②	05	④
06	④	07	③	08	①	09	①	10	③
11	④	12	①	13	②	14	①	15	②
16	②	17	③	18	①	19	①	20	②
21	②	22	②	23	②	24	②	25	②
26	②	27	②	28	③	29	④	30	②
31	②	32	③	33	②	34	②	35	②
36	④	37	③	38	③	39	③	40	②
41	②	42	④	43	①	44	②	45	②
46	③	47	④	48	①	49	③	50	③
51	④								

01 ① 中

개념 카테고리 단원 통합 > 문화 > 사건의 나열

| **정답 해설** | 제시된 내용의 순서는 다음과 같다.

ㄹ. 정도전은 『주례』를 중심으로 6전의 설치와 각 전의 관할 사무를 규정한 사찬(私撰) 법전인 『조선경국전』을 지어 태조에게 바쳤다(1394).
ㄴ. 16세기 중종 때 조광조는 여씨향약을 전국적으로 보급하려 하였으나 실패하였다.
ㄱ. 호락 논쟁은 18세기 노론 내부의 성리학 논쟁이다.
ㄷ. 「유교구신론」은 유교의 개량과 혁신을 주장한 박은식의 논문으로 1909년 3월 〈서북학회월보〉에 게재되었다.

02 ② 中

개념 카테고리 근대 태동기의 우리 역사 > 문화 > 호락 논쟁

| **정답 해설** | ② 호론은 '이'와 '기'의 '독자성'을 강조하였다. 즉, 중화 문화를 '이(理)', 청의 문화를 '기(氣)'로 규정하여, 청의 문화와 중화의 문화를 구별하였다.

| **플러스 이론** | 호락 논쟁

호락 논쟁은 노론 사이의 논쟁이며, 노론은 이이의 사상을 계승한 세력이다. 이이는 '이(理)'도 중요하지만 '기(氣)' 또한 중요하다고 생각하였던 인물이었다.
충청도 지역의 노론(호론)들은 '이'와 '기' 각각의 '독자성'을 강조하였다. 이는 중화를 '이', 청 문화를 '기'로 구분하자는 주장으로 나타났으며 이후 위정척사 사상과 연결되었다. 한편 서울·경기 지역의 노론(낙론)은 '이'와 '기'의 상호 관계를 중시하였다. 이것은 '이' 안에 '기'의 요소가 들어있다는 의미로 확대되어 이(중화)와 기(청나라 문화)는 결국은 같은 것이니 청 문화를 수용하자는 주장(북학론)으로 연결되었다.

03 ④ 中

개념 카테고리 근대 태동기의 우리 역사 > 문화 > 붕당과 학풍

| **정답 해설** | (가) 북인, (나) 남인, (다) 노론, (라) 소론에 해당한다. ④ 일부 소론 출신의 학자들은 양명학을 받아들여 강화학파를 형성하였다.
| **오답 해설** | ① 서인에 대한 설명이다.
② 1차 예송 논쟁에서는 서인이 승리하였지만, 2차 예송 논쟁에서는 남인이 승리하여 숙종 때의 경신환국 이전까지 정계의 주도권을 장악하였다.
③ 중농주의 실학자들은 남인 출신이었다.

04 ② 上

개념 카테고리 근대 태동기의 우리 역사 > 문화 > 윤휴

| **정답 해설** | 제시된 자료와 관련된 학자는 남인 출신인 '윤휴'이다. 그는 북벌론을 주장하며 한때 송시열과 친분을 맺기도 하였다. ② 그러나 주자 중심의 정통 성리학을 비판하고 6경과 제자백가를 다시 연구하여 주자와 다른 해석을 시도하자, 송시열 등에 의해 사문난적으로 규정되어 죽음에 이르렀다.
| **오답 해설** | ① 송시열, ③ 박제가, ④ 홍대용에 대한 설명이다.

05 ④

개념 카테고리 | 근대 태동기의 우리 역사 > 문화 > 성리학

| 정답 해설 | ④ 노론은 성리학을 절대적으로 추종하였으며, 사상적 경직성을 보였다.

06 ④

개념 카테고리 | 근대 태동기의 우리 역사 > 문화 > 양명학

| 오답 해설 | 매력적 오답 ㄱ. 양명학은 중종 때 처음 전래되었다.
ㄴ. 초기 양명학자들은 성리학(주자학)의 권위주의적 학풍을 비판하였지만, 성리학 자체를 배척하지는 않았다.

07 ③

개념 카테고리 | 근대 태동기의 우리 역사 > 문화 > 강화학파

| 정답 해설 | 제시된 자료는 "심즉리", "치양지설" 등 양명학에 대한 설명으로, 정제두는 양명학을 체계적으로 연구하여 '강화학파'를 형성하였다. ③ 강화학파를 형성한 정제두는 일반 민(民)을 도덕 실천의 주체로 상정하였으며, 이를 바탕으로 양반 중심의 신분제 폐지를 주장하기도 하였다.

08 ①

개념 카테고리 | 근대 태동기의 우리 역사 > 문화 > 정제두

| 정답 해설 | 제시된 사료는 '정제두'의 문집인 『하곡집』 중 일부이다. ① 정제두는 양명학자로서 양지와 양능의 본체성을 근거로 지행합일을 긍정하였다.

| 오답 해설 | ② 윤휴, 박세당은 교조화된 성리학을 비판하다가 사문난적으로 몰렸다.
③ 송시열은 서인의 영수로서 왕과 사족·서민은 예가 같아야 한다고 주장하였다.
④ 이수광은 『지봉유설』에서 유교 문명 이외에도 유럽 문명, 회교 문명, 불교 문명권을 소개하여 문화 인식의 폭을 확대하였다.

09 ①

개념 카테고리 | 근대 태동기의 우리 역사 > 문화 > 조선 후기 실학자

| 정답 해설 | ① 유형원은 『반계수록』에서 과거제 비판, 노비 신분 세습제 개혁, 학제와 관료제 개선 등을 주장하였다. 또한 결부법(수확량을 기준으로 세금을 부과하는 방법) 대신 경무법(토지의 면적을 단위로 한 계량법) 실시를 주장하였다.

| 오답 해설 | ② 정약용은 『목민심서』에서 수령이 지켜야 할 지침을 밝히면서 관리들의 폭정을 비판하였다.
③ 이익은 노비 제도, 과거 제도, 양반 문벌제도, 사치와 미신 숭배, 승려, 게으름 등 여섯 가지를 '나라의 좀'이라고 규정하여 그 시정을 주장하였다.
④ 한치윤은 중국 및 일본의 방대한 자료를 참고하여 『해동역사』를 저술하였다.

10 ③

개념 카테고리 | 근대 태동기의 우리 역사 > 문화 > 이익

| 정답 해설 | 제시된 자료는 '이익'의 6가지 좀에 관한 설명이다. ③ 유형원의 균전론에 대한 설명이다.

| 오답 해설 | ① 이익의 폐전론, ② 이익의 한전론에 대한 설명이다.
④ 이익은 『곽우록』에서 붕당의 폐해를 지적하면서 당쟁의 근본 원인을 한정된 관직 수에서 찾고, 당쟁을 없애는 방법으로 '생업에 종사하지 않는 양반의 생활 방식 개선'과 함께 '과거 합격자 축소', '천거제인 공거제를 과거 제도와 병행 실시할 것' 등을 제시하였다.

11 ④

개념 카테고리 | 근대 태동기의 우리 역사 > 문화 > 이익

| 정답 해설 | 제시된 내용은 '이익'의 토지 개혁론인 '한전론' 중 일부이다. ④ 이익의 『성호사설』은 천지, 만물, 인사, 경사, 시문 등 5개 부분으로 나누어 우리나라 및 중국 문화를 백과사전식으로 소개·비판한 책이다.

| 오답 해설 | ① 정약용은 『목민심서』 등을 저술하였고, 실학을 집대성했다고 평가받는다.
② 유득공의 『발해고』는 발해사를 통일 신라와 대등하게 우리 역사로 체계화시켰다고 평가된다.
③ 이중환은 『택리지』에서 각 지역의 자연환경과 물산, 풍속, 인심 등을 서술하고 어느 지역이 살기 좋은 곳인가를 정리하였다.

12 ①

개념 카테고리 | 근대 태동기의 우리 역사 > 문화 > 정약용의 저술 활동

| 정답 해설 | ㉠ 『경세유표』는 『주례』의 이념을 바탕으로 당시 조선의 현실에 맞도록 조정하여, 정치·사회·경제 제도를 개혁하고 부국강병을 이루는 데 목표를 두고 있다.
㉡ 『목민심서』는 수령이 지켜야 할 지침을 밝히고, 당시 관리들의 폭정을 비판한 저서이다.
㉢ 『흠흠신서』는 형법의 신중한 집행을 강조한 저서이다.

13 ②

개념 카테고리 근대 태동기의 우리 역사 > 문화 > 정약용의 『목민심서』

| 정답 해설 | 제시된 사료는 정약용의 『목민심서』 중 일부이다. ② 정약용은 형정(刑政)의 개혁안을 제시한 『흠흠신서』를 편찬하였다.

| 오답 해설 | ①『반계수록』은 유형원의 개혁안을 정리한 저서이다.
③『과농소초』는 정조의 명을 받아 박지원이 편찬한 농서이다.
④『곽우록』은 이익의 한전론 등 개혁안이 수록된 저서이다.

14 ④

개념 카테고리 근대 태동기의 우리 역사 > 문화 > 정약용

| 정답 해설 | 제시된 내용은 '정약용'의 여전론이다. ④ 정약용은 『흠흠신서』를 저술하여 형정(刑政)이 공정해야 한다고 주장하였다.

| 오답 해설 | ①『과농소초』는 박지원의 농서이다.
②『의방유취』는 조선 세종 때 왕명으로 편찬된 동양 최대의 의학 백과사전이다.
③『의산문답』은 홍대용의 저서로 지전설과 무한 우주론을 주장하였으며, 성리학적 세계관을 비판하였다.

15 ②

개념 카테고리 근대 태동기의 우리 역사 > 문화 > 정약용

| 정답 해설 | 제시된 사료의 출전인 『기예론』은 '정약용'의 저서이다. 정약용은 인간이 다른 동물보다 뛰어난 것은 기술 때문이며, 기술의 발달이 인간 생활을 풍요롭게 한다고 믿었다. 그래서 스스로 많은 기계를 제작하거나 설계하였고, 이 중 대표적인 것이 거중기이다. ② 거중기는 『기기도설』(16세기까지의 서양 기술을 최초로 중국에 소개한 책)을 참고하여 제작했는데, 화성을 축조할 때 사용되어 공사 기간을 단축하고 공사비를 줄이는 데 크게 공헌하였다. 또한 정약용은 정조가 화성에 행차할 때 한강을 안전하게 건널 수 있도록 배다리(주교)를 설계하였다.

| 오답 해설 | ① 유형원은『반계수록』에서 신분에 따른 차등 분배가 전제된 균전론을 주장하였다.
③ 이제마는『동의수세보원』을 저술하여 사상 의학을 체계화하였다. 사상 의학은 사람의 체질을 '태양인, 태음인, 소양인, 소음인' 네 가지로 구분하여 치료하는 의학 이론이다.
④ 정상기는 최초로 100리 척을 사용하여「동국지도」를 제작하였다.

16 ③

개념 카테고리 근대 태동기의 우리 역사 > 문화 > 이익과 박지원의 한전론

| 정답 해설 | ㉠ 이익의 한전론, ㉡ 박지원의 한전론 사료이다. ③ 박지원은『과농소초』를 저술하여 영농 방법의 혁신, 상업적 농업의 장려, 수리 시설의 확충 등을 통한 농업 생산력 향상에 관심을 기울였다.

| 오답 해설 | ① 이익의 한전론에서는 토지 소유의 하한선(영업전: 한 가정이 생계를 꾸려갈 수 있는 최소 규모의 토지)을 설정하였다. 반면 박지원의 한전론은 토지 소유의 상한선을 제시하였다.
② 공동 경작, 균등 분배를 중심으로 한 토지 개혁론은 정약용의 여전론이다.
④ 유형원의 균전론은 관리, 선비, 농민 등에게 차등을 두어 토지를 분배하자는 개혁론이었다(신분에 따른 차등 분배).

17 ③

개념 카테고리 근대 태동기의 우리 역사 > 문화 > 서유구

| 정답 해설 | ③ 제시된 지문은 '서유구'의 둔전론이다.

18 ①

개념 카테고리 근대 태동기의 우리 역사 > 문화 > 정약용

| 정답 해설 | 제시된 자료는 조선 후기 실학자 '정약용'의 한시인 「애절양」이다. ㉠ 정약용은 한강의 배다리를 설계하였고, ㉡『마과회통』을 통해 종두법을 소개하였다.

| 오답 해설 | ㉢ 이익은 한전론에서 한 가정의 생계를 유지하기 위해 필요한 최소한의 토지를 영업전으로 규정하고, 법으로 매매를 금지하도록 제안하였다.
㉣『과농소초』를 저술한 인물은 박지원이다.

19 ①

개념 카테고리 근대 태동기의 우리 역사 > 문화 > 박제가

| 정답 해설 | 제시된 사료는 박제가의『북학의』중 일부이다. 중상주의 실학자 박제가는 ① 청과의 통상과 수레의 이용을 주장하였다.

| 오답 해설 | ② 정제두는 양명학을 연구하였고, 그의 제자들이 강화 학파를 형성하였다.
③ 중농주의 실학자 이익은 법으로 영업전(한 가정의 생계를 유지할 수 있는 최소 규모의 토지)의 매매를 제한하자는 한전론을 주장하였다.
④ 김석문(『역학도해』), 홍대용(『의산문답』) 등은 지전설을 주장하여 중국 중심의 세계관을 비판하였다.

20 ② 中

개념 카테고리 근대 태동기의 우리 역사 > 문화 > 박지원

| **정답 해설** |「양반전」저술, 한전론(토지 소유의 상한선 제시) 주장, 중상주의 실학자로서 수레와 선박의 이용 강조 등은 '박지원'에 대한 설명이다. ②『과농소초』는 박지원이 정조의 명을 받아 편찬한 농서(農書)이다.

| **오답 해설** | ①『북학의』는 박제가, ③『의산문답』은 홍대용, ④『지봉유설』은 이수광의 저서이다.

21 ② 下

개념 카테고리 근대 태동기의 우리 역사 > 문화 > 박지원

| **정답 해설** | 제시된 사료는 조선 후기 실학자 '박지원'의「허생전」이다. ② 박지원은 청나라에 사신으로 다녀와 쓴 기행문인『열하일기』를 통해 수레와 선박의 이용 및 화폐 유통의 필요성을 주장하였으며,「양반전」등을 통해 양반의 무능과 허례를 비판하였다. 또한 영농 방법의 혁신과 상업적 농업을 장려하면서『과농소초(課農小抄)』,『한민명전의』(한전론 주장)를 저술하였다.

| **오답 해설** | ① 박제가는『북학의』에서 상공업 육성을 강조하였다.
③ 정약용은 마을 단위로 토지를 공동 경작하는 여전론을 주장하였다.
④ 유수원은『우서』에서 사농공상의 직업적 평등과 전문화를 강조하였다.
⑤ 이익은 한전론에서 법으로 매매를 금지하는 영업전을 통해 자영농을 육성하려 하였다.

22 ② 中

개념 카테고리 근대 태동기의 우리 역사 > 문화 > 박지원

| **정답 해설** | 제시된 사료는 '박지원'이「한민명전의」에서 주장한 '한전론'(토지 소유의 상한선 설정)이다. ② 박지원은「양반전」,「호질」등을 지어 놀고먹는 양반을 비판하였다.

| **오답 해설** | ① 박제가는『북학의』를 저술하여 청 문물의 수용을 역설하였다.
③ 이익은 화폐 제도의 문제점을 지적하며 폐전론을 주장하였다.
④ 정약용은 여전론을 주장하여 마을 단위로 토지를 공동 경작·분배할 것을 제안하였다.

23 ② 中

개념 카테고리 근대 태동기의 우리 역사 > 문화 > 홍대용

| **정답 해설** | 제시된 자료는 '홍대용'에 대한 설명이다. ② 홍대용은『의산문답』에서 지전설(지구 자전설)을 주장하였고, 무한 우주론을 통해 화이의 구분을 부정하였다(성리학적 세계관을 비판함). 특히 실옹과 허자의 문답 형식을 빌려 지금까지 믿어온 고정 관념을 상대주의 논법으로 비판하였다. 한편『임하경륜』에서는 기술 혁신과 문벌 제도의 철폐를 주장하였고, 균전론에 입각해 성인 남자들에게 토지 2결씩 분배할 것을 주장하였다.

| **오답 해설** | ① 유형원은 사·농·공·상 모두에게 차등을 두어 토지를 재분배함으로써 모든 국민을 자영농으로 안정시키고자 하였다(균전론).
③ 박지원은 영농 방법의 혁신, 상업적 농업의 장려, 농기구의 개량 등 경영과 기술적인 측면의 개선을 통해 농업을 발전시키고자 하였다.
④ 유수원은 상업에 있어서는 상인 간의 합자를 통한 경영 규모의 확대와 상인이 생산자를 고용하여 생산과 판매를 주관할 것을 주장하였다.

24 ② 中

개념 카테고리 근대 태동기의 우리 역사 > 문화 > 홍대용

| **정답 해설** | 제시된 자료는 조선 후기 실학자인 홍대용의 글이다. 홍대용은『의산문답』을 통해 지전설을 주장하여 성리학적 세계관을 비판했으며, ②『임하경륜』에서는 성인 남자들에게 2결의 토지를 나누어 줄 것을 주장하였다(균전론).

| **오답 해설** | ① 한백겸은 최초의 역사 지리지인『동국지리지』를 저술하였다.
③ 유득공은『발해고』를 통해 발해의 역사를 강조하였다.
④ 정상기는 최초로 100리 척을 사용하여 동국지도를 제작하였다.

25 ② 上

개념 카테고리 근대 태동기의 우리 역사 > 문화 > 각종 서적

| **정답 해설** | ②『연조귀감』은 이진흥이 저술한 향리에 대한 역사서이다.

| **오답 해설** | ① 정약전은 신유박해에 연루되어 흑산도로 유배된 후 흑산도 근해 155종의 어류를 직접 채집·연구하여『자산어보』를 저술하였다.
③『색경』은 숙종 2년(1676)에 박세당이 지은 농서이다.
④『벽온신방』은 효종 4년(1653)에 안경창이 편찬한 온역(전염병의 일종)의 치료에 관한 의서이다.

26 ②

개념 카테고리 근대 태동기의 우리 역사 > 문화 > 서적 간행

| 정답 해설 | ② 『대동운부군옥』은 '권문해'가 정리한 백과사전으로, 단군 시대부터 편찬 당시(선조)까지 우리나라의 지리·역사·인물·문학·식물·동물 등을 총망라하여 분류하였다.

27 ③

개념 카테고리 근대 태동기의 우리 역사 > 문화 > 국학 연구

| 정답 해설 | ③ 『기언』은 허목의 저서이며, 한치윤은 『해동역사』를 저술하였다. 허목은 『기언』에서 붕당 정치와 북벌 정책의 폐단을 시정하기 위해 왕과 6조의 기능 강화, 중농 정책의 강화, 사상의 난전 금지, 부세의 완화, 호포제 실시 반대, 서얼 허통 반대 등을 주장하였다.

| 오답 해설 | ① 『언문지』는 순조 24년(1824) 유희가 지은 한글 및 한자음 관계 연구서이다.
② 이의봉은 『고금석림』에서 우리의 방언과 산스크리트어·몽골어·일본어·만주어·타이어·거란어·퉁구스어 등 해외 언어를 정리하였다.
④ 이종휘의 『동사』는 단군 – 부여 – 고구려에 우리 역사의 중점을 두었으며, 고구려 역사 연구를 심화시켰다는 점에서 의의가 있다.

28 ③

개념 카테고리 단원 통합 > 문화 > 『삼국사기』, 『발해고』

| 정답 해설 | (가)는 『삼국사기』, (나)는 『발해고』이다. ③ 『발해고』는 신라와 발해의 역사를 대등하게 인식하고(기존 역사서와 비교했을 때 발해의 역사를 강조함), 우리 역사의 범위를 발해의 영토였던 요동·만주 지역까지 확대하였다.

| 오답 해설 | ① 동명왕의 업적을 칭송한 영웅 서사시는 이규보의 「동명왕편」이다.
② 일연의 『삼국유사』는 불교를 중심으로 고대 설화를 수록한 사서이다.
④ 고조선에서 고려까지의 역사를 체계적으로 정리한 대표적 역사서로는 『동국통감』, 『동사강목』 등이 있다.

29 ④

개념 카테고리 근대 태동기의 우리 역사 > 문화 > 안정복의 『동사강목』

| 정답 해설 | ④ 안정복의 『동사강목』은 마한을 중시하고 삼국을 무통(無統: 정통이 없는 시대)으로 보는 입장에서 우리 역사의 독자적 정통론을 내세웠다. 또한 단군에서 고려까지의 역사를 치밀하게 정리하여 고증 사학의 토대를 마련했다고 평가된다.

| 오답 해설 | ① 허목의 『동사(東事)』는 단군에서 삼국까지의 역사를 서술한 기전체 사서이다(1667). 한백겸의 역사 인식을 받아들였고, 단군과 고구려를 높이 평가하였다.
② 유계의 『여사제강』은 고려 시대를 다룬 사서(강목체)로서, 고려의 재상 중심의 권력 구조를 높이 평가하고 북벌 정책을 옹호하는 입장에서 고려가 북방 민족에 항쟁한 것을 강조하였다(1667).
③ 한치윤의 『해동역사』는 기전체 사서로 세기, 지, 고로 구성되었다. 약 500여 종의 중국 및 일본 자료를 이용한 문헌 고증적인 사서로, 동이 문화에 긍지를 가지고 우리나라의 정통성과 독자성을 강조하였으며, 화이론을 배격하고 사대적·성리학적 사관을 탈피하였다. 또한 고구려, 백제, 발해사를 재평가하여 신라 중심 정통론을 비판하였다.

30 ②

개념 카테고리 단원 통합 > 문화 > 조선의 지도와 천문도

| 정답 해설 | ② 혼일강리역대국도지도는 태종 때 이회 등이 제작한 세계 지도이다. 권근의 『양촌집』에 의하면 중국에서 수입한 성교광피도와 혼일강리도를 기초로, 우리나라와 일본의 지도를 합쳐 제작하였다고 한다. 한편 곤여만국전도는 서양인 선교사 마테오 리치가 1602년(선조 35년) 명나라에서 제작한 세계 지도이며, 1603년(선조 36년) 중국에 파견된 조선의 사신 이광정 등을 통해 조선에 소개되었다.

| 오답 해설 | ① 대동여지도는 지리학자인 김정호가 제작한 지도이다(철종 12년, 1861). 산줄기, 물줄기, 포구, 도로망의 표시가 정밀하고, 거리를 알 수 있도록 10리마다 눈금을 표시하였다. 또한 기호를 사용해 지도에 더 많은 정보를 수록할 수 있었다. 휴대가 간편하였기 때문에 많은 사람들이 이용하였으며, 이 때문에 대량 제작이 가능하도록 목판으로 인쇄되었다.
③ 천상열차분야지도는 1395년(태조 4년) 고구려의 천문도를 바탕으로 제작되었다. 하늘을 여러 구역으로 나누고, 별자리를 표시하여 당시 천문학 수준을 확인할 수 있다.
④ 영조 때 정상기는 최초로 100리 척을 사용하여 동국지도를 제작하였다.

31 ④

개념 카테고리 근대 태동기의 우리 역사 > 문화 > 지도 편찬

| **정답 해설** | ④ 일제 강점기 최남선 등은 「대동여지도」의 판목을 흥선 대원군이 압수하여 소각했다고 주장하였으나, 1995년 국립 중앙박물관 수장고에서 「대동여지도」의 판목이 다수 발견되어 그의 주장이 허구임이 입증되었다.

| **오답 해설** | ① 김정호는 「청구도」 제작의 경험을 바탕으로, 「대동여지도」를 편찬하였다.
② 정상기는 최초로 백리 척을 사용하여 「동국지도」를 제작하였다.
③ 18세기 영조 때 모눈종이를 이용해 호남 지방을 정밀하게 그린 지도가 제작되었다.

32 ③

개념 카테고리 근대 태동기의 우리 역사 > 문화 > 지리서

| **정답 해설** | 제시된 지리서가 편찬된 순서는 다음과 같다.
ㄷ. 『신찬팔도지리지』: 세종, 1432년
ㄴ. 『동국여지승람』: 성종, 1481년
ㄹ. 한백겸, 『동국지리지』: 광해군, 1615년
ㄱ. 정약용, 『아방강역고』: 순조, 1811년

33 ①

개념 카테고리 근대 태동기의 우리 역사 > 문화 > 백과사전 편찬

| **정답 해설** | 제시된 백과사전의 편찬 순서는 다음과 같다.
ㄱ. 『대동운부군옥』(권문해, 선조)
ㄴ. 『지봉유설』(이수광, 광해군)
ㄷ. 『성호사설』(이익, 영조)
ㄹ. 『오주연문장전산고』(이규경, 헌종)

34 ④

개념 카테고리 근대 태동기의 우리 역사 > 문화 > 서유구의 『임원경제지』

| **정답 해설** | 제시된 내용과 관련된 인물은 풍석 '서유구'이다.
④ 서유구는 『임원경제지』를 통해 종래의 조선 농학(農學)과 박물학(博物學)을 집대성하였다. 또한, '둔전론'에서 전국 주요 지역에 (국가 시범 농장인) 둔전을 설치하여, 혁신적 농법과 경영 방식으로 수익을 올려서 국가 재정을 보충할 것을 제안하였다.

| **오답 해설** | ① 『색경』은 박세당이 저술한 농서이다.
② 『산림경제』는 홍만선이 편찬한 농서이다.
③ 『과농소초』는 박지원의 농서이다.

35 ③

개념 카테고리 단원 통합 > 문화 > 고려와 조선의 의서

| **정답 해설** | 제시된 의서의 편찬 시기는 다음과 같다.
ㄹ. 『향약구급방(鄕藥救急方)』: 고려 고종, 1236~1251년
ㄷ. 『의방유취(醫方類聚)』: 조선 세종, 1445년
ㄱ. 『동의보감(東醫寶鑑)』: 조선 광해군, 허준, 1610년 완성
ㄴ. 『마과회통(麻科會通)』: 조선 정조, 정약용, 1798년

36 ④

개념 카테고리 근대 태동기의 우리 역사 > 문화 > 『지구전요』

| **정답 해설** | ④ 『지구전요』는 최한기의 저술이다(1857, 철종 8년).

| **플러스 이론** | **최한기**

『심기도설(心器圖說)』, 『육해법(陸海法)』 등을 저술하여 서양의 기계를 소개하였다. 그는 서양의 종교가 천하에 퍼지는 것은 근심할 필요가 없고 오직 실용적인 기계를 다 수용하여 사용하지 못하는 것이 걱정일 뿐이라고 하였다.
한편 청의 서적인 『해국도지(海國圖志)』, 『영환지략(瀛環志略)』을 참고하여 『지구전요(地球典要)』를 편찬하였다.

37 ③

개념 카테고리 근대 태동기의 우리 역사 > 문화 > 역법

| **정답 해설** | (가) '수시력'으로 1281년 원에서 도입하였다. (나) 『칠정산』 내·외편'으로 세종의 명으로 이순지와 김담이 만든 역법서이고, (다) 효종 때 도입한 '시헌력'이다. ③ 『칠정산』 내·외편은 원의 수시력과 아라비아의 '회회력'을 참고로 하여 한양을 기준으로 만들어졌다.

38 ③

개념 카테고리 근대 태동기의 우리 역사 > 문화 > 조선 후기의 문학과 예술

| **정답 해설** | 제시된 지문은 '조선 후기' 이앙법 실시에 따른 농촌의 변화된 모습을 설명하고 있다. ③ 이 시기에는 격식에 구애받지 않는 사설시조가 유행하였다.

39 ③

개념 카테고리 단원 통합 > 문화 > 조선 시대의 서적

| **오답 해설** | ㄴ. 성종 때 서거정이 편찬한 『동문선』은 우리나라 역대의 빼어난 시문을 모아 편찬한 책이며, 우리글의 독자성을 강조하였다. 한편 비슷한 시기에 우리 풍토에 맞는 약재와 치료법을 정리한 책은 『향약집성방』(세종)이다.
ㄷ. 이제마는 『동의수세보원』에서 사상 의학(四象醫學: 태양·소

양·태음·소음)을 확립하여, 사람의 체질에 따른 치료 방법을 제시하였다. 한편 한치윤의 『해동역사』는 중국 및 일본의 자료 500여 권을 참고하여 편찬된 역사서로서, 민족사 인식의 폭을 넓혔다고 평가된다.

40 ②

개념 카테고리 근대 태동기의 우리 역사 > 문화 > 이중환, 『택리지』

| 정답 해설 | 제시된 사료는 살기 좋은 곳(可居地)의 요건을 제시한 이중환의 『택리지』이다. ② 『택리지』는 우리나라 각 지역의 인문 지리적 특징을 정리한 지리서이다.

| 오답 해설 | ① 최초로 100리 척을 사용한 지도는 정상기의 동국지도이다.
③ 한백겸의 『동국지리지』는 중국의 역사서를 참고하여 지리적 관점에서 우리 역사를 체계화시켰다(역사 지리지의 효시).
④ 영조 때 편찬된 『여지도서』는 군현별로 채색 읍(邑)지도를 첨부하여 읍의 형편을 일목요연하게 파악할 수 있게 하였다.

41 ②

개념 카테고리 근대 태동기의 우리 역사 > 문화 > 위항인 문학

| 정답 해설 | ② 김수장은 영조 39년(1763)에 『해동가요』라는 시조집을 편찬하였다. 『해동유주』는 숙종 38년(1712)에 홍세태가 편찬한 위항인들의 시집이다.

42 ④

개념 카테고리 근대 태동기의 우리 역사 > 문화 > 위항인들의 시집

| 정답 해설 | ④ 『소대풍요』는 위항 시인들의 시집으로 162명의 시 685수가 수록되어 있다. 시인들 중에는 중인·서얼을 비롯하여 상인·천민 출신까지도 포함되어 있다.

| 오답 해설 | ① 『어우야담』은 광해군 때 유몽인이 정리한 야담집이다.
② 이진흥의 『연조귀감』은 향리의 역사를 정리한 저술이다.
③ 조희룡의 『호산외기』는 위항인 42명의 전기(傳記)를 수록한 책이다.

43 ①

개념 카테고리 근대 태동기의 우리 역사 > 문화 > 회화 활동

| 정답 해설 | ① 정선은 우리나라 산천을 소재로, 조선의 전통 화법과 중국의 남종 화법을 '결합'하여, 진경 산수화를 개척하였다. 정선의 대표적 작품으로는 「인왕제색도」와 「금강전도」가 있다.

44 ③

개념 카테고리 근대 태동기의 우리 역사 > 문화 > 조선 후기의 사회 모습

| 정답 해설 | 김득신은 「파적도」, 「긍재풍속화첩」, 「풍속팔곡병」의 작품을 남긴 조선 후기의 화가이다. ③ 조선 후기 포구나 지방의 큰 장시에서 금융, 운송업, 숙박 등을 담당하였던 상인은 객주나 여각이었다.

| 오답 해설 | ① 조선 후기에는 민중의 생활 모습을 그린 풍속화와 출세와 장수, 행운과 복을 비는 민화가 크게 유행하였다.
② 조선 후기에는 대동법의 영향으로 상품 화폐 경제가 활발해졌고 담배, 인삼, 채소, 약초 등 상품 작물의 재배가 증가하였다.
④ 조선 후기에는 사회적 모순이 반영된 「홍길동전」, 「춘향전」 등의 한글 소설이 유행하였다.

45 ③

개념 카테고리 근대 태동기의 우리 역사 > 문화 > 정선

| 정답 해설 | '정선'은 우리나라 고유의 산천을 소재로, 조선의 전통 화법과 중국의 남종 화법(南宗畫法)을 결합하여, ③ 진경 산수화를 개척하였다. 정선의 대표적 작품으로는 「인왕제색도」와 「금강전도」가 있다.

| 오답 해설 | ① 강세황은 서양화 기법을 수용하였고, 신윤복은 남녀 사이의 애정을 감각적이고 해학적으로 묘사하였다.
② 김홍도는 산수화, 기록화, 신선도 등을 많이 그렸지만, 「서당도」, 「대장간도」 등 풍속화를 그린 것으로 유명하다.
④ 김정희는 고금의 필법을 연구하여 굳센 기운과 다양한 조형성을 갖춘 글씨체(추사체)를 창안하였다.

46 ③

개념 카테고리 근대 태동기의 우리 역사 > 문화 > 김정희, 「세한도」

| 정답 해설 | ③ 제시된 사료는 「세한도」 발문의 일부이다. 「세한도」는 김정희가 59세 되던 해인 1844년(헌종 10년)에 제주도 유배지에서 제자인 역관 이상적을 위해 그린 그림이다.

47 ④

개념 카테고리 근대 태동기의 우리 역사 > 문화 > 『일성록』

| 정답 해설 | ④ 『일성록』은 조선 후기의 국정 운영 내용을 매일 정리한 기록물로, 국왕의 일기 형식으로 작성되었다. 1760년(영조 36년)에 당시 세손이었던 정조가 처음 기록하기 시작하여 1910년(융희 4년)까지 약 151년간 저술되었으며, 2011년 유네스코 세계 기록 유산으로 등재되었다.

48 ①

개념 카테고리 근대 태동기의 우리 역사 > 문화 > 화성 축조

| 정답 해설 | ① 제시된 자료는 『화성성역의궤』이다. 화성 축성 후인 1801년에 발간된 『화성성역의궤』에는 축성 계획, 제도, 법식뿐 아니라 동원된 인력의 인적 사항, 재료의 출처 및 용도, 예산 및 임금 계산, 시공 기계, 재료 가공법, 공사 일지 등이 상세히 기록되어 있어 성곽 축성 등 건축사에 큰 발자취를 남겼으며, 그 기록으로서의 역사적 가치도 큰 것으로 평가되고 있다.

49 ③

개념 카테고리 근대 태동기의 우리 역사 > 문화 > 조선 후기의 문화

| 정답 해설 | 청화 백자가 유행한 시기는 '조선 후기'이다. ③ 황진이는 16세기 여류 문인이다.

50 ③

개념 카테고리 단원 통합 > 문화 > 유네스코 세계 유산

| 오답 해설 | ㄹ. 역대 왕의 훌륭한 언행을 『실록』에서 뽑아 만든 사서는 『국조보감』이다.

| 플러스 이론 | 삼보 사찰

삼보 사찰은 경남 양산시의 통도사(通度寺), 경남 합천군 해인사(海印寺), 전남 순천시의 송광사(松廣寺)이다. 통도사는 자장이 646년에 창건하면서 당에서 가지고 온 불사리(부처님의 진신사리)를 금강계단 불사리탑에 봉안하여 불보사찰(佛寶寺刹)이 되었고, 해인사는 조선 건국 이후 강화도 선원사(禪源寺)의 고려대장경(팔만대장경, 재조대장경)을 옮겨와 보관하면서 법보사찰(法寶寺刹)이 되었다. 한편 송광사는 국사(國師)의 칭호를 받은 16명의 고승을 배출함으로써 승보사찰(僧寶寺刹)이 되었다.

51 ④

개념 카테고리 단원 통합 > 문화 > 시기별 건축물

| 정답 해설 | ④ 덕수궁 석조전은 1910년에 완공된 르네상스식 건물이다.

| 오답 해설 | ① 화엄사 각황전은 정면 7칸, 측면 5칸의 팔작지붕으로 2층의 다포식 건물이며, 내부가 통층으로 되어 있어 웅장감을 준다.
② 예산 수덕사 대웅전은 맞배지붕과 주심포 양식 건물이며, 백제 양식이 반영된 건축물이다.
③ 주심포 양식 건물인 영주 부석사 무량수전에서는 팔작지붕과 배흘림기둥 양식을 확인할 수 있다.

| 플러스 이론 | 서양식 근대 건축물

- 독립문(1897, 프랑스 개선문 모방)
- 명동 성당(1898, 중세 고딕 양식)
- 덕수궁 석조전(1910, 르네상스식 건물)

PART 06 근현대의 우리 역사

정답과 해설

CHAPTER 01 근대사(개항기)

출제 비중 40%

약점진단표

	1회독				2회독				3회독			
	○	△	×	총	○	△	×	총	○	△	×	총
흥선 대원군의 정책과 외국과의 조약				18				18				18
개화 정책과 위정척사 사상				8				8				8
임오군란, 갑신정변, 거문도 사건				11				11				11
동학 농민 운동, 갑오·을미개혁				16				16				16
독립 협회, 광무개혁				12				12				12
국권 피탈 과정과 항일 의병 운동, 애국 계몽 운동				26				26				26
개항기의 경제·사회·문화				25				25				25

*문제풀이 후 약점진단 결과를 적어 보세요!

필수기출 & 출제예상편

흥선 대원군의 정책과 외국과의 조약

문제편 P.184

01	②	02	③	03	③	04	②	05	③
06	①	07	②	08	①	09	②	10	③
11	③	12	③	13	③	14	④	15	②
16	①	17	③	18	④						

01 ②

개념 카테고리 근현대의 우리 역사 > 개항기 > 흥선 대원군의 정책

| 정답 해설 | 밑줄 친 '나'는 흥선 대원군이다. 흥선 대원군은 『대전회통』, 『육전조례』 등을 편찬하여 통치 규범을 재정비하였다. ②『대전통편』은 정조 때 편찬된 법전이다.

| 오답 해설 | ① 흥선 대원군은 왕권을 강화하기 위해 임진왜란 때 소실되었던 경복궁을 중건하였다. 그는 경복궁 중건 비용을 충당하기 위해 고액 화폐인 당백전을 발행하였고, 강제 기부금인 원납전을 징수하였다.
③ 흥선 대원군은 양반에게도 군포를 징수하는 호포법을 시행하였다.
④ 흥선 대원군은 만동묘를 철폐하고, 전국의 600여 개 서원을 정리하였다(47개의 사액 서원은 남겨둠).

02 ③

개념 카테고리 근현대의 우리 역사 > 개항기 > 흥선 대원군

| 정답 해설 | 만동묘를 철폐하고, 서원 정리를 단행한 인물은 (가) 흥선 대원군이다. ③ 흥선 대원군은 왕권을 강화하기 위해 비변사를 혁파하였다.

| 오답 해설 | ① 흥선 대원군은 환곡제를 폐지하고 지역 단위로 사창제를 실시하였다.
② 흥선 대원군은 『대전회통』, 『육전조례』 등 법전을 편찬하여 왕권을 중심으로 통치 체제를 정비하고자 하였다.
④ 흥선 대원군은 대외적으로는 통상 수교 거부 정책을 추진하였다.

03 ③

개념 카테고리 근현대의 우리 역사 > 개항기 > 고종 대의 사실

| 정답 해설 | 원납전은 흥선 대원군이 섭정할 때(당시 왕은 고종), 경복궁 중건을 위해 강제로 거둔 기부금이다. ③ 흥선 대원군 섭정 시기(고종)에 비변사를 혁파하는 과정에서 삼군부가 부활하여 군정(軍政)을 담당하였고, 삼수병이 강화되었다.

| 오답 해설 | ① 김정희의 「세한도」는 1844년(헌종 10년)에 그려졌다.

매력적 오답 ② 삼정이정청은 1862년(철종 13년)에 설치되었다.
④ 세도 정치 시기(순조~철종)에는 비변사 당상들이 중요한 권력을 장악하였다.

04 ②

개념 카테고리 근현대의 우리 역사 > 개항기 > 흥선 대원군

| 정답 해설 | 고종이 즉위한 후 고종의 아버지인 (가) '흥선 대원군'이 섭정하였다. ② 흥선 대원군은 만동묘를 철폐하고 서원을 대폭 줄이는 정책을 추진하였다.

| 오답 해설 | ① 고종은 대한 제국 시기인 1899년에 「대한국 국제」를 만들어 공포하였다.
③ 급진 개화파(김옥균, 박영효, 홍영식, 서광범, 서재필 등) 세력은 우정총국 개국 축하연을 이용해 정변을 일으켰다. 이 사건을 갑신정변(1884)이라고 한다.
④ 제2차 수신사 김홍집은 황쭌셴의 『조선책략』을 국내에 소개하였다(1880).

05 ③

개념 카테고리 근현대의 우리 역사 > 개항기 > 흥선 대원군

| 정답 해설 | 제시된 사료는 '흥선 대원군' 섭정 시기 때 전국 각 지에 세운 척화비의 내용이다. ③ 흥선 대원군은 임오군란 이후 잠깐 권력을 잡은 후 개화 정책 추진을 위해 설치한 통리기무아문을 폐지하였다.

| 오답 해설 | ① 2차 수신사 김홍집은 황쭌셴이 저술한 『조선책략』을 국내로 가져와 소개하였다.
② 최익현은 강화도 조약 체결에 반대하는 오불가소(왜양일체론에 근거)를 올렸다.
④ 화서 이항로의 학통을 계승한 사람들을 화서학파라고 한다.

06 ①

개념 카테고리 근현대의 우리 역사 > 개항기 > 고종 대의 사실

| 정답 해설 | 조선군과 미군이 전투를 벌인 사건은 1871년 신미양요이다. 당시는 고종(1863~1907)이 재위하던 시기이다. ① 고종의 재위 기간인 1871년 양반에게도 군포를 부과하는 호포법이 실시되었다.

| 오답 해설 | ② 정조 때인 1791년 육의전을 제외한 시전 상인의 금난전권이 폐지되었다(신해통공).
③ 영조 때 균역법이 실시되면서, 부족해진 군포 수입을 보충하기 위해 결작세가 신설되었다.
④ 인조 때 영정법이 제정되어 전세가 1결당 4~6두씩 고정으로 과세되었다.

07 ②

개념 카테고리 근현대의 우리 역사 > 개항기 > 신미양요, 척화비

| 정답 해설 | 제시된 자료는 1871년 신미양요 직후 전국 각 지역에 세워진 척화비의 내용이다. ② 신미양요 당시 미국은 초지진, 덕진진을 점령하고 광성보를 공격하였다. 광성보 전투 당시, 진무중군 어재연을 포함한 350여 명의 조선 병사들은 대부분 순국하였다.

08 ①

개념 카테고리 근현대의 우리 역사 > 개항기 > 각종 조약의 체결

| 정답 해설 | ㉠ 최초의 근대적 조약인 '강화도 조약(1876)', ㉡ 서양 국가와 맺은 최초의 조약인 '조·미 수호 통상 조약(1882)', ㉢ 임오군란(1882) 이후 체결된 '조·청 상민 수륙 무역 장정'에 대한 설명이다. ① 강화도 조약 이후 부산(1876)에 이어 원산(1880), 인천(1883)이 차례로 개항되었다.

| 오답 해설 | ② 조·미 수호 통상 조약에서는 최초로 관세 조항을 규정하였다.
③ 청 상인의 내지 통상권이 허용된 조·청 상민 수륙 무역 장정 체결 이후 청과 일본의 상권 경쟁이 치열해졌다.
④ ㉠㉡㉢ 모두 조선에 불평등한 조약이었다.

09 ②

개념 카테고리 근현대의 우리 역사 > 개항기 > 조·일 수호 조규(강화도 조약)

| 정답 해설 | ② 조·일 수호 조규(강화도 조약)에서는 부산 외의 2개의 항구를 개항한다는 내용만 언급되었을 뿐, 인천과 부산에 일본 공관을 둔다는 내용은 없다.

10 ③

개념 카테고리 근현대의 우리 역사 > 개항기 > 강화도 조약

| 정답 해설 | 강화도 조약(1876)은 최초의 근대적 조약이지만, 불평등 조약이었다. 제시된 내용 중 ㉣ 해안 측량권과 ㉰ 치외법권(영사 재판권) 규정은 조선 주권에 대한 침해였으며, 대표적인 불평등 조항에 해당된다.

11 ③

개념 카테고리 근현대의 우리 역사 > 개항기 > 조·일 무역 규칙(1876)과 조·일 통상 장정(1883) 사이 시기의 일

| 정답 해설 | (가) 1876년 체결된 '조·일 무역 규칙', (나) 1883년 개정된 '조·일 통상 장정'의 내용이다. 따라서 1876~1883년 사이의 역사적 사실을 고르는 문제이다. ③ 임오군란(1882) 이후 체결된 조·청 상민 수륙 무역 장정에서는 양화진에 청국인 상점을 허용하는 내용을 규정하였다.

| 오답 해설 | ① 1904년 제1차 한·일 협약으로 대한 제국의 재정 고문이 된 메가타는 1905년부터 화폐 정리 사업을 시작하였다.
② "혜상공국 폐지"는 갑신정변(1884) 직후 발표된 정강 14조에 수록되어 있다.
④ 1889년 함경도에서 방곡령을 선포하였으나 실패하였다.

12 ③

개념 카테고리 근현대의 우리 역사 > 개항기 > 조·일 수호 조규 부록(1876)과 조·일 통상 장정(1883) 사이 시기의 일

| 정답 해설 | (가) 1876년 강화도 조약 이후 체결된 '조·일 수호 조규 부록'이며, (나) 1883년 개정된 '조·일 통상 장정'이다. ③ 1882년 체결된 조·미 수호 통상 조약에서는 거중조정, 최혜국 대우 조항 등이 포함되었다.

| 오답 해설 | ① 영국군은 러시아를 견제하고자 1885년 불법으로 거문도를 점령하였다.
② 함경도 관찰사 조병식이 1889년에 방곡령을 선포하였으나 실패하였다.
④ 1884년에 김옥균, 박영효 등이 우정총국 개국 축하연을 계기로 갑신정변을 일으켰다.

13 ③

개념 카테고리 근현대의 우리 역사 > 개항기 > 조·일 수호 조규 및 부록, 조·일 무역 규칙

| 정답 해설 | ㉠ 조·일 수호 조규는 1876년 체결된 최초의 근대적 조약인 강화도 조약이다. 강화도 조약 이후 일본은 ㉡ 조·일 수호 조규 부록과 ㉢ 조·일 무역 규칙을 체결하여 조선에서의 상권 침탈을 가속화하였다. ③ 조·일 무역 규칙에서 일본 정부 소속의 선박에 대한 무항세가 규정되었다.

| 오답 해설 | ① 개항장에서 일본 화폐의 유통이 허용된 것은 조·일 수호 조규 부록이다.
② 해안 측량권 허가는 조·일 수호 조규(강화도 조약) 조항 중 하나이다.
④ 일본인 범죄자에 대한 영사 재판 허용(치외법권)은 조·일 수호 조규(강화도 조약)에만 규정되어 있다.

14 ④

개념 카테고리 근현대의 우리 역사 > 개항기 > 조·미 수호 통상 조약

| 정답 해설 | 제시된 사료는 1882년 미국과 체결한 조·미 수호 통상 조약의 '거중조정(1관)', '치외법권(영사 재판권, 4관)' 조항이다. ④ 1883년에는 미국에 민영익, 홍영식 등 보빙사절단이 파견되었다.

| 오답 해설 | ① 1903년 러시아는 용암포를 강제 점령하고 조차를 요구하였다(용암포 사건).
② 1895년 러시아, 프랑스, 독일은 청·일 전쟁의 결과로 일본이 획득한 요동반도를 청에 돌려주도록 압박하였다. 이것을 삼국 간섭이라고 한다.
③ 1885년 영국은 러시아의 남하 정책을 저지하고자 거문도를 불법으로 점령하였다(1887년 영국군 철수).

15 ②

개념 카테고리 근현대의 우리 역사 > 개항기 > 『조선책략』의 영향

| 정답 해설 | 제시된 자료의 밑줄 친 "황쭌셴(황준헌)의 사사로운 책자"는 『조선책략』이다. 황쭌셴이 저술한 『조선책략』은 일본에 갔던 2차 수신사 김홍집이 국내로 가지고 들어왔다. ② 『조선책략』이 유포된 이후 개화 지식인들 사이에 미국과의 수교 필요성이 제기되었고, 1882년 서구 열강과 체결한 최초의 근대적 조약인 조·미 수호 통상 조약이 체결되었다.

| 오답 해설 | ① 청·일 전쟁(1894~1895)에서 일본이 승리한 이후, 청과의 사대 외교는 청산되었다.
③ 통리기무아문에서는 1881년 기존의 5군영을 무위영과 장어영(2영)으로 개편하고, 신식 군대인 별기군을 신설하였다.
④ 고종이 러시아 공사관으로 거처를 옮긴 사건은 아관파천(1896)이다.

16 ①

개념 카테고리 근현대의 우리 역사 > 개항기 > 미국, 러시아

| 정답 해설 | 제시된 자료는 『조선책략』의 유포에 반발하여 유생들이 올린 「영남 만인소」 중 일부이며 ㉠ 미국, ㉡ 러시아이다. ① 청의 알선으로, 조선은 미국과 불평등 조약을 체결하였다(1882, 조·미 수호 통상 조약).

| 오답 해설 | ② 청은 임오군란 이후 조선에 대한 내정 간섭을 강화하였다.
③ 프랑스는 천주교 박해(병인박해)에 항의하여 강화도를 침략하였다(1866, 병인양요).
④ 영국은 1885년 거문도를 불법 점령하여 러시아의 남하를 견제하였다.

| 플러스 이론 | 이만손의 「영남 만인소」

김홍집이 가져온 황쭌셴의 『조선책략』이 유포되는 것을 보고 울음이 북받치고 눈물이 흐릅니다. …(중략)… 『조선책략』의 요점은 '러시아를 막는 것'보다 급한 것이 없다고 하고, 러시아를 막기 위해서는 '중국과 친하고, 일본과 맺고, 미국과 이어져야 한다.'는 것보다 급한 것이 없다고 하였습니다. …(중략)… 일본은 우리에게 매어 있는 나라입니다. 임진왜란의 숙원(宿怨)이 가시지 않았는데 그들은 우리의 수륙 요충(水陸要衝)을 점령하였습니다. 만일 방비하지 않았다가 저들이 산돼지처럼 돌진해 오면 전하께서는 장차 어떻게 이를 제어하시겠습니까? 미국은 우리가 모르던 나라입니다. 저들을 끌어들였다가 저들이 우리의 빈약함을 업신여겨 어려운 청을 강요하면 어떻게 대응하시겠습니까? 러시아는 본래 우리와는 혐의가 없는 나라입니다. 공연히 남의 이간을 듣고 배척하였다가 이것을 구실 삼아 분쟁을 일으키면 어떻게 구제하시겠습니까? 하물며 러시아·미국·일본은 같은 오랑캐들이어서 후박(厚薄)을 두기 어렵습니다.
– 『일성록』 –

17 ③ 中

개념 카테고리 근현대의 우리 역사 > 개항기 > 조·청 상민 수륙 무역 장정

| 정답 해설 | 제시된 자료는 임오군란(1882) 이후 조선과 청 사이에 체결된 '조·청 상민 수륙 무역 장정'이다. 조·청 상민 수륙 무역 장정은 조선이 청의 속국임을 명시함으로써 종속 관계를 강화하였고, 청 상인의 내지 통상권을 허용하여 내륙 무역을 허용하였다. 이로써 거류지 무역이 해체되고 외국 상권에 의한 내지 침탈이 가속화되었다. 또한 ③ 거류지와 내지 사이를 중개 무역하던 객주, 여각, 보부상 등의 활동이 위축되었다.

| 오답 해설 | ① 일본은 강화도 조약에 조선이 자주국임을 명시하여 청의 간섭을 배제하고자 하였다.
② 조·프 수호 통상 조약(1886)으로 천주교의 포교와 신앙의 자유가 허용되었다.
④ 갑신정변 이후 조선과 일본 사이에 한성 조약이, 청과 일본 사이에 톈진 조약이 체결되었다. 특히 일본은 톈진 조약을 체결하면서 청과 동등한 파병권을 확보하였다.

18 ④ 上

개념 카테고리 근현대의 우리 역사 > 개항기 > 조·불 수호 통상 조약

| 정답 해설 | 밑줄 친 '이 나라'는 '프랑스'이며, 제시된 사료는 ④ 1886년 체결된 '조·불(프) 수호 통상 조약' 중 일부이다. 프랑스는 다른 나라와 달리 조선에 선교를 목적으로 학교 등을 세울 수 있는 특권을 가지게 되었다. 이후 최혜국 대우 조항에 의해 다른 나라도 프랑스와 같은 권리를 가지게 되었다.

개화 정책과 위정척사 사상 문제편 P.189

| 19 | ② | 20 | ④ | 21 | ② | 22 | ③ | 23 | ② |
| 24 | ③ | 25 | ③ | 26 | ② | | | | |

19 ② 中

개념 카테고리 근현대의 우리 역사 > 개항기 > 동도서기론

| 정답 해설 | 제시된 사료에 나타난 사상은 동도서기론(東道西器論, 조선의 사상 및 제도는 지키되 서양의 문화는 과학기술에 한해 받아들이자는 이론)이며, ② 개항 이후 근대 문물 수용의 사상적 기반이 되었다.

| 오답 해설 | ① 위정척사 운동 세력인 최익현은 1870년대 왜양일체론을 주장하였다.
③ 갑신정변 주도 세력(개화당, 급진 개화파)은 외국의 제도와 사상까지 수용하자는 전면 개화를 주장하였다.
④ 사회 진화론에서는 우등한 사회가 열등한 사회를 지배하는 것이 당연하다고 보았고, 이는 제국주의 열강들이 침략을 정당화하기 위해 받아들인 사상이었다.

20 ④ 中

개념 카테고리 근현대의 우리 역사 > 개항기 > 통리기무아문

| 정답 해설 | 통리기무아문은 개화 정책을 추진하기 위해 (청의 총리아문을 모방하여) 1880년 설치하였다. 의정부·6조와는 별도의 기구로 설립되었으며, 산하에 12사가 설치되었다. 한편, 임오군란 이후에는 통리교섭통상사무아문(외교, 통상), 통리군국사무아문(군국, 내무)으로 분리되었다.

| 오답 해설 | ① 교정청은 전주 화약 이후 조선 정부가 자주적 개혁을 위해 설치(1894. 6. 11.)한 기구이다.
② 삼정이정청은 진주 농민 봉기(1862) 이후 파견된 안핵사 박규수의 건의로 설치된 개혁 기구이다.
③ 군국기무처는 1차 갑오개혁을 주도한 초정부적 개혁 기구이다.

21 ② 上

개념 카테고리 근현대의 우리 역사 > 개항기 > 시찰단

| 정답 해설 | 외국에 파견된 시찰단의 순서는 다음과 같다.
(나) 김홍집 등 2차 수신사 파견(1880)
(가) 박정양 등 조사 시찰단 파견(1881. 4.)
(라) 김윤식 등 영선사 파견(1881. 9.)
(다) 민영익 등 보빙사 파견(1883)

22 ③

개념 카테고리 근현대의 우리 역사 > 개항기 > 개화 정책

| **정답 해설** | ㄴ. 1881년 청에 파견된 영선사 김윤식 일행은 무기 제조법을 배웠다. 이는 이후 기기창(최초의 근대적 무기 제조 기구) 설치의 계기가 되었다.
ㄷ. 1883년 미국에 파견된 보빙사는 근대 시설을 시찰하고, 미국의 아서 대통령을 접견하였다. 보빙사 파견을 통해 신식 우편 제도와 선진 농업 기술을 받아들이기도 하였다.

| **오답 해설** | ㄱ. 동학 농민 운동이 일어난 이후 조선 정부는 자주적 개혁을 추진하기 위해 교정청을 설치하였다(1894. 6. 11).

매력적 오답 ㄹ. 김홍집은 1880년 2차 수신사로 일본을 방문하여 황쭌셴의 『조선책략』을 국내로 가지고 들어왔다.

23 ②

개념 카테고리 근현대의 우리 역사 > 개항기 > 강화도 조약과 영선사 파견 사이 시기의 일

| **정답 해설** | 강화도 조약은 1876년 체결되었고, 청에 영선사를 파견한 것은 1881년의 사실이다. ② 통리기무아문은 1880년에 설치되었다.

| **오답 해설** | ① 군국기무처는 1894년 1차 갑오개혁 때의 초정부적 개혁 기구였다.
③ 고종은 1894년 12월에 국정 개혁의 기본 방향을 담은 홍범 14조를 발표하였다.
④ 대한국 국제는 대한 제국의 헌법으로, 1899년 공포되었다.

24 ③

개념 카테고리 근현대의 우리 역사 > 개항기 > 조·일 수호 조규 부록과 조사 시찰단 파견 사이 시기의 일

| **정답 해설** | 조·일 수호 조규 부록이 체결된 것은 1876년이며, 일본에 조사 시찰단이 파견된 것은 1881년이다. ③ 제2차 수신사로 김홍집이 일본에 파견된 것은 1880년에 해당한다.

| **오답 해설** | ① 전주화약(1894) 이후 동학 농민군은 집강소를 설치하여 폐정개혁안 12조를 실시하고자 하였다.
② 1898년 관민 공동회가 개최되었고 헌의 6조가 채택되었다.
④ 1907년 대구에서 서상돈, 김광제의 주도로 국채 보상 운동이 시작되었다.

25 ③

개념 카테고리 근현대의 우리 역사 > 개항기 > 최익현

| **정답 해설** | 제시된 사료의 "저들은 비록 왜인이라고는 하나 실은 양적입니다(왜양일체론)."를 통해 최익현의 '오불가소(五不可疏)' 중 일부임을 알 수 있다. ③ 최익현은 서원 철폐 조치 등에 반대하면서 흥선 대원군을 탄핵하였다(1873, 계유상소).

| **오답 해설** | ① 제2차 수신사로 일본에 다녀온 김홍집은 황쭌셴의 『조선책략』을 입수하여 국내에 소개하였다.
② 최익현은 대마도에 유배되어 1906년 순국하였다. 한편 독립 의군부는 1912년 임병찬 등이 조직하였다.
④ 박은식은 일제의 침략상을 고발한 『한국 독립운동 지혈사』를 저술하였다.

26 ②

개념 카테고리 근현대의 우리 역사 > 개항기 > 「영남 만인소」

| **정답 해설** | 제시된 사료는 이만손이 주도한 「영남 만인소」 중 일부이며, (가)에 들어갈 나라는 러시아이다. ② 러시아와 일본은 러·일 전쟁의 강화 조약인 포츠머스 조약을 체결(1905)하였다.

| **오답 해설** | ① 영국은 러시아의 남하를 저지하기 위해, 1885년 거문도를 불법 점령하였다.
③ 프랑스는 1866년 병인양요 당시, 외규장각의 문서와 문화재를 약탈하였다.
④ 미국은 제너럴셔먼호 사건을 구실로 광성보를 공격하였다(1871년, 신미양요).

| **플러스 이론** | 「영남 만인소」

> 김홍집이 가져온 황쭌셴의 『조선책략』이 유포되는 것을 보니 울음이 북받치고 눈물이 흐릅니다. …(중략)… 『조선책략』의 요점은 '러시아를 막는 것'보다 급한 것이 없다고 하고, 러시아를 막기 위해서는 '중국과 친하고, 일본과 맺고, 미국과 이어져야 한다.'는 것보다 급한 것이 없다고 하였습니다. …(중략)… 러시아는 본래 우리와는 혐의가 없는 나라입니다. 공연히 남의 이간을 듣고 배척하였다가 이것을 구실 삼아 분쟁을 일으키면 어떻게 구제하시겠습니까? 하물며 러시아·미국·일본은 같은 오랑캐들이어서 후박(厚薄)을 두기 어렵습니다.
>
> – 『일성록』 –

임오군란, 갑신정변, 거문도 사건 (문제편 P.191)

27	28	29	30	31
①	②	①	③	①
32	33	34	35	36
④	①	①	①	④
37				
④				

27 ①

개념 카테고리 근현대의 우리 역사 > 개항기 > 별기군

| **정답 해설** | ① 제시된 내용은 '별기군 설치(1881)'와 관련된 내용이다. 조선은 개항 후 개화 정책을 추진하기 위해 1880년에 통리기무아문을 설치하고 군제를 개혁하였으며, 1881년에 기존 5군영을 2영(무위영, 장어영)으로 개편하고 신식 군대인 별기군을 설치하였다.

통리기무아문 설치(1880) → (가) → 기기창 설치(1883) → (나) → 군국기무처 설치(1894) → (다) → 원수부 설치(1899) → (라) → 통감부 설치(1906)이다.

28 ②

개념 카테고리 근현대의 우리 역사 > 개항기 > 임오군란

| **정답 해설** | 제시된 가상 신문의 내용은 1882년 '임오군란'이다. ② 청은 임오군란을 진압한 이후 조·청 상민 수륙 무역 장정을 체결하여 조선에 대한 청의 종주권을 확인하였다.

| **오답 해설** | ① 명성황후가 시해된 사건은 을미사변이다(1895).
③ 조·일 수호 조규 부록과 조·일 무역 규칙은 강화도 조약 직후 체결되었다(1876).
④ 갑신정변 이후 청과 일본은 '텐진 조약'을 체결하여 청·일 양국 군대의 공동 철수와 파병 시 상호 통보 사항에 합의하였다.

29 ①

개념 카테고리 근현대의 우리 역사 > 개항기 > 강화도 조약, 조·청 상민 수륙 무역 장정 사이의 사실

| **정답 해설** | (가)는 1876년 체결된 강화도 조약, (나)는 1882년 체결된 조·청 상민 수륙 무역 장정이다. 따라서 1876년과 1882년 사이의 역사적 사실을 고르는 문제이다. ① 강화도 조약(1876. 2. 3.) 이후, 조·일 수호 조규 부록(1876. 7. 6.)이 체결되면서 개항장에서는 일본 화폐가 통용되었다.

| **오답 해설** | ② 1896년 러시아는 압록강 유역의 삼림 채벌권을 획득하였다.
③ 1898년 시전 상인들은 황국 중앙 총상회를 조직하여 상권 수호 운동을 전개하였다.
④ 1889년 함경도 관찰사 조병식의 방곡령에 불복하여 일본 상인이 손해 배상을 요구하였다.

30 ③

개념 카테고리 근현대의 우리 역사 > 개항기 > 조·청 상민 수륙 무역 장정

| **정답 해설** | 제시된 자료는 임오군란(1882) 이후 조선과 청 사이에 체결된 '조·청 상민 수륙 무역 장정'이다. 조·청 상민 수륙 무역 장정에서는 조선이 청의 속국임을 명시함으로써 종속 관계를 강화하였고, 청 상인의 내지 통상권을 허용하여 내륙 무역을 허용하였다. 이로써 거류지 무역이 해체되고 외국 상인에 의한 내지 침탈이 가속화되었다. ③ 그 결과 거류지와 내지 사이를 중개 무역하던 객주·여각·보부상 등의 활동이 위축되었다.

| **오답 해설** | ① 일본은 강화도 조약에 조선이 자주국임을 명시하여 청의 간섭을 배제하고자 하였다.

② 조·프 수호 통상 조약(1886)으로 천주교의 포교와 신앙의 자유가 허용되었다.
④ 갑신정변 이후 조선과 일본 사이에 한성 조약이, 청과 일본 사이에 텐진 조약이 체결되었다. 텐진 조약으로 일본은 청과 동등한 파병권을 확보하였으며, 이는 청·일 전쟁의 원인 중 하나가 되었다.

31 ①

개념 카테고리 근현대의 우리 역사 > 개항기 > 갑신정변

| **정답 해설** | 제시된 자료의 밑줄 친 '이 사건'은 1884년 '갑신정변'이다. ① 갑신정변은 우정총국 개국 축하연을 계기로 김옥균 등 급진 개화파가 일으킨 사건이다. 급진 개화파 세력들은 정변을 일으켜 정강 14개조를 발표하고 개혁을 추진하였으나 청군의 개입으로 3일 만에 실패로 끝났다. 갑신정변 이후 일본과는 한성 조약이 체결되었고, 청과 일본 사이에는 텐진 조약이 체결되었다.

| **오답 해설** | ② 임오군란은 민씨 정권의 개화 정책에 대한 보수 세력의 반발과 일본 세력 진출에 대한 민족적인 반항이 원인이 되었고, 특히 별기군 설치 후 구식 군대에 대한 차별 대우의 불만이 직접적 원인이 되었다.
③ 임오군란 이후 흥선 대원군이 재집권하게 되어 별기군 폐지, 통리기무아문 폐지 등 구체제로의 복귀를 시도했으나, 청나라의 군사적 개입으로 실패하였다. 이후 흥선 대원군은 청에 압송되었으며, 조선을 속국화하려는 청의 내정 간섭이 심화되었다.
④ 1876년 강화도 조약 이후 부산, 원산, 인천이 차례로 개항되었다.

32 ④

개념 카테고리 근현대의 우리 역사 > 개항기 > 갑신정변

| **정답 해설** | 개화당(급진 개화파)이 일으킨 사건은 1884년 '갑신정변'이다. 개화당 세력은 일본의 군사적 지원과 차관 제공을 약속 받고 정변을 일으켜 온건 개화파 세력을 축출하고, 정강 14개조를 발표하였다. 그러나 ④ 청군의 군사적 개입이 시작되어 개화당 세력과 일본군이 패퇴하면서 3일 만에 실패로 끝났다. 그 과정에서 일본 공사관이 불타고, 이는 한성 조약(일본 공사관 신축 비용을 조선 정부가 부담하는 내용) 체결의 계기가 되었다.

| **오답 해설** | ① 정동구락부는 친미파 관리들과 서양 외교관들의 사교 모임 단체였으며, 독립 협회 창립을 주도하였다.
② 개화당은 정변 이후 국왕과 왕후의 거처를 창덕궁에서 경우궁으로 옮겼고, 다시 청과 연결된 왕후 민씨의 요구로 계동궁(왕족 이재원의 집)을 거쳐 창덕궁으로 옮겼다. 이후 청군의 개입으로 개화당과 일본군은 패퇴하였다(갑신정변의 실패). 그러므로 경복궁 침범과는 무관하다.

③ 차관 도입을 위한 3차 수신사(박영효) 파견은 1882년 임오군란 직후에 해당한다.

33 ①

개념 카테고리 근현대의 우리 역사 > 개항기 > 갑신정변

| 정답 해설 | 밑줄 친 '이 사건'은 갑신정변(1884)이다. ① 임오군란을 진압한 청은 조선과 조·청 상민 수륙 무역 장정을 체결하였다.

| 오답 해설 | ② 갑신정변은 우정총국 개국(낙성) 축하연을 기회로 김옥균 등 급진 개화파가 일으킨 사건이다.
③ 급진 개화파는 청과 종속 관계를 청산하여 자주독립을 확고히 하고자 하였다. 급진 개화파들은 정강 14개조를 발표하고 개혁을 추진하려 하였으나 청군의 개입으로 3일 만에 실패하였다.
④ 갑신정변 이후, 조선과 일본 사이에는 한성 조약이 체결되었고 청과 일본 사이에는 톈진 조약이 체결되었다. 톈진 조약을 통해 일본과 청은 향후 조선으로 군대 파견할 때, 상대국에게 알리도록 하였다.

34 ①

개념 카테고리 근현대의 우리 역사 > 개항기 > 갑신정변

| 정답 해설 | 제시된 사료는 '1884년 갑신정변 직후' 발표되었던 정강 14개조 중 일부이다. ① 갑신정변은 3일 만에 청에 의해 진압되었고, 이후 청의 내정 간섭이 강화되었다.

| 오답 해설 | ② 근대적 인쇄 기구인 박문국과 화폐 주조 기구인 전환국은 1883년에 설립되었다.
③ 개화 정책을 추진하기 위한 개혁 기구로 통리기무아문이 1880년에 설치되었다.
④ 1882년 임오군란 이후, 일본은 배상금 지급 등을 내용으로 하는 제물포 조약의 체결을 강요하였다.

35 ③

개념 카테고리 근현대의 우리 역사 > 개항기 > 갑신정변과 급진 개화파

| 정답 해설 | 밑줄 친 '소수의 청년'은 '급진 개화파'이며, 대표적 인물은 김옥균, 박영효, 서광범, 홍영식, 서재필 등이다. 급진 개화파 인물들은 일본 메이지 유신을 본받아 급진적 개혁 정치를 표방했으며, 우정국 개국 축하연을 계기로 갑신정변을 일으켰다. ③ 정변 후 발표된 개혁 정강 14개조에서 확인할 수 있는 입헌 군주제 표방, 인민 평등권 확립 등은 우리나라 최초의 근대 국가 수립을 위한 정치 개혁 운동이라 평가할 수 있다. 하지만 민중들의 지지가 없었다는 점과 일본의 지원을 확약 받고 정변을 계획했다는 점 등은 한계로 지적된다.

| 오답 해설 | ① 온건 개화파에 대한 설명이다.
② 위정척사파에 대한 설명이다.
④ 동도서기론에 입각한 온건 개화파에 대한 설명이다.

36 ④

개념 카테고리 근현대의 우리 역사 > 개항기 > 일본, 청, 미국과의 관계

| 정답 해설 | (가) 일본, (나) 청, (다) 미국이다. ④ 갑신정변 이후, 청과 일본은 톈진 조약을 체결(1885)하였다.

| 오답 해설 | ① 청은 임오군란을 진압한 이후 흥선 대원군을 자국으로 납치하였다.
② 일본은 조선과 1876년 강화도 조약을 체결하였다.
③ 영국은 러시아의 남하를 저지하기 위해 1885년 거문도를 불법 점령하였다.

| 플러스 이론 | **톈진 조약의 주요 내용**

> 1. 중국은 조선에 주둔하는 군대를 철수하고, 일본국은 조선에서 공사관을 호위하던 군대를 철수한다.
> 1. 장래 조선국에 변란이나 중대한 사건이 일어나 중국과 일본 양국이나 혹은 어떤 한 나라가 파병이 필요할 때는 우선 상대국에 공문을 보내 통지해야 하며, 사건이 진정되면 곧 철수하여 다시 주둔하지 않는다.

37 ④

개념 카테고리 근현대의 우리 역사 > 개항기 > 유길준의 한반도 중립화론

| 정답 해설 | 제시된 사료는 1885년 거문도 사건 이후 유길준이 제시한 '한반도 중립화론'이다. ④ 유길준은 1차 갑오개혁 당시 초정부적 개혁 기구인 군국기무처의 회의원으로 참여하였고, 국어 문법서인 『조선문전(대한문전)』을 저술하였다.

| 오답 해설 | ① 홍영식, ② 박영효, ③ 서광범에 대한 서술이다.

| 플러스 이론 | **유길준의 한반도 중립화론**

- 거문도 사건 이후 유길준은 미국을 비롯한 유럽에 다녀온 경험을 바탕으로, 한반도 중립화론을 제기하였다.
- "우리의 지리적 위치는 벨기에와 같고, 중국에 조공하던 것은 터키에 조공하던 불가리아와 같다. 불가리아의 중립은 유럽 열강들이 러시아를 막기 위함이고, 벨기에의 중립은 유럽 열강들이 자국을 보전하기 위함이었다. 우리나라가 아시아의 중립국이 된다면 러시아를 방어할 수도, 아시아 국가들이 서로 보전할 수도 있을 것이다.
오직 중립만이 우리를 지키는 방책인데, 우리 스스로가 제창할 수도 없으니 중국에 청하도록 하자. 아시아에 관계있는 여러 나라들이 화합해 조선의 중립을 확인받는 것이다. 이것은 비단 우리만 위한 것이 아니라 중국이며 다른 여러 나라가 서로 보전하는 계책도 될 테니 무엇이 괴로워서 하지 않겠는가?"

동학 농민 운동, 갑오·을미개혁							문제편 P.194
38	②	39	②	40	①	41	④
42	④	43	①	44	②	45	②
46	②	47	②	48	①	49	③
50	③	51	②	52	②	53	③

38 ②

개념 카테고리 근현대의 우리 역사 > 개항기 > 동학 농민 운동

| 정답 해설 | ㉠ 일본의 경복궁 점령 및 청·일 전쟁의 발발(1894. 6.)과 ㉡ 공주 우금치 전투(1894. 11.) 사이 시기는 '동학 농민군이 재봉기를 했던 시기'이다. ② 1894년 10월에 손병희의 북접 농민군과 전봉준의 남접 농민군이 논산에서 합류하였다.

39 ②

개념 카테고리 근현대의 우리 역사 > 개항기 > 폐정개혁안 12조

| 정답 해설 | ㄷ, ㅁ. 헌의 6조의 조항이다.

| 플러스 이론 | 폐정개혁안 12조

1. 동학도(東學徒)는 정부와의 원한(怨恨)을 씻고 서정(庶政)에 협력한다.
2. 탐관오리(貪官汚吏)는 그 죄상을 조사하여 엄징(嚴懲)한다.
3. 횡포(橫暴)한 부호(富豪)를 엄징한다.
4. 불량한 유림(儒林)과 양반의 무리를 징벌한다.
5. 노비 문서(奴婢文書)를 소각한다.
6. 7종의 천인 차별을 개선하고, 백정이 쓰는 평량갓(平凉笠)은 없앤다.
7. 청상과부(靑孀寡婦)의 개가(改嫁)를 허용한다.
8. 무명(無名)의 잡세는 일체 폐지한다.
9. 관리 채용에는 지벌(地閥)을 타파하고 인재를 등용한다.
10. 왜(倭)와 통하는 자는 엄징한다.
11. 공사채(公私債)를 막론하고 기왕의 것을 무효로 한다.
12. 토지는 평균하여 분작(分作)한다.

40 ①

개념 카테고리 근현대의 우리 역사 > 개항기 > 동학 농민 운동

| 정답 해설 | (가) 1894년 4월에 일어난 황토현 전투, (나) 우금치 전투(1894. 11.) 직전 관군과 일본군의 동향에 관한 내용이다. ① 보은 집회는 1893년 발생하였다.

| 오답 해설 | ② 일본군이 경복궁을 점령한 것은 1894년 6월 21일이다.
③ 조선 정부는 1894년 6월 11일에 교정청을 설치하였다.
④ 일본이 청을 공격하면서 청·일 전쟁이 발발한 것은 1894년 6월 23일이다.

41 ④

개념 카테고리 근현대의 우리 역사 > 개항기 > 전주 화약 이후 역사적 사실

| 정답 해설 | (가) '전주 화약'이다. 청군·일본군의 개입으로 사태가 악화되자, 조선 정부와 농민군 사이에는 전주 화약이 성립되었고, 이후 농민군은 전라도 일대에 집강소를 설치하였다. 그러나 조선 정부의 철군 요구에도 불구하고, 일본이 경복궁을 점령하고 내정 간섭을 강화하자, 동학 농민군이 재봉기하였다. ④ 남접군과 북접군이 논산에 집결하여 관군 및 일본군에 맞섰으나, 공주 우금치 전투에서 대패하였다.

42 ④

개념 카테고리 근현대의 우리 역사 > 개항기 > 동학 농민 운동의 전개

| 정답 해설 | 첫 번째 사료는 고부 민란 이후 안핵사 이용태가 농민군을 탄압하는 내용이며, 두 번째 사료는 동학 농민군이 전라도 일대를 장악한 모습을 보여준다. 고부 민란을 수습하고자 이용태가 안핵사로 파견되었으나, 그는 동학 교도를 탄압하는 등 악행을 자행하여 격분을 샀다. 이에 ④ 백산에서 전봉준이 보국안민을 위해 궐기하라는 통문을 보내면서 봉기에 앞장서게 되었다.

43 ①

개념 카테고리 근현대의 우리 역사 > 개항기 > 동학 농민 운동

| 정답 해설 | (가) '백산 격문(1894. 3.)'이며, (나) 동학 농민군의 재봉기 이후인 '1894년 10월 16일' 전봉준이 충청감사 박제순에게 보낸 글로, 골육상쟁을 피하고 항일 전선을 강화하기 위해 관군의 동참을 촉구하는 내용이다.
ㄱ. 교정청 설치(1894. 6. 11.), ㄴ. 전주 화약(1894. 5. 7.)이다.
| 오답 해설 | ㄷ. 고부 민란 직후(1894. 1.), ㄹ. 삼례 집회(1892)이다.

| 플러스 이론 | 전봉준이 충청감사 박제순에게 보낸 글

양호창의군(兩湖倡義軍)의 영수 전봉준이 삼가 호서순상(충청감사) 합하에게 글을 올립니다. …(중략)… 일본 오랑캐가 분란을 야기하고 군대를 출동하여 우리 국왕을 핍박하고 우리 백성들을 뒤흔들어 놓았으니 어찌 차마 말할 수 있겠습니까. 옛날 임진왜란 때 오랑캐가 왕릉을 능멸하고 궁궐을 불태웠으며, 국왕과 우리 부모들을 능욕하고 백성을 살육하여 신민들의 공분을 샀으니 천고에 있지 못할 원한입니다. …(중략)… 지금 조정의 대신들은 망령되이 자신의 몸만 보전하고자 위로는 국왕을 협박하고 아래로는 백성들을 속이며 일본 오랑캐와 내통하여 남쪽 백성들의 원망을 샀습니다. 친병을 망동하여 선왕의 적자들을 해치고자 하니 실로 무슨 뜻이며, 마침내 무슨 일을 저지르려는 것입니까. 금일 우리가 하고자 하는 바는 실로 그것이 지극히 어렵다는 사실을 알지만, 일편단심은 죽음과도 바꿀 수 없으며, 신민으로서 두 마음을 품은 자들을 제거하여 선왕조가 오백 년 동안 길러준 은혜에 보답코자 하니, 엎드려 원컨대 합하도 깊이 반성하여 죽음으로써 뜻을 함께 한다면 천만다행일 것입니다.

44 ②

개념 카테고리 근현대의 우리 역사 > 개항기 > 동학 농민 운동

| 정답 해설 | ㄴ. 청·일본의 군대가 조선에 파병되자, 동학 농민군은 전주 화약을 통해 정부와 정치를 개혁할 것을 합의하였다. ㄷ. 일본이 경복궁을 점령하고 내정을 간섭하자, 동학 농민군이 재봉기하였다(남·북접의 연합). 그러나 공주 우금치 전투에서 우세한 화력으로 무장한 일본군과 정부군에게 패하고 말았다.
| 오답 해설 | ㄱ. 남·북접의 연합은 재봉기 이후에 이루어졌다.
ㄹ. 을미사변(명성황후 시해 사건)은 1895년에 일어났다.

45 ②

개념 카테고리 근현대의 우리 역사 > 개항기 > 동학 농민 운동

| 정답 해설 | 제시된 사료는 동학 농민 운동 당시의 상황을 보여주고 있다. ② 제2차 농민 봉기는 손병희가 이끄는 '북접'과 전봉준이 이끄는 '남접'이 연합하여 전개되었다.
| 오답 해설 | ① 동학 농민군은 전주에 대도소(大都所)를 설치하고, 전라도 53개 지역에 독자적인 자치 기구인 집강소를 설치하였다.
③ 동학 농민군은 장태(대나무를 쪼개 원통을 만들고 볏짚으로 속을 채운 후, 그 밑에 바퀴를 단 일종의 방탄 무기)를 이용하여 관군을 격퇴하였다.
④ 동학 농민군의 잔여 세력은 활빈당, 영학당, 남학당 등을 조직해 항일 투쟁을 계속하였고, 1900년경 활빈당으로 결합하였다.

46 ②

개념 카테고리 근현대의 우리 역사 > 개항기 > 제1차 갑오개혁

| 정답 해설 | 제시된 자료는 1894년 '제1차 갑오개혁' 시기의 개혁 내용이다. ② 독립 협회는 1896년 창립되어 1898년 해체되었다.
| 오답 해설 | ① 제1차 갑오개혁 시기에는 중국 연호 사용을 폐지하고 '개국' 연호를 사용하여, 중국(청)의 종주권을 부인하였다.
③ 1894년 5월 6일 조선에 상륙한 일본군은 조선 정부의 철병 요구를 무시하고, 경복궁을 점령(1894. 6. 21.)하고 내정 간섭을 강화하였다. 또한 청·일 전쟁(1894. 6. 23.)을 일으키며, 6월 25일 군국기무처를 만들어 제1차 갑오개혁을 추진하였다.
④ 군국기무처는 군국의 기무 및 일체의 개혁 사무를 관할한 초정부적 입법 및 정책 기구로서, 동학 농민 운동의 요구 사항을 일부 수용하여 반년간 약 210건의 개혁안을 의결하였다(제1차 갑오개혁).

47 ②

개념 카테고리 근현대의 우리 역사 > 개항기 > 제1차 갑오개혁

| 정답 해설 | 밑줄 친 '이 내각'은 '제1차 김홍집 내각'이며, 군국기무처를 중심으로 제1차 갑오개혁을 추진하였다. ② 제1차 갑오개혁 시기 국가 재정을 탁지아문의 관할로 일원화시킨다고 규정하였다.
| 오답 해설 | ① 갑신정변(1884) 직후 발표된 정강 14조에서는 모든 재정을 호조에서 통할하도록 규정하였다.
③ 대한 제국 시기에는 궁내부 산하의 내장원에서 광산, 홍삼 사업 등의 재정을 관할하도록 하였다.
④ 헌의 6조(1898)에서는 국가 재정은 탁지부에서 전관하고, 예산과 결산을 국민에게 공표한다고 규정하였다.

48 ①

개념 카테고리 근현대의 우리 역사 > 개항기 > 홍범 14조

| 정답 해설 | 밑줄 친 14개 조목은 홍범 14조(1894. 12.)이다. ㄱ. 탁지아문에서 조세 부과, ㄴ. 왕실과 국정 사무의 분리는 홍범 14조의 내용에 해당한다.
| 오답 해설 | ㄷ. 지계 발급을 위한 지계아문 설치(1901)는 광무개혁의 내용이다.
ㄹ. 대한천일은행은 1899년 설립되었다.

| 플러스 이론 | 홍범 14조

1. 청나라에 의존하는 생각을 끊어 버리고 자주독립의 기초를 튼튼히 세운다.
2. 왕실 규범을 제정하여 왕위 계승 및 종친(宗親)과 외척(外戚)의 본분과 의리를 밝힌다.
3. 대군주는 정전(正殿)에 나와서 일을 보되 정무는 직접 대신들과 의논하여 재결하며, 왕비나 후궁, 종친이나 외척은 정사에 관여하지 못한다.
4. 왕실 사무와 국정 사무는 반드시 분리해 서로 뒤섞지 않는다.
5. 의정부와 각 아문(衙門)의 직무와 권한을 명백히 제정한다.
6. 인민의 조세는 모두 법령으로 정한 비율에 따르고, 함부로 명목을 더 만들어 과도하게 징수할 수 없다.
7. 조세의 과세와 경비 지출은 모두 탁지아문(度支衙門)에서 담당한다.
8. 왕실 비용을 솔선하여 절약함으로써 각 아문과 지방 관청의 모범이 되도록 한다.
9. 왕실 비용과 각 관청 비용은 1년 예산을 미리 정하여 재정 기초를 튼튼히 세운다.
10. 지방 관제를 서둘러 개정하여 지방 관리의 권한을 한정한다.
11. 나라 안의 총명하고 재주 있는 젊은이들을 널리 파견하여 외국의 학술과 기예를 전수하여 익힌다.
12. 장관(將官)을 교육하고 징병법을 적용하여 군사제도의 기초를 확립한다.
13. 민법과 형법을 엄격하고 명백히 제정하여 함부로 감금하거나 징벌하지 못하게 하여 인민의 생명과 재산을 보호한다.
14. 인재를 등용하는 데 문벌에 구애되지 말고, 관리를 구함에 있어서 조정과 민간에 두루 걸침으로써 인재 등용의 길을 넓힌다.

49 ③

개념 카테고리 근현대의 우리 역사 > 개항기 > 제2차 갑오개혁

| **정답 해설** | 제시된 사료는 1894년 12월(양력 1895년 1월)에 발표된 홍범 14조이다. ③ 홍범 14조를 바탕으로 추진된 제2차 갑오개혁 때 의정부를 내각으로 개편하고, 지방 제도를 8도 체제에서 23부 337군으로 개편하였다.

| **오답 해설** | ① 1895년 을미개혁 당시 지방에 진위대를 설치하고 건양이라는 연호를 사용하였다.
② 갑신정변 당시 급진 개화파는 정강 14조를 발표하여 내각 제도 수립, 인민 평등권 확립, 조세 개혁 등을 제시하였다.
④ 동학 농민군은 전주 화약 이후 전라도 53군에 집강소를 설치하였다.

50 ③

개념 카테고리 근현대의 우리 역사 > 개항기 > 제2차 갑오개혁

| **정답 해설** | 제시된 자료의 밑줄 친 '개혁'은 '제2차 갑오개혁'이다. 제2차 갑오개혁에서는 ㄴ. 재판소 등을 설치하여 사법권을 독립시켰고, ㄷ. 8도를 23부로 개편하였다.

| **오답 해설** | ㄱ. 제1차 갑오개혁에서는 과거제를 폐지하였다.
ㄹ. 을미개혁 때 친위대(중앙군)와 진위대(지방군)가 설치되었다.

51 ②

개념 카테고리 근현대의 우리 역사 > 개항기 > 을미개혁

| **정답 해설** | 제시된 사료는 1895년 을미개혁 시기에 공포된 소학교령이다. 이 시기는 '4차 김홍집 내각'에 해당한다. 을미개혁 시기에는 ㄱ. '건양'이라는 연호를 제정하였고, ㄷ. 친위대 및 진위대를 설치하였다.

| **오답 해설** | ㄴ. 1876년 체결된 조·일 무역 규칙은 조·일 통상 장정(1883)으로 개정되었다.
ㄹ. 고종은 1896년 아관파천 이후 단발령을 폐지하고, 의정부를 다시 설치하였다.

52 ②

개념 카테고리 근현대의 우리 역사 > 개항기 > 조·청 상민 수륙 무역 장정, 시모노세키 조약

| **정답 해설** | (가)는 조·청 상민 수륙 무역 장정(1882), (나)는 청일 전쟁의 강화 조약인 시모노세키 조약(1895) 중 일부이다. ② 한청 통상 조약은 1899년 체결되었다.

| **오답 해설** | ① 영국은 러시아의 남하를 저지하기 위해 1885년 거문도를 불법으로 점령하였다.
③ 김옥균 등 급진 개화파는 1884년 갑신정변을 일으켰다.
④ 1894년 청과 일본 사이에 전쟁이 발발하였다.

53 ③

개념 카테고리 근현대의 우리 역사 > 개항기 > 을미개혁

| **정답 해설** | 제시된 내용은 1895년 을미개혁 당시 추진된 개혁이다. ③ 삼국 간섭 이후 조선 내에서 친러 세력이 성장하자, 위기를 느낀 일본은 을미사변(명성황후 시해 사건)을 일으키고 친일 내각(제4차 김홍집 내각)을 성립시킨 후 을미개혁을 추진하였다.

| **오답 해설** | ① 임오군란 이후 청의 추천으로 묄렌도르프 등이 조선에 고문으로 부임하였다.
② 김옥균, 박영효 등 급진 개화파가 주도하여 갑신정변을 일으켰다.
④ 을사늑약(제2차 한·일 협약)이 체결된 후 대한 제국의 외교권이 박탈되었다.

독립 협회, 광무개혁									문제편 P.199
54	②	55	②	56	②	57	③	58	④
59	③	60	④	61	③	62	①	63	③
64	②	65	②						

54 ②

개념 카테고리 근현대의 우리 역사 > 개항기 > 독립 협회

| **정답 해설** | 제시된 내용은 독립 협회에서 결의한 헌의 6조(1898) 중 일부이다. ㄱ. 독립 협회는 「구국 운동 상소문」(구국 운동 선언 상소, 1898. 2.)을 고종에게 올렸고, ㄹ. 러시아의 내정 간섭과 이권 침탈에 반대하였다. 그 결과 한·러 은행을 폐쇄하고 러시아의 절영도 조차 요구를 좌절시켰다.

| **오답 해설** | ㄴ. 대한 자강회는 고종의 강제 퇴위 반대 운동을 전개하다가 해산되었다(1907).
ㄷ. 보안회는 일제의 황무지 개간권 요구에 반대하였다.

55 ②

개념 카테고리 근현대의 우리 역사 > 개항기 > 헌의 6조

| **정답 해설** | ② 헌의 6조에서는 재정은 '탁지부'에서 전담하고, 예산과 결산을 공포한다고 규정하였다.

| 플러스 이론 | 헌의 6조

1. 외국인에게 의지하지 말고, 관민이 합심하여 황권을 공고히 할 것
2. 외국과의 이권에 관한 계약과 조약은 각 대신과 중추원 의장이 합동, 날인하여 시행할 것
3. 재정은 탁지부에서 관할하고, 예산과 결산을 공포할 것
4. 중대 범죄인은 공판하고, 피고의 인권을 존중할 것
5. 칙임관을 임명할 때는 정부에 그 뜻을 물어 중의에 따를 것
6. 별항의 규칙을 실천할 것

56 ②

개념 카테고리 근현대의 우리 역사 > 개항기 > 독립 협회

| 정답 해설 | 만민 공동회를 개최하고, 헌의 6조를 채택한 단체는 ㉠ '독립 협회'이다. ② 독립 협회는 러시아의 절영도(현재의 부산 영도) 조차 요구를 좌절시켰다.

| 오답 해설 | ① 고종은 양력 1895년 1월 최초의 근대적 헌법의 성격을 갖는 홍범 14조를 발표하였다.
③ 1907년 대구에서 시작된 국채 보상 운동은 전국적으로 확대되었고, 서울에서 국채 보상 기성회가 설립되었다.
④ 1889년 황해도 관찰사 조병철은 방곡령을 선포하였다.

57 ③

개념 카테고리 근현대의 우리 역사 > 개항기 > 독립 협회

| 정답 해설 | 제시된 사료는 '독립 협회'가 주관한 관민 공동회 중 백정 출신 박성춘의 연설문이다. ③ 독립 협회는 러시아의 절영도 조차 요구를 저지하였다.

| 오답 해설 | ① 신민회, ② 보안회, ④ 대한 자강회에 대한 설명이다.

58 ④

개념 카테고리 근현대의 우리 역사 > 개항기 > 대한국 국제와 헌의 6조

| 정답 해설 | (가) 1899년에 공포된 '대한국 국제' 중 일부이며, (나) 1898년에 독립 협회가 발표한 '헌의 6조' 중 일부이다. ④ 대한국 국제는 독립 협회 해산(1898. 12.) 이후에 공포되었다.

| 오답 해설 | ① 대한국 국제에서는 입법·사법·행정의 모든 권력이 황제에게 있음을 규정하였다.
② 헌의 6조에서는 정부의 예산과 결산을 인민에게 공표할 것을 명시하였다.
③ 고종 황제는 헌의 6조를 재가하고, 조칙 5조를 반포하였다.

59 ③

개념 카테고리 근현대의 우리 역사 > 개항기 > 베베르·고무라 각서

| 정답 해설 | ③ 아관파천 이후 정치적 우위를 차지한 러시아는 일본과 베베르(웨베르)·고무라 각서(1896)를 체결하였다. 그 내용은 '첫째, 아관파천과 친러 정권을 인정할 것, 둘째, 을미사변에 대한 일본 책임을 시인할 것, 셋째, 주한 일본군을 감축하여 러시아 병력과 같은 수를 유지할 것' 등이다.

60 ④

개념 카테고리 근현대의 우리 역사 > 개항기 > 광무개혁

| 정답 해설 | ④ 재판소 설치 등 사법 제도의 근대화, 「교육 입국 조서」의 반포는 제2차 갑오개혁 때 추진된 사실이다.

| 플러스 이론 | 광무개혁의 주요 내용

- '구본신참'을 원칙으로 점진적 개혁을 추진하였다.
- 황실 재정을 담당하는 내장원의 기능을 확대하였다.
- 국가 재정을 확보하기 위해 양전 사업을 실시하고, 일부 지역에서 토지의 소유권을 명시한 '지계'를 발급하였다(1901, 지계아문의 설치).
- 금본위제 화폐 제도를 채택하였다.
- 1899년(광무 3년) 대한 제국과 청이 대등한 위치에서 한·청 통상 조약을 체결하였다.

61 ③

개념 카테고리 근현대의 우리 역사 > 개항기 > 대한 제국

| 정답 해설 | 대한 제국은 1897년에 선포되었다. ③ 고종은 아관파천 이후, 러시아 공사관에 머무르면서 향후 환궁을 위해 경운궁을 증축하였다. 따라서 대한 제국 정부 수립 이전의 사실이다.

| 오답 해설 | ① 대한 제국 정부는 1901년 지계아문을 설치하고, 일부 지주에게 근대적 토지 소유 문서인 지계를 발급하였다(전국적으로 발급하지는 못함).
② 1899년 청과 대등한 관계에서 한·청 통상 조약이 체결되었다.
④ 1899년 법규 교정소를 설치하고 대한국 국제를 발표하여, 당시 국제법인 '만국공법'에 기초한 근대 국가의 기틀을 마련하였다.

62 ①

개념 카테고리 근현대의 우리 역사 > 개항기 > 국권 피탈 과정

| 정답 해설 | 러·일 전쟁은 1904. 2. ~ 1905. 9.(포츠머스 조약 체결)까지 전개되었다. ① 대한 제국 정부는 러·일 전쟁 발발 직전인 1904년 1월에 국외 중립을 선언하였다.

| 오답 해설 | ② 일본은 1905년 2월에 독도를 강탈하여 시마네 현에 포함시켰다.
③ 일본은 1904년 8월에 제 1차 한·일 협약(재정 및 외교 고문 용빙에 관한 한·일 각서)을 체결하였으며, 이 협약에 따라 재정 고문으로 메가타, 외교 고문으로 스티븐스가 임명되었다.
④ 미국과 일본은 가쓰라·태프트 밀약(1905. 7.)을 체결하여 미국의 필리핀, 일본의 대한 제국 지배를 상호 인정하였다.

63 ③

| 개념 카테고리 | 근현대의 우리 역사 > 개항기 > 대한 제국과 대한국 국제

| 정답 해설 | 제시된 자료는 대한 제국 선포 과정과 '대한국 국제' 발표에 관한 내용을 담고 있다. ③ 1899년 공포된 '대한국 국제'는 전제 황권 강화를 표방하였고, 황제에게 육·해군의 통수권이 있음을 명시하였다.

| 오답 해설 | ① 대한 제국의 헌법인 '대한국 국제'는 모든 권력이 황제로부터 나온다는 것을 명시하고 있다.
② 러시아 공사관에 머물던 고종은 1897년 2월 경운궁(현재의 덕수궁)으로 환궁하였다.
④ 대한 제국은 황제 중심의 전제 군주제를 지향하였다.

| 플러스 이론 | 대한국 국제

제1조 대한국은 세계 만국에 공인되올 바 자주독립하온 제국이니라.
제2조 대한 제국의 정치는 이전부터 오백 년간 전래하시고 이후부터는 항만세(恒萬歲) 불변하오실 전제 정치이니라.
제3조 대한국 대황제께옵서는 무한하온 군권을 향유하옵시느니 공법(公法)에 이르는 바 자립 정체이니라.
제4조 대한국 신민이 대황제의 향유하옵시는 군권을 침손할 행위가 있으면 그 행위의 사전과 사후를 막론하고 신민의 도리를 잃어버린 자로 인정할지니라.
제5조 대한국 대황제께옵서는 국내 육해군을 통솔하옵셔서 편제(編制)를 정하옵시고 계엄·해엄을 명령하옵시니라.
제6조 대한국 대황제께옵서는 법률을 제정하옵셔서 그 반포와 집행을 명령하옵시고 만국의 공공(公共)한 법률을 효빙(效倣)하사 국내 법률로 개정하옵시고 대사·특사·감형·복권을 명하옵시느니 공법에 이른바 자정율례(自定律例)이니라.
제7조 대한국 대황제께옵서는 행정 각 부부(府部)의 관제와 문무관의 봉급을 제정 혹은 개정하옵시고 행정상 필요한 칙령을 발하옵시느니 공법에 이른바 자치행리(自治行理)이니라.
제8조 대한국 대황제께옵서는 문무관의 출척(黜陟)·임면을 행하옵시고 작위·훈장 및 기타 영전(榮典)을 수여 혹은 체탈(遞奪)하옵시느니 공법에 이른바 자선신공(自選臣工)이니라.
제9조 대한국 대황제께옵서는 각 국가에 사신을 파송 주찰(駐紮)케 하옵시고 선전·강화 및 제반 약조를 체결하옵시느니 공법에 이른바 자견사신(自遣使臣)이니라.

64 ②

| 개념 카테고리 | 근현대의 우리 역사 > 개항기 > 대한 제국의 정책

| 정답 해설 | ② 대한 제국 정부는 개항장에서만 외국인의 토지 소유를 인정하였다.

65 ②

| 개념 카테고리 | 근현대의 우리 역사 > 개항기 > 대한 제국의 양전·지계 사업

| 정답 해설 | 제시된 사료는 대한 제국의 광무개혁 중 양전·지계(地契) 사업에 대한 내용이다. 1898년 설치된 양지아문에서 양전 사업을 시작하였고, 1901년 설립된 지계아문에서 지계 발급 사무를 담당하였다. 그러나 러·일 전쟁 발발 이후 일본의 간섭으로 지계가 전국적으로 발급되지는 못했다. ② 일제 강점기에 실시된 토지 조사 사업(1910~1918) 당시 조사한 토지의 지적도와 토지대장을 작성하였다.

국권 피탈 과정과 항일 의병 운동, 애국 계몽 운동									문제편 P.201
66	①	67	①	68	②	69	④	70	②
71	②	72	④	73	③	74	④	75	④
76	①	77	①	78	①	79	③	80	④
81	④	82	①	83	②	84	④	85	②
86	③	87	①	88	②	89	④	90	①
91	②								

66 ①

| 개념 카테고리 | 근현대의 우리 역사 > 개항기 > 한·일 의정서

| 정답 해설 | ① 제시된 사료 중 제4조(군사 전략상 필요한 지점을 상황에 따라 차지하여 이용할 수 있다)의 내용을 통해 러·일 전쟁 직후 체결된 한·일 의정서임을 알 수 있다.

| 플러스 이론 | 한·일 의정서

제1조 한국 정부는 일본을 신임하여 '시정 개선'에 관한 충고를 받아들일 것
제2조 일본 정부는 한국 황실의 안전을 도모할 것
제3조 일본은 한국의 독립과 영토 보전을 보장할 것
제4조 제3국의 침략으로 한국에 위험 사태가 발생할 경우 일본은 이에 신속히 대처하며, 한국 정부는 이와 같은 일본의 행동이 용이하도록 충분한 편의를 제공하고, 일본 정부는 목적을 달성하기 위해 (군사)전략상 필요한 지역을 언제나 사용할 수 있도록 할 것
제5조 한국과 일본은 상호 간의 승인을 거치지 않고서는 협정의 취지에 위배되는 협약을 제3국과 맺지 못한다.
제6조 본 협약에 관련된 미비한 내용은 대한 제국 외무 대신과 대일본 제국 대표자 사이에 임기 협정할 것

67 ① 中

개념 카테고리 근현대의 우리 역사 > 개항기 > 1904년의 사건

| **정답 해설** | 제시된 자료는 러·일 전쟁 직후 체결된 한·일 의정서(1904. 2. 23.)이다. ① 1904년 일본이 제물포에 있던 러시아 군함을 공격하면서 러·일 전쟁이 발발하였다(1904. 2. 8.).

| **오답 해설** | ② 일본은 러·일 전쟁 중 독도를 강탈하여 시마네현에 편입시켰다(1905. 2.).
③ 일본은 1907년 한·일 신협약(정미 7조약) 체결 직후, 대한 제국 군대를 해산시켰다.
④ 일본은 헤이그 특사 파견을 빌미로 1907년 고종을 강제 퇴위시켰다.

68 ② 中

개념 카테고리 근현대의 우리 역사 > 개항기 > 제1차 한·일 협약

| **정답 해설** | ② 러·일 전쟁 중 제1차 한·일 협약(1904. 8.)이 체결되어 메가타가 재정 고문으로, 스티븐스가 외교 고문으로 대한 제국에 들어왔다.

69 ④ 中

개념 카테고리 근현대의 우리 역사 > 개항기 > 제2차 한·일 협약

| **정답 해설** | 제시된 사료는 1905년에 체결된 을사늑약(제2차 한·일 협약)이다. ④ 을사늑약의 체결로 대한 제국의 외교권은 일본으로 넘어갔다.

| **오답 해설** | ① 조선 총독부는 1910년 한·일 병합 조약 이후에 설치되었다.
② 1907년 일제는 헤이그 특사 사건을 빌미로 고종을 강제 퇴위시키고 순종을 즉위시킨 후에 한·일 신협약(정미 7조약)을 강제로 체결하였다.
③ 1883년 개정된 조·일 통상 장정에서 방곡령이 규정되었는데, 방곡령 시행 1개월 전에 일본에 미리 통보해야 한다는 내용이 실려 있다.

| **플러스 이론** | **을사늑약에서 이사관의 역할**

> 을사늑약 이후 제정된 '통감부 및 이사청관제'에서 '이사관'의 업무는 통감의 지휘 감독을 받아, 영사 사무와 제2차 한·일 협약(을사늑약) 및 법령에 기초하여 사무를 관장한다고 규정되어 있다. 또한 '이사관'은 "안녕질서를 유지하기 위해 긴급히 필요하다고 판단되면 제국군대 사령관에 출병을 요청할 수 있다."는 조항이 있다.

70 ② 上

개념 카테고리 근현대의 우리 역사 > 개항기 > 을사늑약 이후의 사건

| **정답 해설** | 제시된 자료는 프랑스 대통령에게 외교를 위한 공사관을 다시 설치해 달라고 요청하는 글이다. ② 일본은 1905년 을사늑약(1905. 11. 17.)을 체결한 이후, 대한 제국의 외교권을 박탈하고 중앙에는 통감부, 지방에는 이사청을 설치하였다.

| **오답 해설** | ① 1905년 9월 5일, 러·일 전쟁 강화 조약인 포츠머스 조약이 체결되었다.
③ 1903년 러시아는 용암포와 압록강 하구를 점령하고 대한 제국에 조차를 요구하였다(용암포 사건).
④ 1904년 8월, 제1차 한·일 협약(한·일 외국인 고문 및 용빙에 관한 협정서)이 조인되었다.

| **플러스 이론** | **이사청**

> 이사청은 을사늑약 이후, 일제가 설치한 통감부(統監府)의 지방 기관이다. 1905년 12월, 일왕의 칙령으로 '통감부급이사청관제(統監府及理事廳官制)'를 공포하여 중앙에 통감부를 설치하고 지방의 일본 영사관 자리에 이사청을 설치하였다(1906. 2.). 이후 서울과 지방에서 본격적인 한국 침탈(侵奪)을 시작하였다.

71 ② 中

개념 카테고리 근현대의 우리 역사 > 개항기 > 한·일 신협약 체결 이후의 일

| **정답 해설** | 제시된 사료는 순종이 즉위한 후 체결된 한·일 신협약(정미 7조약, 1907)이다. ② 헤이그 특사 파견을 빌미로 일제가 고종을 강제로 퇴위시킨 후 순종이 즉위하였으므로, 순종 즉위는 한·일 신협약(정미 7조약) 체결 이전의 사실이다.

| **오답 해설** | ① 1908년 13도 창의군의 서울 진공 작전이 있었으나 실패하였다.
③ 1909년 일제는 '남한 대토벌 작전'을 통해 의병 운동을 탄압하였다.
④ 1909년 기유각서의 체결로 대한 제국의 사법권 및 감옥 사무가 박탈되었다.

72 ④ 中

개념 카테고리 근현대의 우리 역사 > 개항기 > 정미 7조약

| **정답 해설** | 제시된 사료는 1907년 체결된 정미 7조약(한·일 신협약)의 비밀 부수 각서 중 일부이다. ④ 정미 7조약은 통감이 추천하는 일본인을 한국 관리에 임명한다는 내용을 담고 있다.

| **오답 해설** | ① 고종은 을사늑약(1905)의 부당성을 호소하기 위해 1907년 헤이그에 특사(이상설, 이준, 이위종)를 파견하였다.
② 신돌석은 을사늑약 이후 거병한 을사의병장이자 최초의 평민 의병장이다.

③ 제1차 한·일 협약(1904)이 체결된 이후 재정 고문으로 들어온 메가타는 1905년부터 화폐 정리 사업을 실시하였다.

73 ③

개념 카테고리 근현대의 우리 역사 > 개항기 > 한·일 신협약과 한·일 병합 조약 사이 시기의 일

| **정답 해설** | (가) 한·일 신협약(정미 7조약, 1907. 7.), (나) 한·일 병합 조약(1910)이다. ③ 화폐 정리 사업은 1905년에 시작되었다.

| **오답 해설** | ① 1908년 사립 학교령이 공포되었다.
② 1909년 안중근이 이토 히로부미를 저격하였다.
④ 1907년 7월 한국 군대를 해산하는 조칙이 발표되었다.

74 ④

개념 카테고리 근현대의 우리 역사 > 개항기 > 한·일 강점 직후

| **정답 해설** | 제시된 사료는 일본의 '한반도 강점' 직후 자결한 황현의 「절명시」이다. ④ 일본은 한반도 강점 직후 육군 대신 데라우치가 헌병에게 경찰 업무를 담당하게 하였고, 순종에게 양위의 조서를 내리도록 하였다.

| **오답 해설** | ① 일본은 1905년 미국과는 가쓰라-태프트 밀약(각서), 영국과는 제2차 영·일 동맹, 러시아와는 포츠머스 조약을 통해 대한 제국에 대한 지배를 인정받았다.
② 고종은 1905년 을사늑약 체결 당시 조약에 끝까지 서명하지 않았다. 이 내용은 이후 〈대한매일신보〉에 친서의 형태로 보도되었다.
③ 일본은 1907년 한·일 신협약(정미 7조약)을 강요하여 국가의 법령 제정, 중요 행정 처분, 고등 관리의 임명에 대해 통감의 사전 승인을 받도록 하였고, 통감이 추천한 일본인을 관리로 임명하도록 하였다.

75 ④

개념 카테고리 단원 통합 > 개항기 > 우리나라의 의병

| **정답 해설** | ④ 일본의 남한 대토벌 작전은 1909년이며, 서울 진공 작전은 1908년에 시도되었다. 따라서 문장의 선후 관계가 옳지 않다.

76 ①

개념 카테고리 근현대의 우리 역사 > 개항기 > 을미의병

| **정답 해설** | 제시된 사료에서 "짐이 머리카락을 이미 깎았으니"라는 내용을 통해 을미개혁으로 실시된 단발령임을 알 수 있다. ① '을미의병(1895)'은 을미사변(명성황후 시해 사건)과 단발령이 계기가 되어 발생하였으며, 의병장의 대부분(예 유인석과 이소응)은 지방 유생으로 대의에 입각한 존왕양이를 명분으로 거사하였다. 당시 의병의 공격 목표가 일본인이 많이 진출한 도시였다는 점과 거병 지역이 주로 중남부 지방이었다는 점은 동학 농민 운동과 지역적으로 거의 일치하고 있다.

| **오답 해설** | ② 해산 군인의 합류로 전투력이 향상된 의병은 정미의병이다. 일본군을 상대로 하는 정규전 양상을 보였으며(의병 전쟁의 성격), 13도 창의군을 결성하여 군사장 허위를 중심으로 서울 진공 작전을 추진하였다(1908).
③ 정미의병은 13도 창의군을 결성하여 각국 공사관에 국제법상 교전 단체로 인정해 줄 것을 요구하였다.
④ 독립 의군부(1912)는 임병찬이 고종의 밀지를 받아 조직하였고, 복벽주의(고종 복위)를 추구하였다. 일제의 총리 대신과 조선 총독에게 국권 반환 요구서를 보내 한국 강점의 부당성을 지적하고, 대규모 항일전을 준비하였으나 조직이 발각되어 해체되었다.

77 ①

개념 카테고리 근현대의 우리 역사 > 개항기 > 활빈당

| **정답 해설** | 제시된 자료는 '활빈당'의 강령인 대한 사민 논설 13조 중 일부이다. 소설 「홍길동전」에서 이름을 따온 활빈당은 1900~1904년까지 한반도 각지(충청, 경기, 낙동강 동쪽 경상도 지역)에서 반봉건·반외세를 표방하여 봉기했던 민중 무장 집단이다. ① 정치적·경제적 각성을 촉진하고, 단결을 공고히 함을 강령으로 삼아 투쟁한 것은 '신간회'이다.

78 ①

개념 카테고리 근현대의 우리 역사 > 개항기 > 을사의병

| **정답 해설** | 제시된 사료는 〈대한매일신보〉에 발표된 민영환의 유서이다. 민영환은 을사늑약 직후 자결로서 저항했던 인물이다. ① 을사의병 시기에는 민종식, 최익현 등의 유생 출신 의병장과 함께 신돌석 등의 평민 출신 의병장이 등장했다는 것이 특징이다.

| **오답 해설** | ② 정미의병 시기에는 의병 연합군인 13도 창의군을 결성하였다. 이후 1908년 허위가 중심이 되어 서울 진공 작전을 추진하였으나 실패하였다.
③ 1895년 을미사변과 단발령을 계기로 거병한 을미의병은 1896년 아관파천 이후 고종의 해산 권고 조칙에 따라 대부분 해산되었다.
④ 1907년 대한 제국 군대가 해산된 이후 해산 군인들은 정미의병에 합류하였다.

79 ③

개념 카테고리 근현대의 우리 역사 > 개항기 > 을미의병

| 정답 해설 | 제시된 사료는 을미의병장 유인석의 「격고팔도열읍(檄告八道列邑)」 중 일부이며, "국모의 원수", "임금께서 머리를 깎이시고"를 통해 을미사변과 단발령이 원인이 되어 거병했음을 알 수 있다. ㄷ 을미의병장 유인석은 충청도 제천에서 거병하였으며 한때 충주성을 점령하기도 하였다.
| 오답 해설 | ㄱ 을사의병, ㄴㄹ 정미의병에 대한 설명이다.

80 ④

개념 카테고리 근현대의 우리 역사 > 개항기 > 1907년 이후의 의병 활동

| 정답 해설 | 제시된 표는 1907년 이후 의병 활동(정미의병)에 대한 내용이다. ④ 신돌석 등의 평민 출신 의병장이 처음 등장한 시기는 을사의병(1905) 때이다.
| 오답 해설 | ① 1907년 해산된 군인들이 정미의병에 참여하여 의병의 전술과 조직, 화력이 강화되었다.
② 1909년 일제는 의병이 많이 있었던 전라도 지역을 중심으로 남한 대토벌 작전을 실시하여 의병 활동에 큰 타격을 주었다.
③ 1907년 전국 의병 연합 부대인 13도 창의군이 양주에서 결성(총대장 이인영)되었고, 1908년에는 군사장 허위를 중심으로 서울 진공 작전을 시도하였다.

81 ④

개념 카테고리 근현대의 우리 역사 > 개항기 > 정미의병

| 정답 해설 | 제시된 자료 중 "해산병이 들고 일어났다"는 표현에서 '정미의병'임을 알 수 있다. ④ 정미의병은 의병 연합군인 13도 창의군을 결성하여 서울 진공 작전을 추진하였으나 실패하였다.

82 ④

개념 카테고리 근현대의 우리 역사 > 개항기 > 안중근

| 정답 해설 | 제시된 사료는 1910년 안중근의 최후 진술 중 일부이다.
ㄷ. 안중근은 하얼빈 의거(1909, 이토 히로부미 사살) 이후 체포되어 1910년에 중국 뤼순(여순) 감옥에서 순국하였는데, 옥중에서 『동양평화론』을 집필하였으나 완성하지는 못하였다.
ㄹ. 안중근은 1909년 연해주에서 동의단지회(同義斷指會)에 참여하는 등 의병 투쟁을 전개하였다.

| 플러스 이론 | 안중근의 최후 진술

내가 이토를 죽인 이유는 이토가 있으면 (이토가) 동양의 평화를 어지럽게 하고 한·일 간이 멀어지기 때문에 한국의 의병 중장의 자격으로 죄인을 처단한 것이다. …(중략)… 오늘날 인간은 모두 법에 따라 생활하고 있는데, 현실적으로 사람을 죽인 자가 벌을 받지 않고 살아 남을 도리는 없는 것이다. 그렇다면 나는 어떤 법에 의해 처벌되어야 하는가의 문제가 남아 있는데, 이에 대해 나는 (내가) 한국의 의병이며 지금은 적군의 포로가 되어 있으니 당연히 만국공법에 의해 처리되어야 할 것이라고 생각한다.

83 ②

개념 카테고리 근현대의 우리 역사 > 개항기 > 항일 의병 운동

| 정답 해설 | ㄱ 을미의병은 국모 시해(을미사변)와 단발령을 계기로 1895년 거병하였다.
ㄴ 을사의병(1905) 시기에는 평민 출신 의병장 신돌석이 항일 의병 활동을 시작하였다.
ㄹ '한·일 신협약(정미 7조약)'으로 해산된 군인들이 의병에 합류하기 시작하였다(1907, 정미의병).
ㄷ 일본군의 '남한 대토벌 작전'(1909) 이후 많은 의병들은 간도와 연해주 등으로 근거지를 옮겨 일제에 항전을 계속하였다.

| 플러스 이론 | 항일 의병 운동

을미의병(1895)	• 배경: 을미사변과 단발령 • 특징: 유생들이 주도, 동학 농민군 잔여 세력의 참여 • 활동: 친일 관리 처단, 일본군 공격 • 해산: 아관파천 후 단발령 철회와 고종의 해산 권고 조칙의 발표
을사의병(1905)	• 배경: 을사늑약 체결 • 특징: 유생 의병장(민종식, 최익현) 외에 평민 출신 의병장(신돌석) 활동
정미의병(1907)	• 배경: 고종의 강제 퇴위, 군대 해산 • 특징: 해산 군인들의 참여 • 연합 전선: 13도 창의군 결성 → 서울 진공 작전(1908) → 실패

84 ④

개념 카테고리 근현대의 우리 역사 > 개항기 > 애국 계몽 운동 단체

| 정답 해설 | ④ 5적 암살단은 대종교와 관련 있다.

85 ②

개념 카테고리 근현대의 우리 역사 > 개항기 > 애국 계몽 운동 단체

| **정답 해설** | 제시된 자료는 '애국 계몽 운동 단체'에 대한 설명이다. ② ㉠ 신민회, ㉣ 대한 협회, 대한 자강회 등이 해당한다.

| **오답 해설** | ㉡ 친일 단체인 일진회와 지문에서 1905년이라는 말이 있으므로 그 이전에 조직되어 활동한 ㉢ 독립 협회(1896~1898)는 애국 계몽 운동 단체에 해당하지 않는다.

86 ③

개념 카테고리 근현대의 우리 역사 > 개항기 > 애국 계몽 운동 단체

| **정답 해설** | 제시된 사료는 1906년 설립된 '대한 자강회' 취지문이다. 헌정 연구회는 1905년, 대한 협회는 1907년, 보안회는 1904년, 대한 자강회는 1906년 설립되었다. 따라서 대한 자강회보다 먼저 만들어진 단체는 ③ ㉠ 헌정 연구회(1905), ㉡ 보안회(1904)이다.

| **플러스 이론** | 보안회, 헌정 연구회, 대한 자강회

1. 보안회(1904)
   송수만, 심상진 등을 중심으로 일본의 황무지 개간권 요구를 저지하였다.
2. 헌정 연구회(1905)
   - 의회 설립을 위한 입헌 정치 체제 수립을 목표로 활동하였다.
   - 왕실과 정부도 헌법과 법률에 따라 활동해야 하며 국민은 법률이 보장하는 권리를 누릴 수 있어야 한다고 주장하였다. 그러나 일제의 탄압으로 해산되었다.
3. 대한 자강회(1906)
   - 교육과 산업의 진흥을 통한 실력 양성 운동을 전개하였다.
   - 고종의 강제 퇴위 반대 운동을 전개하다 통감부에 의해 해산되었다.

87 ①

개념 카테고리 근현대의 우리 역사 > 개항기 > 을미사변, 을사늑약, 서울 진공 작전

| **정답 해설** | 을미사변은 1895년, 을사조(늑)약은 1905년, 서울 진공 작전은 1908년이다. 따라서 (가) 1895~1905년, (나) 1905~1908년에 해당한다. ① (가) 시전 상인들이 설립한 황국 중앙 총상회는 1898년에 조직되었다.

| **오답 해설** | ② (가) 105인 사건(1911), ③ (나) 함경도 관찰사 조병식의 방곡령 선포(1889), ④ (나) 보안회의 창설(1904)에 관한 설명이다.

88 ②

개념 카테고리 근현대의 우리 역사 > 개항기 > 신민회

| **정답 해설** | 제시된 자료에서 "대성 학교, 오산 학교, 자기 회사, 태극 서관"은 ② '신민회'와 관련된 교육 및 산업 기관이다. 또한 신민회는 서간도에 삼원보와 같은 독립운동 기지를 건설하기도 하였다.

89 ④

개념 카테고리 근현대의 우리 역사 > 개항기 > 신민회

| **정답 해설** | 제시된 사료의 단체는 신민회이다. 1907년 비밀 결사로 조직된 신민회는 안창호, 양기탁 등이 중심인물이었다. 신민회에서는 국권 회복을 목표로 대성 학교, 오산 학교 등의 교육 기관을 설립하였고, 자기 회사와 태극 서관을 운영하였다. 또한 신민회는 공화정을 지향하였으며 ④ 남만주의 삼원보 등 국외에 독립운동 기지 건설을 추진하였다.

| **오답 해설** | ① 대한민국 임시 정부는 비밀 행정 조직인 연통제를 통해 독립운동 자금을 모았다.

② 보안회(1904)는 일본의 황무지 개간권 요구에 반대하여 이를 좌절시켰다.

③ 1919년 김원봉이 창립한 의열단은 신채호의 「조선 혁명 선언」을 강령으로 삼아 활동하였다.

90 ①

개념 카테고리 근현대의 우리 역사 > 개항기 > 신민회

| **정답 해설** | ① 신민회는 공화정체를 지향한 한말 최대의 비밀 결사 조직이다.

91 ②

개념 카테고리 근현대의 우리 역사 > 개항기 > 애국 계몽 운동, 항일 의병 운동

| **정답 해설** | (가) '애국 계몽 운동', (나) '항일 의병 운동'이다. ㉠ 애국 계몽 운동은 개화 자강 계열 운동을 계승하여 전개된 구국 민족 운동이었으며, ㉣ 항일 의병 운동은 국권 피탈 후 무장 독립 투쟁으로 계승되었다.

| **오답 해설** | ㉡ 공화정을 주장한 단체는 신민회만 해당한다.

㉢ 양반 유생들은 봉건 질서를 지키려 한 위정척사 운동을 주도하였다.

개항기의 경제 · 사회 · 문화									문제편 P.208
92	③	93	②	94	④	95	③	96	①
97	②	98	①	99	②	100	③	101	③
102	④	103	④	104	④	105	④	106	④
107	③	108	①	109	①	110	③	111	②
112	②	113	①	114	②	115	③	116	④

92 ③

개념 카테고리 근현대의 우리 역사 > 개항기 > 국채 보상 운동

| 정답 해설 | 제시된 내용은 '국채 보상 운동'에 대한 설명이다. 1907년 국채 보상 운동은 일제의 차관 제공에 의한 경제적 예속화를 벗어나고자 한 운동이었다. 김광제, 서상돈 등을 중심으로 국채 보상 기성회를 조직하여 ③ 대구에서 시작되어 전국으로 확대되었다. 모금을 위해 금연 운동이 전개되었고, 부녀자들은 비녀와 가락지까지 내어 호응하였다. 특히 〈대한매일신보〉 등 언론 기관의 적극적인 후원이 있었으나, 통감부의 방해로 결국 실패하였다.

| 오답 해설 | ① 보안회는 일본의 황무지 개간권 요구를 좌절시켰다.
② 국채 보상 운동은 통감부의 탄압으로 실패하였다.
④ '내 살림 내 것으로', '조선 사람 조선 것' 등의 표어는 1920년대 초 물산 장려 운동에서 사용되었다.

93 ②

개념 카테고리 근현대의 우리 역사 > 개항기 > 한말의 경제적 구국 운동

| 정답 해설 | 외국 상인들이 1885년경부터 점차 개항장 객주를 통하지 않고 내륙의 산지, 포구 등에서 내지(內地) 객주들과 직접 거래하게 되면서 개항장 객주들은 타격을 받게 되었다. 이에 개항장 객주들은 객주 상회소(객주 조합)를 설립하여 상권을 수호하려 하였고, 대동상회나 장통회사와 같은 근대적 상회사를 창립하였다. ② 이륭양행과 백산상회는 대한민국 임시 정부의 군자금 조달과 관련이 있다.

94 ④

개념 카테고리 근현대의 우리 역사 > 개항기 > 화폐 정리 사업

| 정답 해설 | 제시된 내용은 1905년부터 시행된 화폐 정리 사업과 관련된 법령이다. 제1차 한·일 협약(1904)으로 대한 제국에 들어온 재정 고문 메가타는 금본위제를 바탕으로 화폐 정리 사업을 추진하였다. 당시 대한 제국에서 유통되고 있었던 백동화 등을 ㄷ. 일본 제일은행에서 발행한 화폐(제일은행권)로 교환하는 방식이었다. 그러나 백동화의 품질에 따라, 갑·을·병으로 구분하여, 가장 질이 낮은 병종은 교환해 주지 않았다. 한편 ㄹ. 화폐 정리 사업 과정에서 소요된 막대한 재정은 (일본이 대여한) 대한 제국의 국채로 충당되어, 대한 제국의 일본에 대한 경제적 예속화를 강화시켰다.

95 ③

개념 카테고리 근현대의 우리 역사 > 개항기 > 개항 이후 경제 상황

| 정답 해설 | 제시된 내용의 순서는 다음과 같다.
ㄹ. 조·일 수호 조규 부록(1876, 일본 상인들의 개항장 중심의 거류지 무역 시작)
ㄱ. 조·청 상민 수륙 무역 장정(1882, 청 상인의 내지 통상권 획득)
ㄷ. 대한천일은행의 설립(1899)
ㄴ. 메가타가 주도한 화폐 정리 사업의 시작(1905)

96 ①

개념 카테고리 근현대의 우리 역사 > 개항기 > 통상 조약

| 정답 해설 | ① 1876년 강화도 조약 직후 체결된 조·일 무역 규칙(조·일 통상 장정)에서는 무관세·무항세·무제한 양곡 유출이 규정되었다. 이후 1883년 조·일 통상 장정이 개정되면서 관세가 설정되었으나, 조·미 수호 통상 조약의 영향으로 최혜국 대우가 추가되었다. 특히 방곡령 선포가 규정되었으나, 방곡령 시행 1개월 전에 반드시 지방관이 일본 영사관에 알려야 한다는 단서 조항을 두었다.

| 오답 해설 | ② 조·청 수륙 무역 장정(1882)의 결과 청나라 상인들이 서울에서도 장사를 허가받는 등 내지 통상권을 획득하였다.
③ 개정 조·일 통상 장정(1883)에서는 관세와 방곡령 선포가 규정되었다.
④ 한·청 통상 조약(1899)은 대한 제국과 청이 처음으로 대등한 관계에서 체결한 근대적 조약이란 점에서 역사적 의미가 있다.

| 플러스 이론 | 조·청 상민 수륙 무역 장정

❶ 장정의 첫머리: "이 수륙 무역 장정은 중국이 속방(屬邦)을 우대하는 뜻에서 상정한 것이고, 각 대등 국가 간의 일체 균점(均霑)하는 예와는 다르다"고 하여 불평등 조약임을 밝힘
❷ 1조: 상무위원의 파견 및 양국 파원의 처우, 북양대신과 조선 국왕의 위치를 대등하게 규정한 것
❸ 2조: 조선에서의 청나라 상무위원의 치외법권(영사 재판권) 인정
❹ 3조: 조난 구호 및 평안도·황해도와 산동·봉천 연안 지방에서의 어채 허용
❺ 4조, 관세 3·4조 및 세칙 5조: 북경과 한성의 양화진에서의 무역을 허락하되 양국 상민의 내지채판을 금하고, 다만 내지채판과 유력(遊歷: 돌아다니는 일)이 필요할 경우 지방관의 허가서를 받아야 한다는 것
❻ 5조: 책문(柵門)·의주, 훈춘(琿春)·회령에서의 개시(5조)
❼ 6조: 홍삼 무역과 세칙

97 ② [上]

개념 카테고리 ┃ 근현대의 우리 역사 > 개항기 > 황국 중앙 총상회

| 정답 해설 | 밑줄 친 '이 단체'는 시전 상인들이 결성한 '황국 중앙 총상회'(1898)이다. 황국 중앙 총상회는 독립 협회의 노륙법(죄인의 스승, 아들, 남편, 아버지 등을 연좌해서 죽이는 법) 및 연좌법 부활 저지 운동 등에 적극 참여하였다. 또한 ② 독립 협회와 함께 외국 상인의 침투를 저지하는 상권 수호 운동을 전개하였다. 그러나 1898년 12월 독립 협회와 함께 대한 제국 정부에 의해 해산되어, 그들의 상권 수호 운동은 좌절되었다.
| 오답 해설 | ① 국채 보상 운동(1907)에 〈대한매일신보〉, 〈만세보〉 등의 언론 기관들이 적극 참여하였다.
③ 대한 자강회(1906)는 윤효정, 장지연 등이 중심이 되어 조직된 애국 계몽 운동 단체로서 1907년 고종의 강제 퇴위 반대 운동을 전개하다가 해체되었다.
④ 양기탁이 공금 횡령 문제로 탄압받은 것은 국채 보상 운동(1907)과 관련이 있다.

98 ① [中]

개념 카테고리 ┃ 근현대의 우리 역사 > 개항기 > 〈한성순보〉

| 정답 해설 | 제시문은 1883년 박문국에서 발간한 최초의 근대 신문인 〈한성순보〉이다. ① 순 한문으로 열흘에 한 번씩 간행되었으며[旬報], 정부가 발행하는 관보의 성격을 띠었다.
| 오답 해설 | 매력적 오답 ② 〈한성주보〉는 최초로 국한문 혼용체를 사용하였으며, 우리 신문 사상 최초로 상업 광고를 실었다.
③ 〈독립신문〉(1896)은 서재필이 창간한 우리나라 최초의 민간 신문이다. 한글판과 영문판을 따로 발간하여 대중 계몽과 조선의 실정을 국제 사회에 알리고자 하였다.
④ 〈황성신문〉(1898. 9.)은 개신 유학자 남궁억 등이 유생층의 계몽을 위해 국한문 혼용체로 발간하였다.

99 ② [中]

개념 카테고리 ┃ 근현대의 우리 역사 > 개항기 > 〈한성주보〉

| 정답 해설 | ② 〈한성주보〉는 최초로 국한문 혼용체를 사용하였으며, 우리 신문 사상 최초로 상업 광고를 실었다.
| 오답 해설 | ① 〈독립신문〉(1896)은 서재필이 창간한 우리나라 최초의 민간 신문이다. 한글판과 영문판을 따로 출간하여 대중 계몽과 조선의 실정을 국제 사회에 알리고자 하였다.
③ 1883년 최초의 근대 신문으로 발간된 〈한성순보〉는 순 한문으로 제작되어 열흘마다 한 번씩 간행되었으며[旬報], 정부가 발행하는 관보의 성격을 띠었다.
④ 〈황성신문〉(1898. 9.)은 개신 유학자 남궁억 등이 발간하여, 유생층의 계몽을 위해 국한문 혼용체로 발간하였다.

100 ③ [上]

개념 카테고리 ┃ 근현대의 우리 역사 > 개항기 > 개화기의 언론

| 오답 해설 | ㉡ 이인직은 〈만세보〉를 인수하여 친일 신문인 〈대한신문〉으로 개편하였다.
㉤ 일본은 1907년 신문지법을 제정하여 언론 탄압을 강화하였다.

101 ③ [中]

개념 카테고리 ┃ 근현대의 우리 역사 > 개항기 > 〈대한매일신보〉

| 정답 해설 | 제시된 자료에 해당하는 신문은 '〈대한매일신보〉'이다. ③ 〈대한매일신보〉는 을사늑약의 무효를 주장하고 고종의 친서를 게재하는 등 일본의 침략 행위를 폭로하였다.
| 오답 해설 | ① 〈제국신문〉, ② 〈독립신문〉, ④ 〈한성순보〉에 대한 설명이다.

102 ④

개념 카테고리 근현대의 우리 역사 > 개항기 > 「시일야방성대곡」

| **정답 해설** | 다음의 논설은 1905년 을사늑약 직후 발표된, '장지연'의 「시일야방성대곡(是日也放聲大哭)」중 일부이다. 당시 ④ 장지연은 〈황성신문〉의 주필이었다.

| **오답 해설** | ① 〈한성순보〉는 1883년 박문국에서 발행된 우리나라 최초의 근대적 신문이다(1884년 갑신정변 직후 폐간).
② 『한국통사』는 박은식이 1915년 저술하였다.
③ 신채호는 1908년 〈대한매일신보〉를 통해 「독사신론」을 발표하였다.

103 ④

개념 카테고리 근현대의 우리 역사 > 개항기 > 근대 교육

| **정답 해설** | 제시된 지문 모두 옳은 설명이다.

| **플러스 이론** | 근대 교육

1. 근대 교육 기관
   - 원산 학사(1883): 함경도 덕원 주민이 세운 최초의 근대적 사립 학교이다.
   - 동문학(1883): 외국어를 교육하여 통역관을 양성하는 학교였다.
   - 육영 공원(1886): 헐버트 등 외국인 교사를 초빙하여 상류층 자제를 대상으로 영어 및 근대 학문을 교육하였다.
2. 「교육 입국 조서」(1895) – "국가의 부강은 국민의 교육에 있다."
   1895년 2월 고종이 발표한 교육에 관한 조칙으로, 교육은 국가 보존의 근본이며, 신교육은 과학적 지식과 실용을 추구하며, 교육의 3대 강령으로 지양, 체양, 덕양을 제시하며, 교육 입국의 정신을 들어 학교를 많이 설립하고, 인재를 길러내는 것이 국가 중흥과 보존에 직결된다고 밝히고 있다.
3. 사립 학교
   - 개신교 선교사: 배재·이화·경신·정신·숭실 학교 등
   - 민족주의계: 보성·양정·휘문·진명·숙명·중동·대성·오산 학교 등
   - 일제는 1908년 '사립 학교령'을 발표하여 사립 학교의 설립과 운영을 통제하였다.

104 ④

개념 카테고리 근현대의 우리 역사 > 개항기 > 「교육 입국 조서」

| **정답 해설** | 제시문은 1895년 2월 고종이 발표한 『교육 입국 조서』이다. ④ 정부는 「교육 입국 조서」의 정신에 따라 최초의 현대식 학교 법규라 할 수 있는 한성 사범 학교 관제를 공포하였고 1895년 4월에 학교를 설립하였다.

| **오답 해설** | ① 1883년 8월 정부는 외국어 통역관 양성을 위해 동문학을 세웠다.
② 1883년 함경도 덕원 주민들에 의해 최초의 근대식 사립 학교인 원산 학사가 설립되어 근대 학문과 무술을 가르쳤다.
③ 개항 이후 외국인 선교사들에 의해 많은 학교들이 설립되었다. 기독교 선교와 관련된 최초의 학교는 아펜젤러가 설립한 배재 학당(1885, 감리교)과 언더우드가 설립한 경신 학당(1885, 장로교)이고, 최초의 여성 교육 기관은 스크랜턴 부인이 설립한 이화 학당(1886, 감리교)이다.

105 ②

개념 카테고리 근현대의 우리 역사 > 개항기 > 교육 기관과 교육

| **정답 해설** | ② 배재 학당, 숭실 학교 등은 모두 개신교 선교사들이 세운 사립 학교이다.

| **오답 해설** | ① 「교육 입국 조서」는 제2차 갑오개혁의 연장선에서 1895년에 발표되었다.
매력적 오답 ③ 최초의 근대식 사립 학교는 1883년 설립된 원산 학사이다. 한편 1886년 한양(서울)에 설립된 육영 공원은 헐버트, 길모어 등 외국인 교사를 초빙하여, 현직 관료와 양반 자제를 대상으로 영어 및 근대 학문(산학, 지리학 등)을 교육하였다.
④ 대성 학교와 오산 학교, 보성 학교는 국내에 설립된 학교이지만, 서전서숙은 북간도에 세워진 학교이다.

106 ④

개념 카테고리 근현대의 우리 역사 > 개항기 > 근대 시설

| **정답 해설** | ④ 1899년 우리나라 최초의 철도인 경인선(제물포~노량진)이 개통되었다.

| **오답 해설** | ① 1883년 박문국이 설립되어 최초의 근대 신문인 〈한성순보〉를 발간하였다.
② 1883년 전환국이 설립되었고, 당오전(當五錢)을 발행하였다.
③ 1883년 우리나라 최초의 근대적 사립 학교인 원산 학사가 설립되었다.

107 ③

| 개념 카테고리 | 근현대의 우리 역사 > 개항기 > 경인선 개통 시기

| 정답 해설 | 제시된 내용은 1899년 9월 19일 〈독립신문〉에 실린 최초의 철도인 경인선 개통에 관한 기사이다. 경인선은 1899년 개통되어 현재까지 운행되고 있다. ③ 명동 성당이 완공된 시점은 1898년으로 경인선 개통 이전에 해당한다.
| 오답 해설 | ① 정미의병은 1907년 거병하였다.
② 이화 학당은 1886년 설립되었다.
④ 백동화는 전환국에서 1892년부터 1904년까지 주조되었다.

108 ①

| 개념 카테고리 | 근현대의 우리 역사 > 개항기 > 개항 이후 종교계의 새 동향

| 오답 해설 | ⓒ 이 자료를 통해서는 추론할 수 없다.
ⓔ 시천교와 같은 친일적 종교 집단도 있었으나 자료에는 나타나 있지 않다.

109 ①

| 개념 카테고리 | 근현대의 우리 역사 > 개항기 > 박은식

| 정답 해설 | 제시문은 유교의 개혁을 주장한 박은식의 『유교구신론』이다. ① 박은식은 성리학을 비판하고, 양명학의 지행합일과 사회 진화론의 진보 원리를 조화시킨 대동 사상을 주장하였다.
| 오답 해설 | ② 손병희는 천도교의 기관지인 〈만세보〉를 발간하여 민족의식을 고취하였다.
③ 개항 전후 유생들은 위정척사 운동의 계승과 실천을 강조하였다.
④ 신채호는 『독사신론』을 통해 민족주의 역사학의 방향을 제시하였다.
⑤ 안재홍은 신민족주의를 제창하여 민족주의의 한계를 극복하려 하였다.

110 ③

| 개념 카테고리 | 근현대의 우리 역사 > 개항기 > 한용운의 불교 유신론

| 정답 해설 | 『조선불교유신론』은 '한용운'의 저술이다. ③ 한용운은 대표적인 시집 『님의 침묵』을 출판하여 일제에 '문학'으로 저항하였으며, 일제의 사찰령(1911)에 맞서 종래의 무능한 불교를 개혁하고 불교의 현실 참여를 주장하였다. 3·1 운동 시기 민족 대표 33인 중 한 사람이기도 하다.
| 오답 해설 | ① 의민단은 천주교의 무장 단체로서, 방우룡을 단장으로 청산리 대첩에 참여하였다.
② 〈만세보〉는 천도교 3대 교주 손병희가 발행한 천도교 기관지이다.
④ 신민회 회원이던 안창호는 평양에 대성 학교를 설립하여 민족 교육에 힘썼다.

111 ②

| 개념 카테고리 | 근현대의 우리 역사 > 개항기 > 주시경

| 정답 해설 | 제시된 자료의 밑줄 친 '그'는 주시경(1876 ~ 1914)이다. 국문 동식회는 1896년 〈독립신문〉 발간에 참여했던 주시경 등이 한글 연구를 위해 조직한 학술 단체이다. ② 『국어문법』은 주시경의 저술로 1910년 간행되었다.
| 오답 해설 | ①④ 1931년 조직된 조선어 학회는 '한글 맞춤법 통일안'(1933)과 '표준어'를 제정(1936)하였으며, 『우리말 큰사전』 편찬에 착수하였으나, 일제의 방해로 성공하지 못하였다.
③ 1921년 조직된 조선어 연구회는 〈한글〉이라는 잡지를 간행하고, '가갸날'을 정하여 한글의 보급과 대중화에 공헌하였다.

112 ②

| 개념 카테고리 | 근현대의 우리 역사 > 개항기 > 주시경

| 정답 해설 | 1910년 초판이 간행된 『국어문법』은 주시경(1876~1914)의 저서이다. ② 주시경은 1907년 대한 제국 학부 소속으로 설립된 국문 연구소에서 활동하였다.
| 오답 해설 | ① 조선어 연구회에서 1926년 가갸날을 제정하였다.
③ 1942년 조선어 학회 사건으로 장지연, 최현배, 이희승, 이극로 등이 구속되었다.
④ 조선어 학회에서는 1933년 한글 맞춤법 통일안을 제정하였다.

113 ①

| 개념 카테고리 | 근현대의 우리 역사 > 개항기 > 주요 건축물

| 정답 해설 | 제시된 자료에서 1907년의 "헤이그 특사 사건"과 "4년 뒤"라는 단어가 언급되었으므로, '1907년부터 1911년 사이에 서울에서 볼 수 있었던 건축물'과 관련이 있다. ① 조선 총독부 건물은 1926년에 경복궁의 일부를 헐어내고 지은 것이다.
| 오답 해설 | ② 독립문, ③ 덕수궁 석조전, ④ 원구단(환구단), ⑤ 명동 성당의 사진이다.

114 ②

| 개념 카테고리 | 근현대의 우리 역사 > 개항기 > 경부선

| 정답 해설 | 제시된 사료 중 "종점이 되는 초량(현재의 부산광역시)"을 통해 '경부선'(1904년 완공, 1905년 1월에 운행 시작)에 관한 내용임을 알 수 있다. ② 1898년 한성 전기 회사가 설립되었고 1899년에는 서대문~청량리까지 전차가 개통되었다. 한성 전기 회사는 주로 한성(서울)의 전차·전등 사업을 운영하였다.

115 ③

개념 카테고리 근현대의 우리 역사 > 개항기 > 근대 의료 시설

| 정답 해설 | ③ 최초의 서양식 병원인 광혜원은 1885년 건립되었으며, 선교사인 '알렌'이 운영하였다. 광혜원은 이후 제중원으로 이름을 바꾸었다.

| 플러스 이론 | 근대 시설

1. 수용 과정
    - 개항 이후에는 개화파뿐 아니라 정부 역시 서양 기술과 무기의 우수성을 인정하고 이를 적극적으로 받아들여야 한다고 주장
    - 정부는 1880년대부터 유학생을 파견하고 외국인 기술자와 교사를 초빙
2. 근대 시설의 설치
    - 박문국: 〈한성순보〉 발간(1883)
    - 기기창(1883): 신식 무기 개발
    - 전환국(1883): 화폐 발행
3. 전신
    일본~부산(1884), 인천~서울~의주(1885)
4. 전화
    경운궁(1898)에 미국인에 의해 처음 가설
5. 전등
    경복궁에 처음 설치(1887)
6. 우편 업무
    우정총국(1884)은 갑신정변으로 폐지되었으나 을미개혁 때 우체사(1895)가 설치되었고, 만국 우편 연합에도 가입(1900)
7. 철도
    - 경인선(1899): 최초의 철도(부설권: 미국 → 일본)
    - 경부선(1904년 12월에 완공, 1905년 1월부터 영업), 경의선(1905, 러·일 전쟁 중 일본이 가설)
8. 전차
    서대문과 청량리를 오가는 전차 노선을 개통(1899)
9. 의료
    - 지석영은 종두법을 배워 천연두를 예방
    - 광혜원(1885): 선교사 알렌이 운영한 최초의 근대식 병원이며 이후 제중원으로 개칭
10. 건축(서양식 건축물)
    - 독립문(1896, 프랑스 개선문 모방)
    - 명동 성당(1898, 중세 고딕 양식)
    - 덕수궁 석조전(1910, 르네상스식 양식)

116 ④

개념 카테고리 단원 통합 > 강화도의 역사

| 정답 해설 | 제시된 지역은 '강화도'이다. ④ 강화도는 최초의 근대적 조약(강화도 조약)이 체결된 지역이다.

| 오답 해설 | ① 고려 시대 흥화진은 현재의 의주 지역이다.
② 육영 공원은 1886년 한성(서울)에 설치되었다.
③ 물산 장려 운동은 1920년 평양에서 처음 시작되었다.

CHAPTER 02 일제 강점기

출제 비중 39%

약점진단표

	1회독				2회독				3회독			
	○	△	×	총	○	△	×	총	○	△	×	총
일제의 식민 정책				24				24				24
1910년대 항일 운동, 3·1 운동, 대한민국 임시 정부				23				23				23
1920년대 이후 항일 운동, 의열단, 한인 애국단				33				33				33
실력 양성 운동과 사회 운동				18				18				18
민족 문화 운동				23				23				23

*문제풀이 후 약점진단 결과를 적어 보세요!

필수기출 & 출제예상편

일제의 식민 정책 문제편 P.216

01	①	02	①	03	②	04	①	05	④
06	②	07	④	08	④	09	①	10	③
11	①	12	③	13	③	14	②	15	④
16	②	17	④	18	②	19	③	20	②
21	③	22	⑤	23	①	24	①		

01 ① 中

| 개념 카테고리 | 근현대의 우리 역사 > 일제 강점기 > 강점 이후 역사적 사실

| 정답 해설 | ① 일본은 한국 강점 이후 한국에서만 적용되는 법률을 통해(예 조선 태형령) 무단 통치를 자행하였다.

02 ① 中

| 개념 카테고리 | 근현대의 우리 역사 > 일제 강점기 > 무단 통치 시기

| 정답 해설 | 일제가 한국을 병합한 직후부터 3·1 운동까지를 '무단 통치 시기(헌병 경찰 통치 시기, 1910년대)'라고 부른다. ① 일제는 1912년에 토지 조사령을 공포하여 토지 조사 사업의 법적 근거를 마련하였다.

| 오답 해설 | ② 일제는 1939년에 조선 민사령을 개정하여 창씨개명에 대한 법적 근거를 마련한 후 1940년 2월부터 시행하였다.
③ 일제는 1941년에 국민학교령을 제정·공포하여 (심상)소학교를 국민학교로 변경하였다.
④ 일제는 1938년에 국가 총동원법을 제정하였다.

03 ② 中

| 개념 카테고리 | 근현대의 우리 역사 > 일제 강점기 > 회사령

| 정답 해설 | 제시된 법령은 1910년 공포된 회사령 중 일부이며, 1920년까지 적용되었다(허가제의 회사령은 1920년 폐지되었고, 이후 회사 설립은 신고제로 개편됨). ② 1910년대 역사적 사실인 경찰범 처벌 규칙의 제정은 1912년이다.

| 오답 해설 | ① 일제는 1924년 식민지 관료를 양성하기 위해 경성 제국 대학을 설립하였다.
③ 제3차 조선 교육령 발표(1938) 이후 학교에서 조선어 사용이 금지되었다.
④ 1923년 일본 상품에 대한 관세가 철폐되었다.

04 ① 中

| 개념 카테고리 | 근현대의 우리 역사 > 일제 강점기 > 문화 통치

| 정답 해설 | 일제는 1920년대에 문화 통치를 실시하였다. ① 1941년 설립된 대화숙에 친일 전향자 단체인 시국대응전선사상보국연맹이 통합되었다.

| 플러스 이론 | 문화 통치

- 1919년 3·1 운동 이후 일제는 '조선인의 문화 창달과 민력 증진을 꾀한다.'는 구호 아래 "문화 통치"로 식민 지배 방식을 바꾸게 된다.
- 기만적 정책 내용 분석
  - 문관(민간인) 출신도 총독에 임명할 수 있다는 조항: 해방될 때까지 단 한 명의 문관 출신도 총독에 임명되지 않았다.
  - 보통 경찰 제도로의 전환: 경찰 수와 예산의 확대, 고등 경찰제 실시 등으로 감시 체제를 강화했다. 또한 1군(郡) 1경찰서, 1면(面) 1주재소 제도를 확립하였다.
  - 언론, 집회, 결사의 자유 허용 및 조선인 교육 확대 표방: 치안 유지법(1925)을 제정하여 언론의 자유 및 항일 운동을 적극적으로 탄압하였다.
  - 자문 기구의 설치: 도(道), 부(府), 면(面)에 평의회 혹은 협의회라는 이름의 자문 기구를 설치하였으나 친일 인사만 의원이 될 수 있었다.

- 결국 문화 통치의 목적은 가혹한 식민 통치를 은폐하고, 친일 세력을 양성하여 우리 민족을 이간·분열시키는 데 있었다.

05 ④

개념 카테고리 근현대의 우리 역사 > 일제 강점기 > 치안 유지법

| **정답 해설** | 제시된 자료는 일제가 공포한 치안 유지법(1925)이며, 천황제나 사유 재산제를 부정하는 활동을 금지하는 법령이다. ④ 조선 사상범 보호 관찰령(1936)은 독립운동을 탄압하기 위해 공포된 법령이었다.

| **오답 해설** | ① 산미 증식 계획은 1920년부터 시작되었다.
② 경성 제국 대학은 1924년에 설립되었다.
③ 1923년 관동 대지진이 일어난 후, 일본 육군과 경찰은 '조선인들이 우물에 독을 탔다.'는 등의 유언비어를 퍼뜨려 무고한 재일 조선인들을 학살하였다(관동 대학살).

06 ②

개념 카테고리 근현대의 우리 역사 > 일제 강점기 > 1920년대 대중 운동

| **정답 해설** | 제시된 사료는 1920년대 일명 '문화 통치'에 대한 내용이다. ② 1930년대 전반에 빈농을 주체로 한 토지 혁명을 주장하는 혁명적(적색) 농민 조합 운동이 일어났다.

| **오답 해설** | ① 1920년에 조선 노동 공제회가 설립되었다.
③ 1924년에 조선 청년 총동맹이 결성되었다.
④ 1923년에 조선 형평사가 설립되었다.

07 ④

개념 카테고리 근현대의 우리 역사 > 일제 강점기 > 치안 유지법

| **정답 해설** | 제시된 사료는 1925년 제정되어 1945년 해방 전까지 적용된 '치안 유지법'이다. ④ 치안 유지법이 적용된 시기에 학도 지원병 제도가 실시되었다(1943년 육군 특별 지원병 임시 채용 규칙의 제정, 1944년부터 실시).

| **오답 해설** | ① 1912년 조선 태형령이 공포되었다.
② 1924년 경성 제국 대학이 설립되었다.
③ 1920년 평양에서 물산 장려 운동이 시작되었다.

08 ④

개념 카테고리 근현대의 우리 역사 > 일제 강점기 > 문화 통치

| **정답 해설** | 제시된 자료에서 밑줄 그은 '새로운 지배 정책'은 1920년대의 '문화 통치'에 해당한다. ④ 문화 통치 시기인 1925년에 치안 유지법이 제정되면서 항일 독립운동에 대한 탄압은 더욱 가혹해졌다.

| **오답 해설** | ① 국가 총동원법(1938), ② 신문지법(1907), ③ 출판법(1909), ⑤ 보안법(1907)에 해당하는 내용이다.

09 ③

개념 카테고리 근현대의 우리 역사 > 일제 강점기 > 문화 통치

| **정답 해설** | 제시된 사료는 1919년 3·1 운동 이후 사이토 총독이 발표한 '조선 민족 운동에 대한 대책' 중 일부로, 1920년대 일제의 통치 방식인 문화 통치에 관한 내용이다. ③ 치안 유지법은 1925년 5월 발표되어 천황제 및 식민 체제를 부정하는 반정부, 반체제 운동 또는 사유 재산제, 자본주의 체제를 부정하는 사회주의 단체의 조직과 활동을 금지하였다.

| **오답 해설** | ① 일제는 1911년 조선 어업령을 공포하여 모든 어민의 기득권을 부인하고 새로이 면허·허가를 받아 조업하도록 하였다.
② 일제는 1915년 조선 광업령을 공포하여 광업권에 대한 허가제를 실시하였다.
④ 일제는 1910년 회사령을 공포하여 회사를 설립할 경우 총독부의 허가를 받도록 하였다.

10 ③

개념 카테고리 근현대의 우리 역사 > 일제 강점기 > 경성 제국 대학

| **정답 해설** | 제시된 학교는 1924년 일제에 의해 설립된 경성 제국 대학이다. ③ 경성 제국 대학은 일제 강점기 최초로 설립된 대학으로 졸업생의 다수가 조선 총독부 등의 관료로 진출하였다.

| **오답 해설** | ① 정인보 등이 재직한 연희 전문학교는 1930년대 우리 역사와 우리말을 연구하는 조선학 운동의 중심지가 되었다.
② 일제는 민립 대학 설립 운동을 좌절시키고, 경성 제국 대학을 설립하였다.
④ 배재 학당은 미국 북 감리교 선교사인 아펜젤러에 의해 설립된 학교로, 주시경과 이승만을 배출하였다.

11 ①

개념 카테고리 근현대의 우리 역사 > 일제 강점기 > 국가 총동원법

| **정답 해설** | 제시된 사료는 '1938년에 공포된 국가 총동원법'이다. 전시 동원 체제에 따라 국가 총동원법이 실시되었다.
ㄱ. 한글로 된 〈동아일보〉와 〈조선일보〉는 1940년 폐간되었다.
ㄴ. 일제가 소학교를 국민학교로 개정한 것은 1941년이다.

| **오답 해설** | ㄷ. 조선 태형령(1912)과 경찰범 처벌 규칙(1912)은 1910년대 무단 통치 시기에 해당한다.
ㄹ. 치안 유지법(1925)은 문화 통치 시기에 해당한다.

12 ③

개념 카테고리 근현대의 우리 역사 > 일제 강점기 > 일제의 식민 정책

| **정답 해설** | 제시된 식민 정책의 순서는 다음과 같다.
ㄹ. 임시 토지 조사국 설립(1910)
ㄷ. 회사령 철폐와 신고제(계출제) 실시(1920)
ㄱ. 국가 총동원법 발표(1938)
ㄴ. 국민 징용령 제정(1939)

13 ③

개념 카테고리 근현대의 우리 역사 > 일제 강점기 > 국가 총동원법

| **정답 해설** | 제시된 사료는 1938년 4월 공포된 '국가 총동원법' 중 일부이다. ③ 육군 특별 지원병령은 1938년 2월 제정되었다.
| **오답 해설** | ① 일제는 1939년 국민 징용령을 공포하여 강제적인 노무 동원을 실시하였다.
② 일제는 1941년 금속류 회수령을 제정하여 주요 군수 물자를 공출하였다.
④ 일제는 1941년 물자 통제령을 공포하여 배급제를 확대하였다.

14 ②

개념 카테고리 근현대의 우리 역사 > 일제 강점기 > 1940년대의 사실

| **정답 해설** | 〈동아일보〉와 〈조선일보〉가 폐간된 해(사료상 "전해")는 1940년이다. 따라서 밑줄 친 그해는 '1941년'이다. ② 대한민국 임시 정부의 기초 정당인 한국 독립당이 주도하여 1941년 11월에 「대한민국 건국 강령」을 발표하였다.
| **오답 해설** | ① 1925년 치안 유지법이 시행되었다.
③ 1938년 조선 민족 전선 연맹 산하에 조선 의용대가 조직되었다.
④ 1938년 총독부는 전국적 동원 조직인 국민 정신 총동원 조선 연맹을 설치하였다.

15 ④

개념 카테고리 근현대의 우리 역사 > 일제 강점기 > 전시 동원 체제

| **정답 해설** | 제시한 〈보기〉 중 '금붙이, 쇠붙이 밥그릇마저 모조리 긁어 갔다.'라는 내용을 통해 '전시 동원 체제'(1938년 국가총동원법 발표 이후)임을 알 수 있다. ④ 어업령(1911), 삼림령(1911), 광업령(1915) 등은 1910년대 무단 통치 시대에 제정된 법령이다.
| **오답 해설** | ① 1943년 조선 식량 관리령을 제정하여 곡물을 강제로 공출하였다.
② 1944년 여자 정신 근로령(여자 정신대 근무령)을 통해 한국 여성에 대한 강제 동원이 이루어졌다.
③ 기업 정비령(1942) 및 기업 허가령(1941)을 시행하여 기업 통제를 강화하였다.

16 ②

개념 카테고리 근현대의 우리 역사 > 일제 강점기 > 일제 말 식민 정책

| **정답 해설** | 제시된 자료에서 일제하 징병 제도(1944)가 실시되고 있는 것으로 보아, 국가 총동원법(1938) 이후 '전시 체제기'에 해당한다. ② 당시에 일제는 인적·물적 자원을 철저하게 수탈하였다.
| **오답 해설** | ① 한·일 병합 이전에 해당한다.
③ 농촌 진흥 운동은 1932년부터 1940년 사이에 실시되었다.
④ 헌병 통치 혹은 무단 통치 시기에 대한 설명으로 1910년대에 해당한다.

17 ④

개념 카테고리 근현대의 우리 역사 > 일제 강점기 > 토지 조사 사업 시기의 모습

| **정답 해설** | 제시된 사료는 1912년에 공포된 토지 조사령이다. 일제는 근대적 토지 소유권 제도의 확립을 명분으로 '1910년부터 1918년까지' 토지 조사 사업을 추진하였다. ④ 대한 광복회는 1915년에 조직되어 군자금 모금을 위한 다양한 활동을 전개하였다. 의연금 협조를 거부하는 경북 칠곡의 부호인 장승원, 충남 아산 도고 면장 박용하 등을 처단하였으며, 경주에서 세금 수송차를 탈취하기도 하였다.
| **오답 해설** | ① 을사늑약(제2차 한·일 협약)은 1905년에 체결되었다.
② 국민 대표 회의는 1923년에 개최되었으나, 창조파와 개조파의 대립으로 인해 결렬되었다.
③ 거족적 민족 항쟁인 3·1 운동은 1919년에 일어났다.

18 ②

개념 카테고리 근현대의 우리 역사 > 일제 강점기 > 임시 토지 조사국

| **정답 해설** | 제시된 사료는 1912년 공포된 토지 조사령 중 일부로 (가) 기구는 1910년 설립된 '임시 토지 조사국'이다. 임시 토지 조사국은 1910년 설립되어 1918년 폐지되었다. ② 이광수의 「무정」은 1917년 〈매일신보〉에 연재되었다.
| **오답 해설** | ① 조선 청년 연합회는 1920년 조직되었다.
③ 연초 전매령은 1921년 제정되었다.
④ 의열단은 1919년 만주 길림에서 김원봉, 윤세주 등이 설립한 단체이다.

19 ②

개념 카테고리 | 근현대의 우리 역사 > 일제 강점기 > 토지 조사 사업 실시 시기의 모습

| 정답 해설 | 제시된 법령은 1912년 공포된 토지 조사령이다. 따라서 토지 조사 사업(1910~1918) 시기 역사적 사실을 고르는 문제이다.
② 대한 광복군 정부는 1914년 러시아 연해주에서 조직된 항일 운동 단체이다.

| 오답 해설 | ① 국민부가 주도하여 1929년 조선 혁명당이 결성되었다.
③ 〈신여성〉(1923년 발간), 〈삼천리〉(1929년 발간)는 1920년대에 간행된 잡지이다.
④ 소련은 1937년 중·일 전쟁 직후, 연해주의 한인들을 중앙아시아로 강제 이주시켰다.

20 ②

개념 카테고리 | 근현대의 우리 역사 > 일제 강점기 > 산미 증식 계획

| 정답 해설 | 1918년 일본에서의 쌀 파동 이후, 일본의 안정적인 미곡 수급을 위해 한반도에서 1920년부터 산미 증식 계획을 시작하였다. 증산은 계획대로 이루어지지 않았으나, 증산량 이상을 일본으로 반출하여 한국인의 식량 사정은 악화되었다. 이에 일제는 한국 내 부족한 식량 사정을 보충하기 위해 만주에서 대량의 잡곡을 수입하였다. 한편 소작 농민들은 고율의 소작료 외에도 수리 조합비를 비롯한 여러 비용을 부담하여 생활이 더욱 궁핍해졌다. ② 토지 조사 사업(1910~1918)에 대한 설명이다.

21 ③

개념 카테고리 | 근현대의 우리 역사 > 일제 강점기 > 산미 증식 계획

| 정답 해설 | 제시된 내용 중 "식량 생산을 대폭 늘려 일본으로 더 많은 쌀을 가져가고"를 통해 '산미 증식 계획'에 대한 설명임을 알 수 있다. ③ 1910년대 토지 조사 사업을 통해 전국 토지의 토지 대장, 지적도, 등기부가 작성되었다.

22 ⑤

개념 카테고리 | 근현대의 우리 역사 > 일제 강점기 > 농촌 진흥 운동

| 정답 해설 | 제시된 글은 1932년 총독부에 의해 전개된 '농촌 진흥 운동'이다. 일제의 경제적 수탈 정책과 1930년대 초반 대공황으로 한국 농가의 경제 사정이 극도로 악화되면서 생존에 위협을 느낀 소작 농민들은 소작인 조합을 만들어 소작 쟁의를 전개하였다. 이에 ⑤ 위기감을 갖게 된 일제는 농민의 자력갱생을 내세운 농촌 진흥 운동을 추진하여 사회 불안을 억제하고 농민 운동을 통제하려 하였다.

23 ①

개념 카테고리 | 근현대의 우리 역사 > 일제 강점기 > 1930년대 식민지 경제 정책

| 정답 해설 | 일제는 경제 공황을 타개하기 위한 방편으로 대륙 침략을 감행하여 1931년에 만주 사변, 1937년에 중·일 전쟁을 도발하였다. ① 남면 북양 정책은 1930년대 정책에 해당된다.

| 오답 해설 | ② 1910년대, ③④ 1920년대에 해당한다.

24 ③

개념 카테고리 | 근현대의 우리 역사 > 일제 강점기 > 식민지 경제 정책

| 정답 해설 | ③ 조선식산은행은 1918년 '산업 개발'을 명분으로 종래의 농공은행(農工銀行)을 통합하여 설립되었다. 또한 동양 척식 주식회사의 실질적인 지배를 받으며 성장했다.

| 오답 해설 | ① 1910년 공포된 회사령에서는 기업의 설립을 총독의 허가제로 하고, 허가 조건을 위반했을 때는 총독이 사업의 금지와 기업의 해산을 명령할 수 있었다.
② 일제는 자국의 안정적 식량 공급을 위해 1920년부터 산미 증식 계획을 추진하였다. 이후 밭을 논으로 개량하는 등 미(米) 단작화(쌀농사 일변도) 현상이 가속화되면서 어느 정도의 증산은 있었으나, 증산량 이상을 일본으로 반출하였다. 이로 인해 쌀 증산에도 불구하고 한국인의 미곡 소비량은 크게 줄어들었고 일제는 이를 해결하려 만주에서 대량으로 잡곡을 들여왔다.
④ 1938년 국가 총동원법 발표 이후 강제적 공출 제도와 배급 제도를 시행하였다.

1910년대 항일 운동, 3·1 운동, 대한민국 임시 정부										문제편 P.222
25	④	26	③	27	③	28	①	29	②
30	②	31	②	32	③	33	③	34	②
35	①	36	④	37	①	38	①	39	①
40	①	41	④	42	④	43	③	44	③
45	①	46	③	47	①				

25 ④

개념 카테고리 | 근현대의 우리 역사 > 일제 강점기 > 대한 광복회

| 정답 해설 | ④ 대한 광복회는 1915년 조직된 국내 비밀 결사 조직으로 독립운동 기지 건설을 위해 군자금과 의연금을 모집하였고 친일파를 처단하였다. 군대식으로 결성되어 군자금을 확보하고, 이를 통해 만주에 사관 학교를 설립하고자 했다. 또한 국권 회복 이후 공화정의 국민 국가를 건설하자고 주장하였다.

| **오답 해설** | ① 조선 국권 회복단은 1915년 경북 지방 유림들을 중심으로 결성된 항일 비밀 결사 단체이다.

② 의열단은 김원봉과 윤세주가 1919년에 만든 항일 단체이다.

③ (대조선) 국민 군단은 1914년 미국 하와이에서 박용만이 만든 항일 군사 단체이다.

26 ③

개념 카테고리 | 근현대의 우리 역사 > 일제 강점기 > 대한 광복회

| **정답 해설** | 제시된 사료는 대한 광복회 강령이다. 대한 광복회는 ③ 박상진을 총사령으로 공화정체를 주장한 1910년대 대표적 국내 비밀 결사 단체이다(1915).

| **오답 해설** | ① 의열단은 신채호의 「조선 혁명 선언」을 활동 지침으로 삼았다.

② 독립 의군부(1912)는 일본에 국권 반환 요구서를 보내려 하였다.

④ 대한민국 임시 정부의 김구는 1931년 상해에서 한인 애국단을 창설하였다.

| 플러스 이론 | 대한 광복회 강령

1. 부호의 의연금 및 일인이 불법 징수하는 세금을 압수하여 무장을 준비한다.
2. 남북 만주에 군관 학교를 세워 독립 전사를 양성한다.
3. 종래의 의병 및 해산 군인과 만주 이주민을 소집하여 훈련한다.
4. 중국·아라사 등 여러 나라에 의뢰하여 무기를 구입한다.
5. 본회의 군사 행동·집회·왕래 등 모든 연락 기관의 본부를 상덕태상회에 두고, 한만(韓滿) 각 요지와 북경·상해 등에 그 지점 또는 여관·광무소(鑛務所) 등을 두어 연락 기관으로 한다.
6. 일인 고관 및 한인 반역자를 수시(隨時)·수처(隨處)에서 처단하는 행형부(行刑部)를 둔다.
7. 무력이 완비되는 대로 일인 섬멸전을 단행하여 최후 목적의 달성을 기한다.

27 ③

개념 카테고리 | 근현대의 우리 역사 > 일제 강점기 > 항일 운동 단체

| **정답 해설** | 대종교는 북간도에 무장 단체인 ㉠ '중광단'을 설립하였다. 연해주에서는 권업회를 모체로 1914년 ㉡ '대한 광복군 정부'가 설립되었다. 한편 국내에서는 의병 계열과 애국 계몽 운동 계열이 통합하여 1915년 ㉢ '대한 광복회'를 결성하였고, 공화정을 지향하였다. 또한 경상도의 유림인 윤상태 등은 ㉣ '조선 국권 회복단'을 설립하였다.

28 ①

개념 카테고리 | 근현대의 우리 역사 > 일제 강점기 > 신흥 강습소

| **정답 해설** | ① 이회영 등 6형제는 집안 재산을 정리하여 서간도로 이주하였다. 특히 이회영은 서간도에서 신흥 강습소를 만들어 민족 교육과 독립군 양성을 추진하였다.

| **오답 해설** | ② 대한 광복군 정부, 대한 국민 의회 등은 연해주에 설립된 독립운동 조직이다.

③ 북간도에서는 간민교육회(이후 간민회로 개편)를 기반으로 서전서숙, 명동학교 등 여러 학교를 세워 민족 교육을 실시하였다.

④ 독립 의군부는 나라를 되찾은 후 고종을 복위시키려는 목표를 세우고(복벽주의), 전국적 의병 봉기를 준비하였다.

29 ②

개념 카테고리 | 근현대의 우리 역사 > 일제 강점기 > 이회영

| **정답 해설** | 밑줄 친 '그'는 '이회영'이다. 이회영 등 6형제와 가족들은 가산(家産, 집안 재산)을 정리하여 서간도(남만주)로 이주하였다. ② 이회영은 서간도에서 경학사를 조직하고 신흥 강습소를 설립하였다.

| **오답 해설** | ④ 김구는 삼균주의에 입각하여 1935년 한국 국민당을 결성하였다.

30 ②

개념 카테고리 | 근현대의 우리 역사 > 일제 강점기 > 신흥 강습소

| **정답 해설** | 제시된 자료의 밑줄 친 '강습소'는 '신흥 강습소'이다. ② 신민회의 이회영 등이 서간도 지역에 독립군 기지인 삼원보를 설치하고, 1911년 교육 기관으로 신흥 강습소를 설립하였다.

| **오답 해설** | ① 신흥 무관 학교는 1920년 폐교되었으며, 미쓰야 협정은 1925년 체결되었다.

③ 신흥 강습소는 유하현 삼원보에 설립되었고, 1912년 통화현으로 근거지를 옮겨 1913년 신흥 중학교로 개편되었다. 1919년에는 유하현 고산자가(孤山子街)로 이전하여 신흥 무관 학교로 개편되었으나, 1920년 폐교되었다.

④ 조선 민족 전선 연맹은 1937년 중·일 전쟁 직후 결성되었으며, 산하 군사 조직으로 1938년 조선 의용대가 설립되었다.

31 ②

개념 카테고리 근현대의 우리 역사 > 일제 강점기 > 연해주 지역에서의 독립운동

| 정답 해설 | 제시된 자료의 신한촌, 성명회, 전로 한족회 중앙 총회, 대한 국민 의회는 모두 '연해주'에 있었다. 연해주에서는 ㄱ. 1911년 권업회가 설립되었고, 이후 ㄷ. 1914년 대한 광복군 정부가 수립되었다.

| 오답 해설 | ㄴ. 서간도(남만주)에는 독립군 양성을 위한 신흥 강습소가 설치되었다.
ㄹ. 상하이에서 신규식, 박은식 등의 주도로 동제사가 조직되었다.

32 ③

개념 카테고리 근현대의 우리 역사 > 일제 강점기 > 이동휘

| 정답 해설 | 밑줄 친 '그'는 '이동휘'이다. ③ 이동휘는 대한민국 임시 정부가 상하이에 성립되자, 임정에 참여하여 군무총장 및 국무총리를 역임하였다. 그러나 소련에서 지원받은 자금 일부를 유용한 것이 문제가 되어 임시 정부를 떠나게 되었다.

| 오답 해설 | ① 여운형은 해방 이후 중도 좌익 정당인 조선 인민당을 창당하였고, 1946년 7월에 김규식과 함께 좌·우 합작 위원회를 주도적으로 설립하였다.
② 안재홍은 신간회에 참여하였으며 해방 이후 미군정청에서 한국인 최초의 민정장관을 역임하였다.
④ 지청천의 한국 독립군은 중국 호로군과 연합하여 쌍성보 전투, 경박호 전투, 동경성 전투, 사도하자 전투, 대전자령 전투 등에서 혁혁한 전과를 올렸다.

33 ③

개념 카테고리 근현대의 우리 역사 > 일제 강점기 > 3·1 운동 이후 역사적 사실

| 정답 해설 | ㉠ '1919년의 독립 만세 운동'은 '3·1 운동'이다. ③ 1912년 임병찬이 독립 의군부를 조직하였다.

| 오답 해설 | ① 1923년 '암태도 소작쟁의'가 일어났다.
② 1926년 '정우회 선언'이 발표되었다.
④ 1923년 조선 민립 대학 기성회가 창립되었다.

34 ②

개념 카테고리 근현대의 우리 역사 > 일제 강점기 > 3·1 운동 이후 역사적 사실

| 정답 해설 | 제시된 사료는 1919년 3·1 운동 당시 발표된 「3·1 독립 선언서(기미 독립 선언서)」 일부이다. ② 경상도 지역에서는 대종교에 귀의한 윤상태, 서상일 등이 1915년 조선 국권 회복단을 조직하였는데, 이들은 3·1 운동에 적극 참여하였다.

| 오답 해설 | ① 1922년 조선 총독부 산하에 조선사 편찬 위원회가 설치되었고, 1925년에는 조선사 편수회로 개편되었다.
③ 임시 정부 안에 노선 갈등이 일어나자 이를 조정하기 위해 1923년 국민 대표 회의가 소집되었다.
④ 1923년 채찬, 김승학 등을 중심으로 참의부가 결성되었다.

35 ①

개념 카테고리 근현대의 우리 역사 > 일제 강점기 > 3·1 운동의 배경과 전개

| 정답 해설 | ① 윌슨의 민족 자결주의는 제1차 세계 대전 패전국(독일 제국, 오스만 제국, 오스트리아-헝가리 제국 등)의 식민지였던 지역에만 적용된다는 한계가 있었다(제1차 세계 대전의 승전국이었던 일본 식민지인 한국은 해당되지 않았다).

36 ④

개념 카테고리 근현대의 우리 역사 > 일제 강점기 > 대한민국 임시 정부

| 정답 해설 | 제시된 자료는 대한민국 임시의정원에서 발표한 「대한민국 임시 헌장」(1919. 4. 11.)이다. ④ 전환국은 1885년(고종 22) 설치된 화폐 주조 기구이다.

| 오답 해설 | ① 대한민국 임시 정부는 독립운동 자금을 확보하기 위해 독립 공채를 발행하였다.
② 대한민국 임시 정부는 기관지로 〈독립신문〉을 발행하였다.
③ 대한민국 임시 정부는 국내의 정보 수집, 독립 자금 확보를 위해 연통부를 설치하였다.

| 플러스 이론 | 「대한민국 임시 헌장」 선서문

민국 원년(1919) 3월 1일 우리 대한민족이 독립을 선언한 뒤부터 남녀노소와 모든 계급과 모든 종파를 물론하고 일치단결하여 동양의 독일인 일본의 비인도적 폭행하에서도 극히 공명하게, 극도의 수치를 인내하며 우리 민족의 독립과 자유를 갈망하는 참된 생각과 정의와 인도를 애호(愛好)하는 국민성을 표현한지라. 지금에 세계의 동정(同情)이 오롯이 모두 우리 국민에 집중하였다. 이러한 시기에 본 정부가 전 국민의 위임을 받아 조직되었으니 본 정부가 전 국민과 더불어 전심(專心)으로 서로 힘을 모아 임시헌법과 국제도덕(國際道德)의 명한 바를 준수하여 국토에 빛을 찾아 국가의 기초를 닦고 기틀을 굳건하게 세우는 대사명(大使命)을 이루려 함을 선서하노라.

37 ①

개념 카테고리 근현대의 우리 역사 > 일제 강점기 > 대한민국 임시 정부

| 정답 해설 | 3·1 운동 직후 (가) '대한민국 임시 정부'가 수립되었다. ① 대한민국 임시 정부는 미국에 구미 위원부를 설치하여 이승만을 중심으로 외교 활동을 전개하였다.

| 오답 해설 | ② 독립 의군부는 고종의 밀명을 받아 임병찬이 설립(1912)한 비밀 결사이다.

③ 13도 창의군의 이인영, 허위 등은 1908년에 서울 진공 작전을 추진하였으나 실패하였다.
④ 1904년에 영국인 베델, 양기탁 등은 〈대한매일신보〉를 창간하였다.

38 ③

| 개념 카테고리 | 근현대의 우리 역사 > 일제 강점기 > 대한민국 임시 정부

| 정답 해설 | (가)는 대한민국 임시 정부이다. ③ 대한민국 임시 정부는 1932년 윤봉길의 상해 홍커우 공원 의거 이후, 상해를 떠나 각 지역을 이동하였고, 1940년 중화민국 임시 수도인 충칭에 안착하였다.
| 오답 해설 | ① 의열단은 신채호의 「조선 혁명 선언」(1923)을 강령으로 채택하였다.
② 지청천이 지휘한 한국 독립군(1931년 조직)은 한국 독립당의 군사 조직이었다.
④ 대한 광복군 정부(1914)는 권업회를 모체로 연해주에서 조직되었다.

39 ①

| 개념 카테고리 | 근현대의 우리 역사 > 일제 강점기 > 김구

| 정답 해설 | 제시된 자료의 밑줄 친 '그'는 '김구'이다. 김구는 1923년 국민 대표 회의 당시 임정 고수파로서, 국민 대표 회의 해산을 명하는 내무부령을 공포하고, 1935년 한국 국민당을 결성하였다. ① 그는 해방 이후 통일 정부 수립 운동을 전개하였고, 평양에서 열린 남북 협상(1948. 4.)에 참여하였다.
| 오답 해설 | ② 김원봉은 조선 민족 혁명당을 조직하고(1935), 조선 의용대(1938)를 이끌었다.
③ 여운형은 안재홍과 함께 조선 건국 준비 위원회(1945. 8. 15.)를 주도적으로 조직하였다.
④ 이승만 정권에서는 대통령 직선제를 골자로 발췌 개헌안을 국회에 제출하였다(1952).

40 ④

| 개념 카테고리 | 근현대의 우리 역사 > 일제 강점기 > 국민 대표 회의

| 정답 해설 | 제시된 사료는 북경 군사 통일회의 ⊙ '국민 대표 회의' 소집 요구 중 일부 내용이다. 북경 군사 통일회는 1921년 북경에서 독립운동 군사 조직의 대표자들이 '통일된 군사 조직'을 논의하였던 모임이며, 박용만·신채호 등이 제기하였다. 북경 군사 통일회는 반임시 정부 노선을 견지하며, 1923년 국민 대표 회의를 소집해 군사 기관 문제를 해결하기로 결의하였다. 그러나 ④ 국민 대표 회의에서 창조파와 개조파가 대립하여 회의는 결렬되었고, 상당수 인사들이 임시 정부를 탈퇴하는 계기가 되었다.

| 오답 해설 | ① 신한 청년당에서는 1919년 개최된 파리 강화 회의에 김규식을 파견하는 것이 논의되었다.
② 조소앙의 삼균주의를 바탕으로 한 건국 강령이 1941년 채택되었다.
③ 1935년 한국 국민당을 통한 정당 정치 실시가 결정되었다.

41 ④

| 개념 카테고리 | 근현대의 우리 역사 > 일제 강점기 > 국민 대표 회의

| 정답 해설 | 제시된 사료는 1923년에 개최된 '국민 대표 회의' 선언문 중 일부이다. ④ 국민 대표 회의에서 신채호 등 창조파 세력은 임시 정부를 대체할 새로운 조직을 만들자고 주장하였다.
| 오답 해설 | ① 대한민국 임시 정부는 1941년 11월에 조소앙의 삼균주의를 바탕으로 「대한민국 건국 강령」을 발표하였다.
② 1925년 이승만의 탄핵(임시 의정원에서 의결) 이후 박은식이 제2대 임시 대통령으로 선출되었다.
③ 민족 유일당 운동 차원에서 한국 독립당, 의열단, 신한 독립당, 조선 혁명당, 대한 독립당 등 5개 단체가 통합하여 민족 혁명당(조선 민족 혁명당)을 창당하였다(1935).

42 ④

| 개념 카테고리 | 근현대의 우리 역사 > 일제 강점기 > 1940년 이후 대한민국 임시 정부

| 정답 해설 | 1940년 충칭에 정착한 이후의 대한민국 임시 정부의 활동을 묻고 있다.
ⓒ 한국 독립당은 1941년 11월 대한민국 임시 정부 국무 위원을 통해 건국 강령을 발표하였는데, 이는 정치·경제·교육의 평등을 보장하는 조소앙의 삼균주의에 입각한 것이었다.
② 1940년 9월 충칭으로 옮긴 임시 정부는 미주 지역의 의연금과 중국 국민당 정부의 지원으로 한국광복군을 창설하였다(총사령관 지청천).
| 오답 해설 | ⊙ 대한민국 임시 정부의 조직이 국무령 중심의 내각 책임제로 개편된 해는 1925년이다.
ⓒ 김구가 한인 애국단을 조직한 해는 1931년이다.

43 ③

| 개념 카테고리 | 근현대의 우리 역사 > 일제 강점기 > 한국 독립당(1940)

| 정답 해설 | 김구의 한국 국민당, 지청천의 조선 혁명당, 조소앙의 한국 독립당이 통합하여 1940년 ⊙ '한국 독립당'이 결성되었다. ③ 한국 독립당은 대한민국 임시 정부의 기초 정당으로서, 대한민국 임시 정부를 주도적으로 이끌어 나가는 역할을 하였다.
| 오답 해설 | ① 조선 독립 동맹은 조선 의용대 화북 지대를 흡수하여 조선 의용군을 조직하였다(1942).

② 만주 지역 독립운동가들은 1919년 서간도 유하현에 신흥 무관 학교를 창설하였다.
④ 지청천이 지휘하는 한국 독립군은 중국 호로군과 연합하여 쌍성보와 대전자령 전투에서 일본군을 물리쳤다.

44 ③ 上

개념 카테고리 근현대의 우리 역사 > 일제 강점기 > 「대한민국 건국 강령」

| **정답 해설** | 제시된 사료는 1941년 11월 발표된 「대한민국 건국 강령」이다. ③ 김구의 한국 국민당, 조소앙의 한국 독립당, 지청천의 조선 혁명당이 합당하여 1940년 5월 8일 한국 독립당이 창당되었다.

| **오답 해설** | ① 대한민국 임시 정부는 태평양 전쟁 발발 직후 대일 선전 포고문을 발표하였다(1941. 12.).
② 대한민국 임시 정부는 1944년 제5차 개헌을 통해 주석·부주석 제도를 채택하였다.
④ 일제는 1943년 3월, 제4차 조선 교육령을 공포하여 모든 교육 기관에 대한 수업 연한을 단축하였다.

45 ① 中

개념 카테고리 근현대의 우리 역사 > 일제 강점기 > 「대한민국 건국 강령」

| **정답 해설** | ㉠ 대한민국 임시 정부가 1941년(1919년 대한민국 임시 정부 수립을 원년으로 민국 23년으로 표기)에 발표한 「대한민국 건국 강령」이다. ① 조소앙의 삼균주의(정치·경제·교육 균등)을 바탕으로 발표된 「대한민국 건국 강령」은 보통 선거 실시, 주요 재산 국유화, 무상 교육 등의 내용을 담고 있다.

| **오답 해설** | ② 조선 건국 동맹은 1944년 여운형, 안재홍을 중심으로 조직된 국내 비밀결사이다.
③ 의열단의 강령으로 저술된 신채호의 「조선 혁명 선언」에서는 파괴와 폭동 등에 의한 민중의 직접 혁명을 강조하였다.
④ 남북 제 정당 사회단체 대표자 회의(남북 협상)는 1948년 3월 제의되어 1948년 4월 평양에서 개최되었다.

46 ③ 中

개념 카테고리 근현대의 우리 역사 > 일제 강점기 > 1940년대 대한민국 임시 정부

| **정답 해설** | 대한민국 임시 정부는 ㄴ. 조소앙의 삼균주의(정치·경제·교육 균등)를 바탕으로 1941년 11월에 「대한민국 건국 강령」을 발표하였고, ㄷ. 1941년 12월 10일 대일 선전 포고를 하고, 연합군과 함께 작전을 전개하였다.

| **오답 해설** | ㄱ. 대한민국 임시 정부의 김구는 1931년 상해에서 한인 애국단을 조직하였다.

ㄹ. 대한민국 임시 정부는 1925년 제2차 개헌을 통해, 대통령제에서 국무령 중심의 의원 내각제(내각 책임제)로 개편하였다.

47 ① 中

개념 카테고리 근현대의 우리 역사 > 일제 강점기 > 대한민국 임시 정부 3차 개헌 이전의 활동

| **정답 해설** | 대한민국 임시 정부는 1927년 3차 개헌을 통해 국무위원 중심의 집단 지도 체제를 채택하였다. ① 1925년 대한민국 임시 정부에서는 대통령 이승만을 탄핵하고, 박은식을 임시 대통령으로 추대했다.

| **오답 해설** | ② 1941년 11월, 조소앙의 삼균주의에 기초한 「대한민국 건국 강령」을 발표하였다.
③ 김구는 1931년 상하이에서 한인 애국단을 조직하였다.
④ 김구를 중심으로 1935년 한국 국민당을 조직하여 정당 정치를 운영하였다.

1920년대 이후 항일 운동, 의열단, 한인 애국단									문제편 P.229
48	④	49	④	50	③	51	④	52	③
53	①	54	③	55	①	56	①	57	④
58	③	59	②	60	④	61	③	62	②
63	①	64	①	65	④	66	①	67	④
68	④	69	③	70	①	71	④	72	④
73	④	74	①	75	④	76	②	77	①
78	②	79	②	80	①,③				

48 ④ 中

개념 카테고리 근현대의 우리 역사 > 일제 강점기 > 천마산대

| **정답 해설** | ④ 최시흥을 대장으로 한 '천마산대'는 1920년대 국내 무장 독립군 가운데 가장 활발한 활동을 한 단체이다. 한말 군인들에 의해 조직되어 화력이나 전투력 면에서 월등하였다.

49 ④ 中

개념 카테고리 근현대의 우리 역사 > 일제 강점기 > 2·8 독립 선언과 6·10 만세 운동 사이 시기의 일

| **정답 해설** | (가)는 1919년 2·8 독립 선언과 1926년 6·10 만세 운동 사이 시기이다. ④ 상하이에 대한민국 임시 정부 수립(1919. 4.)을 정답으로 고르면 된다.

| **오답 해설** | ① 박상진 등은 1915년 대한 광복회를 조직하였다.
② 일제는 1938년 국가 총동원법을 공포하였다.
③ 임병찬은 고종의 밀지를 받아 1912년 독립 의군부를 만들었다.

50 ③

개념 카테고리 근현대의 우리 역사 > 일제 강점기 > 6·10 만세 운동

| **정답 해설** | 제시된 자료와 관련된 운동은 '6·10 만세 운동'이다. 1926년 사회주의자(조선 공산당), 천도교, 조선 학생 과학 연구회를 중심으로 순종의 인산일을 기회 삼아 만세 운동을 계획하였다. 사회주의자들이 추진한 계획은 사전에 발각되어 시행되지 못하였으나 조선 학생 과학 연구회 등의 학생 단체들을 중심으로 한 시위 계획은 예정대로 진행되어 순종의 국장일인 6월 10일에 학생들은 일제 경찰의 삼엄한 경비를 뚫고 장례 행렬을 따라가며 서울 시내 곳곳에서 만세 시위를 벌였고, 많은 시민들이 합세하였다. 이 소식을 전해들은 전국 곳곳의 학생들도 동맹 휴학 투쟁을 벌여 호응하였다. 이에 ③ 일제는 1925년에 제정된 치안 유지법(천황 통치 체제 및 사유 재산제를 부정하는 운동을 단속하는 법률)을 통해 탄압하였다. 특히 6·10 만세 투쟁으로 인한 화요파 조선 공산당에 대한 검거(2차 조선 공산당 사건)는 '화요회'에 치명적 타격을 주었다.

| **오답 해설** | ① 평양에서 시작되어 전국으로 확산된 운동은 '물산 장려 운동'이다.
② 대한민국 임시 정부 수립의 계기가 된 것은 1919년의 '3·1 운동'이다.
④ 한국인 학생과 일본인 학생 사이의 충돌에서 비롯된 운동은 1929년의 '광주 학생 항일 운동'이다.

51 ④

개념 카테고리 근현대의 우리 역사 > 일제 강점기 > 6·10 만세 운동

| **정답 해설** | 제시된 자료는 순종 황제의 장례일(인산일)에 일어난 6·10 만세 운동과 관련된다. ④ 6·10 만세 운동은 사회주의자들과 천도교 계통 민족주의자들이 함께 준비하였으나 사전에 발각되었다.

| **오답 해설** | ① 3·1 운동 이후 임시 정부 수립 운동이 촉발되었다.
② 신간회는 광주 학생 항일 운동 현장에 조사단을 파견하였다.
③ 물산 장려 운동은 관세 철폐에 직면하여 자구책으로 실시된 측면이 있다.

| **플러스 이론** | 6·10 만세 운동 격려문

대한 독립운동자여 단결하라!
일체 납세를 거부하자!
일본 물자를 배척하자! / 조선인 관리는 일체 퇴직하라!
일본인 공장의 직공은 총파업하라! / 일본인 지주에게 소작료를 바치지 말라!
일본인 교원에게는 배우지 말자! / 일본 상인과의 관계를 단절하자!
언론, 출판, 집회의 자유를! / 군대와 헌병을 철거하라! / 투옥 혁명수를 석방하라!
보통 교육은 의무 교육으로! / 교육 용어는 조선어로! / 동양 척식 주식회사는 철폐하라!
일본 이민제를 철폐하라!

52 ③

개념 카테고리 근현대의 우리 역사 > 일제 강점기 > 광주 학생 항일 운동

| **정답 해설** | 제시된 자료의 밑줄 친 '이 운동'은 1929년 '광주 학생 항일 운동'이다. ③ 신간회는 광주 학생 항일 운동 당시 진상 조사단을 현지에 파견하였다.

| **오답 해설** | ① 조선 형평사는 1923년 진주에서 창설되었다.
② 1920년대 초 조선 민립 대학 설립 운동이 시작되었다(1920년 조선 교육회 설립 발기회 개최, 1922년 조선 민립 대학 기성회 결성).
④ 조선 민흥회는 일부 비타협적 민족주의자들(조선 물산 장려회 계열)과 일부 사회주의 세력(서울 청년회)이 결합하여 1926년 결성되었다.

53 ①

개념 카테고리 근현대의 우리 역사 > 일제 강점기 > 1920년대 항일 운동

| **정답 해설** | ① 3·1 운동은 비폭력 만세 시위로 시작되었다. 그러나 이후 일제의 탄압이 계속되면서 농민들의 무력 투쟁도 나타나게 되었다.

| **오답 해설** | ② 6·10 만세 운동 이전에 사회주의 사상은 이미 유입되었다.
③ 3·1 운동과 관련 있다.
④ ㉠ 1919년 → ㉡ 1926년 → ㉢ 1929년의 순서로 일어났다.

54 ③

개념 카테고리 근현대의 우리 역사 > 일제 강점기 > 항일 운동의 순서

| **정답 해설** | 제시된 사실의 순서는 다음과 같다.
㉢ 대한 광복군 정부 조직(1914)
㉠ 봉오동 전투(1920)
㉡ 윤봉길의 상하이 의거(1932)
㉣ 민족 혁명당 창당(1935)

55 ①

개념 카테고리 근현대의 우리 역사 > 일제 강점기 > 주요 항일 운동

| **정답 해설** | 제시된 사건의 순서는 다음과 같다.
ㄱ. 훈춘 사건(1920. 9.)
ㄴ. 간도 참변 이후 대한 독립 군단의 자유시로의 이동(1921년 초)
ㄷ. 미쓰야 협정(1925)
ㄹ. 한국 독립군 결성(1931)

56 ① 上

개념 카테고리 | 근현대의 우리 역사 > 일제 강점기 > 봉오동 전투 이후의 역사적 사실

| **정답 해설** | 제시된 내용 중 "6월 7일", "북간도", "왕청현", "적 120여 명 사상" 등을 통해 봉오동 전투(1920. 6.)임을 알 수 있다. ① 봉오동 전투에서 패배한 일제는 훈춘 사건을 조작하여 대규모 병력을 만주에 파견하였다.

| **오답 해설** | ② 양세봉의 조선 혁명군은 중국 의용군과 연합하여 영릉가, 흥경성 등지에서 일본군을 격퇴하였다(1930년대).
③ 김좌진의 북로 군정서군은 홍범도의 대한 독립군 등 여러 독립군들과 연합하여 백운평 전투를 시작으로 6일간에 걸친 10여 차례의 전투에서 일본군에게 막대한 타격을 입혔다(청산리 대첩, 1920. 10.).
④ 지청천의 한국 독립군은 중국 호로군과 연합하여 쌍성보 전투, 사도하자 전투, 경박호 전투, 동경성 전투, 대전자령 전투 등에서 일본군을 격퇴하였다(1930년대).

57 ④ 中

개념 카테고리 | 근현대의 우리 역사 > 일제 강점기 > 청산리 대첩

| **정답 해설** | 제시된 사료의 "어랑촌"을 통해 '청산리 대첩'에 대한 내용임을 알 수 있다. 1920년 10월 청산리 대첩 과정에서 독립군은 어랑촌·백운평·완루구·천수평 등지에서 전투를 벌여 승리를 거두었다. ④ 봉오동 전투(1920. 6.)에서 패배한 일제는 훈춘 사건을 조작하여 대규모 병력을 만주에 파견하였다. 일본군의 토벌 계획을 감지한 독립군은 화룡현과 안도현 일대로 이동하였다. 이곳에서 김좌진의 북로 군정서군은 홍범도의 대한 독립군 등 여러 독립군들과 연합하여 청산리 일대에서 백운평 전투를 시작으로 6일간에 걸친 10여 차례의 전투에서 일본군에게 막대한 타격을 입혔다(1920. 10.). 청산리 대첩은 항일 독립운동 사상 최대의 전과로 기록되었다.

| **오답 해설** | ① 조선 의용군은 1942년에 화북 지방 사회주의자들이 조직한 조선 독립 동맹의 군사 조직이다.
② 만주 사변(1931) 이후 한·중 연합군이 결성되었다. 양세봉의 조선 혁명군은 중국 의용군과 연합하여 영릉가·흥경성 등지에서 일본군을 격퇴하였다. 또한 지청천을 총사령관으로 한 한국 독립군은 중국 호로군과 연합하여 쌍성보 전투, 경박호 전투, 사도하자 전투, 대전자령 전투, 동경성 전투 등에서 일본군에 타격을 주었다.
③ 중국 국민당의 지원을 받은 군사 조직은 1938년에 설립된 김원봉의 조선 의용대와 1940년 충칭에서 창설된 한국광복군이 대표적이다.

58 ③ 中

개념 카테고리 | 근현대의 우리 역사 > 일제 강점기 > 청산리 대첩

| **정답 해설** | 백운평 전투, 완루구 전투, 어랑촌 전투, 천수평 전투, 천보산 전투 등은 1920년 (가) '청산리 대첩' 과정에서 일어난 전투이다. 봉오동 전투(1920. 6.)에서 패배한 일제는 훈춘 사건을 조작하여 대규모 병력을 만주에 파견하고, 일본군의 토벌 계획을 감지한 독립군은 화룡현과 안도현 일대로 이동하였다. 이곳에서 ③ 김좌진의 북로 군정서군은 홍범도의 대한 독립군 등 여러 독립군과 연합하여 청산리에서 일본군과 전투를 전개하였다(1920. 10.).

| **오답 해설** | ① 1938년 김원봉이 창설한 조선 의용대는 중국 관내에서 결성된 최초의 한인 무장 부대였다.
② 일본군에 강제 징집된 학도병들 중 일부가 탈출하여 한국광복군에 편입되었다.
④ 양세봉의 조선 혁명군은 중국 의용군과 연합하여 영릉가 전투, 흥경성 전투에서 일본군을 크게 무찔렀다.
⑤ 지청천의 한국 독립군은 중국 호로군과 연합하여 대전자령 전투에서 일본군을 격퇴하였다.

59 ② 中

개념 카테고리 | 근현대의 우리 역사 > 일제 강점기 > 참의부

| **정답 해설** | ② 1923년 조직된 '참의부'에 대한 설명이다. 공식 명칭은 '육군 주만 참의부'(임시 정부 직할)였으며, 압록강 건너편 지역을 관할하던 민정 기관이자 군정 기관이었다.

60 ④ 中

개념 카테고리 | 근현대의 우리 역사 > 일제 강점기 > 김원봉, 신채호

| **정답 해설** | 제시된 사료는 의열단의 (가) '김원봉'이 (나) '신채호'에게 부탁하여 작성된 「조선 혁명 선언」(1923, 의열단 강령)이다. ④ (가) 김원봉은 황포 군관 학교에서 훈련받은 후 독립군 간부를 양성하기 위해 조선 혁명 간부 학교를 설립하였다.
(나) 신채호는 「독사신론」을 저술하여 민족주의 역사학의 기틀을 제시하였다.

| **오답 해설** | ① 김원봉은 1938년에 조선 의용대를 결성하였다. 국혼을 강조한 역사가는 박은식이다.
② 신흥 무관 학교 설립은 이회영, 이동녕 등과 관련이 있다. 조선 형평사는 1923년 진주에서 이학찬 등이 백정들에 대한 사회적 차별을 타파하기 위해 설립한 단체이다.
③ 조선 건국 동맹은 여운형을 중심으로 조직되었다. 백남운 등의 사회 경제 사학자들은 식민 사학의 정체성론을 반박하였다.

61 ③

개념 카테고리 근현대의 우리 역사 > 일제 강점기 > 의열단

| 정답 해설 | ㉠ '의열단' 단원 김익상은 1921년 조선 총독부에 폭탄을 던졌고, 1922년에는 상하이에서 일본 육군대장 타나카 기이치를 암살하려고 하였다(황포탄 의거). 한편 ③ 김원봉 등 의열단 일부 구성원은 1925년 황푸 군관 학교(중국 정부의 사관 학교)에 입교하여 군사 교육을 받았으며, 1927년에는 중국 국민당의 북벌(北伐)에 합류하였다. 이러한 경험은 1932년 난징에서 조선 혁명 간부 학교를 창설할 때 중국 국민당의 지원을 받는 계기가 되었다.

| 오답 해설 | ① 신한 혁명당 인사들은 공화주의를 표방하는 대동 단결 선언을 작성해 발표하였다.
② 한인 애국단 소속 이봉창은 도쿄에서 일왕이 탄 마차 행렬에 폭탄을 던졌으나 실패하였다(1932).
④ 노인단 소속 강우규는 3·1 운동 이후 새로 부임하는 사이토 총독에게 폭탄을 투척하는 의거를 일으켰다.

62 ②

개념 카테고리 근현대의 우리 역사 > 일제 강점기 > 의열단

| 정답 해설 | 제시된 자료는 「조선 혁명 선언」(1923, 신채호) 중 일부이며, 의열단의 강령이다. ② 의열단은 한국 독립당, 조선 혁명당 등과 함께 민족 혁명당(1935)을 결성하였다.

| 오답 해설 | ① 1929년에 일어난 원산 총파업은 의열단과는 관련이 없다.
③ 김좌진의 북로 군정서군, 홍범도의 대한 독립군 등 독립군 연합부대는 청산리 전투에서 일본군에게 대승을 거두었다.
④ 1931년 김구는 임시 정부 활동에 활기를 불어넣고자 한인 애국단을 결성하였다.

63 ①

개념 카테고리 근현대의 우리 역사 > 일제 강점기 > 의열단

| 정답 해설 | 제시된 선언문은 의열단의 강령인 「조선 혁명 선언」이다. ① 의열단 단원 김익상은 1921년 조선 총독부에 투탄 의거를 한 후 상하이로 건너가 오성륜, 이종암과 함께 일본 육군대장 다나카 기이치를 저격하였으나 실패하였다(황포탄 의거).

| 오답 해설 | ② 한인 애국단 단원 이봉창은 일본 동경에서 일왕 히로히토에게 폭탄을 던졌으나 실패하였다(1932).
③ 흑색 공포단 단원 백정기, 이강훈, 원심창이 상해 육삼정에서 일본 공사 아리요시 아키라를 암살하려 하였으나 실패하였다.
④ 한인 애국단 단원 윤봉길은 상하이 훙커우 공원에서 폭탄을 던져 일본 대장 시라카와 요시노리 등을 폭사시켰다.

64 ①

개념 카테고리 근현대의 우리 역사 > 일제 강점기 > 한인 애국단

| 정답 해설 | 밑줄 친 '이 의거'는 김구가 조직한 한인 애국단 소속 윤봉길의 상해 훙커우 공원 의거이다. ① 한인 애국단 단원인 이봉창은 도쿄에서 일왕에게 수류탄을 던졌으나 실패하였다.

| 오답 해설 | ② 임병찬은 고종의 밀명을 받아 (대한) 독립 의군부를 결성하였다.
③ 의열단은 신채호의 「조선 혁명 선언」을 활동 지침으로 삼았다.
④ 신민회는 일제가 날조한 105인 사건으로 와해되었다.

65 ④

개념 카테고리 근현대의 우리 역사 > 일제 강점기 > 한인 애국단, 이봉창

| 정답 해설 | ④ 제시된 사료는 한인 애국단 소속 '이봉창'이 일본에 가기 전의 상황을 서술하고 있다. 한인 애국단은 대한민국 임시 정부의 김구가 1931년에 상하이에서 설립한 단체이다.

| 오답 해설 | ① 윤봉길, ② 김원봉, 윤세주 등, ③ 안중근에 대한 서술이다.

66 ①

개념 카테고리 근현대의 우리 역사 > 일제 강점기 > 한인 애국단

| 정답 해설 | 제시된 사건은 '한인 애국단' 단원인 이봉창이 도쿄에서 일본 천황에게 폭탄을 투척한 사건(1932. 1.)과 중국 상하이 훙커우 공원에서 행한 윤봉길의 폭탄 투척 사건(1932. 4.)이다. ① 1920년대 후반 침체기에 빠진 임시 정부에 활기를 불어넣기 위해 김구는 1931년에 한인 애국단을 결성하여 적극적인 투쟁을 전개하였다.

| 오답 해설 | ②④ 만주 지린에서 결성된 단체는 의열단이다. 신채호가 작성한 「조선 혁명 선언」을 활동 지침으로 삼았으며, 의열단 소속으로 김상옥·나석주 등이 있었다.
③ 105인 사건으로 해체된 단체는 신민회이다.

67 ③

개념 카테고리 근현대의 우리 역사 > 일제 강점기 > 한국 독립군

| 정답 해설 | 제시된 자료는 ③ 한국 독립당 산하 군사 조직인 ㉠ '한국 독립군'에 대한 설명이다. 지청천이 지휘하는 한국 독립군은 중국의 호로군과 한·중 연합군을 편성하고, 쌍성보 전투 (1932), 사도하자 전투(1933), 동경성 전투(1933)에서 일본군을 크게 격파하였다. 특히 대전자령 전투(1933)에서는 4시간의 격전 끝에 승리하여 막대한 전리품을 획득하였다.

| 오답 해설 | ① 박용만은 1914년 하와이에서 대조선 국민 군단을 창설하였다.

매력적 오답 ②④ 양세봉이 지휘하는 조선 혁명군(1929)은 중국 의용군과 연합하여 영릉가 전투(1932)와 흥경성 전투(1933)에서 일본군을 격퇴하였다.

68 ④

개념 카테고리 근현대의 우리 역사 > 일제 강점기 > 한국 독립군

| **정답 해설** | 제시된 사료는 지청천이 지휘한 '한국 독립군'의 대전자령 전투(1933)에 관한 것이다. 만주 사변(1931) 이후 만주를 점령한 일제의 수탈이 심해지자, 간도 지방을 중심으로 반일 감정이 높아졌고, 항일이라는 공동 목표를 달성하기 위해 중국군과 연합하여 독립 전쟁을 전개하였다. ④ 지청천의 한국 독립군은 중국 호로군과 연합하여 쌍성보 전투, 사도하자 전투, 동경성 전투, 대전자령 전투에서 크게 승리하였다.

| **오답 해설** | ① 대한민국 임시 정부의 직할 부대로 창설된 것은 한국광복군이다(1940).
② 중국 관내 최초의 한인 무장 부대는 김원봉이 창설한 조선 의용대이다(1938).
③ 의열단 구성원들은 개인 의열 투쟁에 한계를 느끼고 1925년 중국 황포 군관 학교에 입교하였다. 이후 조선 혁명 간부 학교(1932)를 세워 독립군 간부를 양성하였다.
⑤ 1920년 봉오동 전투, 청산리 대첩에서 큰 승리를 거둔 만주 지역의 독립군들은 간도 참변 이후 밀산부로 이동하여 서일을 중심으로 대한 독립 군단을 조직하였다(1920. 12.). 이후 연해주의 자유시로 근거지를 이동하였으나, 소비에트 적군에 의해 독립군들이 큰 타격을 받은 자유시 참변(1921)이 발생하였다.

69 ③

개념 카테고리 근현대의 우리 역사 > 일제 강점기 > 조선 혁명군

| **정답 해설** | 제시된 사료는 양세봉이 지휘한 '조선 혁명군'의 영릉가 전투와 관련된 내용이다. ③ 조선 혁명군은 남만주 일대에서 중국 의용군과 연합하여, 영릉가·흥경성·신개령·통화현 전투에서 일본군을 크게 무찔렀다.

| **오답 해설** | ① 간도(경신) 참변 이후 대한 독립 군단을 조직하여 소련으로 이동한 독립군은 소비에트 적군의 공격으로 자유시 참변을 겪었다(1921).
② 한국광복군은 연합군의 일원으로 태평양 전쟁에 참여하여, 한·영 군사 협정(1943)에 따라 10여 명의 비전투 요원들이 영국군과 함께 미얀마 전선 등에 참전(주로 암호 분석, 포로 심문, 통역 및 심리전 활동)하였다. 또한 미 OSS(CIA의 전신)와 연합하여 국내 진입 계획을 세웠지만 일제의 항복으로 실현되지는 못하였다.
④ 1938년 김원봉이 창설한 조선 의용대는 중국 관내에서 결성된 최초의 한인 무장 부대였다.

70 ①

개념 카테고리 근현대의 우리 역사 > 일제 강점기 > 1930년대 무장 독립 전쟁

| **정답 해설** | 조선 혁명군은 ㉠ '양세봉'의 지휘 아래 ㉡ '(중국) 의용군'과 연합하여 영릉가, 흥경성 등지에서 일본군을 격퇴하였다. 한편 ㉢ '지청천'이 이끈 한국 독립군은 ㉣ '(중국) 호로군'과 연합하여 쌍성보 전투, 사도하자 전투, 대전자령 전투, 동경성 전투 등에서 일본군에 타격을 주었다.

71 ④

개념 카테고리 근현대의 우리 역사 > 일제 강점기 > 조선 의용대

| **정답 해설** | 제시된 자료의 밑줄 친 '이 부대'는 좌익계 통일 조직인 조선 민족 전선 연맹 산하의 '조선 의용대'이다(1938). ④ 조선 의용대는 중국 관내에서 결성된 최초의 한인 무장 부대였다.

72 ④

개념 카테고리 근현대의 우리 역사 > 일제 강점기 > 민족 혁명당

| **정답 해설** | 제시된 자료의 밑줄 친 '이 단체'는 '민족 혁명당'이다. 1935년 6월 중국 난징[南京]에서 각 혁명 단체 대표자 대회가 개최되었고, 7월에는 한국 독립당, 의열단, 신한 독립당, 조선 혁명당, 대한 독립당 등 5개 단체가 통합하여 민족 혁명당을 창당하였다. 그러나 ④ 김구 등 임시 정부 세력은 참여하지 않고, 한국 국민당을 결성하였다. 한편 민족 혁명당 조직의 주도권을 김원봉의 의열단계가 장악하자, 조소앙, 지청천 등이 탈당하여 조선 민족 혁명당으로 개편되었다.

73 ④

개념 카테고리 근현대의 우리 역사 > 일제 강점기 > 한국광복군

| **정답 해설** | 자료에서 "연합군과의 작전", "주석"이라는 내용을 통해 밑줄 친 '우리 부대'가 '한국광복군'임을 알 수 있다. ④ 한국광복군은 영국군과 함께 미얀마와 인도에서 공동 작전을 수행하였다.

| **오답 해설** | ① 조선 독립 동맹의 조선 의용군, ② 양세봉의 조선 혁명군, ③ 김원봉 중심의 조선 의용대에 관한 설명이다.

74 ①

개념 카테고리 근현대의 우리 역사 > 일제 강점기 > 한국광복군

| **정답 해설** | (가)는 한국광복군이다. 한국광복군은 1940년 중국 충칭에서 중국 국민당 정부의 지원을 받아 창설되었고, 1942년에는 조선 의용대의 일부가 합류하였다. 한편, 1943년 한·영 군사

협정에 따라 영국군과 함께 인도, 미얀마 전선에 파견되었고, 미국 OSS 부대(현재 CIA 전신)의 지원을 받아 국내 진입 작전을 추진하였으나 실행되지 못했다. ① 지청천이 지휘하는 한국 독립군은 중국 호로군과 함께 쌍성보 전투, 경박호 전투, 사도하자 전투, 동경성 전투, 대전자령 전투에서 승리하였다.

75 ④

개념 카테고리 근현대의 우리 역사 > 일제 강점기 > 대일 선전 포고문

| 정답 해설 | 제시된 자료는 대한민국 임시 정부에서 1941년 12월에 공포한 '대일 선전 포고문'이다. ④ 「대한민국 건국 강령」은 1941년 11월 제정되었다.

| 오답 해설 | ① 김원봉이 이끌던 조선 의용대의 일부 병력이 1942년 한국광복군에 편입되었다.
② 1943년 영국군의 요청에 따라 한국광복군이 인도, 미얀마 전선에 파견되었다.
③ 1942년 조선 의용대 화북 지대가 조선 독립 동맹에 편입되어, 조선 의용군으로 개편되었다.

76 ②

개념 카테고리 근현대의 우리 역사 > 일제 강점기 > 조선 의용군

| 정답 해설 | ② 제시된 설명은 1942년 화북 지방의 사회주의자들이 조직한 조선 독립 동맹의 조선 의용군에 대한 설명이다.

| 오답 해설 | ① 대한 독립군은 한말 의병장인 홍범도가 조직한 독립군으로, 1920년 봉오동 전투에서 일본군을 크게 무찌른 주역이다.
③ 조선 의용대는 김원봉이 주도한 무장 부대로 1938년 결성되었고, 이후 1942년 광복군에 편입되었다.
④ 1930년대 전반 양세봉이 지휘하는 조선 혁명군은 중국 의용군과 연합하여 흥경성 전투, 영릉가 전투 등지에서 일본군을 크게 무찔렀다.

77 ①

개념 카테고리 근현대사의 우리 역사 > 일제 강점기 > 1930~1940년대 항일 운동

| 정답 해설 | ① (가) 한국광복군은 미 전략 사무국(OSS)과 협력하여 국내 진공 작전을 계획하였지만, 실행하지는 못했다.

| 오답 해설 | ② 1938년에 중국 한커우에서 창설된 조선 의용대는 중국 관내 최초의 한인 무장 부대로, 중국 국민당 정부의 지원을 받았다.
③ 양세봉이 지휘한 조선 혁명군은 중국 의용군과 연합하여 영릉가 전투, 흥경성 전투에서 일본군을 격퇴하였다.
④ 지청천이 지휘한 한국 독립군은 중국 호로군과 함께 쌍성보 전투, 경박호 전투, 사도하자 전투, 대전자령 전투, 동경성 전투 등에서 일본군을 격퇴하였다.

78 ②

개념 카테고리 근현대의 우리 역사 > 일제 강점기 > 연해주 지역

| 정답 해설 | 제시된 자료는 '연해주 동포의 중앙아시아로의 강제 이주'에 대한 내용이다. 1937년 소련의 스탈린은 연해주의 한인들이 소련 침략을 계획한 일본과 결탁할 수 있다는 명분으로 한인(고려인) 약 172,000명을 카자흐스탄, 우즈베키스탄 등으로 강제 이주시켰다. ② 1905년 이후 연해주에서는 한인 집단촌(대표적: 블라디보스토크의 신한촌)이 형성되었고, 이곳에서 항일 의병 운동 및 독립운동이 활발하게 전개되었다.

| 오답 해설 | ① 경신참변(간도 참변)은 간도에서 발생하였다.
③ 1923년 관동대지진과 한국인 학살은 일본에서 일어났다.
④ 태평양 전쟁 발발 이후 한국 청년들은 중국에서 한국광복군에 합류하거나 미군에 입대하여 일본군과 싸웠다.

79 ②

개념 카테고리 근현대의 우리 역사 > 일제 강점기 > 주요 항일 운동

| 정답 해설 | ㉠ '독립 의군부', ㉡ '의열단', ㉢ '한인 애국단', ㉣ '한국광복군'에 대한 설명이다. ② 의열단의 강령인 「조선 혁명 선언」(1923)은 신채호가 작성하였다.

80 ①, ③

개념 카테고리 근현대의 우리 역사 > 일제 강점기 > 국외 항일 독립운동

| 정답 해설 | ① 김원봉의 주도로 의열단, 한국 독립당, 조선 혁명당 등의 대표들이 1932년 상하이에서 한국 대일 전선 통일 동맹을 출범시켰다. ③ 1938년 설립된 조선 의용대의 일부는 화북으로 이동하고(조선 의용대 화북 지대), 김원봉 등 일부는 1942년 한국광복군에 합류하였다.

| 오답 해설 | ② 중국 국민당 정부는 윤봉길의 상하이 의거 이후, 대한민국 임시 정부를 적극적으로 지원하였다. 그 결과 뤄양(낙양) 군관 학교에 '한인 특별반'을 설치하고 간부를 양성할 수 있도록 하였다.
④ 한국 독립군은 중국의 호로군과 연합하여 쌍성보 전투, 경박호 전투, 사도하자 전투, 대전자령 전투, 동경성 전투 등에서 일본군을 격파하였다.

실력 양성 운동과 사회 운동										문제편 P.237
81	②	82	③	83	③	84	②	85	④
86	③	87	②	88	①	89	①	90	①
91	①	92	②	93	②	94	④	95	①
96	①	97	③	98	③				

81 ②

개념 카테고리 근현대의 우리 역사 > 일제 강점기 > 〈동아일보〉

| 정답 해설 | 제시된 내용 중 "민족적 경륜" 수록, "일장기 말소 사건"을 통해 (가) 〈동아일보〉임을 알 수 있다. ② 〈동아일보〉에서는 1931년부터 브나로드 운동이라는 농촌 계몽 운동을 전개하였다.

| 오답 해설 | ① 〈조선일보〉는 한글 보급 운동(문자 보급 운동) 과정에서 『한글원본』을 제작하였다.
③ 천도교에서는 〈개벽〉, 〈신여성〉, 〈어린이〉 등의 잡지를 발행하였다.
④ 신간회의 초대 회장이었던 이상재는 〈조선일보〉의 사장을 역임하였다.

82 ③

개념 카테고리 근현대의 우리 역사 > 일제 강점기 > 물산 장려 운동

| 정답 해설 | 제시된 자료는 1920년대 초에 전개된 '물산 장려 운동'의 포스터이다. ③ 물산 장려 운동에 대해 일부 사회주의자들은 부르주아(자본가) 계급을 위한 운동이라고 비판하였다.

| 오답 해설 | ① 물산 장려 운동은 일제의 간섭과 물산 장려 운동 자체의 한계(일본 제품과의 품질 및 가격 경쟁력 약화, 저생산성 등)로 중단되었다.
② 물산 장려 운동은 1920년 회사령 폐지 이후에 전개되었다.
④ 물산 장려 운동은 한국인들이 만든 물품을 사용하여 우리 민족 경제의 자립을 추구하는 운동이었다.

83 ③

개념 카테고리 근현대의 우리 역사 > 일제 강점기 > 물산 장려 운동

| 정답 해설 | 제시된 사료의 "조선 사람은 조선 사람이 만든 물건만 쓰고 살자"를 통해, 밑줄 친 '운동'이 '물산 장려 운동'임을 알 수 있다. ③ 물산 장려 운동은 1920년 조만식 등에 의해 평양에서 시작되어 전국적으로 확대되었다.

| 오답 해설 | ① 조선 총독부는 1920년 (허가제의) 회사령을 폐지하고, 회사 설립 기준을 신고제(계출제)로 바꾸었다. 이것은 일본 자본의 한반도 진출을 쉽게 하려는 목적이었다.
② 원산 총파업은 1929년에 시작되었다. 당시 전국 각지의 노동 조합·청년 단체·농민 단체 등이 후원하였으며, 일본·중국·프랑스·소련의 노동 단체들의 격려와 후원도 있었다.
④ 조선 노농 총동맹은 1924년 조직된 노동자·농민 조직이었다.

84 ②

개념 카테고리 근현대의 우리 역사 > 일제 강점기 > 물산 장려 운동

| 정답 해설 | 제시된 사료는 1920년대 초반 전개된 물산 장려 운동에 대한 내용이다. ② 신간회가 결성된 것은 1927년이다.

| 오답 해설 | ① 안중근이 하얼빈 역에서 이토 히로부미를 사살한 것은 1909년이다.
③ 대한민국 임시 정부는 1940년 충칭에서 한국광복군을 창설하였다.
④ 1932년 한인 애국단 단원 윤봉길은 상해 훙커우 공원에서 폭탄을 투척하였다.

85 ④

개념 카테고리 근현대의 우리 역사 > 일제 강점기 > 노동 운동

| 오답 해설 | ㉠ 혁명적 노동 조합은 1930년대에 해당된다.
㉢ 원산 총파업은 1929년에 일어났다.

86 ③

개념 카테고리 근현대의 우리 역사 > 일제 강점기 > 암태도 소작 쟁의, 원산 총파업

| 정답 해설 | (가) 1923년 암태도 소작 쟁의이며, (나) 1929년 원산 총파업이다.
ㄴ. 암태도의 소작인들은 암태 소작인회를 조직하여 약 1년간 암태도의 지주 문재철과 이를 비호하는 일제에 대항해 소작 쟁의를 벌였다. 그 결과 7~8할의 소작료가 4할로 줄어들었다.
ㄷ. 라이징 선(Rising Sun) 석유 회사의 일본인 감독이 한국인 노동자를 구타한 사건을 계기로 원산 총파업이 일어났다(1929). 이 파업은 전국 각지의 노동조합·청년 단체·농민 단체 등이 물심양면으로 후원하였으며, 일본·중국·프랑스·소련의 노동 단체들의 격려와 후원을 받았다.

| 오답 해설 | ㄱ. 조선 노농 총동맹은 1924년에 창립되었다.
ㄹ. 조선 노동 공제회는 3·1 운동 직후인 1920년에 최초의 노동자·농민 운동 단체로 조직되었다.

87 ②

개념 카테고리 근현대의 우리 역사 > 일제 강점기 > 어린이 선언문

| 정답 해설 | 제시된 사료는 1923년 발표된 '어린이 선언문'이다. ② 대한 광복회는 1915년 결성되었다.

| 오답 해설 | ① 신채호의 「조선 혁명 선언」(1923)
③ 경남 진주에서 조선 형평사 창립(1923)
④ 상하이에서 국민 대표 회의 개최(1923)

88 ①

개념 카테고리 근현대의 우리 역사 > 일제 강점기 > 조선 형평사

| 정답 해설 | ① 제시된 사료는 '조선 형평사' 취지문이다. 1923년 진주에서 이학찬 등은 조선 형평사를 조직하여 백정의 평등 대우, 공평한 사회 건설 등을 기치로 내걸고 형평 운동을 전개하였다.

89 ①

개념 카테고리 근현대의 우리 역사 > 일제 강점기 > 형평 운동

| 정답 해설 | ① 백정들에 대한 사회적 차별 철폐를 위해 1923년 진주에서 조선 형평사가 조직되었다.
| 오답 해설 | ② 1894년 제1차 갑오개혁 때 공·사노비 제도가 철폐되었다.
③ 고려 무신정권 때 망이·망소이 난(1176)의 결과로 공주 명학소가 충순현으로 승격되는 등 향·부곡·소 등의 특수 행정 구역이 점차 줄어들었으며, 이후 조선 태종 때 완전히 소멸하였다.
④ 조선 순조 때 일어난 홍경래의 난(1811)은 평안도 지역에 대한 차별과 지배층의 수탈에 항거한 민란이었다.

90 ①

개념 카테고리 근현대의 우리 역사 > 일제 강점기 > 신간회

| 정답 해설 | 제시된 사료는 1926년 정우회 선언이며, 이를 계기로 결성된 단체는 '신간회'이다(1927). ① 신간회는 한국인(조선인) 본위의 교육 제도 실시를 주장하였고, 원산 총파업(1929)을 지원하였다.
| 오답 해설 | ② 민중의 직접적 폭력 혁명으로 강도 일본을 타도하고자 한 단체는 의열단이다.
③ 조선 교육회 인사들이 주도하여 민립 대학 설립 운동을 추진하였다.
④ 조선 물산 장려회가 주도하여 물산 장려 운동이 추진되었다.

91 ①

개념 카테고리 근현대의 우리 역사 > 일제 강점기 > 신간회

| 정답 해설 | 제시된 내용은 민족 유일당 단체인 '신간회'의 강령이다. ① 대한민국 임시 정부의 방향성을 논의하기 위해 개최된 국민 대표 회의(1923)에서 개조파와 창조파의 대립이 있었다.

| 플러스 이론 | 신간회 창립 배경

1920년대 이후 일부 민족주의자들(대표적: 이광수, 최린)이 일제에 타협적인 태도를 보이자, 비타협적 민족주의자들은 이를 비판하면서 사회주의 세력과 연대하여 민족 운동을 강화하고자 하였다. 한편 1926년 6·10 만세 운동을 준비하다가 사전에 발각되어 큰 타격을 받은 사회주의 계열은 정우회를 통해 비타협적 민족주의 세력과의 제휴를 발표하였다(정우회 선언). 이를 계기로 1927년에 민족 유일당 단체인 신간회가 결성되었다.

92 ②

개념 카테고리 근현대의 우리 역사 > 일제 강점기 > 민족 유일당 운동

| 정답 해설 | 사회주의 진영과 비타협적 민족주의 진영은 1926년 ㉠ '정우회' 선언을 계기로, 1927년 1월 ㉡ '신간회'를 발기하였다. 이어서 서울청년회계 사회주의자와 물산 장려 운동 계열이 연합한 ㉢ '조선 민흥회'와도 합동할 것을 결의하여 2월 15일 YMCA 회관에서 신간회 창립 대회를 개최하였다. 한편 신간회는 정치적·경제적 각성, 민족의 단결을 공고히 함, 기회주의자 배척 등을 강령으로 상정하고, 자매단체로 근우회가 조직되었다. 이후 광주 학생 항일 운동에 김병로를 단장으로 조사단을 파견하는 등 활발한 활동을 전개하였으며, 대규모 민중 대회를 계획하였으나 실패하였다.

93 ②

개념 카테고리 근현대의 우리 역사 > 일제 강점기 > 신간회

| 정답 해설 | 밑줄 친 '이 단체'는 '신간회'이다. 1920년대에 사회주의 운동이 활발해지면서 자치론의 확산을 우려한 비타협적 민족주의 인사들과 사회주의자들이 민족 협동 전선으로 신간회(회장 이상재)를 조직하였다(1927. 2.). 강령으로 정치적·경제적 각성, 민족의 단결을 공고히 함, 기회주의자 배척을 상정하였고, 자매단체로 근우회가 조직되었다. 이후 ② 광주 학생 항일 운동에 김병로를 단장으로 조사단을 파견하였고, 광주 학생 항일 운동의 진상 보고를 위한 민중 대회를 계획하였으나 실패하였다.
| 오답 해설 | ① 조선어 학회는 『우리말 큰 사전』 편찬 사업을 추진하였으나, 1942년 '조선어 학회 사건'으로 실패하였다.
③ 대한민국 임시 정부는 조소앙의 삼균주의를 기초로 1941년 「대한민국 건국 강령」을 발표하였다.
④ 좌·우 합작 위원회는 1946년 10월 토지 개혁 실시를 포함한 좌·우 합작 7원칙을 발표하였으나 좌·우익 모두가 반대하여 별다른 성과를 거두지 못하였다.

94 ④

개념 카테고리 근현대의 우리 역사 > 일제 강점기 > 신간회

| 정답 해설 | 〈보기〉의 단체는 '신간회'이다. 신간회는 비타협적 민족주의 계열과 사회주의 계열의 합작으로 만들어진 단체이며, 1927년 창립되어 1931년까지 활동하였다. ④ 암태도 소작 쟁의는 1923~1924년에 발생하였다.

| 오답 해설 | ① 광주 학생 독립운동(광주 학생 항일 운동)은 1929년 일어났다.
② 원산 총파업은 1929년 발생하였다.
③ 1930년 단천 산림 조합 시행령 반대 운동이 일어났다.

95 ①

개념 카테고리 근현대의 우리 역사 > 일제 강점기 > 근우회

| 정답 해설 | ① 제시된 사료는 여성계 민족 유일당 단체인 (가) '근우회' 취지문 중 일부이다. 근우회는 신간회의 자매단체로 1927년에 조직되었다.

96 ①

개념 카테고리 근현대의 우리 역사 > 일제 강점기 > 안창호

| 정답 해설 | 제시된 인물은 '안창호'이다. ① 안창호는 1913년 미국 샌프란시스코에서 흥사단을 조직하였다.

| 플러스 이론 | 안창호(1878~1938)

독립 협회에 참여하였고, 1899년에는 강서 지방 최초의 근대 학교인 점진 학교를 설립하였다. 1900년 미국으로 건너가 샌프란시스코에서 한국인 친목회를 조직하고, 이를 기반으로 대한인 공립 협회를 설립하였다. 1905년 귀국한 이후에는 1907년 양기탁·신채호 등과 함께 비밀 결사인 신민회를 조직하였고, 1907년 평양에 대성 학교를 설립하였다.

일제 강점 직후인 1911년 미국으로 망명한 이후 1912년 샌프란시스코에서 대한인 국민회 중앙 총회를 조직하였고, 〈신한민보〉를 창간하였다. 또한 1913년에는 흥사단을 창설하였다.

1919년 3·1 운동 직후 상해로 건너가 상해 임시 정부 내무총장 겸 국무총리 대리직을 맡았고, 1923년 국민 대표 회의가 개최되었을 때는 개조파를 대표하는 인물이었다.

1932년 일본의 중국 본토 침략 정책에 대응하여 독립운동 근거지 건설 계획을 검토하던 중, 일본 경찰에 붙잡혀 서울로 송환되었다. 이후 4년의 실형을 받고 복역하다가 1935년 2년 6개월 만에 가출옥하였으나, 1937년 (수양) 동우회 사건으로 재수감되었고, 1938년 순국하였다.

97 ③

개념 카테고리 근현대의 우리 역사 > 일제 강점기 > 제2차 조선 교육령 시행 시기

| 정답 해설 | 제시된 사료 중 "제5조 보통학교의 수업 연한을 6년으로 한다."를 통해 1922년에 공포된 '제2차 조선 교육령'임을 알 수 있다. 제2차 조선 교육령은 1938년 제3차 조선 교육령이 제정되기 전까지 적용되었다(1922~1938). ③ 일제에 의해 1924년 경성 제국 대학이 설립되었다.

| 오답 해설 | ① 일제는 1908년 사립 학교령을 공포하여 사립 학교의 설립과 운영을 통제하였다.
② 1938년 제3차 조선 교육령에서 조선어가 선택 과목(수의 과목)이 되었다.
④ 일제는 1941년에 국민학교령을 제정하여 (심상)소학교를 국민 학교(황국 신민을 양성하는 학교)로 개칭하였다.

98 ③

개념 카테고리 근현대의 우리 역사 > 일제 강점기 > 조선 교육령

| 정답 해설 | 제1차 조선 교육령(1911)과 제2차 조선 교육령(1922) 사이의 역사적 사실은 ③ 1919년 일본에서 발표된 「2·8 독립 선언」이다.

| 오답 해설 | ① 1924년 경성 제국 대학이 설립되었다.
② 1886년 근대 교육 기관인 육영 공원이 설립되었다.
④ 1904년 보안회의 주도로 일본의 황무지 개간권 반대 운동이 일어났다.

민족 문화 운동									
99	④	100	③	101	④	102	②	103	①
104	①	105	②	106	③	107	③	108	③
109	④	110	②	111	④	112	①	113	④
114	①	115	③	116	②	117	③	118	④
119	②	120	②	121	②				

99 ④

개념 카테고리 근현대의 우리 역사 > 일제 강점기 > 조선어 연구회

| 정답 해설 | ④ 1921년 창립된 조선어 연구회는 '가갸날'(현재의 한글날)을 제정(1926)하고, 잡지 〈한글〉을 창간(1927)하였다.

| 오답 해설 | ① 국문 연구소는 1907년 대한 제국 학부(學部) 소속으로 설치되었던 한글 연구 기관이다.
② 조선 광문회는 1910년 최남선 등이 설립하여 우리의 고전(古典)을 연구하고, 간행하던 단체이다.
③ 대한 자강회는 1906년 설립된 애국 계몽 운동 단체이다.

100 ③

개념 카테고리 근현대의 우리 역사 > 일제 강점기 > 조선어 학회

| 정답 해설 | (가)는 조선어 학회이다. ㄴ. 조선어 학회에서는 1933년 한글 맞춤법 통일안을 제정하였고, ㄷ. 『우리말 큰 사전』 편찬을 준비하였으나, 1942년 조선어 학회 사건으로 실패하였다.
| 오답 해설 | ㄱ. 국문 연구소는 1907년 대한 제국 학부 소속으로 만들어진 한글 연구 기관이다.
ㄹ. 천도교에서는 〈개벽〉, 〈어린이〉 등의 잡지를 발간하였다.

101 ④

개념 카테고리 근현대의 우리 역사 > 일제 강점기 > 박은식

| 정답 해설 | 제시된 자료는 '박은식'에 대한 설명이다. ④ 한인 애국단(1931, 상하이)을 조직한 인물은 김구이다.

102 ②

개념 카테고리 근현대의 우리 역사 > 일제 강점기 > 박은식

| 정답 해설 | 제시된 사료는 박은식의 「유교구신론」 중 일부이다. ② 박은식은 '나라는 형(形)이고 역사는 신(神)'이라고 주장하였다.
| 오답 해설 | ① 정인보는 '조선얼'을 강조하며, 문일평, 안재홍 등과 함께 '조선학 운동'을 펼쳤다.
③ 김구는 주석, 부주석 체제하의 대한민국 임시 정부에서 주석을 역임하였다.
④ 신채호는 「독사신론」(1908)에서 민족을 역사 서술의 주체로 설정하고 사대주의를 비판하였다. 「독사신론」은 민족주의 사학의 기틀을 마련했다고 평가된다.

103 ①

개념 카테고리 근현대의 우리 역사 > 일제 강점기 > 신채호

| 정답 해설 | 「조선 혁명 선언」을 작성한 인물은 '신채호'이다. ① 신채호는 〈대한매일신보〉에 「독사신론」을 게재하여 민족주의 사학의 기틀을 마련하였다.
| 오답 해설 | ② 이병도, 손진태 등, ③ 손병희, ④ 백남운에 대한 설명이다.

104 ①

개념 카테고리 근현대의 우리 역사 > 일제 강점기 > 신채호

| 정답 해설 | 제시된 사료는 '신채호'의 「독사신론」 중 일부이다. 「독사신론」은 민족주의 사학의 기틀을 마련했다고 평가된다.
① 신채호는 『이순신전』, 『을지문덕전』 등 우리 역사의 위인들에 대한 전기(傳記)를 써서 민족의식을 고취하였다.

| 오답 해설 | ② 『한국 독립운동 지혈사』는 박은식의 저서이다.
③ 정인보는 「5천 년간 조선의 얼」이라는 글을 〈동아일보〉에 연재하였다(1935~1936).
④ 문일평은 '조선심'을 강조하였고, 정인보 등과 함께 조선학 운동을 전개하였다.

105 ②

개념 카테고리 근현대의 우리 역사 > 일제 강점기 > 신채호

| 정답 해설 | 제시된 사료는 '신채호'의 『조선상고사』 중 일부이다. 신채호는 우리 고대 문화의 우수성과 독자성을 강조하여 식민주의 사관을 비판하였다. ② 대표적 역사서로는 「독사신론」, 『조선사연구초』, 『조선상고사』가 있으며, 시론인 「천희당시화」를 〈대한매일신보〉에 연재하였다.
| 오답 해설 | ① 박은식, ③ 백남운에 해당하는 내용이다.
④ 〈신한민보〉는 미주 지역에서 발행된 신문이며 무장 투쟁론자인 박용만이 주필을 지냈다.

106 ③

개념 카테고리 근현대의 우리 역사 > 일제 강점기 > 백남운

| 정답 해설 | 제시된 자료의 밑줄 친 '나'는 사회경제 사학자 '백남운'이다. ③ 백남운은 마르크스주의 역사학적 방법론을 적용하여 한국의 역사도 중세를 거쳐 근대로 나아가고 있었음을 강조하여 일제 식민 사학의 정체성론을 비판하였다.
| 오답 해설 | ① 실증주의 사학은 역사학의 순수 학문화를 표방하면서 식민주의 사학에 학문적으로 대항하려 하였다.
② 1930년대 조선학 운동을 통해 실학에서 자주적 근대 사상과 우리 학문의 주체성을 강조하였다.
④ 신채호는 우리 고대사를 중국 민족에 필적하는 강건한 민족의 역사로 서술하였다.

107 ③

개념 카테고리 근현대의 우리 역사 > 일제 강점기 > 사회경제 사학

| 정답 해설 | 제시된 자료는 일제의 정체성론에 해당한다. ③ 정체성론을 비판한 것은 백남운, 이청원 등의 사회경제 사학자들이다.

| 플러스 이론 | 사회경제 사학

백남운(『조선사회경제사』, 『조선봉건사회경제사』)과 이청원(『조선사회사독본』)은 일제 강점기 사회경제 사학의 대표적 학자들이다. 사회경제 사학자들은 우리 역사도 분명히 세계사적 발전 과정을 걸어왔음을 논증하여, 식민 사학이 만들어놓은 중세 부재론이 허구임을 밝혔다. 또한 역사 발전의 원동력을 철저히 민중에게서 구했다는 점 등에서 우리 역사학

발전에 크게 이바지했다. 그러나 우리 역사를 지나치게 유물 사관적 방법론 및 공식에 대입시킴으로써 민족사의 특수성에 덜 주목했다는 평가를 받는다.

108 ③

개념 카테고리 근현대의 우리 역사 > 일제 강점기 > 사회경제 사학

| 정답 해설 | 제시된 지문은 '백남운'의 『조선사회경제사』의 일부이다. ③ 백남운, 이청원 등은 유물 사관을 통해 한국사가 세계사적 발전 법칙에 입각하여 발전했음을 밝혔고, 이를 통해 일제의 정체성론을 비판하였다(사회경제 사학).

| 오답 해설 | ① 박은식, ② 진단 학회, ④ 손진태 등의 신민족주의 사학에 대한 설명이다.

109 ④

개념 카테고리 근현대의 우리 역사 > 일제 강점기 > 안재홍

| 정답 해설 | "『조산상고사감』", "신민족주의와 신민주주의"를 통해 밑줄 친 '그'가 '안재홍'임을 알 수 있다. ④ 안재홍은 1945년 8월 15일에 결성된 '조선 건국 준비 위원회'의 부위원장으로 참여하였다.

| 오답 해설 | ① 송진우, 김성수 등은 1945년 9월 한국 민주당(한민당)을 창당하였다.

② 1946년 12월에 조직된 남조선 과도 입법 의원의 의장은 김규식이다.

③ 이승만은 1945년 10월에 결성된 독립 촉성 중앙 협의회의 회장으로 추대되었다.

110 ②

개념 카테고리 근현대의 우리 역사 > 일제 강점기 > 정인보

| 정답 해설 | 얼 사상은 정인보가 강조하였다. ② 정인보는 양명학의 영향을 받았고, 광개토대왕릉비를 새롭게 해석하였다. 또한 문일평, 안재홍 등과 조선학 운동을 전개하였다.

| 오답 해설 | ① 박은식은 민족의 혼을 강조하였고, 『한국통사』, 『한국 독립운동 지혈사』 등을 저술하였다.

③ 안확은 『조선문명사』에서 붕당 정치를 긍정적으로 인식하여 일제의 당파성론을 비판하였다.

④ 안재홍은 『조선상고사감』을 저술하였고, 해방 이후 신민족주의, 신민주주의를 제창하였다.

111 ④

개념 카테고리 근현대의 우리 역사 > 일제 강점기 > 진단 학회

| 정답 해설 | ④ 1934년 청구 학회에 대한 반발로 진단 학회가 조직되고 기관지로 〈진단학보〉가 발간되었다. 이 학회는 독립운동에 직접 이바지하지는 않았지만, 우리나라 문화사 연구의 지평을 열어 주었고 역사학을 비롯한 국학 전반의 학문적 수준을 높이는 데 공헌하였다. 그리고 진단학회의 주요 인물들은 해방 이후 각 대학의 교수로 취임하여 남한의 국학(國學)계를 이끌었다.

| 오답 해설 | ② 조선 문인 협회는 1939년 창립된 총독부 산하의 어용 문학 단체이다.

112 ①

개념 카테고리 근현대의 우리 역사 > 일제 강점기 > 역사학

| 정답 해설 | ㉠ 박은식, 신채호 등의 민족주의 사학자들은 민족 정신을 중시하고, 이를 고취시켜 독립을 이룩하려는 의도를 강하게 드러냈다.

㉡ 사회경제 사학에 대한 내용이며, 백남운·이청원 등이 대표적 학자이다.

㉢ 실증 사학은 순수 학문으로서의 역사학을 지향했으며, 문헌 고증을 중요시하였다. 대표적 학자로는 이병도, 신석호, 손진태 등이 있다.

113 ④

개념 카테고리 근현대의 우리 역사 > 일제 강점기 > 역사학

| 정답 해설 | ④ 청구 학회는 조선사 편수회와 함께 식민 사관을 만들던 대표적 단체이다.

114 ②

개념 카테고리 근현대의 우리 역사 > 일제 강점기 > 1920년대 문화 예술계

| 정답 해설 | 자료에 제시된 영화는 1926년 나운규가 제작한 '아리랑'이다. 즉, 1920년대 문화 예술계의 동향에 대한 내용이다. ② 1920년대에는 사회주의 사상이 지식인들 사이에 유행하면서, 사회주의 사상이 반영된 문학적 흐름이 나타났다. 그 결과 박영희, 김기진 등을 중심으로 '카프(KAPF: 조선 프롤레타리아 예술가 동맹, 1925)'라는 단체가 결성되었다.

| 오답 해설 | ① 1934년 다산 서거 99주년을 맞아 조선학 운동이 일어났다. 정인보, 안재홍 등은 『여유당전서』를 교열하여 『정다산전서』라는 이름으로 간행하는 등 실학 연구에 주력하였다. 역사학에서의 조선학 운동은 안재홍, 정인보, 문일평 등 비타협적 민족주의 사학자들에 의해 주도되었는데, 신채호 등의 민족주의 사학을 계승하되, 이전 민족주의 사학의 한계를 인식하고, 민족

의 고유성·특수성과 세계사적 보편성을 동시에 추구하였다.
③ 1930년대 중반 일본 대중음악(엔카)의 영향을 받은 트로트 양식이 정립되었다.
④ 일제는 1940년 조선 영화령을 공포하여 전시 체제의 옹호와 선전 수단으로 영화를 활용하였다.

115 ③ 中

| 개념 카테고리 | 근현대의 우리 역사 > 일제 강점기 > 한용운

| 정답 해설 | 제시된 자료는 한용운의 「님의 침묵」 중 일부이다.
③ 한용운은 일제의 사찰령(1911)에 맞서 종래의 무능한 불교를 개혁하고 불교의 현실 참여를 주장하였다. 또한 3·1 운동 당시 민족 대표 33인 중 한 사람이었다.

| 오답 해설 | ① 의민단은 천주교의 무장 단체로서 방우룡을 단장으로 청산리 대첩에 참여하였다.
② 〈만세보〉는 천도교 3대 교주 손병희가 발행한 천도교 기관지이다.
④ 중광단은 단군 신앙을 바탕으로 성립된 대종교의 무장 단체이다.

116 ② 中

| 개념 카테고리 | 근현대의 우리 역사 > 일제 강점기 > 1930년대 사회·문화 활동

| 정답 해설 | ② 손기정은 베를린 올림픽(1936)에서 마라톤 금메달을 획득하였다.

| 오답 해설 | ① 나운규의 「아리랑」은 1926년 발표되었다.
③ 여성계 민족 유일당 단체인 근우회는 1927년 조직되었다.
④ 조선 형평사는 진주에서 1923년 조직되었다.

117 ③ 上

| 개념 카테고리 | 근현대의 우리 역사 > 일제 강점기 > 일제 강점기의 사회·문화

| 정답 해설 | ③ 방정환과 조철호를 중심으로 어린이 운동이 전개되면서 처음으로 5월 1일을 어린이날로 정하였다. 이후 1961년에 제정·공포된 '아동복지법'에서 매년 5월 5일을 어린이날로 정하였다.

| 오답 해설 | ① 1920년대 현관과 화장실을 갖춘 개량 한옥이 보급되었고, 1930년대에는 복도와 응접실, 침실 등 개인의 독립된 공간이 있는 2층 양옥 형태의 문화주택이 등장하였다.
② 1920년대 농민 운동이 활성화되면서, 전국인 농민 운동 단체인 조선 농민 총동맹이 결성(1927)되었다.
④ 도쿄 유학생들(김기진, 박승희 등)을 중심으로 토월회가 결성되어(1923) 남녀 평등, 봉건적 인습 비판 등을 주제로 작품을 만들어 순회공연을 열었다.

118 ④ 上

| 개념 카테고리 | 근현대의 우리 역사 > 일제 강점기 > 일제 강점기의 사회·문화

| 정답 해설 | 모두 일제 강점기에 해당하는 내용이다.
ㄱ. 음식 조리에 왜간장(일본식 제조 방법으로 만들어진 간장), 조미료 등을 사용하였다.
ㄴ. 도시의 인구 증가로 토막(土幕)집이 등장하였다.
ㄷ. 일제는 여성들에게 몸뻬를 보급하고 여성의 노동력을 수탈하였다.
ㄹ. 경성의 북촌에는 조선인, 남촌(혼쵸도리)에는 일본인이 주로 거주하였다.

119 ② 中

| 개념 카테고리 | 근현대의 우리 역사 > 일제 강점기 > 1919년 이후의 역사적 사실

| 정답 해설 | 제시된 사건의 순서는 다음과 같다.
ㄴ. 2·8 독립 선언(1919)
ㄱ. 〈동아일보〉, 〈조선일보〉 창간(1920)
ㄷ. 6·10 만세 운동(1926)
ㄹ. 한글 맞춤법 통일안 제정(1933)

120 ② 上

| 개념 카테고리 | 근현대의 우리 역사 > 일제 강점기 > 문학·예술 활동

| 정답 해설 | 제시된 사실을 순서대로 나열하면 다음과 같다.
(가) 1917년 → (나) 1923년 → (라) 1936년 → (다) 1938년 국가 총동원법 발표 이후

121 ② 上

| 개념 카테고리 | 근현대의 우리 역사 > 일제 강점기 > 일제의 문화재 훼손

| 정답 해설 | ② 보루각과 간의대는 모두 세종 때 만든 것으로 경복궁 내에 있었다. 보루각은 자격루(물시계)를 놓아둔 건물이며, 간의대는 천체 관측 기구인 간의를 세웠던 관측대로 관천대라고도 불렸다.

| 오답 해설 | ① 숙종 때 명나라 신종(임진왜란 때 원군을 보내준 황제)을 제사하려고 지은 사당은 '만동묘'이다. 송시열의 유지를 받아 그의 제자 권상하 등이 숙종 때 세운 사당으로 흥선 대원군 섭정 시기 철폐되었다.
③ '장충단'에 대한 설명이다. 처음에는 을미사변 때 전사한 시위대장 홍계훈 등의 제사를 지냈으나, 이후 을미사변 때 순국한 궁내부 대신 이경직을 비롯하여, 임오군란·갑신정변 당시에 죽음을 당한 문신들도 추가되었다.
④ 역대 왕의 초상화를 봉안하던 선원전은 '경복궁'에 있었으며, 현재 창덕궁에 위치하고 있다.

CHAPTER 03 현대사

출제 비중 21%

약점진단표

	1회독				2회독				3회독			
	○	△	×	총	○	△	×	총	○	△	×	총
해방과 분단, 그리고 대한민국 정부 수립				24				24				24
대한민국의 정치				49				49				49
대한민국의 경제와 사회				18				18				18
북한의 역사와 통일을 위한 노력				12				12				12

*문제풀이 후 약점진단 결과를 적어 보세요!

필수기출 & 출제예상편

해방과 분단, 그리고 대한민국 정부 수립 문제편 P.248

01	②	02	②	03	④	04	④	05	③
06	④	07	①	08	③	09	③	10	④
11	③	12	②	13	④	14	②	15	②
16	④	17	②	18	④	19	④	20	②
21	③	22	①	23	③	24	③		

01 ② 上

| 개념 카테고리 | 근현대의 우리 역사 > 현대사 > 카이로 회담

| 정답 해설 | 다음 선언을 발표한 회담은 카이로 회담이다. ② 제2차 세계 대전 중 미국·영국·중국의 정상은 카이로 회담(1943. 11.)에서 한국인들의 노예 상태에 유의하여 적당한 절차를 밟아 독립시켜야 한다고 선언함으로써 처음으로 우리나라의 독립을 결의하였다.

| 오답 해설 | ① 얄타 회담(1945. 2.) 중 미국의 루스벨트 대통령은 한국에 대한 20~30년간의 신탁 통치를 언급하였다.
③ 포츠담 선언(1945. 7.)에서는 일본에 대해서 항복을 권고하고 제2차 세계 대전 후의 대일 처리 방침을 표명하였다.
④ 카이로 회담에는 미·영·중의 정상이 모여 한국 문제를 논의하였다.

02 ② 中

| 개념 카테고리 | 근현대의 우리 역사 > 현대사 > 해방 전후 한국 문제를 논의한 회담

| 정답 해설 | 제시된 사건의 순서는 다음과 같다. ㉠ 카이로 회담(1943) → ㉡ 조선 건국 동맹 조직(1944) → ㉣ 포츠담 선언(1945. 7.) → ㉢ 모스크바 3국 외상 회의(1945. 12.)

| 플러스 이론 | 해방 이전 한국의 독립을 약속한 회담

- 제2차 세계 대전 중 미국, 영국, 중국의 정상은 카이로 회담(1943. 11.)에서 '한국인들의 노예 상태에 유의하여 적당한 절차를 거쳐 독립을 시켜야 한다'고 선언함으로써 처음으로 우리나라의 독립을 결의했다.
- 포츠담 선언(1945. 7.)에서 '카이로 선언의 조항은 이행될 것'이라고 밝힘으로써 우리나라의 독립을 재확인하였다.

03 ④ 上

| 개념 카테고리 | 근현대의 우리 역사 > 현대사 > 여운형

| 정답 해설 | 제시된 사료는 해방 전 여운형과 조선 총독부 엔도 사이에 합의한 내용으로, (가)는 '여운형'이다. 여운형은 1944년 조선 건국 동맹을 결성하여 일제의 패망과 광복에 대비하였다. 또한, 해방 이후에는 중도 좌익 정당인 조선 인민당을 창당하였고, 1946년 7월에는 김규식과 함께 좌·우 합작 위원회를 주도적으로 설립하였다. ④ 여운형은 1947년 7월 혜화동에서 암살당했다. 따라서 1948년 4월 평양에서 개최된 전조선제정당사회단체연석회의에 참여할 수 없었다.

04 ④ 中

| 개념 카테고리 | 근현대의 우리 역사 > 현대사 > 조선 건국 준비 위원회

| 정답 해설 | 제시된 사료는 해방 직후 결성된 '조선 건국 준비 위원회'(1945. 8. 15.) 강령이다. ㄱ. 조선 건국 준비 위원회는 전국에 지부를 건설하고 치안대를 조직하였고, ㄹ. 전국 인민 대표 대회에서 결정된 '조선 인민 공화국' 선포(1945. 9. 6.) 이후 발전적으로 해소되었다.

| 오답 해설 | 매력적 오답 ㄴ. 조선 공산당을 재건한 박헌영은 8월 테제를 발표하여, 토지 혁명을 제창하였다.
ㄷ. 좌·우 합작 위원회는 남북을 통합한 좌·우 합작으로 임시 정부 수립을 주장하였다.

05 ③ 〈中〉

개념 카테고리 근현대의 우리 역사 > 현대사 > 카이로 선언과 신탁 통치 반대 국민 총동원 위원회 결성 사이 시기의 일

| 정답 해설 | (가) 1943년 12월 발표된 카이로 선언 중 일부, (나) 1945년 12월 31일 개최된 신탁 통치 반대 국민 총동원 위원회의 선서문 중 일부이다. ③ 독립 촉성 중앙 협의회는 이승만을 중심으로 1945년 10월 23일 결성되었다.

| 오답 해설 | ① 1946년 12월 남조선 과도 입법 의원이 구성되었다.
② 김규식, 여운형을 중심으로 1946년 7월 좌·우 합작 위원회가 설립되었다.
④ 제1차 미·소 공동 위원회는 1946년 3월 덕수궁에서 개최되었다.

06 ④ 〈上〉

개념 카테고리 근현대의 우리 역사 > 현대사 > 해방 이후 주요 정당

| 정답 해설 | ㄱ. 여운형은 해방 이전 국내에서 조선 건국 동맹을 조직하였으며, 해방 이후에는 중도 좌익 정당인 조선 인민당을 이끌었다. 1946년 7월부터는 김규식과 함께 좌·우 합작 운동을 추진하였다.
ㄴ. 김성수, 송진우 등을 중심으로 결성된 한국 민주당은 조선 인민 공화국을 부정하고, 임시 정부의 법통을 계승하려 하였다.
ㄷ. 안재홍은 중도 우익 정당인 (조선) 국민당을 결성하였고, 신민족주의를 통해 평등 사회를 지향하였다.

07 ① 〈中〉

개념 카테고리 근현대의 우리 역사 > 현대사 > 미·소 공동 위원회

| 정답 해설 | ① ㉠에 들어갈 명칭은 '미·소 공동 위원회'이다. 모스크바 3국 외상 회의(1945. 12.)의 결정에 따라 한국에 민주적 임시 정부를 수립하는 방안을 논의하기 위해 미·소 공동 위원회가 개최되었다(1차: 1946년 3월, 2차: 1947년 5월). 당시 미국은 신탁 통치에 반대하는 우익 세력을 미·소 공동 위원회의 협의 대상에 포함시키려 한 반면, 소련은 신탁 통치를 지지하는 정당과 사회단체만을 고집하였다. 양측 모두 자신에게 유리한 입장을 관철시키려 하였기 때문에 회의는 두 차례 모두 결렬되었다.

08 ③ 〈中〉

개념 카테고리 근현대의 우리 역사 > 현대사 > 모스크바 3국 외상 회의

| 정답 해설 | 제시된 내용은 1945년 12월 개최된 '모스크바 3국 (미·영·소) 외상(외무 장관) 회의'의 결과이다. ③ 신탁 통치는 1945년 2월 얄타 회담에서 미국이 제의하여 최초로 논의되었다.

09 ③ 〈中〉

개념 카테고리 근현대의 우리 역사 > 현대사 > 이승만, 김구

| 정답 해설 | (가) 이승만의 '정읍 발언'(1946. 6. 3.) 중 일부이며, (나) 김구의 '삼천만 동포에게 읍고함'(1948. 2. 10.) 중 일부이다. ③ 김구를 비롯한 임시 정부 세력은 조직적인 반탁 운동을 전개하려는 목적에서 탁치(신탁 통치) 반대 국민 총동원 위원회를 결성하였다(1945. 12.).

| 오답 해설 | ① 이승만 세력은 5·10 총선거에 적극 참여하였다.
② 반탁 운동을 전개하던 이승만은 좌·우 합작 7원칙 중 1항과 2항(모스크바 3국 외상 회의 결정에 의한 정부 수립 및 미·소 공동 위원회 속개와 관련된 내용)을 반대하였다.
④ 남조선 과도 입법 의원의 의장을 지낸 인물은 김규식이다.

10 ④ 〈中〉

개념 카테고리 근현대의 우리 역사 > 현대사 > 해방 직후의 여러 정치 세력

| 정답 해설 | ④ '한국 민주당'은 우익의 성격으로 대중적 기반과 지방 조직이 매우 취약하였다. 일본 혹은 미국에서 대학을 나오고 일제 강점기에 국내의 언론계, 교육계, 법조계에서 활약하던 인사들이었다. 초기의 한국 민주당은 진보적 양심 세력 등 다양한 세력이 참여했지만 곧 보수·친일 세력의 결집체가 되어 김병로, 원세훈 등은 탈퇴하였다. 이후 미군정과 긴밀하게 연결되면서 군정청의 요직과 검찰, 경찰을 장악하여 중도 및 좌익 세력의 탄압에 앞장섰고, 일체의 민족 협동 전선에 반대했으며, 친일파 처단에는 시종 일관 반대하였다. 또한 근본적인 토지 개혁에도 반대하였다.

11 ③ 〈中〉

개념 카테고리 근현대의 우리 역사 > 현대사 > 좌·우 합작 7원칙

| 정답 해설 | 김규식, 여운형 등 중도 세력들은 좌·우의 대립을 극복하고 통일 정부를 수립하기 위하여 좌·우 합작 위원회를 결성하였다(1946. 7.). 이들은 1946년 10월 좌·우 합작 7원칙을 발표하였다. ③ 좌·우 합작 7원칙에서는 친일파 민족 반역자를 처리할 조례를 향후 설립될 입법 기구에 제안하여 입법 기구로 하여금 심리·결정하도록 하였다.

12 ② 〈上〉

개념 카테고리 근현대의 우리 역사 > 현대사 > 남조선 과도 입법 의원

| 정답 해설 | 제시된 사료는 좌·우 합작 위원회에서 1946년 10월 발표한 좌·우 합작 7원칙 중 일부이며, 밑줄 친 '입법 기구'는 1946년 12월 설립된 '남조선 과도 입법 의원'이다. 미군정이 1946년 12월 좌·우 합작 위원회와 한국 민주당 세력을 참여시켜

'남조선 과도 입법 의원'을 구성하자, 여운형의 중도 좌파 세력은 입법 기구 구성에 반대하면서 위원회를 탈퇴했다. 이후 미군정은 민정장관에 '안재홍'을 임명하고, 1947년 5월 17일 '남조선 과도 정부'를 설치하였다. ② 남조선 과도 입법 의원의 초대 의장은 김규식이었다.

13 ④ 中

개념 카테고리 근현대의 우리 역사 > 현대사 > 좌·우 합작 7원칙 이후의 사실

| 정답 해설 | 제시된 사료는 1946년 10월 발표된 좌·우 합작 7원칙 중 일부이다. ④ 제1차 미·소 공동 위원회는 1946년 3월 덕수궁에서 개최되었다.

| 오답 해설 | ① 1960년 3·15 부정 선거에 대항하여 4·19 혁명이 일어났다.
② 1948년 9월, 친일파를 청산하기 위해 반민족 행위 처벌법(반민법)이 제정되었다.
③ 1948년 5·10 총선거를 통해 제헌 국회가 구성되었다(1948. 5. 31.). 이후 1948년 7월 20일 국회에서 실시한 정·부통령 선거에서 대통령 이승만, 부통령 이시영이 선출되었다.

14 ② 中

개념 카테고리 근현대의 우리 역사 > 현대사 > 광복 이후 역사적 사실

| 정답 해설 | 제시된 사건의 순서는 다음과 같다.
(나) 조선 건국 준비 위원회의 결성(1945. 8. 15.)
(다) 모스크바 3국 외상 회의 개최(1945. 12.)
(가) 좌·우 합작 7원칙의 발표(1946. 10.)
(라) 김구와 김규식의 남북 협상 제의(1948. 3.)

15 ② 上

개념 카테고리 근현대의 우리 역사 > 현대사 > 해방 이후 주요 사건

| 정답 해설 | ⓒ 조선 정판사 위폐 사건(1946. 5. 4.): 조선 공산당이 남한의 경제 혼란 조성과 활동 자금 확보를 목적으로 조선 정판사에서 위조 지폐를 대량으로 제작·유통시킨 사건이다.
㉠ 이승만의 정읍 발언(1946. 6. 3.)
㉡ 조선 공산당의 신전술 발표(1946. 7. 26.): 조선 정판사 위폐 사건 이후 미군정의 좌익 탄압 강화에 대해 박헌영 등 조선 공산당은 미군정과의 협조 노선을 포기하고, 테러·파업 등 강경 대중 투쟁으로 미군정에 압력을 가한다는 내용의 신전술을 발표하였다. 이후 9월 총파업을 주도하였다.
㉢ 9월 총파업(1946. 9.): 좌익이 주도하는 조선 노동조합 전국 평의회(전평)는 극심한 인플레이션, 식량난 등에 불만을 가진 노동자들의 파업을 지도하였다. 전국 철도 노동자의 총파업 이후 전신, 체신, 전기, 운송 등 각 산업 부분으로 파업이 확산되자, 미군정은 전평 주도 세력을 검거하는 등 강력하게 대응하였다.

16 ④ 中

개념 카테고리 근현대의 우리 역사 > 현대사 > 김구

| 정답 해설 | 한국 국민당, 한국 독립당(한국 국민당 + 한국 독립당 + 조선 혁명당, 1940년 통합)을 이끌었고, 해방 이후 김규식과 함께 남북 협상(1948. 4.)에 참여한 인물은 '김구'이다. ④ 모스크바 3국 외상 회의 결정 사항(신탁 통치 실시)이 국내에 알려지자, 김구는 신탁 통치 반대 국민 총동원 위원회(1945. 12. 28.)를 결성하고 신탁 통치 반대 운동을 전개하였다.

| 오답 해설 | ① 여운형과 김규식은 좌·우 합작 위원회를 구성하고(1946. 7.), 좌·우 합작 7원칙을 발표하였다(1946. 10.).
② 여운형은 광복 직후 안재홍 등과 함께 조선 건국 준비 위원회를 조직하였다.
③ 박용만은 1914년에 하와이에서 대조선 국민 군단을 결성하였다.

17 ④ 上

개념 카테고리 근현대의 우리 역사 > 현대사 > 광복 이후 역사적 사실

| 정답 해설 | ④ 남한의 좌익계 정당인 조선 공산당, 남조선 신민당, 조선 인민당은 미군정의 탄압 강화에 대응하여 투쟁 역량을 강화하고, 북한에서의 북조선 노동당 결성에 자극받아 1946년 11월 합당하여 남조선 노동당을 결성하였다. 다만, 조선 인민당의 여운형 등은 탈퇴하여 합당에 불참하였다.

18 ④ 中

개념 카테고리 근현대의 우리 역사 > 현대사 > 남북 협상

| 정답 해설 | 남북 협상은 ㄷ. 1948년 4월 평양에서 개최되었다. 당시 남쪽에서는 김구, 김규식 등이 참여하였고, 북쪽에서는 김일성, 김두봉 등이 참여하였다. 협상 이후 발표된 합의문에서는 ㄹ. 미·소 군대의 즉시 철수를 요구하였고, 외국 군대가 철수한 이후에 내전이 발생할 수 없다는 것이 포함되어 있었다.

| 오답 해설 | ㄱ. 제1차 미·소 공동 위원회는 1946년 3월 개최되었고, 제2차 미·소 공동 위원회는 1947년 5월 개최되었다.
ㄴ. 좌·우 합작 위원회에서는 1946년 10월 좌·우 합작 7원칙을 발표하였다.

19 ②

개념 카테고리 근현대의 우리 역사 > 현대사 > 유엔 소총회 결의안 이후의 사실

| 정답 해설 | 제시된 사료는 유엔 소총회에서 채택된 <u>남한만의 총선거 결의안(1948. 2. 26.)</u>이다. ② 유엔 소총회 결의안 결정 이후, 1948년 5·10 총선거가 실시되었다.

| 오답 해설 | ① 미군은 한반도 남쪽에 진주한 후, 1945년 9월 9일 조선 총독 아베 노부유키(阿部信行)로부터 공식적으로 항복을 받았다. 이후 아놀드(Arnold, A. V.) 소장을 군정장관에 임명한 뒤, 9월 20일 군정청의 성격·임무·기구 및 국·과장급 인사를 발표하면서 본격적인 미군정 통치가 시작되었다.
③ 1946년 7월 여운형, 김규식을 중심으로 좌·우 합작 위원회가 구성되었다.
④ 1946년 3월, 1947년 5월, 두 차례의 미·소 공동 위원회가 개최되었다.

| 플러스 이론 | 유엔 소총회에서 채택된 남한만의 총선거 결의안(1948. 2. 26.)

> 소총회(小總會)는 국제연합 한국임시위원단(國際聯合韓國臨時委員團) 의장이 표명한 여러 의견을 명심하며, …(중략)… 한국 인민의 자유와 독립이 조속히 달성되도록 국제연합 한국임시위원단과 더불어 상의할 수 있을 한국 인민의 대표를 선출하고, 그 한국 인민의 대표가 국회를 구성하여 한국의 중앙 정부를 수립할 수 있도록 선거를 시행함이 긴요하다고 사료하므로, …(중략)… 국제연합 한국임시위원단이 접근할 수 있는 지역에서 결의문 제2호에 기술된 계획을 시행함이 동 위원단에 부과된 임무임을 결의한다.

20 ③

개념 카테고리 근현대의 우리 역사 > 현대사 > 5·10 총선거

| 정답 해설 | ③ 1948년 2월 26일 유엔 소총회 결의에 의해 시행된 5·10 총선거는 만 21세 이상의 성인에게 동등한 투표권이 주어진 최초의 보통 선거였다.

21 ③

개념 카테고리 근현대의 우리 역사 > 현대사 > 제헌 헌법

| 정답 해설 | 제헌 헌법에서는 ③ 대통령과 부통령은 국회에서 무기명 투표로 각각 선거할 것을 규정하고 있다. 즉, 국민의 직선제가 아니라, 국회 간선제에 해당한다.

| 오답 해설 | ①②④ 1948년 5월 10일 선거를 통해 <u>임기 2년의 국회가 구성되었다(통칭 제헌 국회).</u> 제헌 국회에서 공포한 <u>헌법(제헌 헌법, 1948. 7. 17.)</u>에는 농지 개혁법(제헌 헌법 제86조 농지는 농민에게 분배하며 그 분배의 방법, 소유의 한도, 소유권의 내용과 한계는 법률로써 정한다)과 반민족 행위 처벌법 제정의 근거(제헌 헌법 제101조 이 헌법을 제정한 국회는 단기 4278년 8월 15일 이전의 악질적인 반민족 행위를 처벌하는 특별법을 제정할 수 있다)가 규정되어 있었다.

| 플러스 이론 | 제헌 헌법 제53조

- 대통령과 부통령은 국회에서 무기명 투표로써 각각 선거한다.
- 전항의 선거는 재적 의원 3분지 2 이상의 출석과 출석 의원 3분지 2 이상의 찬성 투표로써 당선을 결정한다. 단, 3분지 2 이상의 득표자가 없는 때에는 2차 투표를 행한다. 2차 투표에도 3분지 2 이상의 득표자가 없는 때에는 최고 득표자 2인에 대하여 결선 투표를 행하여 다수 득표자를 당선자로 한다.
- 대통령과 부통령은 국무총리 또는 국회의원을 겸하지 못한다.

22 ①

개념 카테고리 근현대의 우리 역사 > 현대사 > 제헌 헌법

| 정답 해설 | 〈보기〉의 자료는 <u>1948년 7월 17일 공포된 제헌 헌법</u> 중 일부이다. ① 제주 4·3 사건은 1948년 4월 3일 발생하였다.

| 오답 해설 | ② 1948년 9월 공포된 반민족 행위 처벌법(반민법)에 근거하여, 1948년 10월 반민 특위(반민족 행위 특별 조사 위원회)가 구성되었다.
③ 1948년 9월 9일, 북한에 조선 민주주의 인민 공화국이 수립되었다.
④ 1949년 6월 농지 개혁법이 제정되었고, 1950년 3월부터 '유상 매수, 유상 분배'를 원칙으로 농지 개혁이 시행되었다.

23 ③

개념 카테고리 근현대의 우리 역사 > 현대사 > 제헌 헌법

| 정답 해설 | 제헌 헌법이 공포된 것은 1948년 7월 17일이다. 따라서 제헌 헌법 공포 이후의 역사적 사실은 ③ 1948년 9월 제정된 반민족 행위 처벌법이다.

| 오답 해설 | ① 미군정청은 해방 직후인 1945년 9월 설치되었다.
② 1948년 5월 10일 우리나라 최초의 보통 선거인 5·10 총선거가 실시되었다.
④ 1943년 11월 카이로 회담이 개최되었고, (해방 이전 미·영·중 연합국들에 의해) 한국의 독립이 최초로 결의되었다.

24 ③

개념 카테고리 근현대의 우리 역사 > 현대사 > 해방 이후 역사적 사실

| 정답 해설 | 제시된 사건의 순서는 다음과 같다.
(다) 이승만의 정읍 발언(1946. 6.)
(가) 좌·우 합작 7원칙 발표(1946. 10.)
(라) 남조선 과도 입법 의원 구성(1946. 12.)
(마) 제2차 미·소 공동 위원회 개최(1947. 5.)
(나) 여운형 암살(1947. 7.)

대한민국의 정치											문제편 P.253
25	③	26	③	27	④	28	②	29	④		
30	②	31	①	32	③	33	③	34	③		
35	③	36	④	37	②	38	③	39	①		
40	①	41	③	42	①	43	①	44	④		
45	②	46	④	47	④	48	①	49	②		
50	④	51	③	52	③	53	③	54	①		
55	①	56	③	57	③	58	②	59	②		
60	①	61	②	62	③	63	④	64	①		
65	②	66	②	67	①	68	③	69	②		
70	③	71	②	72	①	73	④				

25 ③

개념 카테고리 근현대의 우리 역사 > 현대사 > 반민족 행위 처벌법

| 정답 해설 | 제시된 사료는 1948년 9월 제정된 반민족 행위 처벌법(반민법) 중 일부이다. ③ 반민법에서는 일본 치하 고등관 3등급 이상, 훈 5등급 이상을 받은 관공리 또는 헌병, 헌병보, 고등경찰의 직에 있던 자는 본법의 공소시효 경과 전에는 공무원에 임명될 수 없다고 규정되었으나 기술관은 제외되었다.

26 ③

개념 카테고리 근현대의 우리 역사 > 현대사 > 해방 이후의 사회·정치 상황

| 정답 해설 | 제시된 사건의 순서는 다음과 같다.
ⓒ 이승만의 정읍 발언(1946. 6. 3.)
ⓤ 남조선 과도 입법 의원 창설(1946. 12.)
㉠ 남한만의 단독 선거(1948. 5. 10.)
㉣ 반민족 행위 처벌법 제정(1948. 9.)
ⓛ 농지 개혁법의 공포(1949. 6.)

27 ④

개념 카테고리 근현대의 우리 역사 > 현대사 > 반민족 행위 특별 조사 위원회

| 정답 해설 | 제시된 자료의 밑줄 친 '위원회'는 '반민족 행위 특별 조사 위원회(반민특위)'이다. ④ 제헌 헌법에는 '1945년 8월 15일 이전의 악질적인 반민족 행위를 처벌하는 특별법을 제정할 수 있다'는 조항이 있다. 이 조항을 근거로 1948년 9월 22일 반민족 행위 특별법이 제정되었고, 반민족 행위 특별 조사 위원회(반민특위)가 같은 해 10월 22일에 설치되었다.

28 ②

개념 카테고리 근현대의 우리 역사 > 현대사 > 반민족 행위 처벌법(반민법)

| 정답 해설 | 제시된 사료는 1948년 9월에 제정된 '반민족 행위 처벌법(반민법)' 중 일부이다. 반민법은 제헌 헌법을 근거로 제헌 국회에서 제정하였고, 이 법률을 근거로 반민특위와 특별 재판부 등을 설치하였다. 이후 친일 경찰(노덕술 등), 친일 관료, 친일 문인(이광수, 최남선 등) 등이 체포되었다. ② 농지 개혁법은 반민법 제정 이후인 1949년 6월에 제정되었다.

29 ④

개념 카테고리 근현대의 우리 역사 > 현대사 > 6·25 전쟁

| 정답 해설 | ④ 1950년 1월 10일 발표된 애치슨 선언은 미국이 한반도를 미국 태평양 지역 방어선에서 제외한다는 내용이었다. 당시 김일성은 '남한을 미국의 태평양 방위선에서 제외하였으므로, 남한을 침공하여도 미국의 무력 지원은 없을 것'이라고 판단하였다. 즉, 애치슨 선언은 6·25 전쟁(1950. 6. 25. ~ 1953. 7. 27.)의 배경이 되었다.

| 오답 해설 | ① 1950년 9월 15일, 맥아더 장군의 지휘로 국군과 유엔군이 인천 상륙 작전을 감행하였다.
② 6·25 전쟁 중이던 1952년 대통령 직선제를 포함한 발췌 개헌안이 국회에서 통과되었다.
③ 이승만 정부는 1953년 6월 북한 송환을 거부하는 반공 포로를 석방하였다.

30 ②

개념 카테고리 근현대의 우리 역사 > 현대사 > 한·미 상호 방위 조약

| 정답 해설 | 제시된 사료는 1953년 10월 조인된 한·미 상호 방위 조약(발효 1954. 11. 18.)이다. 따라서 6·25 전쟁 발발(1950)과 제2차 개정 헌법 공포(1954, 사사오입 개헌) 사이를 정답으로 고르면 된다.

| 플러스 이론 | 한·미 상호 방위 조약

1. 당사국 중 일국의 정치적 독립 또는 안전이 외부로부터 무력 공격에 의하여 위협받고 있다고 인정되면 언제든지 양국은 협의한다.
2. 각 당사국은 상대 당사국에 대한 무력 공격을 자국의 평화와 안전을 위태롭게 하는 것이라고 인정하고 공통의 위험에 대처하기 위하여 각자의 헌법 절차에 따라 행동한다.
3. 미국은 그들의 육·해·공군을 한국의 영토 내와 그 부근에 배치할 수 있는 권리를 가지며 한국은 이를 허락한다.

31 ①

개념 카테고리 근현대의 우리 역사 > 현대사 > 6·25 전쟁

| 정답 해설 | 제시된 사건의 순서는 다음과 같다.
ㄱ. 유엔군 인천 상륙 작전(1950. 9. 15.)
ㄴ. 중국군의 참전(1950. 10. 25.)
ㄷ. 휴전 회담 시작(개성 → 판문점, 1951. 7.)
ㄹ. 반공 포로 석방(1953. 6. 18.)

| 플러스 이론 | 6·25 전쟁의 주요 사건 전개 과정

북한의 남침(1950. 6. 25.) → 국군, 낙동강 방어선까지 후퇴 → 인천 상륙 작전(1950. 9. 15.) → 서울 탈환(1950. 9. 28.) → 38도선 돌파(1950. 10. 1.) → 평양 탈환(1950. 10. 19.) → 중국군 참전(1950. 10. 25.) → 흥남 철수 작전(1950. 12.) → 1·4 후퇴(서울 재철수, 1951. 1. 4.) → 서울 재수복(1951. 3. 14.)

32 ③

개념 카테고리 근현대의 우리 역사 > 현대사 > 6·25 전쟁 휴전 협정

| 정답 해설 | 제시된 사료는 6·25 전쟁 중의 휴전 회담에 대한 내용이다. ③ 유엔군 측은 포로 개개인의 자유의사에 따라 한국·북한·중국 또는 대만을 선택하게 하는 '자유 송환 방식'을 주장하였다. 하지만 공산군 측은 모든 중공군과 북한군 포로는 무조건 각기 고국에 송환되어야 한다는 '강제 송환 방식'을 고집하였다.

| 오답 해설 | ① 유엔군 측과 공산군 측은 1951년 7월 10일부터 1953년 7월 27일까지 개성과 판문점 등지에서 휴전 회담을 지속하였다.
② 군사 분계선 설정에 관한 협상은 현재의 접촉선을 군사 분계선으로 하자는 유엔군 측의 주장과 38도선을 군사 분계선으로 설정해야 한다는 공산군 측의 주장이 팽팽하게 맞서 회담이 교착되기도 했다. 결국 유엔군 측의 주장이 관철되었다.
④ 소련의 포함 여부를 두고 양측의 견해가 맞섰던 중립국 감시 위원회의 구성 문제는, 1952년 5월에 재개된 본회의에서 공산군 측이 유엔군 측 제안을 수락하여 5월 7일 쌍방은 소련을 제외한 공산군 측이 지명한 폴란드와 체코슬로바키아 2개국과 유엔군 측이 지명한 스웨덴과 스위스 2개국 등 4개 중립국으로 휴전 감시 위원회를 구성하는 데 합의하였다.

33 ③

개념 카테고리 근현대의 우리 역사 > 현대사 > 6·25 전쟁

| 정답 해설 | ③ 정전 협정이 체결된 것은 1953년 7월 27일이며 국민 방위군 사건은 1951년에 발생하였다.

| 플러스 이론 | 국민 방위군

국민 방위군은 '국민방위군 설치법'(1950. 12.)에 의하여, 만 17세 이상 40세 미만의 제2 국민병으로 조직되었다. 당시 국민 방위군 간부들이 약 25억 원의 국고금과 물자를 부정하게 착복하여, 수만 명이 아사(餓死, 굶어 죽음)하거나 질병에 걸렸는데 이러한 내용이 국회에 의해 밝혀진 것을 국민 방위군 사건(1951)이라고 한다. 국민 방위군 사건으로 당시 국방장관이었던 신성모가 물러나고 이기붕이 그 후임으로 임명되었으며 사건의 직접적 책임자인 김윤근, 윤익헌 등 국민 방위군 간부 5명에게 사형이 집행되었다.

34 ③

개념 카테고리 근현대의 우리 역사 > 현대사 > 6·25 전쟁 정전 협정

| 정답 해설 | 1953년 7월 27일 정전 협정 조인에 유엔군 총사령관 클라크와 북한군 최고사령관 김일성, 중화 인민 공화국 인민 지원군 사령관 펑더화이가 서명하였다. ③ 당시 한국은 정전 협정에 참여하지 않았다.

| 오답 해설 | **매력적 오답** ② 정전 회담(휴전 회담)은 소련 유엔 대표 말리크가 제안하여 시작되었다. 유엔군 측과 공산군 측은 1951년 7월 10일부터 1953년 7월 27일까지 개성과 판문점 등지에서 휴전 회담을 지속하였다. ① 정전 회담의 주요 의제는 첫째 군사 분계선의 설정, 둘째 휴전 감시 방법 및 그 기구의 설치, 셋째 포로 교환에 관한 협정, 넷째 쌍방의 당사국 정부에 대한 건의 등이었다. 한편 정전 회담에서 가장 난관이었던 문제는 포로 처리 문제였다. 유엔군 측은 포로 개개인의 자유의사에 따라 한국·북한·중국 또는 대만을 선택하게 하는 이른바 '자유 송환 방식'을 주장한 데 반하여, 공산군 측은 모든 중공군과 북한군 포로는 무조건 각각의 고국에 송환되어야 한다는 이른바 '강제 송환 방식'을 고집했다. 중지와 재개를 거듭하던 정전 회담은 1953년 3월 소련의 스탈린 사망을 계기로 급속도로 진척되었다. 1953년 6월 8일 본국 송환을 거부하는 포로 처리 방법(자유 송환 원칙)에 합의하였고, ④ 현재의 전선을 군사 분계선으로 정하고 (군사 분계선) 남북 각각 2km 지역을 비무장 지대로 설치하는 것을 결정하여 1953년 7월 27일 정전 협정에 조인하였다.

35 ③

개념 카테고리 근현대의 우리 역사 > 현대사 > 1948. 12.~1950. 6. 사이의 역사적 사실

| 정답 해설 | (가) 1948년 12월 개최된 유엔 총회에서 대한민국이 '한반도의 유일한 합법 정부'임을 승인한 사료이며, (나) 6·25 전쟁 발발 직후, 1950년 6월 27일 유엔안전보장이사회에서 결의한 내용이다. ③ 귀속재산처리법은 1949년 12월 제정되었다.

| 오답 해설 | ① 1948년 7월 17일 제헌 헌법이 공포되었다.
② 1946년 12월 남조선 과도 입법 의원이 구성되었다.

④ 일본인 토지의 분배를 위해 1948년 3월 중앙 토지 행정처가 발족되었다.

36 ④

개념 카테고리 근현대의 우리 역사 > 현대사 > 2차 개헌(사사오입 개헌)

| 정답 해설 | 제시된 자료의 밑줄 친 '개헌안'은 사사오입 개헌(제2차 개헌, 1954)이다. ④ 2차 개헌에서는 당시 재임 중인 대통령(초대 대통령 – 이승만)에 대해서는 중임 제한 규정을 적용하지 않는다는 내용이 있었다.

| 오답 해설 | ① 유신 헌법(제7차 개헌, 1972)에서는 국회의원 정수의 1/3의 국회의원을 대통령이 추천하면 통일 주체 국민 회의가 승인·선출하도록 규정되었다.
② 국가 보위 비상 대책 위원회(약칭 국보위, 1980. 5. 31.)는 신군부 세력의 권력 기구였으며, 8차 개헌을 주도하였다.
③ 8차 개헌(1980. 10.)에서는 '대통령 선거인단'에 의한 대통령 간선제 및 7년 단임제 조항을 두었다.

37 ②

개념 카테고리 근현대의 우리 역사 > 현대사 > 2차 개헌(사사오입 개헌)

| 정답 해설 | 제시된 사료는 제2차 개헌(1954, 사사오입 개헌)이다. 1954년 이후에 해당하는 역사적 사실은 ㉠ 진보당 창당(1956. 11.)과 ㉢ 3대 대통령과 4대 부통령 선거(1956. 5.)이다.
| 오답 해설 | ㉡ 반공 포로 석방(1953. 6.), ㉣ 1차 개헌(발췌 개헌, 1952)은 제2차 개헌 이전의 사실이다.

38 ③

개념 카테고리 근현대의 우리 역사 > 현대사 > 정부 수립 이후 주요 사건들

| 정답 해설 | 제시된 사건들의 순서는 다음과 같다.
㉣ 발췌 개헌(1952)
㉢ 휴전 협정 조인(1953. 7.)
㉠ 한·미 상호 방위 조약(1953. 10.)
㉡ 사사오입 개헌(1954)
㉤ 향토 예비군 창설(1968)

| 플러스 이론 | 발췌 개헌과 사사오입 개헌

1950년 제2대 국회의원 선거에서 이승만에 반대하는 사람들이 다수 당선되자, 국회의 간접 선거로는 재선이 어렵다고 판단한 이승만은 전시(6·25 전쟁 중) 수도인 부산 일대에 비상계엄을 선포하고 내각제를 찬성하는 의원들을 헌병대로 연행하였다. 또 10여 명의 국회의원을 국제 공산당원으로 몰아 구속했다. 이러한 와중에 자유당은 대통령 직선제에 내각 책임제를 약간 가미한 개헌안(양원제: 참의원, 민의원)을 국회에 제출하였고 국회는 기립 표결로 통과시켰다(1952. 7.).
한편 1954년 5월, 제3대 국회의 민의원 선거에서 관권의 개입으로 자유당이 압승을 거두자, 권력을 계속 장악하기 위해 헌법 공표 당시의 대통령(이승만)에 한해 중임(重任) 제한을 철폐하자는 헌법 개정안을 국회에 제출하였다. 국회에서 정족수에 미달한다고 판단해 부결시켰으나, 자유당은 부결 이틀 만에 사사오입의 논리를 내세워 가결을 선언하였다(1954. 11.).

39 ③

개념 카테고리 근현대의 우리 역사 > 현대사 > 제3대 대선

| 정답 해설 | 제시된 사료는 사사오입 개헌 이후 1956년 실시된 '제3대 대통령 및 제4대 부통령 선거'와 관련된다. ③ 대통령은 자유당 후보인 이승만이 당선되었지만, 부통령은 민주당 후보인 장면이 당선되었다.
| 오답 해설 | 제3대 대통령 및 제4대 부통령 선거에서 ② 당시 집권당인 자유당에서는 이승만(대통령 후보)과 이기붕(부통령 후보)이 출마했으며, 야당인 민주당에서는 신익희(대통령 후보)와 장면(부통령 후보)이 출마하였다. 한편 ① 진보 세력인 조봉암도 대통령에 입후보하였다. 선거 과정 중 신익희가 갑자기 사망하였고, ④ 선거 결과 대통령에 이승만, 부통령에 장면이 당선되었으며, 조봉암은 득표율 2위를 차지하였다.

40 ①

개념 카테고리 근현대의 우리 역사 > 현대사 > 제3대 대선

| 정답 해설 | 1956년 제3대 대통령 및 제4대 부통령 선거에서는 평화 통일과 혁신 노선을 내세운 ㉠ 조봉암이 유효표의 30%를 획득하였다(1위: 이승만, 70% 획득). 한편 민주당의 부통령 후보였던 ㉡ 장면은 46.4%의 득표율로 자유당의 이기붕 후보를 누르고 당선되었다.

41 ③

개념 카테고리 근현대의 우리 역사 > 현대사 > 진보당

| 정답 해설 | 제시된 지문은 ③ 1956년 조봉암을 중심으로 창당한 혁신계 정당인 '진보당'의 강령이다. 진보당은 1956년 제3대 대통령 선거에서 광범위한 지지를 획득하였다. 이후 1957년에 진보적 민주주의 세력이 정치의 주도권을 장악해야 한다는 주장과 함께 평화 통일론을 제시했는데, 이를 빌미로 이승만 정권은 1958년 1월 국가 보안법 위반 혐의로 진보당 간부 18명을 구속하였고, 다음 해 7월에 당수 조봉암을 사형에 처했다(진보당 사건).

42 ①

| 개념 카테고리 | 근현대의 우리 역사 > 현대사 > 1950년대의 시대 상황

| 정답 해설 | ① 자유당은 이승만 정권의 여당으로서 1958년 국가 보안법을 통과시키기 위해 '반공 투쟁 위원회'를 구성하였다.

| 오답 해설 | ② 1958년 12월 통과된 국가보안법 개정안(신국가보안법)에서는 '대통령의 명예를 훼손하는 자는 10년 이하의 징역에 처한다'는 내용을 담고 있었다.
③ 1954년 초대 대통령에 한하여 중임 제한 조항을 적용하지 않는다는 내용의 개헌안이 국회에 제출되었다(제2차 개헌, 사사오입 개헌).
④ 1952년 자유당은 대통령 선거를 간선제에서 직선제로, 국회를 단원제에서 양원제로 하는 발췌 개헌안을 제출하여 통과시켰다(제1차 개헌, 발췌 개헌).

43 ①

| 개념 카테고리 | 근현대의 우리 역사 > 현대사 > 4·19 혁명

| 정답 해설 | ① 제시된 사료는 '4·19 혁명' 당시 발표된 대학 교수단 4·25 선언문(1960. 4. 25.)이다.

| 플러스 이론 | 대학 교수단 4·25 선언문(1960. 4. 25.) 중요 내용 발췌

이번 4·19 참사는 우리 학생 운동 사상 최대의 비극이요, 이 나라 정치적 위기를 초래한 중대 사태이다. 이에 대해 철저히 반성하고 바로잡지 않으면 이 민족의 불행한 운명은 도저히 만회할 길이 없다. 우리 전국 대학교 교수들은 이 비상시국에 대처하여 양심의 호소로서 다음과 같이 우리의 소신을 선언한다.
1. 마산, 서울 기타 각지의 데모는 주권을 빼앗긴 국민의 울분을 대신하여 궐기한 학생들의 순수한 정의감의 발로이며 불의에는 언제나 항거하는 민족정기의 표현이다.
3. 합법이요, 평화적인 데모 학생에게 총탄과 폭력을 기탄없이 남용하여 공전(空前)의 민족 참극을 빚어낸 경찰은 자유와 민주를 기본으로 한 대한민국의 국립 경찰이 아니라 불법과 폭력으로 권력을 유지하려는 일부 정치 집단의 사병(私兵)이다.
5. 3·15 선거는 부정 선거이다. 공명선거에 의하여 정·부통령을 재선거하라.
9. 모든 구금된 학생은 무조건 즉시 석방하라. 설령 파괴와 폭행이 있었더라도 이는 동료의 피살에 흥분된 비정상 상태하의 행동이요, 파괴와 폭동이 그 본의가 아닌 까닭이다.

44 ④

| 개념 카테고리 | 근현대의 우리 역사 > 현대사 > 4·19 혁명

| 정답 해설 | 제시된 사료는 1960년 4·19 혁명 당시, 서울대학교 문리과대학 학생들의 선언문이다. ④ 조봉암 등이 진보당을 결성한 시기는 1956년 11월이다. 따라서 4·19 혁명 이전의 사실이다.

| 오답 해설 | ① 4·19 혁명의 결과 1960년 4월 26일 이승만 대통령이 하야하였다.
② 이승만 하야 이후 허정의 과도 내각이 구성되었다. 이후 개헌(양원제, 내각 책임제)이 이루어졌고, 총선거에서 민주당이 승리하면서 장면 정권이 수립되었다.
③ 4·19 혁명 이후 통일 운동이 활발해지면서 1960년 9월 '민족 자주 통일 중앙 협의회'가 조직되었다.

45 ②

| 개념 카테고리 | 근현대의 우리 역사 > 현대사 > 4·19 혁명

| 정답 해설 | 제시된 사건의 순서는 다음과 같다.
㉠ 마산을 시작으로, 3·15 부정 선거에 대한 규탄 시위가 전국적으로 확산
㉡ 4월 18일 고려대학교 학생들의 시위
㉢ 4월 19일 서울 지역 대학생과 고등학생 및 시민들의 궐기
㉣ 4월 25일 대학 교수단의 시국 선언문 발표
㉤ 4월 26일 이승만의 하야

46 ④

| 개념 카테고리 | 근현대의 우리 역사 > 현대사 > 장면 내각

| 정답 해설 | 제시된 사료 중 "부정 선거의 원흉들과 발포 책임자에 대해서는 이미 공소가 제기되어 있으므로"를 통해 장면 내각의 시정 방침 중 일부임을 알 수 있다. ④ 장면 내각에서는 경제 개발 5개년 계획안을 마련하였고 국토 건설 사업을 추진하였다.

| 오답 해설 | ① 화폐 개혁은 이승만 정권 시기인 1950년 9월에 1차, 1953년 2월에 2차로 이루어졌다. 또한 국가 재건 최고 회의가 주도하여 1962년 6월에 3차 화폐 개혁(10환 → 1원)이 이루어졌다.
② 잡지 〈사상계〉는 1953년 4월에 장준하를 중심으로 창간되었다.
③ 박정희 정부 시기인 1968년 11월에 주민등록증이 발급되기 시작하였다.

47 ④

| 개념 카테고리 | 근현대의 우리 역사 > 현대사 > 제3차 개헌

| 정답 해설 | 밑줄 친 "새 헌법"은 1960년 4·19 혁명 이후에 마련된 제3차 개헌이다. ④ 제3차 개헌에서는 내각 책임제와 국회를 양원(민의원, 참의원)으로 구성하는 내용을 담고 있다.

| 오답 해설 | ① 제1차 개헌(발췌 개헌)은 1952년 임시 수도 부산에서 개정되었다.
② 제2차 개헌은 1954년 '사사오입'의 논리로 통과되었다.
③ 제7차 개헌(유신 헌법)에서는 통일 주체 국민 회의를 설치하

여, 대통령을 통일 주체 국민 회의에서 간접 선출하는 규정이 있었다.

48 ①

개념 카테고리 근현대의 우리 역사 > 현대사 > 제2공화국

| **정답 해설** | 제시된 헌법 내용 중 제53조 "대통령은 양원 합동 회의에서 선거한다", 제71조 '민의원' 등을 통해 의원 내각제가 실시된 장면 정부(제2공화국)임을 알 수 있다. ① 제2공화국은 내각 책임제와 양원제(민의원, 참의원)를 기본으로 대통령에 윤보선(국회에서 간접 선출), 국무총리에 장면을 선출하였다. 그러나 민주당 내의 정치적 갈등과 사회적인 혼란 지속은 정치·경제적 어려움을 야기하였다. 이는 1961년 5·16 군사 정변이 일어나는 빌미가 되었다.

| **오답 해설** | ② 박정희 정부 시기인 1964년 6·3 시위 와중에 미국의 요구를 수용하여 국군의 월남(베트남) 1차 파병안(1964. 7. 31.)이 국회에서 통과되었다.
③ 박정희 정부의 수출 주도형 공업화 정책은 농민들의 생활 악화를 가져왔고, 이를 해결하기 위해 1970년부터 새마을 운동이 전개되었다.
④ 금융 실명제는 김영삼 정부(문민 정부) 시기인 1993년 전격적으로 발표되었다.

49 ④

개념 카테고리 근현대의 우리 역사 > 현대사 > 박정희 정부

| **정답 해설** | 제시된 사료는 1964년 박정희 대통령이 발표한 제1회 수출의 날 치사이다. ④ 박정희 정부(제3공화국, 1963~1972 유신 이전)는 미국과 베트남 파병에 필요한 요건을 명시한 브라운 각서(1966)를 체결하였다.

| **오답 해설** | ① 대통령 직선제 개헌은 1차 개헌(1952, 발췌 개헌), 5차 개헌(1962, 국가재건 최고회의 주도), 9차 개헌(1987) 시기에 이루어졌다.
② 3·1 민주 구국 선언(1976)은 유신 반대 운동의 대표적 사례이다.
③ 대한민국 정부 수립 직후인 1948년 9월 반민족 행위 처벌법(반민법)이 제정되었고, 이를 근거로 반민족 행위 특별 조사 위원회가 구성되었다(1948. 10., 이승만 정부).

| **플러스 이론** | 제1회 수출의 날 치사(1964.12.5.)

> 우리나라 수출 무역에 있어서 역사적인 기점을 마련한 오늘을 수출의 날로 정하여 널리 기념하게 된 것은 자립 경제의 근간이 되는 수출 증대의 앞날을 위하여서는 참으로 뜻 깊은 일로 여기는 바입니다. …(중략)…
> 한편 수출 무역에 있어서 양적인 면에서만 진전을 보았을 뿐만 아니라, 근래에 와서는 국내 산업이 발전함에 따라 공업품 수출이 현저하게 증대되었습니다. 그리하여 후진적인 수출 구조에서 점차로 고도화된 수출 구조로 개선되어 가고 있어, 우리나라 수출 무역의 장래를 밝게 해주고 있음은 매우 고무적인 사실이 아닐 수 없습니다. …(중략)…
> 그러므로, 앞으로 우리는 지난날과 같이 농수산물 및 광산물과 같은 자연 자원 수출에만 치중할 것이 아니라, 우리 국민이 선천적으로 타고난 재질과 저렴하고 풍부한 노동력을 최대한으로 활용하여 다각적인 생산 활동을 벌여 나가야 합니다. 특히 노동집약적인 산업을 육성하고 여기서 만들어지는 공산품 수출을 진흥시키는 데 더욱 노력할 것을 아울러 요망해 두고자 합니다.
> 끝으로 오늘 제1회 수출의 날 기념식에 즈음하여 상공 당국이나 대한 무역진흥공사가 이룩한 업적을 높이 찬양하고, 또 관계관 여러분의 노고를 치하하면서 이 뜻 깊은 날이 자립 경제를 촉성하는 또 하나의 계기가 될 것을 기원하는 바입니다.

50 ④

개념 카테고리 근현대의 우리 역사 > 현대사 > 한·일 협정과 닉슨 독트린 사이 시기의 사건

| **정답 해설** | (가) 1965년 체결된 한·일 협정(한·일 기본 조약), (나) 1969년 괌에서 발표된 닉슨 독트린이다. ④ 국민 교육 헌장 공포는 1968년에 해당한다.

| **오답 해설** | ① 1961년 5월 16일 박정희와 일부 육사 출신 장교들이 군사 정변을 일으켰다.
② 1972년 10월 박정희 정부에서는 평화 통일과 국민 총화를 명분으로 유신 헌법을 제정하였다.
③ 한국은 서울 올림픽(1988)을 계기로 북방 외교를 적극적으로 추진하여 1990년 소련, 1992년 중국과 수교하였다.

51 ②

개념 카테고리 근현대의 우리 역사 > 현대사 > 5·16 군사 정변과 브라운 각서 체결 사이 시기의 사건

| **정답 해설** | (가)는 1961년 5·16 군사 정변에 대한 설명이며, (나)의 브라운 각서는 1966년 미국이 한국군의 베트남 증파를 요청하면서 작성한 것이다. ② 1965년 한·일 협정 체결을 통해 대한민국과 일본의 국교가 정상화되었다.

| **오답 해설** | ① 이승만 정부는 1959년 4월 30일에 가톨릭 재단 소유의 〈경향신문〉 폐간 명령을 내렸다.
③ 1·21 사태는 1968년 1월 21일 북한 특수 부대가 청와대를 습격하기 위하여 서울까지 침투했던 사건이다.
④ 노태우 정부 시기인 1992년에 중화 인민 공화국과 수교하였다.

52 ③

개념 카테고리 근현대의 우리 역사 > 현대사 > 베트남 파병

| **정답 해설** | 1960년대 밑줄 친 '파병'은 '베트남 파병'이다. 미국의 요청으로, 대한민국 정부는 1965년부터 전투 부대를 베트남에 파병하였다.

ㄴ. 미국은 <u>한국군의 증파를 요구하는 대가로</u> 한국군의 현대화, 차관 제공 등을 약속한 브라운 각서(1966)를 체결하였다.

ㄷ. 베트남 파병을 통한 달러 유입은 1960년대 경제 개발 계획 추진에 기여하였다.

| 오답 해설 | ㄱ. <u>발췌 개헌안은</u> 대통령 직선제를 핵심 내용으로, <u>1952년에 통과되었다</u>(제1차 개헌).

매력적 오답 ㄹ. 한·미 상호 방위 원조 협정은 <u>1950년 1월 26일 발효된</u> 한국 정부와 미국 정부 사이의 경제 및 군사 원조에 관한 협정이다.

53 ② 中

개념 카테고리 근현대의 우리 역사 > 현대사 > 유신 헌법과 유신 체제

| 정답 해설 | 제시된 내용은 1972년 10월 제정되고, 1972년 11월 국민 투표로 확정된 유신 헌법 중 일부이다. ② 유신 체제에 반대하는 재야인사들은 명동 성당에 모여 <u>1976년 '3·1 민주 구국 선언'</u>을 발표하였다.

| 오답 해설 | **매력적 오답** ① 1964년 굴욕적인 한·일 회담에 반대하는 학생 시위가 전개되었다. 이것을 6·3 시위라고 한다.

③ 친일파 청산을 위해 1948년 10월 반민족 행위 특별 조사 위원회를 설치하였다.

④ 1961년 5·16 군사 정변 이후 민생 안정을 명분으로 농가 부채 탕감, 화폐 개혁 등을 실시하였다.

54 ① 中

개념 카테고리 근현대의 우리 역사 > 현대사 > 유신 헌법

| 정답 해설 | 제시된 내용 중 "긴급 조치", "입법, 사법, 행정 3권을 한 사람의 집권자에게 집중"을 통해 밑줄 친 '이 헌법'이 '유신 헌법'임을 알 수 있다. 유신 헌법은 1972년 12월 27일에 공포·시행되어 1980년 10월 27일 제8차 개헌 전까지 적용되었다. ① <u>유신 체제에 반대하는 부·마 민주 항쟁은 1979년 10월에 일어났다.</u>

| 오답 해설 | ② 1968년 국가주의 이념을 바탕으로 국민 교육 헌장이 선포되었다.

③ 유신 체제 이전인 1972년 7월 4일에 7·4 남북 공동 성명이 발표되었다.

④ 1964년에 정부가 한·일 협정을 진행하자, 이를 반대하는 6·3 시위(6·3 항쟁)가 벌어졌다.

55 ① 中

개념 카테고리 근현대의 우리 역사 > 현대사 > 유신 헌법

| 정답 해설 | 제시된 사료는 1972년 10월에 선포되고, 11월 국민투표로 확정된 유신 헌법의 일부이다(12월 공포·시행). 유신 헌법에서 대통령은 통일 주체 국민 회의에서 간접 선출하며, 임기는 6년이었지만 중임 제한에 대한 규정이 없었기 때문에 박정희의 장기 집권이 가능했다. ① 또한 대통령은 국회의원의 1/3을 추천할 수 있었고, <u>국회 해산권</u>, 긴급 조치권 등의 권한을 행사할 수 있었다.

56 ③ 上

개념 카테고리 근현대의 우리 역사 > 현대사 > 유신 헌법

| 정답 해설 | 제시된 사료는 유신 헌법(7차 개헌 헌법)이다. 유신 헌법은 1972년 10월 제정되어 <u>1972년 12월 27일 시행되었고</u>, <u>8차 개헌(1980. 10. 27.) 이전까지 적용되었다</u>. ③ 1980년 5월 31일 국가 보위 비상 대책 위원회(국보위)가 조직되었다.

| 오답 해설 | ① 1971년 광주 대단지 사건이 일어났다.

② 1972년 7월 4일 7·4 남북 공동 성명이 발표되었다.

④ 1970년 전태일은 근로 기준법 준수를 요구하며 분신하였다.

57 ③ 中

개념 카테고리 근현대의 우리 역사 > 현대사 > 3·1 민주 구국 선언

| 정답 해설 | 제시된 사료 중 '긴급 조치를 철폐하라.'라는 내용을 통해 유신 체제(제4공화국) 중 일어난 사건임을 알 수 있다. 따라서 1976년 발표된 ③ 3·1 민주 구국 선언을 정답으로 고르면 된다.

| 오답 해설 | ① 4·19 혁명은 1960년에 일어난 사건이다.

② 6·3 시위는 1964년에 일어난 사건이다.

④ 5·18 민주화 운동은 1980년에 일어난 사건이다.

58 ② 中

개념 카테고리 근현대의 우리 역사 > 현대사 > 1960~1970년대 주요 사건들

| 정답 해설 | 제시된 사건의 순서는 다음과 같다.

(라) 1968년 국민 교육 헌장 제정

(마) 1972년 7·4 남북 공동 성명 발표

(다) 1972년 10월 17일 유신 헌법 제정 및 동년 11월 21일 국민 투표로 확정

(나) 1973년 중앙 정보부에 의해 김대중 납치 사건 발생

(가) 1979년 YH 사건 이후, 동년 10월 반유신 운동을 추진했던 김영삼을 국회에서 제명

59 ②

개념 카테고리 근현대의 우리 역사 > 현대사 > 제7차·제8차 개헌

| 정답 해설 | ㉠ '유신 헌법(제7차 개헌)', ㉡ '제5공화국 헌법(제8차 개헌)'이다. ② 유신 헌법에서는 대통령의 국회 해산권이 규정되었다.

| 오답 해설 | ① 1969년 3선 개헌(제6차 개헌)을 통해 대통령의 연임을 3회까지만 허용하였다.
③ 대통령의 임기 5년과 단임제가 규정된 것은 제9차 개헌이다.
④ 통일 주체 국민 회의에서 대통령을 선출한 것은 제7차 개헌(유신 헌법)의 내용이다. 제8차 개헌에서는 선거인단에서 대통령을 선출하였다.

60 ①

개념 카테고리 근현대의 우리 역사 > 현대사 > 1960~1980년대 주요 사건들

| 정답 해설 | 제시된 사건의 순서는 다음과 같다.
ㄴ. 1960년 4·19 혁명
ㄱ. 1961년 5·16 군사 정변
ㄹ. 1972년 10월 유신
ㄷ. 1976년 3·1 민주 구국 선언
ㅁ. 1980년 5·18 민주화 운동
ㅂ. 1987년 6·29 민주화 선언

61 ②

개념 카테고리 근현대의 우리 역사 > 현대사 > 5·18 민주화 운동

| 정답 해설 | 1979년 10·26 사태(박정희 대통령 살해 사건)로 유신 체제가 막을 내리면서 국민들은 민주화가 이루어질 것으로 기대하였다. 그러나 1979년 12월 12일 전두환, 노태우 등 신군부 세력이 군대의 지휘 계통을 무시하고 병력을 동원하여 군사권을 장악하였다. 이후 1980년 5월 '서울의 봄'이라 불리는 대규모 민주화 운동이 일어나자, 신군부 세력은 5월 17일 비상계엄 조치를 전국으로 확대하고 정치 활동을 모두 금지시켰다. 이로써 5월 18일 광주에서 비상계엄 해제와 신군부 세력 퇴진, 김대중 석방, 민주주의 실현 등을 요구하는 대규모 학생 시위가 발생하였다. 이에 신군부는 공수 부대 등을 동원하여 시위를 무력으로 진압하였고, 격분한 학생과 시민들이 시민군을 결성하여 시가전을 벌였다. 5·18 민주화 운동은 1980년대 이후 전개된 우리나라 민주화 운동의 밑거름이 되었으며, ② 2011년 5월에는 '5·18 민주화 운동 관련 기록물'이 유네스코 세계 기록 유산에 등재되었다.

| 오답 해설 | ① 1979년 유신 체제에 저항하여 부산, 마산 등지에서 시위가 일어났다(부·마 민주 항쟁).

③ 한·일 회담 반대에서 더 나아가 정권 퇴진을 요구한 것은 1964년의 일이다.
④ 독재 정권을 타도하였으나 미완의 혁명으로 평가받는 사건은 4·19 혁명이다.

62 ③

개념 카테고리 근현대의 우리 역사 > 현대사 > 5·18 민주화 운동

| 정답 해설 | 제시된 지문은 1980년 '5·18 민주화 운동' 시기 궐기문이다. ③ 1979년 12·12 사태로 등장한 신군부는 '서울의 봄'(1980년 초 민주화 분위기)을 무력화시키기 위하여 5·17 비상계엄 전국 확대 조치를 실행하고, 곧 광주에서 일어난 민주화 운동을 유혈 진압하였다.

| 오답 해설 | ① 유신 시대. ② 1987년에 해당한다. ④ 부산 미문화원 방화 사건은 1982년 부산 고신대 학생들이 미국이 1980년 광주에서의 학살을 용인했다고 비판하며 부산 미문화원을 방화한 사건이다.

63 ④

개념 카테고리 근현대의 우리 역사 > 현대사 > 6월 민주 항쟁

| 정답 해설 | 제시된 자료는 1987년에 '민주 헌법 쟁취 국민 운동 본부' 명의로 배포된 '6·10 국민 대회 선언문'이다. ④ 전두환 정부의 강압적인 통치하에서도 계속된 민주화 요구는 박종철 고문 사망 사건과 4·13 호헌 조치(당시 헌법대로 대통령 간선제 고수)를 계기로 6월 민주 항쟁으로 발전하였다.

64 ③

개념 카테고리 근현대의 우리 역사 > 현대사 > 6월 민주 항쟁

| 정답 해설 | 제시된 내용의 순서는 다음과 같다.
ㄷ. 박종철 고문 치사 사건(1987. 1.)
ㄴ. 4·13 호헌 조치(1987. 4.)
ㄹ. 민주 헌법 쟁취 국민 운동 본부의 결성(1987. 5. 27.)
ㄱ. 제13대 대통령 선거(1987. 12., 민주 정의당 후보 노태우 당선)

65 ②

개념 카테고리 근현대의 우리 역사 > 현대사 > 전두환 정권 시기

| 정답 해설 | 제시된 지문은 '전두환 정권'의 4·13 호헌 조치(1987)에 대한 재야 세력의 반박 성명이다.
㉠ 1980년대 중·후반 저금리·저유가·저달러의 3저 현상으로 경제가 일시적으로 호황을 맞이하였다.

ⓛ 북한의 금강산댐 건설로 인한 수공(水攻)에 대비한다는 미명 하에 1987년 2월 28일 평화의 댐 착공식을 열었다.
| 오답 해설 | ㉡ 김영삼 정부 시기인 1993년 금융 실명제가 시작되었다.
㉢ 제24회 하계 올림픽 대회(서울 올림픽)는 1988년 노태우 정부 때 개최되었다.
㉣ 문익환 목사 방북 사건은 1989년에 해당한다.

66 ②

| 개념 카테고리 | 근현대의 우리 역사 > 현대사 > 1970~1980년대 주요 사건

| 정답 해설 | 제시된 사건을 순서대로 나열하면 다음과 같다. ㄷ. 부·마 민주 항쟁(1979. 10. 16. ~ 1979. 10. 20.) → ㄴ. 12·12 군사 반란(1979. 12. 12.) → ㄱ. 5·18 민주화 운동(1980. 5. 18.) → ㄹ. 4·13 호헌 조치(1987. 4. 13.)

67 ①

| 개념 카테고리 | 근현대의 우리 역사 > 현대사 > 현대사의 여러 단체

| 정답 해설 | 제시된 단체들을 시대순으로 나열하면 다음과 같다.
㉠ 국가 재건 최고 회의(1961): 5·16 군사 정변 직후 군사 혁명 위원회가 개편되어 만들어졌다.
㉢ 통일 주체 국민 회의(1972. 12.): 10월 유신 헌법 직후 만들어졌다.
㉡ 국가 보위 비상 대책 위원회(1980): 신군부 세력이 5·18 민주화 운동을 진압한 직후 결성하였다.
㉣ 대통령 선거인단(1981. 2.): 1980년 9월 전두환은 통일 주체 국민 회의에서 11대 대통령으로 선출되었다. 이후 유신 헌법을 일부 수정하여, 대통령 선거인단에 의해 대통령을 간접 선출하도록 결정하였다. 이 시기 만들어진 것이 대통령 선거인단이다.

68 ③

| 개념 카테고리 | 근현대의 우리 역사 > 현대사 > 대한민국 정부의 개헌

| 정답 해설 | 제시된 사건을 순서대로 나열하면 다음과 같다.
ㄷ. 발췌 개헌안(1952, 제1차 개헌)
ㄹ. 유신 헌법(1972, 제7차 개헌)
ㄴ. 5공화국 헌법(1980, 제8차 개헌)
ㄱ. 6공화국 헌법(1987, 제9차 개헌)

69 ②

| 개념 카테고리 | 근현대의 우리 역사 > 현대사 > 4·19 혁명과 한·일 회담 사이 시기의 일

| 정답 해설 | (가) '4·19 혁명(1960)' 당시 대학 교수단의 시국 선언문, (나) '한·일 회담(1965)'에 해당하는 내용이다.
㉡ 한·일 회담에 반대한 6·3 시위는 1964년 6월 3일에 발생했다.
㉢ 5·16 군사 정변 이후 국가 재건 최고 회의 구성은 1961년의 일이다.

70 ③

| 개념 카테고리 | 근현대의 우리 역사 > 현대사 > 6·29 선언 이후의 일

| 정답 해설 | 제시된 자료에서 "국민의 뜻을 받아들여 대통령 직선제를 수용"한다는 내용을 통해 '1987년 6·29 선언'임을 알 수 있다. ③ 노태우 정부의 북방 정책의 결과 1990년에 소련과의 국교가 수립되었다.
| 오답 해설 | ① 1972년 7월 4일에 남북 공동 성명이 발표되었다.
② 1953년 7월 27일에 판문점에서 정전 협정이 체결되었다.
④ 1979년에 발생한 12·12 사태를 통해 신군부의 집권이 시작되었다.

71 ②

| 개념 카테고리 | 근현대의 우리 역사 > 현대사 > 헌법 개정

| 정답 해설 | ㉠ (O) 제헌 헌법(1948)에서는 임기 4년의 대통령을 국회에서 간접 선거로 선출하고, 국회는 단원제로 구성하였다(임기는 2년).
㉡ (×) 유신 헌법(7차 개헌, 1972)에서는 대통령의 임기를 6년으로 규정하고 있었으며, 연임 제한을 두지 않았다.
㉢ (O) 3차 개헌(1960, 제2공화국 헌법)은 내각 책임제와 양원제 국회를 구성하는 것을 내용으로 하였다.
| 매력적 오답 | ㉣ (×) 9차 개헌(1987)은 6·29 선언을 계기로 이루어졌으며, 5년 단임의 대통령 직선제를 그 내용으로 하였다.

72 ①

| 개념 카테고리 | 근현대의 우리 역사 > 현대사 > 노태우 정부

| 정답 해설 | 제시된 사료는 '노태우 정부' 시기인 1991년 12월 31일 발표된 '한반도 비핵화 선언' 중 일부이다. 노태우 정부는 ① 1988년 서울 올림픽 대회를 성공적으로 개최하고, 이를 바탕으로 사회주의 국가들과 적극적으로 교류하는 북방 정책을 활발히 추진하였다.
| 오답 해설 | ② 김영삼 정부(문민 정부) 시기인 1996년 12월 OECD(경제 협력 개발 기구)에 가입하였다.

③ 박정희 정부 시기인 1972년에 자주, 평화, 민족 대단결을 통일 원칙으로 규정한 7·4 남북 공동 성명을 발표하였다.
④ 김대중 정부 시기인 1998년에 IMF 구제 금융 사태를 극복하기 위한 금 모으기 운동이 전개되었다.

73 ④

개념 카테고리 근현대의 우리 역사 > 현대사 > 김영삼 정부(문민 정부)

| **정답 해설** | 금융 실명제는 1993년 김영삼 정부(문민 정부, 1993. 2. ~ 1998. 2.) 때 처음 시작되었다. ④ 김영삼 정부 시기인 1996년, 경제 협력 개발 기구(OECD)에 가입하였다.

| **오답 해설** | ① 박정희 정부(유신 정부) 때인 1979년 YH 사건이 일어났다.
② 박정희 정부 시기인 1977년 제4차 경제 개발 5개년 계획이 추진되었다.
③ 김대중 정부(국민의 정부) 시기인 2000년, 국민 기초 생활 보장법이 시행되었다.

대한민국의 경제와 사회 — 문제편 P.265

74	④	75	④	76	①	77	①	78	④
79	③	80	④	81	③	82	④	83	①
84	②	85	①	86	⑤	87	④	88	③
89	④	90	③	91	④						

74 ④

개념 카테고리 근현대의 우리 역사 > 현대사 > 해방 이후의 경제 상황

| **정답 해설** | 제시된 그래프는 1945년 8월~1946년 1월까지의 식료품, 연료, 곡물의 물가 지수를 보여주고 있다. ④ 미군정은 1946년 1월 25일 '미곡 수집령'을 제정하여 1946년 2월부터 미곡 수집제를 실시하였다. 38선 이북 지역은 1946년 3월 소련 군정하에서 토지 개혁이 실시되었고, 이에 자극받은 38선 이남 지역의 농민들은 토지 개혁을 주장하였다.

| **오답 해설** | ①② 물가 지수가 상승했다는 것은 수요의 증가(국외로부터 귀환인이 급증했다는 것)와 생산의 감소(군정 시기, 식료품 생산의 위축)로 추정할 수 있다.
③ 미군정은 재정 적자를 충당하기 위해 화폐를 대량으로 발행하였고, 이는 곧 화폐 가치의 하락과 물가 상승으로 나타났다.

75 ④

개념 카테고리 근현대의 우리 역사 > 현대사 > 농지 개혁법

| **정답 해설** | 농지 개혁법(1949년 6월 제정, 1950년 실시)은 경자유전(耕者有田)의 원칙(농사를 짓는 사람이 토지를 소유하는 원칙)에 따라 자영농을 창출하여 농민 생활 향상 및 국민 경제의 균형과 발전을 목적으로 시행되었다. 농지 개혁의 방법은 토지 가격을 평균 수확량의 150%로 정해서 지주에게는 유상 매입, 농민에게는 유상 분배를 채택하도록 하였다. 즉, 지주에게는 지가 증권을 발급하여 5년간 지급하도록 하였고, 농지를 분배받은 농민들은 5년간 수확량의 30%씩을 상환하도록 하였다. ④ 농지 개혁법에서는 농가 아닌 자의 농지는 매수하고, 자경하지 않는 자의 농지도 매수하도록 하였다.

| **플러스 이론** | 농지 개혁법

> 농지 개혁법에 따라 법령 및 조약에 의하여 몰수 또는 국유로 된 농지, 소유권의 명의가 분명하지 않은 농지, 농가 아닌 자의 농지, 직접 땅을 경작하지 않는(자경하지 않는) 자의 농지, 직접 땅을 경작하더라도 농가 1가구당 3정보를 초과하는 농지는 정부가 사들인다. 분배 농지는 1가구당 총 경영 면적이 3정보를 넘지 못한다.

76 ①

개념 카테고리 근현대의 우리 역사 > 현대사 > 농지 개혁법

| **정답 해설** | ① 농지 개혁을 통해 농지를 분배받은 농민은 평년 생산량의 30%를 5년간 상환하였다.

| **오답 해설** | ② 농지 개혁은 농림부가 분배 업무를 주관하였다.
③ 신한 공사는 농지 개혁법이 제정(1949. 6.)되기 이전, 1948년 3월에 폐지되었다.
④ 농지 개혁 대상 토지 중 농지 이외 임야는 제외되었다.

77 ①

개념 카테고리 근현대의 우리 역사 > 현대사 > 이승만 정부 시기의 경제

| **정답 해설** | 제시된 자료는 이승만 정부 시기인 1949년 12월에 제정된 귀속 재산 처리법이다. ① 삼백 산업은 제1공화국인 이승만 정부 시기의 경제적 특징이다.

| **오답 해설** | ② 1993년에 금융 실명제가 실시되었다(김영삼 정부).
③ 1977년에 수출 100억 달러를 달성하였다(박정희 정부).
④ 1996년에 OECD 회원국으로 가입하였다(김영삼 정부).

78 ④

[개념 카테고리] 근현대의 우리 역사 > 현대사 > 이승만 정부의 경제 정책

| 정답 해설 | ④ 제1차 경제 개발 5개년 계획은 박정희 군정 시기인 1962년부터 시작되었다.
| 오답 해설 | ① 이승만 정부는 한·미 원조 협정을 체결하여 (1948. 12.) 미국으로부터 재정적·기술적 원조를 지원받았다.
② 1949년 6월에 제정된 농지 개혁법에 따라, 한 가구당 3정보를 소유 상한으로 하여 그 이상의 토지는 국가가 지가증권을 발급하여 매수하였다.
③ 1950년대 원조 경제 체제하에서 제분·제당·면방직 등 삼백 산업이 발전하였다.

79 ③

[개념 카테고리] 근현대의 우리 역사 > 현대사 > 이승만 정부의 경제 정책

| 정답 해설 | ③ 농지 개혁법은 1949년 6월 제정되어 1950년 초부터 실시되었다. 원칙은 3정보를 상한으로 지주로부터 유상 매입하며, 농민에게 유상 분배하는 것이었다. 단, 「농지 개혁법」 대상에서 임야는 제외되었다.

80 ④

[개념 카테고리] 근현대의 우리 역사 > 현대사 > 1960년대 경제 정책

| 정답 해설 | ④ 제1차 경제 개발 5개년 계획은 1962년부터 실시되었다.
| 오답 해설 | ① 1949년 12월 19일 귀속 재산 처리법을 공포하였다.
② 1952년 5월 24일 한·미 경제 조정 협정이 체결되었다.
③ 1996년 12월 12일 경제 협력 개발 기구(OECD)에 가입하였다.

81 ③

[개념 카테고리] 근현대의 우리 역사 > 현대사 > 1960년대 경제 상황

| 정답 해설 | 경제 개발 5개년 계획은 1962년에 시작되어 '박정희 정부' 때 4차까지 추진되었다. 박정희 정부는 정부 주도, 수출 위주의 성장 전략을 추진하면서 대기업을 육성·지원하였다. ③ 건설업의 중동 진출이 본격화된 때는 1970년대이다.

82 ④

[개념 카테고리] 근현대의 우리 역사 > 현대사 > 새마을 운동

| 정답 해설 | 제시된 자료는 1970년대 이후 국가 주도로 전개된 '새마을 운동'에 대한 설명이다. 이 운동은 ㉢ 정부가 강하게 추진하였고, ㉣ 농촌 근대화 및 농민 소득 증대를 표방하였다.

| 오답 해설 | 매력적 오답 ㉠ 새마을 운동은 농촌에서 시작하여 도시로 확산되었다.
㉡ 새마을 운동은 1970년대부터 시작되었기 때문에 전후(6·25 전쟁 이후) 경제 복구 사업의 일환으로 실시된 것은 아니다.

83 ①

[개념 카테고리] 근현대의 우리 역사 > 현대사 > 1970년대 경제 정책

| 정답 해설 | 수출 100억 불이 달성된 시기는 1977년이다. ① 1970년대 박정희 정부는 중화학 공업을 적극적으로 육성하는 정책을 추진하였다.
| 오답 해설 | ② 김영삼 정부 시기인 1996년 경제 협력 개발 기구(OECD)에 가입하였다.
③ 1950년대 이승만 정부 시기에는 삼백 산업(제분, 제당, 면방직 산업)이 발전하였다.
④ 노무현 정부 때 한-칠레 자유 무역 협정(FTA)이 체결(2004년 4월 1일 발효)된 이후, 세계 여러 나라와 자유 무역 협정이 체결되었다.

84 ②

[개념 카테고리] 근현대의 우리 역사 > 현대사 > 제2차 석유 파동과 경제 협력 개발 기구 가입 사이 시기의 일

| 정답 해설 | 이란의 석유 수출 금지로부터 비롯된 제2차 석유 파동은 1979년, 경제 협력 개발 기구(OECD) 가입은 1996년 12월에 해당한다. ② 저금리, 저유가, 저달러의 3저 호황은 1980년대 중반의 경제적 상황이다.
| 오답 해설 | ① 1972년 제3차 경제 개발 5개년 계획이 실시되었다.
③ 1965년부터 베트남에 전투 부대를 파병하였고 1966년 브라운 각서가 체결되었다.
④ 1965년 한·일 기본 조약(한·일 협정)이 체결되었다.

85 ①

[개념 카테고리] 근현대의 우리 역사 > 현대사 > 대한민국의 경제 발전

| 정답 해설 | ① 농지 개혁법은 1949년 6월 제정되었고, 1950년 초부터 실시되었다.
| 오답 해설 | ② 수출 100억 불 달성은 1977년이다.
③ 3저 호황은 1980년대 중반에 해당된다.
④ 우리나라의 OECD 가입은 1996년 12월 김영삼 정부 시기이다.

86 ⑤ 中

개념 카테고리 근현대의 우리 역사 > 현대사 > 김영삼 정부 시기의 경제 상황

| 정답 해설 | 제시된 자료는 '김영삼 정부'가 실시한 금융 실명제이다. ⑤ 김영삼 정부 시기에는 WTO 출범으로 시장 개방이 가속화되었다.

| 오답 해설 | ①② 박정희 정부, ③ 이승만 정부, ④ 전두환 정부에 해당하는 설명이다.

87 ④ 上

개념 카테고리 근현대의 우리 역사 > 현대사 > 1990년대 주요 사건들

| 정답 해설 | 제시된 사건들을 순서대로 나열하면 다음과 같다.
㉠ 국제 노동 기구(ILO) 가입(1991)
㉣ 대한민국 제14대 대통령 선거 실시(1992)
㉡ 금융 실명제 실시(1993)
㉢ 경제 협력 개발 기구(OECD) 가입(1996)

88 ③ 上

개념 카테고리 근현대의 우리 역사 > 현대사 > 교육 정책사

| 정답 해설 | ③ 신군부 세력이 정권을 잡은 후 1980년 7·30 조치를 발표하여 과외를 전면 금지하였다.

| 오답 해설 | ① 1969년 중학교 무시험 진학 제도가 처음 실시되었다.
② 1974년부터 고등학교 입학시험이 연합고사로 바뀌었다.
④ 1994학년도부터 대학 수학 능력 시험이 적용되었다(1993년에 두 차례 실시).

89 ④ 中

개념 카테고리 근현대의 우리 역사 > 현대사 > 교육 정책사

| 정답 해설 | 광복 이후 교육 정책은 미군정청 산하의 학무국 중심으로 시행되었다. ④ 국민 교육 헌장이 제정된 것은 1968년이다.

| 오답 해설 | ① 미군정 시기 학무국에서는 미국식 민주주의 교육 실시와 6-3-3-4의 단선형 학제가 결정되었고, 기존의 5년제 중학교를 중학교 3년 및 고등학교 3년으로 분리시켰으며, 학기도 2학기제로 바꾸었다. 한편 대한민국 정부 수립 이후에는 미군정 시대의 교육 제도를 바탕으로 1949년 12월 교육법이 공포되어 학제가 공식화되었다(1951년부터 실시).
② 1950년 6월부터는 초등 교육을 '의무 교육화'하였다.
③ 입시 과열을 막기 위해 1969년부터 중학교 무시험 진학 제도가 도입되었다.

90 ③ 上

개념 카테고리 근현대의 우리 역사 > 현대사 > 1970년대 교육

| 정답 해설 | ③ 1974년부터 고등학교 입학시험이 연합고사로 바뀌었다.

| 오답 해설 | ① 신군부 세력은 1980년 7·30 교육 개혁 조치를 발표하여 과외를 전면 금지하였다.
② 1969년 중학교 무시험 진학 제도가 서울에서 처음 실시되었고, 1971년 전국적으로 실시되었다.
④ 1994학년도 입시부터 대학 수학 능력 시험이 적용되었다(1993년 8월, 11월 2차례 실시).

91 ④ 上

개념 카테고리 근현대의 우리 역사 > 현대사 > 시대별 주요 사건들

| 정답 해설 | (가) '1960년대', (나) '1970년대', (다) '1980년대' 인구 정책을 상징하는 표어이다.
㉠ 1960년대에는 박정희 군사 정부가 제1차 경제 개발 5개년 계획을 시작하였다(1962).
㉡ 1970년대에는 유신 체제(1972)가 성립되었고, 두 차례의 오일 쇼크(1차 1973, 2차 1979)가 발생하였다. 또한 중화학 공업 중복 투자에 따른 경제 불황이 있었다.
㉢ 1980년대에는 6월 민주 항쟁(1987), 3저 호황(1980년대 중반)이 있었다.

북한의 역사와 통일을 위한 노력 문제편 P.269

92	②	93	④	94	①	95	④	96	①
97	①	98	③	99	①	100	④	101	②
102	③	103	④						

92 ② 上

개념 카테고리 근현대의 우리 역사 > 현대사 > 북한 정권의 수립 과정

| 정답 해설 | 제시된 내용의 순서는 다음과 같다.
ㄱ. 북조선 임시 인민 위원회 성립(1946. 2.)
ㄷ. 토지 개혁 실시(1946. 3.)
ㅁ. 북조선 노동당 결성(1946. 8.)
ㄴ. 조선 인민군 창설(1948. 2.)
ㄹ. 최고 인민 회의 대의원 선거(1948. 8. 25.)
ㅂ. 조선 민주주의 인민 공화국 수립(1949. 9. 9.)

93 ④ 〔上〕

개념 카테고리 근현대의 우리 역사 > 현대사 > 8월 종파 사건

| **정답 해설** | 제시된 내용은 '1956년 8월 종파 사건'과 관련된다. ④ 이를 계기로 김일성은 연안파와 소련파 등 반대파 세력을 숙청하였다.

| **오답 해설** | ① 1950년 6·25 전쟁 직후, ② 1946년 8월, ③ 1958년에 발생한 사건이다.

94 ① 〔上〕

개념 카테고리 근현대의 우리 역사 > 현대사 > 천리마 운동

| **정답 해설** | ① '천리마 운동(1956. 12. 결정, 1958년부터 시작)'은 김일성이 북한 주민의 생산성을 고취하기 위하여 전개한 집단적 사회주의 노동 경쟁 운동이자, 사상 개조 운동으로 평가된다.

| **오답 해설** | ② 3대 혁명 운동: 새로운 사상, 기술, 문화를 창조하자는 운동이다.
③ 4대 군사 노선: 1960년대 전 인민의 무장화, 전 국토의 요새화, 전군의 간부화, 전군의 현대화를 목표로 하였다.
④ 1차 7개년 계획: 공업의 양적·질적 개선, 전면적 기술 개혁 등을 목표로 1961년부터 1967년까지 실시하였다.

95 ④ 〔上〕

개념 카테고리 근현대의 우리 역사 > 현대사 > 1960~1970년대 남북한의 상황

| **오답 해설** | **매력적 오답** ① 종파 사건(1956. 8.), ② 천리마 운동(1956. 12. 결정, 1958년부터 시작), ③ 3선 개헌(1969)과 1971년 제7대 대통령 선거에 해당하는 내용이다.

96 ① 〔上〕

개념 카테고리 근현대의 우리 역사 > 현대사 > 북한이 일으킨 사건들

| **정답 해설** | 제시된 사건을 순서대로 나열하면 다음과 같다.
ⓒ 1·21 청와대 습격 사건: 1968년 1월 21일 김신조 등 북한 특수 부대원들이 청와대를 습격하려던 사건(1·21 사태)이다.
㉠ 판문점 도끼 만행 사건: 1976년 8월 북한군이 도끼 등으로 미군 2명을 살해하고 우리군 5명에게 상해를 입힌 사건이다.
㉢ 아웅산 폭탄 테러 사건: 1983년 10월 버마(현재의 미얀마)의 독립 영웅 '아웅산'의 묘소를 참배하던 우리 정부 요인들을 제거하기 위해, 북한 공작원들이 일으킨 폭파 사건이다.
㉣ 대한항공 858편 폭파 사건: 1987년 11월 북한 공작원 김현희 등이 대한항공 858편을 폭파시킨 사건이다.

97 ① 〔中〕

개념 카테고리 근현대의 우리 역사 > 현대사 > 7·4 남북 공동 성명

| **정답 해설** | 제시된 자료의 "자주적", "평화적", "민족적 대단결"이라는 용어를 통해, 1972년 발표된 7·4 남북 공동 성명임을 알 수 있다. ① 이 성명 발표 이후 향후의 통일 문제를 협의하기 위해 남북 조절 위원회가 설치되었다.

| **오답 해설** | ② 6·15 남북 공동 선언은 2000년 김대중 대통령과 김정일 위원장 간의 남북 정상 회담에서 발표되었다.
③ 1991년 남북 기본 합의서가 발표된 이후 한반도 비핵화 공동 선언이 채택되었다(1991. 12.).
④ 2000년 6·15 남북 공동 선언의 결과 2000년 8월 개성 공단 조성이 합의되었다.

98 ③ 〔上〕

개념 카테고리 근현대의 우리 역사 > 현대사 > 남북 기본 합의서

| **정답 해설** | ③ 제시된 자료는 1991년 12월 13일에 발표된 '남북 사이의 화해와 불가침 및 교류, 협력에 관한 합의서'(남북 기본 합의서) 중 일부이다.

| **플러스 이론** | **남북 기본 합의서의 서문**

> 남과 북은 …… ㉠ 7·4 남북 공동 성명에서 천명된 ㉡ 조국 통일 3대 원칙을 재확인하고, 정치적·군사적 대결 상태를 해소하여 민족적 화해를 이룩하고 …… 쌍방 사이의 관계가 나라와 나라 사이의 관계가 아닌 통일을 지향하는 과정에서 잠정적으로 형성되는 특수 관계라는 것을 인정하고, …… 다음과 같이 합의하였다.

99 ① 〔中〕

개념 카테고리 근현대의 우리 역사 > 현대사 > 남북 기본 합의서

| **정답 해설** | 제시된 사료는 1991년 12월 13일에 발표된 '남북 사이의 화해와 불가침 및 교류, 협력에 관한 합의서(남북 기본 합의서)' 일부이다. ① 남북 기본 합의서에서는 남과 북의 관계를 통일을 지향하는 과정에서 잠정적으로 형성된 특수 관계로 규정하였다.

| **오답 해설** | ② 2000년에 분단 이후 최초로 남북 정상이 만나 6·15 공동 선언을 발표하였다.
③ 1972년 7·4 남북 공동 성명에서 자주·평화·민족 대단결의 통일 3원칙을 처음으로 합의하였다.
④ 최초로 남북한 상호 간의 이산가족 방문이 이루어진 것은 1985년이다.

100 ④

개념 카테고리 근현대의 우리 역사 > 현대사 > 남북 간 합의문

| 정답 해설 | 제시된 합의문을 순서대로 나열하면 다음과 같다.
ⓒ 1972년 7·4 남북 공동 성명 발표
㉠ 1991년 12월 13일 남북 기본 합의서 발표
㉣ 2000년 6·15 남북 공동 선언 발표
㉡ 2018년 4·27 판문점 선언 발표

101 ②

개념 카테고리 근현대의 우리 역사 > 현대사 > 한민족 공동체 통일 방안

| 정답 해설 |

8·15 평화 통일 구상 (1970)	• 계기: 닉슨 독트린(1969. 7.) • 내용: 한반도 평화 정착·남북 교류 협력·남북 총선거 등
7·4 남북 공동 성명 (1972)	• 계기: 이산가족 찾기 운동을 위한 남북 적십자 회담 진행 • 내용: 자주·평화·민족 대단결, 남북 조절 위원회 설치 • 의의: 분단 이후 남·북 당국에 의한 최초의 공동 성명 채택
한민족 공동체 통일 방안 (1989)	• 계기: 제24회 서울 올림픽 • 추진: 북방 정책에 자극 • 내용: 자주·평화·민주, 남북 연합
남북 기본 합의서 (1991)	• 성격: 민족 자결의 의지 • 긍정: 유엔 가입 이후 1민족 2체제 2정부 논리를 인정(남과 북은 나라와 나라가 아닌 잠정적인 특수 관계임을 인정) • 의의: 남·북한 동반자적 관계로의 선언

102 ③

개념 카테고리 근현대의 우리 역사 > 현대사 > 통일을 위한 노력

| 정답 해설 | 제시된 문서들의 순서는 다음과 같다.
ⓒ 1972년 7·4 남북 공동 성명
㉠ 1991년 남북 기본 합의서
ⓛ 2000년 6·15 남북 공동 선언
㉣ 2007년 10·4 공동 선언

103 ④

개념 카테고리 근현대의 우리 역사 > 현대사 > 통일을 위한 노력

| 정답 해설 | (가) 1973년 6·23 평화 통일 선언(박정희 정부), (나) 2000년 6·15 남북 공동 선언(김대중 정부)이다. ④ 2003년 6월에 개성 공단 착공식이 있었고, 2004년 6월에 시범단지 부지가 조성되었다(노무현 정부).

| 오답 해설 | ① 1998년에 해로(海路)를 통한 금강산 관광이 시작되었다(김대중 정부).
② 1991년 12월 13일에 남북 기본 합의서(남북 화해, 불가침 및 교류 협력에 관한 합의서)가 채택되었다(노태우 정부).
③ 1985년에 남북 이산가족이 서울과 평양을 각각 처음 방문하였다(전두환 정부).

약점 보완 최종 마무리

진도별
모의고사

정답과 해설

합격을 당기는 전략
기출회독 최종점검
문제풀이 집중훈련

제1회 정답과 해설
진도별 모의고사

우리 역사의 기원과 형성 ~
중세의 우리 역사

문제 P.275

01	②	02	④	03	③	04	③	05	③
06	③	07	②	08	②	09	②	10	④
11	③	12	①	13	③	14	③	15	②
16	③	17	②	18	④	19	①	20	①

01 ② 下

개념 카테고리 우리 역사의 기원과 형성 > 선사 시대 > 청동기 시대

| 정답 해설 | (가) '청동기 시대'이다. 춘천 중도에서 발견된 고인돌은 청동기 시대 지배자의 무덤이고, 비파형 동검은 청동기 시대의 청동검이다. ② 청동기 시대에는 반달돌칼과 같은 석기 농기구를 사용하여 벼를 수확하였다.

| 오답 해설 | ① 신석기 시대까지 사람들은 계급이 없는 평등한 생활을 영위하였다.
③ 우경은 사료상 지증왕 때 처음 시작되었다(502).
④ 신석기 시대부터는 정착 생활이 시작되면서 원형이나 모서리가 둥근 네모꼴 집터의 움집이 나타났다.

02 ④ 上

개념 카테고리 우리 역사의 기원과 형성 > 국가의 형성 > 고조선

| 정답 해설 | 밑줄 친 상황은 '위만 조선의 성립'을 나타내므로, 그 이후의 상황을 고르면 된다. 제시된 사료에서 망명한 만(滿)은 '위만'을 지칭한다. 중국의 진·한 교체기(B.C. 3세기경)에 연나라 왕 노관이 한나라에 반역하여 흉노로 망명할 때 위만도 무리 1,000여 명을 이끌고 고조선으로 들어왔다. 위만은 고조선의 준왕에게 서쪽 변경에 거주할 것을 허락받은 뒤에 신임을 받아 그곳을 수비하는 임무를 맡았다. 서쪽 변경에 거주하는 이주민 세력을 통솔하게 된 위만은 세력을 키워 수도인 왕검성에 쳐들어가 준왕을 몰아내고 왕이 되었다(B.C. 194). 이때 준왕은 남쪽 진국으로 가서 자신을 한왕이라고 칭하였다. ⓒ 위만의 손자인 우거왕은 고조선의 지리적 이점을 이용하여 중계 무역을 독점하였다. 고조선의 경제적·군사적 발전과 흉노와의 연결을 우려한 한나라는 고조선과 대립하게 되었는데, 한 무제가 직접 대규모의 무력 침략을 감행하였으나 고조선은 1차 접전(패수)에서 대승을 거두고 1년간 저항하였다. ⓔ 하지만 조선상 역계경이 무리를 이끌고 진국으로 이탈하는 등 지배층의 분열로 우거왕이 피살되어 고조선은 멸망하였다(B.C. 108).

| 오답 해설 | ㉠ 고조선은 B.C. 3세기경 부왕 때 연나라 장수 진개의 침입으로 서쪽 땅 2,000여 리를 상실하였고, '만번한'을 국경으로 삼았다는 기록이 전해진다.

ⓒ 준왕이 부왕으로부터 왕위를 물려받은 것은 위만 조선 이전이다.

03 ③ 中

개념 카테고리 우리 역사의 기원과 형성 > 국가의 형성 > 여러 나라의 성장

| 정답 해설 | (가) '부여', (나) '옥저', (다) '고구려'에 대한 사료이다.
③ 백제의 건국 시조인 온조왕은 고구려의 이주민이었으나 성왕 때에 부여의 계승을 표방하며 국호를 남부여로 바꾸었다.

| 오답 해설 | ① 여(呂)자나 철(凸)자 모양의 집은 동예의 유적에서 찾아볼 수 있다.
② 고구려의 지배층 사이에는 형사취수제와 서옥제의 혼인 풍습이 있었다.
④ 옥저는 고구려에 복속되어 공납을 바쳤다.

04 ③ 中

개념 카테고리 고대의 우리 역사 > 삼국 시대의 정치 > 소수림왕의 업적

| 정답 해설 | 고구려 '소수림왕' 때 전진의 순도로부터 불교를 받아들였다(372). ③ 소수림왕 때는 율령을 반포하여 국가 체제를 정비하였고, 태학(국립 교육 기관)을 설립하여 유학을 교육하였다.

| 오답 해설 | ① 고구려 광개토대왕은 신라 내물 마립간의 요청으로 신라에 침입한 왜구를 물리쳤다(400). 신라는 이 사건 이후 고구려의 정치적 간섭을 받게 되었다. 이와 같은 양국 간의 관계를 확인할 수 있는 유물이 호우명 그릇이다. 한편 내물 마립간 22년(377)과 27년(382)에는 고구려의 주선으로 전진에 사신 '위두'를 파견하였다.
② 4세기 초 고구려 미천왕은 서안평(압록강 하류 지역)을 공격하여 영토를 확장하였고, 낙랑 및 대방을 축출하였다.
④ 고구려 영류왕 때 천리장성(부여성~비사성)을 쌓기 시작하여 보장왕 때 완성하였으며(631~647) 이를 통해 당나라의 침략에 대비하였다.

05 ③ 上

개념 카테고리 고대의 우리 역사 > 삼국 시대의 정치 > 광개토대왕

| 정답 해설 | 제시된 사료는 광개토대왕릉비의 내용 중 일부이며, 밑줄 친 왕은 '광개토대왕'이다. ③ 광개토대왕은 백제의 요충지인 관미성(현재의 강화 교동도로 추정)을 함락시키고, 아신왕의 항복을 받았다.

| 오답 해설 | ① 장수왕, ② 소수림왕 때의 일이다.
④ 광개토대왕 때 동부여를 복속하였지만, 옥저는 태조왕 때 이미 복속되었다.

| 플러스 이론 | **광개토대왕의 정복 활동(광개토대왕릉비 수록)**

395년, 만주의 비려(거란)를 복속하였다.
396년, 남쪽으로 백제의 한성을 침공하여 아신왕을 굴복시키고, 조공을 받는 속국으로 삼았다.
398년, 고구려 동북쪽의 숙신(말갈)을 복속하였다.
400년, 왜의 침입을 받던 신라(내물 마립간)에 5만 대군을 파견하여 왜군과 금관가야 군대를 격퇴하였다. 이후 고구려는 신라에 고구려 군대를 주둔시키고, 속국으로 대하였다.
404년, 임진강 등 한강 이북을 장악하였다.
407년, 서쪽으로 후연을 격파하여 요동 지방을 점령하였다.
410년, 두만강 하류 지역의 동부여를 정벌하여 복속시키고, 고구려의 사실상 지배를 받던 동예의 영토를 흡수하였다.

06 ③

| 개념 카테고리 | 고대의 우리 역사 > 삼국 시대의 정치 > 을지문덕

| 정답 해설 | 제시된 사료 중 '우중문'은 수나라의 장군으로, 살수 대첩에서 패한 인물이다. 따라서 밑줄 친 '그'는 을지문덕임을 알 수 있다. ③ 을지문덕은 살수 대첩(612)에서 수나라 군대를 물리쳤다.

| 오답 해설 | ① 양만춘은 당의 침략을 안시성에서 물리쳤다(645).
② 김유신은 황산벌에서 계백의 결사대를 물리쳤다(660).
④ 연개소문은 영류왕을 살해하고 보장왕을 옹립하였다(642).

07 ②

| 개념 카테고리 | 고대의 우리 역사 > 삼국 시대의 정치 > 법흥왕

| 정답 해설 | 제시된 사료에서 금관가야의 마지막 왕인 김구해 등을 통해 법흥왕 때 금관가야가 신라에 항복한 사실(532)을 보여주고 있다. ② 법흥왕 때는 이차돈의 순교를 계기로 불교가 공인되었다(527).

| 오답 해설 | ① 지증왕 때 동시전을 설치하여 불법적 상행위를 금지하였다.
③ 진흥왕 때 신라의 영토 확장을 확인할 수 있는 북한산비, 황초령비 등 순수비가 세워졌다.
④ 선덕 여왕 때 자장의 건의로 황룡사 9층탑이 축조되었다.

08 ②

| 개념 카테고리 | 고대의 우리 역사 > 삼국 시대의 정치 > 7세기 주요 사건

| 정답 해설 | 제시된 사건의 순서는 다음과 같다.
㉠ 살수 대첩(612)
㉣ 안시성 싸움(645)
㉡ 백제 멸망(660)
㉢ 고구려 멸망(668)
㉤ 나·당 전쟁(670~676)

09 ②

| 개념 카테고리 | 고대의 우리 역사 > 남북국 시대의 정치 > 통일 신라의 중앙 및 지방 제도

| 정답 해설 | 제시된 사료는 신문왕의 즉위 교서(681)이다. 따라서 밑줄 친 '과인'은 신문왕이다. 신문왕은 중앙 14부, 지방 9주 5소경 제도를 완성하였다. ② 소경을 관할하는 직책은 사신이며, 도독은 주(州)의 책임자였다.

| 오답 해설 | ① 각 주(州)에는 지방 감찰관인 외사정이 배치되었다.
③ 위화부는 관리의 위계 및 인사에 관한 사무를 담당한 관청이었다.
④ 병부는 군사 업무를 담당하는 중앙 관청이었다.

10 ④

| 개념 카테고리 | 고대의 우리 역사 > 남북국 시대의 정치 > 진성 여왕 시기의 사건

| 정답 해설 | 『삼대목』이 편찬된 것은 9세기 말 (가) '진성 여왕(887~897)' 때이다.
㉢ 신라 6두품 출신인 최치원은 당나라에서 빈공과(당나라에서 치러진 외국인 대상 과거 시험)에 합격하고 문장을 떨치다 신라로 귀국하였다. 이후 진성 여왕에게 시무책 10여조를 올려 유교적 정치 이념을 실현하고자 하였으나 뜻을 이루지는 못했다.
㉣ 진성 여왕 때 붉은 바지를 입은 도적인 적고적의 반란이 일어났다.

| 오답 해설 | ㉠ 장보고의 난은 문성왕 시기에 일어났다(846).
㉡ 독서삼품과는 원성왕 시기에 실시되었다(788).
㉤ 견훤이 경주를 침략하여 경애왕을 살해하였다(927).

11 ③

개념 카테고리 고대의 우리 역사 > 남북국 시대의 정치 > 신라 하대

| 정답 해설 | 밑줄 친 그는 '최치원'이다. 그가 활동했던 시기는 '신라 하대'에 해당한다. ⓒ 신라 하대에는 왕권이 약화되어 지방 호족들이 성장하였고, ⓒ 원종과 애노의 난과 같은 민란이 각지에서 일어났다.

| 오답 해설 | ㉠ 무열왕의 직계 자손이 왕위를 세습한 것은 신라 중대에 해당한다.
㉣ 의상이 활동했던 시기는 신라의 통일 전후에 해당되며, 그는 문무왕의 정치적 자문을 담당하기도 하였다.

| 플러스 이론 | 최치원

최치원의 호는 고운이며, 6두품 출신으로 당나라에 유학하였다. 유학 후 빈공과(당나라에서 치르던 외국인 대상 과거 시험)에 합격하였고, 「토황소격문」 등을 지었다. 이후 신라로 귀국하여 진성 여왕에게 개혁안 10여 조를 제시하였으나, 받아들여지지 않자 각 지역을 유랑하며 은둔 생활을 하였다.

12 ①

개념 카테고리 고대의 우리 역사 > 남북국 시대의 정치 > 발해

| 오답 해설 | ㉢ 가독부는 발해에서 왕을 지칭했으며, 귀족 회의의 수장은 대내상이었다.
㉤ 신라의 군사 조직에 대한 설명이다.

13 ④

개념 카테고리 고대의 우리 역사 > 문화 > 원효

| 정답 해설 | 제시된 사료에서 "하나의 마음", 즉 일심(一心)이라는 단어가 확인된다. 따라서 문제의 승려는 '원효'이다. ④ 원효는 『대승기신론소』, 『금강삼매경론』, 『십문화쟁론』, 『화엄경소』 등을 저술하였고, '무애가'를 지어 부처의 가르침을 알기 쉽게 민중에게 설파하였다(아미타 신앙을 통한 불교 대중화에 기여함).

| 오답 해설 | ① 의상은 모든 존재는 상호 의존적인 관계에 있으면서 서로 조화를 이루고 있다는 화엄 사상을 정립하였다.
② 지눌이 정혜쌍수, 돈오점수를 강조하였다.
③ 요세는 법화 신앙을 주장하였고, 참회를 강조하였다.

14 ③

개념 카테고리 중세의 우리 역사 > 정치 > 광종

| 정답 해설 | 밑줄 친 '이 국왕'는 '광종'을 가리킨다. ③ 광종은 관리들의 위계 질서 확립을 위해 공복을 제정하였다.

| 오답 해설 | ① 태조, ② 성종, ④ 경종 때의 일이다.

15 ②

개념 카테고리 중세의 우리 역사 > 정치 > 최충헌 집권기

| 정답 해설 | 최충헌은 1196년 이의민을 제거하고 권력을 잡은 후 1219년까지 집권하였다. 따라서 1196~1219년 사이의 하층민 봉기를 고르면 된다. ㉠ 이비·패좌의 난은 1202년 경주에서 신라 부흥을 표방하여 일어난 난이다.
ⓒ 최광수의 난은 1217년 서경에서 고구려 부흥을 표방하여 일어난 난이다.

| 오답 해설 | ㉢ 김사미·효심의 난은 1193년 신라 부흥을 명분으로 일어났다(이의민 집권기).
㉣ 이연년 형제의 난은 1237년 백제 부흥을 명분으로 일어났다(최우 집권기).

16 ③

개념 카테고리 중세의 우리 역사 > 정치 > 몽골의 침입

| 정답 해설 | 제시된 사료 중 "김윤후"를 통해 ㉠이 '몽골'임을 알 수 있다. ③ '거란'은 고려 침공을 위한 요충지인 흥화진을 선점하기 위해 고려 현종 대에 수 차례에 걸쳐 침입하였으며, 그 과정에서 현종 1년(1010), 현종 8년(1017), 현종 9년(1018)에 전투가 벌어졌다. 이때 활약한 대표적 인물은 양규이다.

| 오답 해설 | ① 몽골의 1차 침략은 저고여의 피살이 원인이었다.
② 대몽 항쟁 과정에서 좌별초, 우별초 및 신의군으로 구성된 삼별초가 편성되었다.
④ 노비와 부곡·소 주민들도 몽골의 침략에 맞서 싸웠다.

17 ②

개념 카테고리 중세의 우리 역사 > 정치 > 고려의 주요 사건

| 정답 해설 | 제시된 사건들은 ㉠ 우왕(1377), ㉡ 고종(1234), ㉢ 우왕(1388), ㉣ 충목왕(1347), ㉤ 공민왕(1365)이다. 따라서 순서는 ② ㉡ - ㉣ - ㉤ - ㉠ - ㉢이 된다.

18 ④

개념 카테고리 중세의 우리 역사 > 경제 > 고려의 경제

| 정답 해설 | ④ 문종 때의 경정 전시과에서는 현직 관료만을 대상으로 토지가 지급되었고, 한외과가 소멸되어 전시과가 완성되었다고 평가된다.

| 오답 해설 | ① 상평통보는 조선 인조 때 처음 발행되어 숙종 때 전국적으로 유통된 화폐이다.
② 대식국인(大食國人)이라 불리던 아라비아 상인들도 고려에 들어와서 수은·향료·산호 등을 팔았다. 한편 비단·약재·

서적·악기 등 왕실과 귀족의 수요품은 송나라로부터 수입하였다.
③ 거란과 여진은 은(銀)·모피·말 등을 가지고 와서 식량·문방구·구리·철 등을 수입해 갔다. 한편 일본과는 11세기 후반부터 교역하였고, 수은·유황 등을 가지고 와 식량·인삼·서적 등과 바꾸어 갔다.

19 ①

| 개념 카테고리 | 중세의 우리 역사 > 문화 > 최충

| **정답 해설** | 제시된 자료는 고려 중기 '최충'이 세운 9재 학당에 대한 설명이다. ① 최충은 9경과 3사를 가르쳐 과거 시험에 대비할 수 있도록 하였다.
| **오답 해설** | ② 최승로는 성종 때 시무 28조 개혁안을 올렸다.
③ 김부식은 인종 때 문하시중을 역임하였고, 『삼국사기』를 편찬하였다.
④ 성리학을 최초로 소개한 인물은 안향이다.

20 ①

| 개념 카테고리 | 중세의 우리 역사 > 문화 > 의천

| **정답 해설** | 제시된 지문은 '의천'에 관한 설명이다. ㉠ 의천은 교관겸수를 제창하였고, ㉡ 흥왕사에 교장도감을 두고 『속장경』을 간행하였다. 또한 ㉢ 해동 천태종을 창시하였다.
| **오답 해설** | ㉣ 『천태사교의』는 제관의 저서이며, 의천은 『천태사교의주』라는 저서를 남겼다.
㉤ 요세에 관한 설명이다.

제2회 정답과 해설 진도별 모의고사

근세의 우리 역사 ~
근대 태동기의 우리 역사

문제 P.280

01	③	02	④	03	④	04	④	05	②
06	①	07	②	08	④	09	①	10	③
11	④	12	④	13	④	14	①	15	④
16	④	17	③	18	①	19	①	20	①

01 ③   下

| 개념 카테고리 | 근세의 우리 역사 > 정치 > 조선 초기 왕들의 업적

| 정답 해설 | ③ 세조 때에 집현전과 경연이 폐지된 것은 옳으나 간경도감이 설치되었다(1461).

02 ④   上

| 개념 카테고리 | 근세의 우리 역사 > 정치 > 세조의 업적

| 정답 해설 | 제시된 사료는 사육신(성삼문, 유응부 등)의 단종(사료에서는 노산군) 복위 운동과 관련된 내용이므로 밑줄 친 임금은 '세조'이다. ④ 세조는 이시애의 난이 일어나자 반란의 근거였던 유향소를 폐지하여 지방을 통제하려 하였다.
| 오답 해설 | ① 세조 12년(1466) 내수소를 개칭하여 내수사라 하였으며, 공식 기구로서의 직제를 갖추게 되었다.
② 세조는 집현전과 경연을 폐지하였다.
③ 『경국대전』은 세조 때 편찬하기 시작하여 성종 때 반포되었다.

03 ④   中

| 개념 카테고리 | 근세의 우리 역사 > 정치 > 사림

| 정답 해설 | 제시된 지문에 조광조가 시행한 "현량과"가 제시되고 있으므로, '사림 세력'을 말하고 있다. ⓒ 사림은 왕도 정치를 강조하면서 언론 활동을 활성화하고 경연을 강화하였다. 내수사는 왕실 재정을 담당했던 관청으로 장리(고리대)를 통해 그 부족분을 충당하였다. ⓔ 이에 사림들은 농민 생활을 악화시키는 내수사 장리의 폐지를 주장하였다.
| 오답 해설 | ㉠ⓒ 훈구 세력에 대한 설명이다.

04 ④   中

| 개념 카테고리 | 근세의 우리 역사 > 정치 > 명종 시기의 역사적 사실

| 정답 해설 | 황해도 구월산을 중심으로 일어난 '임꺽정'의 난은 16세기 명종 때의 대표적인 민란이다. ④ 명종 시기에는 왕실 외척인 윤원형이 권력을 독점하여 많은 폐단이 있었다.

| 오답 해설 | ① 임진왜란(정유재란 포함)은 선조 재위 시기인 1592~1598년에 해당한다.
② 현종이 즉위한 후 효종의 정통성에 대해 서인과 남인 사이에 예송 논쟁이 일어났다.
③ 이승훈, 이가환, 정약종 등이 순교한 신유박해는 1801년 순조 즉위 후 노론 벽파가 남인 시파를 제거하기 위해 일으킨 천주교 박해이다.

05 ②   中

| 개념 카테고리 | 근세의 우리 역사 > 경제 > 토지 제도의 변천

| 정답 해설 | (가) '관수 관급제'에 해당한다. ② 관수 관급제(성종)는 관리들이 직접 수조함으로써 발생하는 폐단을 시정하고자 국가에서 직접 조를 수취하여 관리에게 나누어 준 제도이다.

06 ①   中

| 개념 카테고리 | 근세의 우리 역사 > 문화 > 신숙주

| 정답 해설 | 자료와 관련된 인물은 '신숙주'이다. ① 신숙주는 계해약조 체결 당시 실무관으로, 일본에 다녀온 후 성종의 명을 받아 『해동제국기』를 편찬했다.
| 오답 해설 | ② 현량과를 주도하고 소격서를 폐지하는 등 급진적 개혁을 추진한 인물은 조광조이다.
③ 신숙주는 집현전 학사 출신이지만 단종 복위 운동에 참여하지 않았다. 단종 복위 운동에 참여하여 처형된 사람들에는 대표적으로 사육신이 있다. 사육신은 이개, 하위지, 유성원, 성삼문, 유응부, 박팽년이다. 다만 유응부 대신 김문기를 사육신에 포함시키기도 한다.
④ 『조선경국전』은 정도전이 편찬한 조선 최초의 사찬 법전이다.

07 ②   中

| 개념 카테고리 | 근세의 우리 역사 > 문화 > 15세기 역사서

| 정답 해설 | ② 『고려사』와 『고려사절요』는 문종 때 완성되었다.
| 플러스 이론 | 조선 초기(15세기)의 역사서

1. 고대사 연구 역사서
   태종 때 권근의 『동국사략』(일명 『삼국사략』, 1403)과 성종 때 노사신 등의 『삼국사절요』(1476)는 고조선(단군~기자~위만)부터 삼국 시대까지를 유교적·사대적 사관에 의해 편찬하였다(편년체 역사서).

2. 고려 연구 역사서
   태조 때 정도전이 『고려국사』(1395)를 편찬한 것을 시작으로, 『고려사』(문종 1년, 1451, 기전체), 『고려사절요』(문종 2년, 1452, 편년체)가 대표적 고려 연구 역사서이다.

3. 고대사·고려사의 통합

성종 때 서거정 등이 편찬한 『동국통감』(1485)은 고조선(단군~기자)에서 고려 시대까지의 통사이다. 삼국 이전은 자료의 부족으로 '외기'로 처리했으며, 삼국 시대를 '무 정통' 시대로 보았다. 또한 통일 신라를 정통으로 보아 후백제 및 고려는 반역 집단으로 평가하고, 유교 사관의 입장에서 신화, 전설, 불교, 풍수지리설은 배척하였다.

그 외 세종 때 권제 등이 편찬한 『동국세년가』(1436)는 단군 조선에서 고려 말까지의 역사를 노래 형식으로 정리하였다. 한편 권람의 『응제시주』(1461)에는 단군 신화가 수록되었으며, 요동 지방의 민족 생활권이 관심 있게 다루어져 있다.

08 ①   中

개념 카테고리 근대 태동기의 우리 역사 > 정치 > 비변사

| 정답 해설 | 제시된 내용 중 '명칭은 변방의 방비를 담당하는 것'을 통해 해당 관청이 '비변사'임을 알 수 있다. ① 비변사는 1555년 을묘왜변을 계기로 상설 기구가 되었다.

| 오답 해설 | ② 의정부(議政府)는 3정승이 합좌하는 기구로서, 신권(臣權)을 대표하였다.
③ 승정원은 왕의 비서 기관으로서 책임자는 도승지였다.
④ 비변사는 임진왜란을 계기로 군사 및 정무 전반을 관할하였다.

09 ①   中

개념 카테고리 근대 태동기의 우리 역사 > 정치 > 남인

| 정답 해설 | 제시된 지문에서 '허목'은 남인이며, 1차 예송 논쟁에서 3년 상복을 주장한 것은 남인에 해당한다. ① 남인은 숙종 때 기사환국(1689)을 통해서 권력을 장악하였다.

| 오답 해설 | ② 효종 때 서인이 북벌운동을 주도했다.
③ 『주자가례』를 근거로 1년설(1차 예송, 기해예송)과 9개월설(2차 예송, 갑인예송)을 주장했던 세력은 서인이다.
④ 서인은 신권 중심의 정치를 강조하면서 왕의 예법과 사대부의 예법은 같다고 주장하였다.

10 ③   下

개념 카테고리 근대 태동기의 우리 역사 > 정치 > 영조

| 정답 해설 | "이인좌의 난", "탕평파"를 통해 밑줄 친 '그'는 '영조'임을 알 수 있다. ③ 초계문신제는 정조가 실시하였다.

11 ④   中

개념 카테고리 근대 태동기의 우리 역사 > 정치 > 정조

| 정답 해설 | 『홍재전서』는 '정조'의 문집이며, 내용 중 "통공 정책"은 1791년 공포된 신해통공이므로 밑줄 친 왕은 '정조'이다. ④ 정조는 화성의 운영 경비를 마련하기 위해 대유둔사(대유둔전을 관리하던 관청)와 대유둔전을 설치하였다. 대유둔전은 화성 주변의 개간 작업과 함께 일반 민전(民田)을 매입하여 설치되었다(정조 19년, 1795).

| 오답 해설 | ① 『신증동국여지승람』은 중종 25년(1530) 이행(李荇) 등이 『동국여지승람』을 증보하여 편찬한 책이다.
② 대보단은 임진왜란 때 지원군을 보낸 명나라 황제의 은의를 기리기 위해 숙종 30년(1704) 창덕궁 금원(禁苑) 옆에 설치되었다.
③ 신문고 제도를 부활시키고, 청계천 준설 공사를 시행한 왕은 영조이다.

12 ④   上

개념 카테고리 근대 태동기의 우리 역사 > 정치 > 세도 정치기

| 정답 해설 | 제시된 사료는 '홍경래의 난(1811)' 때 발표된 격문 중 일부이다. 1811년은 순조의 장인인 김조순 등 안동 김씨 중심의 세도 정치 시기에 해당한다. ④ 세도 정치 시기에는 비변사를 중심으로 소수의 가문이 권력을 행사하였다.

| 오답 해설 | ① 중종 때 기묘사화가 발생하여 조광조의 개혁 정치가 실패하였다.
② 청계천이 준설된 것은 영조 시기이다.
③ 초계문신제가 시행된 것은 정조 때이다.

13 ④   中

개념 카테고리 근대 태동기의 우리 역사 > 정치 > 독도

| 정답 해설 | 제시된 모든 자료에서 독도가 우리나라 영토임을 알 수 있다.
ㄱ. 1876년 일본 내무성은 전국의 지도를 제작하였다. 이 과정에서 시마네현에서 '울릉도와 독도를 시마네현에 포함시킬 것인가'에 대해 일본 정부에 질의하였다. 5개월의 조사 끝에 내무성은 이 문제는 17세기에 끝난 문제이고, '울릉도와 독도는 일본과 관계가 없다'고 결론을 내렸다. 그러나 영토 문제는 중요한 사항이라고 생각하여 최고 국가 기관인 태정관에 재질의하였고, 1877년 3월 20일에 태정관은 '품의한 취지의 죽도(울릉도) 외 일도(一島, 독도)의 건은 일본과 관계없다'라고 최종 결론 내렸다.

ㄴ. 1667년 일본에서 편찬된 『은주시청합기』에서는 울릉도와 독도는 조선의 영토이며, 일본의 서북쪽 경계는 '은기도'를 한계로 한다고 명시하고 있다.
ㄷ. 프랑스 당빌의 「조선왕국전도」(1737)에는 독도(우산도)가 조선의 영토로 그려져 있다.
ㄹ. 「삼국접양지도」는 일본의 하야시 시헤이가 편찬한 『삼국통람도설』(1785)에 수록된 부속 지도 중 하나이다. 이 지도에서 일본은 울릉도와 독도는 '조선의 것'이라고 스스로 표기해 놓았다.

14 ①

| 개념 카테고리 | 근대 태동기의 우리 역사 > 경제 > 조선 후기 경제 정책

| 정답 해설 | 제시된 정책의 순서는 다음과 같다.
(나) 영정법(1635), 인조
(가) 잉류 지역을 제외한 대동법의 전국적 실시(1708), 숙종
(다) 균역법 실시(1750), 영조
(라) 신해통공(1791), 정조
따라서 정답은 ① (나) → (가) → (다) → (라)이다.

15 ④

| 개념 카테고리 | 근대 태동기의 역사 > 사회 > 홍경래의 난

| 정답 해설 | 제시된 사료는 1811년 '홍경래의 난' 시기의 격문 중 일부이다. 홍경래의 난은 평안도에 대한 지역적 차별을 명분으로 일어났으며, 영세 농민·중소 상인·광산 노동자 등이 참여하였다. ④ 홍경래, 우군칙 등은 처음 가산에서 난을 일으켜 선천·정주 등을 별다른 저항 없이 점거하였다. 한때 청천강 이북 지역을 거의 장악하였으나 5개월 만에 평정되었다.
| 오답 해설 | ① 진주 농민 봉기는 몰락 양반인 유계춘 등이 주도하였다(1862).
② 이비, 패좌 등은 신라 부흥을 명분으로 경주에서 거병하였다(1202).
③ 임진왜란 중 왕족의 서얼 출신인 이몽학이 반란을 일으켰다(1596).

16 ④

| 개념 카테고리 | 근대 태동기의 우리 역사 > 문화 > 정제두

| 정답 해설 | 밑줄 친 그는 '정제두'이다. ④ 정제두는 『하곡집』의 「존언」, 「만물일체설」 등을 통해 양명학을 연구하였으며, 그가 거처를 강화도로 옮기면서 강화학파가 형성되는 계기가 마련되었다.
| 오답 해설 | ① 수양 대군이 일으킨 계유정난을 계기로 김종서, 황보인 등이 정계에서 축출되었다.

② 『해동제국기』는 신숙주가 계해약조(1443) 당시에 일본의 사행(使行, 사신으로 감) 경험을 바탕으로 편찬한 책이며, 성종의 명을 받아 편찬되었다.
③ 박제가에 대한 설명이다.

| 플러스 이론 | 정제두의 『하곡집』

> 나의 학문은 안에서만 구할 뿐이고 밖에서는 구하지 않는다. …(중략)… 그런데 오늘날 주자를 말하는 자들로 말하면, 주자를 배우는 것이 아니라 다만 주자를 빌리는 것이요. 주자를 빌릴 뿐만 아니라 곧 주자를 부회해서 자기들의 뜻을 성취하려 하고 주자를 끼고 위엄을 지어 자기들의 사욕을 달성하려 할 뿐이다.

17 ③

| 개념 카테고리 | 근대 태동기의 우리 역사 > 문화 > 이익

| 정답 해설 | 『성호사설』은 조선 후기 실학자 '이익'(1681~1763)의 문집이다. 이 책에서 이익은 나라를 좀먹는 6가지를 지적했는데 노비, 과거, 문벌, 기교(사치와 미신 숭배), 승려, 게으름이 그것이다. ③ 또한 『곽우록』에서는 한전론을 주장하여 영업전(한 가정이 생계를 유지할 수 있는 최소 규모의 토지)의 매매를 법으로 금지할 것을 제시하였다.
| 오답 해설 | ① 『동사강목』은 안정복의 저서이다.
② 서얼 출신으로 규장각 검서관이 된 인물은 박제가, 이덕무, 유득공이 대표적이다.
④ 박지원은 「양반전」을 통해 양반의 무능과 허례를 비판하였다.

18 ①

| 개념 카테고리 | 근대 태동기의 우리 역사 > 문화 > 이중환의 『택리지』

| 정답 해설 | ① 이중환의 『택리지』에서는 가거지(可居地)의 요건을 제시하였으며, 각 지역의 환경·풍속·인심에 관해 서술하였다.

19 ①

| 개념 카테고리 | 근대 태동기의 우리 역사 > 문화 > 안정복

| 정답 해설 | 제시된 사료는 안정복의 『동사강목』 중 일부이다. 안정복은 단군 조선에서 시작하는 독자적 (삼한) 정통론을 내세우면서 중국 중심의 역사관을 벗어나려고 노력하였다. 또한 고증 사학의 토대를 마련했다고 평가된다. ① 안정복은 조선 태조로부터 영조까지의 역사를 편년체로 기록한 『열조통기』를 저술하였다. 이는 단군 조선으로부터 고려 말까지의 역사서인 『동사강목』을 편찬한 뒤, 그 이후의 역사를 체계화하려는 목적으로 생각된다.

| 오답 해설 | ② 이종휘의 『동사』에 대한 설명이다.
③ 한치윤의 『해동역사』에 대한 설명이다.
④ 유득공의 『발해고』에 대한 설명이다.

20 ①

개념 카테고리 근대 태동기의 역사 > 문화 > 조선 후기의 저술

| 정답 해설 | ① 『오주연문장전산고(五洲衍文長箋散稿)』는 '이규경'의 저술이다.

| 오답 해설 | ② 이수광의 『지봉유설』(1614, 광해군 6년)은 조선 외에도 중국·일본·안남(베트남)·유구(오키나와) 등의 아시아 국가들과 프랑크(프랑스), 잉글리시(영국) 등 유럽의 내용까지 소개하여 조선인의 세계관을 확대하는 데 기여하였다.
③ 홍여하는 고대의 역사를 정리한 편년체 사서인 『동국통감제강』(=『동사제강』, 1672)과 고려 시대 역사를 다룬 기전체 사서 『휘찬여사』(1639)를 저술하였다. 그는 기자 조선의 전통이 마한을 거쳐 신라로 계승되었다고 평가하면서 '기자 조선-마한-신라'를 정통 국가로 주장하였다.
④ 『해동농서』는 18세기 후반 서호수가 편찬한 농서로서, 우리 고유의 농학을 중심에 두고 중국 농학을 선별적으로 수용하는 방향으로 농학의 새로운 체계화를 시도하였다.

제3회 정답과 해설 진도별 모의고사

근현대의 우리 역사

문제 P.285

01	③	02	③	03	④	04	④	05	③
06	①	07	②	08	④	09	①	10	③
11	①	12	③	13	④	14	②	15	③
16	③	17	②	18	④	19	②	20	④

01 ③ 中

개념 카테고리 근현대의 우리 역사 > 개항기 > 강화도 조약

| 정답 해설 | 제시된 자료에서 "수신사 – 김기수"를 확인할 수 있다. 김기수는 1876년 강화도 조약(조·일 수호 조규) 체결 직후 수신사로 일본에 간 인물이다(1876, 1차 수신사). 따라서 밑줄 친 수호 조약은 '강화도 조약'임을 알 수 있다. ③ 강화도 조약의 제9관에 양국 관리는 양국 인민의 자유로운 무역 활동에 일체 간섭하지 않는다고 규정하였다.

| 오답 해설 | ① 1886년 조·프 수호 통상 조약은 천주교 포교의 자유를 인정하는 계기가 되었다.
② 거중 조정권과 관세는 1882년 조·미 수호 통상 조약에서 규정되었다.
④ 제물포 조약은 1882년 임오군란 이후 체결된 조약이다. 강화도 조약 체결 직후에는 조·일 수호 조규 부록이 체결되어 개항장에 일본 화폐가 통용될 수 있었다.

02 ③ 下

개념 카테고리 근현대의 우리 역사 > 개항기 > 한반도 중립화론

| 정답 해설 | ③ 제시된 사료는 거문도 사건(1885) 이후 제기된 유길준의 조선 중립화론 내용 중 일부이다.

03 ④ 中

개념 카테고리 근현대의 우리 역사 > 개항기 > 시모노세키 조약 이후의 정세

| 정답 해설 | 제시된 사료는 청·일 전쟁이 일본의 승리로 끝난 후(1895) 양국 간에 체결된 '시모노세키 조약'의 내용 중 일부이다. 청은 시모노세키 조약으로 막대한 전쟁 배상금을 물었고 랴오둥반도와 타이완 등을 상실하였다. ㄴ 을미개혁의 내용으로는 단발령 실시, 태양력 사용, 종두법 실시, 소학교 설치, 우편 사무 개시, '건양' 연호 사용 등이 있다. 을미개혁은 이후 아관파천으로 중단되었다.
ㄹ 삼국 간섭(러·프·독)으로 일본이 랴오둥반도를 청에게 돌려주자 조선 조정 내에 친러 세력이 성장하게 되었다(제3차 김홍집 내각). 이에 미우라를 공사로 임명한 일본은 낭인을 동원하여 을미사변을 일으키고, 을미개혁을 실시하였다.

| 오답 해설 | ㄱ 거문도 사건은 1885년 영국이 러시아의 남하를 막기 위해 일으킨 사건이다.
ㄷ 동학 농민군은 1894년 황룡촌 전투에서 관군에게 승리하였다.

04 ④ 上

개념 카테고리 근현대의 우리 역사 > 개항기 > 홍범 14조와 대한국 국제

| 정답 해설 | (가) 사료는 1894년 발표된 우리나라 최초의 근대적 헌법인 '홍범 14조' 중 일부이며, (나) 사료는 1899년 공포된 '대한국 국제'의 일부이다. 따라서 1894년부터 1899년 사이의 일이 아닌 것을 고르면 된다. ④ 지계아문은 1901년 설치되었는데 근대적 토지 소유권 제도를 확립할 목적으로 지계(地契)를 발급했던 관청이다.

| 오답 해설 | ① 시모노세키 조약은 1895년 종결된 청·일 전쟁의 강화 조약이다.
② 1897년 고종은 경운궁(현재의 덕수궁)으로 환궁하여 대한 제국을 선포하고, 연호를 광무로 제정하였다.
③ 1898년 고종은 황국 협회 회원과 군대를 동원하여 독립 협회를 해산시켰다.

05 ③ 中

개념 카테고리 근현대의 우리 역사 > 개항기 > 정미의병

| 정답 해설 | 제시된 자료에서 "동대문으로 진격" 부분을 통해 1907년 '정미의병'에 관한 설명임을 알 수 있다. ③ 고종의 강제 퇴위와 군대 해산을 계기로 봉기한 정미의병은 전국의 의병 세력을 규합하여(13도 창의군의 편성) 서울 진공 작전을 수행하였으나, 일본군의 화력에 밀려 실패하고 말았다.

| 오답 해설 | ① 을미의병, ② 을사의병, ④ 헤이그 특사 사건에 대한 설명이다.

06 ① 中

개념 카테고리 근현대의 우리 역사 > 개항기 > 한·일 의정서

| 정답 해설 | 제시된 사료는 러·일 전쟁 발발 직후 체결된 한·일 의정서의 내용이다. ① 일제는 한·일 의정서를 통해 대한 제국의 군사 전략적 요충지를 사용할 수 있었다.

| 오답 해설 | ② 제1차 한·일 협약 이후 메가타와 스티븐스가 대한 제국의 고문으로 임용되었다.
③ 제2차 한·일 협약(을사늑약)에서 외교권 박탈이 규정되었다.

④ 1909년 기유 각서를 통해 대한 제국의 사법권과 감옥 사무가 박탈되었다.

07 ②

개념 카테고리 근현대의 우리 역사 > 개항기 > 근대의 문물

| 정답 해설 | 제시된 내용의 순서는 다음과 같다. ㉠ 박문국에서 〈한성순보〉를 발간(1883) → ㉡ 「교육 입국 조서」의 반포(1895) → ㉣ 전차 개통(1899) → ㉢ 원각사의 창립(1908)

08 ④

개념 카테고리 근현대의 우리 역사 > 개항기 > 〈한성순보〉

| 정답 해설 | ④ 1883년 박문국에서 발간한 최초의 근대 신문은 〈한성순보〉이다. 열흘마다 한 번씩 간행(한 달에 세 번)되었으며, 정부가 발행하는 관보적 성격을 가지고 있었다.
| 오답 해설 | ① 〈대한매일신보〉(1904)는 영국인 베델과 양기탁에 의해 한·영 합작으로 발행되었다. 한글판과 영문판을 발행하였고, 영국인이 사장이었기 때문에 비교적 활동이 자유로워 가장 강경한 항일 논조를 펼쳤다. 특히 국채 보상 운동에 앞장섰으며, 신문사 정문에 '일본인 출입 금지'라는 문구를 붙여 놓고 일제의 침략을 규탄하였다.
② 최초의 상업 광고가 실린 〈한성주보〉는 1886년에 발행되었다.
③ 부녀자와 일반 서민을 대상으로 발행된 것은 〈제국신문〉이다.

09 ①

개념 카테고리 근현대의 우리 역사 > 일제 강점기 > 토지 조사 사업

| 정답 해설 | ① '토지 조사 사업'(1910~1918)으로 국유지, 촌락 공유지, 문중 토지 등 명의상 주인을 내세우기 어려운 토지들은 조선 총독부의 소유로 편입되었다. 또한 신고주의 원칙을 통해 신고하지 않은 토지는 주인이 없는 토지로 간주하고 수탈하였다.
| 오답 해설 | ② 농지 개혁에 대한 설명이다.
③ 토지 조사 사업은 1910년부터 1918년에 해당한다.
④ 토지 조사 사업으로 인해 조선 농민들은 기한부 소작농으로 전락하였고 기존의 경작권을 인정받을 수 없었다. 그러나 조선인 지주들의 토지는 인정해주면서 지주를 통한 조선 농민 통제를 강화하였다(식민지 지주제의 강화).

10 ③

개념 카테고리 근현대의 우리 역사 > 일제 강점기 > 산미 증식 계획

| 오답 해설 | 제시된 자료는 1920년대 이후 '산미 증식 계획'의 생산량과 수탈량을 보여 주고 있다.
㉡ 산미 증식 계획으로 쌀 생산량은 늘었지만 수탈량이 크게 증가하여 농촌 경제가 악화되었다.
㉣ 1883년 조·일 통상 장정의 체결로, 1880년대에 여러 차례 방곡령이 시행되었다. 대표적 사례가 1889년 함경도 관찰사 조병식의 방곡령이었다.

11 ①

개념 카테고리 근현대의 우리 역사 > 일제 강점기 > 국가 총동원법

| 정답 해설 | 제시된 사료는 1938년에 공포된 국가 총동원법이다. 즉 〈보기〉에서 전시 동원 체제에 대한 내용을 고르면 된다.
㉠ 한글로 된 〈조선일보〉와 〈동아일보〉는 1940년에 폐간되었다.
㉡ 일제가 소학교를 국민학교로 개정한 것은 1941년의 사실이다.
| 오답 해설 | ㉢ 경찰범 처벌 규칙(1912) 제정은 1910년대 무단 통치 시대에 해당한다.
㉣ 치안 유지법(1925)은 소위 문화 통치 시대에 제정된 법령이다.

12 ③

개념 카테고리 근현대의 우리 역사 > 일제 강점기 > 이회영

| 정답 해설 | 밑줄 친 그는 '이회영'이다. ③ 이회영은 신흥 강습소(이후 신흥 무관 학교로 발전) 설립, 의열단 활동 등 국외 항일 운동의 전반에 관여하였다. 또한 임시 정부 수립을 반대하였으며 신채호 등과 무정부주의(아나키스트) 운동을 전개하였다.
| 오답 해설 | ① 김원봉에 대한 설명이다.
② 김규식에 대한 설명이다.
④ 지청천에 대한 설명이다.

13 ④

개념 카테고리 근현대의 우리 역사 > 일제 강점기 > 1920년대 국내 항일 운동

| 정답 해설 | (가) '1926년 6·10 만세 운동'의 격문이고, (나) '1929년 광주 학생 항일 운동'의 격문이다. 6·10 만세 운동은 제2차 조선 공산당이 조직적으로 개입하여 사회주의적 색채가 강하였고, 광주 학생 항일 운동은 한·일 학생 간의 충돌이 직접적 계기가 되어 민족주의적 색채를 띠었다. ④ 좌·우 합작적 성격의 신간회 창립은 (가)와 (나) 사이 시기인 1927년이다.

14 ②

개념 카테고리 근현대의 우리 역사 > 일제 강점기 > 한국광복군

| 정답 해설 | 제시문은 대한민국 임시 정부가 1940년 중국 충칭에서 창설한 '한국광복군'에 대한 설명이다. ㉠ 한국광복군은 조선 민족 혁명당의 조선 의용대 일부가 통합되어 군사력이 늘었으며, ㉢ 태평양 전쟁이 발발하자 연합군의 일원으로 참전하여 다양한 심리전에 참여하였다.

| 오답 해설 | ㉡ 양세봉이 지휘한 조선 혁명군, ㉢ 간도·만주·연해주에서 활약한 무장 독립군, ㉣ 1920년대 국내 무장 항일 투쟁 단체에 대한 설명이다.

15 ③

개념 카테고리 근현대의 우리 역사 > 일제 강점기 > 신간회

| 정답 해설 | 밑줄 친 '이 단체'는 1927년 창립된 민족 유일당 단체인 '신간회'이다. ③ 신간회는 개별 가입제를 채택하여 이상재를 회장, 홍명희를 부회장으로 선출하였다.

| 플러스 이론 | 신간회의 결성

> 1920년대 이후 일부 민족주의자들(대표적 인물: 이광수, 최린)이 일제에 타협적인 태도를 보이자, 비타협적 민족주의자들은 이를 비판하면서 사회주의 세력과 연대하여 민족 운동을 강화하고자 하였다. 한편 1926년 6·10 만세 운동을 준비하다가 사전에 발각되어 큰 타격을 받은 사회주의 계열은 정우회를 조직하고 비타협적 민족주의 세력과의 제휴를 발표하였다(정우회 선언). 이를 계기로 1927년 민족 유일당 단체인 신간회가 결성되었다. 신간회는 강령으로 정치적·경제적 각성, 민족의 단결, 기회주의자 배척을 상정하였다. 또한 신간회의 자매 단체로 근우회가 조직되었다.

16 ③

개념 카테고리 근현대의 우리 역사 > 일제 강점기 > 신채호

| 오답 해설 | ㉡ 「조선 혁명 선언」은 의열단 선언문이다.
㉢ 「조선사연구」는 정인보가 저술하였다.
㉣ 안창호에 대한 설명이다.

17 ②

개념 카테고리 근현대의 우리 역사 > 현대사 > 농지 개혁

| 정답 해설 | 대한민국의 '농지 개혁법'은 유상 매입, 유상 분배의 원칙으로 이루어졌다. ② 농지 개혁법의 시행으로 인해 많은 자영농이 만들어졌다.

| 오답 해설 | ① 북한의 토지 개혁이 먼저 이루어졌다.
③ 유상 매입·유상 분배의 원칙이 적용되었다.
④ 경작권이 아닌 소유권에 입각하여 농지 개혁이 추진되었다.

18 ③

개념 카테고리 근현대의 우리 역사 > 현대사 > 4·19 혁명

| 정답 해설 | 제시문은 1960년 '4·19 혁명'과 관련된 사실이다. ③ 4·19 혁명 이후 양원제 의회와 내각 책임제를 골자로 한 개헌이 이루어졌다.

| 오답 해설 | ① 1953년, ② 1950년, ④ 1965년에 해당한다.

19 ②

개념 카테고리 근현대의 우리 역사 > 현대사 > 6·3 시위(항쟁)

| 정답 해설 | 박정희 정부는 일본과의 수교를 요구하는 미국의 지지를 얻고, 경제 개발을 위한 자금을 마련하기 위해 일본과의 국교 정상화를 서둘렀다. 그래서 일제의 식민 지배에 대한 사과나 배상에는 소홀할 수밖에 없었다. ② 이에 전국적으로 한·일 국교 정상화 반대 시위(6·3 시위 혹은 6·3 항쟁)가 일어났다.

| 오답 해설 | ① 유신 체제의 종말, ③ 1987년 대통령 직선제 요구, ④ 신군부의 등장과 제5공화국 수립과 관련 있다.

20 ④

개념 카테고리 근현대의 우리 역사 > 현대사 > 노태우 정부

| 정답 해설 | 제시된 사료는 '노태우 정부' 시기인 1991년 12월 채택된 남북 기본 합의서의 내용이다. ④ 노태우 정부는 헝가리, 폴란드 등 사회주의 국가들과 외교 관계를 체결하는 등 북방 외교 정책을 추진하였다.

| 오답 해설 | ① 남북 조절 위원회는 1972년 7·4 남북 공동 성명 이후 남북 대화를 위해 설치한 기구이다(박정희 정부).
② 금융 실명제는 1993년 전격적으로 실시되었다(김영삼 정부).
③ 제2차 남북 정상 회담은 2007년 10월에 이루어졌다(노무현 정부).

여러분의 작은 소리 에듀윌은 크게 듣겠습니다.

본 교재에 대한 여러분의 목소리를 들려주세요.
공부하시면서 어려웠던 점, 궁금한 점,
칭찬하고 싶은 점, 개선할 점, 어떤 것이라도 좋습니다.

에듀윌은 여러분께서 나누어 주신 의견을
통해 끊임없이 발전하고 있습니다.

에듀윌 도서몰 book.eduwill.net
- 부가학습자료 및 정오표: 에듀윌 도서몰 → 도서자료실
- 교재 문의: 에듀윌 도서몰 → 문의하기 → 교재(내용, 출간) / 주문 및 배송

정답과 해설

2026

에듀윌
9급공무원
단원별 기출&예상 문제집
한국사

고객의 꿈, 직원의 꿈, 지역사회의 꿈을 실현한다

에듀윌 도서몰
book.eduwill.net
- 부가학습자료 및 정오표: 에듀윌 도서몰 > 도서자료실
- 교재 문의: 에듀윌 도서몰 > 문의하기 > 교재(내용, 출간) / 주문 및 배송

에듀윌 직영학원에서 합격을 수강하세요

에듀윌 직영학원 대표전화

공인중개사 학원 02)815-0600	공무원 학원 02)6328-0600	편입 학원 02)6419-0600
주택관리사 학원 02)815-3388	소방 학원 02)6337-0600	부동산아카데미 02)6736-0600
전기기사 학원 02)6268-1400		

공무원학원 바로가기

꿈을 현실로 만드는 에듀윌

공무원 교육
- 선호도 1위, 신뢰도 1위! 브랜드만족도 1위!
- 합격자 수 2,100% 폭등시킨 독한 커리큘럼

자격증 교육
- 9년간 아무도 깨지 못한 기록 합격자 수 1위
- 가장 많은 합격자를 배출한 최고의 합격 시스템

직영학원
- 검증된 합격 프로그램과 강의
- 1:1 밀착 관리 및 컨설팅
- 호텔 수준의 학습 환경

종합출판
- 온라인서점 베스트셀러 1위!
- 출제위원급 전문 교수진이 직접 집필한 합격 교재

어학 교육
- 토익 베스트셀러 1위
- 토익 동영상 강의 무료 제공

콘텐츠 제휴 · B2B 교육
- 고객 맞춤형 위탁 교육 서비스 제공
- 기업, 기관, 대학 등 각 단체에 최적화된 고객 맞춤형 교육 및 제휴 서비스

부동산 아카데미
- 부동산 실무 교육 1위!
- 상위 1% 고소득 창업/취업 비법
- 부동산 실전 재테크 성공 비법

학점은행제
- 99%의 과목이수율
- 17년 연속 교육부 평가 인정 기관 선정

대학 편입
- 편입 교육 1위!
- 최대 200% 환급 상품 서비스

국비무료 교육
- '5년우수훈련기관' 선정
- K-디지털, 산대특 등 특화 훈련과정
- 원격국비교육원 오픈

에듀윌 교육서비스 **공무원 교육** 9급공무원/소방공무원/계리직공무원 **자격증 교육** 공인중개사/주택관리사/손해평가사/감정평가사/노무사/전기기사/경비지도사/검정고시/소방설비기사/소방시설관리사/사회복지사1급/대기환경기사/수질환경기사/건축기사/토목기사/직업상담사/전기기능사/산업안전기사/건설안전기사/위험물산업기사/위험물기능사/유통관리사/물류관리사/행정사/한국사능력검정/한경TESAT/매경TEST/KBS한국어능력시험/실용글쓰기/IT자격증/국제무역사/무역영어 **어학 교육** 토익 교재/토익 동영상 강의 **세무/회계** 전산세무회계/ERP정보관리사/재경관리사 **대학 편입** 편입 영어/수학/연고대/의약대/경찰대/논술/면접 **직영학원** 공무원학원/소방학원/공인중개사 학원/주택관리사 학원/전기기사 학원/편입학원 **종합출판** 공무원·자격증 수험교재 및 단행본 **학점은행제** 교육부 평가인정기관 원격평생교육원(사회복지사2급/경영학/CPA) **콘텐츠 제휴·B2B 교육** 교육 콘텐츠 제휴/기업 맞춤 자격증 교육/대학취업역량 강화 교육 **부동산 아카데미** 부동산 창업CEO/부동산 경매 마스터/부동산 컨설팅 **주택취업센터** 실무 특강/실무 아카데미 **국비무료 교육(국비교육원)** 전기기능사/전기(산업)기사/소방설비(산업)기사/IT(빅데이터/자바프로그램/파이썬)/게임그래픽/3D프린터/실내건축디자인/웹퍼블리셔/그래픽디자인/영상편집(유튜브) 디자인/온라인 쇼핑몰광고 및 제작(쿠팡, 스마트스토어)/전산세무회계/컴퓨터활용능력/ITQ/GTQ/직업상담사

교육문의 1600-6700 www.eduwill.net

- 2022 소비자가 선택한 최고의 브랜드 공무원·자격증 교육 1위 (조선일보) • 2023 대한민국 브랜드만족도 공무원·자격증·취업·학원·편입·부동산 실무 교육 1위 (한경비즈니스)
- 2017/2022 에듀윌 공무원 과정 최종 환급자 수 기준 • 2023년 성인 자격증, 공무원 직영학원 기준 • YES24 공인중개사 부문, 2025 에듀윌 공인중개사 1차 기출응용 예상문제집 민법 및 민사특별법 (2025년 6월 월별 베스트) • 교보문고 취업/수험서 부문, 2020 에듀윌 농협은행 6급 NCS 직무능력평가+실전모의고사 4회 (2020년 1월 27일~2월 5일, 인터넷 주간 베스트) 그 외 다수
- YES24 컴퓨터활용능력 부문, 2024 컴퓨터활용능력 1급 필기 초단기끝장(2023년 10월 3~4주 주별 베스트) 그 외 다수 • YES24 신규 자격증 부문, 2024 에듀윌 데이터분석 준전문가 ADsP 2주끝장 (2024년 4월 2주, 9월 5주 주별 베스트) • 인터파크 자격시/수험서 부문, 에듀윌 한국사능력검정시험 2주끝장 심화 (1, 2, 3급) (2020년 6~8월 월간 베스트) 그 외 다수 • YES24 국어 외국어사전 영어 토익/TOEIC 기출문제/모의고사 분야 베스트셀러 1위 (에듀윌 토익 READING RC 4주끝장 리딩 종합서, 2022년 9월 4주 주별 베스트) • 에듀윌 토익 교재 입문~실전 인강 무료 제공 (2022년 최신 강좌 기준/109강) • 2024년 종강반 중 모든 평가항목 정상 참여자 기준, 99% (평생교육원 기준) • 2008년~2024년까지 234만 누적수강학점으로 과목 운영 (평생교육원 기준) • 에듀윌 국비교육원 구로센터 고용노동부 지정 '5년우수훈련기관' 선정 (2023~2027) • KRI 한국기록원 2016, 2017, 2019년 공인중개사 최다 합격자 배출 공식 인증 (2025년 현재까지 업계 최고 기록)